HBR 위대한 통찰

HBR at 100: The Most Influential and Innovative Articles
from *Harvard Business Review*'s First Century
by Harvard Business Review Press
Originally Published by Harvard Business Review Press, Boston.

Original Work Copyright ⓒ 2022 by Harvard Business School Publishing Corporation
All rights reserved.

Korean Translation Copyright ⓒ 2025 by The Business Books and Co., Ltd.
Published by arrangement with Harvard Business Review Press, Boston
through KCC(Korea Copyright Center Inc.), Seoul.
Unauthorized duplication or distribution of this work constitutes copyright infringement.

이 책의 한국어판 저작권은 (주)한국저작권센터(KCC)를 통해
저작권자와 독점 계약을 맺은 (주)비즈니스북스에게 있습니다.
저작권법에 의해 국내에서 보호를 받는 저작물이므로 무단 전재와 복제를 금합니다.

지난 100년을 바꾼 살아 있는 경영 아이디어 30

위대한 통찰

HBR AT 100

하버드비즈니스리뷰 지음 · 도지영 옮김 · 최한나 감수

비즈니스북스

일러두기
- 이름, 전문용어, 브랜드명 등 표기법이 굳어져 관례적으로 쓰이는 것은 외래어표기법 표기에 어긋나도 통용되는 것에 맞춰 표기했습니다.
- 《Harvard Business Review》가 반복적으로 등장함에 따라, 지면의 효율성을 고려하여 겹꺾쇠(《》) 표기를 생략하고 약칭인 HBR로 통일해 표기했습니다.

옮긴이 | 도지영
이화여자대학교에서 정치외교학과 경제학을, 연세대학교 대학원에서 국제통상을 전공하였다. 현재 번역 에이전시 엔터스코리아에서 출판 기획 및 전문 번역가로 활동 중이다. 옮긴 책으로는 《데일카네기 자기관리론(무삭제 완역 특별판)》, 《목적으로 승리하는 기업》 등이 있다.

감수 | 최한나
이화여자대학교에서 법학을 전공하였으며, 경영학 박사 학위를 받았다. 동아일보 기자로, 현재 HBR Korea 편집장을 맡고 있다.

HBR 위대한 통찰

1판 1쇄 인쇄 2025년 10월 15일
1판 1쇄 발행 2025년 11월 3일

지은이 | 하버드비즈니스리뷰
옮긴이 | 도지영
발행인 | 홍영태
편집인 | 김미란
발행처 | (주)비즈니스북스
등 록 | 제2000-000225호(2000년 2월 28일)
주 소 | 03991 서울시 마포구 월드컵북로6길 3 이노베이스빌딩 7층
전 화 | (02)338-9449
팩 스 | (02)338-6543
대표메일 | bb@businessbooks.co.kr
홈페이지 | http://www.businessbooks.co.kr
블로그 | http://blog.naver.com/biz_books
페이스북 | thebizbooks
인스타그램 | bizbooks_kr
ISBN 979-11-6254-442-6   03220

* 잘못된 책은 구입하신 서점에서 바꾸어 드립니다.
* 책값은 뒤표지에 있습니다.
* 비즈니스북스에 대한 더 많은 정보가 필요하신 분은 홈페이지를 방문해 주시기 바랍니다.

> 비즈니스북스는 독자 여러분의 소중한 아이디어와 원고 투고를 기다리고 있습니다.
> 원고가 있으신 분은 ms1@businessbooks.co.kr로 간단한 개요와 취지, 연락처 등을 보내 주세요.

| 감수의 글 |

HBR 콘텐츠를 주제로 강연할 기회가 있을 때 자주 쓰는 에피소드가 있다. "고백하건대 편집장을 맡기 전까지는 HBR을 완독한 적이 없다."로 시작되는 자전적인 이야기다. HBR을 늘 곁에 두면서도 꼭 필요한 경우가 아니면 적극적으로 손을 뻗지 않을 때가 많았다. 가장 큰 이유는 HBR을 읽는 일이 그리 만만하지 않다는 데 있었다.

일단 HBR은 다루는 주제가 방대하다. 내밀하게 안고 있던 개인적인 고민이나 조직과 공동체가 앓고 있는 고질적인 문제, 지구인이라면 벗어날 수 없는 환경과 공동 윤리적인 이슈까지 고루 다룬다. 접근하는 방식과 제시하는 개념, 지향하는 이정표는 크고 깊으면서 아득하다. 한 번 읽어서는 쉽게 이해되지 않는 대목들이 하나 걸러 하나씩 등장하기도 한다. HBR을 읽으려면 상당한 에너지가 소모되는 것을 각오해야 하는 이유다.

편집장을 맡은 후 한 호도 빼놓지 않고 완독하기를 몇 년 하며 HBR이 추구하는 방향과 깊이가 어떤 종류의 것인지를 이해했다. 그러면서부터는 HBR을 읽는 재미가 달라졌다. 이제는 한 호 한 호를 만날 때마다 설레고, 기대하는 마음이 앞선다.

곱씹으며 읽는 일에는 여전히 시간이 필요하다. 그럼에도 HBR에 담긴 근원적인 문제의식과 HBR이 전하고자 하는 의미를 발굴해나가는 일은 너무나 매력적이다. 개인이 겪는 사소한 문제부터 우주 생태계를 아우르는 광활한 이슈까지, HBR은 더 나은 방향으로 나아갈 수 있다는 신뢰를 바탕으로 사람들이 함께 살아가며 부딪히는 면면들을 낱낱이 조망한다.

나아가 현실적인 문제들에 매몰돼 주저앉지 않도록 마땅히 밟아가야 할 단계들을 제안한다. 제시되는 길이 너무 멀고 높아 닿을 수 없는 하늘의 별처럼 보이기도 하지만 이상적인 방향으로 이끄는 기사들을 꾸준히 접하다 보면 더 멀리, 더 높이 바라보며 전진하고 싶은 의욕이 솟는다. 궁극적으로 닿아야 할 지점이 어딘지 잊지 않고 그쪽을 향해 작게라도 발을 내디뎌볼 동력을 얻는다.

특히 이 책에는 100년이 넘는 HBR의 역사 속에서 잉태된 다양한 이론과 인사이트가 녹아들어 있다. 피터 드러커와 클레이튼 크리스텐슨, 마이클 포터 등 경영학 역사에 한 획을 그은 쟁쟁한 학자들이 한자리에 모였다. 감성지능, 블루오션 전략, 디자인 씽킹, 심리적 안전감, 전략적 의도 등 HBR을 통해 세상에 알려진 경영의 핵심 개념도 망라됐다.

오랜 시간이 지나도 그 가치를 잃지 않고 여전히 반짝이는 아이디어가 담긴 기사들을 읽으며 나는 다시 한번 HBR이 가진 매력에 푹 빠져들었다.

부디 이 책이 HBR을 사랑하는 독자들에게는 더없이 즐거운 복기의 기회가 되기를, HBR을 새롭게 접하는 독자들에게는 유익한 길라잡이가 되기를 바란다.

HBR Korea 편집장 최한나

차례

감수의 글 · 5
들어가는 글 · 12

제1장 자기경영의 시대 · 17
Managing Oneself

피터 드러커

제2장 EQ가 리더를 만든다 · 45
What Makes a Leader?

대니얼 골먼

제3장 진정한 리더가 되는 법 · 79
Lead with Authenticity

* **진행자**: 에이미 번스타인, 세라 그린 카마이클, 니콜 토레스 • **인터뷰이**: 티나 오피

제4장 경쟁의 전략 · 101
How Competitive Forces Shape Strategy

마이클 포터

제5장 블루오션 전략 · 133
Blue Ocean Strategy

김위찬, 르네 마보안

제6장 혁신의 딜레마 · 159
Disruptive Technologies: Catching the Wave

조지프 바우어, 클레이튼 크리스텐슨

제7장	변화는 어떻게 주도해야 하는가 Leading Change: Why Transformation Efforts Fail	• 193
	존 코터	

제8장	동기부여란 무엇인가 One More Time: How Do You Motivate Employees?	• 215
	프레더릭 허즈버그	

제9장	전진의 법칙 The Power of Small Wins	• 243
	테레사 애머빌, 스티븐 크레이머	

제10장	다수의 커리어를 보유하는 메리트 Why You Should Have (at Least) Two Careers?	• 273
	카비르 세갈	

제11장	신임 매니저는 왜 좌절하는가 Becoming the Boss	• 281
	린다 힐	

제12장	여성 관리자의 고충 The Memo Every Woman Keeps in Her Desk	• 305
	캐슬린 리어든	

제13장	왜 무능한 남자들이 리더가 되는가 Why Do So Many Incompetent Men Become Leaders?	• 327
	토마스 차모로-프레무지크	

제14장	직장 내 인종차별을 해소하는 5단계 How to Promote Racial Equity in the Workplace	• 335
	로버트 리빙스턴	

제15장 설득의 심리학 • 355
Harnessing the Science of Persuasion
로버트 치알디니

제16장 소통의 본질은 경청이다 • 377
Barriers and Gateways to Communication
칼 로저스, 프리츠 로슬리스버거

제17장 인공지능이 범용 기술이 되는 날 • 401
The Business of Artificial Intelligence
에릭 브린욜프슨, 앤드루 맥아피

제18장 데이터 과학자만큼 멋진 일은 없다 • 425
Data Scientist: The Sexiest Job of the 21st Century
토머스 데이븐포트, 디누르자이 파틸

제19장 목표 달성의 비결 • 445
Nine Things Successful People Do Differently
하이디 그랜트 할버슨

제20장 관리자가 시간 관리의 주도권을 되찾는 법 • 453
Management Time: Who's Got the Monkey?
윌리엄 온켄 주니어, 도널드 바스

제21장 린 스타트업을 대기업에서 활용하는 법 • 473
Why the Lean Start-Up Changes Everything
스티브 블랭크

제22장 애자일을 조직 전방위에서 실천하는 방법 • 493
Bring Agile to the Whole Organization
제프 고델프

 **제23장** 민첩한 리더십이란 무엇인가 • 501
The Three Types of Leaders of Innovative Companies
　　　　　• **진행자**: 커트 니키시 • **인터뷰이**: 데보라 안코나, 케이트 아이작스

 제24장 '탄소 제로의 미래'에서 성공할 준비가 되어 있는가 • 519
Is Your Company Ready for a Zero-Carbon Future?
　　　　　　　　　　　　　　　　　　　　　　　　　나이절 토핑

 제25장 IDEO의 디자인 씽킹 • 531
Design Thinking
　　　　　　　　　　　　　　　　　　　　　　　　　팀 브라운

 제26장 마케팅 근시안 • 565
Marketing Myopia
　　　　　　　　　　　　　　　　　　　　　　　　　시어도어 레빗

 제27장 상업적 우주 산업 시대가 도래하다 • 605
The Commercial Space Age Is Here
　　　　　　　　　　　　　　　　　　　　　매트 와인지얼, 메헉 사랑

 제28장 당신이 지금 느끼는 불편함의 정체는 '슬픔'이다 • 617
That Discomfort You're Feeling Is Grief
　　　　　• **진행자**: 스콧 베리나토 • **인터뷰이**: 데이비드 케슬러

 제29장 하이브리드 직장에서 심리적 안전감을 높인다 • 627
What Psychological Safety Looks Like in a Hybrid Workplace
　　　　　　　　　　　　　　　　　　　에이미 에드먼드슨, 마크 모텐슨

 제30장 전략적 의도 • 637
Strategic Intent
　　　　　　　　　　　　　　　　　　　　　게리 하멜, 프라할라드

| 들어가는 글 |

《하버드비즈니스리뷰》(이하 HBR)가 발행된 지 100년이 넘었다. HBR은 당시 새롭게 등장한 경영 관리 business management 분야의 신선한 아이디어를 소개하는 무대가 되었다.

당시 미국은 거칠 것이 없었다. 제1차 세계대전이 일으킨 풍파가 막 가라앉기 시작했고 미국 비즈니스는 도약하고 있었다. 광란의 1920년대 the Roaring Twenties 가 여명을 밝히던 시절로, 경제는 정신없이 빠르게 성장했고 여러 사회적 실험이 활발히 진행되었다. 이처럼 즐거운 분위기는 1929년 갑작스레 찾아온 대공황이 찬물을 끼얹기 전까지 계속되었다. 자동차 제조업과 기타 소비재 산업이 호황을 누렸지만, 기업을 효과적으로 이끌 프로세스는 이제 막 생겨나는 참이었다.

HBR은 이런 흐름 속에서 탄생했다. 원래 계간지로 시작했던 HBR은 하버드 경영대학원 역사상 최장기간 원장을 지낸 월리스 브렛 던햄Wallace Brett Donham이 구상했다. 왕진 전문 치과 의사의 아들이었던 던햄은, 기업이 직면한 가장 큰 난관을 어떻게 해결하고 극복하는지를 다룬 엄격한 연구들을 신뢰했다. 그는 그 연구들에 근거해 정립된 '경영 이론'이 경영진에게 건전한 판단력과 체계적 사고를 길러줄 수 있다고 확신했다. 던햄은 1922년 HBR 창간호에서 경영 이론이 없다면 기업 운영은 "비체계적이고 무계획적이 될 것이며, 많은 사람에게 한심한 도박이 될 것이다."라고 썼다.

초창기 HBR에는 운영의 효율성 개선에 중점을 두는 기사article가 많이 실렸다. 당시 가장 유명한 학설은 프레더릭 윈슬로 테일러Frederick Winslow Taylor가 주장했던 '과학적 관리법'scientific management이었다. 기계공학자에서 경영 컨설턴트로 변신한 테일러는 모든 산업 공정을 수량화해 측정하고, 효율성과 일관성을 갖추도록 최적화할 수 있다고 생각했다.

그러나 산업과 이해당사자 관계가 한층 복잡해지자 비즈니스 세계에는 다른 접근 방식과 아이디어가 필요했다. 그리고 HBR은 이렇게 진화하는 사고의 중요한 원천이 되었다. 얼마 지나지 않아 HBR은 거시 경제 동향이 비즈니스에 미치는 영향부터 노동조합 문제, 새로운 금융 규칙에 대한 조정에 이르기까지 광범위한 주제를 다루기 시작했다.

시간이 지나면서 HBR은 사회의 변화에 맞춰 새로운 분야에 초점을 맞추었다. 직원 동기부여나 진정성 있는 리더십, 워크-라이프 밸런스 등 한때 '가벼운' 것으로 여겨졌던 주제가 건강한 조직이 지녀야 할 중요한 요소로 인식되기 시작했다. HBR은 마침내 새로운 플랫폼을 활용해 종이 저널뿐 아니라 인터넷상에서 동영상과 팟캐스트로, 소셜 미디어로, 심지어 틱톡(2020년에 시작)으로까지 경영학 관련 아이디어를 전파하고 있다. HBR로 잘 알려진, 긴 기사가 실린 종이 저널은 여전히 우리의 최고 보물 중 하나다. 하지만 현재는 더 짧은 글과 도표, 데이터 분석 등을 통해 독자에게 중요한 가치를 전하려 하고 있다.

HBR은 현대 비즈니스 역사상 가장 영향력 있는 아이디어를 많이 발표해왔으며, 이 책은 그중 상당수를 조명하고 있다. 우리는 수십 년이 흘렀어도 여전히 유의미한 기사를 선별하려 노력했다. 비즈니스 환경이 진화해 달라졌어도, 기사에 담긴 개념에다 후에 다른 여러 학자가 자신의 생각과 연구를 덧붙였어도 여전히 사람들에게 의미 있는 내용 말이다.

일부 기사는 오늘날의 기준으로 볼 때 시대에 뒤떨어지거나 불쾌하게 느껴질 수 있는 언어를 사용하고 있다. 우리는 원문을 보존하기로 선택했지만, 특정 구절이 불편하게 느껴질 수 있음을 인정한다. 이 책은 HBR의 역사를 기록하거나 시간이 지남에 따라 HBR이 어떻게 변화했는지를 다루는 연대기가 아니다. 지난 세기 동안 최고이자 가장 오래 지속되는 아이디어가 담긴 기사들을 보여주는 데 그 목적이 있다.

이 책에 선택된 기사에는 최신성 편향 recency bias (오래된 정보보다 최신 정보를 더 중요하게 여기는 것 - 옮긴이)이 있을지 모른다. 30개의 기사 중 HBR 창간 후 첫 60년 동안의 기사는 단 5개에 불과하며 9개는 2015년 이후의 기사다. 이는 그동안 비즈니스 세계가 얼마나 많이 변화했는지를 부분적으로 반영하며, 초기 기사 중 상당수가 초점이 좁았거나 일시적인 통찰력만 제공했음을 의미한다.

요즘 HBR은 경영전략, 비즈니스 모델, 변화관리, 기술을 주제로 한 기사를 훨씬 더 많이 싣고 있다. 이것들은 수많은 독자와 폭넓게 연관되는 주제다(이 글을 쓰는 시점에서 HBR 웹사이트를 찾는 개별 방문객 수는 매월 약 1,100만 명에 달한다). 또한 HBR은 지속가능성, 다양성과 포용성, 사실 기반의 의사결정과 같이 장기적인 성공에 필수적이며 영원하고 근본적이라고 생각하는 가치를 일관되게 담고자 한다. 이 책에 실린 최신 기사 중 여러 편이 이러한 주제를 다루고 있다.

이 책에서 소개하는 기사와 글쓴이는 대개 전설이 되었다. 우선 현대 경영학의 아버지로 불리는 피터 드러커의 1999년 기사인 '자기경영의 시대'Managing Oneself를 제1장에서 소개한다. 그의 저작물들은 미래의 리더들이 더 나은 관리자가 되기 위해 자신의 강점과 약점을 직시하도록 돕는다. 하버드 경영대학원의 저명한 교수인 마이클 포터의 1979년 기사인 '경쟁의 전략'How Competitive Forces Shape Strategy은 제4장에 실었다. 기업의 경쟁적 과제를 이해하기 위한 심도 있는 연구인 5가지 경쟁 요인 프레임워크five forces framework를 처음으로 선보였다. 클레이튼 크리스텐슨의 1995년 기사인 '혁신의 딜레마'Disruptive Technologies: Catching the Wave도 제6장에 수록했다(조지프 바우어 공저). 크리스텐슨 하면 떠오르는 개념인 '파괴적 혁신'disruptive innovation을 소개한다. 그리고 김위찬과 르네 마보안이 2004년 공동작업한 '블루오션 전략'Blue Ocean Strategy도 제5장에 실었다. 이 기사에서 '블루오션'이라는 표현이 처음 등장했으며, 셀 수 없이 많은 혁신가가 이 글을 통해 새로운 시장을 개척하고자 하는 영감을 얻었다.

이번에 모아 실은 기사 가운데 비교적 최근에 쓰인 기사는 리더로서 숙달해야 할 사항을 주제 혹은 도전 과제로 삼는 데 초점을 맞추고 있다. 여기에는 성별, 인종, 다양성, 기술, 인공지능, 기후변화, 팬데믹, 일의 미래와 관련한 내용이 포함된다. 기업 세계가 계속 변화함에 따라 HBR도 그에 맞춰 진화해 장기적인 성공을 목표로 하는 내일의 리더를 위한 불변의 지침서가 되고자 한다.

마지막으로 HBR의 역사에서 중요한 인물인 시어도어 레빗의 글도 실었다. 독일계 미국인 경제학자이자 하버드 경영대학원 교수였던 레빗은 1985년부터 1989년까지 HBR의 편집장을 지냈으며, HBR의 임무와 접근 방식을 널리 확장한 공로를 인정받고 있다. 레빗은 1960년에 발표한 획기적인 기사인 '마케팅 근시안'Marketing Myopia에서 기업이 성공하려면 고객의 니즈에 초점을 맞춰 조기에 효과적으로 방향을 전환해야 한다고 주장했다.

레빗은 HBR을 두고 "글을 쓸 줄 모르는 사람이 읽으려 하지 않는 사람을 위해 쓴 저널이다."라는 농담을 던지고는 했다. 이는 재미있는 자기비하성 농담일 뿐이며 실제로 이 책에 실린 기사들은 아이디어의 깊이가 엄청나게 깊다. 또한 경영 사상의 역사 속에서 가장 널리 읽히고 존경받는 작품 중 하나로 손꼽힌다.

여러분이 이 책에 실린 기사를 즐겁게 읽기를, 계속해서 영감을 얻기를 바란다.

HBR 전前 편집장 아디 이그네이셔스Adi Ignatius[1]

---

[1] 현재는 HBR의 특별 편집위원이고, 현現 편집장은 에이미 번스타인Amy Bernstein이다.

— 1999 —

자기경영의 시대

지식근로자를 위한 교훈: 자신의 강점, 일하는 방식,
가치관을 알고 자신을 경영하는 법

피터 드러커

Managing Oneself

HBR 2005년 1월호에서 전재(product #R0501K)
최초 게재 1999년 3/4월호

피터 드러커 Peter F. Drucker
경영 컨설턴트, 교육자, 작가. '현대 경영의 창시자'the founder of modern management로 불리는 피터 드러커의 글은 현대 기업의 철학적·실천적 기반 형성에 기여했다. 그는 경영 교육의 발전을 이끈 리더였고 '목표에 의한 관리'Management By Objectives, MBO라고 알려진 개념을 발명했다. 대표 저서로 《피터 드러커 자기경영노트》, 《피터 드러커 미래경영》The Essential Drucker, 《경영의 실제》가 있다.

나의 강점은 무엇인가?

나폴레옹, 레오나르도 다 빈치, 모차르트처럼 역사상 큰 성취를 이룬 인물은 언제나 자기경영을 해왔다. 그들이 이룬 위대한 성취의 상당 부분이 바로 자기경영에서 왔다. 하지만 그들은 아주 드문 예외 케이스다. 재능과 업적, 양쪽 모두 몹시 이례적이라서 평범한 인간의 한계 밖에 존재한다고 여겨진다. 그런데 오늘날 우리 대부분은 심지어 그리 대단치 않은 재능을 지닌 사람까지도 자신을 경영하는 법을 배워야 한다. 우리는 우리 자신을 발전시키는 법을 배워야 하고, 우리가 가장 크게 공헌할 수 있는 곳에 자리 잡아야 한다. 그리고 50년에 이르는, 일하는 삶에서 정신적으로 깨어 있는 상태로 업무에 몰두해야 한다. 다시 말해 우리가 하는 일을 언제 어떻게 바꿔야 할지 알아야 한다는 뜻이다.

우리는 대부분 자기가 무얼 잘하는지 안다고 생각하지만 대체로 잘못 알고 있다. 그보다 더 자주 우리는 자기가 무얼 못하는지 안다고 생각한다. 그런데 이조차도 제대로 알고 있는 사람보다 그렇지 못한 사람이 더 많다. 우리는 오직 강점을 통해서만 성과를 낼 수 있다. 약점을 활용해 성과를 낼 수는 없는 노릇이다. 아예 할 수 없는 일이라면 성과를 낸다는 건 불가능한 일이다.

역사를 살펴보면 과거에는 자신의 강점을 알아야 할 필요가 없었다. 태어나면서부터 지위와 할 일이 정해져 있었기 때문이다. 농부의 아들이 다시 농부가 되고, 장인의 딸이 장인의 아내가 되는 식이었다. 지금은 어떤가? 오늘날 우리 앞에는 다양한 선택지가 있다.

내가 어디에 속해야 하는지 알려면 나 자신의 강점부터 파악해야 한다. 나 자신의 강점을 발견하는 유일한 방법은 피드백 분석feedback analysis을 하는 것이다. 중요한 결정을 내려야 하거나 중요한 행동을 해야 할 때라면 앞으로 일어나리라 예상되는 일을 먼저 적어보자. 그리고 9~12개월이 지난 뒤 예상했던 내용과 실제 결과를 비교해보는 것이다. 지금까지 나는 이 방법을 15~20년 동안 실행해왔는데 매번 놀라움을 느낀다. 피드백 분석을 통해 정말 놀랐던 건 내가 기술자들을 직관적으로 잘 이해할 수 있다는 사실이었다. 엔지니어든 회계사든 시장 분석가든 상관없이 말이다. 반면 제너럴리스트들과는 그다지 공감대를 형성하지 못한다는 점도 알게 되었다.

피드백 분석은 결코 새로운 개념이 아니다. 피드백 분석법은 14세기 무렵에 창안되었다. 이를 생각해낸 사람은 피드백 분석이 아니었다면 전혀 이름이 알려지지 않았을 어느 독일인 신학자였다. 그 후로 150년가량 지난 뒤 장 칼뱅과 이냐시오 데 로욜라가 각각 따로 이 방법을 채택해 자신을 따르는 신도에게 습관으로 삼도록 했다. 두 사람이 세운 칼뱅주의 교회와 예수회가 30년이 채 안 되어 유럽을 지배하게 된 건 그들이 피드백 분석 습관을 갖추고 늘 성과와 결과에 초점을 맞췄기 때문이다.

피드백 분석이라는 간단한 방법을 꾸준히 실행하면 꽤 짧은 시간, 약 2~3년 안에 자신의 강점이 어디에 있는지 알게 된다. 이 강점이 우리가 알아야 할 가장 중요한 사항이다. 피드백 분석은 우리가 어떤 일을 할 때 또는 하지 못할 때 강점에서 얻을 수 있는 이점을 완전히 누리지 못하는 이유가 무엇인지 알려준다. 그리고 자신의 능력에서 특히 부족한 분야가 어디인지 파악하도록 해준다. 마지막으로, 자신에게 전혀 강점이 없기에 절대 성과를 낼 수 없는 분야가 무엇인지도 보여준다.

피드백 분석을 통해 우리가 취해야 할 행동에 관한 몇 가지 시사점을 얻을 수 있다.

첫째, 강점에 집중해야 한다. 자신의 강점으로 결과를 낼 수 있는 일을 해야 한다.

둘째, 강점을 더욱 개발해야 한다. 피드백 분석을 하면 어떤 기술을 개선하고 어떤 기술을 새로 익혀야 할지를 금방 알게 될 것이다. 피드백 분석은 우리가 지닌 지식의 공백을 보여주기도 하는데, 이는 대부분 메울 수 있다. 수학자가 되려면 타고나야 하지만 삼각법 정도는 누구나 배울 수 있으니 말이다.

셋째, 지적 오만함이 무지로 연결되지 않도록 해야 한다. 어떤 분야에 애써 눈을 감고 있는지 찾아 극복해야 한다. 특히 한 분야에 대단한 전문성을 지닌 사람 가운데 상당수가 다른 분야에 대한 지식을 갖추지 않아도 된다며 경시한다. 또한 자신의 똑똑함이 그런 지식을 대신할 수 있다고 믿는다. 예를 들면 일류 엔지니어가 사람에 관해서는 아무것도 모르는 걸 자랑스럽게 여기는 식이다. 훌륭한 엔지니어는 인간을 지나치게 무질서한 존재라고 본다. 반대로 인사 전문가들은 기본적인 회계 지식이나 정량적 분석에 대한 무지에 자부심을 느끼는 경우가 종종 있다. 그런 무지를 자랑스럽게 여기는 태도는 오히려 자신에게 해가 된다. 자신의 강점을 온전히 발휘하고 실현하는 데 필요한 기술과 지식을 습득하려 노력하라.

나쁜 습관을 고치려는 노력도 마찬가지로 중요하다. 하면 안 될 일을 하거나 해야 할 일을 하지 못해 효율과 성과를 저해하는 것은 나쁜 습관이다. 그런 습관은 피드백 분석을 통해 금방 드러난다. 예를 들어 계획을 잘 세우는 사람은 계획을 실행하지 않아 훌륭한 계획을 망가뜨린다. 수많은 똑똑한 사람처럼 이들은 아이디어가 태산을 움직인다고 믿는다. 태산을 움직이는 건 불도저다. 아이디어는 불도저가 어디로 가야 할지를 보여줄 뿐이다. 기획자는 계획을 세우는 데서 일이 끝나는 게 아니라는 사실을 알아야 한다. 계획을 실행할 사람을 찾아 계획에 관해 설명하고, 계획이 실행되는 과정에 따라 내용을 조정하고 바꾸어야 한다. 마지막으로 계획을 추진하다 어디서 멈추어야 할지도 정해야 한다.

이와 함께 피드백 분석은 예의 없는 행동이 문제가 되는 때가 언제인지도 알려준다. 예의범절은 조직에서 윤활유와 같은 역할을 한다. 움직이는 두 존재가 접촉했을 때 마찰이 발생하는 건 자연의 법칙이다. 무생물이 그렇듯 사람도 마찬가지다. '감사합니다'나 '부탁드립니다' 같은 간단한 인사를 건네는 일이나 상대의 이름을 외우는 일 혹은 상대방 가족의 안부를 묻는 일 등 예의를 갖춰 대하면 두 사람이 서로를 좋아하든 아니든 상관없이 함께 일할 수 있다.

똑똑한 사람, 특히 똑똑하고 젊은 사람은 종종 이 점을 이해하지 못한다. 만일 피드백 분석 결과 누군가가 일은 훌륭하게 해내지만, 타인과의 협동이 필요한 순간에 계속 실패를 거듭한다면 그 이유는 무엇일까? 그에게 예의범절이 부족하기 때문일 것이다.

기대와 실제 결과를 비교하는 피드백 분석 기법을 활용하면 무슨 일을 하지 말아야 하는지도 알 수 있다. 누구에게나 재능이 전혀 없거나 보통 수준에도 이르기 어려운 영역이 존재한다. 특히 지식근로자^{knowledge worker}라면 그런 분야의 업무 및 과제를 맡거나 직업을 택해서는 안 된다. 역량이 부족한 영역에서 잘하려고 애쓰며 노력을 낭비하는 일은 최소로 줄여야 한다. 잘하는 일을 탁월한 수준까지 끌어올리는 데 드는 노력보다 능력이 전혀 없는 분야의 일을 보통 수준까지 끌어올리는 데 훨씬 더 많은 힘과 노력이 들기 때문이다. 그런데도 대부분의 사람, 특히 대부분의 학교와 조직에서는 능력이 없는 학생이나 구성원을 평범한 수준까지 끌어올리는 일에 집중하고 있다. 그보다는 능력 있는 사람을 탁월한 성과를 내는 사람으로 성장시키는 데 힘과 자원, 시간을 쏟아야 한다.

일하는 방법을 스스로 깨우쳐라

놀랍게도 자신이 어떻게 일을 해내는지를 아는 사람은 거의 없다. 사실 우리는 사람마다 일하는 방식과 성과를 내는 방식이 다르다는 것조차 잘 인식하지 못한다. 너무 많은 이가 성과를 내지 못하는 방식으로 일하면서도 그 방식을 고수한다. 그래서 지식근로자에게는 '자신의 강점은 무엇인가?'라는 질문보다 '어떻게 성과를 내는가?'라는 질문이 더 중요할 수도 있다.

강점과 마찬가지로 성과를 내는 방식도 각자 고유하다. 이는 성격의 문제다. 타고난 것이든 길러진 것이든 성격은 분명 일을 시작하기 훨씬 전에 이미 형성되어 있다. 우리가 '잘하는 일'과 '잘하지 못하는 일'이 정해져 있는 것처럼 우리가 성과를 내는 방식도 정해져 있다. 각자 성과를 내는 방식을 약간씩 수정할 수는 있지만 완전히 바꾸기는 어렵다. 잘하는 일을 해서 좋은 결과를 얻는 것과 마찬가지로 성과가 가장 잘 나오는 방식으로 일함으로써 좋은 결과를 얻을 수 있다. 성과를 내는 방식은 대개 몇 가지 성격적 특징으로 결정된다.

읽고 이해하는가, 듣고 이해하는가

첫 번째로 자신이 읽는 성향의 사람인지 듣는 성향의 사람인지 알아야 한다. 세상에는 읽는 성향의 사람과 듣는 성향의 사람이 있으며, 2가지 성향을 동시에 지닌 사람은 극히 드물다. 이 사실 자체를 아는 사람도 몹시 드물다. 자기가 2가지 성향 가운데 어느 쪽에 속하는 사람인지 아는 사람은 더 드물다. 이를 모르면 얼마나 큰 타격을 입는지 보여주는 사례를 몇 가지 소개한다.

드와이트 아이젠하워가 유럽에서 연합군 최고사령관을 지내던 시절 그는 언론의 사랑을 받았다. 아이젠하워의 기자회견은 그만의 스타일로 유명했다. 그는 어떤 질문을 받든 기자회견장을 완벽하게 장악했으며 아름답게 정제된 우아한 문장 두세 줄로 상황을 묘사하고 정책을 설명했다. 하지만 10년 뒤 아이젠하워 장군을 우러러보던 바로 그 기자들이 아이젠하워 대통령을 업신여기게 되었다. 언론에서는 아이젠하워 대통령이 질문에 제대로 답하는 법이 없으며 엉뚱한 이야기를 끝없이 횡설수설 늘어놓는다고 불평했다. 게다가 앞뒤가 맞지 않고 문법에 어긋나는 대답으로 고급 영어를 말살하고 있다며 조롱했다.

아이젠하워는 자신이 듣는 성향의 사람이 아니라 읽는 성향의 사람이라는 걸 몰랐던 게 분명하다. 아이젠하워가 유럽에서 연합군 최고사령관을 지냈을 당시에는 부관들이 기자들의 예상 질문을 모두 준비했고, 기자회견 30분 전까지 글로 써서 전해주었다. 아이젠하워가 기자회견장을 완벽히 장악할 수 있었던 이유다.

대통령이 된 아이젠하워와 달리 전임 대통령 프랭클린 루스벨트와 해리 트루먼은 모두 듣는 성향을 지녔다. 두 사람은 모두 자신이 듣는 성향의 사람이라는 걸 알고 있었고, 기자회견을 자유롭게 즐겼다. 아이젠하워는 전임 대통령들의 방식을 따라야 한다고 생각했을지도 모른다. 하지만 안타깝게도 아이젠하워는 기자가 묻는 말의 내용조차 제대로 듣지 못했다. 사실 듣는 성향이 아닌 사람을 예로 들기에 아이젠하워는 극단적인 축에 들지도 못한다.

몇 년 뒤 린든 존슨은 자신이 듣는 성향의 사람이라는 것을 알지 못했던 게 큰 이유가 되어 대통령직을 망치고 만다. 존슨의 전임자였던 존 케네디는 읽는 성향의 사람이었다. 그래서 글솜씨가 뛰어난 보좌진을 여럿 두고 내용을 직접 논의하기 전에 글로 내용을 정리하게 했다. 존슨은 이들을 보좌진으로 계속 남겨두었고 그들은 글로 내용을 정리해주었다. 안타깝게도 존슨은 보좌진이 쓴 내용을 하나도 이해하지 못한 게 분명했다. 하지만 상원의원 시절의 존슨은 대통령 시절과 달리 뛰어난 능력을 보여주었다. 국회의원의 주요 자질인 듣는 성향을 지닌 사람이었기 때문이다.

듣는 성향은 만들어낼 수 없으며, 듣는 성향이 뛰어난 사람을 읽는 성향이 뛰어난 사람으로 바꿀 수 없다. 그 반대의 경우도 마찬가지다. 만일 듣는 성향의 사람이 읽는 성향을 갖추려 하면 린든 존슨 같은 운명으로 고통받을 것이다. 읽는 성향의 사람이 듣는 성향을 갖추려 하면 드와이트 아이젠하워와 같은 운명으로 피로워질 것이다. 그래서는 성과를 내지도 성취를 이루지도 못한다.

배우는 방식을 알아라

어떻게 성과를 낼 것인지 파악하기 위해 두 번째로 알아야 할 사항은 자신의 학습 방식이다. 일류 작가들 중 상당수는 학교 다닐 때 성적이 좋지 않았다. 윈스턴 처칠이 대표적이다. 이들은 학창 시절을 지옥 같은 시간으로 기억한다. 하지만 그들과 같은 반 학생 중 그렇게 기억하는 사람은 드물다. 학창 시절이 아주 즐겁진 않았을지 몰라도, 그저 지겨웠다는 정도로 기억할 것이다. 그 이유는 작가들은 대체로 듣거나 읽는 방식으로 학습하지 않기 때문이다. 그들은 글을 쓰면서 학습한다. 그러나 학교에서는 이런 방식을 허용하지 않기 때문에 이들의 성적은 대체로 나쁠 수밖에 없다.

어떤 학교든 학습하는 올바른 방법이 단 하나뿐이며 그 방식이 모든 학생에게 적용된다는 전제하에 운영된다. 하지만 학교가 요구하는 방식에 맞춰 억지로 배울 경우 다른 학습 방식을 선호하는 학생은 그야말로 지옥을 경험하게 된다.

사실 학습 방식에는 대여섯 가지 종류가 있다. 처칠 같은 사람은 글을 쓰면서 배운다. 어떤 사람은 필기를 많이 하면서 학습한다. 예를 들어 베토벤은 스케치북을 엄청나게 많이 남겼는데, 작곡할 때 그 스케치북을 들여다본 적은 한 번도 없다고 했다. 그런데도 스케치북을 보관하는 이유를 물었더니 이렇게 대답했다고 전해진다. "생각날 때 즉시 적어두지 않으면 바로 잊어버리기 때문입니다. 스케치북에 한번 적으면 절대 잊지 않기 때문에 다시 찾아보지 않아요." 이렇게 학습하는 사람도 있다. 한편 어떤 사람은 자기가 하는 말을 들으면서 익힌다.

내가 아는 어느 기업 대표는 가족이 경영하던 중소기업을 업계 일류 기업으로 성장시켰는데, 그는 말하면서 배우는 사람이었다. 그는 매주한 번씩 임원 전원을 사무실로 불러들여 두세 시간 동안 거의 일방적으로 이야기하곤 했다. 그 자리에서 회사의 방침과 관련된 문제를 제기하고 3가지 입장을 취해 혼자 논쟁을 벌였다. 다른 직원에게 질문하거나 생각할 기회를 주는 일은 거의 없었다. 그는 그저 자신의 혼잣말을 들어줄 청중이 필요했을 뿐이었다. 그게 바로 그가 학습하는 방식이었다. 물론 이는 다소 극단적인 사례지만 말하면서 배우는 방식은 특별한 학습법이 아니다. 법정 변호사로 성공한 사람이나 진단 전문 의사 중에도 이런 방식으로 배우는 사람이 많다. 나 역시 마찬가지다.

자기 자신을 이해하는 일 중에서도 자신이 어떻게 배우는 사람인지를 파악하는 일이 가장 쉽다. 사람들에게 "어떻게 학습하시나요?"라고 물어보면 대부분 답을 알고 있다. 하지만 "그 학습법을 실행하시나요?"라고 물으면 그렇다고 대답하는 사람이 거의 없다. 알고 있는 것을 실행하는 것이 성과의 핵심이다. 아니 오히려 이러한 지식을 행동으로 옮기지 않으면 성과를 낼 수 없다.

'나는 읽는 걸 좋아하는 사람인가, 아니면 듣는 걸 좋아하는 사람인가? 그리고 나는 어떻게 배우는가?' 자신에게 가장 먼저 해야 할 질문이다. 하지만 질문이 결코 이 2가지뿐인 건 아니다. 자신을 효과적으로 경영하기 위해서는 다음 질문도 해야 한다. '나는 다른 사람과 함께 어울려 일하는 걸 좋아하는가, 아니면 혼자 일하는 걸 좋아하는가?' 다른 사람과 어울려 일하는 걸 좋아한다면, 어떤 관계 속에서 잘 어울리는 사람인지도 반드시 확인해야 한다.

부하 직원으로 일할 때 최고의 성과를 내는 사람이 있다. 제2차 세계대전 당시 미군의 위대한 영웅이었던 조지 패튼 장군이 대표적인 예다. 패튼은 미군 최고의 부대 사령관이었다. 하지만 그가 총사령관 후보에 올랐을 때, 인재 발굴에 탁월했던 미국 육군 참모총장 조지 마셜 장군은 이렇게 말했다. "패튼은 지금까지 미군이 배출한 가장 걸출한 부관이지만, 지휘관으로서는 최악일 것이네."

어떤 사람은 팀의 구성원일 때 최고의 성과를 내고, 어떤 사람은 혼자 일할 때 최고의 성과를 낸다. 누군가는 훌륭한 코치이자 멘토로 타고난 반면, 멘토 역할에 전혀 소질이 없는 사람도 있다.

다음으로 던져야 할 중요한 질문은 '나는 의사결정자로서 결과를 내는 사람인가, 아니면 조언자로서 결과를 내는 사람인가?'이다. 조언자일 때는 최고의 성과를 내는 반면, 결정을 내릴 때는 그에 따르는 부담과 압박을 견디지 못하는 사람이 아주 많다. 이와 반대로 생각하는 데 조언자의 도움이 필요한 사람도 아주 많다. 이들은 조언자의 말을 참고해 결정을 내리고, 그에 따라 신속하고 자신 있게 결정한 바를 실행으로 옮긴다.

바로 이런 이유로, 조직 내 2인자가 1인자의 자리로 승진했을 때 실패하는 경우가 많이 생기기도 한다. 조직 내 최고의 자리는 결정을 내려야 하는 자리이기 때문이다. 유능한 결정권자들은 자신이 신뢰하는 인물을 2인자 자리에 앉혀 그들의 조언을 듣는다. 그리고 2인자 자리에 앉은 이들은 그 역할에서 뛰어난 성과를 낸다. 하지만 그 사람이 1인자가 되면 무엇이 옳은 결정인지 알고 있으면서도 그 결정을 '직접 내리는 책임'을 감당하지 못해 실패하는 경우가 많다.

그 외에도 우리가 던져야 할 중요한 질문들이 있다. '나는 스트레스 상황에서 성과를 잘 내는가, 아니면 고도로 구조화된 예측 가능한 환경이 필요한가?', '나는 큰 조직에서 최고의 성과를 내는가, 아니면 작은 조직에서 최고의 성과를 내는가?'

모든 환경에서 일을 잘하는 사람은 드물다. 대기업에서 뛰어난 성공을 거둔 사람이 작은 회사로 옮겨 처참하게 실패하는 모습을 여러 번 봐왔다. 그 반대의 경우도 마찬가지다.

결론을 다시 한번 강조하자면, 자신을 바꾸려 하지 마라. 성공하기 어렵다. 그 대신 성과를 내는 방식을 개선하는 데 노력을 쏟아라. 그리고 해낼 수 없는 일을 떠안으려 애쓰지 마라. 결과는 처참할 뿐이다.

나에게 가치 있는 것은 무엇인가

자신을 관리하려면 결국 '나에게 가치 있는 것은 무엇인가?'라는 질문을 던져야 한다. 이는 윤리에 관한 것이 아니다. 윤리 문제라면 모든 사람에게 같은 규칙이 적용되고 확인하는 방법도 간단하다. 나는 그것을 '거울 테스트'라고 부른다.

20세기 초 강대국의 모든 외교관 가운데 가장 존경받았던 외교관은 영국 런던 주재 독일 대사였다. 그는 분명 큰일을 할 사람이었다. 독일 총리가 되거나 적어도 외교부 장관 정도는 맡을 인물이었다. 그런데 1906년 그는 영국 왕 에드워드 7세를 위한 독일 외교단 주최 만찬을 앞두고 돌연 사임했다. 에드워드 7세는 여성 편력이 심한 것으로 악명이 높았기에 왕이 바라는 만찬의 분위기가 어떨지는 짐작 가능했다. 이를 두고 독일 대사는 다음과 같이 말했다고 한다. "아침에 면도할 때 거울 속에서 포주를 보고 싶지는 않습니다."

이게 바로 거울 테스트다. 윤리는 우리에게 스스로 질문하도록 한다. 아침마다 거울로 보고 싶은 사람은 어떤 사람인가? 특정 조직이나 상황에서 윤리적인 행동이라면 다른 조직이나 상황에서도 윤리적인 행동이다. 그런데 윤리는 가치 체계의 일부에 지나지 않는다. 특히 조직의 가치 체계 내에서는 더욱 일부에 불과할 뿐이다.

조직의 가치관과 공존할 수 있는가

사람은 자신의 가치 체계와 맞지 않거나 받아들일 수 없는 가치 체계를 지닌 조직에서 일하면 좌절을 느끼는 동시에 성과도 내지 못한다.

대단히 훌륭한 경력을 지닌 인사 담당 임원의 경험을 살펴보자. 해당 임원이 일하던 회사가 더 큰 규모의 기업에 인수되었다. 인수 이후 임원은 승진해 자신이 가장 잘하는 역할을 맡게 되었다. 그 역할에는 핵심 인재를 선발하는 업무도 포함되어 있었다. 그 임원은 중요한 직책에는 내부 인재를 우선 고려해 앉혀야 한다는 철학을 갖고 있었고, 외부 인재는 내부 검토 후 선발할 인재가 없을 때만 채용해야 한다고 믿었다. 하지만 이들을 인수한 새 회사 측은 조직에 '새로운 피를 수혈하기 위해' 우선 외부에서 대상자를 찾아봐야 한다고 생각했다.

양측의 접근법은 각자 일리가 있다. 내 경험상으로 2가지 방법을 모두 적절히 사용하는 편이 좋다. 다만 양측의 접근법은 근본적으로 양립할 수 없다. 회사의 정책적인 차원에서가 아니라 가치적인 측면에서 양립할 수 없다는 뜻이다. 2가지 접근법은 회사와 직원 사이의 관계에 대해 서로 다른 관점을 보여준다. 다시 말해 조직이 구성원의 성장에 대해 어떤 책임감을 가져야 하는가, 한 개인이 조직에 기여할 수 있는 가장 중요한 방식은 무엇인가에 대한 본질적인 시각 차이 말이다. 결국 몇 년간의 좌절 끝에 인사 담당 임원은 회사를 그만두었고 경제적으로도 상당한 손실을 보았다. 그 임원의 가치관과 조직의 가치관이 양립할 수 없을 만큼 달랐던 것이다.

제약 회사를 예로 들어보자. 그들은 소소한 개선을 통해 성과를 추구할지, 가끔 한 번씩 큰 비용을 들여 고위험이 따르는 '돌파구'를 찾을지 고민한다. 표면적으로는 경제적 판단처럼 보이지만 실제로는 가치관의 문제다. 전자는 의사들이 기존에 하던 진료를 더 잘할 수 있도록 돕는 것이 회사의 역할이라 본다. 반면 후자는 새로운 과학적 발견 자체에 가치를 둔다.

기업 경영에서 단기 성과를 추구할지, 장기 성과에 초점을 맞출지 여부를 두고 고민하는 것도 역시 가치 문제다. 재무 분석가는 장기와 단기 성과를 동시에 추구하면서 기업을 경영할 수 있다고 생각한다. 성공한 기업가는 이를 더 잘 알고 있다. 분명 모든 회사는 단기 성과를 내야 한다. 하지만 단기 성과와 장기 성장 사이에 갈등이 발생하면 회사들은 자사의 우선순위에 따라 결정을 내린다. 이는 경제적인 측면에서의 의견 차이가 아니다. 역할과 경영진의 책임에 관한 관점과 가치의 차이에서 발생하는 문제다.

이런 가치 충돌은 기업 조직에만 국한되지 않는다. 교회에서도 같은 문제가 발생한다. 미국에서 가장 빠르게 성장 중인 한 교회는 교구민 숫자로 교회의 성공을 가늠한다. 교회 지도부에서는 새로 들어오는 성도의 수가 중요하다고 생각한다. 일단 성도가 들어오면 그들의 영적 요구나 성장은 선한 하느님이 맡아주실 것이라 믿는다. 반면 또 다른 복음 교회에서는 성도의 영적 성장이 중요하다고 본다. 그래서 새로 들어온 성도가 영적인 삶을 받아들이지 않으면 교회에서 내보낸다.

다시 한번 강조하지만, 양쪽의 차이는 단지 숫자의 문제가 아니다. 언뜻 보면 두 번째 교회가 성장이 더 느릴 것처럼 보인다. 하지만 신도의 유지율은 이 교회가 훨씬 더 높다. 결국 두 번째 교회가 더 견고한 성장을 하는 셈이다. 여기서 신학의 문제는 부차적일 뿐이며 중요한 것은 신앙 공동체의 가치관 차이다.

공개 토론 자리에서 어느 목사가 이렇게 주장했다. "일단 교회에 가지 않으면 천국의 문은 결코 찾을 수 없습니다." 그러자 "그렇지 않습니다."라며 다른 목사가 반박했다. "천국의 문을 찾기 전까지는 교회에 소속된 게 아닙니다."

사람과 마찬가지로 조직에는 가치가 있다. 조직 내에서 효과적으로 일하려면 개인의 가치가 조직의 가치와 양립해야만 한다. 양쪽의 가치가 같을 필요는 없지만 공존할 수 있을 만큼은 비슷해야 한다. 그렇지 않으면 개인은 가치 충돌 때문에 좌절을 겪을 뿐 아니라 성과를 낼 수도 없을 것이다.

개인이 지닌 강점과 그 사람이 성취하는 방식이 충돌을 일으키는 일은 드물다. 둘은 상호보완적이다. 하지만 개인의 가치와 강점 사이에는 때로 충돌이 발생한다. 어떤 일을 아주 잘해내고 심지어 성공을 거두었다 하더라도 그것이 자신의 가치관과 어긋날 수 있다. 그러면 그 일은 인생을 걸거나 시간을 들일 만큼 가치 있게 느껴지지 않는다.

개인적인 이야기를 하나 덧붙이고 싶다. 오래전 내게도 잘하는 일과 가치 사이에서 결정을 내려야 했던 때가 있었다. 1930년대 중반 나는 런던에서 젊은 투자 은행가로 매우 잘나가고 있었다. 투자 은행가의 일은 확실히 내가 지닌 강점과 잘 맞았다. 하지만 내가 자산 관리자로서 무언가를 기여한다는 생각이 들지 않았다.

나는 내가 사람을 더 가치 있게 여긴다는 걸 깨달았고, 묘지에 묻힌 사람 중 제일 부자가 되는 건 내게 아무 의미가 없다는 결론을 내렸다. 나는 돈도 없었고, 다른 일자리도 없는 데다 당시엔 경제 대공황이 지속되고 있었지만 일을 그만두었다. 옳은 결정이었다. 가치는 개인에게 최종 판단 기준이 되는 궁극의 시험대여야 한다.

내 자리를 찾는다

자신이 어디에 속하는지 일찌감치 알아차리는 사람은 소수다. 예를 들어 수학자, 음악가, 요리사는 대개 네다섯 살 무렵이면 재능이 나타난다. 의사는 보통 늦어도 10대 시절에는 앞으로 의사의 길을 걷겠다고 결심한다. 그렇지만 대부분의 사람, 특히 재능이 많은 사람은 20대 중반이 훌쩍 지나서까지 자신이 어디에 속하는지 제대로 알지 못한다. 그러나 그때쯤이면 3가지 질문에 답할 수 있어야 한다. '내 강점은 무엇인가?', '나는 어떻게 일하는가?', '내 가치는 무엇인가?' 이 3가지 질문에 답하고 나면 자신이 어디에 속하는 사람인지 정할 수 있을 것이다.

혹은 이와 반대로 자신이 속하지 않는 곳이 어디인지 정하는 방법도 있다. 자신이 규모가 큰 조직에서 성과를 잘 내지 못하는 사람이라는 걸 알았다면 큰 조직에서 자리를 제안해도 거절할 줄 알아야 한다. 자신이 의사결정권자의 자리에서는 성과를 내지 못한다는 걸 알았다면 의사결정이 필요한 과제를 맡는 건 거절해야 한다. 패튼 장군도 이런 점을 잘 아는 사람이었다면 독립 사령관 자리를 거절했을 것이다.

이 3가지 질문의 답을 아는 건 자신이 어디에 속하는 사람인지 파악하는 데 중요하다. 나아가 어떤 기회나 제안, 과제를 받았을 때 자기 목소리를 제대로 낼 수 있다는 점에서도 중요하다. 이런 식으로 말이다. "네, 제가 하겠습니다. 하지만 저는 이런 식으로 해야 합니다. 이건 이런 식으로 구성해야 하고요. 관계는 이런 식이 되어야 합니다. 이게 여러분이 제게 그리고 이 시점에서 기대해야 할 일종의 결과물인 셈입니다. 이게 바로 저라는 사람이기 때문이죠."

성공한 경력은 계획에 따라 이루어지는 게 아니다. 자신의 강점, 업무 방식, 가치관을 앎으로써 기회를 맞이할 준비가 되었을 때 경력은 발전한다. 자신이 어디에 속하는 사람인지 알면 열심히 일하게 된다. 또한 능력이 있으면서도 그냥 저냥 사는 평범한 사람도 뛰어난 성과를 내는 사람으로 바뀔 수 있다.

무엇을
기여해야 하는가

역사를 돌아보면 대다수 사람은 '나는 무엇에 기여해야 하는가?'라는 질문조차 할 필요가 없었다. 자신이 기여해야 하는 일이 정해져 있었기 때문이다. 그들은 소작농이나 장인처럼 일 자체가 정해져 있거나 혹은 하인이 그랬듯 주인에게 업무를 지시받았다. 최근까지만 해도 사람들은 대부분 하라는 대로 일하는 종속된 삶을 당연하게 여겼다. 심지어 1950년대와 1960년대에 새로 나타난 지식근로자까지도 회사 인사 부서가 자신의 경력을 계획해주리라 기대했다.

그러다 1960년대 후반에 이르러 사람들은 다른 사람의 지시를 받고 그대로 따르는 걸 원하지 않게 되었다. 청년은 '나는 무엇을 하고 싶은 걸까?'라는 질문을 던지기 시작했고 '자기 자신만의 일'을 통해 기여하라는 말을 들었다. 하지만 이 해결책은 조직인organization man(조직을 최우선으로 여기고 개인의 주체성은 상실한 인간)이 범했던 것만큼이나 잘못된 답이었다. 자신이 원하는 일을 하면 세상에 기여하고, 자아를 실현하고, 성공을 거둘 수 있다고 믿었던 사람 가운데 무엇 하나라도 이룬 사람은 극소수에 불과했다.

그렇다 해도 지시받거나 주어진 일만 하는 옛 방식으로 돌아갈 수는 없다. 특히 지식근로자는 과거 누구도 떠올리지 않았던 질문을 던질 수 있어야 했다. '나는 무엇에 기여해야 하는가?' 이 질문에 답하려면 서로 구별되는 3가지 요소를 확인해야 한다. 첫째, 이 상황이 요구하는 것은 무엇인가? 둘째, 내 강점과 일하는 방식, 가치를 고려할 때 어떻게 하면 이 일에 가장 크게 기여할 수 있을까? 마지막으로, 진정한 차이를 만들려면 어떤 결과를 달성해야 하는가?

새로 부임한 병원 이사장이 겪은 일을 살펴보자. 해당 병원은 규모가 크고 명성이 높은 곳이었다. 병원이 이런 평판을 쌓기까지는 30년이 걸렸다. 새로 취임한 이사장은 병원이 2년 안에 주요 부문에서 최우수 기준을 세우는 데 자신이 기여해야 한다고 생각했다. 이사장은 응급실에 초점을 맞추었다. 병원 응급실은 크고 눈에 잘 띄는 곳이었지만, 엉성하게 운영되고 있었다. 이사장은 응급실을 방문하는 모든 환자가 60초 이내에 전문 간호사를 만나도록 했다. 그러자 1년이 채 안 되어 이 병원의 응급실은 미국 전국 병원의 모범이 되었고, 2년 후에는 병원 전체가 완전히 달라졌다.

이 예에서 알 수 있는 것처럼 지나치게 먼 미래를 생각하는 건 불가능할뿐더러 심지어 생산적이지도 않다. 계획은 보통 18개월 이하의 기간에 맞춰 세워야 하며, 그 정도 기간이라면 계획의 내용이 상당히 명확하고 구체적이어야 한다. 그러므로 대부분의 경우에 다음과 같은 질문을 떠올려야 한다. '다음 1년 반 사이에 변화를 가져올 결과를 어디서, 어떻게 얻어야 할까?' 질문의 답을 얻으려면 몇 가지 사항 사이에 균형을 맞추어야 한다. 첫째, 결과는 얻기 힘든 것이어야 한다. 소위 '도전적'이어야 한다는 뜻이다. 그와 동시에 달성 가능한 범위 안에 있는 일이어야 한다. 불가능한 결과를 목표로 삼는 건 야심 찬 게 아니라 어리석은 짓이다. 둘째, 결과는 의미 있는 것이어야 한다. 즉 변화를 불러오는 결과여야 한다. 마지막으로 결과는 눈에 보이는 것이어야 하고 가능하면 측정할 수 있어야 한다. 여기서부터 무엇을, 어디에서, 어떻게 시작할지 그리고 목표와 기한을 어떻게 설정할지 행동 방침이 정해진다.

상호 관계에서 책임을 진다

혼자 일하고, 혼자 결과를 내는 사람은 몇몇 위대한 예술가와 과학자, 운동선수뿐이며 이들은 극소수다. 사람은 대부분 타인과 함께 일하고, 타인과 함께 일할 때 효과적이다. 이는 조직에 속해 일하는 사람이든 자기 사업을 하는 사람이든 마찬가지다. 자기경영을 위해서는 관계에 대한 책임이 필요하다. 관계에 대한 책임은 다음 2가지 부분으로 구성된다.

다른 사람을 수용한다

첫째, 다른 사람도 자신 못지않은 한 명의 개인이라는 사실을 받아들이는 것이다. 그들도 여느 사람이 행동하는 것과 마찬가지로 고집스럽게 자기주장을 내세운다. 누구나 각자의 강점이 있고, 나름의 방식으로 일을 처리하며, 고유한 가치관이 있다. 그러므로 효과적으로 일하기 위해서는 함께 일하는 사람의 강점과 업무 처리 방식 그리고 가치관을 알아야 한다.

당연한 소리처럼 들리겠지만 실제로는 여기에 신경 쓰는 사람이 거의 없다. 예를 들어 첫 직장에서 보고서 작성 교육을 받았던 한 사람이 있다고 하자. 보고서 작성 교육을 받은 이유는 당시 상사가 문서로 보고받는 걸 선호하는 사람이었기 때문이다. 그런데 이후 새로 온 상사는 말로 소통하며 듣는 걸 선호하는 사람임에도, 이 직원은 여전히 보고서 작성 방식을 고수할 가능성이 크다. 그 결과, 새 상사는 이 직원을 무능하고 게으르며 사고력이 부족하다고 판단하고 결국 이 직원은 조직 내에서 실패를 경험하게 된다. 하지만 그 직원이 새 상사를 주의 깊게 살펴보고 그가 어떤 방식으로 일하는 사람인지 분석했더라면 어땠을까? 그랬다면 이러한 실패는 충분히 피할 수 있었을 것이다.

상사는 조직도 안의 직함이나 '기능'이 아니다. 상사도 개인이며, 그 사람이 가장 잘하는 방식으로 일할 권리가 있다. 그러므로 상사와 함께 일하는 직원은 상사를 관찰해 상사가 어떻게 일하는지 파악하고, 상사가 가장 효과적으로 일하도록 그에 적응하려는 노력이 필요하다. 사실상 이게 바로 상사를 '관리'하는 비결이다.

다른 모든 동료에게도 마찬가지다. 누구나 그들 각자의 방식으로 일한다. 그리고 그들에게는 그렇게 일할 권리가 있다. 중요한 건 그들이 일하는 방식과 가치관이 무엇인가 하는 점이다. 업무 처리 방식에 관해 말하자면 동료마다 각각 다른 방식으로 일할 가능성이 크다. 효과적으로 일하기 위한 첫 번째 비결은 함께 일하거나 업무상 도움받는 동료 직원을 이해하는 것이다. 그래야 그들의 강점과 업무 방식, 가치관을 활용할 수 있다. 모든 업무 관계에서는 일도 중요하지만, 사람을 바탕으로 한다는 점을 기억해야 한다.

소통에 책임을 진다

관계에 대한 책임을 구성하는 두 번째 부분은 소통에 대한 책임이다. 다른 조직에 컨설팅을 하러 들어가서 가장 처음으로 듣는 이야기는 성격 차이에서 오는 갈등이다. 하지만 막상 살펴보면 갈등의 진짜 원인은 따로 있다. 갈등의 대부분은 다른 사람이 무얼 하는지, 어떻게 일하는지, 혹은 어떤 기여를 하고자 하는지, 어떤 결과를 기대하는지 알지 못하는 데서 비롯된다. 그걸 모르는 이유는 물어보지 않았기 때문이고, 그래서 들은 적이 없는 것이다.

다른 사람에게 묻지 않는 건 단지 우리가 어리석기 때문만은 아니다. 그보다는 인류의 역사적 조건에서 비롯된 일이라고 봐야 한다. 과거에는 이런 것들을 굳이 말할 필요가 없었다. 중세 도시에서는 지역 내 주민이 대부분 동일한 업종에 종사했고, 시골에서는 마을의 모든 주민이 서리가 녹자마자 같은 곡물을 심었다. '일반적이지 않은' 일을 하던 소수의 사람조차 혼자 일했기 때문에 자신이 무슨 일을 하는지 다른 사람에게 말할 필요가 없었다.

오늘날에는 대다수 사람이 각자 다른 업무와 책임을 맡은 동료와 함께 일한다. 마케팅 담당 부사장은 영업직 출신으로 영업에 관해서는 속속들이 알고 있다. 하지만 가격 설정, 광고, 포장 등 경험해본 적 없는 업무에 대해서는 전혀 알지 못한다. 그러므로 해당 업무를 맡은 직원은 자신이

하려는 일과 그 일을 하려는 이유, 앞으로 어떻게 일할 것인지, 어떤 결과를 기대하는지를 마케팅 담당 부사장이 아는지 반드시 확인해야 한다.

마케팅 담당 부사장이 그 분야 전문가인 부하 직원이 하는 일을 이해하지 못한다면, 이는 마케팅 담당 부사장 탓이 아니라 업무를 담당하는 직원의 잘못이 크다고 봐야 한다. 마케팅 담당 부사장을 교육하지 않았기 때문이다. 반대로, 마케팅 부사장 역시 자신이 마케팅을 어떻게 바라보는지, 목표는 무엇이며, 어떤 방식으로 일하는지, 자신과 팀원들에게 무엇을 기대하는지를 구성원에게 명확히 전달할 책임이 있다.

관계에 따르는 책임이 중요하다는 걸 아는 사람조차 종종 동료와 충분한 소통을 하지 않는다. 이래라저래라 하는 사람이라거나 꼬치꼬치 캐묻는 사람이라거나 멍청한 사람이라는 소리를 들을까 봐 두려워서 그러는 것이다. 이는 잘못된 생각이다.

"이게 제가 잘하는 일이에요. 제가 일하는 방식은 이렇고요, 저는 이런데 가치를 둡니다. 이런 부분에 기여하려고 집중하고 있으며 제가 만들어내야 할 결과는 이렇습니다." 동료에게 다가가 이렇게 말하면 상대는 항상 이렇게 답할 것이다. "정말 도움이 되었습니다. 그런데 왜 진작 말씀해주지 않으셨어요?" 그리고 이렇게 물었을 때도 마찬가지 반응을 보인다. "당신의 강점은 무엇인지, 어떤 방식으로 일하는지, 어떤 가치를 중요하게 생각하는지 그리고 어떤 기여를 계획하고 있는지 알려주실 수 있나요?"

사실 지식근로자라면 부하 직원이든 상사든 동료든 팀원이든 함께 일하는 모든 사람에게 이런 질문을 던져야 한다. 다시 말하지만, 질문할 때마다 상대의 반응은 항상 이렇다. "물어봐주셔서 감사합니다. 왜 진작 물어보지 않으셨어요?"

조직은 힘이 아니라 신뢰를 바탕으로 세워진다. 조직 구성원 사이에 신뢰가 존재한다고 해서 사람들이 꼭 서로 좋아한다는 뜻은 아니다. 그보다는 서로를 이해한다는 의미다. 그래서 관계에 책임을 다하는 태도가 절대적으로 꼭 필요하다. 조직의 구성원이든 컨설턴트든 공급업자나 대리점이든 모든 동료와의 관계에 책임을 다해야 한다. 업무상 연관된 동료가 있는 사람뿐 아니라 혼자 일하는 사람도 마찬가지다.

제2의 인생을 준비한다

일이 사람 대부분에게 육체 노동을 의미하던 시절에는 제2의 인생을 걱정할 필요가 없었다. 항상 하던 일을 그냥 계속하면 되었기 때문이다. 운이 좋아 공장이나 철도에서 하는 힘든 노동을 40년간 버텨냈다면 남은 인생을 아무것도 하지 않고 쉬는 건 꽤 행복한 일이다. 하지만 오늘날 노동은 대부분 지식 노동이며, 지식근로자는 40년간 일한 뒤에도 일이 '끝나지' 않는다. 그저 지겨워질 뿐이다.

기업 임원이 중년의 위기를 겪는다는 이야기를 정말 많이 듣는다. 이는 대개 지겨움에서 비롯한다. 대부분의 임원은 45세가 되면 경력의 정점에 도달하는데, 스스로도 그것을 안다. 이미 20년 가까이 비슷한 일을 반복해왔기 때문에 지금 하는 일에 능숙하긴 하지만, 더는 새로운 것을 배우거나 무언가를 기여하거나 도전받는 느낌을 받지 못한다. 만족감도 줄어든다. 그런데도 앞으로 20년, 아니 25년은 더 일해야 할 가능성이 크다. 자기경영이 두 번째 경력 second career 의 시작으로 이어지는 이유가 여기에 있다.

두 번째 경력을 쌓는 방법에는 3가지가 있다. 첫 번째 방법은 두 번째 경력을 실제로 시작하는 것이다. 보통 지금 회사에서 다른 회사로 이직하는 방법이 있다. 예를 들어 대기업에서 부문장을 맡던 사람이 중견 병원의 전체 관리자로 자리를 옮기는 식이다. 하지만 완전히 다른 분야로 이직하는 사람도 점점 늘고 있다. 예를 들어 기업 임원이나 정부 공무원으로 일하던 사람이 45세에 성직자의 길로 들어선다거나 기업에서 중간 관리자로 일하던 사람이 법학대학원에 진학해 작은 마을에서 변호사를 하려고 20년간 일했던 회사를 그만두기도 한다.

앞으로 우리는 첫 번째 경력에서 적당한 성공을 거둔 사람들이 두 번째 경력을 시작하는 모습을 더 많이 보게 될 것이다. 이런 사람은 상당한 기술을 갖추었고 어떻게 일해야 할지 안다. 아이들은 독립했고 집은 텅 비었으니 이들에게는 공동체가 필요하다. 또한 수입도 있어야 한다. 그러나 무엇보다 도전 대상이 필요하다.

제2의 인생을 준비하는 두 번째 방법은 지금 하는 일과 매우 비슷한 일을 경력으로 삼는 것이다. 첫 번째 직업에서 크게 성공한 사람이 기존에 해오던 일을 계속 이어가는 경우가 여기 속한다. 정규 근무를 하거나 시간제로 일하거나 아니면 컨설팅을 제공하는 방식이다. 이에 더해 대개는 비영리단체에서 지금까지 해왔던 일과 유사한 업무를 맡아 일주일에 10시간씩 추가로 일하기도 한다. 예를 들어 자기가 다니는 교회의 행정업무를 맡기도 하고 지역 걸스카우트 연맹의 회장을 맡기도 한다. 가정폭력 피해 여성을 위한 쉼터를 운영하거나 동네 공공도서관에서 어린이실 사서로 일한다거나 학교 운영위원회에서 자리를 찾는 등이다.

마지막으로는 사회적 기업가가 되는 길이 있다. 대개 첫 번째 경력에서 대성공을 거둔 사람이 택하는 방법이다. 이들은 자기 일을 정말 좋아하지만, 더는 일에서 도전하는 기분을 느끼지 못한다. 그래서 본업을 완전히 그만두지는 않지만, 점차 그 일에 할애하는 시간을 줄인다. 그 대신 새로운 활동을 시작하는데 보통 비영리단체를 위한 일이다. 일례로 내 친구 밥 버포드는 텔레비전 방송국을 세워 큰 성공을 거두었고 여전히 그 방송국을 경영하고 있다. 그는 방송국 외에 개신교 교회와 함께 일하는 비영리단체를 창설해 잘 운영하고 있다. 그리고 이제는 사회적 기업가들을 대상으로 기존 사업을 계속하면서 비영리사업을 관리하는 방법을 가르치려 한다.

제2의 인생을 꾸려나가려는 사람은 언제나 소수다. 다수는 '일에서 은퇴'한 것처럼 일하면서 진짜 은퇴할 때까지 날짜나 세고 있다. 기대 근로 기간이 길어지는 걸 자기 자신이나 사회를 위한 기회로 받아들이는 소수만이 지도자가 되고 롤모델이 된다.

제2의 인생을 경영하기 위해서는 한 가지 전제조건을 갖추어야 한다. 인생 후반기에 들어서기 한참 전에 미리 준비를 시작해야 한다는 점이다. 30년 전 기대 근로 기간이 매우 빠르게 늘어나고 있다는 게 처음으로 확실해졌을 때, 수많은 논평가가 비영리단체에서 자원봉사하는 은퇴자가 늘어날 것으로 생각했다. 하지만 실제로 그런 일은 일어나지 않았다. 40세가 되기 전 자원봉사를 시작하지 않은 사람은 60세가 넘어서도 자원봉사를 하지 않을 것이다.

이와 비슷하게 내가 아는 모든 사회적 기업가는 원래 사업으로 경력의 정점에 도달하기 훨씬 전에 자신이 선택한 두 번째 경력인 비영리단체에서 일하기 시작했다. 다음의 예를 생각해보자. 대기업 법률 고문을 맡은 성공한 변호사가 자신이 사는 주에 시범 학교를 세우는 모험을 시작했다. 그런 그는 35세 무렵부터 여러 학교에서 법률 관련 도움을 주는 자원봉사 활동을 해왔다. 그리고 40세에 학교 운영위원회 위원으로 선출되었다. 50세에는 상당히 많은 재산을 모은 상태였고 시범 학교를 세워 운영하는 단체를 경영하기 시작했다. 하지만 그는 젊은 변호사 시절 창립을 도왔던 회사에 남아 여전히 법률 고문 팀장으로 정규 근무에 가까운 시간만큼 일한다.

자신의 두 번째 주요 관심사를 개발해 일찍부터 발전시켜야 할 또 다른 이유가 있다. 인생이나 일에서 심각한 문제나 좌절을 경험하지 않는 사람은 아무도 없기 때문이다. 일 잘하는 기술자가 45세에 승진에서 탈락할 수 있다. 주요 조건을 다 갖춘 유능한 대학교수가 42세가 되었음에도 종합대학에서 정교수직을 얻을 가능성이 없음을 깨달을 수도 있다. 혹은 이혼, 자녀의 죽음 같은 가정 내 비극이 찾아올 수도 있다.

그럴 때 단순한 취미가 아닌 제2의 진지한 활동 영역이 있다면 삶은 완전히 달라질 수 있다. 예를 들어 직장에서는 그다지 성공하지 못한 엔지니어가 교회 회계 담당자로 일하는 외부 활동에서는 분명한 성취를 이루는게 가능하다. 어떤 사람은, 가족은 깨졌지만 외부 활동을 통해 여전히 공동체에 속한 상태를 유지하기도 한다.

성공이 엄청나게 중요해진 사회에서 선택지를 갖는 건 점점 더 중요한 일이 될 것이다. 사실 과거에는 '성공'이라는 개념 자체가 없었다. 오래된 영국의 기도문에 나오는 것처럼 '알맞은 자리'에 머무는 것 이상을 바라지 않는 사람이 절대다수였다. 사회적 이동은 오직 아래로 떨어지는 방향으로밖에 일어나지 않았다.

하지만 지식사회에서는 모두가 성공하기를 기대한다. 분명 불가능한 일이다. 대다수 사람은 기껏해야 실패를 피하는 정도다. 성공이 있는 곳이라면 어디든 실패도 있을 수밖에 없다. 자신이 기여하고, 변화를 불러오며, '대단한 사람'이 될 수 있는 분야를 찾는 건 개인에게도 가족에게도 마찬가지로 지극히 중요하다. 그 말은 두 번째 경력을 쌓는 것이든, 기존 분야와 유사한 경력을 추구하는 것이든, 아니면 소셜 벤처 social venture(사회 문제를 해결하기 위해 사회적 기업가가 설립한 기업 또는 조직-옮긴이)를 세우는 것이든 어떤 식으로든 두 번째 분야를 찾아야 한다는 뜻이다. 그곳에서 리더로 일하고 존경받으며 성공할 기회를 만들 수 있기 때문이다.

* * *

자기를 경영하는 데 따르는 어려움은 분명하다. 그리고 그에 대한 답은 고지식해 보일 정도로 자명하다. 하지만 자기경영을 위해 개인, 특히 지식근로자는 새롭고 전례 없는 태도를 갖추어야 한다. 실제로 자기를 경영하려면 모든 지식근로자가 CEO처럼 생각하고 행동해야 한다. 지시받은 대로 일하는 육체 노동자가 자기를 경영해야 하는 지식근로자로 변환하면서 사회 구조는 크나큰 도전을 맞았다. 지금까지의 모든 사회는, 심지어 가장 개인주의적인 사회조차도 2가지 전제를 은연중에 받아들여왔다. 하나는 조직이 노동자보다 오래 살아남는다는 것이고, 다른 하나는 대부분의 사람이 제자리에 머문다는 것이다.

하지만 지금은 그 반대다. 지식근로자는 조직보다 오래 살아남으며 언제든 이동할 수 있다. 그래서 자기경영의 필요성이 인간사에 혁명을 일으키고 있다.

— 1998 —

EQ가 고성과 리더를 만든다

자기인식, 자기조절, 동기부여, 공감 능력, 사회적 기술
: 5가지 요소를 이해하고 비즈니스 현장에서 활용하는 법

대니얼 골먼

What Makes a Leader?

HBR 2004년 1월호에서 전재(product #R0401H)
최초 게재 1998년 11/12월호

일러두기
우리나라에서는 감성지능을 EIEmotional Intelligence 대신 EQEmotional Intelligence Quotient라는 표현으로 화제가 되어 널리 쓰이고 있으므로, 본문 중 일부에서는 EQ를 혼용한다.

대니얼 골먼 Daniel Goleman
감성지능Emotional Intelligence, EI에 관한 글로 잘 알려져 있다. 럿거스대학교 조직 내 감성지능 연구를 위한 컨소시엄Consortium for Research on Emotional Intelligence in Organizations의 공동대표이기도 하다. 대표 저작물로 12권에 달하는 감성지능의 역량 설명 입문서 《감성지능의 구성 요소》Building Blocks of Emotional Intelligence가 있다. 또한 온라인 학습 플랫폼 감성지능 코칭과 훈련 프로그램Emotional Intelligence Coaching and Training Program을 통해 관련 수업을 진행해왔다. 국내에 소개된 책으로 《EQ 감성지능》, 《감성의 리더십》, 《명상하는 뇌》, 《마음챙김》 등이 있다.

EQ는 리더의
필수 조건이다

 기업인이라면 누구나 들어본 이야기가 있다. 하나는 몹시 똑똑하고 노련한 임원이 경영진으로 승진했지만 새로운 자리에서는 실패만 맛보았다는 이야기. 다른 하나는 특별히 뛰어난 두뇌나 기술을 가진 건 아니지만 기본기는 탄탄한 인물이 승진해 솟구치듯 날아올랐다는 이야기다.

 리더가 되는 데 '필요한 자질'을 갖춘 사람을 찾는 건 기술이 아닌 예술이라는 믿음이 널리 퍼져 있는데, 이러한 이야기가 그런 믿음을 뒷받침한다. 어쨌든 훌륭한 리더의 개인적 스타일은 다양하다. 차분하고 분석적인 리더도 있고, 산꼭대기에서 외치듯 소리 높여 선언하는 리더도 있다. 마찬가지로 상황에 맞는 리더십도 중요하다. 합병이 이루어질 때는 세심한 협상가가 책임을 맡아야 할 필요가 있고, 기업의 실적 개선을 위해서는 강력한 권위를 지닌 리더가 필요하다.

 하지만 나는 유능한 리더가 지닌 결정적인 특징을 발견했다. 그들의 EQEmotional Intelligence Quotient(감성지능)가 매우 높다는 점이다. 지능지수IQ나 전문 기술이 리더와 무관하다는 게 아니다. 그것도 물론 중요하다. 하지만 지능지수나 전문 기술은 리더에게 요구되는 '기본 능력'에 불과하

표 2-1 직장에서 필요한 EQ의 다섯 가지 요소

	정의	특징
자기인식 self-awareness	자신의 심리 상태, 감정, 욕구뿐 아니라 그것이 다른 사람에게 미치는 영향을 인식하고 이해하는 능력	자신감 현실적 자기평가 자신을 낮추는 방식으로 유머 감각 발휘
자기조절 self-regulation	파괴적인 충동과 심리 상태를 통제하거나 전환하는 능력 행동하기 전에 생각해보기 위해 판단을 유보하는 성향	신뢰와 정직 모호한 상태를 편안하게 수용 변화에 열린 마음
동기부여 motivation	돈이나 지위를 넘어선 이유로 일하려는 열정 힘과 끈기를 지니고 목표를 추구하는 성향	강한 성취 욕구 낙관주의(실패를 마주했을 때조차) 조직에 헌신
공감 능력 empathy	타인이 느끼는 감정의 성질을 이해하는 능력 타인의 정서 반응에 따라 상대를 대하는 기술	인재를 키우고 유지하는 전문성 다문화적 감수성 고객 서비스
사회적 기술 social skill	인맥을 구축하고 대인 관계를 관리하는 데 능숙 상대와 공통분모를 찾아내고 친밀감을 형성하는 능력	효과적으로 변화를 유도 설득력 팀을 만들고 이끄는 전문 기술

다. 내가 조사한 바와 최근에 나온 다른 연구 결과를 보면 감성지능이 리더십의 필수 요소임을 분명하게 알 수 있다. 감성지능이 없으면 세계 최고의 훈련을 받고, 예리하고 분석적으로 사고하고, 뛰어난 아이디어를 끊임없이 낸다 해도 뛰어난 리더가 될 수 없다.

지난 1년 동안 나는 동료와 함께 EQ가 직장에서 작동하는 방식에 초점을 맞춰 연구를 진행했다. 우리는 감성지능과 효율적인 수행 사이의 관계를 검증했고, 특히 리더를 집중적으로 살펴보았다. 또한 감성지능이 업무에 어떻게 나타나는지도 관찰했다. 예를 들어 누군가의 감성지능이 높다고 어떻게 말할 수 있을까? 또 자신의 감성지능은 어떻게 인식할 수 있을까? 앞으로 이어질 내용을 바탕으로 감성지능의 각 구성 요소(자기 인식, 자기조절, 동기부여, 공감 능력, 사회적 기술)를 차례로 살펴보면서 이러한 질문에 대한 답을 탐구할 것이다.

역량 모델 분석으로
EQ의 유효성을 평가한다

오늘날 대기업 대부분은 숙련된 심리학자들을 고용해왔다. 그리고 그들의 도움으로 리더십 분야의 잠재적 인재를 발굴, 훈련, 승진시키기 위한 '역량 모델'competency models을 개발했다. 또한 직급이 낮은 직원을 위한 역량 모델도 개발했다. 최근 나는 188개 기업의 역량 모델을 분석했는데, 분석 대상은 루슨트 테크놀로지Lucent Technologies, 영국항공British Airways, 크레디트 스위스Credit Suisse 등을 포함한 글로벌 대기업이었다.

이 연구를 진행하면서 설정했던 목표는 조직 내에서 어떤 개인적 역량을 지닌 사람이 뛰어난 성과를 내는지 그리고 개인적 역량이 성과에 미치는 영향의 정도는 어떠한지를 확인하는 것이었다. 나는 개인적 역량을 3가지 범주로 나누었다. 첫째, 회계나 사업 기획 같은 순수 전문 기술, 둘째, 분석적 추론 같은 인지 능력, 셋째, 동료와 협업하는 능력과 효과적으로 변화를 이끄는 능력처럼 감성지능 기반의 역량이었다.

역량 모델을 만들기 위해 심리학자들은 해당 기업의 고위 경영진에게 조직에서 가장 뛰어난 리더를 대표하는 능력이 무엇인지 물었다. 그리고 조직 내 고위직 가운데 평범한 직원과 뛰어난 성과를 내는 직원을 구별하기 위해 부서의 수익성과 같은 객관적 기준을 사용한 역량 모델도 만들었다. 우리는 당시 연구 대상이 된 직원을 광범위하게 인터뷰하고 시험해 능력을 비교했다. 그 결과를 바탕으로 매우 뛰어난 리더가 지닌 요건의 목록을 만들었다. 목록에 오른 요건에는 7~15가지 항목이 포함되었고, 여기에는 진취성과 전략적 비전과 같은 요소가 들어 있다.

모든 데이터를 분석한 뒤 도출된 결론은 인상적이었다. 지성은 확실히 뛰어난 성과를 가져오는 원동력이었다. 큰 그림을 그리며 생각하는 능력이나 장기 비전을 세우는 능력과 같은 인지 능력은 특히 중요했다. 하지만 탁월한 성과를 내는 데 기술적 능력과 지능, 감성지능이 차지하는 비중을 계산해보니 직급을 불문하고 모든 자리에서 감성지능이 다른 요소보다 2배는 더 중요하다는 점이 증명되었다.

더구나 분석에 따르면, 회사 내 최고위 직급에서는 감성지능이 점점 더 중요한 역할을 한다는 사실이 드러났다. 최고위 직급에서 기술적 능력의 차이는 무시할 수 있을 정도로 미세했다. 다시 말해 직급이 높으면 높을수록 기술적 능력이 남다르게 뛰어난 직원일 것으로 여겨지지만 사실은 그렇지 않았다는 뜻이다. 오히려 해당 임원이 탁월한 성과를 내는 이유는 감성지능이 더 높기 때문이었다. 고위 임원 가운데 탁월한 성과를 내는 사람과 일반적인 수준에 머무는 사람을 비교해보니 차이의 거의 90퍼센트가 인지 능력보다 감성지능에 기인했다.

감성지능이 뛰어난 리더를 구별하는 요소일 뿐 아니라 탁월한 성과와도 이어진다는 점은 다른 연구를 통해서도 확인된 바 있다. 인간과 조직행동학의 저명한 학자였던 고故 데이비드 매클렐런드David McClelland의 연구 결과가 좋은 예다. 1996년 매클렐런드는 어느 글로벌 식음료 회사를 대상으로 진행한 연구에서 고위 관리자가 일정 수준 이상의 감성지능을 지녔을 때 담당 부서가 연간 수익 목표를 20퍼센트 초과 달성했다는 사실을 확인했다. 반면 부서 관리자의 감성지능이 일정 수준에 미치지 못했던 부서는 거의 20퍼센트 가까이 목표에 미달하는 결과를 냈다. 매클렐런드의 연구에서 미국 내 부서뿐 아니라 아시아와 유럽에 있는 부서에서도 같은 결과가 나타났다는 점은 흥미롭다.

이러한 숫자를 보면 기업의 성공과 리더가 지닌 감성지능 사이에 연결고리가 있다는 이야기가 설득력 있게 들리기 시작한다. 그리고 이에 못지않게 중요한 점은 알맞은 방식으로 접근한다면 감성지능을 개발할 수도 있다는 점 또한 연구를 통해 증명되고 있다는 사실이다(52쪽 'EQ는 학습할 수 있는가' 참조).

EQ의 제1요소, 자기인식

자기인식은 감성지능을 구성하는 첫 번째 요소다. 수천 년 전 델포이의 아폴론 신전에 "너 자신을 알라."는 신탁이 있던 걸 생각하면 자기인식이 감성지능의 첫 번째 요소라는 것도 이해가 된다. 자기인식$_{\text{self-awareness}}$이란 자신의 감정, 강점, 약점, 필요와 욕구를 깊이 이해함을 뜻한다. 자기인식을 잘하는 사람은 지나치게 비판적이지 않고, 비현실적인 희망에 차 있지도 않으며, 자기 자신과 타인에게 정직하다.

자기인식을 잘하는 사람은 자신의 감정이 자신과 타인 그리고 업무 성과에 어떤 영향을 미치는지 정확히 안다. 예를 들어 마감 기한이 촉박할

EQ는 학습할 수 있는가

오래전 '리더는 타고나는 것인가, 아니면 만들어지는 것인가'를 놓고 논쟁이 있었다. 감성지능에 관한 논의도 마찬가지다. 예를 들어 일정 수준의 공감 능력은 타고나는 것일까, 아니면 인생 경험의 결과로 습득하는 것일까?

둘 다 정답이다. 과학적 연구 결과는 감성지능에 유전적 요소가 있다는 점을 강하게 시사한다. 한편, 심리 발달 연구는 감성지능을 갖추는 데 후천적 양육 또한 한몫한다는 점을 보여준다. 선천적 요소와 후천적 요소의 비중이 어느 정도인지는 알기 어렵지만 감성지능을 학습할 수 있다는 사실만은 연구와 실습으로 명확하게 증명되었다.

한 가지는 분명하다. 감성지능은 나이가 들면서 높아진다는 점이다. 이러한 현상을 좀 더 격식 있는 말로 '성숙해진다'라고 표현한다. 그러나 성숙한 뒤에도 여전히 감성지능을 강화하는 훈련을 받아야 하는 사람도 있다.

문제는 오늘날 리더십 역량을 개발하기 위한 수많은 교육 프로그램이 감성지능을 포함해 그 어떤 능력도 효과적으로 길러주지 못한 채 시간과 비용만 낭비한다는 점이다. 그 이유는 명확하다. 그런 교육 프로그램은 우리 뇌 가운데 잘못된 부분에만 초점을 맞추기 때문이다.

올바른 EQ 훈련법

대뇌변연계limbic system는 인간의 감정, 충동, 욕구를 관장하는 곳이다. 그리고 감성지능은 주로 태어날 때 이러한 대뇌변연계의 신경전달물질에 영향을 받는다. 연구 결과에 의하면 대뇌변연계는 동기부여, 확장 연습, 피드백이 있을 때 가장 잘 학습한다고 한다. 그러면 이를 분석과 기술 능력을 관장하는 신피질neocortex에서 이루어지는 학습과 비교해보자.

신피질에서는 개념과 논리를 파악한다. 책을 읽고 컴퓨터를 사용하는 방법이나 영업용 전화를 거는 법을 알게 되는 일이 바로 뇌의 신피질 영역에서 이루어진다. 그래서 대부분의 교육 프로그램에서는 감성지능을 강화하기 위해 바로 이 신피질 부위를 목표로 삼는다. 물론 이는 잘못된 방식이다. 내가 조직 내 감성지능 연구 컨소시엄과 함께 진행한 연구는 뇌의 신피질 영역에 접근하는 교육 프로그램이 사실상 직무 수행 능력에 '부정적인' 영향까지 미칠 수 있다는 점을 밝혀냈다.

기업에서 직원의 감성지능을 높이려면 교육 프로그램을 재설계해야 한다. 대뇌변연계에 초점을 맞추도록 접근법을 바꾸는 것이다. 직원이 과거의 습관을 버리고 새로운 습관을 형성하도록 도와야 한다. 그러려면 전통적인 교육 프로그램보다 교육하는 데 훨씬 더 오랜 시간이 필요할 뿐 아니라 개인별 접근법도 도입해야 한다.

동료 직원의 공감 능력이 낮다고 여기는 임원이 있다고 해보자. 공감 능력이 부족하다는 건 남의 말을 듣는 능력이 부족하다는 의미이기도 하다. 공감 능력이 낮은 그 임원은 다른 사람이 말할 때 불쑥 끼어들고, 남이 하는 말에 제대로 집중하지 않는다. 이 문제를 해결하려면, 우선 그 임원에게 변화하고자 하는 동기가 필요하다. 이어서 반복 연습과 피드백이 따라야 한다.

이때 동료나 코치를 정해두고 그 임원이 경청하지 않는 모습을 보일 때마다 당사자에게 알려주게 할 수 있다. 그러고 나면 그 임원은 지적받았던 일을 떠올리며 보다 나은 반응을 연습해야 한다. 즉 타인의 말을 제대로 이해하고 수용하는 능력을 실제로 보여주는 것이다. 또한 다른 사람 말을 경청하는 특정 임원을 관찰하고 그 사람의 행동을 따라 하게 할 수도 있다. 끈기를 갖고 연습하면 그 과정을 통해 결과를 지속해서 얻을 수 있다.

훈련과 피드백이 EQ를 높인다

월스트리트에서 임원으로 일하는 어느 지인은 자신의 공감 능력을 향상하고 싶어 했다. 특히 상대의 반응을 확인해 관점을 파악하는 능력을 키우려 했다. 지인이 자신의 공감 능력을 향상하기 위해 노력하기 전 부하 직원들은 그와 함께 일하는 걸 두려워했다. 심지어 그들은 나쁜 소식이 지인의 귀에 들어가지 않도록 숨기기까지 할 정도였다.

마침내 이 모든 사실을 마주했을 때 당연히 그는 충격을 받았다. 집에 가서 가족에게 이 사실을 전했지만, 가족이 하는 이야기는 직장에서 들은 내용을 다시금 확인시켜줄 뿐이었다. 어떤 주제에 관해 지인과 의견이 맞지 않는 상황이 생기면 가족도 그를 두려워했다.

그는 코치의 도움을 받아 연습과 피드백을 통해 공감 능력을 높이기로 했다. 첫 번째 단계는 휴가를 내서 자신이 모르는 언어를 사용하는 외국으로 여행을 떠나는 일이었다. 외국에 머무는 동안 그는 익숙하지 않은 환경에 놓인 자신의 반응을 관찰했고, 자신과 다른 사람들에게 얼마나 열린 태도를 보이는지를 스스로 점검했다. 그렇게 해외에서 일주일을 보내며 겸손함을 배운 그는 집에 돌아와 자신의 코치에게 부탁했다. 일주일에 몇 차례, 일정 시간 동안 자신을 따라다니며 자신이 직원들을 어떻게 대하는지, 다른 관점으로 비판해달라고 한 것이다. 동시에 그는 업무 중 직원들과 교류하는 시간을 자신과 생각이 다른 이들의 의견을 '경청'하는 연습의 기회로 삼았다. 마지막으로 회의에 참석한 자기 모습을 동영상으로 촬영해 자신이 타인의 감정을 얼마나 잘 인식하고 이해하는지를 평가해달라고 요청했다. 이 모든 과정은 수개월이 걸렸다. 하지만 결국 그의 감성지능은 눈에 띄게 향상되었고, 그 변화는 전반적인 업무 성과에도 영향을 미쳤다.

　감성지능을 높이는 일은 진지한 의지와 집중적인 노력이 뒷받침되지 않으면 불가능하다. 짧은 연습으로는 변화하기 어렵고, 설명서를 사서 따라 한다고 되는 일도 아니다. 공감 능력이 몸에 밸 만큼 내면화한다는 것, 다시 말해 타인을 향한 자연스러운 반응으로 공감이 우러나오게 만드는 일은 회귀분석을 익히는 것보다 훨씬 더 어렵다. 그렇지만 가능하다. 시인 랠프 월도 에머슨Ralph Waldo Emerson은 "열정 없이 이루어진 위대한 일은 아무것도 없다."라고 썼다. 진짜 리더가 되는 게 목표라면 이 말을 지침으로 삼아 높은 감성지능을 갖추기 위해 노력해야 한다.

때 자신이 평정심을 잃고 실수가 잦아지는 유형임을 인식한다면, 일정을 미리 계획해 마감일 훨씬 전에 업무를 마무리할 수 있도록 조율한다.

자기인식 수준이 높은 사람은 까다로운 고객과도 효과적으로 일할 수 있다. 그들은 고객이 자신의 기분에 어떤 영향을 미치는지, 거기서 생기는 좌절감의 근본 원인이 무엇인지 이해한다. 또한 "저들의 사소한 요구 때문에 정작 중요한 일에서 자꾸 벗어나게 됩니다."라고 설명할 수 있으며, 자신의 분노를 더 생산적인 방향으로 전환할 줄도 안다.

자기인식은 자신의 가치와 목표에 대한 이해로 확장된다. 자기인식을 잘하는 사람은 자신이 어디로 향하고 있는지, 왜 그리로 가는지 안다. 예를 들면 금전적으로 구미가 당기지만, 자신의 원칙이나 장기 목표에 부합하지 않는 일자리를 제안받으면 자기인식 능력이 뛰어난 사람은 이를 단호하게 거절할 수 있다.

반면 자기인식이 부족한 사람은 자신도 모르게 내면의 가치와 충돌하는 결정을 내려 혼란을 겪곤 한다. "연봉이 높아 보여 연봉 계약서에 서명했어요."라고 말하는 사람은 취업하고 2년이 지난 뒤에는 이렇게 말한다. "그런데 그 일이 제게 별 의미가 없으니 하루하루가 지루해요."

이 예들로 알 수 있듯 자기인식 능력이 뛰어난 사람은 자신이 내리는 결정이 자신의 가치관과 일치하기 때문에 결과적으로 일에서도 활력을 얻는다.

자기인식 능력을 판별한다

그렇다면 자기인식 능력을 어떻게 높일 수 있을까? 우선 자기인식은 자기 자신을 현실적으로 평가하는 능력과 솔직함을 통해 드러난다. 자기인식 능력이 뛰어난 사람은 자신의 감정과 그 감정이 일에 미치는 영향에 관해 터놓고 정확하게 이야기한다. 이것이 꼭 감정을 분출하거나 내면을 고백하는 식일 필요는 없다.

자신의 감정을 제대로 이해하는 3가지 방법

hbr.org 2016년 11월 10일 자 기사 수정(product #H038KF)

수전 데이비드 Susan David

감정을 효과적으로 다루는 건 리더십의 핵심 기술이다. 감정에 이름을 붙이는 일(심리학자는 이를 '라벨링'labeling이라고 부른다)은 감정을 효과적으로 다루기 위해 첫 번째로 거쳐야 할 중요한 단계다. 하지만 감정에 이름을 붙인다는 건 말처럼 쉽지 않다. 지금 느끼는 감정이 무엇인지 정확하게 식별하는 데 어려움을 겪는 사람이 많다. 또한 가장 분명해 보이는 감정의 이름표가 사실 가장 정확한 이름표는 아닌 경우도 종종 있다.

예를 들어 화와 스트레스는 우리가 직장에서 가장 자주 겪는 두 가지 감정이다. 아니 어쩌면 가장 자주 부르는 감정의 이름이 화와 스트레스다. 하지만 이 말들은 더 깊은 감정을 감추는 가면이 되곤 한다. 화와 스트레스라는 이름의 감정을 더 자세하고 정확하게 묘사할 수 있어야 '정서적 민첩성'emotional agility이라는 역량을 키울 수 있다. 그리고 정서적 민첩성은 세상과 더 건강하게 상호작용하는 데 중요한 능력이다.

자, 어느 직원이 몹시 화가 났다. 그런데 화가 남과 동시에 슬프기도 하다면 어떨까? 혹은 불안한 거라면? 감정을 나타내기 위해서는 미묘한 부분을 좀 더 잘 설명할 어휘가 필요하다. 감정에 대한 어휘력이 더 정교해져야 하는 이유는 단지 정확성을 높이기 위해서가 아니다. 감정을 잘못 진단하면 잘못 대응하게 되기 때문이다. 만일 '화났다'고 판단하면 화를 다스리려 하고, '실망'이나 '불안'이라고 인식하면 전혀 다른 대응 방식을 택하게 된다. 혹은 감정을 아예 무시할 수도 있다.

다음에 제시하는 것은 우리의 감정을 보다 정확하고 엄밀하게 알아차릴 3가지 방법이다.

1. 감정을 표현하는 어휘를 늘린다

표현은 중요하다. 감정이 휘몰아치는 상태라면 그 감정을 뭐라고 불러야 할지 잠시 생각하라. 그런데 여기서 그치지 말아야 한다. 일단 감정의 명칭을 알아냈다면 지금 느끼는 감정을 묘사할 방법으로 단어 2개를 더 떠올리려 노력해보라. 그러면 감정이 폭넓다는 점에 놀라거나 혹은 뻔해 보이는 감정 아래 묻혀 있던 한층 더 깊은 감정을 찾아냈다는 점에 놀라게 될 것이다.

다음 표는 감정 표현 어휘의 예시 목록이다. 구글에서 감정 표현 어휘를 검색하면 훨씬 더 많은 예를 찾을 수 있다. 감정을 나타내는 표현을 찾을 때 부정적인 감정뿐 아니라 긍정적인 감정에도 같은 노력이 필요하다.

예를 들어 새로운 일을 앞두었을 때 단순히 '긴장된다'는 말 대신 '설레고 기대된다'고 표현해보자. 또 동료를 두고 '좋은 사람'이라는 말 대신 '매우 신뢰할 수 있는 사람'이라고 표현해보자. 이렇게 감정을 정교한 언어로 표현해보는 과정이 앞으로의 행동 방향을 설정하는 데 도움이 된다.

표 2-2 감정 목록

뻔히 알 수 있는 수준을 넘어 정확히 무엇을 느끼는지 파악하자.

화	슬픔	불안	속상함	당황스러움	행복함
불통한	실망한	두려워하는	질투하는	고립된	감사한
좌절한	비통한	스트레스를 받는	배신감을 느끼는	남의 시선을 의식하는	믿어 의심치 않는
짜증 난	후회스러운	취약한	고립된	외로운	편안한
방어적인	우울한	혼란스러운	충격을 받은	열등한	만족스러운
악의에 찬	꼼짝 못 하는	갈피를 못 잡는	결핍된	죄책감이 드는	신난
안달하는	비관적인	회의적인	희생양이 된	수치스러운	느긋한
역겨운	울먹이는	걱정스러운	억울한	혐오스러운	안도하는
불쾌한	경악하는	조심스러운	고통받는	한심한	의기양양한
신경질이 난	환멸을 느끼는	초조한	버려진	혼란스러운	자신감 있는

2. 감정을 얼마나 강하게 느끼는지 파악한다

지금 느끼는 감정이 훨씬 덜 극단적일 때조차도 '화났다'거나 '스트레스 받아'처럼 기본적인 표현으로 뛰어넘는 경향이 있다. 고객 중에 결혼 생활에 어려움을 겪는 사람이 있었다. 그 고객은 아내가 '화'를 냈다는 말을 자주 했고 그에 따라 종종 그도 화를 냈다. 그러나 함께 다양한 감정 어휘를 살펴보는 과정에서 그는 아내가 늘 화가 나 있었던 게 아니라 단지 '짜증'이 나거나 '초조'했을 때도 많았음을 깨달았다. 그러한 통찰을 얻자 부부 관계도 달라졌다. 아내가 이유 없이 항상 화를 냈던 게 아니라는 걸 깨달았기 때문이다. 이는 고객이 실제로 화를 내지 않고도 아내가 느끼는 특정 감정과 우려에 대응할 수 있다는 의미였다.

자기 감정에 이름표를 붙일 때도 마찬가지다. 지금 내가 정말 화가 난 건지, 단지 기분이 언짢은 건지, 슬픈 건지, 혹은 실망했을 뿐인 건지 구분해야 한다. 그리고 감정의 강도에 1에서 10까지 점수를 매겨보자. 그 감정을 얼마나 깊게 느끼는가? 얼마나 다급하게 혹은 강하게 느끼는가? 감정의 세기 때문에 감정을 나타낼 이름으로 다른 단어를 고르게 되는가? 이에 따라 점수가 달라진다.

3. 감정을 글로 적는다

텍사스대학교 제임스 페니베이커James Pennebaker 교수는 기록과 감정 처리 사이의 연결 관계를 40년 동안 연구해왔다. 그의 연구에 따르면, 감정적으로 격앙되었던 사건을 글로 써본 사람들은 정신적·신체적으로 눈에 띄는 회복 효과를 경험했다. 그의 연구는 최근 정리해고를 당한 직장인을 대상으로 한 연구에서 부끄러움, 분노, 불안감 그리고 관계의 어려움을 철저하게 파악하는 사람이 통제 집단에 속한 사람보다 재취업 확률이 3배나 높다는 것을 보여주었다.[1]

페니베이커 교수의 실험에 따르면, 자신이 느끼는 감정을 적은 사

---

1 Stefanie P. Spera, Eric D. Buhrfeind, and James W. Pennebaker, "Expressive Writing and Coping with Job Loss," *Academy of Management Journal*, November 30, 2017, https://journals.aom.org/doi/abs/10.5465/256708.

람은 '~라는 점을 배웠다', '~라는 생각이 들었다', '이유는 이러하다', '이제 나는 ~을 깨달았다', '나는 ~이라는 점을 이해한다' 등과 같은 표현을 사용했다. 그리고 시간이 흐르자 감정의 의미를 이해하는 통찰력이 생기기 시작했다. 감정을 글로 쓰는 과정을 거친 덕분에 이들은 감정에 관한 새로운 관점을 얻을 수 있었고, 감정과 감정이 지닌 함의를 더욱 분명하게 이해할 수 있었던 것이다.

다음과 같은 연습을 해보자. 타이머를 20분으로 맞추고 지난주, 지난달 혹은 작년 1년 동안 느꼈던 감정적 경험에 관해 써보자. 글의 내용이 완벽해야 한다거나 읽기 쉽게 써야 한다는 부담은 버려라. 그저 마음 가는 대로 쓰는 게 중요하다. 다 쓰고 나서 적은 글을 보관하지 않아도 된다. 이 행위의 핵심은 마음속 생각을 밖으로 꺼내 종이에 적는다는 것이다.

이런 연습은 매일 할 수도 있지만 힘든 시간을 보내고 있거나 인생의 큰 전환을 맞았을 때, 감정적 동요를 겪을 때, 힘든 경험을 제대로 받아들이지 못하고 있다는 생각이 들 때 특히 유용하다. 일단 지금 느끼는 감정이 '무엇'인지 알고 나면 우리는 그 감정을 잘 다룰 수 있게 되며, 그 감정에 더 잘 대응하고 더 정확한 배움을 얻을 수 있다.

수전 데이비드
하버드/맥린 코칭연구소 Harvard/McLean Institute of Coaching 설립인. 하버드 의과대학교 교수진이자 세계적 경영 사상가다. HBR '올해의 경영 아이디어'에 선정된 개념을 바탕으로 집필한 《감정이라는 무기》의 저자이기도 하다. 이 책은 《월스트리트저널》이 발행한 서적 중 베스트셀러 1위에 오른 바 있다. 인기 강연가이자 고문으로 영국 런던에 본사를 둔 글로벌 회계법인인 EY Ernst & Young부터 UN, 세계경제포럼 World Economic Forum, WEF에 이르기까지 주요 조직 수백 곳의 고위급 리더와 함께 일해왔다.

예를 들어보자. 내가 아는 한 관리자는 대형 백화점 지점에 근무했는데, 처음에는 회사에서 막 도입하려는 퍼스널 쇼퍼 서비스에 회의적이었다. 그 관리자는 팀이나 상사가 묻지 않았음에도 그들에게 자신의 상태를 설명했다. "퍼스널 쇼퍼 서비스 출시 관련 업무에서 뒤처져 있다는 게 힘들어요." 그녀는 자신의 감정을 인정했다. "그 프로젝트를 정말 맡고 싶었는데 담당자로 뽑히지 못했거든요. 그러니 마음을 추스를 시간을 좀 주세요." 그녀는 실제로 자신의 감정을 제대로 살폈고, 일주일 후부터는 퍼스널 쇼퍼 서비스 도입 프로젝트를 전적으로 지원했다.

이러한 자기인식은 채용 과정에서도 종종 드러난다. 지원자에게 감정에 휘말린 나머지 후회되는 행동을 했던 경험에 대해서 물어보라. 자기인식 능력이 뛰어난 사람은 실패를 솔직하게 인정할 뿐 아니라 자기 실패에 대해서도 웃으면서 이야기할 줄 안다. 자기인식 능력이 뛰어난 사람의 특징 중 하나가 자기를 낮추어 유머의 소재로 삼는 유머 감각이기 때문이다.

업무 성과 평가를 하는 과정에서도 직원의 자기인식 정도를 파악할 수 있다. 자기인식을 잘하는 사람은 스스로 한계와 강점을 알며, 그에 관해 편안하게 이야기하는 동시에 건설적인 피드백을 갈망하는 태도를 보인다. 반면 자기인식 능력이 낮은 사람은 개선이 필요하다는 피드백을 위협이나 실패의 신호로 받아들이는 경향이 있다.

자기인식 능력이 높은 사람은 자신감을 통해서도 드러난다. 이들은 자기 역량을 확실히 알기 때문에 감당할 수 없는 업무를 맡았다가 실패하는 상황을 만들 가능성이 낮다. 또한 언제 도움을 구해야 하는지도 알며 업무상 책임져야 할 위험도 계산한다. 그들은 혼자 감당할 수 없다는 걸 알면서 일을 맡겠다고 나서지 않으며, 자신의 강점을 살릴 수 있는 업무를 맡는다.

　회사 최고위 임원이 모인 전략회의 자리에 참석을 요청받은 중간 관리자의 행동을 살펴보자. 이 직원은 회의실에 모인 사람 가운데 직급이 가장 낮았지만 놀라거나 주눅 들지 않았다. 또한 조용히 앉아서 듣기만 하지 않았다. 그는 자신이 분명한 논리적 사고와 설득력 있는 발표 능력을 갖췄다는 걸 알고 있었고, 회사의 전략에 대해 명확하고 설득력 있는 의견을 제시했다. 이처럼 높은 자기인식 능력 덕분에 자신이 잘 모르는 영역에 대해서는 함부로 손을 대지 않았다.

조직에서 평가하기 힘든 자기인식 능력

　회사가 자기인식 능력이 뛰어난 직원을 보유하는 건 가치 있는 일이다. 그럼에도 나의 연구에서는 회사 경영진이 잠재적 리더를 발굴할 때 자기인식의 응당한 가치를 인정하지 않는 것으로 나타났다. 많은 임원이 종종 솔직한 태도를 '나약함'으로 오해하고, 자신의 약점을 드러내는 직원을 리더로서 부족하다고 판단한다. 이들은 그런 직원을 '충분히 강하지 못하다'며 너무 쉽게 리더 후보에서 제외해버린다.

　하지만 사실 그 반대로 해야 한다. 대부분의 사람은 솔직함을 높이 평가하고 존중한다. 게다가 리더에게는 자기 자신과 타인의 역량을 솔직하게 평가하고 판단해야 할 일이 끊임없이 생긴다. 우리 회사가 경쟁사를 인수하기 위한 경영 전문성을 갖추었는가? 우리가 6개월 내에 신제품을 시장에 출시할 수 있는가? 자기 자신을 솔직하게 평가하는 사람, 즉 자기인식 능력이 뛰어난 사람이야말로 자신이 몸담은 조직을 솔직하게 평가하는 데 적합하다.

EQ의 제2요소, 자기조절

생물학적 충동은 우리의 감정을 자극한다. 그것을 완전히 없앨 수는 없지만 잘 관리할 수는 있다. 자기조절self-regulation은 꾸준히 지속되는 내면의 대화와 같으며, 이는 감정의 포로가 되지 않게 해주는 감성지능의 구성 요소다. 자기조절을 잘하는 사람들도 다른 사람들과 마찬가지로 나쁜 기분이나 감정적 충동을 느끼지만 그들은 그런 감정을 통제하고, 심지어 유용한 방식으로 전환할 줄 안다.

한 임원의 모습을 상상해보자. 그는 자신의 팀이 이사회 앞에서 형편없는 분석 자료를 발표하는 걸 지켜봤다. 암울한 기분에 빠진 임원은 화가 났으며 테이블을 내리치거나 의자를 발로 차고 싶은 충동이 든다. 펄펄 뛰며 부하 직원을 향해 소리를 지를 수도 있다. 아니면 무겁게 침묵한 채 부하 직원 전부를 노려보다 화난 발걸음으로 자리를 떠날 수도 있다.

하지만 자기조절이라는 재능이 있는 사람은 이와 다른 방식으로 접근하는 방법을 택한다. 자기조절이 이루어지는 임원이라면 어떤 성급한 판단도 내리지 않은 채 일단 팀의 형편 없는 발표 내용을 인정한다. 그리고 신중하게 할 말을 고른다.

그러고 나서 한 걸음 뒤로 물러나 팀에서 이런 실패가 나온 이유에 관해 생각한다. 발표가 엉망이었던 원인이 개인적인 문제, 즉 발표자의 노력 부족일까? 정상 참작을 할 만한 이유가 있을까? 이 대실패 속에서 나의 역할은 무엇이었을까?

이런 질문을 스스로에게 던진 후 그는 팀을 다시 불러 모아 사건의 결과를 설명하고 자신의 감정을 솔직하게 공유한다. 그리고 신중한 분석을 바탕으로 문제의 핵심을 짚고 구체적인 해결책을 제시한다.

신뢰할 수 있는 환경을 만들어 경쟁력에 긍정적인 영향을 준다

리더에게 자기조절이 그토록 중요한 이유는 무엇일까? 첫째, 자신의 감정과 충동을 통제할 줄 아는 이성적인 사람은 신뢰와 공정이 살아 있는 조직 문화를 만든다. 신뢰와 공정함이 살아 있는 환경에서는 정치적 다툼이나 내부 분열이 줄어들고 생산성이 높아진다. 능력 있는 사람이 조직에 모여들어 떠나려 하지 않는다. 자기조절 능력은 조직의 위에서 아래로 영향을 미친다. 상사가 늘 침착한 태도를 유지한다면 부하 직원이나 구성원들도 쉽게 흥분하거나 감정적으로 대응하지 않는다. 조직 윗선에서 부정적 분위기가 줄어들면 조직 전체의 분위기가 좋아진다는 뜻이다.

둘째, 자기조절은 경쟁을 위한 핵심 역량이다. 오늘날 경영 환경이 변화와 불확실성으로 가득하다는 건 모든 사람이 아는 사실이다. 기업에서는 합병과 분할이 자주 일어난다. 기술은 어지러울 정도로 빠르게 업무를 변화시킨다. 감정을 잘 통제하는 사람은 이러한 변화와 함께 발맞추어 나갈 수 있다. 이들은 회사에 새로운 프로그램이 도입되어도 놀라 허둥지둥하지 않는다. 그 대신 판단을 유보하고, 정보를 찾으며, 새로운 프로그램에 관해 설명하는 경영진의 말에 귀를 기울인다. 변화를 위한 프로그램이 진행되면 이들은 그에 맞춰 움직일 수 있다.

이들은 때로 변화의 길을 이끌기도 한다. 대형 제조업체에서 일하는 어느 관리자의 예를 들어보자. 동료와 마찬가지로 해당 관리자도 특정 소프트웨어 프로그램을 지난 5년간 사용해왔다. 그녀는 이 소프트웨어 프로그램을 이용해 데이터를 모아서 보고했고 회사의 전략을 궁리했다.

그런데 어느 날 회사의 고위 임원이 사내에 새로운 소프트웨어 프로그램을 설치할 것이라고 발표했다. 이 프로그램을 사용하면 회사 내에서 정보를 수집하고 평가하는 방식이 크게 달라질 것이라고 했다.

사내에서는 소프트웨어 프로그램 교체가 업무에 상당한 지장을 줄 거라며 크게 불평하는 직원이 많았다. 하지만 이 관리자는 회사에서 새로운 프로그램을 도입하려는 이유를 곰곰 생각해보았고, 이 프로그램에 업무 성과를 향상시킬 잠재력이 있음을 확신했다. 그래서 열심히 교육에 참여했고(일부 동료는 교육에 참여하기를 거부했다) 마침내 여러 부서를 관장하는 자리로 승진했다. 승진한 이유 중에는 그녀가 회사에서 새로 도입한 기술을 매우 효과적으로 사용했기 때문이라는 점도 있었다.

기업의 부정을 방지한다

나는 여기서 한 걸음 더 나아가 자기조절이 리더십에서 얼마나 중요한지를 강조하고 싶다. 자기조절은 리더십의 핵심 요소이며 '진실성'integrity을 강화하는 기반이 된다. 진실성은 개인적 덕목일 뿐 아니라 조직의 강점이기도 하다.

회사 내에서 발생하는 좋지 못한 사건은 충동적 행동이 원인인 경우가 많다. 사람들이 처음부터 계획적으로 수익을 부풀리거나, 비용 계정과 관련 없는 지출을 끼워 넣거나, 회삿돈을 횡령하거나, 권한을 사적으로 남용할 생각을 하지는 않는다. 대부분은 예상치 못한 기회가 눈앞에 닥쳤을 때 충동을 제어하지 못하고 응했을 뿐이다.

이와 대조적으로 자기조절을 잘하는 사람의 행동을 살펴보자. 어느 식품 대기업에 근무하는 고위 임원이 있다. 그는 지역 대리점과 협상을 벌일 때 철저히 정직하게 임했다. 그는 회사 내부의 원가 구조를 구체적으로 공개함으로써 유통업체들이 회사의 가격 정책을 현실적으로 이해하도록 도왔다. 대리점에 이런 식으로 접근한다는 건 해당 임원이 대리점과의 가격 협상에서 항상 자사에 유리한 조건으로만 임할 수는 없다는 걸 의미했다. 이제 그는 회사의 원가 구조를 알리지 않고 이윤을 늘리고 싶다는 충동을 종종 느낀다. 그렇지만 그 충동을 억누른다. 장기적인 관점에서 보면 그러한 충동을 억누르는 편이 합리적이고 타당하다는 걸 알기 때문이다. 감정을 스스로 잘 통제한 덕분에 임원은 대리점과 오랫동안 끈끈한 관계를 이어나가는 것으로 보상받았고, 이는 단기적으로 얻는 어떤 금전적인 이익보다 회사에 큰 도움이 되었다.

감정을 스스로 잘 통제하는 사람은 쉽게 알아차릴 수 있다. 신중하며 성찰적인 성향, 애매모호하고 변화무쌍한 상황을 편하게 받아들이는 태도 그리고 충동적인 욕망을 거부하는 도덕적 진실성에서 자기조절의 정도를 엿볼 수 있다.

자기인식과 마찬가지로 자기조절도 보통 그 가치를 인정받지 못한다. 세간에서는 감정을 잘 통제하는 사람을 냉담한 사람으로 보기도 한다. 그리고 감정을 잘 통제하는 사람이 깊이 생각한 뒤 보이는 반응을 열정 부족으로 받아들인다.

'전형적인' 리더는 불같은 성미를 지닌 사람이라고 여겨지는 경우가 많다. 그리고 이런 사람이 감정을 분출하는 모습을 카리스마와 힘을 드러내는 특징으로 여긴다. 하지만 이렇게 성미가 불같은 사람이 조직에서 최고위직에 오르면 그의 감정 충동은 대개 역효과를 불러일으킨다. 연구한 바에 따르면 부정적인 감정을 극단적으로 표출하는 성향이 훌륭한 리더십의 원동력이 되는 경우는 결코 없다.

EQ의 제3요소, 동기부여

효과적으로 리더십을 발휘하는 리더가 공통적으로 지니고 있는 한 가지 특성은 동기부여$_{\text{motivation}}$다. 이들은 단순한 목표 달성을 넘어 자신의 기대치를 뛰어넘는 성취를 추구하며, 타인의 기대마저 넘어서려는 강한 추진력을 지닌다. 여기서 핵심 단어는 '성취'$_{\text{achieve}}$다. 외부 요인에서 동기를 얻는 사람은 수없이 많다. 연봉이나 화려한 직책, 명성 있는 기업의 일원이라는 외적 보상 말이다. 이와 대조적으로 리더십 잠재력을 지닌 사람들은 순수한 성취의 기쁨을 누리고자 하는 내면의 욕구를 동기로 삼는다.

  리더를 찾을 때 외부적 보상이 아니라 내면의 성취 욕구를 동기의 원동력으로 삼는 사람을 어떻게 구별해낼 수 있을까? 첫 번째 신호는 일, 그 자체를 향한 열정이다. 성취 욕구를 원동력으로 삼는 사람은 창의적인 도전을 추구하고, 배우기를 즐기며, 맡은 일을 잘 해낸다는 사실에 큰 자부심을 느낀다. 또한 일을 더 잘하기 위해 지칠 줄 모르는 에너지를 쏟는다. 이런 에너지를 지닌 사람들은 현 상태에 안주하지 않고 늘 "왜 이렇게 해야 하죠?"라는 질문을 던지며 새로운 방식을 모색한다. 업무를 처리하는 새로운 접근 방식을 탐구하는 데 열심인 것이다.

  예를 들어 어느 화장품 회사의 관리자를 살펴보자. 그는 현장의 직원들에게서 실적 결과를 받는 데 2주나 기다려야 한다는 걸 답답해했다. 고민 끝에 그는 결국, 매일 오후 5시에 모든 영업담당자에게 자동 메시지를 보내는 자동화 전화 시스템을 도입했다. 전화가 울리면 각 영업사원은 자동 메시지의 안내에 따라 그날의 통화 횟수와 판매 실적을 전화기에 숫자로 입력해야 했다. 그 결과 판매 실적 보고를 받는 데 걸리는 시간이 몇 주에서 단 몇 시간으로 단축되었다.

보다 높은 기준을 추구한다

이 이야기는 성취동기가 높은 사람이 지닌 또 다른 특징 2가지를 보여준다. 성취동기가 높은 사람은 성과 기준을 끝없이 높이며, 자신이 올린 점수를 기록하는 걸 좋아한다. 먼저 성과 기준을 살펴보자. 동기 수준이 높은 사람은 업무 평가 시간에 상사에게 '도전적인' 목표를 제시해달라고 요청한다. 물론 내면의 동기가 높은 동시에 자기인식도 함께 이루어진 사람이라면 자신의 한계도 잘 알고 있다. 그렇다고 해서 쉽게 달성할 수 있는 목표에만 안주하지는 않는다.

이런 사람들이 성과를 측정하고 싶어 하는 것은 지극히 자연스러운 일이다. 그들은 자기 자신은 물론 팀과 조직의 발전 상태를 숫자로 확인하고 싶어 한다. 성취 욕구가 낮은 사람은 보통 업무 결과에 관해 흐릿한 반면, 성취 욕구가 높은 사람은 흔히 수익성이나 시장점유율과 같은 확실한 척도를 확인해 기록한다. 내가 아는 한 금융자산관리사는 매일 아침저녁으로 인터넷에 접속한다. 그날 자신이 운용한 주식 펀드의 성과가 업계에서 설정한 4가지 기준과 비교해 어느 수준인지를 직접 측정하기 위해서다.

흥미롭게도 성취동기가 높은 사람은 실적이 나쁘거나 자신에게 유리하지 않을 때도 여전히 낙관적이다. 실적이 좋지 않을 때 자기조절과 성취동기를 결합해 업무 차질이나 실패에 따르는 좌절과 우울감을 극복하는 것이다.

어느 대형 투자 회사에 근무하는 또 다른 포트폴리오 매니저를 살펴보

자. 그녀는 수년간 지속적으로 성공적인 실적을 거두어왔다. 그러다 어느 해 관리하는 펀드의 수익률이 3분기 연속으로 폭락했다. 이런 하락세 때문에 펀드에 투자했던 고객인 대형 투자 기관 세 곳이 다른 펀드로 자금을 옮겼다.

다른 사람이었다면 수익률 폭락의 원인을 통제할 수 없는 외부 환경 탓으로 돌렸을 것이다. 또 어떤 사람은 성과 차질을 개인적 실패의 증거로 보기도 한다. 하지만 이 포트폴리오 매니저는 달랐다. 이번 일을, 자신이 실적 전환을 이끌어낼 능력이 있는 직원임을 증명할 기회로 삼았다. 그리고 2년 후 아주 높은 직급으로 승진했을 때 수익률이 폭락했던 경험을 두고 이렇게 말했다. "그것은 내게 일어난 최고의 일이었어요. 그 사건을 통해 정말 많은 걸 배웠습니다."

조직에 헌신한다

사내에서 성취동기가 높은 직원을 알아내고자 하는 임원이라면 마지막 징후 하나를 더 찾아볼 수 있다. 그건 바로 조직을 향한 헌신의 정도다. 일 그 자체를 좋아하는 직원이라면 보통 일을 할 수 있게 해주는 조직에 헌신한다. 조직에 헌신적인 직원은 헤드헌터가 돈을 흔들며 쫓아와도 조직에 그대로 남을 가능성이 크다.

성취동기가 강력한 리더십으로 바뀌는 이유와 방법을 이해하기는 어렵지 않다. 스스로 성과 기준을 높게 설정하는 사람이라면 조직에서 성과 기준을 정하는 자리를 맡아도 마찬가지로 높은 성과 기준을 설정할 것이다. 또한 목표를 초과 달성하려는 추진력과 결과를 기록하는 데 쏟는 관심은 조직 안으로 퍼져 나간다. 이러한 특성을 지닌 리더는 주위에 자신과 비슷한 특성을 지닌 관리자를 모아 팀을 꾸리는 경우가 많다. 물론 낙관주의와 조직을 향한 헌신은 리더십의 기본이다. 그것 없이 회사를 경영하는 모습은 감히 상상하기도 어렵다.

EQ의 제4요소, 공감 능력

공감 능력empathy은 감성지능의 여러 구성 요소 가운데 가장 알아보기 쉬운 특성이다. 누구나 감성적인 선생님이나 친구에게 공감을 느껴본 적이 있으며, 냉혹한 코치나 상사를 만나 그들의 공감력 부재에 놀란 적이 있을 것이다. 비즈니스 세계에서는 공감 능력을 지닌 사람에게 보상하는 건 말할 것도 없고 칭찬하는 일조차 거의 없다. 공감이라는 단어 자체가 비즈니스와 어울리지 않고, 시장이라는 냉엄한 현실과 맞지 않는 표현처럼 보이기 때문이다.

하지만 공감이란 '나는 괜찮아, 너도 괜찮아'라는 식의 감상을 의미하는 게 아니다. 리더에게 있어 공감이란 다른 사람의 감정을 자신의 감정처럼 느끼고 모든 사람을 기쁘게 하려 애쓴다는 뜻이 아니다. 그런 방식은 오히려 악몽에 가깝다. 어떤 행동도 할 수 없게 만들기 때문이다. 공감이란 이성적 판단을 하는 과정에서 직원들의 감정을 다른 여러 요소와 함께 신중하게 고려하는 태도를 의미한다.

공감이 작동하는 사례 하나를 살펴보자. 대형 투자 중개 회사 두 곳이 합병되면서 전 부서에 걸쳐 중복되는 인력이 생겨났다. 어느 부서의 관리자는 팀원을 전부 모아 조만간 해고될 직원의 숫자를 강조하며 우울한 연설을 늘어놓았다. 반면 다른 부서 관리자는 팀원들에게 전혀 다른 방식으로 이야기했다. 우선 자신이 느끼는 걱정과 혼란스러움을 솔직히 말했다. 그리고 팀원들과 계속 정보를 공유하고 모든 직원을 공정하게 대우하겠다고 약속했다.

두 관리자 사이에 나타나는 차이점이 공감 능력이다. 첫 번째 관리자는 자기 자신의 앞날을 지나치게 걱정하느라 직원들의 불안한 마음을 고려하지 못했다. 두 번째 관리자는 팀원들이 어떤 기분인지 직관적으로 알아차렸고, 그들이 느끼는 두려움을 직접 언급해 팀원들의 감정을 인정해주었다. 첫 번째 관리자가 담당한 부서의 경우 직원들의 사기가 저하되었고 유능한 직원들이 팀을 빠져나가면서 이 부서는 무너졌다. 이는 결코 놀라운 일이 아니다. 이와 달리 두 번째 팀의 관리자는 강력한 리더십을 발휘했다. 최고의 직원이 팀에 남아 함께했으며 그 부서는 그 어느 때보다 높은 생산성을 유지했다.

팀의 일이 많아질수록 공감의 중요성이 높아진다

오늘날 공감이 리더십의 구성 요소로 더욱 주목받는 데는 3가지 이유가 있다.

1. 팀 기반의 업무 확대
2. 가속화된 글로벌화
3. 유능한 인재를 확보해야 할 필요성

팀을 이끌 때 마주하는 어려움에 관해 생각해보자. 팀에 속해본 적이 있는 사람이라면 누구나 알 수 있듯이 팀이란 감정이 부글대며 들끓는 가마솥이다. 팀에서는 흔히 합의에 도달해야 할 일이 많다. 그런데 합의라는 건 두 사람 사이에서도 이루어지기 어려울뿐더러 인원이 늘어날수록 훨씬 더 어려워진다. 구성원 네다섯 명 정도인 소규모 팀조차 별도의 동맹이 형성되고 팀원 사이에 충돌하는 의제가 나타나게 마련이다. 그러므로 팀 리더는 테이블에 둘러앉은 모든 팀원의 관점을 감지하고 이해할 수 있어야 한다.

어느 대형 IT 기업의 마케팅 매니저가 문제 많은 팀의 리더로 새로 임명되었을 때도 그러한 공감 능력이 발휘되었다. 해당 팀은 과중한 업무에 시달렸고, 업무 마감 기한을 넘긴 상태로 혼란 속에 빠져 있었다. 그러다 보니 팀원 사이에 긴장도가 높았다. 업무 절차를 조금 손보는 정도로는 팀원을 하나로 모아 회사 내에서 효율적으로 일하는 팀으로 만들기에 충분치 않았다.

그래서 이 관리자는 몇 가지를 조치했다. 우선 개별 면담을 진행하며 구성원 한 명 한 명의 이야기를 듣는 시간을 마련했다. 어떤 불만이 있는지, 동료를 어떻게 평가하는지, 혹시 팀에서 무시당한다고 느끼지는 않는지 등에 관해 이야기를 나눴다. 그러고는 팀원이 서로 마음을 모으도록 팀을 이끌었다. 불만을 느끼는 부분에 관해 터놓고 이야기하도록 팀원을 독려하고, 회의 시간에 건설적인 불만을 제기하게 했다. 이 관리자는 공감 능력을 발휘해 팀의 정서적 구조를 이해했던 것이다. 결과적으로 팀원 사이의 협력은 강화되었고 한층 다양한 내부 고객에게서 도움을 요청받으면서 비즈니스도 커졌다.

비즈니스 리더의 공감 능력이 중요해진 또 다른 이유는 글로벌화다. 서로 다른 문화적 배경을 가진 사람이 대화를 나누다 보면 실수나 오해가 빈번하게 발생한다. 이러한 문제를 해결할 방법은 바로 공감이다. 공감 능력을 지닌 사람은 상대방의 몸짓에서 나타나는 미묘한 신호에 예민하게 대처한다. 말로 이루어지는 표현 아래에 담긴 메시지를 들을 수 있을 뿐 아니라 문화적·민족적 차이와 그 중요성을 모두 깊이 이해한다.

어느 미국인 컨설턴트의 사례를 살펴보자. 그 컨설턴트가 속한 팀은 잠재 고객인 일본 회사를 상대로 프로젝트 제안서를 처음 발표했다. 이 팀은 미국 고객을 상대하는 데 익숙했고, 미국 고객은 프로젝트 제안이 끝나고 나면 질문 세례를 이어갔다. 하지만 이번에는 발표가 끝나자 긴 침묵이 이어졌다. 팀원들은 잠재 고객의 침묵을 거절 신호로 읽었고 짐을 챙겨 자리를 떠나려 했다. 그러나 수석 컨설턴트가 팀원들에게 멈추라고 손짓했다. 그는 일본 문화를 잘 아는 편은 아니었지만 잠재 고객의 표정과 자세를 보고 그 침묵이 프로젝트 거절을 의미하지 않는다는 걸 알았다. 오히려 흥미를 보이며 수락을 깊이 고려한다는 의미임을 감지한 것이다. 그의 느낌은 옳았다. 잠재 고객사 측에서는 마침내 입을 떼고 이번 프로젝트를 맡기겠다고 수락했다.

마지막으로 공감 능력은 인재를 보유하는 데도 핵심 역할을 한다. 정보 경제 시대에 리더는 과거보다 훨씬 더 높은 수준의 공감을 요구받는다. 유능한 직원이 회사를 떠나면 그 사람만이 아니라 그가 지닌 지식과 경험도 함께 사라지기 때문이다.

우수한 코치나 멘토에게 공감은 필수불가결하다

바로 이 지점에서 코칭과 멘토링이 필요하다. 코칭과 멘토링이 직원의 업무 성과를 향상할 뿐 아니라 직업 만족도를 높이고 이직률을 낮춘다는 건 여러 번 증명된 사실이다. 그런데 코칭과 멘토링이 뛰어난 효과를 발휘하려면 관계의 본질을 살펴야 한다. 뛰어난 코치와 멘토는 도우려는 상대의 마음으로 들어가 효과적인 피드백을 줄 방법을 감지한다. 이들은 상대가 뛰어난 성과를 내려면 언제 밀어붙여야 하고 언제 물러서야 하는지를 아주 잘 안다. 그리고 동기를 부여하는 과정에서 공감을 행동으로 보여준다.

반복된 이야기지만, 비즈니스 세계에서 공감 능력은 그다지 인정받지 못한다. 자신이 내리는 결정에 영향받는 모든 사람의 감정을 '느낀다면' 어떻게 힘든 결정을 내릴 수 있을지 의아해한다. 하지만 공감하는 리더는 단지 주변 사람을 동정하는 것 이상의 일을 해낸다. 공감을 통해 얻은 지식과 이해를 토대로 회사를 보다 세심하고 중요한 방식으로 개선해나가기 때문이다.

EQ의 제5요소, 사회적 기술

감성지능의 첫 3가지 요소는 자기경영 기술에 해당한다. 그리고 나머지 두 요소인 공감 능력과 사회적 기술social skill은 타인과의 관계를 관리하는 능력이다. 감성지능의 한 가지 요소로서 사회적 기술은 말처럼 그다지 간단하지 않다. 사회적 기술이 뛰어난 사람치고 불친절한 사람은 드물지만, 그렇다고 뛰어난 사회적 기술이 그저 타인을 향한 단순한 친근함에 머물지는 않는다. 그보다 사회적 기술은 목적 있는 친근함이라 할 수 있다. 다른 사람을 자신이 원하는 방향으로 움직이게 하는 것이다. 원하는 바가 새로운 마케팅 전략에 합의하게 하는 것이든, 신제품에 관한 열정을 지니게 하는 것이든 말이다.

사회적 기술이 뛰어난 사람은 인간관계의 폭이 넓은 편이며 온갖 다양한 사람과 공통분모를 찾아내는 데 소질이 있다. 즉 누구와 만나도 친밀감을 형성하는 재주가 있다. 그렇다고 이들이 계속 누군가를 사귄다는 뜻은 아니다. 중요한 일은 결코 혼자서는 이룰 수 없다는 전제하에 일한다는 뜻이다. 이런 사람들은 행동해야 할 때가 오면 이미 잘 구축된 네트워크를 보유하고 있는 경우가 많다.

사람 사이의 유대가 일을 원활하게 한다

사회적 기술은 감성지능의 다른 요소들이 종합된 결과이기도 하다. 사람들은 자신의 감정을 이해하고 통제할 수 있으며, 타인의 감정에 공감할 수 있을 때 관계를 효과적으로 관리하는 경향이 있다. 심지어 동기부여조차도 사회적 기술에 일조한다. 성취 욕구가 강한 사람들은 좌절이나 실패에 직면해도 낙관적인 경향이 있다는 점을 기억하라. 이러한 낙관성은 대화와 다른 사회적 상호작용에 긍정적인 분위기를 불어넣으며, 그런 사람들은 대체로 인기가 많다. 그리고 그럴 만한 충분한 이유가 있다.

사회적 기술은 감성지능의 다른 요소들이 빚어낸 결과이기 때문에 직장 내에서도 다양한 방식으로 그 존재가 드러난다. 예를 들어 사회적 기술이 뛰어난 사람은 팀을 관리하는 데 능숙한데, 그건 공감 능력이 작동하기 때문이다. 또한 그들은 설득 전문가이기도 하다. 설득은 자기인식, 자기조절, 공감 능력이 결합해 이루어지는 작업이다. 설득을 잘하는 사람은 이러한 기술을 지닌 덕분에 감정에 호소해야 할 때는 언제인지, 또 이성에 호소하는 편이 더 효과적일 때는 언제인지 안다. 그리고 사회적 기술이 뛰어난 사람이 지닌 동기가 밖으로 드러나면 이들은 뛰어난 파트너가 된다. 업무를 향한 이들의 열정은 다른 사람에게 퍼져 나가며, 이들은 문제의 해결책을 찾고자 노력한다.

하지만 때로 사회적 기술은 감성지능의 다른 요소들과는 다른 방식으로 드러난다. 예를 들어 사회적 기술이 뛰어난 사람은 근무 시간에 일하지 않는 것처럼 보일 때가 있다. 하는 일 없이 수다나 떠는 것처럼 보이는 것이다. 사무실 복도에서 동료와 떠들거나 실제 업무와 아무런 관련이 없는 직원과 농담을 주고받으며 돌아다니는 모습도 보인다. 하지만 사회적 기술이 뛰어난 사람은 인간관계의 범위를 임의로 제한하는 건 말도 안 되는 일이라고 생각한다. 오늘 막 인연을 맺은 사람에게, 언젠가 중요한 도움을 받아야 할지도 모른다는 사실을 잘 알고 있기 때문이다. 그렇기에 이들은 관계의 폭을 넓히고 다양한 연결고리를 형성한다.

예를 들어 어느 글로벌 컴퓨터 제조업체 전략 부문 임원의 사례를 살펴보자. 1993년이 되자 그는 회사의 미래가 인터넷에 있다는 걸 확신했다. 그는 1년 동안 뜻이 맞는 사람들을 찾았고, 자신의 사회적 기술을 활용해 조직의 직급, 부서, 국가를 넘나드는 가상 커뮤니티를 만들었다. 그는 이 사실상의 팀을 이용해 주요 기업 중에서도 가장 먼저 회사 웹사이트를 구축했다. 예산이나 공식 지위는 없었지만 스스로 주도해 인터넷 업계 연례 대회 참여사로 회사를 등록했다. 협조적인 다른 직원에게 부탁하고 여러 부서를 설득해 자금을 기부받았으며, 연례 대회에서 회사를 대표할 50인 이상의 직원을 12여 개의 팀에서 차출했다.

경영진들도 그의 활동을 주목했다. 대회가 끝나고 1년 안에 임원이 꾸린 팀은 회사의 첫 인터넷 담당 부서의 기반이 되었고, 임원은 공식적으로 이 부서를 책임지는 자리를 맡게 되었다. 그 자리에 오르기까지 그는 조직 내 곳곳에서 일하는 직원들과 관계를 형성하고 유지하며 업무 관행의 한계를 뛰어넘었다.

대부분의 기업에서 사회적 기술을 핵심 리더십 역량으로 여길까? 답은 '그렇다'이다. 특히 감성지능의 다른 요소와 비교해보면 더 그렇다. 사람들은 리더라면 인간관계를 효과적으로 관리할 줄 알아야 한다는 사실을 직관적으로 알고 있다. 섬처럼 홀로 지내는 리더는 어디에도 없다. 결국 리더의 업무는 타인을 통해 일을 수행하는 것이며 이를 가능하게 하는 것이 바로 사회적 기술이다. 공감을 표현하지 못하는 리더는 아예 공감하지 못하는 것과 같다. 리더가 조직에 열정을 전달할 수 없다면 그가 지닌 동기도 무용지물이다. 사회적 기술이야말로 리더가 감성지능을 발휘하게 만드는 수단이다.

***

강력한 리더십의 요건으로 예전부터 손꼽히는 지능지수와 기술력이 중요하지 않다고 주장하는 건 어리석은 일이다. 그러나 감성지능 없이 그 2가지만으로는 강력한 리더십이 완벽하게 구성되지 않는다. 한때는 감성지능의 구성 요소들은 비즈니스 리더가 '갖추면 좋은 정도'로 여겼다. 하지만 이제는 다르다. 비즈니스 리더가 성과를 내려면 감성지능의 구성 요소를 '반드시 갖추어야 한다'고 생각한다.

다행히 감성지능은 학습으로 향상할 수 있다. 물론 그 과정은 쉽지 않다. 감성지능을 학습하기까지는 시간이 걸리며 무엇보다 노력을 쏟아야 한다. 그러나 감성지능이 잘 발달했을 때 개인과 조직 양쪽이 누리게 될 이점을 고려하면 감성지능 학습에 노력을 쏟을 가치는 충분하다.

— 2018 —

제3장

진정한 리더가 되는 법

나다움을 발휘할 때 성별이나 인종에 따라 나타나는 어려움과 차이점

* **진행자**: 에이미 번스타인, 세라 그린 카마이클, 니콜 토레스 * **인터뷰이**: 티나 오피

Lead with Authenticity

팟캐스트 〈우먼 앳 워크〉Women at Work 2018년 2월 9일 자 방송 중
'진정한 리더가 되는 법'Lead with Authenticity을 수정

티나 오피 Tina Opie

오피 컨설팅 그룹Opie Consulting Group LLC 설립인. 오피 컨설팅 그룹은 금융 서비스, 엔터테인먼트, 미디어, 미용, 교육, 의료 산업의 대기업에 자문을 제공한다. 수상 경력이 있는 연구자이자 컨설턴트이며 뱁슨대학교 부교수와 하버드 경영대학원 객원 연구위원을 맡고 있다. 그의 연구 내용은 《오 매거진》O Magazine, 〈워싱턴 포스트〉, 〈보스턴 글로브〉, HBR 등을 통해 소개되었다. 또한 HBR에서 진행하는 팟캐스트 방송 〈우먼 앳 워크〉와 보스턴 일대의 PBS 계열 방송국 WGBH의 방송에서 고정 해설자로 출연하고 있다. 《자매애 공유》Shared Sisterhood 의 공동저자이기도 하다.

에이미 번스타인 Amy Bernstein

HBR 편집장. 하버드 비즈니스 출판사 부사장 겸 편집장이자 팟캐스트 〈우먼 앳 워크〉의 공동진행자다.
- X(과거 트위터): @asbernstein2185

세라 그린 카마이클 Sarah Green Carmichael

〈블룸버그 오피니언〉Bloomberg Opinion 편집인 겸 칼럼니스트이자 HBR 전前 편집장이다. 《하루 10분 가장 짧은 동기부여 수업》을 공동집필했다.
- X: @skgreen

니콜 토레스 Nicole Torres

런던 〈블룸버그 오피니언〉 편집자이자 HBR 전 선임 편집자다.

진정성이란 자신의 모든 걸 업무에 반영할 때 느끼는 느낌이다. 즉 자신의 행동과 의도가 일치할 때 진정성이 느껴진다. 하지만 직장에 진정성을 쏟고 싶은 여성은 어려움을 겪는다. 그들은 누군가의 딸이자 엄마, 자매이자 상사다. 서로 다른 역할을 모두 소화하는 건 힘들며 이는 때때로 서로 충돌한다. 진정성 있는 리더십은 하나의 규범에 맞춰져 있다고 여겨지는 경우가 많지만, 정작 여성은 다극화된 세계에서 살아간다. 내면에 서로 경쟁하는 역할이 그렇게 많은데 어떻게 자기 자신에게 진실할 수 있을까?

티나 오피는 뱁슨대학교 부교수다. 오피 교수는 에이미 번스타인, 세라 그린 카마이클, 니콜 토레스가 공동 사회를 맡은 〈우먼 앳 워크〉라는 팟캐스트 방송에 출연해 여성이 일터에서 진정성을 느끼는 경우와 그렇지 않은 경우에 관해 이야기를 나누었다.

일하는 여성에게 '나다움'이란

세라 그린 카마이클(이하 세라) 예전에 함께 일했던 여성 동료가 있었습니다. 그런데 그 동료의 상사가 그녀에게 이렇게 말했어요. "당신은 가능성이 큰 직원이에요. 임원 자리에 오를 사람이라는 게 보여요. 그런데 그 자리에 오르고 싶다면 옷 입는 방식을 바꿔야 하고 화장도 해야 할 겁니다." 그 말을 한 상사도 여성이었죠. 제 동료는 몹시 화가 났습니다. 누군가에게 이런 조언을 하는 건 성차별적인 발언일까요?

티나 오피(이하 티나) 우리가 바라는 세상과 실제 세상을 구별해야 합니다. 그런 조언을 하거나 들을 일이 없다면 어떨까요? 맡은 일을 잘하기만 하면 어떤 모습으로 회사에 가든 전혀 상관없다면 어떨까요? 이게 바로 제가 살고 싶은 세상입니다. 그동안 저는 그런 세상을 만들기 위해 연구하고 학생을 가르치는 일에 전념해왔어요. 하지만 안타깝게도 우리가 살고 있는 세상은 그렇지 않죠.

우리가 사는 세상에서는 다른 사람에게 어떤 인상을 주는지가 중요합니다. 외모는 인상과 밀접하게 관련되어 있으며, 우리는 누군가를 보자마자 '이런 사람은 프로페셔널할 거야. 저런 사람은 프로페셔널하지 않을 거야'라고 즉각 판단하고 분류합니다. 만일 프로페셔널해 보이지 않는 사람으로 평가받는다면 어떨까요? 자신이 프로페셔널하며 뛰어난 사람이라는 점을 증명하기 위해 추가 작업을 해야 합니다. 그건 프로페셔널하지 않아 보인다는 첫인상 뒤에 따라오는 일이지요.

에이미 번스타인(이하 에이미) 대학 시절 제 옷장에는 청바지 두 벌과 셔츠 세 장이 들어 있었고, 그렇게 학교를 졸업했어요. 똑똑하고 현명했던 저희 어머니께서는 제가 첫 직장에서 일을 시작하기 전에 저를 데리고 옷을 사러 가셨어요. 어머니는 광고 회사 임원이셨죠. 어머니가 시켜서 정장 치마와 좋은 재킷, 블라우스를 샀어요. 슈퍼맨 복장을 입힌다 해도 그보다 불편하진 않았을 거예요. 그 정도로 진정성이 느껴지지 않는 차림도 없었답니다. 어머니는 제게 언젠가 부사장 자리에 오르고 싶다면 부사장처럼 옷을 입으라고 조언하셨어요. 새로운 환경에 어울리는 진정성을 느낀다는 게 어떤 건지 모르던 사람에게 그건 훌륭한 조언이었죠. 그런 조언에 관해서는 어떻게 생각하세요?

티나 어머니께서는 당신에게 유니폼을 주신 거예요. 우리는 자신이 유니폼을 입어야 하는 직장인이라고 생각하지 않으려 합니다. 자신이 그보다는 훨씬 더 프로페셔널하다고 느끼니까요.

하지만 비즈니스용 정장은 사실 유니폼입니다. 저는 정장의 기원에 관한 연구를 좀 했는데 그 기원은 매우 유럽 중심적이었습니다. 정장은 유럽의 궁정에서 시작되었고 무척 남성적인 것이었어요. 계층 간의 차이를 나타내고, 약간의 고상함을 표현하기 위해 만들어졌습니다. 처음엔 선명한 빨간색이나 보라색 정장이었는데 시간이 지나면서 지금의 남색, 검은색, 회색처럼 차분하고 눈에 덜 띄는 색으로 변해갔어요. 그런 색들이 더 전문적이고 신뢰감을 준다고 여겨졌거든요.

편집장님의 어머님도 딸에게 같은 조언을 한 겁니다. 어머님께서는 편집장님에게 유니폼을 주셨고, 새로운 세상에 편집장님을 소개하신 겁니다. 혹은 새로운 세상에서 사회생활을 잘하기를 바라신 거예요. 기업 세계와 그곳에서 일하는 사람을 만나는 게 편집장님에게는 처음이었죠. 대학 때 입던 청바지와 셔츠를 그대로 입고 출근했다면 편집장님은 사무실에 들어섰을 때 몹시 놀라고 당황했을 겁니다. 그런 차림을 한 사람이 아무도 없었을 테니까요.

요즘 저는 몸에 딱 붙는 청바지에 예쁜 꽃무늬 상의를 입고, 귀여운 귀

걸이를 합니다. 지금 머리는 부풀려서 위로 치켜 올려 묶었죠. 제가 세운 목표 가운데 하나는 CEO가 되어 정확히 이런 차림으로 다닐 수 있는 회사를 경영하는 거예요. 누구든 제게 와서 그런 차림은 프로페셔널해 보이지 않는다고 말해도 상관없어요. 하지만 동시에 비즈니스용 정장을 입는 게 더 편한 직원이 있다면, 그가 원하는 대로 입을 수 있는 회사를 운영하고 싶어요.

에이미 학생들은 늘 교수님을 찾아와 조언을 구합니다. 면접에서 입을 옷차림에 대해 조언을 구하는 학생이 있다면 어떤 식으로 대화를 나누는지 순서대로 자세히 들려주실 수 있나요?

티나 지금은 졸업했지만, 예전에 가르쳤던 학생 중에 나디아라는 학생이 있었어요. 한번은 뱁슨대학교에서 '직장에서의 진정성'에 관한 워크숍을 열었는데, 거기 참석한 나디아가 묻더군요. "교수님께서는 머리를 따로 손질하지 않고 자연스럽게 그냥 두시네요. 저도 머리 손질을 따로 하지 않고 직장에 출근해도 괜찮을까요?" 저는 나디아가 마음을 정할 수 있도록 차근차근 대화를 나누었습니다. "손질하지 않은 자연스러운 머리 스타일을 좋아하나요?", "네, 저는 타고난 제 머리로 있을 때 기분이 좋아요. 원래 제 머리 스타일 그대로 있으면 흑인과 라틴계 혈통을 가진 여성이라는 게 느껴지거든요. 원래 제 머리가 제가 하고 싶은 헤어 스타일이에요." 바로 이거예요. 우리는 타고난 그대로의 머리가 나디아의 진정성과 정체성에 연결되어 있다는 사실을 확인했습니다.

그러고 나서 제가 말했죠. "어떤 분야에서 일하고 싶나요?", "법조계에서 일하고 싶어요.", "법조계에서 마주하게 될 분위기나 환경을 어떻게 생각하는지 이야기해보겠어요?", "법조계 사람은 매우 보수적이고 반듯한 정장을 입어요." 여기서 나디아가 말하는 '법조계 사람'은 남성을 이야기하는 것이었죠. 그래서 우리는 빠르게 법조계 여성으로 화제를 옮겼어요. 내용은 아주 비슷했죠. 애초에 여성의 비즈니스용 복장이 남성의 비즈니스용 복장을 복제해 만들었다는 사실을 부인할 수는 없어요. 직장에서 여성이 입는 유니폼은 여성성은 물론 남녀의 차이를 가리기 위해 디자인되었죠.

그래서 나디아와 그녀의 진정한 정체성부터 확립했어요. 그러고 나서 법조계의 환경을 확인했습니다. 그다음이 어렵습니다. 명백한 답이 없는 겁니다. 저는 나디아에게 결과가 지닌 무게를 살펴봐야 한다고 조언했습니다. "나디아의 머리가 나디아의 진정성을 표현하고, 그것을 바꾸는 것이 자기를 포기하거나 과도하게 순응하는 느낌이라면 그건 좋지 않은 선택일 수 있습니다. 하지만 그런 모습으로 법조계에 들어간다면 채용되지 않을 수도 있다는 점을 감안해야 합니다.

다른 방법은 관습에 따라 머리카락을 펴는 겁니다. 머리 모양 문제와 관련해 아프리카계 후손에게 '관습에 따른다'라고 하면 타고난 머리 모양을 감추는 걸 의미해요. 머리카락을 펴거나 아프리카계 혹은 흑인계임이 두드러지게 보이는 특징을 전부 가리는 거지요. 하지만 그게 당신이 자신에 대해 느끼는 감정을 해친다면 아마 법조계는 나디아가 일하기에 가장 적합한 분야는 아닐 겁니다."

이건 우리 둘 사이에서만 해야 할 이야기였죠. 생활비를 벌기 위해서는 머리카락을 펴야 한다는 말이니까요. 문신을 가려야 하고 피어싱도 빼야 해요. 그리고 누군가는 "그 사람이 조금 더 하얗다면 좋을 것 같아요."라고 말할지도 모르죠. 하지만 난 내 피부색을 바꿀 수 없어요. 설령 바꿀 수 있다 해도 그 대가가 너무 크기 때문에 대부분의 사람은 그런 선택을 하지 않아요.

하지만 이름을 바꾸는 일은 실제로 있습니다. 특히 아시아 사람이 그렇죠. 우리 학생 중에도 "그냥 에이미라고 불러주세요."라고 말하는 학생이 많아요. 나는 학생의 출생 증명서에 적힌 이름을 부르고 싶지만, 그 학생들은 그게 불편한 겁니다. 출생 증명서에 적힌 이름은 아시아인이라는 걸 드러내기 때문이죠. 저는 우리가 자신의 진짜 모습을 있는 그대로 드러내고, 그 모습이 동료와 상사에게 환영받을 수 있는 직장이 되었으면 해요. 모든 사람이 억지로 '순응'해야만 하는 구조가 아니라요.

니콜 토레스(이하 니콜) 직장 내에서 외모를 제외하고 진정성을 나타내는 건 어떤 게 있을까요?

티나 소통 방식도 진정성을 나타내는 방법 가운데 하나가 될 수 있습니다. 한번은 제가 말할 때 어느 민족인지 두드러지게 드러난다는 이야기를 들은 적이 있어요. 제가 손을 많이 쓰면서 말하거든요. 다행히 고객은 오히려 저를 좋아했습니다. 이렇게 말씀하시더군요. "이야기를 풀어가는 솜씨가 정말 대단하세요." 진정성은 말하는 방식, 억양, 분노나 갈등을 표현하는 방식과도 연결돼 있어요. 어떤 사람은 화를 절대 안 내고 회피해요. 반면에 화가 나면 바로 드러내는 사람도 있어요. 저는 화를 표현하는 게 진정성이 있다고 느끼는 사람이지만, 상황에 따라서는 화를 내는 게 프로페셔널하지 못하다고 여겨지기도 하죠.

상사, 부하 직원이나 동료를 향해 "그건 회의 시간에 제가 낸 아이디어였어요. 여기에 관해 이미 이야기했잖아요. 제 아이디어를 훔쳐간 이유를 설명하세요."라고 말하는 상황을 상상해보세요.

니콜 저는 그런 말을 해본 적이 없어서 상상도 안 돼요.

티나 하지만 스스로 그 이유를 물어보세요. 성격 탓도 있겠지만, 여러 직업 환경에서 자기 자신을 옹호하는 사람을 부정적으로 보는 경향이 있어서 더 그렇죠. 여러 사람 앞에서 자신을 옹호하는 건 특히 더 그렇고요.

세라 진정성 있는 리더에 관해 이야기할 때 사람들은 직장에 행복한 분위기를 불러오고 싶다는 이야기를 많이 하잖아요. 우리는 사람들이 완전한 자기 자신의 모습으로 일터에 출근하기를 바란다고 합니다. 하지만 실제로 의미하는 건 조금 달라요. 반짝반짝 빛나고 행복한 모습만을 원하죠. 분노 같은 감정은 허용되지 않아요. 여성에게는 특히 더 그렇죠.

티나 정말 맞는 말씀입니다. 여성이 직장에서 화를 내면 상당한 역효과를 경험합니다. 예일대학교 경영대학원 교수인 토리 브레스콜Tori Brescoll이 이 주제를 연구했어요. 그런데 이후 듀크대학교 후쿠아 경영대학원 교수인 애슐리 셸비 로제트Ashleigh Shelby Rosette와 하버드대학교 케네디스쿨 교수인 로버트 리빙스턴Robert Livingston을 비롯해 다른 여러 학자가 추가 연구를 진행했죠. 그리고 이 문제가 교차성intersectionality(성별, 인종, 계급처럼 한 개인이 가진 다양한 정체성이 상호 교차적으로 형성되고, 그에 따른 차별 또한 복합적으로 작동하는 현상―옮긴이)과 관련되었을지도 모른다는 점을 밝혀냈어요. 직장에서 화를 냈을 때 흑인 여성에게는 백인 여성만큼 역효과가 크게 나타나지 않았다는 거죠.

저는 직장에서 화내는 일에 대해 본능적으로 부정적인 반응을 보이는 걸 결코 이해할 수 없어요. 제가 화를 낸다고 하는 건 감정 기복이 심하다거나, 다른 사람에게 소리치고 욕한다거나, 신체적 폭력을 가한다거나, 물건을 사방으로 집어 던진다는 이야기가 아닙니다. 여기서 화는 불쾌와 짜증을 뜻합니다. 무언가 잘못되었다거나 부당하다는 신호죠. 그런 마음을 표현하는 게 왜 나쁘죠?

물론 화라는 감정을 쏟아내는 방식 그리고 직장에서 화라는 감정을 전하는 방식에 관해서는 생각을 해야 합니다. 특히 여성은 더욱 유념해야 합니다. 화를 생산적으로 활용할 방법을 아는 여성이 유리하니까요.

직장에서 화난 적이 있나요? 그럴 때 어떻게 했나요? 사무실이나 자리로 돌아갔나요? 친구에게 전화를 걸었나요? 화장실에 들어가 울었나요? 화를 잘 활용하는 사례를 본 적이 있는지 궁금합니다.

에이미 그 말씀을 들으니 제가 화났던 때와 울었던 때를 생각하게 되네요. 경험을 돌이켜보니 화에는 2가지 종류가 있어요. 하나는 상처받았을 때 나는 화입니다. '네가 나한테 그런 짓을 했다는 걸 믿을 수 없어' 같은 거죠. 제게는 정말 힘든 감정이었습니다. 이게 정당화될 수 있는 일인지 그리고 이런 일이 벌어진 데 내 잘못은 없었는지 항상 자문했어요. 그리고 회피하고 싶은 이유를 체크리스트로 검토합니다. 화에 그렇게 대처했을 때 제게 필요한 변화가 찾아왔습니다.

또 다른 하나는 이와 다른 종류인데 훨씬 더 자주 나는 화입니다. 제가 요구한 대로 일이 이루어지지 않을 때 나는 화죠. 저는 팀을 꾸려 운영합니다. 그런데 제 요구 사항이 이루어지지 않으면 화가 나고, 그럴 땐 화가 났다고 말합니다. 대개 담당자를 따로 불러서 이야기합니다. 만일 조직의 발전을 방해하는 문제라면 크게 화가 날 테고 저는 아주 분명하게 화를 표현할 겁니다. 그 밖의 분노는 그저 화르륵 타오르고 말 뿐이죠.

티나 흥미로운 점은 에이미 씨가 그렇듯 우리는 그런 상황에서는 화내도 된다고 스스로 허락한다는 거예요. 이를 테면, '이건 업무상 문제야, 그러니 화내도 돼. 내가 한마디 해두지 않으면 회사가 힘들어질 테니까'라고 생각하죠. 여성인 우리는 여기서 회사를 구하고 싶어 합니다. 그래서 기꺼이 화를 내는 쪽에 섭니다.

또한 누군가가 동료나 아랫사람에게 부당하게 행동했을 때 우리는 더 분명하게 화를 표현하곤 해요. "이봐요, 지금 뭐 하시는 거예요?" 이런 식으로요. 하지만 똑같은 부당함이 나에게 향했을 땐 우리는 스스로에게 그렇게 화를 드러낼 권한을 주지 않아요. 그건 참 이상하죠.

세라 저는 직장 생활을 대부분 HBR에서 보냈어요. 저희 회사 문화를 경험해보니 화를 눈에 띄게 표출하는 걸 환영하는 분위기는 아닙니다. 전반적으로 이렇게 화내는 걸 피하는 문화가 제게는 잘 맞아요. 저는 갈등을 피하고 싶어 하는 성격이거든요. 그렇다고 해서 직장에서 한 번도 화가 난 적이 없었던 건 아니에요. 나이가 들수록 그런 감정을 '화'라고 명확히 인식하게 되었고, 화가 날 때는 감정을 그냥 느끼기만 하는 게 아니라 어떻게 다룰지 결정할 수 있게 되었어요.

니콜 그건 여성이 직장에서 감정을 지나치게 드러내서는 안 된다는 암묵적 요구와도 관련 있어 보여요. 심지어 여성이 어떤 일에 열정을 보이는 것도 지나치게 감정적이라는 잘못된 해석을 낳기도 하죠. 그런 말은 남성보다 여성이 훨씬 더 자주 듣습니다.

에이미 저는 이게 '직설화법에 대한 두려움'과도 연결된다고 봅니다. 저도 가끔 그런 부분에서 지적을 받거든요. 저희 회사는 예의를 중시하는 조직 문화를 갖고 있어요. 이런 곳에서는 그저 명확하게 말했을 뿐인데도 화를 냈다거나 무례한 것으로 오해받을 수 있어요. 그런데 저는 매사 분명하게 해두지 않으면 결국 온갖 문제가 생긴다고 보는 사람이거든요. 게다가 저는 뉴욕 출신이라 직설적으로 분명하게 말하는 성격이 제 DNA에 들어 있죠. 오피 교수님은 이에 관해 어떻게 생각하시나요?

티나 저도 전적으로 동의합니다. 여전히 무엇이 프로페셔널하고 무엇이 그렇지 않은지 정하는 조직 문화적 관념이 있다고 생각하시는 거잖아요. 직장에서 자신을 표현하는 방식은 진정성과 직결되는 문제입니다.

저는 매우 직설적으로 이야기하는 가족 분위기 아래서 자랐습니다. 저희 가족은 남부 출신이에요. 사람들은 남부 하면 대개 고상함을 떠올리지만, 우린 남부 흑인 가족이에요. 만일 누군가 우리 집에 와서 무례하게 굴었다면, 당장 그 사람 앞에서는 말하지 않더라도 며칠 동안은 그 사람의 무례에 관해 이야기할 겁니다. 재밌는 건, 제가 나이를 먹을수록 직설적이면서 솔직한 사람이라는 소리를 들었다는 거예요. 저희 어머니께서는 이렇게 말씀하시곤 했어요. "티나, 가보렴. 가서 뭐가 문제인지 말해." 제 성격이 그랬으니까요.

직장에서 여성이 지나치게 직설적으로 말한 탓에 한 소리 들은 적, 아마 거의 있을 거예요. 저도 이 문제를 해결할 방법을 찾으려고 했어요. 누군가 제게 질문하러 오면 저는 이렇게 말할 겁니다. "진짜 사실을 듣고 싶은 건가요? 제가 진심으로 생각하는 걸 말이에요. 아니면 상황을 무난하게 넘기기 위한 말을 듣고 싶은 건가요?" 상대가 제 생각을 꼭 듣고 싶다고 한다면 저는 직설적으로 말할 겁니다. 다들 제가 직설적으로 말하는 성격이라는 걸 알고 있는 데다 어떤 이유에서인지 그런 면을 좋아하거든요.

사실 저는 우리가 직장이나 조직의 문화를 바꿀 수 있었다고 생각합니다. 그랬다면 친절하되, 직설적으로 이야기하는 것의 가치를 인정받았을 거예요. 돌려서 이야기하는 것과 달리 말이죠. 돌려서 말한다고 해서 반드시 그 안에 친절한 의도가 담긴 건 아니거든요. 누군가는 감정을 상하게 하고 싶지 않아서 직설적으로 말하는 걸 피할 수도 있어요. 하지만 그 이면에는 도움이 되는 비판적 피드백조차 제공하지 않으려는 의도가 숨어 있을 수 있죠. 그게 더 나은 직원으로 성장하는 데 오히려 방해가 되기도 합니다.

세라 저는 앵글로색슨계 백인 개신교도 가정에서 자란 뉴잉글랜드 사람입니다. 저희 집은 직설적인 스타일로 말하지 않아요. 그래서 직장에서 2가지를 두고 항상 고민했죠. 하나는 '돌려 말하면서도 명확하고 친절하게' 말하는 방법, 다른 하나는 '직설적으로 명확하게 뜻을 전달하지만 냉정하게' 말하는 방법. 니콜 씨는 어떠신가요?

니콜 저희 집도 매우 돌려서 이야기하는 분위기예요. 저희 가족은 감정을 억제하는 편이죠. 슬프거나 화가 나도 속으로 삭이고 내색하지 않습니다. 저희 가족은 감정을 크게 드러내는 편이 아니었고 저도 감정적인 사람이 아니에요. 일할 때 심하게 돌려서 이야기하는 편은 아니지만, 무언가 요구해야 할 때는 공손하게 표현하려고 노력해요. 특히 이메일을 쓸 때는 아주 예의를 갖추죠. "이건 정말 좋은 아이디어 같아요.", "이렇게 하는 편이 우리 둘 모두에게 좋을 거예요." 같은 식으로요.

세라 우리 사무실에서 니콜 씨가 제일 예의 바른 직원이에요.

니콜 저는 무척 공손해요. 감탄을 잘하고요. 제가 다른 사람에게 보내는 긍정적인 기운을 상대가 느꼈으면 해요. 그건 어릴 때부터 화를 내거나 감정을 표현하지 못하고 자라면서 내면화된 태도인 것 같아요. 요청을 직접적으로 하지 못하는 것도 그 연장선에 있고요.

티나 니콜 씨 이야기에 주목해볼게요. 니콜 씨는 스스로 아시아인이라고 생각하시나요?

니콜 네, 그렇게 생각해요.

티나 어느 나라 출신이세요?

니콜 필리핀이에요.

티나 제가 이걸 여쭤본 이유는 정형화된 이미지가 있기 때문이에요. 직장에서 아시아인은 모범적 소수 model minority로 알려져 있습니다. 정말 예의 바르고, 맡은 일을 잘 해내고, 업무에 집중하지만, 리더는 아니죠. 전에 이런 고정관념에 대해 들어보신 적이 있나요?

니콜 그럼요. 저희 HBR에서 그 주제로 조사한 기사를 낸 적 있어요.

티나 저도 읽었답니다. 그리고 제자들 중에서 아시아계 학생의 상담을 해주기도 했어요. 아시아계 학생이 마주하는 문제니까요. 궁금한 게 있어요. 니콜 씨는 본인이 감정적인 사람이 아니라고 하셨는데 그건 감정을 느끼지 않는다는 뜻인가요, 아니면 감정을 표현하고 싶어 하지 않는다는 건가요?

니콜 저도 감정을 느끼죠. 하지만 그 감정을 표현할 방법을 모르겠어요. 또 감정을 어디까지 표현하는 게 적절한지도 고민이고요. 이런 게 제 무의식 속 고민인 것 같아요. 이건 문화적인 문제라고 생각해요. 제가 자라온 가정의 분위기나 규범과 지금 제가 꿈꾸는 커리어 경로는 많이 달라요. 직장에서 성공하기 위해 노력하는 것, 사람들을 이끌고 의견을 피력하는 것, 이런 것도 제가 자라는 동안 기대받았던 역할과 아주 다릅니다. 부모님께서는 학교에서 뛰어난 학생이 될 것, 말대답하지 않을 것, 좋은 성적을 받을 것, 좋은 직장을 얻을 것, 소란 떨지 않을 것 등을 기대하셨죠.

티나 우리는 모두 자기만의 문화적 배경을 가지고 있어요. 그리고 사회인이 되어 진정한 개인으로서 내가 어디에 있는지 그리고 그곳을 어떻게 탐색할지 알아야 해요. 감정을 표현하고 싶은데 방법을 몰라서 표현하지 못한다면, 그건 문제예요. 하지만 직장 문화가 나에게 감정을 '표현하라'고 강요해서 억지로 감정을 드러낸다면, 그건 진정성이 없는 거죠.

에이미 허미니아 아이바라 Herminia Ibarra 런던비즈니스스쿨 교수가 HBR에 '진정성의 역설' The Authenticity Paradox 이라는 좋은 기사를 기고했어요. 그 글에서 특히 인상 깊었던 부분은, 진정성은 커리어 초기 단계일수록 더 유동적일 수 있다는 점이에요. 다양한 역할을 시도해보면서 어떤 모습이 자신에게 자연스럽고 편안한지를 찾아가는 과정이 필요하다는 거죠. 어느 직장에서든 대학을 막 졸업한 사람이 그 상태 그대로 직장에서 성장하긴 어렵잖아요. 부딪히고, 넘어지고, 배우고 그러면서 자신에게 맞는 길을 찾아가는 거죠. 니콜 씨도 공감하시나요?

니콜 네, 공감해요. '진정성의 역설'에서 아이바라 교수는 진정성을 지나치게 엄격하게 정의하지 말라고 했어요. 제가 알고 싶은 건 진정성이 없는 것과 그냥 안전지대comfort zone에서 밀려난 것, 둘 사이의 차이예요. 직장에서 리더로 성장하려면 '불편한 영역'에 들어가는 경험도 필요하니까요.

티나 제가 생각할 때 진정성은 최고의 자신이 되는 것입니다. 어느 연구에서 이렇게 말하더군요. "진정한 자신은 집에 두어라. 진정한 내 모습을 보고 싶어 하는 사람은 아무도 없다. 그건 형편없는 모습이기 때문이다." 흠, 하지만 이런 건 제가 이야기하는 진정한 자기 자신의 모습이 아닙니다. 운전하면서 다른 사람 때문에 화가 났을 때 그 사람에게 가운뎃손가락을 들어 욕하는 것도 제 모습 중 하나예요. 그게 진정성 있는 모습이라고 말하는 사람도 있죠. 하지만 저는 그렇지 않다고 말하고 싶어요. 그건 스트레스를 받았거나 압박을 느껴서 나오는 행동일 뿐이에요. 시간이 있었고, 감정에 휘둘리지 않고 생각할 수 있었다면 저는 그렇게 하지 않았을 거예요. 그런 행동은 제가 진정으로 중요하게 여기는 가치를 반영하진 않으니까요.

세라 직장에서의 사례를 살펴보면 여성이 회의 시간에 의견을 피력하기 위해 소통 방식을 조정하는 예를 들 수 있습니다. "우리 이렇게 하면 어떨까요?"처럼 의문으로 표현하는 대신 "저는 이쪽을 강력하게 추천합니다."라고 말하는 거죠.

의견을 피력하기 위해 일부러 말하는 방식을 바꾸면 진정성이 없다고 느껴지나요?

티나 그건 알기 어려워요. 어느 정도는 경력 상담이나 조언을 통한 것일 수 있으니까요. 경력 상담이나 조언은 여성이나 남성이나 누구에게든 도움이 되죠. 예를 들면 크게 이야기하라, 서술문을 많이 사용하라, 공감을 많이 하라, 일어서서 몸을 펴라, 공간을 장악하라, 공간에 들어가 그곳을 통솔하라는 식의 조언들 말이에요. 하지만 눈치껏 해야 하는 부분도 있어요.

묻고 싶어요. 이야기하는 장소가 미식축구 경기장이에요, 아니면 회의실이에요? 목소리가 작고 부드럽지만 똑똑하게 논쟁할 수 있고 양측의 논리를 잘 제시하는 사람이 있다면 어떨까요? 회의 석상이나 직장에 그런 목소리를 가진 사람을 위한 자리도 있어야 하지 않나요?

우리는 여성에게 "좀 더 굵고 낮은 목소리로 말하세요."라는 식으로 쉽게 조언하는 것 같아요. 그런 조언이 정말로 필요할까요? 만일 누군가 자기 생각을 전하는데, 꼭 특정한 방식에 맞춰 전할 필요가 있는 걸까요?

에이미 그건 옷 입는 것과 어떻게 다를까요?

티나 그게 바로 문제입니다. 저도 잘 모르겠어요. 그래서 지금 우리가 그 경계선을 알아내려고 하는 것이죠, 그렇죠? 우리는 이 사람이 진정성 있는 모습으로 직장에서 탁월해질 방법을 알아내려 하고 있어요.

저는 화가 나거나 진짜 피곤할 때가 아니면 남부식 억양을 많이 쓰지 않습니다. 부모님께서 저희를 키우실 때 남부 억양을 쓰지 않도록 하셨거든요. 그분들은 남부 억양을 쓰는 게 학문적·직업적 성공을 저해한다는 걸 아셨어요. 그런데 제가 여전히 남부 억양을 쓰고 있다면 더 진정성 있는 사람이 되는 걸까요? 잘 모르겠어요. 저는 남부 억양 쓰는 걸 기꺼이 포기했거든요. 하지만 머리는 펴고 싶지 않아요. 저한테는 그게 경계선입니다.

세라 인종별로 여성이 느끼는 진정성과 진정성에 대한 기대가 어떻게 다를까요?

티나 캐서린 필립스Katherine Phillips와 함께 직장에서의 머리 모양에 관한 연구를 좀 했어요. 특히 머리 모양에 따른 불이익에 관한 내용이었죠. 제가 머리 모양을 연구한 이유는 바꿀 수 있는 신체적 특징인 동시에 정체성과 깊이 관련되어 있기 때문입니다. 미국 기업에서 흑인 여성으로 일할 때 저는 특정 머리 모양을 피하라는 조언을 들었어요. 고객이 불편해할 수 있다는 게 이유였죠. 그리고 실험 연구를 통해 알게 된 사실이 있어요. 아프로afro 스타일이나 레게머리를 한 여성은 머리를 곧게 편 여성에 비해 덜 프로페셔널해 보인다는 평가를 받는다는 사실이었습니다. 그건 백인뿐 아니라 흑인 응답자에게서도 공통적으로 나타난 결과였어요.

특히 흥미로웠던 건 흑인 특유의 곱슬곱슬한 머리를 둥근 모양으로 다듬은 헤어 스타일에 대해 가장 비판적인 반응을 보인 사람들은 오히려 아프리카계 사람들이었다는 점이에요. 내집단 편향in-group bias이 나타난 거죠.

이 현상에 관한 후속 연구가 계속 진행되어야 해요. 어떤 사람들은 "흑인은 자신을 싫어하니까 그래요."라고 해석하기도 합니다. 하지만 꼭 그런 건 아닙니다. 내면화된 인종차별주의가 어느 정도 있어서 그럴 수도 있죠. 하지만 흑인이 직장 생활을 성공적으로 해내는 데 필요한 인상 관리 기술을 매우 잘 알기 때문일 수도 있어요. 사람들에게 "이 지원자에게 어떤 조언을 해주시겠어요?" 같은 질문을 했을 때 머리가 직모인 사람에게는 머리 모양에 관한 이야기를 하지 않았어요. 하지만 아프로 머리나 레게 머리를 한 흑인의 사진을 평가할 때는 "이 여성분은 머리 모양을 바꾸는 게 좋겠어요.", "머리를 펴야겠어요." "머리에 직모 시술을 받아야겠어요." 같은 식의 조언을 했죠.

흑인들이 머리 모양에 대해 이런 조언을 한 이유는, 아마 그들이 직장 안팎에서 비슷한 이야기를 들어왔기 때문일 거예요. 사람들은 타고난 곱슬머리를 매일 펼 때 얼마나 많은 시간과 노력, 비용이 드는지 전혀 모릅니다. 그건 직장 밖에서 이루어지며 보상받지도 못하는 엄청난 '그림자 노동'shadow work(대가가 지급되지 않는 노동)이에요. 여기에 관해 많은 생각을 하게 됩니다. 직원이 일에만 집중하는 게 낫지 않을까요? 그렇다고 아프리카계 직원이 일에 집중하지 않는다는 말은 아닙니다. 그저 같은 일을 하는 데 추가적인 노력을 기울여야 한다는 뜻이죠. 그리고 머리 모양이 정말로 업무와 관련되어 있기나 한 걸까요? 머리 모양과 업무 사이에는 어떤 관계가 있는 걸까요?

그건 그저 무엇이 프로페셔널하고, 무엇이 프로페셔널하지 않은지에 관한 문화적 해석 차이일 뿐이에요. 그게 바로 제가 핵심으로 삼고 싶은 내용입니다. 조직은 정말 진정으로 자기 점검을 할 필요가 있습니다. 취업이 결정되었다가 레게머리를 자르지 않는다는 이유로 고용이 취소된 사람들이 소송을 제기했습니다. 고객이 직원의 머리 모양에 불쾌해할 수도 있음을 미리 우려해 해당 업무를 수행할 자격이 충분하다고 판단한 사람을 해고하기로 했다는 게 말이 되는 건가요?

어떤 회사는 '직원은 깔끔해야 한다'와 같은 규칙이 있을 수도 있죠. 믿거나 말거나 심지어 이런 규칙에도 논쟁의 여지는 있습니다. 특정 문화권 사람은 일주일에 한 번만 샤워합니다. 이들이 하루에 한두 번씩 샤워하는 데 익숙한 사람들과 같은 공간에서 회의를 한다면, 이들에게서 냄새가 날 수도 있어요. 그렇다면 이 사람들은 깨끗한 걸까요? 그 문화권의 기준에서는 깨끗한 겁니다. 다만 우리가 속한 문화권의 기준으로 보면 깨끗하지 않죠. 해당 개인에게 우리는 무엇을 기대해야 할까요? 이러한 일을 두고 우리는 어떤 대화를 나눠야 할까요?

정답은 저도 모릅니다. 그러나 우리는 무엇이 프로페셔널한 것인가에 관한 문화적 이해를 두고 토론할 필요가 있습니다. 더는 이런 기준들을 의심 없이 당연하게 받아들여선 안 돼요. 그 기준들이 직원들에게 어떤 영향을 주는지도 함께 고민해야 합니다.

니콜 제가 코에 피어싱을 했을 때 엄마는 거의 기절할 뻔하셨어요. "너 그래서는 절대 취직 못 해."라고 하셨죠 하지만 제 생각은 달랐어요. 코에 피어싱하는 걸 허용하지 않는 직장은 나도 원하지 않는다고 생각했으니까요. 이게 혹시 밀레니얼 세대의 태도일까요? 어쩌면 특권의식이 들어 있는 걸 수도 있어요. '내가 어디에서 일할지는 내가 선택할 수 있다'는 태도 말이에요. 이런 태도가 젊은 세대에게만 나타나는 특유의 사고방식인지 궁금하기도 해요.

티나 모든 세대는 자기만의 반항심을 표현해요. 예전에는 '이 줄무늬 정장을 입긴 하겠지만 노란 양말을 신을 거야' 혹은 '맞춤 정장을 입었지만 내 팔 보이지 않는 곳에는 문신이 있어' 아니면 '난 지금 올림머리를 하고 있지만 사실 레게머리지' 이런 식이었을 거예요. 누가 알겠어요? 관행이나 체제에 반항하는 건 인간의 본성인 걸요. 어느 세대나 자기 세대가 가장 반항적이었다고 생각하죠. 그 말에는 저도 동의합니다.

하지만 만일 니콜 씨가 레게 머리에 코 피어싱을 하고 머리를 핑크빛으로 염색한 흑인 여성이었다면 받아들여질 수 있을지 정말 궁금하긴 해요. '한두 가지 과감한 시도를 해볼 순 있지만 관행을 전혀 따르지 않는 사람은 여기 들어오지 마' 같은 거죠. 용납되지 않을 겁니다.

세라 여성이 정말로 진정성을 지닌 리더가 될 수 있다고 생각하세요?

티나 저는 여성이 진정성 있는 리더가 될 수 있다고 진심으로 믿어요. 자신을 솔직하게 표현하고, 자신이 조직에 전달하고자 하는 가치를 반영하며, 자신을 따르는 사람들과 장단점을 솔직히 공유할 수 있는 사람이라면, 진정한 리더가 분명합니다.

제가 고민하는 건 '진정성 있는 리더십'이라는 개념 자체의 정의가 모호하다는 거예요. 어떤 이야기를 하느냐에 따라 진정성 리더십의 정의는 바뀔 수 있습니다. 진정성 있는 리더란 정직하고 솔직한 사람을 뜻하는 것일까요? 아니면 자기 모습의 최고를 추구하고, 자신을 따르는 직원의 생각을 고려해 의사결정을 하는 사람을 뜻하는 걸까요? 후자의 방식이라면 여성도 진정성을 지닌 리더가 되는 게 가능하다고 생각합니다. 그리고 그건 특정한 유형의 여성에게만 가능한 일은 아니에요. 하지만 그 과정이 여성에게 더 어려울 수 있다는 건 사실입니다. 힘이 없을수록 진정성을 지키는 일이 더 어렵거든요. 예를 들어 회사에서 시급을 받는 직원이 앞치마를 두르거나 머리를 펴라는 이야기를 듣는다면 지시받은 대로 따르게 되겠죠. 하지만 당신이 CEO라면 그런 요구를 거절할 수 있는 권한이 있어요. 그래서 진정성이 누구에게나 같은 조건에서 실현되는 것은 아니라는 걸 기억해야 합니다. '권력'이라는 요소가 여성과 남성 모두의 진정성 실현에 영향을 미친다는 것을 말이에요.

— 1979 —

경쟁의 전략

5가지 요인이 경쟁을 지배한다: 보다 유리한 포지셔닝을 위해

마이클 포터

How Competitive Forces Shape Strategy

HBR 1979년 3/4월호에서 전재(product #79208)

마이클 포터 Michael E. Porter
하버드 경영대학원 교수. 피터 드러커, 톰 피터스와 함께 현대 경영학을 대표하는 세 거장 중 한 명으로, 특히 경영전략 분야의 선구자로 손꼽힌다. 《권력의 배신》의 공동저자이며, 이외에도 《마이클 포터의 경쟁전략》, 《마이클 포터의 경쟁우위》가 국내에 소개되었다.

경쟁은 산업 구조에 지배된다

전략 수립의 본질은 경쟁에 대응하는 것이다. 그러나 우리는 경쟁을 지나치게 좁은 시각으로 보거나 너무 비관적으로 바라보곤 한다. 회사의 임원은 극심한 경쟁이 우연히 나타났다거나 운이 나빴다며 종종 불평하지만, 사실 그 어느 쪽도 아니다.

게다가 시장점유율을 차지하기 위한 싸움에서 나타나는 경쟁이 오직 다른 경쟁사 때문에 일어나는 건 아니다. 어떤 산업에서의 경쟁은 그 산업이 지닌 기초적인 경제 구조에 뿌리를 두고 있으며, 특정 산업에서는 기존 경쟁 상대를 넘어서는 다른 경쟁 요인이 존재한다. 산업에 따라 두드러지거나 유효한 정도에는 다소 차이가 있지만, 고객, 공급자, 잠재적 진입 기업, 대체재가 전부 경쟁을 유발한다.

어떤 산업 내에서 이루어지는 경쟁의 상태는 5가지 기본 요인에 달려 있으며 이를 그림 4-1에 나타냈다(104쪽). 이 5가지 경쟁 요인이 전부 더해져 나타나는 총체적 경쟁 강도가 산업 내에서 기업이 얻는 궁극적인 수익 가능성을 결정한다. 타이어, 금속 캔, 철강 산업처럼 어떤 기업도 투자 대비 큰 이익을 얻지 못할 만큼 '치열한' 경쟁이 이루어지는 산업 분

그림 4-1. 산업 내 경쟁을 지배하는 5가지 요인

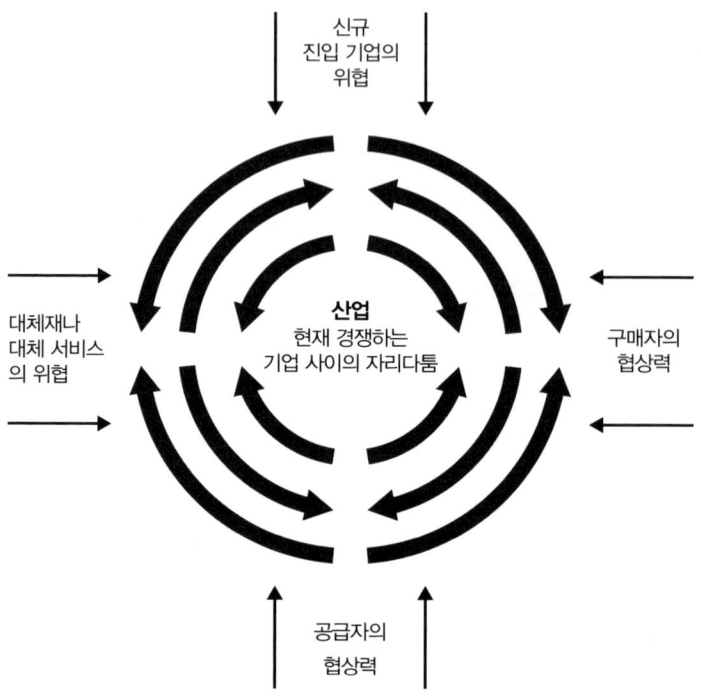

야가 있다. 또한 유전용 장비와 서비스, 탄산음료, 세면도구 산업처럼 기업이 상당히 높은 이익을 얻을 여지가 있는 경쟁이 '덜' 치열한 산업 분야도 있다.

경제학자들이 이야기하는 '완전경쟁'perfect competition 산업에서는 기업 간에 시장 내 입지를 차지하려는 다툼이 일어난다. 그리고 새로운 기업이 해당 산업에 진입하기도 매우 쉽다. 물론 이러한 산업 구조는 장기적인 수익 관점에서 보면 가장 나쁘다. 5가지 경쟁 요인의 총체적 강도가 약한 산업일수록 뛰어난 수익성을 확보할 기회는 더 많아진다.

경쟁 요인의 총체적 강도가 어느 정도이든 기업 내 전략가의 목표는 둘 중 하나다. 하나는 경쟁에서 회사를 잘 방어하거나 유리한 영향을 미칠 수 있는 입지를 찾는 것이다. 경쟁 요인의 총체적 강도는 산업 내에서 경쟁에 참여하는 회사라면 어느 곳에든 괴로울 정도로 명백하게 나타난다. 하지만 기업 전략가가 경쟁에 대처하기 위해서는 표면 아래로 파고들어 각 경쟁 요인의 원천을 분석해야 한다. 예를 들어 이런 질문을 할 수 있다. '해당 업계가 신규 진입에 취약한 이유는 무엇일까?', '공급자의 협상력을 결정하는 요인은 무엇일까?'

경쟁 압력의 근원을 이해하는 것은 전략적 행동 계획을 수립하는 기반이 된다. 경쟁 압력을 유발하는 근원에 대한 지식을 갖추면 회사의 주요 강점과 약점을 명확하게 알 수 있다. 그리고 산업 내에서 회사의 입지를 변화시킬 수 있으며, 전략 변화를 통해 가장 큰 효과를 볼 수 있는 부분이 어디인지 확실히 파악할 수 있다. 또 기회나 위협, 어느 쪽으로든 중요성이 큰 업계의 추세를 알게 된다. 또한 경쟁 요인을 이해하면 다각화할 분야를 고려하는 데도 도움이 된다.

5가지 경쟁 요인

산업 내에서 가장 강력한 경쟁 요인이 기업의 수익성을 결정지으며 전략 형성에도 제일 중요하다. 예를 들어 업계에서의 입지가 강력해 시장에 진입할 잠재적 경쟁업체의 위협이 크지 않은 기업이 있다고 하자. 그래도 품질이 더 뛰어나거나 비용이 저렴한 대체재가 나타나면 기업에서 거둘 수 있는 수익은 낮아진다. 이는 진공관과 커피 퍼컬레이터$_{\text{coffee}}$

percolator(순환 여과 방식으로 커피를 끓이는 도구 – 옮긴이) 부문에서 업계 1위의 제조업체가 땅을 치며 배운 교훈이다. 이러한 상황에서는 대체재에 대처하는 게 사업 전략상 제1의 우선순위가 된다.

물론 산업마다 경쟁을 형성하는 데 두각을 드러내는 경쟁 요인은 각기 다르다. 원양 유조선 업계에서는 구매자(주요 정유 기업)가 핵심 경쟁 요인이다. 타이어 업계에서는 경쟁업체와 더불어 강력한 OEM 구매자가 핵심 경쟁 요인으로 자리매김하고 있다. 철강 업계에서는 해외 경쟁업체와 대체 재료가 핵심 경쟁 요인이다.

모든 산업에는 기본 구조나 일련의 경제적·기술적 기본 특성이 있고 이것이 경쟁 요인을 낳는다. 기업의 전략을 짜는 사람은 업계 환경에 잘 대처하고 자기 회사에 유리한 방향으로 업계 환경에 영향을 미치기 위해 무엇이 업계 환경을 움직이는지 알아야 한다.

경쟁을 바라보는 이러한 관점은 제품 산업이나 서비스 산업에 똑같이 적용된다. 이 기사에서는 반복을 피하도록 제품과 서비스를 모두 '제품'으로 지칭한다. 그리고 이 원칙들은 모든 사업 분야에 동일하게 적용된다.

각 경쟁 요인의 강도가 정해지는 데 중요한 역할을 하는 몇 가지 특징이 있는데, 이에 관해 이야기할 것이다.

제1 경쟁 요인: 신규 진입 기업의 위협

업계에 새로 진입하는 기업은 신규 생산 능력과 시장점유율 확대에 대한 욕구 그리고 상당한 자원을 가지고 들어온다. 담배 회사 필립 모리스가 밀러 맥주를 인수했을 때가 대표적 예다. 다른 시장에 있다가 사업 다각화를 위해 기업 인수로 업계에 진출한 회사는 기존에 가진 자원을 활용해 새로 진입한 업계에서 대대적인 변화를 일으킨다.

신규 진입 기업이 불러오는 위협의 정도는 그들이 예상하는 진입장벽과 업계 내에서 다투는 기존 경쟁업체의 반응에 달려 있다. 시장의 진입장벽이 높고, 기존 업체의 강력한 반격이 예상된다면 새로 진입하는 기업은 업계에 큰 위협이 되지 못한다.

다음은 대표적인 진입장벽 6가지다.

1. **규모의 경제**: 규모의 경제economies of scale가 존재하면 시장에 새로 진입하겠다는 열망을 지닌 기업은 사업 규모를 키워야 하거나 비용상의 불이익을 감수해야 하므로 진입에 방해를 받는다. 메인프레임 컴퓨터 산업에서는 생산, 연구, 마케팅과 서비스 부문에서 나타나는 규모의 경제가 핵심 진입장벽이었다. 제록스와 GE가 이를 뼈아프게 깨달았다. 규모의 경제는 유통과 영업력의 활용, 자금 조달 등 사업의 거의 모든 영역에서 장애물로 작동한다.

2. **제품 차별화**: 브랜드 정체성 현상은 고객 충성도를 높이기 때문에 시장에 새로 진입하는 기업이 이를 극복하려면 엄청난 지출이 필요하고, 이 때문에 진입장벽이 생긴다. 브랜드 정체성 현상을 키우는 요소로는 광고, 고객 서비스, 업계 내 최초의 제품 소개, 제품 차별화product differentiation 등이 있다. 탄산음료, 일반의약품, 화장품, 기업 금융과 공공 회계 등의 산업에서는 브랜드 정체성 현상이 가장 중요한 진입장벽이다. 맥주 양조 기업에서는 사업 분야를 둘러싸는 높은 장벽을 세우기 위해 브랜드 정체성 현상과 생산, 유통, 마케팅 부문에서 나타나는 규모의 경제를 묶어 대응한다.

3. **필요 자본**: 경쟁에 참여하는 데 대규모 자본이 필요한 경우, 자본이 진입장벽이 된다. 특히 선행 광고나 선행 연구개발처럼 회수할 수 없는 비용을 써야 할 때는 진입장벽이 더 높다. 자본은 고정 설비를 갖추는 데 필요할 뿐 아니라 고객의 신용 거래, 재고 확보, 창업 초기 손실 감수에 대응하기 위해서도 필요하다. 다국적 대기업이라면 거의 모든 산업에 침투할 수 있을 정도의 금융 자본을 갖추고 있지만, 컴퓨터 제조나 광물 채굴 등 막대한 자본이 요구되는 분야에서는 진입할 수 있는 기업의 수 자체가 제한된다.

4. **규모와 무관한 비용우위**: 업계 내에 이미 자리를 잡은 기업은 잠재적 경쟁 기업과 비교해 비용우위cost advantage를 누린다. 이는 기업의 크기나 규모의 경제와 무관하다. 비용우위는 학습곡선(그리고 그 사촌 격인 경험곡선), 전매 기술, 최상의 원재료에 대한 접근권, 가격 인상 전 낮은 가격으로 구매한 자산, 정부 보조금 혹은 유리한 입지에서 비롯된다. 때로 비용우위는 특허를 통해 법적으로 강제되기도 한다(진입장벽으로서의 경험곡선에 관한 논의가 많이 이루어졌다. 이를 분석한 내용에 관해서는 '경험곡선은 진입장벽이 될 수 있을까?' 참조).

5. **유통 경로에의 접근성**: 시장에 새로 진입하려는 기업은 판매할 제품이나 서비스의 유통 판로를 당연히 확보해야 한다. 예를 들어 식품 관련 신제품을 내놓는다면 가격 파괴, 홍보, 맹렬한 판매 노력 외 여러 수단을 동원해 슈퍼마켓의 진열대에서 경쟁 제품의 자리를 대체해야 한다. 도소매 유통 경로가 제한적일수록, 또 기

경험곡선은 진입장벽이 될 수 있을까?

최근 경험곡선이 산업 구조의 핵심 요소로 널리 논의되고 있다. 이러한 개념에 따르면 여러 제조 업계(일부 교조적인 지지자는 모든 제조업에 해당한다고 주장하기도 한다)와 일부 서비스 산업에서 사업 '경험'이 쌓이거나 누적 생산량이 많아질수록 단위 원가$_{unit\ cost}$가 낮아졌다고 한다(경험곡선에는 여러 가지 요소가 포함되는데 잘 알려진 학습곡선보다 개념의 폭이 더 넓다. 학습곡선은 노동자가 일정 기간에 걸쳐 수많은 반복을 통해 획득한 효율성을 가리킨다).

단위 원가가 하락하는 이유에는 여러 가지 요소가 결합되어 있다. 여기에는 규모의 경제, 노동의 학습곡선, 자본-노동 대체 등이 포함된다. 비용의 감소는 시장에 진입하려는 기업에 진입장벽이 된다. 기존 업체, 특히 시장점유율이 가장 높은 생산업체와 비교해 '경험'이 없는 신규 업체는 비용을 더 많이 들여야 하고, 이미 자리를 잡은 경쟁업체를 따라잡는 데 어려움을 겪기 때문이다.

경험곡선 개념의 지지자들은 이러한 진입장벽을 최대한 높이기 위해 시장 내 선도자 지위가 중요함을 강조한다. 그리고 시장 선도자의 지위를 얻고자 한다면 비용 감소를 기대하며 생산량을 늘리고, 가격을 인하하는 등 적극적인 행동에 나설 것을 권한다. 시장점유율을 충분히 확보하지 못한 기업에 내리는 처방은 대개 '사업 철수'다.

경험곡선은 전략적으로 내세워야 할 진입장벽이 될까? 모든 산업에서 그렇지는 않다. 어떤 산업에서는 경험곡선을 토대로 한 전략이 잠재적 재앙이 될 수도 있다. 일부 산업에서는 경험이 쌓이며 비용이 감소한다는 게 그다지 새로운 이야기가 아니다. 경험곡선이 전략적으로 어떤 의미가 있는지는 비용 하락을 유발하는 요인이 무엇인지에 달려 있다.

만일 성장하는 기업에서 효율적이고 자동화된 설비와 수직적 통합vertical integration을 이루어 규모의 경제가 발생했고, 그 덕분에 비용이 감소하는 거라면 상대적인 비용 위치에서 누적 생산량은 중요하지 않다. 이 경우, 최저 비용으로 생산하는 기업은 가장 효율적으로 작동하는 최대의 설비를 갖춘 기업이다.

신규 진입 기업은 사업 경험이 많은 기존 경쟁업체보다 더 효율적인 게 당연하다. 새로 진입한 기업이 지은 최신 공장은 따라잡아야 할 비용상의 불이익이 없기 때문이다. 그러므로 '최대 규모로, 최고로 효율적으로 운영되는 공장을 지어야 한다'는 전략은 '비용을 줄이기 위해서 해당 물품의 누적 생산량이 최대가 되도록 생산해야 한다'는 전략과 매우 다른 것이다.

누계량(절대량이 아님)에 따른 비용 감소가 진입장벽이 되는지 아닌지는 비용 감소의 원천이 무엇인가에 달려 있다. 만일 산업 내에서 일반적으로 알려진 기술 발전이나 성능이 개선된 장비 덕분에 비용이 감소했다면 어떨까? 그 장비를 복제할 수 있거나 장비 공급자에게서 구매할 수 있다면 경험곡선은 진입장벽으로서 전혀 기능하지 못한다. 이럴 때는 신규 기업이나 경험이 비교적 적은 기업이 업계를 선도하는 기업보다 실제적 비용우위를 누리기도 한다. 새로 진입한 기업이나 경험이 비교적 적은 기업은 이전에 막대하게 투자한 이력이 없으므로 최신의 최저가 장비와 기술을 구매하거나 복제할 수 있기 때문이다.

반면 경험을 독점적으로 유지할 수 있다면 업계 내 선도 기업에서 비용우위를 계속 누릴 수 있다. 하지만 신규 기업이 비용을 줄이기까지 필요한 경험은 업계 선도 기업이 그동안 필요로 했던 경험보다 적다. 이 모든 점에서 볼 때 경험곡선을 진입장벽으로 삼아 전략을 세우기에는 불안한 면이 있다.

지면의 한계로 내용을 전부 다 이야기할 수는 없다. 그래서 경험곡선이 진입장벽으로서 전략적으로 유효한지를 판단하는 데 중요한 몇 가지 요소만 소개하려 한다.

- 진입장벽의 높이는 마케팅, 판매, 혁신 등 다른 부문과 비교해 경쟁에 들어가는 비용이 얼마나 중요한가에 달려 있다.
- 제품이나 프로세스 혁신이 상당히 새로운 기술로 이어지고, 이를 통해 완전히 새로운 경험곡선이 생겨난다면 진입장벽은 무효가 된다.[1]
  이럴 경우 새로 진입한 기업이 업계 선도 기업을 뛰어넘어 새로운 경험곡선을 시작한다. 이런 상황에서는 기존의 선도 기업이 도약하기에 입지가 좋지 못하다.
- 만일 복수의 강력한 기업이 동시에 경험곡선을 바탕으로 전략

---

[1] 자동차 산업의 역사에서 나타났던 사례는 다음 참조: William J. Abernathy and Kenneth Wayne, "The Limits of the Learning Curve", *Havard Business Review*, September-October 1974, p.109.

> 을 세운다면 결과가 치명적일 수 있다. 경쟁 기업이 그와 같은 전략을 추구하다가 어느 한 곳만 남았을 때쯤이면 산업의 성장은 멈췄을 것이며, 전리품조차 거둘 수 없을 것이다.

존에 자리 잡은 경쟁업체들이 유통 경로를 확보하고 있을수록 신규 진입하려는 기업은 힘들 수밖에 없다. 때로는 유통 경로 때문에 높아진 진입장벽을 극복하기 위해 신규 진입 기업이 스스로 유통 경로를 구축해야 할 때도 있다. 1950년대 타이맥스Timex가 시계 산업에 진출했을 때처럼 말이다.

6. **정부 정책**: 정부는 허가 요건, 원자재 접근권 제한과 같은 통제 수단을 활용해 신규 기업이 산업에 진입하는 걸 제한하거나 막을 수 있다. 트럭 운송업이나 주류 소매업, 화물 운송업처럼 정부에서 규제하는 산업이 대표적인 예다. 다소 알아차리기 어렵지만 스키장 개발과 탄광업 같은 분야에도 정부 규제가 작동한다. 또한 정부는 대기 오염이나 수질 오염 기준, 안전 규정과 같은 통제 수단으로 진입장벽에 영향을 미침으로써 업계 내 주요 간접 행위자의 역할을 맡는다.

신규 진입 기업이 예상하는 기존 기업의 반응 수준도 시장 진입을 결정하는 데 영향을 미친다. 만일 기존 기업이 전에 신규 진입 기업을 맹렬하게 몰아낸 적이 있다거나 다음과 같은 상황이라면 시장 진입에 대해 고민하게 된다.

- 기존 기업이 신규 기업의 진입에 맞서 싸울 자원(여유 자금, 아직 사용하지 않은 차입 한도, 생산 능력, 유통 경로와 고객에 미치는 영향력 등)을 상당히 많이 보유한 경우
- 시장점유율을 유지하고 싶거나 산업 전체에 과잉 설비가 이루어져 기존 기업이 가격을 인하할 것으로 예상되는 경우
- 산업의 성장이 느린 경우(산업 성장이 더디면 신규 진입자를 흡수하는 능력이 떨어지고, 이 때문에 이 산업에 속한 모든 참여자들의 재무 성과가 나빠질 가능성이 있다).

전략적 관점에서 시장 진입 위협과 관련해 알아두어야 할 2가지 중요한 점이 있다.

첫째, 조건의 변화에 따라 시장 진입에 대한 결정도 달라진다. 예를 들어 폴라로이드Polaroid가 가지고 있던 즉석 사진에 대한 특허가 만료되면서 특허 기술을 토대로 한 절대비용absolute cost이라는 진입장벽은 크게 낮아졌다. 코닥Kodak이 즉석 사진 시장에 뛰어든 것도 놀랍지 않다. 인쇄 사진 시장에서는 제품 차별화가 사실상 사라진 상태다. 이와 반대로 자동차 산업에서는 제2차 세계대전 이후 생산 자동화와 수직적 통합이 이루어지면서 규모의 경제가 엄청나게 확대되었다. 이런 이유로 신규 기업이 성공적으로 진입하는 것이 사실상 불가능해졌다.

둘째, 산업 내에서 이루어지는 주요 전략은 기업이 신규 진입에 따르는 위협을 판단하는 데 큰 영향을 준다. 1960년대 미국 와인 생산업체들을 예로 살펴보자. 그들은 제품 소개, 광고 확대, 전국적인 유통망 확대에

나섰는데, 이로써 기존 기업이 누리는 규모의 경제는 커지고, 신규 기업이 유통 경로에 접근하는 건 더 어려워졌다. 결국 신규 진입 기업의 입장에서는 시장 진입을 방해하는 장애물이 많아진 것이다. 이와 비슷한 사례로 레저용 자동차 산업을 들 수 있다. 그들은 비용 절감을 위해 수직적 통합을 선택했고 규모의 경제를 확대했다. 그 결과 신규 진입 기업이 넘어야 할 자본비용 장벽이 높아졌다.

제2, 제3 경쟁 요인: 공급자의 협상력과 구매자의 협상력

공급자는 가격을 인상하거나 상품과 서비스의 품질을 낮추는 방식으로 산업 내 경쟁에 참여하는 기업에 협상력을 발휘한다. 따라서 협상력이 강한 공급자는 자체 상품의 가격을 인상해 원재료 구매 비용 증가분을 회수할 수 없는 산업에서도 수익성을 확보한다. 탄산음료 농축액 생산업체가 가격을 인상하면 탄산음료 제조업체의 수익성은 악화한다. 탄산음료 제조업체는 믹스 가루, 과일 음료 및 기타 음료 업체와 치열한 경쟁을 벌이고 있어 원재료 가격이 인상되어도 제품 가격을 인상할 여지가 제한되어 있기 때문이다. 또한 구매자는 가격 인하 압박을 주고, 더 좋은 품질이나 더 많은 서비스를 요구하며 산업 내 기업이 서로 경쟁하게 한다. 이 모든 요구 사항이 업계 내 기업의 이익을 훼손한다.

주요 공급자 또는 구매자의 영향력은 해당 시장의 여러 특성 및 각 집단의 매출이나 구매 규모가 전체 비즈니스에서 차지하는 상대적 중요도에 따라 달라진다.

다음과 같은 경우에는 '공급자'의 힘이 강하다.

- 소수의 공급자가 시장을 지배하며 구매자가 속한 업계보다 그

집중도가 높은 경우

- 제품이 독특하거나 차별화되는 경우, 혹은 전환비용switching cost 이 발생하는 경우: 전환비용은 구매 기업이 공급자를 바꿀 때 들여야 하는 고정비다. 전환비용이 발생하는 이유는 크게 3가지다. 우선 구매 기업이 생산하는 제품의 사양이 특정 공급자의 제품에 맞춰져 있을 때다. 그다음은 전문 보조 장비나 공급자의 장비 작동법(예를 들면 컴퓨터 소프트웨어)을 학습하는 데 막대한 투자를 했을 때다. 마지막으로 구매업체의 생산라인이 공급자의 제조 설비와 연결된 경우(일부 음료 용기의 제조 생산라인)에 발생한다.
- 공급자가 판매를 위해 업계의 다른 제품과 반드시 경쟁해야 할 필요가 없는 경우: 예를 들어 캔 산업에 제품을 판매하기 위해 철강 회사와 알루미늄 회사가 벌이는 경쟁은 서로가 지닌 힘을 견제하는 수준에 불과하다.
- 공급자가 직접 제품을 생산해 구매업체의 산업 분야로 직접 진입하는 전방 통합의 가능성이 큰 경우: 이럴 때는 제품을 구매하는 측에서 구매 조건 개선을 요구할 수 있는 능력이 제한된다.
- 해당 산업이 공급자에게 중요한 고객이 아닐 경우: 이때 공급자는 더 강한 협상력을 갖는다. 만약 해당 산업이 공급자에게 중요한 고객이라면 공급자의 성과는 그 산업의 성공과 밀접하게 관련된다. 따라서 공급자는 합리적인 가격을 제시하고 연구개발과 로비 등의 활동을 지원하는 등 해당 산업을 보호하려 할 것이다.

다음과 같은 경우에는 '구매자'의 힘이 강하다.

- 집중 구매나 대량 구매가 이루어지는 경우: 고정비 비중이 높은 산업에서는 대량 구매 고객이 잠재적으로 힘을 갖는다. 예를 들어 금속 용기 산업, 옥수수 정제 산업, 범용 화학 물질 생산업 등이 여기에 속한다. 이런 산업에서는 생산 능력만큼 생산을 계속하지 못하면 비용 손실이 크다.
- 구매자가 구매하는 제품이 표준화되어 있거나 차별화되지 않을 경우: 구매자는 언제든 대체 공급자를 찾을 수 있음을 확신하기 때문에 여러 공급자를 상대로 경쟁을 유도할 수 있다. 이는 알루미늄 압출 산업에서 흔히 볼 수 있는 현상이다.
- 구매하는 제품이 구매자가 생산하는 제품의 부품으로, 원가에서 차지하는 비중이 큰 경우: 이때 구매자들은 유리한 가격을 찾기 위해 깐깐하고 선택적으로 구매하려고 할 가능성이 크다. 반면 공급자가 파는 제품이 구매자 원가에서 차지하는 비중이 작을 때, 구매자는 가격에 훨씬 덜 민감하다.
- 구매자의 수익이 낮을 경우: 원재료 구매 비용을 낮춰야 할 커다란 유인이 생기므로 구매자는 가격에 민감해진다. 하지만 이익률이 높은 구매자는 일반적으로 가격에 덜 민감하다(물론 해당 제품의 가격이 구매자의 전체 생산 비용에서 큰 비중을 차지하지 않을 때 그렇다).
- 공급자가 판매하는 제품이 구매자가 생산하는 제품이나 서비스의 품질에 큰 영향을 미치지 않는 경우: 이때 구매 기업은 일반적으로 가격에 덜 민감하다. 유전용 장비업계의 상황을 예로 들어 보자. 유전 산업에서는 장비가 제대로 작동하지 않으면 엄청난 손실로 이어진다. 또한 전자 의료 및 시험용 장비 포장 제품 분야

에서도 포장 제품의 질은 사용자가 포장 제품 안에 들어 있는 장비의 품질에 관해 느끼는 인상에 영향을 준다.

- 공급자가 판매하는 제품이 구매자의 비용 절감에 도움이 되지 않는 경우: 공급자가 판매하는 제품이나 서비스가 여러 번에 걸쳐 구매 비용만큼의 값어치를 하면, 구매업체는 가격보다 품질에 더 민감하게 반응한다. 기업 금융과 공공 회계 같은 서비스 업계가 대표적이다. 이들이 제공하는 서비스에서 판단 착오가 발생하면 그에 따른 비용이 많이 들고 곤혹스러운 사태가 이어진다. 유정 검층 사업에서도 마찬가지다. 정확한 측량만 이루어지면 시추 비용을 수천 달러씩 아낄 수 있어 구매자들이 가격보다 품질을 우선시한다.

- 구매자가 공급자의 제품을 생산하는 분야로 직접 진입하는 후방 통합의 가능성이 큰 경우: 이처럼 구매자가 제품을 스스로 만들 수 있다는 현실적인 위협을 제기하면 협상력이 강해진다. 미국의 3대 자동차 제조업체는 주요 부품을 자체 생산하겠다는 위협을 종종 협상의 수단으로 사용한다. 이 방법으로 구매업체의 산업 분야에서 전방 통합의 위협이 나타나기도 한다.

구매자의 힘은 대체로 이들이 집단일 때 그리고 산업용 및 상업용 구매자라는 점에서 발휘된다. 일반 소비자는 차별화되지 않은 제품을 살 때, 소득에 비해 상대적으로 비싼 제품을 살 때, 품질이 특별히 중요하지 않은 제품을 살 때 가격에 좀 더 민감한 경향이 있다.

소매 유통 기업의 구매력도 같은 기준에 따라 정해지지만 여기에는 중요한 규칙이 한 가지가 더 있다. 소매 유통 기업이 소비자의 구매 결정에 영향을 미칠 수 있을 때 이들이 제조업체를 상대로 상당한 협상력을 갖게 된다는 점이다. 오디오 부품이나, 보석, 가전제품, 스포츠용품 및 기타 상품에서 소매 유통 기업이 협상력을 발휘한다.

전략적으로 행동한다

공급자가 어디서 자재를 구매할지 정하거나 어떤 구매자에게 상품을 판매할지 정하는 것은 전략적으로 중요한 행동이다. 기업은 전략 방침을 활용해 자사에 부정적인 영향을 미칠 가능성이 가장 작은 공급자나 구매자를 찾는다. 가장 흔한 경우가 어느 구매자에게 판매할지 기업이 선택하는 것이다. 즉 구매자를 선택하는 행위다. 기업의 제품을 구매하는 모든 집단이 동등한 협상력을 갖는 경우는 드물다. 심지어 단일 산업에만 판매하더라도 그 안에는 상대적으로 협상력이 낮고 가격 민감도가 적은 분야가 존재하는 경우가 많다. 예를 들어 교체용 제품 시장은 일반 제품 시장과 비교해 가격에 덜 민감하다.

원칙 하나를 소개해보자. 고객이 강력한 구매자라 해도 기업에는 여전히 평균 이상의 수익성을 확보할 길이 있다. 업계 내에서 저비용으로 생산하거나 특이한 혹은 유일한 특성이 있는 제품을 생산하는 것이다. 에머슨 일렉트릭Emerson Electric은 대규모 고객에게 전기 모터를 공급해 수익을 많이 얻었다. 그 비결은 전기 모터를 저비용으로 생산함으로써 제품 가격을 경쟁사에 맞추거나 그보다 낮은 가격을 제시하는 것이었다.

만일 저비용으로 생산할 수 없거나 제품이 독특하지 않다면 모든 고객을 대상으로 제품을 판매하는 방식은 자멸로 이르는 길이다. 판매량이 늘어날수록 기업의 상태가 취약해지기 때문이다. 그럴 때는 모든 고객에게 판매하겠다는 방침을 과감하게 접고, 상대적으로 영향력이 적은 고객에게만 판매해야 할 수도 있다.

내셔널 캔 앤드 크라운 코르크 앤드 실National Can and Crown Cork & Seal이 성공을 거둔 핵심 비결은 구매자 선택 전략이다. 이 회사는 캔 산업 내에서 제품 차별화를 꾀할 수 있고, 후방 통합의 위협을 최소화한다. 그렇지 않으면 고객의 엄청난 힘을 완화할 수 있는 부문에 사업의 초점을 맞춘다. 물론 좋은 고객을 고른다는 호사는 생각조차 할 수 없는 산업도 있다.

공급자와 구매자의 힘을 결정하는 요소가 시간의 흐름에 따라 혹은 기업의 전략적 결정 결과에 따라 변하면서 이들의 힘도 자연스레 강해지거나 약해진다. 예를 들어 기성복 산업에서는 백화점과 의류 매장이 점점 더 대형화되고 통합되면서 산업 전반이 점점 더 큰 압박을 받고 있으며 마진이 감소하고 있다. 기성복 산업은 제품을 차별화하거나 구매자를 충분히 묶어둘 수 있는 전환비용을 창출하지 못해 이런 추세를 상쇄하지 못하고 있다.

제4 경쟁 요인: 대체제나 대체 서비스의 위협

대체재는 제품이나 서비스에 매길 수 있는 가격의 상한선을 설정함으로써 산업의 잠재력을 제한한다. 만약 해당 산업이 제품 품질을 개선하거나 차별화(마케팅을 활용하는 등)를 시도하지 못한다면, 그 산업은 수익성 저하나 성장성 둔화를 피할 수 없다. 분명한 건 대체재가 제공하는 가격 대비 성능의 교환 가치가 클수록 업계가 얻을 잠재 수익의 한계가 한층 명확해진다는 점이다. 설탕 생산업체는 오늘날 설탕 대체재인 고과당 옥수수 시럽의 대규모 상업화에 직면하고서야 수익성 악화를 직접 경험하게 되었다.

대체재는 평시에만 이익을 낮추는 게 아니다. 호황기에도 업계가 거둘 수 있는 엄청난 수익을 제한하곤 한다. 1978년 높은 에너지 비용과 혹독하게 추웠던 겨울 날씨 덕분에 유리섬유 단열재 생산업계는 전례 없이 높은 수요를 맞았다. 그러나 유리섬유 단열재 가격은 인상 폭을 제한할 수밖에 없었다. 셀룰로스, 암면rock wool, 스티로폼 등 유리섬유를 대체할 단열재가 너무 많았기 때문이다. 유리섬유 단열재 생산업계에서 공장을 증설해 시장 수요(이후에는 일부 수요)를 충족할 만큼 생산 능력이 늘어나면 대체재의 힘은 더욱 강력해진다.

전략상 대체재가 가장 큰 주목을 받아야 할 때는 언제일까? 첫째, 업계의 기존 제품과 비교해 대체재의 가격 대비 성능의 교환 가치가 향상되는 추세일 때. 둘째, 높은 수익을 내는 산업에서 대체재를 생산할 때. 셋째, 대체제 업계에서 제품 개발로 경쟁이 치열해져 가격이 인하되거나 성능이 개선될 때. 이런 경우 대체재가 빠르게 영향을 미치기 시작한다.

제5 경쟁 요인: 산업 내 자리다툼

산업 내 기존 업체 간의 경쟁에서는 가격 경쟁, 제품 출시, 광고 난타전과 같은 전술을 사용한다. 우리가 익히 아는 자리다툼의 모습이다. 이들이 치열한 경쟁을 펼치는 데는 여러 가지 요인이 관련되어 있다.

- 경쟁을 벌이는 기업이 많고 대체로 규모와 영향력이 비슷한 경우: 최근 들어 해외 경쟁업체도 경쟁 구도 속의 일부가 되면서 미국 내 여러 산업은 더욱 복잡해졌다.
- 산업의 성장 속도가 느린 경우: 시장점유율을 두고 확장을 추구하는 기업들 간에 경쟁이 일어난다.
- 제품이나 서비스에 차별성이 없거나 전환비용이 낮은 경우: 차

별성이 있거나 전환비용이 발생하면 구매자를 묶어둘 수 있으며, 다른 업체가 고객을 공략해도 보호받을 수 있다.
- 고정비가 많이 들거나 제품이 부패하거나 유통 기한이 짧은 경우: 이러한 구조에서는 수요가 줄어들 때 가격 인하의 유혹이 더욱 강하게 작용한다. 제지 산업이나 알루미늄 산업 같은 원자재 중심 업종에서 이러한 문제는 특히 심각하다.
- 생산 능력이 한번에 대규모로 확장되는 산업 구조인 경우: 염소와 염화 비닐 산업에서 그랬듯 증설은 업계의 수요-공급 균형을 무너뜨리고, 대개의 경우 과잉 생산과 가격 인하로 이어진다.
- 퇴출장벽exit barrier이 높은 경우: 매우 특화한 자산을 가졌거나 경영진이 특정 사업 영역에 충성하려 드는 등 퇴출장벽이 있으면, 수익이 매우 낮거나 심지어 투자 수익률이 마이너스일 때도 시장에 남아 경쟁을 계속한다. 부실기업이 시장에 계속 남아 있으면 과잉 생산을 하게 되고, 건실한 경쟁업체의 수익성도 악화한다.[1]

  과잉 생산으로 업계 전체가 어려움을 겪으면 정부 지원을 요청하기도 한다. 외국 기업과 경쟁하는 경우라면 더욱 그렇다.
- 경쟁하는 기업의 전략, 기원 그리고 '성격'이 다양한 경우: 각 기업은 경쟁 방식에 대한 생각이 서로 다르며, 그 과정에서 예상치 못한 충돌이 발생하기 쉽다.

---

[1] 전략상 퇴출장벽과 그에 따르는 영향에 관해 더 자세히 알고 싶다면 저자의 다음 글 참조. "Please Note Location of Nearest Exit," *California Management Review*, Winter 1976, p.21.

산업이 성숙기에 접어들수록 대개는 성장률이 둔화되면서 이익이 줄고 침체기가 찾아온다. 1970년대 초에는 레저용 차량 산업이 호황이었고, 자동차 생산업체라면 대부분 높은 이익을 거두었다. 하지만 그때 이후 레저용 자동차 시장의 성장이 느려지면서 업계 내 강자를 제외하면 고수익을 얻는 기업이 없어졌다. 상대적으로 약한 기업의 상황은 말할 것도 없다. 이와 같은 이익 변화 이야기는 여러 산업에서 계속 나타났다. 스노모빌, 에어로졸 포장, 스포츠용 장비 산업 등은 그저 몇 가지 예에 불과하다.

공구 전문 기업인 블랙앤데커Black & Decker가 전기톱 생산업체인 매컬러McCulloch를 인수한 사례처럼 기업 인수는 업계 분위기를 새롭게 바꾼다. 기술 혁신은 생산 공정에서 고정비를 끌어올린다. 1960년대 사진 인화 작업 방식이 소량 일괄 처리 배치 생산 방식에서 대량 연속 처리 방식으로 바뀌었을 때처럼 말이다.

기업은 산업 경제학에 속해 있으므로 이처럼 많은 요소를 안고 가야 하지만, 전략 전환을 통해 어느 정도는 상황을 개선할 수 있다. 예를 들어 구매자의 전환비용을 높일 방안을 마련하거나 제품 차별화를 꾀하는 것 등의 방법이 있다. 산업 내에서 빠르게 성장하는 부문에 판매 노력을 집중하거나 고정비가 제일 낮은 시장에 집중하면 산업 내 경쟁의 영향을 적게 받는다. 가능하다면 퇴출장벽이 높은 경쟁사와 대립하는 걸 피해 쓰라린 가격 인하 경쟁에 말려들지 않도록 하는 게 좋다.

경쟁전략의
수립

 기업 전략가는 일단 산업 내에서 경쟁에 영향을 미치는 요소와 그 근본 원인을 분석하고 나면, 다음으로 회사의 강점과 약점을 파악해야 한다. 전략적 관점에서 중요한 강점과 약점은, 각각의 경쟁 요인을 형성하는 근본 원인에 대한 기업의 대응 자세다. 예컨대 대체재에 대해 어떤 위치에 있는가, 진입장벽의 원천에 대해서는 어떤 방어력을 갖고 있는가를 살펴보는 것이다.

 그리고 나서 기업 전략가는 다음과 같은 행동 계획을 세울 수 있다. 첫째, 회사의 역량을 활용해 경쟁 요인에 대항해 가장 방어를 잘할 수 있는 지점에 포지셔닝한다. 둘째, 전략적 움직임을 통해 경쟁 요인의 밸런스에 영향을 주고, 그렇게 함으로써 회사의 입지를 개선한다. 셋째, 경쟁 요인의 근본 원인이 변화하기를 기대하고 이에 대응한다. 그리고 새로운 경쟁 균형에 적합한 전략을 선택함으로써 변화를 유리하게 이용하고자 한다. 이 3가지 전략적 접근법을 하나씩 차례로 살펴보자.

1. 포지셔닝

 첫 번째 접근법은 주어진 산업 구조를 받아들이고, 여기에 회사의 강점과 약점을 맞추는 것이다. 전략이란 경쟁 요인에 맞서 방어선을 세우거나 혹은 경쟁 요인이 가장 약한 곳을 찾아 방어막을 구축하는 것이다.

 회사의 역량을 알고 경쟁 요인이 발생하는 원인을 알면 경쟁에 맞서야 할 곳과 피해야 할 곳이 어디인지 명백해진다. 만일 저비용으로 제품 생산이 가능한 기업이라면 강력한 구매자를 상대하는 방식을 선택한다. 그리고 대체재와의 경쟁에 취약하지 않은 상품만 판매하도록 유의한다.

탄산음료 시장에서 닥터페퍼Dr. Pepper가 거둔 성공은 '기업의 실제적 강점을 파악한 뒤 탄탄한 업계 분석이 더해지면 뛰어난 전략이 탄생한다'는 사실을 보여주는 예다. 닥터페퍼가 속한 탄산음료 시장은 코카콜라와 펩시콜라가 장악하고 있다. 하지만 수많은 소규모 농축액 생산업체도 시장에서 한몫을 차지하려고 경쟁을 벌인다.

이러한 상황 속에서 닥터페퍼는 판매량이 가장 큰 음료군을 피하고, 맛과 향에 포커싱한 라인업으로 한정시켰다. 자사 전용 병입업체 네트워크 구축을 포기했으며, 대대적인 마케팅을 펼쳤다. 이러한 포지셔닝을 통해 닥터페퍼는 자신의 약점을 노출하지 않으면서 강점을 극대화할 수 있었다. 그렇게 닥터페퍼는 회사의 작은 규모를 잘 활용하면서도 경쟁요인이 가장 취약하지 않은 곳에 자리 잡았다.

115억 달러 규모의 탄산음료 시장에서는 브랜드 정체성, 대규모 마케팅 자본, 탄산음료 제조업체 관계망 접근권 등과 같은 높은 진입장벽이 존재한다. 대부분의 대형 기업들처럼 자체 유통망을 구축하려면 엄청난 비용과 규모의 경제를 감수해야 하는데, 이는 코카콜라, 펩시, 세븐업 등이 취한 전략이었다. 하지만 닥터페퍼는 그들과 다른 길을 택했다. 자사 제품의 독특한 맛이라는 차별점을 적극 활용해 고객에게 전체 음료 라인을 제공하고자 했던 코카콜라와 펩시의 병입업체 유통망에 얹혀 타는 '피기백'piggyback 전략을 사용한 것이다.

탄산음료 시장의 소규모 기업 중에는 콜라 음료를 판매함으로써 코카콜라 및 펩시와 정면으로 대립하는 경쟁에 뛰어드는 곳이 많다. 하지만 닥터페퍼는 색다른 맛과 향을 지닌 음료를 내세우며, 상품 라인업을 적게 유지하는 방식으로 제품 차별화를 극대화했다.

마침내 닥터페퍼는 단일한 맛의 독특함을 강조하는 광고 공세로 코카콜라와 펩시콜라와 맞섰다. 광고 덕분에 닥터페퍼는 강력한 브랜드 정체성 현상을 이루었고 고객 충성도도 매우 높아졌다. 원재료 비용이 적게 든다는 점도 닥터페퍼에 도움이 되었다. 원재료 비용이 적게 들었기 때문에 닥터페퍼는 다른 주요 경쟁사와 비교해 절대적인 비용우위를 누릴 수 있었다.

탄산음료 농축액 생산에는 규모의 경제가 존재하지 않는다. 그래서 닥터페퍼는 사업 점유율이 6퍼센트에 불과했음에도 성공을 거두었다. 결과적으로, 닥터페퍼는 마케팅 부문에서는 경쟁에 정면 대응하면서도 제품 라인 구성과 유통 전략에서는 경쟁을 회피하는 영리한 전략을 구사한 셈이다. 닥터페퍼의 예술적인 포지셔닝은 훌륭한 실행과 맞물려 다른 기업에서 부러워하는 판매 실적과 주가를 끌어냈다.

2. 경쟁 요인의 밸런스를 바꾼다

기업은 경쟁을 주도하는 요소에 대처할 때 공격적인 전략을 택할 수 있다. 수동적인 대응이 아닌 그 이상의 움직임을 보여준다. 즉 경쟁 요인이 발생하는 원인을 바꾼다는 뜻이다. 여기에는 마케팅 혁신으로 브랜드 정체성 효과를 높이거나 제품을 차별화하는 방법이 있다. 대규모 설비에 자본을 투자하거나 수직적 통합을 이루는 것도 진입장벽에 영향을 준다. 경쟁 요인의 밸런스는 어느 정도 외부 요인이 영향을 미친 결과지만, 일정 부분 기업이 통제할 수 있는 영역이다.

3. 산업을 변화시킨다

전략상 산업의 발전은 중요하다. 앞서 이야기했듯 산업의 발전을 통해 경쟁 요인의 원천에 변화가 생기기 때문이다. 예를 들어 제품의 수명 주기를 살펴보면, 성장이 느려지고 산업이 성숙해갈수록 제품 차별화도 줄어든다. 그리고 기업은 수직적 통합을 이루는 경향을 보인다.

이러한 경향 자체는 중요하지 않지만, 그 변화가 경쟁의 원천에 어떤 영향을 주는지는 중요하다. 성숙기에 접어든 소형 컴퓨터 산업에서는 제조와 소프트웨어 개발, 양쪽 모두 수직적 통합이 진행되고 있다. 이러한 추세는 매우 중요하다. 규모의 경제를 확대하고 산업 진입에 필요한 자본 수준을 급격히 끌어올림으로써 진입장벽을 더욱 높이기 때문이다. 나아가 성장이 정체된 이후에는 소규모 경쟁자들을 산업에서 밀어낼 가능성 또한 커지기 때문이다.

전략적 관점에서 가장 주목해야 할 변화는 해당 산업의 핵심 경쟁 요인에 영향을 미치거나, 경쟁의 새로운 원인을 전면에 등장시키는 변화들이다. 예를 들어 에어로졸 위탁 포장 산업에서는 현재 제품 차별화를 줄이는 추세가 지배적이다. 이러한 추세 때문에 구매자의 힘이 세졌고, 진입장벽이 낮아졌으며, 경쟁이 격화했다.

지금까지 설명한 경쟁 분석 틀은 산업의 궁극적인 수익성을 예측하는 데도 사용할 수 있다. 장기 계획을 세울 때는 각 경쟁 요인을 검토하고, 저마다 근본적인 원인의 크기를 예측한 뒤 산업의 수익 가능성에 관해 종합적인 그림을 그려야 한다.

이렇게 해서 나온 예측 결과는 현재 산업 구조가 어떤지에 따라 크게 달라진다. 예를 들어 요즘 태양열 난방 산업에는 수십, 아니 아마 수백 개의 기업이 몰려 있다. 하지만 어느 기업도 시장에서 주요 위치를 차지하지 못했다. 태양열 난방 산업은 진입이 쉽고, 경쟁사 모두 태양열 난방을 기존 난방 방식보다 우수한 대체재로 자리 잡게 하려고 분투하고 있다.

'전략의 본질'을
다시 묻다

hbr.org 2015년 5월 12일 자 기사 수정(product #H0224M)

안드레아 오번스 Andrea Ovans

경쟁은 곧 가격 경쟁이라는 등식만 존재했던 포터 이전

1950년대와 1960대 초 피터 드러커가 경쟁에 관해 했던 이야기를 살펴보면 그는 정말 한 가지만 언급한다. 바로 가격 경쟁이다. 피터 드러커만 그랬던 게 아니다. 당시 경제학자 대부분이 경쟁을 가격 경쟁으로 생각했다.

그러다 1979년 하버드대학교 마이클 포터 교수가 이러한 통념에 의문을 제기한다. 포터 교수는 '경쟁의 전략'How Competitive Forces Shape Strategy에서 경쟁 요인 4가지를 추가로 제시한다. 2008년 포터 교수가 이 고전적인 글을 업데이트할 때 나는 그에게 5가지 경쟁 요인의 기원을 물었다. 그러자 이렇게 답했다. "가격 경쟁만이 경쟁의 전부일 순 없습니다."

그리고 나서 그는 동종 업계 경쟁자 간의 가격 경쟁 외에도 한 산업 내 경쟁 강도는 다음 4가지 요인에 따라 결정된다는 그 유명한 이야기를 들려주었다. 업계 내 경쟁 기업 사이에서는 가격 경쟁이 치열하게 펼쳐질 뿐 아니라 업계 내에서 펼쳐지는 경쟁의 정도(즉 경쟁에 참여하는 기업이 가격을 자유롭게 책정할 수 있는 정도)는 구매자와 공급업체의 협상력 그리고 대체재와 새로 진입하는 기업이 불러오는 위협이 어느 정도인가에 달려 있다는 주장 말이다.

소프트웨어나 탄산음료처럼 경쟁 요인이 약한 산업에서는 수익성이 좋은 회사가 많다. 반면 항공사나 호텔업처럼 경쟁 요인이 강한 시장에서는 매력적인 투자 수익을 얻는 기업이 거의 없다. 포터 교수에 따르면 기업의 전략이란 경쟁사의 가격 압박뿐 아니라 경쟁 환경에서 나타나는 모든 경쟁 요인을 고려해 기업이 상대적으로 가장 유리한 자리를 찾아가는 일이다.

전략이라는 주제에서는 이게 바로 마지막 결론이라고 여기는 사람이 많았다. 예를 들어 레베카 홈크스Rebecca Homkes와 도널드 설Donald Sull, 찰스 설Charles Sull은 HBR 2015년 3월호에 실은 기사 '전략 실행, 5가지 통념부터 파괴하라'Why Strategy Execution Unravels-and What to do about it에 이렇게 썼다. "1980년대 마이클 포터 교수가 획기적인 연구 결과를 내놓은 이래 우리는 전략이 무엇인지에 대해 명확하면서도 일반적으로 통용되는 정의를 갖게 됐다."

하지만 꼭 그런 건 아니었다.

흥미로운 사실은 포터 교수가 1996년 11월이 돼서야 전략의 정의에 관한 생각을 정식 논문으로 출판했다는 점이다. 포터 교수가 5가지 경쟁 요인이라는 독창적인 기사를 세상에 소개하고 17년이 지난 시점이다. 달리 말해 그동안 그가 이 문제를 분명히 할 필요가 있다고 계속 느껴왔다는 의미이기도 하다.

'전략이란 무엇인가?'What Is Strategy?에서 포터 교수는 전략에 관해 그동안 대두되어온 오래된 견해와 새로운 견해들을 반박했다. 그는 특히 전략이 다음과 같은 것이라고 보는 견해를 문제 삼았다.

- 업계 내에서 이상적인 경쟁력을 갖춘 단 하나의 자리를 추구하는 것(포터 교수가 논문을 쓰던 당시 닷컴 성공 신화를 꿈꾸던 기업들이 이처럼 접근했음을 암시한다).
- 다른 기업을 벤치마킹하고 모범 사례를 채택하는 것(누구나 좋아하는 비판 대상인 《초우량 기업의 조건》을 은근히 언급한 것이다).
- 효율성 향상을 위한 적극적인 아웃소싱과 제휴 시도(전략 컨설팅의 할아버지뻘인 보스턴컨설팅그룹의 창업자 브루스 헨더슨Bruce Henderson이 1989년에 출판한 책 《전략의 기원》The Origin of Strategy을 말하는 듯하다).
- 몇 가지 성공 비결과 주요 자원, 핵심 역량에 초점을 맞추는 것(프라할라드C.K. Prahalad와 게리 하멜Gary Hamel이 1990년에 쓴 기사 '기업의 핵심 역량'The Core Competence of the Corporation을 가리키는 것 같다).
- 끊임없이 진화하는 경쟁과 시장 변화에 빠르게 대응하는 것(1995년 리타 맥그래스Rita McGrath와 이언 맥밀런Ian MacMillan이 혁신 전략에 관해 쓴 기사 '발견이 이끄는 기획'Discovery-Driven Planning을 언급한 것처럼 보인다).

포터 교수의 관점에서 볼 때 기본적으로 모든 전략은 2가지 선택 사항으로 요약된다. 하나는 다른 모든 사람이 하는 대로 하는 것이다. 물론 그러는 동안 상대적으로 비용은 적게 든다. 다른 하나는 다른 누구도 할 수 없는 일을 하는 것이다. 어느 쪽의 접근법이든 성공을 거둘 수 있지만, 포터 교수가 보기에 이 2가지 방식은 경제적으로 동등하지 않다. 내가 보기에는 도덕적으로도 동등하지 않다.

포터 교수는 다른 모든 사람이 하는 대로 하며 경쟁한다는 건 가격 경쟁을 벌인다는 뜻이라고 말한다. 즉 경쟁 기업보다 더 효율적으로 운영하는 법을 배운다는 뜻이다. 하지만 이건 산업 전체의 수익성을 갉아먹으며 파이를 줄일 뿐이다.

반면 독자적인 우위를 바탕으로 지속 가능한 위치를 점하는 전략은 산업 전체의 파이를 키워준다. 이상적인 전략은 정교하고 상호 의존인 활동들의 조합(일부 전략가는 이를 '가치사슬'value chain 또는 '비즈니스 모델'이라고 부른다)을 통해 경쟁우위를 창출하는 것이다.

항공 업계에서 이러한 선택을 쉽게 찾아볼 수 있다. 항공사 대부분은, 포터 교수가 한 말을 인용하면 "최고가 되기 위해 경쟁을 벌인다." 그리고 정말 작은 파이를 두고 싸운다. 그 사이에서 사우스웨스트 항공은 수익성이 훨씬 큰 비즈니스를 운영한다. 사우스웨스트 항공은 경쟁사와 완전히 다른 방식으로 시장에 접근하는데 표적으로 삼는 고객층(예를 들어 사우스웨스트 항공을 타지 않았다면 운전하는 쪽을 택했을 사람)이 다르다. 그리고 영리할 정도로 효율적이고 시장과 상호의존적인 활동을 펼쳐 전체 시장의 규모를 키웠다.

어떻게 보아도 걸작이라고 할 수밖에 없는 '전략이란 무엇인가?'는 모든 전략가가 반드시 읽어야 할 글이다. 하지만 전략이라는 주제에 대한 논의가 여기서 끝난 것은 전혀 아니다.

> **안드레아 오번스**
> HBR 전前 선임 편집자. 전략, 혁신, 인사관리, 조직, 다양성 분야를 주로 다뤘다. 클레이튼 크리스텐슨 교수가 개발한 이론을 바탕으로 공동 설립한 혁신 컨설팅 회사인 이노사이트에서 사고 리더십 thought leadership을 개발했다.

태양열 난방 산업의 잠재력은 미래에 나타날 진입장벽의 형태, 대체재 대비 태양열 난방 제품의 시장 내 입지 개선 정도, 궁극적인 경쟁의 강도, 구매자 및 공급자가 지니는 힘에 따라 크게 좌우될 것이다. 이러한 특성은 결국 브랜드 정체성 확립, 기술 변화에 따라 장비 제조에 나타나는 상당한 규모의 경제 혹은 경험곡선, 경쟁에 드는 궁극적인 자본비용, 생산시설에 드는 간접비용 등의 요소에 영향을 받는다.

업계 경쟁을 분석하는 틀은 기업이 다각화 전략을 세우는 데 직접적인 도움을 준다. 다각화 결정을 내릴 때, 그 안에서 마주하는 대단히 어려운 질문인 '이 사업의 잠재성은 어느 정도일까?'에 로드맵을 제공하기 때문이다. 업계 경쟁을 분석하는 틀에 판단을 더하면 전망이 밝은 산업을 찾아낼 수 있다. 이 밝은 전망이 인수 대상 회사의 매각 가격에 반영되기 전에 말이다.

적은 눈앞의 라이벌뿐만이 아니다

기업 관리자는 전략 수립의 중요 단계로 회사의 비즈니스를 정의하는 일에 많은 관심을 기울여왔다. 시어도어 레빗Theodore Levitt 교수는 1960년 HBR에 기고한 획기적인 기사를 통해 산업을 제품 중심으로 폭 좁게 정의하는 근시안적 시각을 피해야 한다고 강력하게 주장했다.[2]

---

[2] Theodore Levitt, "Marketing Myopia," reprinted as an HBR Classic, September–October 1975, p.26.

그는 학계의 다른 수많은 권위자가 비즈니스를 정의할 때 제품을 넘어 기능까지 바라보아야 한다고 말했다. 국경을 넘어 해외 기업과의 잠재 경쟁까지 바라보아야 하며, 현재의 경쟁자를 넘어 미래의 경쟁자까지 바라보아야 함을 강조한 것이다. 학계가 이처럼 강력하게 촉구한 결과, 기업이 몸담은 산업을 적절하게 정의하는 일은 끝없이 논의되는 주제가 되었다.

논의의 이면에 숨겨진 동기는 새로운 시장을 개발하려는 욕구다. 그러나 또 하나, 어쩌면 더욱 중요한 동기는 언젠가 업계를 위협할지 모를 잠재적 경쟁의 원천이 간과될지 모른다는 두려움이다. 시장점유율을 두고 직접 경쟁하는 기업과의 싸움에만 외곬으로 몰두한 나머지 회사가 고객 및 공급자와도 협상력을 놓고 경쟁하고 있다는 사실을 깨닫지 못하는 관리자가 많다. 그러는 사이 경쟁에 새로 참여하는 기업을 경계하는 일을 게을리하거나 대체재의 은근한 위협을 깨닫지 못하기도 한다.

기업이 성장하는 것은 물론 생존하기 위한 핵심 비결은 무엇일까? 시장에 새로 진입한 기업이든 기존 경쟁사든, 정면으로 맞선 경쟁사의 공격에 덜 취약한 지점을 확보하는 것이다. 그리고 구매자, 공급자, 대체재의 침공에서 덜 취약한 지점을 찾아내 위험을 최소화하는 것이다. 이러한 전략적 위치를 수립하는 방식은 다양하다. 여기에는 호의적인 고객과의 탄탄한 관계 형성, 실제 제품 차별화 혹은 마케팅을 통한 심리적 제품 차별화, 전방 혹은 후방 시장 통합, 기술적 리더십 확립 등의 방법이 있다.

— 2004 —

블루오션 전략

30개 산업의 100년 역사가 가르쳐준 것

김위찬, 르네 마보안

Blue Ocean Strategy

HBR 2004년 10월호에서 전재(product #R0410D)

김위찬 W. Chan Kim

인시아드INSEAD 경영대학원 전략 관리 교수이자 프랑스 퐁텐블로 소재 인시아드 블루오션 전략 연구 INSEAD Blue Ocean Strategy Institute 공동소장. 르네 마보안과 《블루오션 시프트》, 《블루오션 전략(확장판)》, 《블루오션 경영》, 《비욘드 디스럽션, 파괴적 혁신을 넘어》를 공동집필했다. www.blueoceanstrategy. com에서 더 많은 정보를 확인할 수 있다.

르네 마보안 Renée Mauborgne

인시아드 경영대학원 전략 관리 교수이자 프랑스 퐁텐블로 소재 인시아드 블루오션 전략 연구 공동소장. 김위찬과 《블루오션 시프트》, 《블루오션 전략(확장판)》, 《블루오션 경영》, 《비욘드 디스럽션, 파괴적 혁신을 넘어》를 공동집필했다. www.blueoceanstrategy.com에서 더 많은 정보를 확인할 수 있다.

매출을 22배 올린 서커스단

기 랄리베르테Guy Laliberté는 한때 아코디언 연주자, 죽마 타기 곡예사, 불먹기 등의 연기를 보여주는 서커스 공연자로 활동했으며, 현재 캐나다 최대의 문화 수출 기업인 '태양의 서커스' CEO로 있다. 태양의 서커스는 길거리 공연자들이 모여 1984년 창립한 회사로, 전세계 90개 도시 약 4,000만 명의 관객 앞에서 수십 개의 공연 프로그램을 선보여왔다. 태양의 서커스는 세계 유수의 서커스단 '링글링 브라더스 앤드 바넘 베일리'Ringling Bros. and Barnum Bailey가 100년 이상 걸려 이뤄낸 매출을 불과 20년 만에 달성했다.

   태양의 서커스는 그리 유리하지 않은 환경에서 빠른 성장을 이뤘다. 지금도 그렇지만 서커스 산업은 오랫동안 하락세였다. 스포츠 경기, 텔레비전, 비디오 게임 등 서커스를 대신할 오락거리가 서커스 산업에 짙은 그림자를 드리웠기 때문이다. 서커스의 주요 관객인 아이들은 서커스 공연보다 플레이스테이션 게임을 더 좋아했다. 또한 전통적으로 서커스의 핵심 요소였던 동물 사용에 대해서도 동물 보호 단체들을 중심으로 반대 여론이 거세지고 있었다. 공급 측면에서도 문제가 있었다. 링글링을 비롯해 다른 서커스 기업들이 의존했던 스타 공연자는 그들이 원하는 조건을 정할 수 있었다. 그 결과 서커스를 보러 오는 관객은 꾸준히 줄어드는 반면 서커스 업계에서 감당해야 할 비용은 계속 늘어났다. 게다가 서커스 산업에 새로 진입하는 기업은 거의 지난 세기 전체에 걸쳐 업계의 기준을 정립한, 막강한 기존 업체와 경쟁해야 했다.

이렇게 불리한 환경 속에서 태양의 서커스는 어떻게 지난 10년 동안 수익을 내며 매출을 22배나 늘릴 수 있었을까? 태양의 서커스는 첫 작품을 내놓으며 이런 홍보문구를 내세웠다. "우리는 서커스를 재창조합니다." 태양의 서커스는 기존 서커스 산업에만 국한해 경쟁하거나, 링글링 및 기타 기존 업체의 고객을 뺏는 방식으로 수익을 올리지 않았다. 그 대신 경쟁자가 아예 없어서 경쟁과 무관한 새로운 시장을 개척했다. 태양의 서커스는 전에 서커스를 보러 가지 않던 이들, 즉 완전히 새로운 관객층을 끌어들였다. 그 새로운 관객은 연극, 오페라, 발레를 보러 다니던 성인 관객과 기업 고객이었다. 이들에게는 새롭고도 놀라운 오락거리를 경험하기 위해 일반 서커스 공연보다 몇 배나 비싼 티켓값을 지불할 의사가 있었다.

레드오션과 블루오션의 존재

태양의 서커스가 이룬 성과의 본질을 이해하려면 비즈니스 세계가 2개의 서로 다른 공간으로 나뉘어 구성되어 있음을 알아야 한다. 우리는 이 두 공간을 각각 레드오션 Red Ocean과 블루오션 Blue Ocean이라고 생각한다.

레드오션은 오늘날 존재하는 모든 산업에 해당한다. 즉 이미 알려진 시장이 존재하는 공간이다. 레드오션에서는 산업의 경계가 정해져 있고, 시장 참여자가 경쟁의 규칙을 잘 이해하고 있다. 레드오션에서 기업은 시장에 이미 존재하는 수요 가운데 더 많은 부분을 차지하기 위해 경쟁사를 능가하려 노력한다. 공간은 점점 더 복잡해지고, 수익과 성장 전망은 줄어든다. 제품은 차별성이 없어지고 경쟁이 치열해질수록 바닷물은 피로 물든다.

반면 블루오션은 아직 존재하지 않는 모든 산업을 의미한다. 이 공간은 아직 알려지지 않았으며 경쟁에 물들지 않은 시장이다. 블루오션에서는 싸워서 수요를 얻지 않고 아예 새롭게 창출해낸다. 블루오션에서는 수익을 내면서 빠르게 성장할 기회가 충분하다.

블루오션을 만드는 방법에는 2가지가 있다. 드물지만 이베이가 온라인 경매 산업을 만들어낸 것처럼 기업에서 완전히 새로운 산업을 일으키는 때가 있다. 하지만 대부분 블루오션은 레드오션 안의 기업이 기존 산업의 경계를 바꿀 때 생겨난다. 뒤에서 자세히 살펴보겠지만, 바로 태양의 서커스가 택한 방식이다. 서커스와 연극을 구분하던 전통적 경계를 뛰어넘어 서커스 산업이라는 레드오션 안에서 수익성이 있는 새로운 블루오션을 창조해낸 것이다.

우리는 100년간의 자료를 활용해 30개 이상의 산업을 연구했다. 태양의 서커스는 150건이 넘는 블루오션 창출 사례 중 하나에 불과하다. 우리는 블루오션을 창출한 기업과 그런 성공을 거두지 못하고 레드오션 안에 갇혀버린 기업을 분석했다. 자료를 연구하면서 새로운 시장과 산업 창출의 배경에 일관적인 전략적 사고 패턴이 있음을 확인했다. 이를 '블루오션 전략'Blue Ocean Strategy이라 부른다. 이 전략의 논리는 기존 시장의 경쟁에 초점을 맞춘 전통 비즈니스 모델과는 다르다. 사실 많은 기업이 경쟁에서 벗어나려 할 때 어려움을 겪는 이유는 기업 경영진이 레드오션과 블루오션 사이의 차이점을 깨닫지 못하기 때문이다.

블루오션과 레드오션을 제대로 이해해야 하는 이유

이 기사에서는 블루오션 전략의 개념을 제시하고, 블루오션 전략의 특성을 설명할 것이다. 또한 블루오션에서 얻는 수익과 성장 결과를 평가하고, 향후 기업이 반드시 블루오션을 창출해야 하는 이유가 무엇인지를 논의할 것이다. 블루오션 전략에 대한 이해는 오늘날 점점 빨라지고 폭넓어지는 비즈니스의 세계에서 성공하고자 노력하는 기업에 도움이 되리라 믿는다.

블루오션이라는 용어가 새롭게 들릴지 모르지만, 블루오션은 우리와 항상 함께해왔다. 지난 100년을 돌아보자. 오늘날 잘 알려진 산업이지만 당시에는 생소했던 산업에는 어떤 게 있을까? 자동차, 음반 녹음, 항공, 석유화학, 제약, 경영 컨설팅 등을 들 수 있다. 지금은 당연하다고 여겨지는 이 산업들이 당시에는 들어본 적 없거나 막 태동하는 중이었다.

이제 시계를 30년 전으로 돌려 같은 질문을 던져보자. 또다시 수십억 달러 규모의 산업이 수없이 떠오른다. 뮤추얼 펀드, 휴대전화, 생명공학, 할인 유통업, 특급 택배 서비스, 스노보드, 커피 전문점, 가정용 비디오 산업 등을 예로 들 수 있다. 불과 30년 전만 해도 이 산업들은 의미 있는 규모로 존재하지 않았다.

이번에는 시계를 미래로 돌려 20년 후를 생각하고 질문을 던져보자. 오늘날 우리가 아는 산업 중 얼마나 많은 산업이 그때까지 존재할까? 만일 역사가 미래를 나타내는 지표라면 답은 '아주 많이'다. 기업은 새로운 산업을 창출하고 기존 산업을 재창조할 엄청난 역량을 지니고 있다. 이는 산업 분류 방식에 근본적인 변화가 필요하게 되었다는 사실에서도 잘 드러난다.

50년 동안 사용했던 표준산업분류Standard Industrial Classification, SIC 체계는 1997년 북미산업분류체계North American Industry Classification System, NAICS로 대체되었다. 새로운 산업분류체계는 표준산업분류체계에서 정한 산업 부문 10개를 20개로 늘렸다. 새로운 산업 영역이라는 새로운 현실, 즉 블루오션을 반영하기 위해서였다.

예를 들어 과거의 표준산업분류체계에서 분류했던 서비스 부문은 이제 정보 서비스부터 헬스케어 서비스와 사회 지원 서비스에 이르기까지 7개 부문으로 구분한다. 산업분류체계가 표준성과 연속성을 염두에 두고 만들어졌다는 점을 생각하면 이러한 변화는 블루오션 창출이 얼마나 중요한 경제 성장의 원천이 되었는지를 보여준다.

앞으로도 블루오션이 성장의 동력일 것이라는 점은 분명하다. 기존 시장, 다시 말해 레드오션에서는 대부분 성장 가능성이 꾸준히 줄어들고 있다. 기술 발전 덕분에 공급자는 전례 없이 여러 가지 제품과 서비스를 생산하게 되었고, 덕분에 산업 생산성은 상당히 높아졌다. 이뿐만이 아니다. 국가 간, 지역 간 무역 장벽이 낮아지고 제품과 가격에 관한 정보가 즉각 전세계에 공유되면서 틈새시장과 독점시장은 계속 사라지고 있다. 반면 수요가 늘어났다는 증거는 거의 찾을 수 없다. 적어도 선진국 시장에서는 그렇다. 최근 UN 통계는 심지어 선진국 시장의 인구가 감소하고 있다고 지적하기도 했다. 결과적으로 점점 더 많은 산업에서 공급이 수요를 앞지를 것이다.

이런 상황은 제품과 서비스의 상품화를 서두르고, 가격 경쟁을 부추기며, 이윤이 줄어드는 결과를 낳고 있다. 최근 연구에 따르면, 다양한 상품과 서비스 부문에서 미국의 주요 브랜드 간 제품이 점점 더 비슷해지는 추세라고 한다. 브랜드 간 제품이 비슷해지면 소비자는 점점 가격을 바탕으로 구매 결정을 하게 된다. 소비자는 더 이상 세탁세제는 반드시 타이드여야 한다고 고집하지 않는다. 또한 크레스트 치약이 특별 할인 중이라면 굳이 콜게이트 치약을 사야 할 필요도 없고 그 반대도 마찬가지다. 과밀 산업에서는 경기가 좋을 때나 나쁠 때나 모두 제품을 차별화하는 게 점점 어려워진다.

레드오션과 블루오션의 전략적 차이

안타깝게도 기업 대부분이 레드오션에서 벗어나지 못하고 있는 듯하다. 108개 기업을 대상으로 신규 사업 진행 상황을 살핀 연구를 통해 우리는 새로운 사업의 86퍼센트가 기존 산업 제품의 라인 확장, 즉 기존 제품을 점진적으로 개선하는 사업임을 알았다. 새로운 시장이나 산업을 만드는 사업은 단 14퍼센트에 불과했다. 라인 확장은 전체 매출에서 62퍼센트를 차지하는 반면, 총수익에서는 불과 39퍼센트밖에 차지하지 못했다. 그에 반해 새 시장과 산업에 투자한 14퍼센트에서 총매출의 38퍼센트 그리고 놀랍게도 총수익의 61퍼센트가 나왔다.

그렇다면 왜 이렇게 극단적으로 레드오션에 편중된 전략적 불균형이 존재할까? 그 일부는 기업 전략이 군사 전략에 뿌리를 두고 있다는 사실에서 비롯된다. 기업 전략에서 사용하는 언어 자체부터 군사 용어에 깊이 물들어 있다. 예를 들어 '본부'headquarters의 CEO chief executive officer(최고경영자), '최전선'front lines의 '팀'troop처럼 말이다. 이런 관점에서 설명하면 전략은 모두 레드오션에서 일어나는 경쟁에만 국한된다. 즉 제한된 영역에서 적에 맞서 상대를 쫓아내려는 것으로만 인식된다.

이와 달리 블루오션 전략에서는 경쟁자가 없는 곳에서 비즈니스를 펼친다. 블루오션에서는 원래 있던 땅을 나누는 게 아니라 새로운 땅을 개척한다. 레드오션에 초점을 맞춘다는 건 전쟁이 지닌 주요 제약 요인, 즉 제한된 지형 안에서 성공하기 위해 적을 이겨야 한다는 것을 받아들인다는 뜻이다. 그리고 이는 비즈니스 세계가 지닌 남다른 강점, 즉 경쟁이 없는 새로운 시장을 창출하는 능력을 부정하는 것이기도 하다.

경쟁사를 이기는 데 초점을 맞추는 기업 전략의 경향은 1970년대와 1980년대 일본 기업이 혜성처럼 등장하며 한층 심해졌다. 기업 역사상 처음으로 고객이 떼 지어 서구 기업을 저버린 것이다. 세계 시장에서 경쟁이 심해짐에 따라 레드오션 전략이 많이 나타났고, 하나같이 기업의 성패를 결정짓는 핵심이 경쟁에 있다고 주장했다. 오늘날 경쟁 관련 용어를 사용하지 않는 전략은 찾아보기 어렵다. 이를 상징적으로 가장 잘 보여주는 용어가 경쟁우위competitive advantage다. 경쟁우위의 세계관에서 기업은 대개 경쟁사를 능가하고 기존 시장에서 더 높은 점유율을 차지해야 하는 상황에 내몰린다.

경쟁은 물론 중요하다. 하지만 경쟁에 초점을 맞추면서 학자도 기업도 컨설턴트도 전략의 매우 중요한 2가지 측면을 무시해왔다. 이는 우리가 생각하기에는 훨씬 더 수익성이 좋은 2가지 측면이기도 하다. 하나는 경쟁이 아예 없거나 거의 없는 시장, 즉 블루오션을 찾아 개발하는 것이다. 다른 하나는 블루오션을 활용하고 보호하는 것이다. 이 2가지 과제는 전략가들이 지금껏 관심을 쏟아온 도전 과제와 매우 다르다.

블루오션 전략의 특징

블루오션을 창출하려면 어떤 전략적 논리가 필요할까? 이 질문에 답하기 위해 우리는 블루오션 창출에 어떤 패턴이 나타나는지 알아보려고 지난 100년간의 자료를 살폈다. 그 자료의 일부가 표 5-1에 실려 있다. 표 5-1은 우리 삶과 밀접하게 연관된 3가지 산업에서 나타난 핵심 블루오션 창출 과정을 개괄적으로 보여준다. 우리가 출근할 때 타고 다니는 자동차, 일할 때 쓰는 컴퓨터, 퇴근 후 즐기러 가는 영화관, 이 3가지 산업이 그 대상이다. 자료 분석을 통해 우리는 다음과 같은 사실을 발견했다.

1. 블루오션은 기술 혁신만으로 이루어지지 않는다

블루오션을 만드는 데 때로 최첨단 기술이 관련되기도 하지만, 최첨단 기술이 블루오션을 정의하는 특성은 아니다. 기술 집약적인 산업조차 마찬가지다. 표 5-1에 나타나듯 대표적인 3가지 산업에서 기술 혁신 그 자체의 결과로 블루오션이 나타난 경우는 없었다. 그리고 블루오션 창출의 기반이 된 기술은 이미 존재하던 기술인 경우가 많았다. 포드의 혁신적

표 5-1. 간략한 블루오션 창출 과정

서로 다른 시기의 서로 다른 산업 세 군데에서 블루오션이 나타났을 때 공통으로 적용되었던 전략 요소를 살펴본다. 다만 각 산업을 철저하게 또는 빠짐없이 다루겠다는 의미는 아니다. 미국 산업을 선택한 이유는 미국 산업이 연구 대상 기간 내 가장 규모가 크면서 가장 규제가 적은 시장이었기 때문이다. 세 산업의 사례에서 나타나는 블루오션 창출의 패턴은 우리가 다른 산업을 연구하며 관찰한 바와 일치했다.

창출된 주요 블루오션	블루오션을 창출한 기업은 시장에 새로 진입한 기업이었을까, 기존 기업이었을까?	블루오션을 창출한 건 기술 개척이었을까, 가치 개척이었을까?	블루오션을 창출했을 때 업계를 둘러싼 환경이 좋았을까, 나빴을까?
자동차 산업			
포드 모델 T 자동차 1908년 공개. 모델 T는 최초로 대량생산을 시작한 자동차였고, 많은 미국인이 구매할 수 있을 정도의 가격이 책정되었다.	새로 진입한 기업	가치 개척* (대부분 기존 기술)	나쁨
GM '모든 고객의 주머니 사정과 목적에 맞는 차' 1924년 GM은 자동차에 재미와 패션을 더함으로써 블루오션을 만들었다.	기존 기업	가치 개척 (일부 신기술)	좋음
연비가 좋은 일본 자동차 일본 자동차 기업은 1970년대 중반 신뢰도가 높은 소형차 라인업으로 블루오션을 창출했다.	기존 기업	가치 개척 (일부 신기술)	나쁨
크라이슬러 미니밴 크라이슬러는 1984년 미니밴을 출시해 승용차처럼 이용이 쉬우면서도 밴만큼 승객이 탈 수 있는 공간을 확보한 새로운 자동차를 선보였다.	기존 기업	가치 개척 (대부분 기존 기술)	나쁨

* 가치 개척을 통해 블루오션을 창출했다고 해서 이 과정에 기술이 개입하지 않았다는 뜻은 아니다. 그보다는 블루오션 창출에 사용되었다고 본질적으로 규정할 수 있는 기술이 해당 산업 내에서든 다른 산업에서든 대체로 이미 존재하는 기술이었다는 뜻이다.

컴퓨터 산업			
CTR의 전산 제표 기계 1914년 CTR은 전산 제표 기계를 단순화, 모듈화해 임대하는 비즈니스 기계 산업을 창출했다. CTR은 후에 IBM으로 사명을 변경했다.	기존 기업	가치 개척 (일부 신기술)	나쁨
IBM 650 전자 컴퓨터 및 시스템/360 1952년 기존 기술을 단순화하고, 전력과 가격을 낮춘 비즈니스용 컴퓨터 산업을 창출했다. 그리고 1964년 모듈화된 최초의 컴퓨터 시스템인 시스템/360을 공개했을 때 650이 만든 블루오션이 폭발적으로 성장했다.	기존 기업	가치 개척 (650은 대부분 기존 기술) 가치 및 기술 개척 (시스템/360은 신기술과 기존 기술)	산업이 존재하지 않음
애플 개인용 컴퓨터 간단히 사용할 수 있는 일체형 컴퓨터 애플 II는 최초의 가정용 컴퓨터는 아니었지만, 1978년 등장과 함께 블루오션을 창출했다.	새로 진입한 기업	가치 개척 (대부분 기존 기술)	나쁨
컴팩 개인용 컴퓨터 서버 1992년 컴팩은 프로시그니아 서버로 블루오션을 창출했다. 프로시그니아 서버는 미니컴퓨터보다 2배 뛰어난 파일 및 인쇄 기능을 3분의 1 가격으로 제공했다.	기존 기업	가치 개척 (대부분 기존 기술)	산업이 존재하지 않음
델 주문형 컴퓨터 1990년대 중반 델은 고객에게 새로운 구매 및 배송 경험을 제공함으로써 경쟁이 매우 치열한 산업 내에서 블루오션을 창출했다.	새로 진입한 기업	가치 개척 (대부분 기존 기술)	나쁨

인 조립라인조차 거슬러 올라가 보면 미국 육류 포장 산업에서 나온 것이다. 자동차 산업 내에서 나타난 블루오션과 마찬가지로 컴퓨터 산업에서 등장한 블루오션도 기술 혁신만으로 이루어진 것은 아니다. 고객이

영화관 산업			
니켈로디언 니켈로디언은 1905년 첫 번째 영화관을 열어 노동자 계층의 관객을 대상으로 5센트를 받고 24시간 내내 단편 영화를 상영했다.	새로 진입한 기업	가치 개척 (대부분 기존 기술)	산업이 존재하지 않음
팰리스 영화관 1914년 새뮤얼 록시 로타펠 Samuel Roxy Rothafel이 세운 팰리스 영화관에서는 비싸지 않은 가격에 오페라 극장 같은 환경에서 영화를 감상할 수 있었다.	기존 기업	가치 개척 (대부분 기존 기술)	좋음
AMC 멀티플렉스 1960년대 미국 교외 지역 쇼핑몰에는 멀티플렉스 영화관이 들어서며 그 수가 급증했다. 멀티플렉스 영화관은 극장 소유자가 들여야 하는 비용을 줄이고 관람객의 선택권을 넓혔다.	기존 기업	가치 개척 (대부분 기존 기술)	나쁨
AMC 메가플렉스 메가플렉스는 1995년 등장했다. 메가플렉스에서는 현재 개봉한 모든 블록버스터 영화를 상영하고, 경기장만큼 큰 극장에서 극장 소유주에게는 낮은 비용을, 관람객에게는 화려한 영화 관람 경험을 제공한다.	기존 기업	가치 개척 (대부분 기존 기술)	나쁨

가치를 두는 여러 기술을 연결하면서 블루오션이 나타났다. IBM 650과 컴팩Compaq PC 서버처럼 블루오션은 종종 현재 기술을 단순화하는 작업을 통해 생겨나기도 했다.

2. 블루오션은 기존의 핵심 산업에서 생겨나기 쉽다

자동차 산업에서 블루오션이 창출될 때 GM, 일본 자동차 기업, 크라이슬러는 이미 업계에 자리 잡고 있던 기업이었다. 컴퓨터 업계의 CTR Computing-Tabulating-Recording(전산 제표 기록 회사)과 그 후신 IBM, 컴팩도 마찬가지였다. 영화 산업에서도 팰리스 영화관과 AMC가 대표적 사례다.

표 5-1에 등장하는 기업 가운데 포드, 애플, 델, 니켈로디언 Nickelodeon 만 각 산업에 새로 진입한 기업이었다. 포드, 애플, 델은 새로 창업한 회사였고, 니켈로디언은 원래 있던 회사가 새로운 산업에 진출한 사례였다. 이로 미루어볼 때 기존 기업도 새로운 시장을 창출하는 데 전혀 불리하지 않다. 더구나 기존 기업이 만든 블루오션은 대개 기존 핵심 사업 부문 안에서 나타났다. 표 5-1에서도 볼 수 있듯 블루오션은 전혀 다른 산업에서 생겨나는 것이 아니다. 기존 시장, 즉 레드오션 안에서 창출되는 경우가 대부분이다. 이 사실은 새로운 시장이 먼바다에 있다는 관점에 이의를 제기한다. 모든 산업에서 블루오션은 먼 곳이 아닌 바로 옆에 있다.

3. 기업이나 업계는 잘못된 분석 단위다

전략 분석에 사용하는 기업과 산업이라는 기존 단위는 블루오션이 어떻게, 왜 생겨나는지 분석할 때 설명력이 부족하다. 한결같이 뛰어난 회사란 없다. 같은 회사라 해도 한때는 잘나가다 또 언젠가는 잘못되기도 한다. 세월의 흐름에 따라 모든 회사가 흥망성쇠를 겪는다. 마찬가지로 영원히 뛰어난 산업도 없다. 산업의 상대적인 매력도는 주로 그 안에서 블루오션이 창출되느냐에 따라 달라진다.

블루오션 창출을 설명하는 가장 적절한 분석 단위는 전략적 움직임 strategic move 이다. 즉 시장을 창출할 주요 사업을 키우는 일련의 기업 경영 활동과 의사결정이다. 예를 들어 컴팩은 '성공하지 못했다'고 여기는 사람이 많다. 2001년에 휴렛팩커드에 인수되어 문을 닫았기 때문이다. 하지만 최종 운명을 맞았다고 해서 컴팩의 현명했던 전략적 움직임이 무효가 되는 건 아니다. 컴팩은 전략적 움직임으로 PC 서버 산업에 수십억 달러 규모의 시장을 만들었다. 그리고 이것이 바로 그들이 1990년대에 화려하게 재기할 수 있었던 핵심 비결이었다.

4. 블루오션은 브랜드를 키운다

블루오션 전략은 단 한 번의 전략적 움직임만으로도 수십 년간 지속될 브랜드 자산을 형성할 수 있을 만큼 강력하다. 앞의 표 5-1에 실린 거의 모든 기업이 오래전 만들었던 블루오션 덕분에 오늘날에도 여전히 기억되고 있다. 오늘날 살아 있는 사람들 중, 1908년 헨리 포드의 조립라인에서 최초의 모델 T가 출시되는 순간을 직접 목격한 사람은 거의 없을 것이다. 그럼에도 블루오션을 만들어낸 당시의 전략적 움직임 덕분에 포드라는 브랜드는 여전히 이익을 얻는다. IBM 역시 컴퓨터 산업에서 만들어낸 블루오션 덕분에 종종 '미국의 상징적 회사'로 여겨진다. IBM이 개발한 360 시리즈는 포드의 모델 T와 견줄 만한 것이었다.

이러한 결과는 전통적으로 새로운 시장 창출의 희생양처럼 여겨진 대기업과 기존 기업의 경영진에게는 희망적인 소식일 것이다. 그 내용에서 대규모 연구개발비 예산을 배정하는 게 새로운 시장을 만들어내는 비결은 아니라는 점이 드러났다. 핵심은 올바른 전략적 움직임이었다. 전략적 움직임이 잘 이루어지려면 무엇을 해야 하는지 아는 기업은 시간이 지남에 따라 블루오션을 여러 번 창출하며 좋은 위치에 자리하게 된다. 그리고 장기간에 걸쳐 높은 성장률과 수익률을 계속 유지한다. 다시 말해 블루오션 창출은 전략의 산물이며, 그런 의미에서 관리 활동의 산물이 된다.

블루오션 전략의 성립 조건

연구를 통해 우리는 블루오션을 창출하는 전략적 움직임 사이에 몇 가지 공통적 특징이 있음을 확인했다. 블루오션 창출 기업들은 전통적 규칙을 따르는 기업들과는 뚜렷하게 다른 방식으로 전략을 실행했다. 그들은 결코 경쟁자를 기준점으로 삼지 않았다. 오히려 이들은 고객과 회사 양쪽 모두를 위해 비약적으로 가치를 높임으로써 경쟁 자체를 무의미한 존재로 만들었다(표 5-2에서 양쪽 전략 모델의 주요 특징을 비교한다).

블루오션 전략의 가장 중요한 특징은 전통적인 전략의 기본 이론, 즉 가치와 비용 사이에 교환 관계가 성립한다는 점을 부정하는 데 있다. 전

표 5-2. 레드오션과 블루오션의 전략 비교

레드오션과 블루오션 전략에서는 필수 사항이 완전히 다르다.

레드오션 전략	블루오션 전략
• 기존 시장에서 경쟁한다. • 경쟁에서 이긴다. • 기존 수요를 이용한다. • 가치/비용 교환이 일어난다. • 기업 활동의 전체 시스템은 차별화 '또는' 저비용을 위한 전략적 선택과 궤를 같이한다.	• 경쟁이 없는 시장을 만들어낸다. • 경쟁과 상관없게 한다. • 새로운 수요를 만들고 포착한다. • 가치/비용 교환을 무너뜨린다. • 기업 활동의 전체 시스템은 차별화 '그리고' 저비용을 추구한다.

통적인 전략의 기본 이론에 따르면 기업은 큰 비용을 들여 고객을 위한 가치를 늘리거나 적은 비용으로 적당한 수준의 가치를 창출하거나, 둘 중 하나를 택한다. 기본적으로 전략이란 차별화와 저비용 사이에서 이루어지는 선택이다. 하지만 블루오션 창출에 성공한 기업은 차별화와 저비용을 동시에 추구하는 모습을 보여준다.

어떻게 그렇게 했는지 살펴보기 위해 태양의 서커스 사례로 돌아가 보자. 태양의 서커스가 등장했을 당시, 기존 서커스 업계는 서로의 공연을 벤치마킹하고 전통적인 서커스 연기를 조금씩 수정했다. 그런 방식으로 점점 줄어드는 수요를 놓고 서로 최대한 많은 몫을 차지하려 경쟁하고 있었다. 이러한 전략에는 유명 광대와 사자 조련사를 더 많이 확보하는 일도 포함되어 있었다. 하지만 이런 노력은 서커스단의 비용만 올릴 뿐 고객에게 제공되는 서커스 경험은 크게 달라지지 않았다.

그 결과 매출은 늘어나지 않은 채 비용만 증가했고, 전반적인 서커스 수요는 하향 곡선을 그렸다. 바로 그런 상황에서 태양의 서커스가 시장에 등장했다. 태양의 서커스는 단순히 재미와 스릴을 극대화한 서커스를 만들지 않았다. 주어진 문제에 더 나은 해결책을 제시해 경쟁에서 앞서겠다는 상투적인 논리를 따르지 않았던 것이다. 대신 이들은 주어진 문제 자체를 재정의했다. 관객에게 서커스의 재미와 스릴을 선사하는 동시에 극장 공연에서나 느낄 수 있는 지적 교양과 예술적 깊이를 함께 경험하게 했다.

태양의 서커스는 이러한 2가지 요소를 모두 제공하는 공연을 기획하며 전통 서커스에 담긴 요소를 재평가했다. 그 결과 서커스의 재미와 스릴에 필수적이라 여겨졌던 요소 중 상당수가 불필요하거나 지나치게 비용이 많이 드는 것들이라는 사실을 알아냈다.

예를 들어 서커스 공연에는 대부분 동물이 등장한다. 그런데 동물이 나오는 공연은 경제적으로 큰 부담이 된다. 동물을 구하는 데 큰 비용이 들 뿐 아니라 동물을 훈련하고, 의료 서비스를 제공하고, 지낼 데를 구하고, 보험에 가입하는 것은 물론이고, 이동에 드는 비용까지 필요하기 때문이다. 태양의 서커스에서 확인한 바에 따르면 동물 공연을 준비하는 데 이토록 막대한 비용이 드는 반면, 동물 공연의 수요는 줄어들고 있었다. 서커스 동물이 받는 처우 그리고 동물을 전시 대상으로 삼는 일의 윤리성에 대한 대중의 우려가 커졌기 때문이다.

또한 전통적인 서커스단에서는 공연자를 스타처럼 홍보했지만, 태양의 서커스는 대중이 그들을 스타로 여기지 않는다는 걸 알게 되었다. 영화배우처럼 대중의 관심을 끌지는 못했던 것이다. 태양의 서커스는 전통 서커스에서 무대를 3개의 원으로 나눠 각각의 원 안에서 서로 다른 쇼를 진행하는 방식도 없앴다. 이런 식으로 공연하면 어쩔 수 없이 관객이 하나의 원에서 다른 원으로 관심을 돌릴 수밖에 없어 공연 집중력이 떨어진다. 게다가 공연에 필요한 단원 수도 늘어나 비용 문제가 발생했다. 관객석 통로에서 간식을 판매하는 것도 문제였다. 매출을 늘릴 좋은 방법처럼 보였지만 가격이 너무 비싸 부모들이 구매를 꺼렸고 오히려 바가지를 썼다는 기분이 들게 했다.

태양의 서커스는 기존 서커스가 지닌 매력 가운데 지속해서 사람들의 이목을 끄는 건 광대, 천막, 전통 곡예 공연 이 3가지라는 점을 확인했다. 그래서 광대 공연을 유지하되 슬랩스틱 스타일의 유머를 버리고 매혹적이고 세련된 스타일로 바꿨다. 서커스 천막도 화려하게 꾸몄다. 서커스단 중에는 공연 장소를 임대하며 천막을 포기하는 곳이 많았다. 하지만 태양의 서커스는 다른 그 무엇보다 서커스의 마법을 담아내는 건 천막 구조라는 점을 인식했다. 그래서 서커스를 알리는 고전적 상징물인 천막 외관을 화려하게 꾸미고 내부는 관객의 편안함을 고려한 디자인으로 재설계했다. 바닥에 깔려 있던 톱밥과 딱딱한 벤치는 사라졌다. 곡예사와 스릴 넘치는 쇼를 선보이는 공연자도 태양의 서커스에 남았지만 공연 안에서 이들의 역할은 줄었다. 쇼에 예술 감각을 더해 좀 더 우아한 느낌이 나게 했다.

태양의 서커스는 전통 서커스 공연을 구성하는 요소 가운데 일부를 버렸지만, 극장 공연 분야에서 새로운 요소를 가져왔다. 예를 들어 기존 서커스에서는 공연들 사이에 아무런 연관 관계가 없다. 하지만 태양의 서커스 공연은 극장 공연처럼 전체를 관통하는 주제와 줄거리가 있다. 공연의 주제는 의도적으로 모호하게 만들지만, 주제가 있어 공연에 조화로움과 지적인 요소가 더해진다.

태양의 서커스는 브로드웨이에서도 공연 아이디어를 가져왔다. 예를 들어 그들은 기존 서커스처럼 '한 번의 최종 공연'을 하는 대신 주제와 줄거리를 다르게 해서 여러 가지 공연을 제작한다. 브로드웨이 작품이 그렇듯 태양의 서커스도 공연마다 오리지널 배경 음악이 있다. 하지만 이 음악은 그저 배경 음악에 머물지 않고 공연과 조명, 동작의 타이밍을 주도한다. 태양의 서커스 공연에서는 추상적이고 영적인 춤을 선보이는데, 이는 극장 공연과 발레에서 얻은 아이디어다. 서커스 공연에 이러한 요소를 도입함으로써 태양의 서커스는 매우 세련된 엔터테인먼트 공연을 만들어냈다. 그리고 여러 작품을 무대에 올리자 관객에게는 서커스 공연을 자주 보러 올 이유가 생겼고, 그에 따라 매출이 늘어났다.

태양의 서커스는 서커스와 극장 공연, 양쪽 측면에서 최고의 공연을 선보인다. 그리고 기존 서커스 공연에서 비용이 많이 들었던 여러 요소를 제거함으로써 비용 구조를 극적으로 개선했고 차별화와 저비용을 동시에 달성했다(블루오션 전략을 뒷받침하는 경제학에 관한 설명은 그림 5-1 참조).

고객이 얻는 가치를 올리는 동시에 비용은 내림으로써 기업은 자신과 고객 모두를 위한 가치를 비약적으로 높일 수 있다. 고객이 느끼는 가치는 기업이 제시하는 효용과 가격을 통해 나타나며, 기업은 비용 구조와 가격을 통해 스스로 가치를 창출한다. 따라서 블루오션 전략은 기업의 효용, 가격, 비용 활동을 아우르는 전체 시스템이 일관되게 작동할 때만 달성할 수 있다. 블루오션 창출을 지속가능한 전략으로 만드는 건 이러한 전 시스템 통합 관점whole-system approach이다. 블루오션 전략은 기업의 기능 및 운영 활동 범위를 통합한다.

저비용과 차별화 사이의 교환 관계를 부정한다는 건 전략적 사고방식에 근본적인 변화가 일어났음을 의미한다. 이러한 변화가 얼마나 근본적

그림 5-1. 차별화와 저비용을 동시에 추구하는 블루오션

기업의 행동이 비용 구조와 고객을 향한 가치 제안, 양쪽 모두에 긍정적인 영향을 미치는 지점에서 블루오션이 형성된다. 비용 절감은 업계에서 경쟁을 벌이는 요소를 없애거나 줄임으로써 이루어진다. 업계에서 한 번도 제공하지 않았던 새로운 요소를 도입해 키워 나감으로써 고객 가치가 높아진다. 시간이 흘러 규모의 경제가 시작되면 비용은 한층 줄어든다. 이는 우수한 가치 덕분에 그만큼 판매량이 높아지기 때문이다.

인 것인지는 더 강조할 수 없을 정도다.

레드오션 전략은, 산업의 구조적 조건은 주어진 것으로 간주하며 기업은 그 틀 안에서 경쟁할 수밖에 없음을 전제한다. 이러한 가정은 학계에서 '구조주의적 관점'structuralist view 혹은 '환경결정론'environmental determinism이라 부르는 지적 세계관에 기반하고 있다. 이러한 관점에 따르면 기업과 기업의 관리자는 대체로 자신보다 더 큰 경제적 힘에 좌우된다. 이와 대조적으로 블루오션 전략은 시장의 경계와 산업이 업계 참여자의 행동과 신념에 따라 재구성된다는 세계관을 바탕으로 한다. 우리는 이를 '구성주의적 관점'reconstructionist view이라 부른다.

태양의 서커스 창업자는 서커스 산업의 영역 안에 갇힌 채 그 안에서만 움직여야 한다는 제약을 느끼지 않았다. 사실 태양의 서커스가 없애고 줄이고 키우고 만들어낸 모든 요소를 생각하면 태양의 서커스를 진짜 서커스라 부를 수 있을지 의문이 든다.

태양의 서커스는 서커스일까? 아니면 극장 공연일까? 만일 태양의 서커스가 극장 공연이라면 장르는 무엇일까? 브로드웨이 쇼일까, 오페라일까, 발레일까?

태양의 서커스가 지닌 마법은 이 모든 공연이 가진 요소를 가져와 재구성함으로써 생겨났다. 결국 태양의 서커스는 브로드웨이 쇼도, 오페라도, 발레도 아니다. 그러면서 동시에 이 모든 공연의 요소를 약간씩 지니고 있다. 극장 공연과 서커스라는 레드오션 안에서 태양의 서커스는 아직 이름도 붙지 않은 경쟁 없는 시장, 블루오션을 창출했다.

블루오션은 모방자가 따라오지 못한다

블루오션을 창출한 기업들은 대개 10~15년 동안 별다른 어려움 없이 시장에서 이익을 얻는다. 블루오션 전략이 상당히 높은 경제적·인지적 장벽을 만들어 모방을 막기 때문이다. 예를 들면 태양의 서커스, 홈디포, 페덱스, 사우스웨스트 항공, CNN 등이 그런 기업이다.

우선 블루오션을 창출한 기업의 비즈니스 모델을 채택하는 게 생각만큼 쉽지 않다. 블루오션을 만든 기업은 빠르게 대규모 고객을 유치하므로 매우 빠른 속도로 규모의 경제를 이룰 수 있다. 이를 통해 모방자들이 즉각적이고 지속적인 비용 열세에 놓이게 만든다. 예를 들어 월마트가 구매에서 누리는 엄청난 규모의 경제는 다른 기업이 월마트의 비즈니스 모델을 모방하는 데 큰 걸림돌이 된다. 또한 다수의 고객을 즉각 유치하면 네트워크 효과network effect가 나타난다. 온라인에서 이베이의 고객이 늘어나면 늘어날수록 상품 판매자와 고객 양쪽 모두에 경매 사이트인 이베이의 매력이 더욱 커지는 것이다. 그러면 사용자가 다른 사이트를 이용할 유인이 사라진다.

블루오션 기업을 모방하려면 경영 시스템 전부를 바꿔야 한다. 그러나 기존 조직 내 정치 역학은 이러한 전환을 방해한다. 예를 들어 사우스웨스트 항공을 모방해 고객에게 유연한 항공 여행과 합리적 비용을 함께 제공한다고 해보자. 그러려면 사내 문화는 물론이고 비행 여정, 훈련, 마케팅, 가격 정책을 전면 수정해야 한다. 기존 항공사 가운데 갑자기 그 정도로 광범위한 조직 및 운영상의 변화를 추진할 유연성을 지닌 곳은 거의 없다.

인지적 장벽도 그에 못지않게 강력하다. 어느 기업에서 제공하는 가치가 비약적으로 커지면 시장에 해당 브랜드에 대한 입소문이 빠르게 퍼지고 충성 고객이 금방 나타난다. 경험상 아무리 예산을 많이 들여 마케팅 홍보를 펼친다 해도 블루오션 창출 기업을 끌어내리는 건 어렵다는 걸 알 수 있었다. 예를 들어 마이크로소프트는 인튜이트Intuit가 재무 소프트웨어 프로그램 퀴큰Quicken으로 만든 블루오션의 중심부를 차지하려고 10년 이상 애썼다. 하지만 그 모든 노력과 투자에도 불구하고 결국 인튜이트를 업계 선도자의 자리에서 끌어내리지 못했다.

상황에 따라서는 블루오션을 창출한 기업을 모방하려는 시도가 현재 브랜드 이미지와 충돌하는 때도 있다. 예를 들어 더바디샵The Body Shop은 유명 모델을 기용하지 않고, 영원한 젊음이나 아름다움을 약속하지도 않는다. 그러나 에스티로더나 로레알 같은 기존 화장품 브랜드가 더바디샵을 모방하기는 매우 어렵다. 더바디샵을 모방했다가는 영원한 젊음과 아름다움을 향한 약속에 바탕을 둔 현재 브랜드 이미지를 부정하는 행위가 되기 때문이다.

강자의 공통점

우리가 블루오션을 창출한 기업에서 나타나는 패턴을 개념적으로 표현한 것이 새롭게 들릴 것이다. 하지만 기업이 의식했든 아니든 블루오션 전략은 항상 존재해왔다. 극장형 공연 경험을 제공하는 태양의 서커스와 포드의 모델 T 사이에 나타나는 눈에 띄는 유사점을 생각해보라.

19세기 말 자동차 산업은 규모가 작았고 산업을 둘러싼 환경도 나빴다. 미국에서는 500곳이 넘는 자동차 제조업체가 고급 차량을 수제로 생산하는 경쟁을 벌였으며, 수제 자동차를 생산하는 비용은 약 1,500달러였다. 비싼 가격 때문에 매우 부유한 계층을 제외한 대중에게 이 자동차는 '전혀' 인기를 끌지 못했다. 자동차를 반대하는 활동가들이 도로를 파괴했고, 주차된 차를 가시철사로 감았으며, 자동차를 운전하는 기업가와 정치인을 배척했다. 1906년 우드로 윌슨은 이러한 시대의 분위기를 포착해 이런 말을 남겼다. "자동차만큼 사회주의적 정서를 퍼뜨리는 건 없다." 윌슨은 자동차를 '부의 오만을 나타내는 화신'이라고 표현했다.

포드는 경쟁에서 이겨 다른 자동차 회사가 가진 기존 수요를 뺏는 대신 자동차와 마차 산업의 경계를 재구성해 블루오션을 창출했다. 당시 미국 전역에서는 마차가 지역 교통의 주요 수단이었다. 자동차와 비교하면 마차에는 2가지 뚜렷한 장점이 있었다. 미국은 어디에나 흙길이 펼쳐져 있었고, 말은 울퉁불퉁한 흙길을 쉽게 지나갈 수 있었다. 그리고 자동차 운전이 곤란한 진흙 길을, 특히 눈 오는 날과 비 오는 날에도 쉽게 달릴 수 있었다.

그뿐만이 아니다. 말과 마차는 당시 고급 자동차와 비교해 관리가 훨씬 쉬웠다. 자동차는 고장이 자주 났고, 고장이 나면 전문 수리 기사에게 맡겨야 했다. 수리비는 비쌌고 전문 수리 기사도 부족한 실정이었다. 헨리 포드가 경쟁에서 벗어나 누구도 손대지 않은 엄청난 수요를 끌어낼 방법을 알게 된 건, 바로 마차가 지닌 이런 장점을 이해했기 때문이다.

포드는 모델 T를 '다수를 위해, 최고의 재료로 만든 차'라고 불렀다. 태양의 서커스가 그랬듯 포드 자동차는 경쟁을 무의미한 것으로 만들었다. 포드는 소수를 위한 사치품으로 주말에 전원 지역에서만 타는 패셔너블

한 맞춤형 자동차 대신 마차처럼 일상적으로 타는 차를 만들었다. 모델 T는 색상도 검정 하나뿐이었고 추가 옵션도 거의 없었다. 맑을 때도 비와 눈이 올 때도 힘들이지 않고 흙길을 달릴 수 있도록 내구성이 뛰어나게 설계되었다.

모델 T는 사용도 수리도 쉬웠고 하루면 운전하는 법을 배울 수 있었다. 그리고 태양의 서커스와 마찬가지로 포드도 가격 관점에서 업계 기준을 벗어났다. 포드는 자동차 가격이 아니라 마차 가격(400달러)에 주목했다. 1908년 최초 모델 T의 가격은 850달러였다. 하지만 1909년에는 가격을 609달러로 낮췄고, 1924년이 되자 290달러까지 내렸다. 포드는 이런 식으로 마차 고객을 자동차 고객으로 바꿔놓았다. 마치 태양의 서커스가 극장 공연을 보러 다니는 관객을 서커스 관객으로 전환한 것처럼 말이다. 모델 T의 판매는 급증했다. 포드의 시장점유율은 1908년 9퍼센트에서 1921년 61퍼센트로 늘어났고, 1923년에는 대부분의 미국 가정이 차를 소유하게 되었다.

포드는 다수의 고객에게 비약적으로 큰 가치를 제공한 동시에 업계 내에서 가장 낮은 비용 구조를 실현했다. 이는 후에 태양의 서커스가 이루어낸 성과와 같다. 포드는 자동차의 옵션을 제한하고 부품을 교환할 수 있게 만들어 자동차를 고도로 표준화했다. 이렇게 함으로써 숙련된 여러 장인이 작업장 한군데에 모여 처음부터 끝까지 자동차 부품 하나하나를 넣어 만드는 당시의 일반적인 생산 방식에서 벗어났다. 포드가 고안한 혁명적인 조립라인에서 자동차 생산을 담당하는 사람은 장인에서 비숙련 노동자로 대체되었다. 비숙련 노동자는 각자 작은 과업을 하나씩 맡아 빠르고 효율적으로 일했고, 덕분에 포드는 단 4일 만에 차 한 대를 생산할 수 있었다. 당시 업계 표준은 21일이었다. 포드는 이러한 생산 방식으로 엄청난 비용 절감 효과를 가져왔다.

***

블루오션과 레드오션은 언제나 공존해왔고 앞으로도 늘 함께할 것이다. 그러므로 현실적으로 기업은 블루오션과 레드오션, 양쪽의 전략 논리를 전부 이해해야 한다. 현재는 이론과 실제 모두에서 레드오션 경쟁전략이 전략 분야를 지배하고 있다. 기업에서 블루오션을 만들어야 할 필요성이 커지고 있는데도 말이다. 이제 전략 분야에서도 레드오션과 블루오션 양쪽의 균형을 맞추려는 노력이 필요한 시점이다.

블루오션 전략가는 항상 존재해왔지만 그들의 전략은 대체로 무의식적이었다. 하지만 블루오션을 포착하고 창출하는 전략이 레드오션 전략과는 근본적으로 논리가 다르다는 점을 인식해야 한다. 그러고 나면, 앞으로 더 많은 블루오션을 창출할 수 있을 것이다.

— 1995 —

혁신의 딜레마

대기업이 빠지는 '파괴적 기술'의 함정

조지프 바우어, 클레이튼 크리스텐슨

Disruptive Technologies: Catching the Wave

HBR 1995년 1/2월호에서 전재(product #95103)

조지프 바우어 Joseph L. Bower

하버드 경영대학원 도널드 커크 데이비드 명예교수 the Donald Kirk David Professor, Emeritus. HBR에 실린 글 '위험에 처한 세계 자본주의: 이에 관해 무엇을 하고 있나?' Global Capitalism at Risk: What Are You Doing About It?를 공동기고했다. 또한 《위험에 처한 자본주의》 Capitalism at Risk의 공동저자다.

클레이튼 크리스텐슨 Clayton M. Christensen

하버드 경영대학원 킴 B. 클라크 경영학 교수 Kim B. Clark Professor. 파괴적 혁신 이론의 주창자이자 최고 권위자다. HBR에 다수의 글을 기고하였으며, 매년 최고의 기사에 수여하는 맥킨지상을 여러 차례 수상했다. 또한 2011년과 2013년에 가장 영향력 있는 경영 사상가 '씽커스 50' 1위에 선정되었다. 주요 저서로 《혁신기업의 딜레마》, 《하버드 인생학 특강》, 《성장과 혁신》, 《파괴적 혁신 4.0》 등이 있다.

고객의 목소리에
귀를 기울이는 것의 한계

비즈니스 세계에서 가장 일관되게 반복되는 패턴 중 하나는 기술이나 시장이 변화할 때 업계 선두 기업들이 그 지위를 유지하지 못한다는 것이다. 굿이어Goodyear와 파이어스톤Firestone은 레이디얼 타이어radial tire(자동차 타이어의 골격을 이루는 부분을 카커스Carcass라 하는데, 카커스는 타이어 코드와 고무로 이루어져 있다. 여기서 타이어 코드가 바퀴 진행 방향에 수직으로 배열된 타이어를 레이디얼 타이어라 한다.-옮긴이) 시장에 상당히 늦게 진입했다. 제록스는 캐논이 소형 복사기 시장을 만들도록 허용했다. 굴착기계 산업에서는 캐터필러와 디어Deere가 뷰사이러스이리Bucyrus-Erie를 누르고 시장을 장악했다. 시어스Sears는 월마트에 자리를 내주고 말았다.

이처럼 업계 선도 기업이 정상의 자리에서 밀려나는 패턴은 컴퓨터 업계에서 특히 두드러진다. IBM은 메인프레임 시장을 장악했지만, 몇 년이 지나도록 미니컴퓨터 출시 시기를 놓치고 말았다. 기술적으로 메인프레임보다 훨씬 더 간단한 제품이었는데 말이다. 디지털 이큅먼트Digital Equipment는 VAX 아키텍처architecture 같은 혁신을 일으켜 미니컴퓨터 시장을 장악했지만, 개인용 컴퓨터 시장은 완전히 놓쳐버렸다. 개인용 컴퓨터 세상을 이끌었던 건 애플 컴퓨터였고, 애플은 누구나 사용하는 개인용 컴퓨터의 표준을 확립했다. 하지만 그런 애플도 휴대용 컴퓨터 출시에서는 선두 업체보다 5년이나 늦었다.

이런 기업들은 현재 고객을 유지하는 데 필요한 기술에는 적극적, 성공적으로 투자하면서 왜 미래 고객이 요구할 기술에는 투자를 망설이는 것일까? 관료주의, 오만, 무기력한 경영진, 엉터리 계획, 단기적인 투자 전망이 모두 그 원인이다. 그러나 이 역설의 핵심에는 보다 근본적인 이유가 존재한다. 선도 기업은 가장 대중적이고 유용한 경영 신조를 받아들인다는 것이다. 그 신조는 바로 "고객 가까이에 머물라."이다.

기업 경영진은 대부분 자신이 투자의 통제권을 쥐고 있다고 믿고 싶어 하지만, 실상 기업 투자에 막대한 영향력을 행사하는 것은 고객이다. 기업 경영진은 기술 출시, 상품 개발, 공장 건설, 새로운 유통 경로 확립 등을 결정하기 전에 먼저 고객부터 살펴야 한다. 이 결정은 고객이 원하는 것일까? 시장의 크기는 어느 정도일까? 이번 투자에 수익성이 있을까? 기업 경영진이 이런 질문을 빈틈없이 떠올리고 답을 찾을수록 고객의 니즈needs에 더욱 잘 맞는 투자가 이루어진다.

경영이 잘 되는 회사는 바로 이렇게 운영해야 한다. 그렇지 않은가? 그런데 만일 고객이 현재 방식만큼 니즈가 효과적으로 '충족되지 않는다'라며 기업이 개발한 새로운 기술, 제품 콘셉트, 혹은 비즈니스 운영 방식을 거부하면 어떻게 될까? 제록스의 핵심 고객층이었던 대형 복사 센터들은 처음엔 작고 느린 탁상용 복사기에 관심이 없었다. 뷰사이러스이리의 증기식 대형 버킷 굴착기와 케이블식 경유 굴착기를 사용하던 굴착 시공사는 유압식 굴착기를 사용하고 싶어 하지 않았다. 유압식 굴착기가 처음 나왔을 때는 크기가 작은 데다 튼튼하지 않았기 때문이다. IBM의

컴퓨터를 구매하던 기업, 정부, 산업계의 대형 고객은 미니컴퓨터가 나왔을 때 바로 사용하지 않았다. 이 모든 사례에서 기업은 고객의 소리에 귀를 기울이고, 고객이 찾는 성능의 제품을 제공했다. 그리고 결국 고객의 목소리만 듣고 무시했던 바로 그 기술 때문에 피해를 보았다.

우리는 기술 변화에 직면한 다양한 산업군에서 선도 기업을 계속 연구하며 이러한 패턴을 반복적으로 관찰했다. 연구에 따르면 운영이 잘 되고, 업계에 이미 자리 잡은 기업은 대부분 늘 한발 앞서 새로운 기술을 개발하고 상업화한다. 그것이 점진적 개선이든 근본적으로 새로운 접근법이든 간에 말이다. 단, 그것이 고객이 요구하는 차세대 성능을 충족시키는 기술일 때에 한한다. 애초 주류 고객mainstream customer의 니즈를 충족하지 못한 채 소규모 시장이나 신흥 시장emerging markets(기존에 존재했으나 최근 성장세가 가속화되거나 중요해지는 시장)에서만 관심을 두는 신기술을 앞장서서 상업화하려는 기업은 거의 없다.

대부분의 잘 운영되는 기업들이 개발한 합리적이고 분석적인 투자 절차를 활용하면, 기존 시장에서의 명확한 고객 니즈 대신 중요하지 않아 보이거나 아직 존재하지 않는 것 같은 시장과 고객에게 자원을 투자할 설득력 있는 근거를 마련하기는 거의 불가능하다. 결국 기존 고객의 니즈를 충족하고 경쟁사를 막아 내는 데 기업이 가진 자원은 물론이고 그 외에 많은 걸 전부 쏟는다. 운영이 잘 되는 회사에서는 고객의 니즈를 파악하고, 기술 트렌드를 예측하며, 수익성을 평가하고, 신제품을 출시하는 프로세스의 초점을 현재의 고객과 시장에 맞춘다(여기에는 합당한 이유가 있다). 이러한 프로세스는 고객의 '니즈를 충족하지 않는' 후보 제품과 기술을 배제하도록 설계된다.

사실 주요 고객에게 집중하기 위한 프로세스와 유인은 매우 잘 작동해서 기업들이 신흥 시장의 중요한 새 기술을 알아채지 못하게 한다. 주류 고객의 니즈에 맞지 않는다는 이유로 새로운 기술을 무시하는 게 얼마나 위험한지 경험을 통해 배운 기업이 많다. 예를 들어 1980년대 초 개인용 컴퓨터는 미니컴퓨터를 사용하는 주류 고객의 요구 사항에 맞지 않았다. 하지만 개인용 데스크톱 컴퓨터의 연산 능력은 미니컴퓨터 사용자가 '요구'하는 연산 능력보다 훨씬 빠른 속도로 향상되었다. 그 결과, 개인용 컴퓨터는 왕Wang, 프라임Prime, 닉스도르프Nixdorf, 제너럴General, 디지털 이큅먼트를 이용하던 많은 고객이 요구하는 수준의 연산 능력을 갖추게 되었다. 오늘날 개인용 컴퓨터는 여러 분야에서 미니컴퓨터와 비교해 성능 경쟁력을 갖추고 있다.

개인용 컴퓨터가 처음 등장했을 때 미니컴퓨터 제조 회사 입장에서는 주류 고객을 가까이하고, 신흥 시장에서 대수롭지 않아 보이는 고객이 사용하는 저성능 데스크톱 기술을 무시하는 게 합리적인 결정이었을 터다. 하지만 바로 그 결정이 파멸을 초래했다.

기존 기업을 위협하는 기술 변화는 '기술적' 관점에서 완전히 새롭거나 어려운 것은 아니다. 그러나 이 기술들에는 중요한 특징 2가지가 반드시 존재한다. 첫째, 일반적으로 기존 기술과 다른 성능 특성을 제시한다. 그리고 적어도 처음에는 시장 내 기존 고객이 그 특성의 가치를 느끼지 못한다. 둘째, 기존 고객이 분명한 가치를 느끼는 성능 특성은 매우 빠른 속도로 향상되어 나중에 새로운 기술이 기존 시장을 침범할 정도가 된다. 이 시점이 되어서야 주류 고객은 해당 기술을 원하게 된다. 안타깝게도 이때가 되면 기존 기업들이 손을 쓰기엔 너무 늦다. 결국 새로운 기술을 개척한 기업이 시장을 장악한다.

따라서 경영진은 우선 이러한 유형의 기술을 식별할 수 있어야 한다.

그다음, 해당 기술을 개발하고 상용화하기 위해서는 기존 고객을 중심으로 짜인 프로세스와 보상 체계에서 기술을 보호해야 한다. 그리고 유일한 보호 방법은 기존 주력 사업과 완벽히 분리된 독립 조직을 새로 만드는 것이다.

하드 디스크 드라이브 산업에서 파괴적 기술의 역사

지나치게 고객 가까이 머무는 게 얼마나 위험한 일인지 보여주는 사례라고 하면 하드 디스크 드라이브 산업만 한 곳이 없다. 1976년에서 1992년 사이에 디스크 드라이브의 성능은 놀라운 속도로 향상되었다. 100메가바이트$_{MB}$ 시스템의 물리적 크기는 5,400입방인치(약 88,490cm^3)에서 8입방 인치(약 131cm^3)로 줄어들었고, 메가바이트당 비용은 560달러에서 5달러로 낮아졌다. 물론 이처럼 깜짝 놀랄 만한 성취를 견인한 건 기술 변화였다. 그리고 이러한 성능 향상의 절반가량은 디스크 드라이브 성능을 지속적으로 끌어올리는 데 결정적인 역할을 한 급진적인 기술 혁신에서 비롯되었다. 나머지 절반은 점진적인 기술 발전 덕분이었다.

디스크 드라이브 산업에서 나타난 패턴을 반복하는 다른 산업도 많다. 업계를 선도하는 기존 기업은 고객이 요구하는 새로운 기술을 개발하고 채택해 지속해서 업계를 이끈다. 심지어 고객이 원하는 기술이 현재 갖춘 기술 및 제조 역량과 완전히 다르다고 해도 이에 응한다. 그런데 이처럼 공격적인 기술 전략을 취해도 디스크 드라이브 제조업체 가운데 몇 년 이상 업계를 장악한 곳은 없었다. 여러 기업이 시장에 진입해 두각을 나타냈다. 하지만 처음에는 주류 고객의 니즈를 충족하지 못했던 기술을 추구해온 새로운 기업에 의해 무너졌다. 그 결과 1976년 시장에 존재했던 독립 디스크 드라이브 기업 가운데 현재까지 남아 있는 곳은 단 한 곳도 없다.

어느 산업에서 특정 기술 혁신이 미치는 영향의 차이점을 설명하려면 성능 궤적performance trajectory이라는 개념을 알아야 한다. 이는 시간이 지나며 제품의 성능이 얼마나 개선되었는지, 앞으로 얼마나 개선될 것으로 예상되는지를 나타내는 것이다. 거의 모든 산업에는 중요한 성능 궤적이 있다. 기계식 굴착기 산업에서 중요한 궤적은 1분당 옮기는 흙의 양을 계산하는 입방야드(1입방야드는 약 $0.7646m^3$)의 연간 증가 정도다. 복사기 업계에서 중요한 성능 궤적은 1분당 복사 부수의 증가 정도다. 디스크 드라이브 산업에서 저장 용량은 성능을 확인하는 주요 기준 중 하나인데, 동일한 크기의 드라이브 기준으로 매년 평균 50퍼센트씩 향상되었다.

성능 궤적은 기술 혁신의 종류에 따라 다른 방식으로 영향을 받는다. 한편으로 '존속적 기술'sustaining technology은 성능 개선 속도를 유지하는 경향이 있다. 즉 존속적 기술은 고객이 이미 가치를 두는 특성을 더 많이 제공하거나 더 좋아지도록 개선한다. 예를 들어 디스크 드라이브에 들어가는 박막 부품은 디스크에 정보를 더욱 밀도 있게 저장하는 기능을 담당한다. 박막 필름은 1982년에서 1990년 사이에 종래의 페라이트 헤드ferrite head와 산화 디스크oxide disc를 대체했다. 디스크 드라이브 엔지니어는 페라이트 헤드와 산화 디스크를 활용해 성능의 한계를 넓혀왔지만, 이 기술을 사용한 드라이브는 S자 곡선의 자연 한계에 도달한 것처럼 보였다. 마침 그때 박막 기술이 새로 등장해 성능 개선의 역사적 궤적을 회복하거나 지속할 수 있었다.

다른 한편으로 '파괴적 기술'disruptive technology은 주류 고객이 역사적으로 중요하게 생각해온 특성과는 매우 다른 특성을 지니며 기존 고객에게 특히 중요한 한두 가지 측면에서 훨씬 더 열악한 성능을 보이는 경우가 많다. 일반적으로 주류 고객은 자신이 잘 아는 용도에 파괴적 기술이 적용된 제품을 사용하는 걸 꺼린다. 그래서 처음에 파괴적 기술은 신생 시장new markets(기술 혁신이나 제품 혁신에 의해 새롭게 창출된 시장)이나 새로운 용도에만 활용되고, 그쪽에서 가치를 인정받는 모습을 보이곤 한다. 사실 신생 시장이 등장하는 건 대체로 파괴적 기술 덕분이다. 예를 들어 소니에서 개발한 초기 트랜지스터 라디오는 음질 면에서 충실도를 희생했지만, 작은 크기와 가벼움, 이동성 등 기존과 다른 새로운 특성을 제공함으로써 휴대용 라디오 시장을 열었다.

하드 디스크 드라이브 산업의 역사를 살펴보면 업계 선도 기업은 파괴적 기술 변화가 나타날 때마다 휘청였다. 원래 14인치였던 디스크 드라이브의 직경이 8인치로 줄었을 때 그랬고, 다시 5.25인치, 마침내 3.5인치가 되었을 때도 그랬다. 새로운 아키텍처는 매번 처음에는 기존 시장의 일반 사용자가 요구하는 저장 용량보다 훨씬 적은 저장 용량을 제공했다. 예를 들어 8인치 드라이브는 처음 출시됐을 때 저장 용량이 20메가바이트였다. 그러나 당시 디스크 드라이브가 주로 적용되던 메인프레임 컴퓨터에는 평균 200메가바이트의 용량이 필요했다.

이런 면에서 보면 컴퓨터 업계를 선도하던 기업에서 처음에 8인치 아키텍처 제품 사용을 거부한 것도 놀라운 일은 아니다. 그 결과 이들 기업에 납품하던 공급업체는 파괴적 기술을 지닌 제품을 공격적으로 따라잡으려 하지 않았다. 주요 컴퓨터 제조업체에 납품하던 주된 제품이 저장 용량 200메가바이트 이상인 14인치 드라이브였기 때문이다. 업계의 이러한 패턴은 5.25인치와 3.5인치 드라이브가 출시되었을 때도 반복되었다. 업계에 자리 잡은 컴퓨터 제조업체는 새로 나온 소형 드라이브가 용량이 적어 적합하지 않다며 채택을 거부했다. 그에 따라 컴퓨터 제조업체에 디스크 드라이브를 공급하는 업체도 소형 드라이브를 무시했다.

파괴적 기술이 담긴 소형 디스크 드라이브 아키텍처는 비록 저장 용량은 적었지만, 중요한 다른 특성이 있었다. 8인치 드라이브는 내부 전원 공급이 가능했고 크기가 작았다. 5.25인치 드라이브는 8인치보다 더 작은 크기에다 저비용 스테퍼stepper모터가 들어 있었다. 3.5인치 드라이브는 견고하고 가벼운 데다 전력 소모량이 적다는 특징이 있었다. 이러한 특성 덕분에 1970년대 말부터 1980년대 중반까지 3가지 드라이브는 각각 미니컴퓨터, 데스크톱 개인용 컴퓨터, 휴대용 컴퓨터라는 신생 시장을 열었다.

소형 드라이브가 파괴적 기술 변화를 나타내기는 하지만, 각 드라이브가 지닌 특성은 기술적으로는 간단했다. 실제로 여러 기업에 근무하는 상당수 엔지니어는 새로운 기술을 지지했으며, 경영진이 공식 승인하기 전에 비공식 자원을 통해 작동 가능한 시제품까지 만들기도 했다. 그래도 기업에서는 시제품을 적시에 정식으로 채택해 출시하지 못했다. 파괴적 기술이 등장할 때마다 기존 기업 가운데 절반에서 3분의 2는 새로운 아키텍처를 채택한 모델을 도입하는 데 실패했다. 이는 그들이 중요한 존속적 기술을 때맞춰 신속하게 출시했던 것과 극명한 대조를 이룬다.

기존 기업이 마침내 새로운 모델을 출시하게 되는 건 파괴적 기술을 갖추고 시장에 새로 진입한 기업보다 대체로 2년 정도 뒤처진 후였다. 제품 수명 주기가 보통 2년인 업계에서 이는 영겁의 세월이다. 진입 기업이 불러온 3가지 물결은 다음과 같은 혁명을 이끌었다. 이들은 우선 신생 시장을 포착했다. 그리고 나서 선도 기업을 주류 시장의 왕좌에서 끌어내렸다.

처음에는 주류 제품보다 성능이 낮고 신생 시장에서만 활용되던 기술이 어떻게 기존 시장의 선도 기업 지위를 위협할 수 있었을까? 파괴적 기술로 만든 아키텍처는 일단 신생 시장에서 기존 제품이 되고 난 후에는 존속적 혁신을 통해 가파른 궤적을 그리며 성능을 높였다. 성능은 매우 가파르게 높아져 각 아키텍처의 성능이 얼마 안 가 기존 시장에서 고객의 니즈를 맞출 수 있게 되었다. 예를 들어 1980년 5.25인치 드라이브의 초기 저장 용량은 5메가바이트로 미니컴퓨터 시장에서 요구하는 저장 용량의 극히 일부에 불과했다. 하지만 1986년에는 미니컴퓨터 시장에서, 1991년에는 메인프레임 시장에서 완전한 성능 경쟁력을 확보하게 되었다(170쪽 그림 6-1 참조).

기업의 수익과 비용 구조는 기업에서 제안받은 기술을 평가할 때 중요한 역할을 한다. 일반적으로 파괴적 기술은 기존 기업들이 보기에 재무적으로 매력이 없다. 뚜렷하게 드러난 시장에서 얻을 수 있는 잠재 수익이 작고, 해당 기술을 활용하는 시장이 장기적으로 얼마나 커질지 예측하기도 어려운 게 보통이다. 그 결과 기업 경영진은 대체로 신기술이 회사의 성장에 실질적인 기여를 하지 못하리라 판단하고 개발에 더 이상의 노력을 기울일 가치가 없다고 결론짓는다.

또한 기존 기업들은 파괴적 기술에 필요한 비용보다 존속적 기술을 지원하기 위한 비용을 더 많이 할당해둔 경우가 많다. 그 결과 기업 경영진은 파괴적 기술 개발을 추구해야 할지 여부를 결정할 때 대개 2가지 선택이 앞에 놓였다고 생각한다. 하나는 저가 시장으로 가서 파괴적 기술이 초기에 서비스를 제공할 신흥 시장의 낮은 수익률을 감수하는 것이다. 다른 하나는 고가 시장으로 가서 기존의 존속적 기술을 바탕으로 이익률이 매력적으로 높은 분야를 노리는 것이다. IBM 메인 프레임의 수익이 여전히 개인용 컴퓨터보다 높은 게 대표적 예다.

기존 시장을 대상으로 하는 기업의 지원 배분 프로세스는 언제나 수익성이 높은 고가 시장으로 올라가는 쪽을 선택할 수밖에 없다.

파괴적 기술을 주도해온 신생 기업의 경영자들은 세계를 전혀 다른 시각으로 바라본다. 이들은 기존 기업들처럼 높은 비용 구조를 갖고 있지

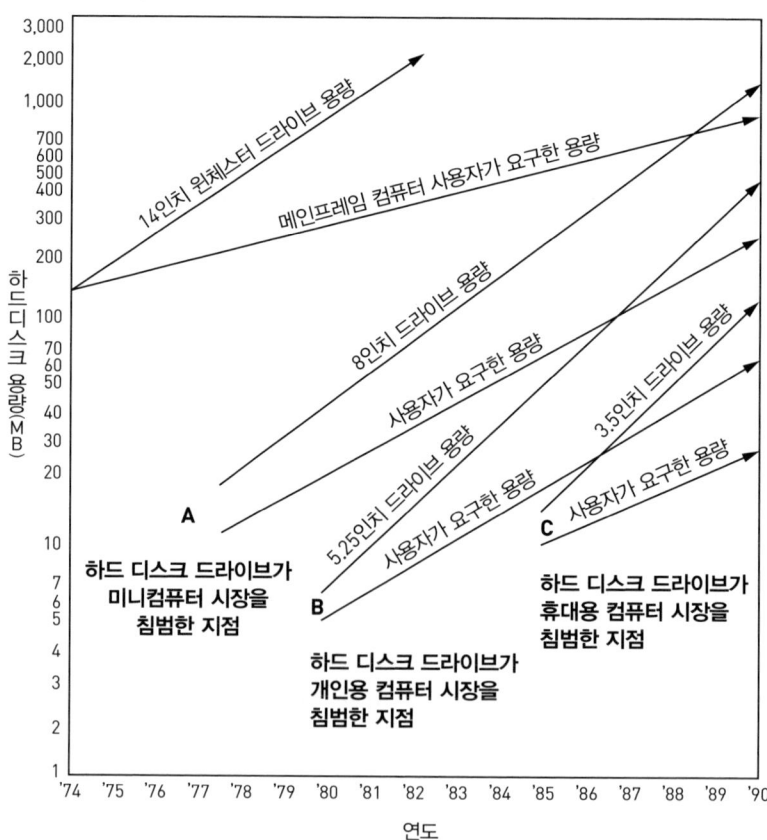

그림 6-1. 디스크 드라이브 성능이 시장의 요구를 충족한 방식

않기 때문에 오히려 신흥 시장을 매력적이라고 생각한다. 신흥 시장에서 일단 발판을 확보하고 기술의 성능을 개선하고 나면 상위 시장, 즉 고비용 구조의 공급자가 제품을 제공하는 시장이 매력적으로 보인다. 이들이 일단 상위 시장을 공격하기 시작하면 이 신규 진입 기업은 기존 기업이 공격하기 쉬울 뿐 아니라 준비되지 않은 상태라는 걸 알아차린다. 기존 기업은 상위 시장만 보고 있던 탓에 아래에서 올라오는 위협을 얕잡아보고 있었기 때문이다.

이쯤에서 귀중한 교훈 하나를 쉽게 얻을 수 있다. 경영진이 현재 고객의 니즈에 부합하지 않는 파괴적 잠재력을 지닌 기술에 관심을 기울이면 다음번 기술 흐름을 놓치지 않으리라고 생각하는 것이다. 하지만 기술 흐름의 패턴을 파악하는 것과 패턴을 깨트릴 방법을 알아내는 것은 전혀 다른 문제다.

디스크 드라이브 업계의 경우 새로운 기술을 앞세운 신규 기업이 세 번 연속으로 시장을 침범했다. 그럼에도 디스크 드라이브 업계를 선도하던 기업 중 어느 곳도 앞서 쓰러져간 기업의 전례에서 교훈을 얻지 못했다. 이러한 실패를 단순히 경영진의 근시안적 태도나 통찰력 부족으로만 설명할 수는 없다. 문제는, 경영진이 과거에 효과가 있었던 전략을 반복했다는 데 있다. 즉 현재 고객의 급격히 증가하는 요구를 충족시키는 데 집중한 것이다. 그 결과 성공적인 기업들이 구축한 잘 운영되는 투자 자원 배분 프로세스는 현재 고객이 원하지 않는 게 분명한 데다 수익률도 낮아 보이는 투자 프로젝트에는 자원이 '투입되지 않도록' 설계된다.

신기술 개발 관리는 기업의 투자 프로세스와 밀접하게 연관되어 있다. 생산 능력을 늘리거나 신제품 혹은 새로운 프로세스를 개발하는 등의 전략 제안은 대부분 조직 하부의 엔지니어 그룹이나 프로젝트팀에서 구체화한다. 그리고 난 후 분석 기획과 예산 검토 체제를 활용해 자금을 두고 경쟁하는 여러 투자 대상 후보 가운데서 어느 곳에 투자할지 결정을 내린다. 그런데 신흥 시장을 겨냥한 새로운 사업의 투자 제안은 평가하기가 특히 어렵다. 시장 규모를 예측하기가 어렵기로 악명 높기 때문이다.

기업의 관리자는 올바른 결정을 내렸는지를 기준으로 능력을 평가받는다. 그러므로 운영이 잘되는 회사에 근무하는 중간 관리자와 최고위 관리자가 수익이 보장되는 시장에 들어갈 프로젝트를 지지하는 건 자연스러운 일이다. 이처럼 고객에게 밀착하라는 훈련을 오랫동안 받아온 경영진은 결국 수익성이 보장되는, 믿을 수 있는 기존 고객의 요구에 자원을 집중하게 된다. 이미 아는 고객에게 그들이 원하는 것을 제공함으로써 위험도 줄이고 경력도 보호하는 것이다.

씨게이트가 빠진 함정

씨게이트 테크놀로지가 경험한 사례는 자원 배분 프로세스를 활용해 파괴적 혁신을 평가할 때 어떤 결과가 나타나는지 잘 보여준다. 캘리포니아주 스코츠밸리에 자리한 씨게이트는 초소형 전자 제품 업계 역사상 모든 면에서 가장 큰 성공을 거두었고, 가장 공격적으로 경영하는 회사다. 1980년에 문을 연 씨게이트는 1986년이 되자 매출 7억 달러를 넘어설 정도로 성장했다. 씨게이트는 5.25인치 하드 디스크 드라이브 시장을 개척했고, IBM 및 IBM 호환 기종 개인용 컴퓨터 제조업체에 5.25인치 하드 디스크 드라이브 제품을 납품하는 주 공급자였다. 씨게이트는 파괴적 기술이었던 3.5인치 드라이브가 등장했던 1980년대 중반 당시 5.25인치 드라이브 업계를 선도하는 기업이었다.

씨게이트 엔지니어팀은 업계에서 두 번째로 3.5인치 드라이브의 시제품을 개발했다. 1985년 초 씨게이트 엔지니어팀이 얼마 되지 않는 회사의 지원을 받아 개발한 시제품 모델이 80개가 넘었다. 엔지니어팀은 회사의 주요 마케팅 임원진 앞에 새로운 모델을 선보였고, 업계 전문지는 씨게이트가 3.5인치 드라이브를 적극적으로 개발하고 있다고 보도했다. 하지만 IBM 및 기타 AT급 개인용 컴퓨터 제조업체로 구성된 씨게이트의 주 고객층에서는 새로 개발한 3.5인치 드라이브에 전혀 관심을 보이지 않았다. 주요 고객은 차세대 모델에 40메가바이트와 60메가바이트 드라이브를 통합하기를 원했다. 하지만 씨게이트에서 개발한 3.5인치 드라이브 초기 시제품의 저장 용량은 10메가바이트에 불과했다. 고객의 요구에 부응하기 위해 씨게이트의 마케팅 임원진은 새로 개발한 디스크 드라이브의 판매 전망치를 낮추었다.

씨게이트의 제조팀과 재무팀 임원진은 3.5인치 드라이브가 지닌 또 다른 문제점을 지적했다. 이들의 분석에 따르면 새로 개발한 3.5인치 드라이브는 메가바이트당 비용 관점에서 볼 때 결코 5.25인치 아키텍처 드라이브와 경쟁할 수 없었다. 메가바이트당 비용은 씨게이트의 고객사가 디스크 드라이브를 평가할 때 사용하는 중요한 지표였다. 그러므로 씨게이트의 비용 구조를 고려할 때 용량이 큰 5.25인치 모델의 수익이 저장 용량이 작은 3.5인치 제품의 수익보다 훨씬 클 거라는 건 보장된 사실이었다.

이에 따라 씨게이트의 임원진은 신제품인 3.5인치 드라이브는 회사가 요구하는 판매량과 수익을 창출하지 못할 것이라는 꽤 합리적인 결론을 내렸다. 씨게이트의 전 마케팅 담당 임원은 이렇게 회상했다. "우리는 ST412의 다음 모델이 되어줄 신제품이 필요했습니다. ST412는 5.25인치 드라이브로, 연 매출이 3억 달러 이상인 제품이었지만 수명 주기가 거의 끝나가고 있었죠. 당시 3.5인치 드라이브의 전체 시장 규모는 5,000만 달러가 안 됐어요. 그래서 3.5인치 드라이브는 판매량으로 보나 수익으로 보나 우리 회사에 맞지 않는 제품이었어요."

3.5인치 드라이브 개발을 보류했다고 해서 씨게이트가 혁신에 대해 안주하는 기업이라는 뜻은 아니다. 씨게이트는 이후 빠른 속도로 5.25인치 드라이브의 새 모델을 출시했고, 그렇게 함으로써 지속적으로 기술을 개선하는 모습은 인상적이었다. 비록 이 때문에 기존 생산 설비의 상당 부분이 구식이 되어 사용할 수 없게 됐지만 말이다.

씨게이트의 관심이 온통 개인용 컴퓨터 시장에 쏠려 있는 동안 씨게이트와 다른 5.25인치 드라이브 제조업체에서 근무했던 직원들이 모여 코너 페리퍼럴Conner Peripherals이라는 새 회사를 설립했다. 이들은 전 회사에서 3.5인치 드라이브의 출시가 지연되는 데 불만을 품고 회사를 나왔다. 코너 페리퍼럴은 휴대용 컴퓨터와 소형 데스크톱 제품(책상에서 좀 더 적은 공간을 차지하는 개인용 컴퓨터)을 판매하는 신흥 시장의 기업에 3.5인치 드라이브를 공급하는 데 집중했다.

코너 페리퍼럴의 주 고객은 컴팩 컴퓨터였는데, 씨게이트는 한 번도 거래한 적이 없던 회사였다. 씨게이트는 자신이 집중하는 시장에서 사업이 번창하는 중이었고, 코너 페리퍼럴은 씨게이트의 고객사와는 제품의 다른 특성(견고함, 물리적 크기, 무게)에 가치를 두는 회사에 초점을 맞추고 있었다. 그래서 씨게이트는 코너 페리퍼럴과 3.5인치 드라이브가 자신들의 회사에 크게 위협이 되는 건 아니라고 보았다.

그러나 코너 페리퍼럴은 휴대용 컴퓨터라는 새로운 시장을 상륙 근거지로 삼아 드라이브 제품의 저장 용량을 매해 50퍼센트씩 늘려나갔다. 1987년 말이 되자 3.5인치 드라이브의 저장 용량은 개인용 컴퓨터 시장의 주류 고객의 요구를 충족할 만한 수준이 되었다. 씨게이트 경영진은 이 시점이 되어서야 시장에 3.5인치 드라이브를 출시했다. 이는 코너 페리퍼럴이나 3.5인치 드라이브 제품을 개척한 또 다른 회사인 퀀텀 코퍼레이션Quantum Corporation 같은 신규 진입 기업의 공격을 '방어'하기 위한 대응이었다.

그때까지 씨게이트는 치열한 경쟁을 벌이고 있었다. 씨게이트는 한동안 기존 고객층(대형 개인용 컴퓨터 제조업체와 판매업체)에 3.5인치 드라이브를 판매함으로써 기존 시장을 방어할 수 있었다. 사실 씨게이트가 판매하는 3.5인치 제품의 상당 부분은 5.25인치용 드라이브를 수용하도록 설계된 컴퓨터에 장착할 수 있는 틀에 담긴 상태로 고객에게 계속 출하되었다. 하지만 씨게이트가 이렇게 애를 써도 새로 등장한 휴대용 컴퓨터 시장에서는 결국 하위 공급자가 될 수밖에 없었다.

이에 반해 코너 페리퍼럴과 퀀텀 코퍼레이션은 휴대용 컴퓨터라는 새로운 시장에서 우세한 입지를 구축했다. 그뿐만이 아니다. 개인용 컴퓨터 시장에서 씨게이트를 몰아내기 위해 3.5인치 제품을 설계하고 생산하는 데 사업 규모와 경험을 활용했다. 1994년 회계연도 기준으로 코너 페리퍼럴과 퀀텀 코퍼레이션의 매출을 합한 금액은 50억 달러를 넘어섰다.

씨게이트가 제품 출시 타이밍에 실패한 모습은 파괴적 기술이 등장했을 때 보이는 기존 기업의 전형적인 대응 방식을 보여준다. 씨게이트는 3.5인치 드라이브 제품의 시장이 회사에서 요구하는 재무 기준을 만족시킬 정도로 규모가 커진 후에야 진입하려 했다. 다시 말해 기존 고객이 신기술을 원하게 되고 난 이후 신제품 시장에 진입한 것이다.

씨게이트는 영리하게도 1990년 컨트롤 데이터 코퍼레이션Control Data Corporation의 디스크 드라이브 부문을 인수하는 방법을 택해 시장에서 살아남았다. 씨게이트는 컨트롤 데이터 코퍼레이션의 기술 기반과 자사의 대량생산 기술을 함께 갖추면서 고급 컴퓨터용 대용량 드라이브 공급 시장에서 강력한 영향력을 가진 기업으로 자리했다. 그렇지만 개인용 컴퓨터 시장에서는 예전의 영광을 회복하지 못한 채 과거의 그림자에 머물게 되었다.

파괴적 기술을 주시하고 육성한다

파괴적 기술에 직면했을 때 규모나 과거의 성공 때문에 생기는 장애물을 극복할 수 있는 기업이 드물다는 건 놀라운 일이 아니다. 하지만 불가능한 일도 아니다. 파괴적 기술을 발견하고 육성하는 방법이 있기 때문이다.

1. 파괴적 기술과 존속적 기술을 구별한다

첫 번째 단계는 눈 앞에 펼쳐진 무수한 기술 가운데 어떤 것이 파괴적 기술이고, 어떤 것이 실제로 위협이 되는 기술인지 가려내는 일이다. 대다수의 기업에는 잠재적인 존속적 기술의 진행 상황을 확인하고 추적하는 프로세스가 잘 갖춰져 있다. 존속적 기술이 현재 고객을 위하고 보호하는 데 중요하기 때문이다. 하지만 잠재적으로 파괴적인 기술을 확인하고 추적하는 체계적 프로세스를 갖춘 기업은 드물다.

파괴적 기술을 확인할 한 가지 방법은 새로운 제품이나 기술 개발에 대해 내부 의견을 검토하는 것이다. 프로젝트를 지지하는 사람은 누구이며, 지지하지 않는 사람은 누구인가? 마케팅과 재무 관리자는 관리상, 재무상 유인 때문에 파괴적 기술을 지지하는 경우가 드물다. 반면 뛰어난 실적을 가진 기술 인력은 대개 기술의 새로운 시장이 열릴 거라는 주장을 굽히지 않는다. 주요 고객과 마케팅 및 재무팀의 반대에 직면한 상황에서도 마찬가지다. 양쪽 그룹 사이에 의견이 불일치한다면, 이는 해당 기술이 최고위 경영진이 조사해봐야 할 파괴적 기술임을 알리는 신호다.

2. 파괴적 기술의 전략적 중요성을 명확히 한다

다음 단계는 파괴적 기술의 전략적 중요성에 관해 적절한 상대에게 적절한 질문을 던지는 것이다. 파괴적 기술은 전략 검토 초기 단계에서 제대로 평가되지 못하고 지연되는 경향이 나타난다. 그런 일은 관리자가 던지는 질문이 잘못되었거나 적절한 질문을 잘못된 상대에게 던지기 때문에 발생한다.

예를 들어 기존 기업은 새로운 아이디어를 실제로 시험해볼 수 있는 주류 고객mainstream customer에게 혁신 제품의 가치 평가를 요청하는 정식 절차를 갖추고 있다. 일반적으로 이러한 고객사를 평가 요청 대상으로 선택하는 이유는 고객사도 '자사'의 제품 성능을 높여 '자사'의 경쟁사보다 앞서기 위해 최선의 노력을 다하기 때문이다. 그러므로 이러한 고객은 공급업체에 최고 성능의 제품을 요구할 가능성이 가장 크다. 이러한 이유로 대상 고객은 존속적 기술의 잠재성에 관해서는 정확한 평가를

그림 6-2. 파괴적 기술을 평가하는 법

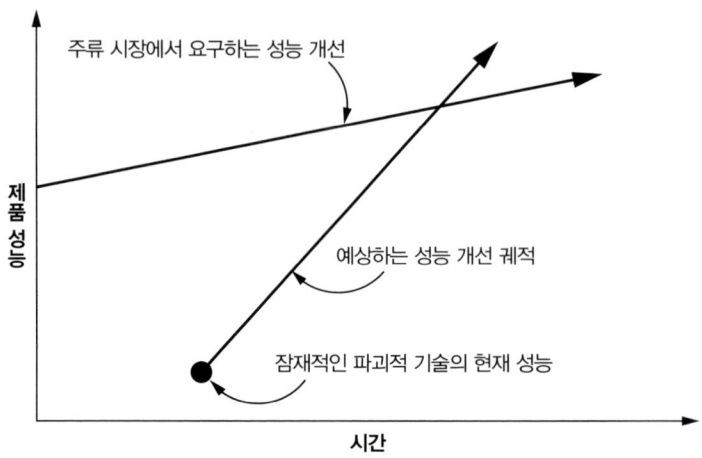

하지만, 파괴적 기술의 잠재성에 관한 평가는 정확하지 않다. 다시 말해 주류 고객은 평가 의견을 묻기에 부적절한 대상인 셈이다.

세로축에 주류 시장에서 정의하는 제품 성능을 표시하고, 가로축에 시간을 표시한 간단한 그래프를 이용하면 경영진이 적절한 질문과 적절한 질문 상대를 확인하는 데 도움이 된다.

먼저 고객들이 역사적으로 누려왔고 앞으로도 기대할 만한 성능 수준과 그것이 향상되는 궤적을 나타내는 선을 하나 그린다. 그러고 나서 새로운 기술이 초기에 나타낼 성능 수준을 표시한다. 만일 그 기술이 파괴적 기술이라면 해당 지점은 현재 고객이 요구하는 성능 수준보다 훨씬 아래에 위치할 것이다(그림 6-2 참조).

기존 시장에서 요구하는 성능 개선을 나타내는 선의 기울기와 비교하면 파괴적 기술의 성능 개선을 나타내는 선의 기울기는 어느 정도일까? 만일 숙련된 기술 전문가가 새로운 기술의 성능이 시장에서 요구하는 성능 개선 수준보다 더 빨리 높아질 것이라고 판단한다면 어떻게 될까? 그렇다면 지금은 고객의 요구를 충족하지 못하는 그 기술이 미래에는 고객의 요구에 아주 잘 부응할 가능성이 있다. 그러한 신기술은 전략적으로 중요하다.

그러나 대부분의 경영자는 이런 식으로 접근하는 대신 잘못된 질문을 던진다. 이들은 기존 기술의 성능 개선 속도와 새로운 기술에서 예상되는 성능 개선 속도를 비교한다. 만일 새로운 기술이 기존 기술을 능가할 잠재성을 가졌다면 추론상 새로운 기술을 개발하느라 바쁘게 움직여야 한다.

아주 간단한 이야기다. 하지만 이런 비교는 존속적 기술을 평가할 때는 유효하지만, 파괴적 기술을 평가할 때는 가장 중요한 전략적 문제를 놓치게 된다. 우리가 연구한 파괴적 기술 가운데 상당수는 과거 기술의 성능을 '능가한 적이 없었다'는 점 말이다. 중요한 건 '시장'의 궤적과 비교했을 때 파괴적 기술이 나타내는 궤적이다. 예를 들어 메인프레임 컴퓨터 시장이 줄어드는 이유는 개인용 컴퓨터가 메인프레임 컴퓨터보다 성능이 뛰어나서가 아니라 파일 서버와 네트워크로 연결된 개인용 컴퓨터가 여러 기관에서 느끼는 연산 및 데이터 저장 필요성에 효과적으로 부합했기 때문이다. 메인프레임 컴퓨터 제조업체가 휘청이게 된 건 기술 면에서 개인용 컴퓨터의 성능이 메인프레임 컴퓨터의 성능을 능가해서가 아니다. '기존 시장'이 개인용 컴퓨터가 지닌 성능을 요구하게 되었기 때문이다.

그림 6-2의 그래프를 다시 살펴보자. 만일 기술 전문가가 새로운 기술의 성능 개선 속도가 시장이 요구하는 성능 개선의 속도와 같은 속도로 발전할 것으로 생각한다면, 파괴적 기술이 기존 시장을 침범하는 속도는

느려질 것이다. 씨게이트가 개인용 컴퓨터 시장을 목표로 삼았던 걸 떠올려보라. 개인용 컴퓨터 시장에서 컴퓨터당 하드 디스크 저장 용량에 대한 요구는 연 30퍼센트씩 늘어났다. 3.5인치 드라이브의 저장 용량이 이보다 훨씬 빠른 속도로 늘어났기 때문에 3.5인치 드라이브 제조업체는 씨게이트를 시장에서 몰아낼 수 있었다.

하지만 또 다른 5.25인치 드라이브 제조업체였던 맥스터 $_{Maxtor}$와 마이크로폴리스 $_{Micropolis}$는 엔지니어링 워크스테이션 시장을 목표로 삼았고, 이 시장에서는 하드 디스크 용량에 대한 요구가 충족되지 않았다. 엔지니어링 워크스테이션 시장에서 요구하는 저장 용량의 궤적은 기본적으로 기술 인력이 3.5인치 아키텍처로 공급할 수 있는 용량 개선의 궤적과 평행을 이루었다. 그 결과 두 회사에게는 3.5인치 드라이브 사업에 진출하는 일이 씨게이트만큼 전략적으로 중요한 사안이 아니었다.

3. 파괴적 기술의 초기 시장을 찾는다

기업 경영진이 새로운 기술을 파괴적 기술로 판단하고 전략적으로 중요한 기술이라고 결정하면 다음 단계는 그 기술을 적용할 초기 시장을 찾는 것이다. 하지만 이 과정에서 전통적으로 경영자들이 의존해온 도구인 시장조사는 거의 도움이 되지 않는다. 파괴적 기술에 전략적으로 전념해야 할 시점에는 구체적 시장이 존재하지 않기 때문이다.

에드윈 랜드 $_{Edwin\ Land}$는 자신이 발명한 새 카메라의 잠재적 판매량을 평가해달라며 폴라로이드의 시장 분석팀에 요청했다. 그들은 폴라로이드의 제품 수명이 끝날 때까지 겨우 10만 대 정도 팔릴 것이라고 결론 내렸다. 그런 결론을 내린 이유는 무엇일까? 시장 분석팀에서 인터뷰한 사람 중에는 즉석 사진의 용도를 상상할 수 있는 사람이 거의 없었기 때문

역혁신과 파괴적 혁신은 무엇이 다른가?

hbr.org 2009년 9월 30일 자 기사 수정(product #H003V5)

비제이 고빈다라잔 Vijay Govindarajan, 크리스 트림블 Chris Trimble

우리는 HBR 2009년 10월호에 GE의 CEO이자 회장인 제프 이멜트 Jeff Immelt와 'GE는 어떻게 스스로를 급격하게 혁신하는였는가?' How GE is Disrupting Itself라는 기사를 공동집필했다. 해당 기사에서는 역혁신 reverse innovation 현상을 소개했다. 역혁신을 소개한 이래 몇몇 사람이 '역혁신'과 클레이튼 크리스텐슨이 정의한 '파괴적 혁신' 사이의 관계에 관해 물었다.

역혁신과 파괴적 혁신 사이에는 겹치는 부분이 있기는 하지만, 둘은 일대일로 대응하는 관계는 아니다. 다시 말해 역혁신의 사례 가운데 전부는 아니지만, 일부는 파괴적 혁신의 사례가 되기도 한다.

'역혁신'은 아주 간단히 말해 어떤 혁신이든 신흥개발국에서 먼저 채택될 가능성이 있는 혁신을 뜻한다. 역혁신이라고 부르는 이유는 역사적으로 볼 때 거의 모든 혁신이 선진국에서 먼저 채택되었기 때문이다. 우리는 지난 기사에서 역혁신이 점점 더 흔해질 것이며, 이는 선진국에 본사를 둔 현재의 다국적 기업 조직에 닥친 만만찮은 도전을 나타내는 것이라고 주장했다. 지난 글에서는 그러한 도전을 극복하기 위한 조직 모델에 관해서도 설명했다.

'파괴적 혁신'에는 기존 기업을 위험에 빠뜨리는 특정한 역학이 있다. 우선 기존 기업의 제품에 A와 B라는 2가지 주요 장점이 있다(예를 들어 A는 품질, B는 배송 속도)고 해보자. 주류 시장의 고객은 대부분 A라는 장점에 관심을 두지만, A보다 B에 더 가치를 두는 소수의 고객이 있다. 파괴적 혁신은 초기에는 A의 성능이 약하고 B의 성능이 강하다. 그런 이유로 파괴적 혁신에 끌리는 고객은 소수뿐이다.

주류 고객이 원하지 않는 제품이므로 기존 기업은 시장에 새로 진입한 기업과 새로운 기술을 무시하는 경향이 있다. 하지만 시간이 흐르면서 기술이 향상되고 혁신을 이루어 A 측면도 점점 더 좋아진다. 그러다 마침내 A 측면에서 주류 고객의 니즈에 부합하게 되고, 여기에 더해 주류 고객층이 B의 가치를 어느 정도 느끼면서 새로운 제품을 선택하기 시작한다. 그리고 기존 기업은 갑자기 무너진다. 새로운 기술을 내내 무시해왔기 때문이다.

디스크 드라이브 산업을 살펴본 크리스텐슨의 유명한 연구에서 A는 디스크 드라이브의 저장 용량이었고, B는 디스크 드라이브의 크기였다. 크리스텐슨은 이 연구를 통해 시장에 새로 진입하는 기업이 저장 용량과 크기가 작은 제품을 선보임으로써 기존 기업을 반복적으로 무너뜨리는 모습을 보여주었다. 처음에는 주류 고객이 신제품에 관심을 보이지 않는다. 주류 고객은 더 적은 메모리 용량이 아니라 더 많은 메모리 용량을 원한다. 하지만 시간이 흐르면 크기가 작은 드라이브의 저장 용량이 점점 커지다가 주류 고객의 관심을 얻는 수준까지 이른다.

그렇다면 역혁신과 파괴적 혁신은 어떤 관계일까?

우리는 역혁신의 가능성이 발생하는 주요 상황을 3가지로 살펴볼 수 있다.

첫 번째 상황은 선진국과 신흥개발국 사이의 '소득 격차' 때문에 발생한다. 신흥개발국에서는 1인당 소득이 몹시 낮으므로 극히 저렴한 가격으로 괜찮은 품질을 만들어내는 혁신의 여건이 무르익는다. 즉 5퍼센트의 가격으로 50퍼센트의 해결책을 찾는 것이다. 선진국에서는 처음에 50퍼센트의 해결책으로 고객의 마음을 끌지 못하지만, 결국 선진국에서도 '매력적'이라고 느끼는 지점까지 제품의 성능이 향상된다. 이는 전형적인 파괴적 혁신에 해당하며, 여기서 A는 성능 또는 품질이고, B는 가격이다.

두 번째 상황은 선진국과 신흥개발국 사이의 '기반 인프라 격차'에서 나타난다. 신흥개발국은 에너지, 교통, 통신 등 기반 인프라가 아직 구축되지 않은 경우가 많아서 새로운 인프라 기술에 대한 수요가 선진국보다 훨씬 크다. 반면 선진국은 기존 인프라를 교체할 필요가 있을 때만 수요가 생긴다. 이러한 경우는 파괴적 혁신에 해당하지 않는다.

세 번째 상황은 선진국과 신흥개발국 사이의 '지속가능성 격차'에서 발생한다. 많은 신흥개발국이 경제 발전 과정에서 선진국이 경험했던 것보다 훨씬 더 빨리 환경적 제약을 마주한다. 예를 들어 해수담수화 기술은 미국 남서부의 사막에서 필요로 하기 전 북아프리카 같은 지역에서 사용할 가능성이 크다. 이 또한 파괴적 혁신의 사례가 되지 않는다.

역혁신이든 파괴적 혁신이든 양쪽 모두에 해당하든 기존 기업에서는 혁신을 실행하기 어렵다. 기업에서 역혁신을 이루려면 권한과 통제력이 본사에서 벗어나 현지로 이동하는 데 따르는 저항을 극복해야 한다. 또한 조직의 기대와 구조 자체를 기꺼이 새로운 모습으로 바꾸어야 한다. 한편 파괴적 혁신을 이루려면 기업은 주류 고객이 관심을 두지 않는 제품에 투자를 우선시하는 데 따르는 내부 저항을 극복해야 한다. 그리고 그런 투자가 이루어진다 해도 신제품이 결국 기존 사업을 잠식할 거라는 두려움 역시 극복해야 한다.

비제이 고빈다라잔
다트머스대학교 터크Tuck 경영대학원 콕스 경영학 석좌교수Coxe Distinguished Professor of Management. 《리버스 이노베이션》과 《상자 세 개의 솔루션》The Three-Box Solution을 비롯해 저자 혹은 공동저자로 참여해 10여 권 이상의 책을 펴냈다.

크리스 트림블
다트머스대학교 터크 경영대학원, 다트머스 보건정책 및 임상연구소Dartmouth Institute for Health Policy and Clinical Practice 교수. 저서로는 《의사가 의료 서비스를 고치는 방법》How Physicians Can Fix Health Care이 있다.

이다.

파괴적 기술은 흔히 새로운 시장이나 새롭게 세분화된 시장의 등장을 암시하므로, 경영자는 그러한 시장에 관한 정보를 스스로 '만들어야' 한다. 누가 고객이 될 것이며, 어떤 고객에게 제품 성능 가운데 어떤 측면이 가장 중요할지, 적절한 가격은 얼마가 될지 등을 파악해야 하는 것이다. 이러한 정보는 큰 비용을 들이지 않고 빠르게, 반복적으로 제품과 시장 양쪽을 시험해볼 때만 얻을 수 있다.

그런데 기존 기업은 그렇게 하기가 몹시 어렵다. 수익성과 경쟁력 유지에 중요한 자원 배분 프로세스에서는 매출이 상대적으로 적은 시장에 자원을 배분하지 않을 것이며, 배분해서도 안 된다. 그렇다면 기존 기업은 파괴적 기술을 위한 시장을 어떻게 탐색할 수 있을까? 그 해답은 스타트업에 실험을 맡기는 것이다. 이 스타트업은 기업이 직접 자금을 투자한 곳일 수도 있고, 아무 연관이 없는 외부 스타트업일 수도 있다. 규모가 작고 성공에 굶주린 조직은 경제적인 방식을 택하는 데 능할 뿐만 아니라 힘든 상황에 잘 적응한다. 또한 시장에 첫 진입을 시도한 뒤 얻은 피드백에 대응해 제품이나 시장 전략을 빠르게 잘 바꾼다.

창업 초기의 애플 컴퓨터를 생각해보자. 애플 최초의 제품 애플 I은 1977년 출시 당시 실패작이었다. 하지만 애플은 애플 I에 크게 베팅하지 않았고, 적어도 초기 사용자 손에 빠르게 '무언가'를 쥐여주기는 했다. 그리고 애플 I을 통해 새로운 기술 및 고객이 원하는 것과 원하지 않는 것에 관해 많이 배웠다. 또한 그만큼 중요한 의미가 있었던 일은 '고객' 또한 개인용 컴퓨터에 대해 무엇을 원하고, 무엇을 원하지 않는지 알게 되었다는 사실이다. 애플은 이러한 정보로 무장하고 꽤 성공적으로 애플 II를 출시했다.

애플의 사례를 면밀하게 살폈다면 많은 기업이 애플과 똑같이 귀중한 배움을 얻을 수 있었을 것이다. 사실, 일부 기업은 노골적으로 후발주자 Second to Invent 자리를 차지하는 전략을 추구한다. 즉 업계를 개척하는 작은 기업이 미지의 시장 영역으로 들어가도록 길을 이끄는 것이다. 예를 들어 IBM은 애플, 코모도어Commodore, 탠디Tandy가 개인용 컴퓨터 제품을 정의하게 했다. 그리고 그 후에 공격적으로 개인용 컴퓨터 시장에 진출했으며 개인용 컴퓨터 사업을 상당한 규모로 키웠다.

하지만 신생 시장에 늦게 진입해 상대적으로 성공을 거둔 IBM의 사례는 예외일 뿐 늦게 진입한 시장에서 성공이 꼭 보장되는 건 아니다. 기존 사업을 성공적으로 운영하는 기업일수록 소규모 시장을 개척하는 기업의 성과를 자사 성과 평가에 적용하는 것과 동일한 재무 기준에 의해 평가한다. 기업들은 자원을 제대로 활용하고 있다는 확신을 얻기 위해 진입을 고려해야 할 시장 규모에 대해 상대적으로 높은 기준을 설정한다. 명시적이든 암묵적이든 간에 말이다. 이런 접근은 이미 강력한 경쟁자가 가득한 시장에 뒤늦게 진입하는 결과를 초래한다.

예를 들어 3.5인치 드라이브가 등장했을 때 씨게이트는 성숙 단계에 있던 5.25인치 모델의 주력 상품 ST412를 대체할 연간 3억 달러 매출의 제품이 필요했다. 하지만 3.5인치 드라이브용 시장은 규모가 그 정도로 크지 않았다. 그 후 2년에 걸쳐 업계 전문지들은 언제쯤 3.5인치 드라이브를 출시할 예정인지 씨게이트에 물었다. 그리고 씨게이트 경영진은 한결같이 3.5인치 드라이브는 아직 시장이 없다고 답했다.

그렇지만 사실 '3.5인치 드라이브용 시장은 있었고' 빠른 속도로 성장 중이었다. 씨게이트는 3.5인치 드라이브를 원하지 않는 고객의 영향을 받았고, 그런 씨게이트가 포착한 시장의 신호에는 오해의 소지가 있었다. 1987년 씨게이트가 마침내 3.5인치 드라이브 제품을 출시했을 때는 이미 시장에서 3.5인치 드라이브가 7억 5,000만 달러 규모가 넘게 팔린 뒤였다. 3.5인치 드라이브 시장의 규모는 업계 전체에 널리 알려져 있었다. 하지만 그 사실이 씨게이트 경영진에게는 사업 방향을 바꿀 정도로 설득력 있게 다가오지 않았다. 그들은 여전히 기존 고객의 시각과 기존 수익 구조 안에서만 새로운 시장을 바라보고 있었던 것이다.

그런데 오늘날 선도적인 디스크 드라이브 제조업체들이 최신의 파괴적 기술인 1.8인치 드라이브를 대하는 태도 역시 무서울 정도로 이와 비슷하다. 현재 업계를 선도하는 여러 기업도 저마다 1.8인치 소형 드라이브 모델을 한두 개 설계했지만 출시를 보류하고 있다. 1.8인치 드라이브의 저장 용량이 노트북 컴퓨터용으로 쓰기에는 너무 작고, 초기 시장이 어디가 될지 아직 명확하지 않기 때문이다. 팩스, 프린터, 자동차 대시보드용 지도 제작 시스템이 전부 시장 후보로 거론되는 상황이다.

업계의 한 임원은 이렇게 불평한다. "단지 시장이 없을 뿐입니다. 제품은 준비해두었고 영업팀에서 주문도 받을 수 있어요. 하지만 발주가 없죠. 제품을 원하는 고객이 없으니까요. 그래서 그냥 그대로 있을 뿐입니다." 사실 영업팀은 이미 대량 구매 고객에게 더 높은 마진의 제품을 팔아 성과를 올리고 있었다. 그러니 가격도 낮고 수요도 불확실한 1.8인치 드라이브를 굳이 적극적으로 판매할 이유가 없었다. 앞서 불평한 임원은 이 점을 간과한 것이다. 이런 이유로 이 회사와 몇몇 다른 회사의 창고 선반에서는 1.8인치 드라이브 제품에 먼지가 쌓이고 있다. 하지만 1.8인치 드라이브는 작년에 이미 5,000만 개 이상 판매되었고, 대부분 창업한 지 얼마 안 된 스타트업들이 공급한 물량이었다. 그리고 올해 1.8인치 드라이브 제품 시장 규모는 1억 5,000만 달러로 추정된다.

기존 기업이 새로운 시장을 스타트업에 빼앗기지 않으려면 경영자 본인이 직접 신생 시장의 움직임을 주기적으로 모니터링해야 한다. 그 방법은 기술자, 학계 전문가, 벤처 투자자 등 기존과는 다른 정보원들과 정기적으로 만나 대화하는 것이다. 기업의 기존 정보 채널은 신생 시장의 가능성을 포착하도록 설계되지 않았기 때문에 그 채널에만 의존해서는 파괴적 기술을 제대로 포착할 수 없다.

4. 독립적인 조직에 파괴적 기술 비즈니스 구축에 대한 책임을 부여한다

소규모 팀을 별도의 스컹크워크skunkworks(신속하고 효율적인 연구개발을 위해 상부와 거리를 두고 독립적·자율적으로 혁신과 도전을 시도하는 부서

—옮긴이) 프로젝트로 구성해 주류 조직의 경직된 요구에서 분리하는 전략은 널리 알려져 있지만, 이를 제대로 이해하는 기업은 드물다.

예를 들어 새로운 기술이라는 이유만으로 그러한 존속적 기술을 개발할 수 있게 엔지니어팀을 분리하는 것은 스컹크워크 접근법의 잘못된 적용이다. 또한 일반적이지는 않지만, 파괴적 기술을 적용한 제품이 기존 제품보다 재무적으로 더 매력적인 경우라면 연구개발팀을 굳이 별도로 관리할 필요가 없다. 인텔이 디램DRAM칩에서 마이크로프로세서로 전환했던 과정을 생각해보자. 인텔의 경우 초기 마이크로프로세서 사업은 디램 사업보다 매출총이익이 더 높았다. 다시 말해 인텔에서는 정규 자원 배분 프로세스만으로도 새로운 사업에서 필요로 하는 자원이 공급되었다.[1]

따라서 별도의 조직 구성이 반드시 필요한 상황은 파괴적 기술의 수익성이 주류 사업보다 낮고, 완전히 새로운 고객군의 요구를 충족시켜야 할 때뿐이다. 예를 들어 컨트롤 데이터 코퍼레이션CDC은 5.25인치 드라이브를 상업화하기 위한 별도 조직을 구성하는 데 성공했다. 1980년까지 CDC는 메인프레임 컴퓨터 제조업체에 판매하는 14인치 드라이브 제작에 전문성을 갖춘 덕분에 독립 디스크 드라이브 공급업체 중 시장에서 지배적인 위치를 차지하고 있었다.

그러나 8인치 드라이브가 등장했을 때 CDC는 뒤늦게서야 개발에 착수했다. 그리고 개발팀 엔지니어를 빼내 14인치 드라이브 관련 프로젝트의 문제를 해결하는 데 투입하는 일을 반복했다. 14인치 드라이브 프

---

[1] Robert A. Burgelman, "Fading Memories: A Process Theory of Strategic Business Exit in Dynamic Environments," *Administrative Science Quarterly* 39 (1994), pp.24–56.

로젝트는 회사의 가장 중요한 고객을 대상으로 하며, 8인치 드라이브보다 수익이 더 높고 사업상 우선순위에 있었기 때문이다. 그 결과 컨트롤 데이터 코퍼레이션은 경쟁사보다 3년 늦게 8인치 드라이브를 출시했다. 그리고 단 한 번도 시장점유율 5퍼센트 이상을 차지하지 못했다.

5.25인치 드라이브 세대가 도래했을 때 CDC는 새로운 도전에 좀 더 전략적으로 대응하기로 결정했다. 그래서 주류 조직 및 고객과 멀리 떨어진 오클라호마시티에 소수의 엔지니어와 마케팅 인력을 배치하고, 경쟁력 있는 5.25인치 제품의 개발과 상업화를 전담하게 했다. 어느 임원은 이렇게 회상했다. "우리는 5만 달러짜리 발주서만 받아도 다 같이 신나 하는 환경에서 제품을 출시해야 했습니다. 미니애폴리스에서 누군가의 관심을 받으려면 100만 달러짜리 주문은 받아야 했거든요." CDC는 메인프레임 컴퓨터용 디스크 드라이브 시장에서 한때 누렸던 70퍼센트라는 시장점유율을 결코 되찾지 못했다. 하지만 오클라호마시티 팀은 고성능 5.25인치 드라이브 시장에서 20퍼센트의 수익을 확보하는 데 성공했다.

애플이 뉴턴 개인 정보 단말기PDA를 개발할 때 이와 비슷한 조직을 만들었더라면, 사람들이 뉴턴을 실패작이라 단정하지 않았을지도 모른다. 애플은 뉴턴을 출시하면서 기존 시장을 대상으로 제품을 출시하는 것처럼 사업 활동을 펼치는 실수를 저질렀다. 애플의 경영진은 뉴턴 PDA가 회사의 성장에 상당히 기여해야 한다고 생각하며 PDA 프로젝트를 시작했다. 이에 따라 애플은 고객이 바라는 바를 철저히 조사한 뒤 뉴턴을 출시하는 데 막대한 노력을 들였다. 만일 애플이 기술적, 재정적 투자를 조금 적게 하고, 애플 I 출시 당시 정도의 규모인 조직에 뉴턴을 맡겼다면 결과는 달랐을지도 모른다. 그랬다면 뉴턴은 고객이 진정으로 원하는 것이 무엇인지 알아가는 여정에서 한 걸음 나아간 진지한 시도로 평가되었을 것이다. 사실 뉴턴은 애플 I 모델보다 출시 후 1년 동안 더 많은 판매량을 기록했다.

5. 파괴적 기술을 맡은 조직의 독립성을 지켜준다

기존 기업이 신생 시장을 지배할 유일한 방법은 CDC가 오클라호마시티에 만들었던 것과 같은 소규모 독립 조직을 구성하는 길뿐이다. 그러나 여기에는 중요한 질문 하나가 따라온다. 새롭게 개척한 시장이 충분히 성장해 주류 시장이 되었을 때 기존 기업은 무엇을 해야 할까?

대부분의 경영진은 분리했던 스핀오프spin-off 조직이 새로운 시장에서 일단 상업적으로 성공하면 주류 조직으로 다시 통합되어야 한다고 생각한다. 공학, 제조, 영업, 유통 활동과 관련한 고정비를 더 큰 고객군 및 제품군에 걸쳐 분산시킬 수 있다고 생각하기 때문이다.

존속적 기술에서는 이러한 접근법이 유효하다. 그러나 파괴적 기술과 관련해서는 다르다. 스핀오프 조직을 다시 주류 조직에 통합하면 처참한 결과를 불러올 수 있다. 자원을 공유하기 위해 독립 조직과 주류 조직을 통합할 경우 조직을 약화시키는 논쟁이 필연적으로 발생한다. 어느 팀이 어떤 자원을 가질 것인지, 신제품이 기존 제품을 잠식할 것인지, 그렇다면 언제 잠식할 것인지 등에 대한 논쟁 말이다. 디스크 드라이브 산업의 역사만 보더라도 그렇다. 기존 사업과 파괴적 사업을 하나의 조직 내에서 함께 운영하려고 시도한 모든 기업은 실패했다.

어떤 산업에서든 기업은 유한한 수명을 가진 사업 부문business units으로 구성된다. 어떤 사업이든 기술 및 시장 기반은 결국 사라지며 파괴적 기술도 그런 주기 안에 속한다. 이러한 과정을 이해하는 기업에서는 필연적으로 소멸할 수밖에 없는 사업을 대체할 새로운 사업을 시작한다. 이를 위해서는 파괴적 혁신을 맡은 관리자들에게 기술의 잠재력을 최대한 실현할 수 있는 전권을 부여해야 한다. 그것이 궁극적으로 주류 사업 부문을 없애는 것을 의미하더라도 말이다. 기업이 살아남으려면 사업 부문이 소멸하는 모습을 기꺼이 지켜보아야 한다. 기업 스스로 사업을 접지 않으면 경쟁사가 그렇게 만들고 말 테니 말이다.

파괴적 변화가 일어나는 시점에서 기업이 번창하는 비결은 그저 위험을 더 많이 감수하거나, 장기적으로 투자하거나, 관료 체제와 싸우는 것만이 아니다. 핵심 비결은 중요한 파괴적 기술을 조직 차원에서 전략적으로 관리하는 것이다. 그런 조직에서는 소량 주문에도 힘을 얻고, 제대로 정의되지 않은 시장에 저비용으로 빠르게 진입하려는 시도가 가능하며, 새로운 시장에서도 수익을 얻을 수 있을 만큼 간접비가 낮다.

기존 기업의 관리자도 성공적으로 파괴적 기술을 관리할 수 있다. 하지만 주류 사업 부문에서 요구하는 재무 조건 내에서 주요 고객으로부터 거절당한 파괴적 기술을 개발하고 제품을 출시하려 들면 실패하고 만다. 실패의 원인은 관리자가 잘못된 결정을 내렸기 때문이 아니다. 올바른 결정을 내렸지만, 그 결정이 이제 곧 역사 속으로 사라질 상황을 위한 것이기 때문이다.

══ HBR AT 100 ══

— 1995 —

변화는 어떻게 주도해야 하는가

변화하는 리더의 8가지 노하우

___

존 코터

Leading Change: Why Transformation Efforts Fail

HBR 1995년 3/4월호에서 전재(product #95204)

존 코터 John P. Kotter

베스트셀러 작가이자 수상 경력을 지닌 경영 및 기업관리 사상가 겸 기업가. 하버드 경영대학원 고노스케 마쓰시타 리더십 명예교수Konosuke Matsushita Professor of Leadership, Emeritus이다. 존 코터는 자신의 아이디어와 책 그리고 회사를 통해 점점 빠르게 변화하는 시대 속에서 리더가 성공적으로 조직을 이끌도록 도움을 주고 있다.

그는 《변화관리》의 공동저자로 빠르게 움직이는 세상에서 리더가 도전과 기회를 활용해 지속 가능한 직장 내 변화를 이끄는 방법을 자세히 설명한다. 이외에도 《기업이 원하는 변화의 리더》, 《빙산이 녹고 있다고?》, 《하던 대로나 잘하라고》 등의 저서가 있다.

100개 이상의
변화 사례에서 얻은 교훈

지난 10년 동안 100개 이상의 기업이 훨씬 더 나은 경쟁자로 거듭나기 위해 노력하는 모습을 지켜보았다. 그러한 노력을 기울인 기업 가운데에는 대기업(포드)도 있었고, 중소기업(랜드마크 커뮤니케이션즈)도 있었다. 미국 회사(GM)도 있었고, 다른 나라 회사(영국 항공)도 있었다. 또한 파산한 회사(이스턴 항공)와 수익을 많이 내는 회사(브리스톨 마이어스 스퀴브)도 있었다.

기업의 이러한 노력은 전사적 품질 관리Total Quality Management, TQM, 리엔지니어링, 적정규모화rightsizing, 구조 조정, 기업 문화 변화, 기업 턴어라운드turnaround 등 여러 이름으로 진행되었다. 그러나 거의 모든 경우 기본적 목표는 같았다. 전보다 도전적인 시장 환경에 대처하기 위해 사업 수행 방식을 근본적으로 바꾼다는 것이다.

이렇게 개선 노력을 기울인 기업 중 일부는 큰 성공을 거뒀다. 하지만 완전히 실패로 끝나버린 기업도 있었다. 기업 대부분은 성공과 실패 사이 어딘가에 자리했지만, 그중에서도 실패 쪽으로 뚜렷하게 더 기울어져 있었다. 여기서 얻을 수 있는 교훈은 흥미로우며, 이는 앞으로 10년간 더 경쟁이 치열해질 사업 환경 속에서 더욱 많은 기업과 연관될 것이다.

성공한 기업 변화 사례를 통해 배울 수 있는 가장 일반적인 내용은 무엇일까? 성공적인 사례일수록 변화의 과정이 일련의 단계들을 순차적으로 거친다는 점이다(그림 7-1 참조). 전체적으로 이 과정에는 상당한 시간이 필요하다. 단계를 건너뛰면 속도가 빨라진다는 착각만 들 뿐 결코 만족스러운 결과를 얻을 수 없다. 두 번째로 알 수 있는 일반적인 내용은 각 단계에서 중대한 실수를 저지르면 각 실수가 파괴적인 영향을 미친다는 점이다. 그래서 추진력이 약해지고 힘들게 이룬 성과도 무효가 되어버린다. 사람들은 조직을 쇄신해본 경험이 상대적으로 적기 때문에 매우 능력 있는 사람도 적어도 하나 정도는 큰 실수를 저지르곤 한다.

| 1단계 함정:
| 변화가 긴급 과제임을 전사에 제대로 인식시키지 못한다

변화의 노력이 성공한 사례는 대부분 어느 개인 혹은 그룹에서 회사의 경쟁 환경, 시장 지위, 기술 트렌드, 재무 성과를 열심히 확인했을 때부터 시작된다. 이들은 중요한 특허가 만료되었을 때의 잠재적 매출 감소, 핵심 사업 부문에서 나타나는 5년간의 이익률 하락 추세, 모두가 외면하는 듯한 신흥 시장 등에 초점을 맞춘다. 그리고 나서 이러한 정보를 널리 그리고 극적으로 소통할 방법을 찾는다. 특히 위기나 잠재적 위기 혹은 매우 시의적절한 큰 기회에 관해 이야기한다.

이러한 첫 단계는 필수적이다. 회사를 바꾸는 변화 프로그램을 시작하려면 여러 개인의 적극적인 협조가 필요하기 때문이다. 사람들은 동기가

그림 7-1. 경영 변화를 위한 8단계

1. 위기감 조성
- 시장과 경쟁 환경 검토
- 위기, 잠재적 위기 혹은 주요 사업 기회 파악 및 논의

2. 강력한 변화 주도 연합팀 guiding coalition **구성**
- 영향력 있는 사람을 모아 조직 변화를 이끌 그룹 구성
- 이들이 하나의 팀으로 일할 수 있도록 유도

3. 비전 확립
- 조직 변화를 이끄는 데 도움이 될 비전 확립
- 확립한 비전을 성취하기 위한 전략 개발

4. 비전 전파
- 새로운 비전과 전략을 알리기 위해 가능한 모든 방법 동원
- 변화 주도 연합팀이 본보기가 되어 새로운 행동 교육

5. 다른 사람에게 비전을 행동에 옮길 권한 부여
- 변화를 막는 장애물 제거
- 비전을 심각하게 해치는 조직의 시스템이나 구조 변경
- 위험 감수, 비전형적인 아이디어, 활동, 행동 권장

6. 단기적 성공을 계획하고 실현
- 가시적인 실적 개선을 계획
- 계획한 개선을 실현
- 개선 과정에 참여한 직원을 칭찬하고 포상

7. 여러 개선점을 통합하고 더 많은 변화 추구
- 높아진 신뢰도를 활용해 비전에 맞지 않는 시스템, 구조, 방침 변경
- 비전을 실행할 수 있는 직원 채용, 승진, 계발
- 새로운 프로젝트, 새로운 주제, 새로운 변화의 주도자를 투입해 경영 변화 프로세스의 활기 회복

8. 새로운 접근법의 제도화
- 새로운 행동 규범과 성공 사례 사이의 관계 설명
- 리더십 발전과 경영 승계를 기할 방법 개발

없으면 도움을 주지 않고, 기업 변화를 위한 노력은 진전하지 못한다.

기업 변화 프로세스의 다른 단계와 비교해 1단계는 쉬워 보인다. 하지만 그렇지 않다. 내가 관찰한 기업 가운데 50퍼센트가 훨씬 넘는 곳에서 이 첫 번째 단계부터 실패했다. 1단계에서 실패하는 이유는 무엇일까? 기업의 경영진은 직원을 안전지대 밖으로 내보내는 게 얼마나 힘든 일인지 과소평가하곤 한다. 혹은 지금까지 위기감을 잘 조성해왔다고 지나치게 과대평가한다. 참을성이 부족한 경우도 있다. '사전 준비는 이만하면 됐어요. 어서 본론에 들어갑시다'라고 하는 식이다.

또 다른 경우에는 부정적인 결과에 대한 두려움이 경영진을 마비시킨다. 그들은 연차가 높은 직원이 기업 변화에 방어적으로 대응하고, 이에 따라 직원의 사기가 떨어지고, 상황이 통제 불능으로 번지고, 단기 사업 결과가 위태로워지고, 주가가 하락하고, 그 결과 조직에 충격이 찾아와 경영진이 위기를 조장했다고 비난받게 되는 것을 두려워한다.

고위 경영진이 이런 모습을 보이는 건 기업에 관리자는 많지만 리더는 충분하지 않아서다. 경영진의 임무는 위험을 최소화하고 현재 시스템이 잘 운영되도록 유지하는 것이다. 변화를 일으키려면 당연히 새로운 시스템을 만들어야 하고, 그러려면 결국 리더십이 필요하다. 경영 혁신 프로세스의 1단계는 보통 진정한 리더가 고위직에 충분히 배치되거나 영입되기 전까지는 일어나지 않는다.

조직에 변화가 필요하다는 인식을 가진 유능한 리더가 새로운 수장으로 취임할 때 변화는 제대로 시작될 수 있다. 만일 기업 전체가 변화의 대상이라면 CEO가 핵심이다. 만일 사업부 내에 변화가 필요하다면 사업부 총괄 임원이 핵심이다. 이러한 조직의 책임자가 새로 취임한 사람이 아니거나 뛰어난 리더가 아니거나 혹은 변화를 옹호하는 사람이 아니라면 1단계를 시작하는 데 큰 어려움이 생긴다.

나쁜 경영 실적은 1단계에서는 축복인 동시에 저주가 된다. 금전적인 손실이 확실하게 사람들의 이목을 끈다는 점에서 긍정적이다. 하지만 사업 실적이 좋지 못하면 움직여볼 수 있는 여지가 적다. 실적이 좋을 때는 반대 상황이 펼쳐진다. 사람들에게 변화의 필요성을 설득하기가 훨씬 더 어렵지만 변화에 활용할 자원은 더 많다.

하지만 출발점에서 보이는 실적이 좋든 나쁘든, 내가 관찰했던 성공 사례들에서는 예외 없이 한 사람 혹은 소규모 집단이 나서서 다음과 같은 불편한 진실들을 정직하게 논의할 수 있는 자리를 만들었다. 즉 신규 경쟁자의 등장, 수익성 악화, 시장점유율 하락, 이익 정체, 매출 성장 둔화, 또는 기타 경쟁력 저하를 나타내는 지표들에 대해 이야기한 것이다.

사람들은 일반적으로 나쁜 소식을 전하는 사람을 비난하는 경향이 있다. 특히 조직의 수장이 변화를 옹호하는 사람이 아닐 경우 더욱 그렇다. 이런 이유로 많은 기업이 불편한 진실을 외부인을 통해 전한다. 외부인이라고 하면 월스트리트의 애널리스트나 고객, 컨설턴트 등이 모두 해당한다. 유럽 대기업의 전직 CEO는 이 모든 활동의 목적을 이렇게 설명했다. "미지의 영역으로 나아가는 것보다 현상을 유지하는 게 더 위험해 보이도록 하려는 것이다."

경영 변화를 가장 성공적으로 이루어낸 몇몇 사례에서는 변화를 선도하는 그룹에서 위기를 연출하기도 했다. 어느 CEO는 의도적으로 회사 역사상 최대 규모의 회계 손실을 꾸며냈으며 그 과정에서 월스트리트 투자자들의 엄청난 압박을 끌어냈다. 어느 사업부장은 조사 결과가 끔찍할 거라는 점을 잘 알면서 처음으로 고객 만족도를 조사하게 했다. 그리고 그 결과를 공개했다. 외견상 그러한 움직임은 지나치게 위험해 보일 수 있다. 하지만 지나치게 안전하게만 있으려는 것 또한 위험이 따른다. 조직 내에서 위기감을 느끼는 직원의 비율이 높지 않으면 경영 개혁 과정은 성공을 거둘 수 없고, 조직의 장기적인 미래가 위험에 빠진다.

그렇다면 그 비율은 어느 정도가 되어야 하는 걸까? 내가 관찰한 바에 따르면 정답은 기업 경영진의 약 75퍼센트가 현재 상태를 도저히 받아들일 수 없다고 진심으로 확신해야 한다. 위기를 확신하는 직원의 비율이 이보다 조금이라도 낮아지면 경영 개혁 단계의 후반부에 매우 심각한 문제가 발생한다.

2단계 함정:
변화 주도 연합 팀의 리더십이 충분히 발휘되지 않는다

주요 경영 쇄신 프로그램renewal programs은 대개 한두 사람으로 시작되는 경우가 많다. 성공적인 변혁 노력transformation effort 사례를 보면 시간이 흐름에 따라 변화를 선도하는 팀이 점점 커졌다. 하지만 경영 변화를 위해 노력하는 과정에서 초기에 어느 정도 최소 규모의 변화 주도 연합팀을 구성하지 못하면 이렇다 할 변화를 일으키지 못한다.

조직의 수장이 적극적으로 변화를 지지하는 사람이 아니라면 주요한 변화는 일어날 수 없다는 말이 자주 나온다. 하지만 여기서 말하는 리더십 연합은 그 이상이다. 성공적인 변화 사례에서는 회장, 사장, 혹은 본부장뿐 아니라 5명, 15명, 50명까지 다양한 구성원들이 함께 참여해 변화와 탁월한 성과에 대한 공동의 의지를 만들어간다. 경험상 이러한 변화 주도 연합팀에는 회사 최고위 임원이 전부 포함되지는 않는다. 일부는 변화가 필요하다는 것을 처음부터 받아들이지 않기 때문이다. 하지만 경영 쇄신에 성공한 사례 대부분에서 변화 주도 연합팀이 구성원의 직급, 정보와 전문성, 평판과 인간관계 면에서 항상 상당히 강력한 영향력을 가졌다.

대기업에서도, 중소기업에서도 성공을 거둔 변화 주도 연합팀이 경영 개혁 노력을 시작한 첫해에는 그저 3~5명의 인원으로 구성되었다. 그러나 규모가 큰 회사라면 경영 변화 3단계부터 시작해 그 이후 단계까지 많은 진전을 이루기 전에 변화 주도 연합팀 구성원이 20~50명 정도 범위로 늘어나야 한다. 회사의 고위 경영진은 항상 변화 주도 연합팀의 핵심을 구성한다. 하지만 때로는 이사회 구성원, 주요 고객사 대표, 심지어 강력한 영향력을 지닌 노동조합 대표가 변화 주도 연합팀의 핵심이 되기도 한다.

변화 주도 연합팀에는 회사의 고위 경영진이 아닌 사람도 있으므로 당연히 회사 내 일반적인 위계질서를 벗어난 모습으로 운용된다. 이러한 운용 방식은 어색하지만 필요하다. 현재 회사 내 위계질서가 제대로 작동하고 있다면 대대적인 변화가 필요 없을 것이다. 하지만 현재 시스템이 잘 작동하지 않고 있다면 변화를 위해서 일반적으로 공식적인 틀과 기대, 절차에서 벗어난 활동이 필요하다.

경영진 내부의 위기감이 높으면 변화 주도 연합팀을 구성하는 데 큰 도움이 된다. 하지만 그것만으로는 부족하다. 누군가는 사람을 모으고, 회사가 당면한 문제와 기회를 모인 사람과 함께 평가하고, 이들 사이에 최소한의 신뢰와 소통이 이루어지게 해야 한다. 이러한 목표를 달성하기 위해 2~3일 정도 회사에서 벗어나 다른 장소에서 워크숍을 진행하는 방식이 자주 활용된다. 나는 5~35명의 임원으로 구성된 여러 그룹이 수개월에 걸쳐 이런 방식으로 진행하는 워크숍에 참여하는 모습을 많이 보아왔다.

2단계에 실패하는 기업은 대개 변화를 일으키는 일이 얼마나 어려운지 과소평가하고, 그래서 강력한 변화 주도 연합팀을 구성하는 일의 중요성을 무시한다. 때로는 최고위 경영진에서 협업을 해본 경험이 없어 그 가치와 중요성을 경시하기도 한다. 또한 핵심 현업 담당자 대신 인사·품질관리·전략기획 등 지원 부서 임원에게 팀을 맡기는 경우도 많다. 하지만 지원 부서 임원이 아무리 능력이 있거나 열심히 한다고 해도 현업 담당자의 강력한 리더십 없이 구성된 팀은 변화에 필요한 힘을 결코 발휘하지 못한다.

변화 주도 연합팀의 영향력이 충분히 강하지 않은 상태에서 노력을 기울이면 한동안은 변화 작업이 진전을 보인다. 하지만 얼마 지나지 않아 반대 세력이 조직적으로 움직이기 시작하고 결국 변화는 거기서 멈추고 만다.

3단계 함정:
비전이 보이지 않는다

지금까지 지켜본 조직 변화의 성공 사례에서는 하나같이 변화 주도 연합팀이 미래에 대한 그림을 그렸다. 거기에는 상대적으로 알리기 쉬울 뿐 아니라 고객, 주주, 직원의 마음을 움직이는 내용이 담겨 있었다. 비전에는 보통 5개년 계획의 숫자를 넘어서는 목표를 담는다. 비전은 조직이 움직여야 할 방향을 분명히 알려준다. 비전의 초안은 주로 한 사람이 만든다. 그리고 처음에는 내용이 다소 모호한 편이다. 변화 주도 연합팀에서 3개월, 5개월 심지어 12개월에 걸쳐 비전 수립에 힘을 쏟으면 엄밀한 분석적 사고와 약간의 몽상을 거쳐 훨씬 더 나은 내용의 비전이 나타난다. 그리고 마침내 이러한 비전을 달성하기 위한 전략 또한 개발된다.

유럽의 한 중견 기업의 사례를 살펴보자. 그 기업이 비전을 수립했을 때 초안에는 최종판에 담긴 기본 내용의 3분의 2가 담겨 있었다. '글로벌 확장'이라는 개념은 초안부터 들어 있었다. 특정 사업 부문에서 두각을 드러낸다는 생각도 마찬가지였다. 하지만 최종판에는 '저부가가치 활동에서 벗어난다'라는 중심 생각이 한 가지 더 담겼는데, 이는 몇 개월 동안 논의를 거친 뒤에야 비전으로 확립된 것이었다.

합리적인 비전이 없으면 변화를 위한 노력이 혼란스럽고 일관성 없는 프로젝트들의 나열에 그치고 만다. 그 결과 조직은 엉뚱한 방향으로 가거나 아예 아무 데도 도달하지 못하게 된다. 비전이 견고하게 확립되지 않으면 회계팀에서 진행하는 재설계 프로젝트, 인사팀에서 진행하는 새로운 360도 다면 평가, 공장에서 도입한 품질 개선 프로그램, 영업팀에서 진행하는 조직 문화 변화 프로그램 등이 의미 있는 방식으로 한데 모이지 않을 것이다.

실패한 변화의 사례를 살펴보면 대체로 계획과 지시 사항이 많고 프로그램도 다양한데 정작 비전이 없다. 어느 회사에서는 변화의 노력을 설명하는 10센티미터 두께의 공책을 배포한 경우도 있었다. 공책에는 변화를 위한 절차, 목표, 방법과 기한이 너무나 지루할 정도로 상세하게 설명되어 있었다. 그런데도 이 모든 활동이 어디로 향하고 있는지에 관한 명확하고 설득력 있는 설명은 어디에도 없었다. 당연하게도 이야기를 나눠본 직원들은 이 모든 활동에 관해 대부분 혼란스러워하거나 그 과정에서 소외되어 있었다. 크고 두꺼운 책은 직원을 하나로 결집시키거나 변화를 불러일으키지 못했다. 사실 정반대의 효과를 냈을 뿐이었다.

지금까지 관찰했던 사례 가운데 성공하지 못한 몇몇 기업에서는 경영진이 목표 의식은 있었지만 그게 지나치게 복잡하거나 모호해서 쓸모가 없었다. 최근 나는 한 중견 기업의 임원에게 비전에 관해 설명해달라고 요청한 적이 있다. 그러고 나서 거의 이해할 수 없는 내용의 30분짜리 강연을 들어야 했다. 그 안에는 분명 좋은 비전의 기본 요소가 숨어 있긴 했지만, 정말로 아주 깊이 숨어 있었다.

유익한 경험의 법칙은 다음과 같다. 누군가에게 5분 이하로 비전이 무엇인지 전하라. 만일 듣는 사람이 이해하지 못하고 흥미를 보이지 않는다면 변화의 3단계를 완성하지 못한 것이다.

4단계 함정:
사내 소통이 절대적으로 부족하다

지금까지 소통과 관련해 3가지 패턴이 있다는 걸 확인했는데, 3가지 패턴 모두 매우 흔히 나타났다. 첫째, 변화 주도 연합팀에서 상당히 훌륭한 비전을 수립한 이후 회의를 한 번 열거나 메일 한 통으로 내용을 전한다. 그러다 사내에서 이루어지는 연간 소통 분량의 0.0001퍼센트를 사용하고서는 새로운 비전에 관해 이해하는 직원이 거의 없다는 사실에 깜짝 놀란다. 두 번째 패턴은 조직의 수장이 상당한 시간을 들여 직원을 위한 연설을 준비했음에도 직원 대부분이 여전히 내용을 이해하지 못하는 것이다. 당연한 일이다. 비전과 관련해 연간 총소통 분량의 0.0005퍼센트

밖에 사용하지 않았기 때문이다. 세 번째 패턴은 경영 변화 비전과 관련해 뉴스레터와 연설에 훨씬 더 많은 노력을 기울이는 것이다. 하지만 일부 고위 임원은 여전히 비전과 정반대되는 행동을 한다. 결과는 뻔하다. 직원들의 냉소주의는 높아지고, 소통에 대한 신뢰는 떨어진다.

조직의 변화는 수백, 수천 명의 직원이 기꺼이 동참하겠다고 나서지 않으면 불가능하다. 보통 그들이 단기적인 희생을 감수할 정도까지 되어야 한다. 직원은 현재 상황에 만족하지 못한다 해도 유익한 변화가 일어날 수 있다는 믿음이 생기기 전까지는 희생하려 들지 않는다. 그래서 신뢰할 수 있는 소통을 하지 않으면, 그것도 많이 하지 않으면, 직원의 마음과 생각을 결코 움직일 수 없다.

4단계는 정리해고를 포함해 단기적 희생이 따를 때 특히 진행하기가 어렵다. 인원 감축이 변화의 일부일 경우 직원의 이해와 지지를 얻는 건 상당히 힘든 일이다. 이러한 이유로 성공을 거두는 비전에는 대개 기업의 새로운 성장 가능성과 정리 해고된 직원이 누구라도 반드시 공정하게 대우하겠다는 약속이 포함되어 있다.

소통을 잘하는 임원은 일상적인 활동에 메시지를 넣는다. 비즈니스상 일어나는 문제를 일상적으로 논의할 때도 제안된 해결책이 큰 그림에 어떻게 맞는지(혹은 맞지 않는지) 이야기한다. 정기 성과 평가에서는 대상 직원의 행동이 회사의 비전에 어떻게 도움이 되는지, 또는 어떻게 해가 되는지 이야기한다. 사업부의 분기 실적을 리뷰할 때도 단순히 숫자만 제시하는 것이 아니라 해당 리더들이 변화에 어떻게 기여하고 있는지를 함께 언급한다. 사내 현장에서 열린 질의응답 세션에서도 답변을 조직 쇄신 목표와 연결시킨다.

성공적인 변화 사례를 살펴보면 임원진은 비전을 알리기 위해 회사에 존재하는 소통 채널을 전부 활용한다. 지루해서 읽히지 않던 사보를 비전 중심의 생생한 기사로 바꾼다. 의례적으로 진행되던 분기 경영 회의를 변화의 진전을 논의하는 흥미로운 장으로 전환한다. 회사에서 진행하는 일반적인 경영 교육 과정의 많은 부분을 없애고, 사업상 문제와 새로운 비전에 초점을 맞춘 교육 과정으로 대체한다. 기본 원리는 간단하다. 활용 가능한 모든 채널을 통하며, 특히 중요치 않은 정보를 전하느라 낭비되는 채널을 활용한다.

더 나아가 중요한 점은, 내가 알고 있는 성공적인 변화 사례의 대부분에서 경영자들이 '말뿐이 아닌 행동'으로 말하기 시작했다는 것이다. 이들은 새로운 기업 문화의 살아 있는 상징이 되려고 의식적으로 노력한다. 이건 쉬운 일이 아니다. 40년 동안 고객에 관해 거의 생각해본 적 없는 60세의 공장장이 어느 날 갑자기 고객지향적인 방식으로 행동하지는 않을 것이다. 하지만 나는 바로 그런 사람이 변하는 모습을 목격했고, 그런 변화는 실로 엄청난 일이었다. 이러한 변화가 찾아온 데는 우선 높은 위기감이 한몫했다. 나아가 그가 변화 주도 연합팀과 비전 확립팀의 일원이라는 사실도 변화가 일어나는 데 도움을 주었다. 지속적인 모든 소통도 마찬가지로 도움이 되었다. 바람직한 행동이 무엇인지 끊임없이 상기시켜주었기 때문이다. 이 밖에 동료와 부하 직원이 보낸 모든 피드백이 도움이 되었다. 그러한 피드백을 통해 자신이 고객지향적 행동을 하지 않을 때의 모습을 확인할 수 있었다.

소통은 말과 행동, 양쪽으로 이루어지지만 말보다는 행동이 강력한 힘을 지닐 때가 많다. 회사의 주요 인물이 말과 일치하지 않는 행동을 보이는 것만큼 변화를 향한 노력을 해치는 것도 없다.

5단계 함정:
비전의 장애물을 방치한다

성공적인 변화는 그 단계가 진행될수록 많은 인원이 참여하기 시작한다. 직원들은 대담하게 새로운 접근법을 시도하고, 새로운 아이디어를 개발하며, 리더십을 발휘할 용기를 얻는다. 여기서 유일한 제약 조건은 이러한 활동이 전체 비전의 넓은 틀 안에 들어 있어야 한다는 점이다. 더 많은 사람이 참여할수록 결과는 더 나아진다.

변화 주도 연합팀에서 새로운 방향을 잘 전하는 것만으로도 어느 정도는 직원들이 행동에 나서는 데 영향을 미친다. 하지만 소통 그 자체만으로는 절대 충분하지 않다. 조직을 쇄신하려면 장애물을 제거하는 작업도 필요하다. 직원이 새로운 비전을 이해하고 이를 실현하는 데 힘을 보태고 싶어 하지만, 장애물이 나타나 길을 막는 경우가 많기 때문이다. 만약 장애물이 누군가의 머릿속에만 있을 경우, 그 사람에게 외부 장애물은 존재하지 않는다는 점을 이해시키기 위해 설득해야 할 수도 있다. 하지만 대부분 장애물은 아주 현실적이다.

때로는 조직의 구조가 장애물이다. 예를 들어 한정된 업무 범주는 생산성을 높이려는 노력을 심각하게 훼손하거나 고객에 관해 생각하는 것조차 매우 어렵게 만든다. 때로는 보상 체계나 성과 평가 시스템이 사람들로 하여금 새로운 비전과 자신의 이익 사이에서 선택을 어렵게 만든다. 무엇보다 최악은 변화를 거부하고, 회사 전체의 변화 노력과는 맞지 않는 업무를 요구하는 상사다.

어느 회사는 세간의 큰 주목과 관심 속에서 변화 과정을 알리며 시작했고, 실제 4단계까지 거치며 훌륭한 진전을 이루었다. 하지만 그 후 변화를 향한 노력을 멈추고 말았다. 회사에서 가장 큰 사업 부문을 책임지는 임원이 변화를 향한 새로운 계획 대부분을 방해했기 때문이다. 그는 경영 변화 과정에 관해 입에 발린 말만 늘어놓았을 뿐 행동을 바꾸지 않았고 부하 관리자에게 변화를 촉구하지도 않았다. 그는 회사의 비전에서 요구하는 창의적 아이디어에 대한 보상을 제공하지도 않았다. 또한 인사 시스템이 회사의 새로운 이상과 맞지 않음이 명백한 상황에서조차 인사 시스템을 그대로 유지했다.

그 임원의 동기는 복합적이었다. 그는 회사에 큰 변화가 필요하다는 점을 믿지 않았다. 또 어느 정도는 회사의 모든 변화에 개인적으로 위협을 느끼는 부분도 있었다. 이에 더해 한편으로는 변화와 기대 영업 이익, 양쪽 모두를 이루어내지 못할까 봐 두려워하는 마음도 있었다. 다른 사업부의 임원들은 변화를 공식적으로 지지했지만, 변화를 거부하는 이 한 사람을 막으려는 노력은 아무도 하지 않았다.

다시 말하지만 이유는 복합적이었다. 회사는 이러한 문제를 마주한 적이 없었다. 일부는 그 임원을 두려워했고 CEO는 능력 있는 그 임원을 잃을까 염려했다. 결과는 참담했다. 중간 관리자들은 변화에 노력을 기울이겠다던 고위 경영진의 말이 거짓이었다고 결론지었으며 냉소가 짙어졌다. 결국 변화를 위해 기울였던 모든 노력이 허사가 되었다.

변화관리의 8단계 가운데 전반 4단계까지는 그 어느 조직에도 모든 장애물을 제거할 추진력이나 힘, 혹은 시간이 없다. 하지만 큰 장애물은 반드시 대면해 제거해야 한다. 만일 장애물이 사람이라면 새로운 비전에 맞는 방식으로 그 사람을 공정하게 대하는 게 중요하다. 하지만 어떤 방식으로든 행동은 반드시 필요하다. 그래야 다른 직원에게 힘을 주고 변화를 향한 노력이 신뢰성을 유지할 수 있기 때문이다.

6단계 함정:
계획적이고 단기적인 성과가 결여되어 있다

실질적인 변화를 이루려면 오랜 시간이 걸린다. 단기 목표를 달성하고 축하할 일이 전혀 없다면 변화를 위한 노력이 추진력을 잃을 위험이 있다. 조직 변혁을 위한 여정을 통해 12개월에서 24개월 안에 기대하는 결과를 만들어낼 거라는 확실한 증거가 있어야 한다. 변화에 이르는 긴 행진에 참여하지 않으려는 사람이 대부분이기 때문이다. 단기 성과가 없으면 많은 사람이 변화의 노력을 포기하거나 변화에 저항하는 사람의 대열에 적극적으로 참여한다.

성공적인 변화가 시작되고 1~2년 이내에 특정 지표가 올라가거나 순이익 감소가 멈추는 등 좋은 시작을 확인할 수 있다. 신제품을 성공적으로 출시하거나 시장점유율이 높아지기도 한다. 생산성이 눈에 띄게 좋아지거나 통계적으로 고객 만족도 점수가 전보다 높아진다. 그런데 어떤 경우든 성과는 분명하다. 그러한 결과는 변화에 반대하는 이들에 의해 폄하될 개인적 판단에 따른 결정이 아니다.

단기 성과를 창출하는 건 단기 성과를 바라는 것과 다르다. 후자는 수동적이지만 전자는 능동적이다. 성공적인 변화 과정에서는 관리자가 분명한 성과 개선 방안을 모색하고, 연간 계획 시스템에 목표를 설정하며, 그 목표를 달성한다. 그리고 그 과정에 참여한 직원을 칭찬하거나 승진시키고 심지어 금전적으로까지 보상할 방법을 적극적으로 찾는다.

예를 들어 미국 한 제조업체의 변화 주도 연합 팀은 변화의 노력이 시작된 지 약 20개월 만에 매우 가시적이고 성공적인 신제품 출시를 이뤄냈다. 이 제품은 변화의 노력을 시작한 지 6개월 뒤에 선정되었고, 선정

이유는 해당 제품이 여러 가지 조건에 부합했기 때문이었다. 우선 상대적으로 단기간에 설계 및 출시가 가능했다. 또한 회사의 새로운 비전을 위해 노력하는 직원들로 이루어진 소규모 팀에서 담당할 수 있는 제품이었으며, 상승 잠재력이 있었다. 그리고 신제품 개발팀은 현실적인 문제 없이 기존 부서의 구조에서 벗어나 운영되었다. 운에 맡기지 않았으며 신제품 출시에 성공함으로써 경영 개혁 프로세스에 대한 신뢰도가 높아졌다.

관리자들은 단기 성과를 올려야 하는 상황에 내몰려 종종 불평하기도 한다. 하지만 나는 조직의 변화를 위해 노력하는 동안 어느 정도의 압박감은 유용한 요소가 될 수 있음을 알게 되었다. 큰 변화가 이루어지기까지 오랜 시간이 걸린다는 사실을 분명히 알게 되면 사람들의 위기감이 낮아진다. 단기 성과 창출에 대한 약속은 변화의 긴장감을 유지한다. 나아가 비전을 구체화하거나 수정하는 데 필요한 분석적 사고를 촉진하는 데도 효과적이다.

7단계 함정: 성급하게 승리를 선언한다

수년간의 고된 노력을 거쳐 첫 번째 성과가 명확히 나타났을 때 관리자들은 유혹에 빠진다. 바로 그 순간을 '승리'로 선언하고 싶어지는 것이다. 성과를 이루었다는 걸 축하하는 정도는 괜찮지만, 전쟁에서 승리했다고 선언했다가는 파국을 초래할 수 있다. 변화가 사내 문화로 뿌리 깊게 자리 잡을 때까지 경영 개혁을 위한 단계를 진행하는 데는 5년에서 10년이 걸리며, 그전까지 변화를 향한 새로운 접근법은 아직 기반이 약할뿐더러 퇴보하기 쉽다.

얼마 전 리엔지니어링을 주제로 개혁 노력이 진행되는 모습을 10건에 걸쳐 관찰했다. 그 가운데 2건을 제외한 나머지 사례에서는 전부 2~3년 뒤 첫 번째 주요 프로젝트를 마무리했을 때 승리를 선언하고서는 몸값 비싼 경영 컨설턴트에게 서비스 이용료를 지불하고 감사를 표했다. 그리고 2년이 채 지나기 전에 회사에 도입했던 유용한 변화는 천천히 사라져 갔다. 10건의 사례 가운데 2건에서는 오늘날 리엔지니어링을 진행했던 흔적을 찾아보기 어렵다.

지난 20년간 나는 품질 관련 대형 프로젝트, 조직 개발 노력 등의 작업 과정에서 같은 일이 발생하는 모습을 지켜보았다. 일반적으로 문제는 경영 변화 단계의 초반에 시작된다. 위기감이 제대로 고조되지 않거나 변화 주도 연합팀의 영향력이 크지 않거나 변화의 비전이 명확하게 수립되지 않은 것이다. 하지만 변화를 향한 추진력을 없애는 건 때 이르게 승리를 축하하는 일이다. 그러고 나면 기존 방식과 관련된 강력한 세력이 주도권을 잡고 만다.

그런데 아이러니하게도 변화를 선도하는 측과 변화에 저항하는 측의 조합이 섣부르게 승리를 축하한다. 변화를 선도하는 측에서는 변화가 진전되고 있다는 분명한 징후에 감격한 나머지 잔뜩 흥분하고 만다. 그때 변화에 저항하는 측이 승리 축하에 참여한다. 왜 그러는 것일까? 그들은 변화를 멈출 기회를 재빠르게 포착한 것이다. 그래서 승리에 대한 축하가 끝나고 나면 이번 승리가 전쟁에서 이겼다는 표시이니 이제 군대를 집으로 돌려보내야 할 때라고 지적한다. 변화를 만드느라 지쳐버린 군대는 전쟁에서 이겼음을 확신하고 싶어 한다. 그렇게 일단 집으로 돌아간

보병은 다시 배에 오르기를 꺼린다. 그러고 나면 얼마 지나지 않아 변화는 멈추고 옛날 방식이 슬금슬금 되살아난다.

변화에 성공한 리더들은 승리를 선언하는 대신 단기 성과로 얻은 신뢰를 더 큰 문제에 대처하는 데 활용한다. 그런 리더는 변화를 위한 비전과 맞지 않는 시스템과 구조를 정면으로 다룬다. 누가 승진했는지, 누구를 채용했는지, 직원을 어떻게 계발하는지에 큰 관심을 쏟는다. 또한 첫 프로젝트보다 한층 더 넓은 범위를 포함하는 새로운 리엔지니어링 프로젝트에 합류한다. 이들은 조직의 재도약이 몇 달이 아니라 몇 년에 걸쳐 이루어져야 함을 이해하고 있다.

사실 지금까지 봤던 가장 성공적인 변화 사례 중 하나를 골라 7년에 걸쳐 매년 그해 일어난 변화를 수치화했다. 범위는 1점(낮음)에서 10점(높음)까지로 설정했다. 첫해는 2점이었고, 2년째는 4점, 3년째는 3점, 4년째는 7점, 5년째는 8점, 6년째는 4점, 7년째는 2점이었다. 변화가 절정에 달한 해는 5년째였는데, 이는 가시적인 성과가 처음 나타났던 때로부터 36개월을 꽉 채운 뒤였다.

8단계 함정:
변화를 기업 문화에 고착시키지 못한다

마지막 분석으로 변화는 '우리가 이곳에서 일하는 방식'이 되어 기업체의 혈류에 스며들 때 비로소 고착된다. 새로운 행동이 사회적 규범과 공유된 가치로 뿌리내리지 못하면 변화의 압력이 사라지자마자 퇴보하기 쉽다.

기업 문화 속에 변화를 제도화하는 데는 2가지 요소가 특히 중요하다. 첫째, 새로운 접근법, 새로운 행동, 새로운 태도가 성과를 개선하는 데 어떻게 도움을 주는지 직원들에게 의식적으로 보여줘야 한다. 사람들 스스로 변화와 이어지도록 그냥 내버려두면 때로 매우 잘못된 연결고리를 만든다. 예를 들어 성과가 좋아진 시점에 카리스마 넘치는 해리가 상사였다고 해보자. 그럼 직원들은 성과 향상이 자신들의 고객 서비스 개선이나 생산성 향상이 아닌 해리의 개인적이고 독특한 리더십 스타일 덕분이라고 오해할 수 있다. 직원들이 올바른 연결고리를 찾게 하려면 소통이 필요하다. 어느 회사에서는 소통에 실로 끈질긴 노력을 기울였고 이는 엄청난 성과로 돌아왔다. 주요 경영 회의에서 성과 향상의 원인을 논의하는 시간을 매번 가졌다. 그리고 사보에는 어떻게 변화가 수익을 높였는지 알리는 기사를 계속 실었다.

변화를 제도화해 기업 문화에 스며들게 하는 데 중요한 두 번째 요소는 다음 세대의 최고경영진이 새로운 접근법을 체현하는 인물이 되도록 충분히 시간을 들이는 것이다. 승진 요건이 달라지지 않으면 변화는 지속되지 않는다. 조직의 후계자 결정을 한 번만 잘못해도 10년간 애써 들인 노력이 허사가 될 수 있다. 이사진이 조직 변화를 위한 노력에서 필수적인 역할을 담당하지 않으면 잘못된 승계 결정을 내리는 일이 일어날 수 있다.

내가 목격한 3가지 사례에서도 그랬다. 변화의 주도자는 모두 퇴임을 앞둔 경영자였고, 후임자는 변화에 저항하지는 않았으나 변화 옹호자도 아니었다. 회사의 이사회는 변화의 세부 내용을 알지 못했기 때문에 자신들이 선택한 새로운 CEO가 변화에 적합한 인물인지 아닌지 확인할 수 없었다. 한 사례에서는 은퇴하는 CEO가 업무 경험은 상대적으로 적지만 변화에 더 잘 어울리는 인물을 이사회에 추천했으나 후계자로 낙점받지 못했다. 다른 두 사례에서는 CEO가 이사회의 결정을 반대하지 않았다. 그들은 자신들이 이룬 변화가 후임자에 의해 무너질 리 없다고 믿었지만, 이는 오판이었다. 두 회사 모두 2년이 채 안 돼서 변화의 흔적이 사라지기 시작했다.

실패를 최소화하는 것이 성공의 열쇠

이외에도 사람들이 저지르는 실수는 더 있지만, 이상 8가지 실수가 가장 크다. 짧은 기사에서는 모든 게 지나치게 단순해 보인다. 하지만 실제 변화 과정은 언제나 복잡하고 예측 불가능하며 혼란스럽다. 그럼에도 어떻게 변화해야 하는지에 대한 단순한 비전이 변화의 여정을 이끄는 데 필요한 나침반이 된다. 마찬가지로 변화 과정을 이해하는 비전 역시 실수를 줄이는 데 큰 도움이 된다. 실수를 줄이는 것이야말로 성공과 실패를 가르는 결정적 요인이다.

— 1968 —

동기부여란 무엇인가

2요인 이론: 인간에게는 두 종류의 욕구가 있다

프레더릭 허즈버그

One More Time: How Do You Motivate Employees?

HBR 2003년 1월호에서 전재(product #R0301F)
최초 게재 1968년 1/2월호

프레더릭 허즈버그 Frederick Herzberg
솔트레이크시티 유타대학교 경영학과 전前 석좌교수 Distinguished Professor. 클리블랜드 케이스웨스턴리 저브대학교 Case Western Reserve University 심리학과장을 지냈다. 주요 저서로 《일과 인간의 본성》Work and the Nature of Man, 《일에 동기부여 하기》The Motivation to Work가 있고, 《동기부여의 기술》을 공동집필했다.

KITA로
동기부여하기

수많은 기사, 책, 강연, 워크숍에서 애절하게 호소했다. "어떻게 하면 직원이 내가 원하는 것을 하게 만들 수 있을까요?" 동기부여의 심리학은 엄청나게 복잡하며, 확실하게 밝혀진 부분은 사실 많지 않다. 하지만 지식과 추측 사이의 불균형에도 불구하고 상당수 사람은 시장에 새로운 형태의 '가짜 약'snake oil(효과가 입증되지 않은 가짜 정보)을 끊임없이 쏟아내고 있다. 심지어 그중 상당수는 학계 추천서까지 받았다.

이 기사가 그런 시장을 위협하지는 못할 게 분명하다. 하지만 이 글에서 소개하는 방안은 여러 기업 및 기타 조직에서 검증된 것이기에, 앞서 이야기한 지식과 추측의 불균형을 완화하는 데 도움이 되기를 바란다.

직원에게 동기를 부여할 방법에 대해 강연하면서 나는 청중이 보통 효과가 빠르고 실용적인 해답을 간절히 원한다는 것을 알게 되었다. 그래서 다른 사람을 움직이는 간단하고 실용적인 공식을 단도직입적으로 밝히며 시작할 것이다.

누군가가 어떤 일을 하게 만들 가장 간단하고, 확실하며, 직접적인 방법은 무엇일까? 요청하는 것일까? 하지만 상대가 하고 싶지 않다고 답한다면 그렇게 고집 부리는 이유를 알아내기 위해 심리상담이 필요하다. 지시하는 것일까? 하지만 상대가 무슨 말인지 모르겠다고 답한다면, 의사소통 전문가를 데려와 어떻게 전달해야 하는지 배워야 한다. 금전적 인센티브를 주는 것일까? 인센티브 시스템을 설정하고 관리하는 데 따르는 복잡함과 어려움은 굳이 더 이야기하지 않아도 다들 알 것이다. 보여주는 것일까? 이것은 비용이 많이 드는 교육 프로그램을 도입하는 걸 의미한다. 우리에겐 그보다 간단한 방법이 필요하다.

청중 가운데는 항상 "그 사람 등을 확 떠미세요!"라고 소리치며 '직접 행동'에 나서는 상사가 있다. 이런 유형의 관리자는 옳다. 누군가에게 어떤 일을 시키는 가장 확실하고 에둘러 말하지 않는 방법은 엉덩이를 걷어차는 것이다. 즉 KITA Kick In The Ass (프레더릭 허즈버그의 동기-위생 이론 Motivation-Hygiene Theory 에서 KITA는 외부적인 압력이나 보상의 한 형태로, 진정한 동기부여가 아니라고 본다.- 옮긴이)라고 부를 만한 것을 가하는 것이다. KITA에도 여러 가지 형태가 있는데 그 가운데 몇 가지를 소개한다.

1. 부정적인 물리적 KITA

'KITA'라는 표현 그대로를 신체에 적용한 방식이며 과거에 자주 사용되었다. 하지만 이 방식에는 3가지 단점이 있다. 첫째, 우아하지 못하다. 둘째, 대부분 조직에서 소중히 여기는 선한 이미지와 모순된다. 셋째, 신체적 공격을 가하는 것이므로 자율신경계를 직접 자극하고, 이는 대체로 부정적인 결과를 낳는다. 즉 차인 사람이 역으로 찰 수도 있다. 이러한 이유로 부정적인 물리적 KITA에 대한 특정한 금기가 생겨났다.

심리적 취약성과 이에 맞설 적절한 방법에 관한 수많은 내용을 알아내는 동안 심리학계에서는 부정적인 물리적 KITA를 더는 활용할 수 없게 된 사람들을 도울 방법을 찾았다. "그가 내 자리를 빼앗았어요.", "그녀가 무슨 말을 하는 건지 모르겠네요.", "상사가 항상 제 주변을 돌아다녀요." 와 같은 표현은 에고의 상처가 곪아 터져 나타나는 결과물이다.

2. 부정적인 심리적 KITA

부정적인 물리적 KITA에 비해 여러 가지 장점이 있다. 첫째, 잔인성이 눈에 보이지 않는다. 출혈은 내부에서 발생하고 훨씬 나중에 나타난다. 둘째, 뇌의 상위 피질 영역에 작용하며 억제 기능을 통해 물리적 반발이 일어날 가능성이 줄어든다. 셋째, 사람이 느낄 수 있는 심리적 고통의 종류는 거의 무한하므로 부정적인 심리적 KITA가 가해질 수 있는 방향과 부위의 가능성은 몇 배로 증가한다. 넷째, '자극'kick을 가하는 사람은 모든 과정을 조종하고 지저분한 일을 시스템에서 대신하게 만들 수 있다. 다섯째, 이를 실행하는 사람은 어느 정도 자아 만족(우월감)을 느낀다. 실제로 피를 보는 건 혐오스러워하면서도 말이다. 마지막으로 직원이 불만을 표시하면 피해망상으로 몰고 그를 책망할 수 있다. 눈에 보이는 실제 공격이라는 점을 증명할 확실한 증거가 없기 때문이다.

자, 그렇다면 부정적 KITA를 통해 무엇을 얻을 수 있을까? 물리적이든 심리적이든 뒤에서 내가 상대를 발로 찬다면 누가 동기를 부여받을까? 동기부여는 '내'가 받고, 움직이는 사람은 '상대'다. 부정적 KITA는 동기부여로 이어지는 게 아니라 움직임(행동)으로 이어진다. 그러니 긍정적 KITA에 대해 살펴보자.

3. 긍정적 KITA

동기부여에 대해 생각해보자. "저를 위해 혹은 회사를 위해 이 일을 해주세요. 그러면 보상이나 보너스, 더 높은 지위, 승진 등 모든 대가를 주겠습니다."라고 말하면 듣는 사람에게 동기가 부여될까? 경영진에게 물으면 "네, 그게 바로 동기부여죠."라는 의견이 압도적이다.

나는 한 살 된 슈나우저를 키우고 있다. 우리 집 슈나우저가 작은 강아지였을 때 나는 슈나우저가 움직이기를 바랐다. 그래서 뒤에서 강아지를 떠밀었고 그러면 강아지가 움직였다. 지금은 복종 훈련이 끝났으므로 슈나우저를 움직이게 하고 싶을 때는 강아지용 비스킷을 꺼내 든다. 이 경우에 동기부여된 것은 누구일까? 나일까, 슈나우저일까?

슈나우저는 비스킷을 먹고 싶어 한다. 하지만 슈나우저가 움직이기를 원하는 건 바로 나다. 다시 한번 강조하는데 동기를 부여받은 건 나고, 움직이는 쪽은 슈나우저다. 이 경우 내가 한 일은 앞에서 KITA를 적용한 것뿐이다. 즉 뒤에서 밀지 않고 앞에서 끌어당긴 셈이다. 기업에서 이처럼 긍정적 KITA를 활용해 직원을 점프시키려 한다면 눈앞에서 흔드는 비스킷 혹은 젤리의 종류와 수가 엄청나게 많아야 한다.

동기부여에 얽힌 신화

어째서 KITA를 통해 동기를 부여할 수 없는 걸까? 만일 앞에서든 뒤에서든 우리 집 개를 자극하면 개는 움직일 것이다. 그런데 개를 다시 한번 움직이게 하고 싶으면 나는 무엇을 해야 할까? 다시 한번 자극을 줘야 한다. 사람도 마찬가지다. 사람을 움직이게 하려면 상대의 건전지를 충전했다가 방전되면 재충전하고, 또 재충전할 수 있다. 그렇지만 상대가 자신의 발전기 generator 를 가졌을 때만 우리는 동기부여에 관해 이야기할 수 있다. 그 시점이 되면 외부 자극이 필요 없어지고 그 사람은 스스로 원해서 움직이게 된다.

이 점을 염두에 두고 직원에게서 '동기부여'를 이끌어내기 위해 개발된 몇 가지 긍정적 KITA를 살펴보자.

1. 근무 시간 단축

이는 직원들을 일하게 만드는 놀라운 방법을 제공한다. 즉 일터에서 직원을 떠나게 하는 것이다. 지난 50~60년에 걸쳐 공식적으로든 비공식적으로든 근무 시간은 계속 줄어 마침내 '주 5일' 근무를 향해 가는 중이다. 근무 시간 단축을 변형해 개발한 제도 가운데 흥미로운 제도는 근무 시간 외 레크리에이션 프로그램이다. 여기에는 함께 노는 직원이 함께 일도 잘한다는 철학이 적용되는 것 같다. 그런데 사실 동기가 부여된 사람은 더 적게 일하는 게 아니라 더 많이 일하고 싶어 한다.

2. 임금 인상

임금 인상이 직원에게 동기를 부여해왔을까? 그렇다. 직원이 다음번 임금 인상을 모색하기 때문이다. 하지만 아직도 불황이 찾아오면 직원들을 일하게 만들 수 있어 좋다며 철 지난 소리를 하는 사람이 있다. 이들은 임금 인상을 통해 직원들을 일하게 만들 수 없다면 반대로 임금을 내리면 효과가 있으리라고 생각한다.

3. 복리후생

산업계의 복리후생은 요람에서 무덤까지 지원하는 복지 국가 가운데서도 가장 복지 지향적 정책을 펼치는 국가의 수준을 능가했다. 내가 아는 어느 기업은 한동안 비공식적으로 '이달의 복리후생' 프로그램을 운영했다. 미국 기업에서 복리후생에 들이는 비용은 임금의 약 25퍼센트에 달하지만 우리는 동기부여를 위해 여전히 더 많은 복리후생이 필요하다고 부르짖는다.

우리는 그 어느 때보다 더 많은 급여와 더 높은 안정성을 보장받으며 더 적은 시간 일하고 있다. 이러한 추세는 되돌릴 수 없다. 이런 상황에서 이러한 복리후생은 더는 보상이 아니라 권리가 되었다. 주6일 근무는 비인간적인 처우가 되었고, 하루 10시간 근무는 노동 착취이며, 의료 보험 적용 범위의 확대는 기업의 체면을 유지할 기본 조건이다. 그리고 스톡옵션은 미국에서 이루어지는 창업 계획을 구원해주는 존재다. 직원들은 복리후생의 수준이 계속 올라가지 않으면 회사가 예전으로 되돌아가고 있다는 심리적 반응을 보인다.

직원의 경제적 요구와 시간적 여유에 대한 요구에는 끝이 없다는 것을 깨달았을 때 기업은 행동과학자behavioral scientist의 이론에 귀를 기울이기 시작했다. 행동과학은 과학적 연구보다 인본주의적 전통에서 비롯된 학문이며 행동과학계에서는 기업 경영진이 사람을 다룰 줄 모른다고 비판해왔다. 그래서 단번에 다음의 KITA가 뒤따라 소개되었다.

4. 인간관계 훈련

사람을 다루는 심리학적 접근을 30년 넘게 가르치고 여러 경우 실제로 적용해온 결과, 우리는 비용이 많이 드는 인간관계 프로그램을 얻게 되었다. 그리고 결국 다시 똑같은 질문과 마주했다. 직원에게 어떻게 동기를 부여할 것인가? 여기에서도 교육 내용이 점점 강화되었다. 30년 전에는 "바닥에 침을 뱉지 마시오."라고 요청하면 되었다. 하지만 오늘날은 같은 경고를 하려면 상사가 심리적으로 적절한 태도를 보인다는 것을 직원이 느낄 수 있도록 '부탁한다'라는 정중한 표현을 세 번은 써야 한다.

인간관계 훈련으로도 직원에게 동기를 부여하는 데 실패한 이유는 무엇일까? 상사 혹은 관리자가 스스로 대인 관계에서 예절을 지키는 데 있어 진심이 아니었기 때문이라는 결론에 도달했다. 그래서 인간관계 KITA 훈련의 발전된 형태로 감수성 훈련이 등장했다.

5. 감수성 훈련

우리는 자기 자신을 정말로, 정말로 이해하고 있을까? 정말로, 정말로, 정말로 타인을 신뢰할까? 우리는 정말로, 정말로, 정말로, 정말로 협력하는가? 감수성 훈련sensitivity training이 실패한 이유에 대해 이 기법을 기회주의적으로 악용하는 사람들은 '정말로(정확히 다섯 번 강조해서) 제대로 된 감수성 훈련 코스를 수행하지 못한 탓'이라고 설명한다.

인사관리자들은 안락함과 경제적·인간관계적 KITA는 일시적인 이득만 얻을 수 있다는 것을 깨달았다. 그리고 문제는 자신들의 일하는 방식이 아니라 자신들의 노력을 제대로 이해하지 못하는 직원들에게 있다는 결론을 내렸다. 이것은 '과학적으로' 인정받은 KITA의 새로운 영역인 소통 분야를 열었다.

6. 소통

커뮤니케이션 전공 교수가 경영 교육 프로그램의 교수진으로 초빙되었다. 그리고 경영진이 직원을 위해 무슨 일을 하는지 직원의 이해를 돕는 역할을 맡았다. 소통의 중요성을 설명하는 사보, 설명회, 관리 지침을 비롯한 온갖 선전물이 확산되어 오늘날에는 국제 산업 편집자 협회 International Council of Industrial Editors까지 생겨났다. 하지만 여전히 직원의 동기부여는 이루어지지 않았다. 아마도 경영진이 직원들의 말을 듣지 않는 것은 아닌가 하는 생각이 들었다. 이는 다음의 KITA로 이어졌다.

7. 양방향 소통

경영진은 직원을 대상으로 근로 의욕 조사, 제안 제도, 집단 참여 프로그램 등을 실시했다. 그 결과 노사 양측은 그 어느 때보다 더 많이 소통하고 서로의 의견에 귀를 기울였다. 하지만 동기부여에는 큰 개선이 없었다.

행동과학자들은 행동과학의 개념과 자료를 다시 검토하기 시작했으며 인간관계에 관한 이론을 한 단계 더 발전시켰다. 소위 상위 욕구를 연구하는 심리학자의 논문에서 한줄기 빛이 비치기 시작했다. 이들에 따르면 인간은 자아를 실현하고 싶어 한다. 하지만 안타깝게도 '자아실현' 이론과 인간관계 이론이 뒤죽박죽 섞이면서 새로운 KITA가 등장했다.

8. 업무에 대한 참여의식

이론상 의도한 바는 아니었을지라도 업무 참여는 흔히 직원에게 '큰 그림 보여주기' 접근법으로 변질되었다. 예를 들어 조립라인에서 토크렌치로 하루에 1만 개씩 너트를 조이는 직원에게 그가 지금 쉐보레를 만들고 있다고 말해주는 것이다. 업무 참여를 위한 또 다른 접근법으로는 직원에게 그가 어떤 방식으로든 자기 일에 영향력을 행사하고 있다는 '느낌'을 주는 것이었다. 이러한 접근법의 목표는 직원이 업무상 실질적인 성취를 이루도록 하는 게 아니다. 그저 성취했다는 '느낌'을 주는 게 목표다. 물론 실제 성취를 하려면 성취가 가능한 일이 있어야 한다.

그럼에도 여전히 동기부여는 이루어지지 않았다. 그러다 보니 불가피하게도 직원이 아픈 게 틀림없다는 결론으로 이어졌고, 이에 따라 다음 KITA가 등장했다.

9. 직원 상담

이러한 형태의 KITA가 체계적인 방식으로 처음 적용된 건 1930년대 초반 웨스턴 일렉트릭에서 진행했던 '호손 실험'Hawthorne experiment이었다. 당시 실험을 통해 직원에게 공장의 합리적인 운영을 방해하는 비합리적 감정이 있다는 게 드러났다. 상담은 직원들이 자신의 문제를 누군가에게 털어놓을 수 있도록 돕는 수단이었다. 초기 단계라 상담 기법은 다소 원시적이었지만 프로그램 자체는 상당히 대규모였다.

제2차 세계대전을 경험하고 나서 상담을 활용한 접근법에도 문제가 생겼다. 상담 프로그램 자체가 조직의 운영을 방해하는 것으로 나타났기 때문이다. 상담사는 선의를 갖고 이야기를 들어주는 사람이다. 그런데 이 역할을 잊고 내담자에게서 들은 문제를 해결하기 위해 본인이 무언가를 하려고 시도했다. 그럼에도 심리상담은 제2차 세계대전을 경험하면서 나타난 부정적인 영향에서 벗어나 어떻게든 살아남았다. 그리고 오늘날 새로운 정교함을 갖추고 번창하기 시작했다. 하지만 안타깝게도 이 프로그램들 역시 앞선 모든 방식과 마찬가지로, '직원에게 동기를 부여하는 방법을 알려달라'는 압박을 줄이지는 못했다.

KITA는 단기적 움직임만을 유발하기 때문에 이러한 프로그램의 비용은 꾸준히 증가할 것이다. 긍정적 결과를 냈던 기존 KITA들이 포화 상태에 도달할 때마다 새로운 종류의 KITA가 개발되어 등장하리라 예측해도 무방하다.

위생 요인과 동기부여 요인

우리가 계속해서 답을 찾고자 하는 질문을 다음과 같이 바꿔보자. 직원의 마음에 어떻게 발전기를 설치할까? 이에 대한 이론적·실질적 답을 제안하기 전에 먼저 직무 태도에 관해 내가 주장하는 동기-위생 이론Motivation-Hygiene Theory을 간단히 살펴보아야 한다. 이 이론은 엔지니어와 회계사의 삶에서 일어난 일을 조사하는 과정에서 처음 도출되었다. 이후 공산주의 국가 일부를 포함해 다양한 인구를 대상으로 적어도 16건의 추가 조사를 완료했다. 그 결과 첫 연구는 직무 태도 분야에서 가장 많이 반복되는 연구가 되었다.

이 연구들과 다양한 방식으로 수행된 다른 연구 결과들을 종합해 내용을 살펴보면 직무 만족(그리고 동기부여)을 유발하는 요인은 직무 불만족으로 이어지는 요인과 별개로 구분된다(그림 8-1 참조). 즉 직무 만족과 불만족을 살펴볼 때는 서로 다른 요인들을 고려해야 하며 이 두 감정은 상반되는 개념이 아니다. 직무 만족의 반대는 직무 불만족이 아니라 직무 '만족 없음'이며, 마찬가지로 직무 불만족의 반대는 직무 만족이 아니라 직무 '불만족 없음'이다.

일반적으로 우리는 만족과 불만족이 서로 반대되는 감정이라고 생각하므로, 이 개념은 언어적 의미론에서 문제가 된다. 언어적 의미론에서 만족스러운 것의 반대는 불만족스러운 것이어야 하며, 반대도 마찬가지

그림 8-1. 12건의 조사를 통해 보고된 직무 태도에 영향을 주는 요인

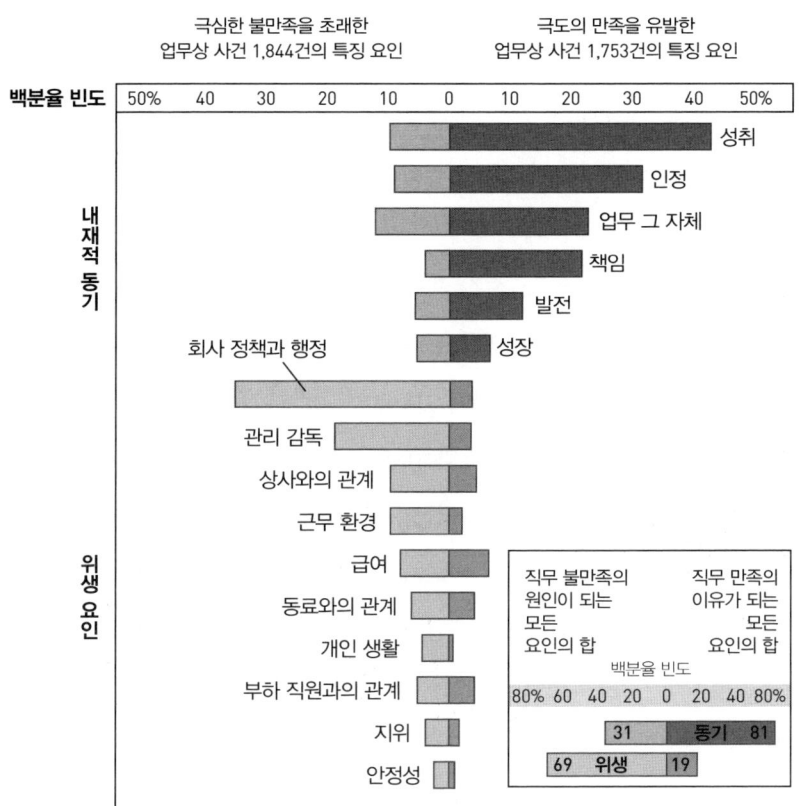

다. 하지만 직무를 대하는 사람들의 행동을 이해하기 위해서는 이러한 언어적 의미 표현 이상의 내용을 살펴보아야 한다.

직무 태도에서는 인간이 지닌 2가지 다른 욕구가 나타난다. 하나는 인간의 동물적 본능에서 비롯된 욕구다. 이는 환경적 고통을 피하려는 내재적 충동과 기본적인 생물학적 욕구에 조건화된 학습된 충동이다. 예를 들어 배고픔은 생물학적 기본 욕구인데 배고픔을 해결하려면 돈을 벌어야 한다. 그러면 돈이 구체적인 욕구가 된다. 직무 태도에서 나타나는 인간이 지닌 또 하나의 욕구는 인간의 독특한 특징과 관련된다. 바로 성취하는 능력과 성취를 통해 정신적 성장을 경험하려는 욕구다. 성장 욕구를 자극하는 건 성장을 불러일으키는 과제이며 산업 환경에서 그러한 과제는 직무 내용이다. 이와 반대로 고통 회피 행동을 유발하는 자극은 직무 환경에서 나타난다.

직무에 내재된 성장 혹은 '동기부여' 요인으로는 성취, 성취에 대한 인정, 업무 그 자체, 책임감, 성장 혹은 승진이 있다. 직무에 외재하는 불만족-회피 혹은 위생$_{KITA}$ 요인으로는 회사 정책과 행정, 감독, 대인 관계, 근무 환경, 급여, 지위, 안정성이 있다.

그림 8-1에는 직원 1,685명의 표본을 통해 알아낸 직무 만족과 직무 불만족 유발 요인을 종합해 제시했다. 결과를 살펴보면 동기 요인$_{motivator\ factors}$은 직무 만족을 불러오는 주요 요인이며, 위생 요인$_{hygiene\ factors}$은 직무 불만족을 일으키는 주요 요인이다. 각기 다른 12번의 조사를 통한 연구에서 조사 대상 직원에는 하급 관리자, 전문직 여성, 농업 행정가, 퇴직 예정인 남성 임원, 병원 시설 관리 인력, 제조업 관리자, 간호사, 식품 취급인, 군 장교, 엔지니어, 과학자, 가정부, 교사, 기술자, 여성 조립공, 회계사, 핀란드인 현장 감독관, 헝가리인 엔지니어가 포함되었다.

조사 대상 직원은 "당신의 일 중에서 극도의 만족 혹은 불만족을 느끼게 했던 사건은 무엇입니까?"라는 질문을 받았다. 이들의 응답은 업무상 '긍정적인' 일 전체와 '부정적인' 일 전체의 퍼센트로 나뉘었다('위생'과 '동기' 양쪽을 합한 수치가 100퍼센트를 넘는 건 하나의 사건에 2가지 요인이 기인할 수 있기 때문이다. 예를 들어 승진은 보통 책임이라는 가정을 수반한다).

예를 들어 성취와 관련해 직원에게 부정적인 영향을 끼친 사건을 이야기할 때 대체적인 응답은 다음과 같았다. "그 업무를 제대로 해내지 못해서 기분이 좋지 않았어요." 회사 정책 및 행정과 관련해서는 숫자가 적었지만, 긍정적으로 답한 내용은 대체로 이러했다. "회사가 부서를 개편한 덕분에 내가 싫어했던 상사에게 더는 보고하지 않아도 되어서 좋았어요."

그림 8-1의 오른쪽 하단의 숫자가 보여주듯 직무 만족도에 영향을 주는 모든 요인 가운데 81퍼센트는 동기였다. 그리고 직원이 업무에서 느끼는 불만족에 영향을 주는 모든 요인 가운데 69퍼센트가 위생과 관련되어 있었다.

영원의 삼각관계: 조직론인가, 산업공학인가, 행동과학인가

인사에 관해서는 일반적으로 3가지 철학이 있다. 첫째는 조직이론organizational theory을 바탕으로 하며, 둘째는 산업공학industrial engineering, 셋째는 행동과학behavioral science을 기반으로 한다.

조직이론가는 인간의 욕구가 비합리적이거나 매우 다양해 특정 상황에 맞춰 조절이 가능하다고 본다. 그러므로 인사관리의 주요 기능은 상황에 따라 실용적으로 대응하는 것이라 여긴다. 조직이론가는 직무가 적절한 방식으로 구성되면 가장 효율적인 직무 구조가 이루어질 것이고, 그러면 당연히 바람직한 직무 태도가 뒤따를 것이라고 추론한다.

산업공학자들은 인간이 기계적인 것을 지향하고 경제적인 동기를 지닌다고 본다. 따라서 효율적인 작업 프로세스에 개인을 맞출 때 인간의 욕구를 가장 잘 충족할 수 있다고 본다. 이 관점에서 인사관리의 목표는 적절한 성과 보상 시스템incentive system을 만들고, 인간이라는 기계를 가장 효율적으로 사용하는 방식으로 특정 업무 환경을 조성하는 것이어야 한다. 직무를 효율적 운영에 적합한 구조로 짜면 가장 이상적인 작업 조직과 올바른 직무 태도를 확보할 수 있다는 믿음이 이들의 핵심 관점이다.

행동과학자들은 집단의 정서와 직원 개인의 태도, 조직의 사회적·심리적 풍토에 초점을 맞춘다. 행동과학은 다양한 위생과 동기 욕구를 강조한다. 행동과학이 인사관리에 접근하는 방식은 일반적으로 인간관계 교육을 강조하는 것이다. 여기에는 직원의 건전한 태도를 기르고, 인간의 가치에 매우 잘 맞는다고 여겨지는 조직 분위기를 조성하겠다는 바람이 담겨 있다. 행동과학자들은 적절한 태도가 효율적인 업무와 조직 구조로 이어진다고 생각한다.

조직이론과 산업공학을 바탕으로 하는 접근법이 보이는 전반적인 유효성에 관해서는 항상 활발한 토론이 이루어진다. 확실히 이 2가지 접근법은 그동안 많은 성과를 냈다. 그런데 행동과학자들이 지속적으로 제기하는 의문이 하나 있다. '과연 이러한 방식이 장기적으로 조직에 더 큰 비용을 초래하는 인사 문제를 야기하지는 않는가' 하는 것이다. 예컨대 직원의 이직, 결근, 업무 실수, 안전 규정 위반, 파업, 생산 제한, 더 높은 임금과 더 많은 복리후생 요구 등이 그것이다. 한편 행동과학자들 또한 자신들의 접근법을 사용해 인사관리에서 뚜렷한 개선 효과를 입증하기 어려운 상황에 처해 있다.

동기-위생 이론에서는 직원을 효과적으로 활용하려면 업무가 '충실'$_{enriched}$해야 한다고 주장한다. 동기 요인을 조작해 직원에게 동기를 부여하려고 체계적으로 시도하는 건 시작에 불과하다. '직무 충실화'$_{job\ enrichment}$는 이러한 초기 움직임을 설명하는 용어다. 과거에 사용했던 '직무 확대'$_{job\ enlargement}$라는 용어는 문제를 오해한 데서 비롯했던 과거의 실패와 관련된 표현이기 때문에 피해야 한다. 직무 충실화가 이루어지면 직원이 심리적으로 성장할 기회를 얻는 반면, 직무 확대는 그저 직원의 업무를 구조적으로 늘릴 뿐이다. 과학적으로 설계된 직무 충실화는 아직 초기 단계에 있으므로, 여기에서는 산업계에서 최근 몇 차례 성공적으로 진행된 실험을 바탕으로 그 원칙과 실천적 접근법을 제시하는 수준에서 그치려 한다.

수평적 직무의 부하, 수직적 직무의 부하

특정 직무를 충실화하기 위해 경영진은 대체로 직원에게 익숙한 직무에서 성장할 기회를 주는 대신 직원이 개인적으로 기여할 부분을 줄인다. 그러한 노력을 나는 수평적 직무 부하horizontal job loading라고 부르는데 (동기 요인을 제공하는 수직적 부하vertical loading와는 대조됨), 이는 직무 확대 프로그램에서 문제가 되었다. 수평적 직무 부하는 의미 없는 직무를 늘릴 뿐이다.

이러한 접근법과 그에 따른 효과를 보여주는 사례를 몇 가지 소개한다.

- 기대 생산량을 늘려 직원에게 도전적인 업무를 요구한다. 각 직원이 하루 1만 개의 볼트를 조이고 있다면 하루에 2만 개씩 조일 수 있는지 보는 것이다. 이는 0에 0을 곱해도 여전히 0이 되는 것이다.
- 기존 업무에 또 다른 의미 없는 업무를 더한다. 대개 일상적인 사무 활동이다. 이는 0에 0을 더하는 것과 같다.
- 충실화해야 할 여러 직무를 순환시킨다. 한동안 접시를 닦다가 다음으로 은식기를 닦는 식이다. 이는 0을 또 다른 0으로 대체하는 것이다.
- 업무 중 가장 어려운 부분을 빼준다. 이는 상대적으로 어려움이

덜한 과제에서 직원이 더 많은 과업을 성취하도록 하기 위함이다. 이처럼 전통적인 산업공학의 접근법은 업무적 성취를 더하기를 바라며 업무를 빼는 것과 같다.

이러한 수평적 직무 부하 방식은 직무 충실화를 위한 예비 브레인스토밍 세션에 자주 등장하는 일반적인 사례들이다. 한편 수직적 직무 부하의 원칙은 아직 전부 정해진 게 아니라서 다소 일반적인 수준에 머물러 있다. 표 8-1에 참고할 만한 유용한 출발점 7가지를 실었다.

표 8-1. 수직적 직무 부하의 원칙

원칙	관련 동기 요인
A. 책임을 유지하면서 일부 통제 제거	책임과 개인적 성취
B. 맡은 바 업무에 대한 개인의 책임 확대	책임과 인정
C. 직원에게 전적이고 자연스러운 작업 단위 부여(모듈, 부문, 영역 등)	책임, 성취, 인정
D. 직원에게 업무 활동의 추가 권한 부여, 자유로운 직무 활동	책임, 성취, 인정
E. 상사가 아니라 다른 직원들이 업무 내용을 알 수 있도록 직접 정기 보고	내부 인정
F. 전에 경험해보지 않은 새롭고 더욱 어려운 과제 소개	성장과 학습
G. 직원 개인에게 구체적이거나 전문적인 과제 배정. 이를 통해 직원을 업무 관련 전문가로 육성	책임, 성장, 발전

직무 충실화를 성공적으로 적용한 사례

직무 충실화 실험에 크게 성공한 사례를 통해 수평적 직무 부하와 수직적 직무 부하 사이에 다음과 같은 차이점이 있음을 알 수 있다. 이 연구는 대기업이 고용한 주주 대응 담당자stockholder correspondents들을 대상으로 했다. 이들은 신중하게 선발되었고 고도로 훈련된 인력이었으며, 외견상으로는 복잡하고 도전적인 업무를 수행하는 듯 보였다. 하지만 거의 모든 성과 지표와 직무 태도 지표는 낮은 수준이었으며, 퇴직 면담 결과에서도 이 업무가 실제로는 명목상의 도전일 뿐이라는 점이 드러났다.

직무 충실화 프로젝트는 성취 집단을 대상으로 하는 실험의 형태로 시작되었고 표 8-1에서 설명한 원칙을 통해 직무 충실화를 이루도록 했다. 반면 통제 집단은 기존 방식으로 계속 일하게 했다(여기에 더해 소위 호손 효과를 측정하기 위해 '어느 쪽도 아닌' 주주 대응 담당자 집단을 만들었다. 즉 직원이 뭔가 다른 일이나 새로운 일을 하는 것에 회사가 관심을 더 기울였음을 감지하는 것만으로도 그 직원이 생산성과 직무 태도를 일부러 바꾸는지 판단하는 것이다. 관찰 결과 두 집단에서 상당히 비슷한 결과가 나왔으므로, 이번 요약에서는 그 결과를 다루지 않는다). 위생 요인에 관해서는 일반적인 급여 인상처럼 어차피 발생하는 요인을 제외하고 양쪽 집단에 모두 다른 변화를 주지 않았다.

프로젝트를 시작하고 나서 첫 두 달 동안 표 8-1에 기재된 7가지 동기 요인을 평균 일주일에 1개씩 도입하며 성취 단위에 변화를 주었다. 6개월이 지났을 때 성취 집단 구성원은 통제 집단 구성원보다 더 뛰어난 성과를 냈고 동시에 직무 만족도가 현저히 높아졌다. 또 다른 결과를 보면 성취 집단에서는 결근이 적었고 후에 승진율이 훨씬 더 높았다.

그림 8-2는 연구를 시작하기 전인 2월과 3월 그리고 연구 기간 내 매

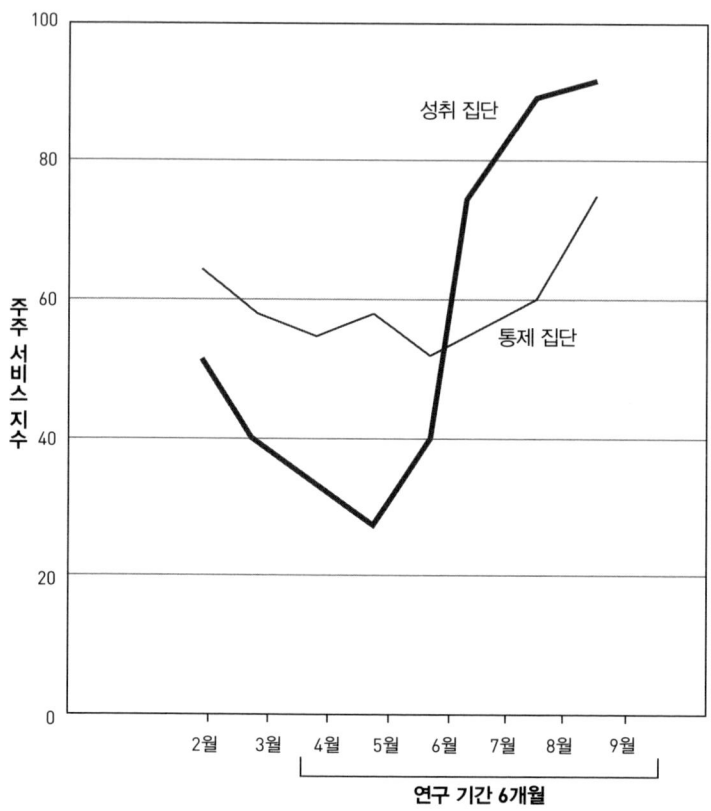

그림 8-2. 기업 실험에서 나타난 직원 성과(3개월 누적 평균)

월 말에 측정한 성과 변화를 나타낸다. 주주 서비스 지수$_{shareholder\ service\ index}$는 정보의 정확성, 주주가 보낸 질의서에 답하는 속도 등을 포함하는 주주 서한의 우수성을 나타낸다. 당월 지수는 직전 두 달간의 평균값을 포함해서 다시 평균을 내었는데 이는 이전 두 달간의 지수가 낮으면 개선 효과를 얻기 어렵다는 걸 의미한다. 6개월간의 실험이 시작되기 전 '성취 집단'의 성과는 좋지 못했고, 동기 요인을 도입한 뒤에도 성과 서비스 지수가 계속 낮아졌다. 새롭게 부여받은 책임에 대한 불확실성 때문

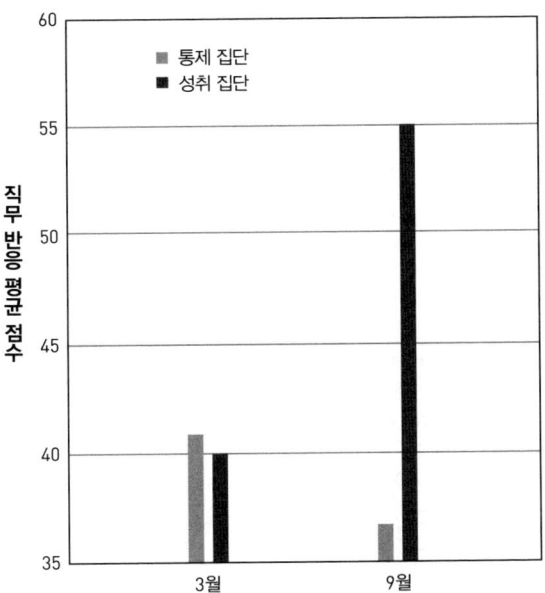

그림 8-3. 기업 실험에서 나타난 직무 태도 변화
(6개월 실험 기간의 첫 달과 마지막 달의 평균 점수)

이었다. 하지만 3개월째가 되자 이들의 성과는 개선되었고 곧 성취 집단에 속한 구성원의 성취 수준이 높아졌다.

그림 8-3에서는 두 집단의 직무 태도를 보여준다. 직무 태도는 첫 번째 동기 요인을 도입하기 직전인 3월 말에 측정한 뒤 9월 말에 다시 측정했다. 실험에 참여한 주주 대응 담당자는 16가지 질문을 받았는데 내용은 전부 동기부여에 관련된 것이었다. 대표적인 질문으로는 "귀하가 볼 때 직무를 통해 가치 있는 기여를 할 기회가 얼마나 된다고 느끼십니까?" 같은 것들이었다. 대답할 점수는 1점부터 시작해 5점 단위로 늘어나, 최고점이 80점이었다. 성취 집단은 직무에 대해 전보다 훨씬 긍정적인 태도를 보인 반면, 통제 집단의 직무 태도는 거의 변화가 없었다(점수

표 8-2. 기업 실험에서 나타난 서신 담당자의 업무 확대와 충실화 비교

거부된 수평적 직무 부하 제안

- 이루기 어려운 달성률을 목표로 매일 답해야 할 편지의 할당량을 설정한다.
- 비서가 편지를 작성할 뿐만 아니라 직접 타이핑하거나 그 밖의 단순 서류 업무를 담당하게 한다.
- 힘들거나 복잡한 일 전부를 일부 비서에게 배정해 남은 다른 비서들의 생산성을 높인다. 담당 업무는 이따금 서로 교체해서 한다.
- 비서는 서로 다른 고객을 상대하는 부서를 순환하면서 근무한 다음 원래 부서로 돌아간다.

채택된 수직적 직무 부하 제안	원칙
• 각 부서에 구성원들이 관리자에게 도움을 요청하기 전에 먼저 상담을 받을 수 있도록 주제별 전문가를 배치함(이전에는 상급자가 전문적이고 어려운 문제에 모두 답변).	G
• 편지에 서신 담당자가 자신의 이름으로 서명함(이전에는 모든 편지에 관리자가 서명했음).	B
• 경력이 많은 담당자의 편지는 상사가 교정을 덜 보고 담당자가 직접 교정을 보면서 검증 비율이 100퍼센트에서 10퍼센트로 하락함(이전에는 관리자가 모든 편지를 확인함).	A
• 생산량에 관한 논의는 '하루 종일 작업 예상'과 같은 표현으로만 언급되었고, 시간이 흐른 뒤에는 이러한 말도 더는 쓰지 않음(이전에는 답변해야 할 편지의 수를 계속 상기시켰음).	D
• 발송할 편지는 관리자의 책상을 거치지 않고 바로 우편물실로 전달함(이전에는 항상 관리자의 책상을 거친 뒤 우편물실로 갔음).	A
• 서신 담당자가 편지를 쓸 때 개인의 색깔을 드러내는 방식을 장려함(이전에는 정형화된 형식으로 편지를 쓰는 게 표준 업무 처리 방식이었음).	C
• 각 담당자가 편지의 품질과 정확성을 책임짐(이전에는 편지에 대한 책임이 관리자와 검증한 직원에게 있었음).	B, E

하락 정도는 통계적으로 유의미하지 않았다).

실험에 참여한 주주 대응 담당자의 업무는 어떻게 재구성되었을까? 표 8-2에서는 수평적 직무 부하로 여겨지는 업무 그리고 성취 단위에 속하는 직무에 포함된 실제 수직적 직무 부하의 변화를 목록으로 작성했다. '수직적 직무 부하' 옆 '원칙' 항목 아래에 적힌 알파벳 대문자는 표 8-1에서 소개했던 원칙 A~G에 해당한다. 표 8-2를 살펴보면 수평적 직무 부하에서 거부된 작업이 앞서 언급했던 흔히 일어나는 현상의 내용과 매우 비슷하다는 걸 알 수 있을 것이다.

직무 충실화를 도모하는 10단계

동기 요인에 관한 아이디어를 실제로 적용하는 모습을 설명했으므로, 여기서는 관리자가 직원에게 적용하고자 할 때 따라야 할 단계를 소개한다.

1. **다음 4가지에 해당하는 직무를 선택한다.**
   (1) 산업공학적 투자에 과도한 비용이 들지 않는다.
   (2) 직무 태도가 좋지 않다.
   (3) 위생 요인에 비용이 매우 많이 든다.
   (4) 동기부여가 성과에 차이를 만들 수 있다.

2. **앞의 1의 직무를 개혁할 수 있다는 확신을 갖는다.**
   다년간 이어진 관례에 따라 관리자는 직무 만족도가 신성불가침의 영역이며, 관리자가 유일하게 할 수 있는 활동은 직원을 자극하는 것뿐이라고 믿게 되었다.

3. **브레인스토밍을 통해 직무 충실화를 달성할 수 있는 개혁 리스트를 작성한다. 단 실행 가능성은 무시한다.**

4. **개혁 리스트를 검토해 실제로 동기부여보다 위생 요인에 관련된 제안은 제외한다.**

5. **리스트 검토 후 일반론적인 제안은 제외한다.**

목록을 검토해 '직원에게 책임을 더 많이 부여한다'와 같은 식의 일반론적인 제안은 없는지 확인한다. 일반론적인 제안은 실행되는 일이 거의 없다. 이러한 일반론적인 표현은 당연한 소리로 들리지만, 동기부여 표현으로서 산업계를 벗어난 적이 한 번도 없다. 그러나 동기의 실체는 이제야 막 합리화되고 조직화되는 중이다. 예를 들어 '책임', '성장', '성취', '도전'과 같은 단어는 모든 조직에서 애국가 가사 수준으로 격상되었다. 이는 국기에 대한 충성 맹세가 실제 국가에 공헌하는 것보다 더 중요하게 여겨지는 것과 같은 전형적으로 오래된 문제다. 본질보다 형식을 따르는 것 말이다.

6. **리스트 검토 후 '수평적' 직무 부하에 관련된 제안은 제외한다.**

7. **충실화할 직무를 담당하는 직원들의 직접 참여는 피한다.**

충실화할 직무를 담당하는 직원들의 직접 참여는 피해야 한다. 그들이 전에 제시한 아이디어는 권장되는 변화에 대한 귀중한 자원이 될 수 있지만, 그들의 직접적인 관여는 인간관계 '위생' 요인으로 프로세스를 오염시킬 뿐만 아니라, 더 구체적으로 말하면 기여하고 있다는 느낌만을 줄 뿐이다. 직무에서 변화가 나타나야 하고, 그래야 직무의 내용에서 동기가 나온다. 직무 충실화 과정에 참여하거나 직무를 설정하는 데 따르는 어려움을 대하는 태도가 중요한 게 아니다. 직무 충실화 과정은 조만간 끝날 테고 그 이후 직원이 무슨 일을 하는지가 동기를 결정한다. 참여의식은 단기적인 움직임만 가져올 뿐이다.

8. **직무 충실화의 첫 실험은 대조 실험으로 시행한다.**
동등한 집단 최소 두 곳을 선택하고, 한쪽의 실험 집단에는 일정 기간에 걸쳐 동기 요인을 체계적으로 도입한다. 그리고 다른 한쪽의 통제 집단에는 아무런 변화를 주지 않는다. 양쪽 집단 모두 실험하는 동안 위생 요인은 자연스러운 경로를 따라 움직이게 한다. 직무 충실화 프로그램의 유효성을 평가하기 위해서는 실험 시작 전후의 성과 및 직무 태도 평가가 필요하다. 직무 태도 평가는 동기 요인에만 제한해 실시해야 한다. 직원이 주변을 둘러싼 모든 위생 요인에서 비롯된 감정에 영향을 받았을 수 있으므로, 여기서 주어진 직무에 관한 견해를 분리하기 위해서다.

9. **초기 몇 주간 실험군의 성과 저하를 각오한다.**
새로운 직무로 전환하면 일시적으로 효율성이 줄어들 수 있다.

10. 일선 관리자가 변화에 불안이나 적의를 가질 것을 염두에 둔다.

일선 관리자들이 변화에 대해 불안이나 적의를 가질 것을 예상해야 한다. 변화가 부서의 성과 저하로 이어질 수 있다는 두려움에서 불안이 싹튼다. 관리자가 성과를 내고 책임으로 여기는 업무를 직원들이 대신 수행하려 할 때 적의가 발생한다. 확인할 업무가 없어진 관리자는 결국 할 일이 없어지고 만다.

그런데 실험을 성공적으로 마치고 나면 관리자는 대개 자신이 소홀히 해왔거나 한 번도 실행하지 않았던 감독 및 관리 기능이 있다는 걸 발견하게 된다. 그가 근무 시간을 부하 직원의 업무를 확인하는 데 전부 할애했기 때문이다.

예를 들어 내가 아는 한 화학 대기업의 연구개발 부서에서는 이론상 실험 보조원의 업무를 감독하는 관리자가 실험 보조원의 교육과 평가를 맡는다. 관리자는 업무를 판에 박힌 방식으로 무의미하게 처리했다. 하지만 이 부서에서 직무 충실화 프로그램을 시행하자 관리자는 실험 보조원의 성과를 수동적으로 관찰만 하지 않았다. 그는 실험 보조원의 성과를 검토하고 철저한 교육을 하는 데 시간을 들였다.

***

직원 중심 감독 방식이란 관리자 교육이 아니라 관리자의 직무 변화를 통해 이루어진다.

직무 충실화는 일회성 활동이 아니라 지속되어야 할 관리 기능이다. 처음에 이루어진 변화는 아주 오랫동안 지속돼야 한다. 그렇게 해야 하는 데는 여러 가지 이유가 있다.

- 직무는 채용된 직원의 역량 수준에 걸맞은 도전 과제를 제공해야 한다.
- 더 뛰어난 역량을 가진 직원은 이를 통해 자신의 능력을 입증하고 상위 직무로 승진할 수 있다.
- 동기 요인은 위생 요인과 달리 본질상 직원의 태도에 훨씬 장기적인 영향을 미친다. 다시 한번 직무 충실화를 해야 할 수는 있지만, 위생 요인에 변화를 주어야 하므로 자주 바꿀 필요는 없다.

모든 직무를 충실화할 수 있는 건 아니다. 모든 직무에 충실화가 필요한 것도 아니다. 하지만 현재 위생 요인에 들어가는 시간과 비용 일부만이라도 직무 충실화를 위한 노력에 쏟아라. 그렇게 한다면, 조직과 사회 전체가 얻을 수 있는 인간적 만족과 경제적 이익은 인사관리 역사상 가장 큰 성과가 될 것이다.

직무 충실화에 관한 논쟁은 간단하게 줄일 수 있다. 근무 중인 직원이 있다면 그 직원을 활용하라. 담당 직원을 활용할 수 없다면 자리를 없애라. 업무를 자동화하거나 능력이 조금 더 부족한 사람을 선택하면 된다. 담당 직원을 활용할 수도 없고 자리를 없앨 수도 없다면, 그 직무는 동기부여 문제를 안고 있는 것이다.

═══ HBR AT 100 ═══

— 2011 —

전진의 법칙

지식근로자의 생산성을 높이다

테레사 애머빌, 스티븐 크레이머

The Power of Small Wins

HBR 2011년 5월호에서 전재(product #R1105C)

일러두기
이 장을 집필한 테레사 애머빌과 스티븐 크레이머의 저서 《Progress of Principle》은 국내에 《전진의 법칙》이라는 제목으로 번역 출간되어 널리 알려져 있습니다. 이에 따라 'progress'는 '전진'으로 번역하였습니다. 다만 한국어 표현에서 '업무상 전진'과 같은 표현은 다소 어색하므로 본문에서는 문맥에 따라 '진전'이라는 표현을 혼용하였습니다.

테레사 애머빌 Teresa M. Amabile
하버드 경영대학원 베이커재단 교수 Baker Foundation Professor at Harvard Business School. 《전진의 법칙》 공동저자다. 현재는 조직 내부의 삶이 사람과 성과에 어떤 영향을 미치는지 그리고 사람들이 은퇴로 가는 전환기에 어떻게 접근하고 경험하는지를 조사하고 있다.

스티븐 크레이머 Steven J. Kramer
매사추세츠주 웨일랜드에 거주하는 개인 연구자이자 작가 겸 컨설턴트. HBR에 실린 기사 '총 아래 창의성'Creativity Under the Gun과 '이너 워크 라이프'Inner Work Life를 공동 기고했으며, 《전진의 법칙》 공동저자이기도 하다.

지식근로자의 생산성은
'전진'으로 높인다

조직 내에서 혁신적인 업무를 추진할 가장 좋은 방법은 무엇일까? 이 질문의 답을 찾기 위한 중요한 단서는 세계적으로 유명한 창작자의 이야기 속에 들어 있다. 평범한 과학자, 마케터, 프로그래머, 이름 없는 지식근로자가 매일 하는 일에는 창의적인 생산성이 필요하다. 이들이 하는 일은 관리자 대부분이 생각하는 것보다 유명한 혁신가들과 훨씬 더 많은 공통점을 지닌다. 이들의 감정에 불을 붙이고, 동기를 자극하고, 인식을 촉발하는 하루하루의 업무 경험은 근본적으로 유사하다.

제임스 왓슨은 1968년 DNA 구조를 발견하는 과정을 담은 회고록《이중나선》을 출간했다. 제임스 왓슨은 회고록에서 프랜시스 크릭과 함께 노벨상을 받게 된 DNA 구조 연구를 진행하는 동안 연구 내용이 진전을 보이거나 차질을 빚을 때마다 두 사람이 경험했던 감정의 롤러코스터를 묘사했다. DNA 모형을 만들기 위해 처음 시도하며 신이 난 왓슨과 크릭은 모형에서 몇 가지 심각한 결함을 발견했다.

왓슨은 이렇게 적었다. "모형과 처음 마주했을 때 몇 분은… 즐겁지 않았다." 그날 저녁 "어느 순간 형태가 모습을 드러냈고 우리의 의욕을 되살렸다."라고 했다. 하지만 그들이 동료들에게 '새로운 발견'을 보여주었을 때 모형이 작동하지 않는다는 걸 알게 되었다. 의구심으로 가득한 어두운 날들이 뒤따랐고 동기는 저하되었다. 두 사람이 마침내 새로운 발견을 완성하고 동료들도 거기서 아무런 문제를 찾지 못했을 때 왓슨은 이렇게 적었다. "내 안에 가득한 사기가 하늘을 찔렀다. 이제 우리가 수수께끼의 답을 찾았다고 생각했기 때문이다." 왓슨과 크릭은 이 성공에 크게 고무되어 연구를 마무리하려 애쓰는 동안 거의 실험실에서 살았다.

이러한 일들을 거치며 왓슨과 크릭의 감정은 철저히 연구의 진척 상황에 따라 결정됐다. 우리가 기업 내 창의적 업무에 대해 최근 수행한 연구에서도 이와 매우 유사한 현상이 나타났다. 지식근로자가 쓴 일기를 철저하게 분석하면서 우리는 '전진의 법칙'progress principle을 발견했다. 즉 하루 근무 시간 중 우리의 감정, 동기, 인식을 높이는 모든 요인 가운데 가장 중요한 단 하나의 요인은 의미 있는 일에서 진전을 보이는 것이다. 사람들은 진전을 자주 경험할수록 장기적으로 창의적 생산성도 더 높아지는 경향을 보였다. 그 일이 주요한 과학적 수수께끼를 푸는 것이든, 혹은 고품질의 제품이나 서비스를 만들어내는 것이든 매일의 작은 성공이 그들이 느끼는 감정과 성과를 좌우한다.

전진의 힘은 근본적인 인간 본성에 뿌리를 두고 있지만, 이를 이해하거나 직원의 동기를 높이는 데 활용할 방법을 아는 관리자는 드물다. 사실 업무상 동기부여는 오랜 논쟁의 대상이다. 직원에게 동기를 부여하는 비결을 물었던 어느 설문조사 결과를 보자. 어떤 관리자는 훌륭하게 처리한 일을 인정해주는 게 가장 중요하다고 답했고, 어떤 관리자는 가시적인 인센티브가 제일 중요하다고 답했다. 대인 관계의 지원에 초점을 맞추는 관리자도 있었고, 명확한 목표 설정이 답이라고 생각하는 관리자

관리자에게
의외인 사실

프레더릭 허즈버그는 1968년 HBR에 지금은 고전이 된 '동기부여란 무엇인가'라는 기사를 실었다(제8장 참조). 우리가 발견한 사실은 허즈버그가 전한 메시지와 일치한다. 사람들은 업무 자체에서 성취를 경험할 때 일에 가장 만족한다. 그러므로 가장 강력한 동기를 부여받는다.

이 기사에서 설명했던 일일 설문조사를 통해 우리는 근무일 수천 일 동안 일어난 사건을 실시간으로, 마치 현미경으로 관찰하듯 자세하게 검토했다. 이를 통해 성취감 아래에 놓인 메커니즘을 밝혀냈는데 그건 꾸준히 의미 있는 진전을 이루는 것이었다.

하지만 기업의 관리자는 허즈버그가 알려준 내용을 진지하게 받아들이지 않은 듯하다. 직원이 업무상 매일 진전을 경험하는 게 얼마나 중요한지를 관리자가 알고 있는지 평가하기 위해 설문조사를 실시했다. 전세계 수십 개 기업의 다양한 직급의 관리자 669명이 그 대상이었다. 이를 통해 부하 직원의 동기와 감정에 영향을 줄 수 있는 직원 관리 수단에 관해 물었고, 응답자는 5가지 수단에 순위를 매겼다. 중요도 순으로 이야기하면 업무상 진전을 이루도록 지원하기, 잘 처리한 업무를 인정해주기, 인센티브 지급, 대인 관계 지원, 마지막으로 명확한 목표 설정이었다.

설문조사에 응한 관리자의 95퍼센트는 직원의 업무상 진전을 지원하는 것이 동기를 높이는 가장 중요한 방법임을 알면 놀랐을 것이다. 95퍼센트의 관리자가 업무상 진전을 1순위로 꼽지 않았기 때문이다. 실제로 응답자 가운데 겨우 35명만이 이 항목을 1위라고 답했다. 전체 응답자의 겨우 5퍼센트에 불과한 비율이다. 응답자 대다수는 동기부여 요인으로서 업무상 진전을 지원하는 일을 마지막 순위에 두었으며, 감정에 영향을 주는 요인으로서는 3위로 꼽았다. 응답자는 '잘 처리한 업무를 공식적으로든 사적으로든 인정해주는 것'이 직원에게 동기를 부여하고, 그들을 행복하게 만드는 가장 중요한 요인이라고 보았다. 우리가 진행한 일일 조사 결과에 따르면 인정은 분명히 이너 워크 라이프를 좋아지게 했다. 하지만 업무상 진전만큼 두드러진 차이를 보이지는 않았다. 게다가 업무상 성취를 이루지 못하면 인정할 거리도 없다.

도 있었다. 흥미로운 건 조사 대상이었던 관리자 가운데 직원의 업무상 진전이 가장 중요하다고 답한 사람은 극히 드물었다는 점이다(247쪽 '관리자에게 의외인 사실' 참조).

만일 우리가 관리자라면 직원의 동기부여를 위해 어디에 노력을 기울여야 할지 전진의 법칙에 분명한 암시가 담겨 있다. 전진의 법칙은 관리자가 직원의 웰빙well-being과 동기, 창의적 성과에 생각보다 큰 영향을 미친다는 점을 시사한다. 업무상 진전을 이루도록 촉매 역할을 하고 긍정적 자극을 공급하는 요인이 무엇인지, 그 반대 역할을 하는 요인은 무엇인지 아는 게 직원과 직원의 업무를 효과적으로 관리하는 비결이다.

이 글에서 우리가 발견한 전진의 힘과 관리자가 이 힘을 활용할 방법에 관해 나눌 것이다. 나아가 관리자가 직원의 업무상 진전에 초점을 맞추는 것이 어떻게 구체적인 직원 관리 활동으로 이어지는지 자세히 설명하고, 그러한 관리 활동을 습관화하는 데 도움이 될 체크리스트를 제공한다. 다만 직원의 진전에 초점을 맞추는 관리 활동이 강력한 힘을 지니는 이유를 분명히 해두기 위해 일단 우리의 연구 내용과 지식근로자의 일기에서 드러난 '이너 워크 라이프'Inner work life(직장 생활의 내면 상태를 뜻하며 업무를 수행하는 동안 경험하는 감정, 동기, 인식의 총합)'에 관해 설명한다.

이너 워크 라이프의 질을 높이다

우리는 거의 15년에 걸쳐 직장 내에서 복잡한 업무를 수행하는 직원의 심리적 경험과 성과를 연구해왔다. 연구 초기에 우리는 창의적이고 생산적인 성과를 내는 주요 원동력이 '이너 워크 라이프'의 질임을 알게 되었다. 이는 근무일 중 겪게 되는 감정, 동기, 인식을 합한 심리 상태를 말한다. 노동자가 행복감을 얼마나 느끼는지, 업무 자체에 대한 관심에서 얼마나 동기를 부여받는지, 자신이 속한 조직, 관리, 팀, 업무 그리고 자기 자신을 얼마나 긍정적으로 인식하는지가 중요하다. 이러한 모든 요인이 결합해 한층 더 높은 성취 수준으로 이끌기도 하고, 반대로 의욕을 꺾기도 한다.

이러한 내면 역학interior dynamics을 더욱 잘 이해하기 위해 우리는 프로젝트팀 구성원에게 일과 종료 후 받는 이메일 설문조사에 개인별로 답해 달라고 요청했다. 기간은 평균 4개월 남짓이었다(이 연구 조사에 관해 더 많은 내용을 확인하고 싶다면 '이너 워크 라이프: 비즈니스 성과 아래 숨은 의미 알기'Inner Work Life: Understanding the Subtext of Business Performance, HBR, 2007년 5월호 참조). 기업의 프로젝트팀이 하는 일, 예를 들어 주방기기 발명, 청소 도구 제품군 관리, 대형 호텔 체인이 마주한 복잡한 IT 문제 해결 등은 전부 창의성과 관련이 있었다. 일일 설문조사에서는 참여자에게 그날의 감정과 기분, 동기부여 정도, 그날의 업무 환경에 대한 인식 그리고 그날 수행한 업무와 마음속에 두드러지게 남은 사건에 대해 물었다.

7개 회사의 26개 프로젝트팀이 설문조사에 참여했고, 여기에 속한 개인 응답자는 238명이었다. 우리는 이들에게서 매일 12,000개의 응답을 얻었다. 설문조사에 참여한 모든 개인이 당연히 좋은 날과 나쁜 날을 경험했다. 우리의 연구 목표는 가장 창의적인 결과물과 연관성이 있는 이너 워크 라이프와 근무 중 사건을 찾아내는 것이었다.

흔히 강한 압박과 두려움이 성취를 촉진한다고 말하지만, 우리의 연구 결과는 적어도 지식근로자의 영역에서는 그렇지 않다는 사실을 극적으로 보여준다. 오히려 이너 워크 라이프가 긍정적일 때 직원이 창의성과 생산성을 한층 더 발휘한다는 사실을 발견했다. 직원이 행복을 느끼고, 업무 자체에서 본질적인 동기를 부여받고, 동료와 조직을 긍정적으로 인식할 때 말이다.

이에 더해 내면이 그렇게 긍정적일 때 직원은 더 열심히 일했고, 주변 동료를 더 친근하고 협조적으로 대했다. 관찰에 따르면 직원의 이너 워크 라이프는 매일 바뀌었다. 때로는 변동 폭이 컸으며 성과는 그에 따라 움직였다. 이너 워크 라이프는 그날의 성과를 자극했고 심지어 '그다음

날'의 성과에도 영향을 미쳤다.

이처럼 '이너 워크 라이프' 효과가 분명해지자, 우리의 관심은 관리자의 행동이 이러한 효과를 어떻게 촉발할 수 있는가로 옮겨갔다. 어떤 사건이 긍정적 혹은 부정적인 감정, 동기, 인식을 불러일으킬 수 있을까? 질문의 답은 연구에 참여한 설문 응답자의 일일 답안에 들어 있었다. 그 안에는 이너 워크 라이프를 좋아지게 하거나 나빠지게 할 촉발 요인이 있었고 일정한 패턴이 있었다. 심지어 개인 간의 차이를 고려했을 때도 거의 모든 사람의 답이 상당히 비슷했다.

전진이 가진 힘

이너 워크 라이프에 변화를 촉발하는 도화선을 찾으려고 노력하는 동안 우리는 전진의 법칙을 알게 되었다. 조사에 참여한 직원이 경험했던 좋은 날과 나쁜 날을 비교해봤다(전반적인 기분, 구체적인 감정과 동기부여 수준을 바탕으로 비교). '좋은 날'을 촉발하는 가장 흔한 사건은 개인이든 팀이든 진행한 업무에 진전이 나타나는 것이었다. '나쁜 날'을 촉발하는 가장 흔한 사건은 업무에 차질이 빚어지는 것이었다.

예를 들어 업무상 진전이 이너 워크 라이프를 구성하는 요소, 즉 전반적인 기분 평가와 어떻게 관련되어 있는지 생각해보자. 업무가 진전을 보이면 응답자의 76퍼센트가 기분 좋은 날이라고 답했다. 반대로 업무에 차질이 빚어진 날을 기분 좋은 날이라고 답한 응답자는 겨우 13퍼센트에 불과했다(253쪽 그림 9-1 '기분이 좋은 날과 나쁜 날에는 어떤 일이 일어나는가?'에서 '좋은 날' 부분 참조).

이너 워크 라이프에 변화를 일으키는 도화선 가운데 다른 두 요인도 기분 좋은 날에 자주 나타났다. 하나는 '촉매'catalysts다. 촉매란 업무를 직접적으로 지원하는 활동으로, 여기에는 다른 사람이나 다른 팀에서 받는 도움이 포함된다. 다른 하나는 '긍정적 자극'nourishers으로 존중받거나 격려의 말을 듣는 것과 같은 일이다. 각 요인에는 그와 반대되는 요인도 있다. '방해 요인'inhibitors은 업무에 도움이 되지 않거나 적극적으로 방해하는 활동을 뜻하고, '유해 요인'toxins은 직원의 의욕을 꺾거나 약화하는 사건을 의미한다. 촉매와 방해 요인은 업무 프로젝트를 향하며 긍정적 자극과 유해 요인은 직원을 향한다. 업무 차질과 마찬가지로 이너 워크 라이프가 아주 좋은 날 방해 요인과 유해 요인이 나타나는 경우는 드물다.

기분이 나쁜 날 일어나는 사건은 좋은 날 일어나는 사건의 거울상이라 할 수 있을 정도다(그림 9-1 하단의 '기분이 나쁜 날' 부분 참조). 기분이 나쁜 날에는 업무 차질이 두드러지게 나타났다. 기분이 나쁜 날 가운데 업무상 차질을 빚은 날은 67퍼센트에 달했지만, 기분이 나쁜 날 업무상 진전이 있었던 경우는 겨우 25퍼센트에 불과했다. 기분이 나쁜 날에는 또한 방해 요인과 유해 요인이 많이 나타났고, 촉매와 긍정적 자극이 나타난 날은 드물었다.

이에 따라 전진의 법칙이 분명해졌다. 일과를 마친 직원이 의욕이 있고 행복하다면, 그날 업무상 진전이 있었다고 봐도 무방하다. 반면 직원이 의욕 없이 음울하게 무거운 발걸음으로 사무실 밖으로 나오는 날은 업무상 차질이 있었을 가능성이 크다.

응답 참여자가 작성한 1만 2,000개의 일일 설문조사 결과를 모두 분석해본 뒤 우리는 업무상 진전과 차질이 이너 워크 라이프를 결정하는 다

그림 9-1. 기분이 좋은 날과 나쁜 날에는 어떤 일이 일어나는가?

응답 참여자가 기분이 좋다고 답한 날에는 아주 사소한 수준이라 해도 업무상 진전이 있었다. 업무상 차질을 빚었거나 다른 방해 요인이 나타나는 등 기분이 나쁜 날에 일어난 일은 기분이 좋은 날 일어난 일의 거울처럼 반대되는 양상을 보인다.

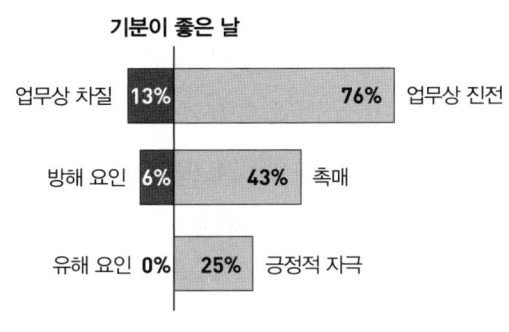

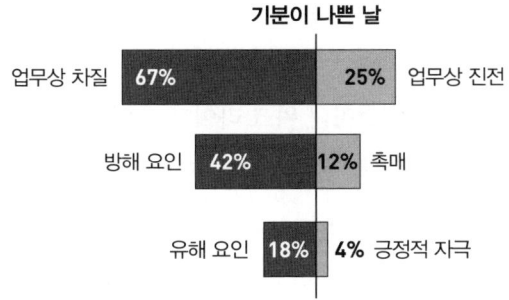

른 3가지 요인에 전부 영향을 미친다는 사실을 알아냈다. 업무상 진전을 이룬 날이면 설문조사 참여자는 보다 긍정적인 '감정'을 보고했다. 전반적으로 쾌활했을 뿐 아니라 기쁨과 따뜻함, 자부심을 더 많이 표현했다. 하지만 업무상 차질을 빚어 괴로운 날이면 좌절감과 두려움, 슬픔을 많이 느꼈다.

'동기' 또한 영향을 받았다. 업무상 진전이 있었던 날에 응답자는 업무 자체에 대한 흥미와 즐거움 덕분에 더욱 내재적 동기intrinsic motivation를 부여받았다. 하지만 업무상 차질이 나타난 날에는 내재적 동기를 부여받지 못했을 뿐 아니라 주변의 인정으로 얻는 외재적 동기extrinsic motivation도 부여받지 못했다. 업무상 차질이 생기면 직원은 대체로 일에 무관심해지고 일할 마음이 전혀 들지 않는다.

'인식'도 여러 면으로 달라졌다. 업무상 진전이 있는 날에 사람들은 일하다 마주하게 되는 어려움을 훨씬 더 긍정적으로 인식했다. 팀 내에서 상호 지원이 더 많이 일어난다고 보았고, 다른 팀원이나 관리자와 더욱 긍정적인 상호작용이 이루어진다고 보고했다. 하지만 업무상 차질을 빚을 때는 여러 측면에서 인식이 나빠졌다. 업무를 통해 마주하는 어려움을 긍정적으로 인식하는 비율이 낮았고, 업무를 수행하는 데 주어진 자유가 적다고 느꼈다. 또 배정된 자원이 충분하지 않다고 보고했다. 그리고 다른 팀원과 관리자의 지원이 부족하다고 인식했다.

우리의 분석은 업무상 진전과 이너 워크 라이프 사이의 상관관계를 분명하게 입증했지만, 인과 관계를 입증하지는 못했다. 이너 워크 라이프에 변화가 일어난 건 업무상 진전과 차질이 발생한 결과일까? 아니면 반대로 이너 워크 라이프에 변화가 생겨 업무상 진전과 차질이 나타난 걸까? 설문 조사상의 숫자만으로는 이 질문의 답을 알 수 없다. 하지만 수천 건의 일일 응답을 읽어본 결과 업무상 진전이 있으면 한층 긍정적인 인식, 성취감, 만족감, 행복, 심지어 의기양양함까지 느낀다는 걸 분명히 알 수 있었다. 다음은 업무상 진전이 있었던 날 나오는 전형적인 응답으로, 어느 프로그래머가 작성한 응답 사례다.

"거의 일주일 내내 나를 괴롭히던 버그를 박살냈다. 다른 사람에게는 별일 아닐 수도 있지만 나는 매우 단조로운 삶을 살기 때문에 오늘 정말 신이 난다."

마찬가지로 업무상 차질이 빚어지면 그에 따라 응답자의 인식이 나빠지고, 좌절과 슬픔, 나아가 넌더리까지 내는 모습을 종종 보였다. 설문조사에 참여한 어느 제품 마케터는 이런 응답을 남겼다.

> "우리는 비용 절감 프로젝트 목록을 업데이트하는 데 많은 시간을 들였다. 하지만 모든 숫자를 집계해봐도 목표를 달성하기에는 여전히 부족하다. 그 많은 시간을 들여 열심히 일했는데도 목표를 달성할 수 없다니 힘이 빠진다."

인과 관계는 양방향으로 이루어지는 게 확실해 보인다. 관리자는 업무상 진전과 이너 워크 라이프 사이의 피드백 루프feedback loop를 활용해 양쪽을 모두 지원할 수 있다.

작은 이정표

업무상 진전이라고 하면 장기 목표를 달성했거나 주요 문제를 해결할 돌파구를 찾았을 때의 기분을 상상하는 게 보통이다. 이처럼 커다란 성과를 이루는 건 엄청나게 좋은 일이다. 하지만 이런 일이 생기는 건 상대적으로 드물다. 여기서 좋은 소식을 전하자면 작은 성공이라도 이너 워크 라이프를 굉장히 좋아지게 한다는 것이다.

설문조사에 응답자가 보고한 대부분의 업무상 진전 사례가 작은 성공에 불과했다. 그런데도 그 응답자는 상당히 긍정적인 반응을 보였다. 첨단 기술 회사에 근무하는 프로그래머가 제출한 일일 응답을 살펴보자. 그 안에서 프로그래머는 그날의 감정, 동기, 인식에 관해 스스로 대단히 긍정적으로 평가했다.

"뭔가 제대로 작동하지 않는 이유를 파악했다. 내게는 작은 이정표milestone로 삼을 만한 일이었기에 그제야 마음이 놓이고 행복해졌다."

이처럼 평범하고 점진적인 진전도 사람들의 업무 몰입과 하루 동안의 행복감을 높일 수 있다. 설문조사에 참여한 응답자가 보고한 모든 사건 유형 가운데 28퍼센트가 업무상 받은 작은 영향이 직원의 감정에는 큰 영향을 주었다. 이처럼 이너 워크 라이프는 창의성과 생산성에 강력한 효과를 발휘한다. 그리고 여러 사람이 공유하는 작지만 꾸준한 업무상 진전이 우수한 실행력을 가져오기 때문에 보통 눈에 띄지 않는 업무상 진전은 조직의 전반적인 성과에 매우 중요한 의미를 지닌다.

안타깝게도 여기에는 이면도 있다. 작은 손실이나 차질도 이너 워크 라이프에 엄청나게 부정적인 영향을 준다는 사실이다. 우리가 진행한 연구와 마찬가지로 다른 학자가 진행한 연구에도 부정적인 사건이 긍정적인 사건보다 한층 강력한 영향력을 미치는 게 나타났다. 따라서 관리자가 매일의 골칫거리를 최소화하는 게 특히 중요하다.

유의미한 업무의
진전을 재촉하다

지금까지 우리는 직장인이 목표를 향해 서서히 다가갈 수 있을 때 얼마나 만족을 느끼는지 알아보았다. 하지만 앞서 이야기했던 사항을 떠올려보라. 성과를 내기 위한 동기부여의 핵심은 '의미 있는' 업무에서 진전이 생기도록 지원하는 것이다. 업무상 진전이 있으면 이너 워크 라이프가 좋아진다. 다만 그러려면 진전을 보이는 업무가 담당자에게 중요한 의미를 지니는 일이어야 한다.

지금까지 맡았던 업무 가운데 가장 지겨웠던 일을 생각해보라. 많은 사람이 10대 때 난생처음 시작했던 일을 꼽는다. 예를 들어 식당 주방에서 냄비와 프라이팬을 설거지하는 일이라거나 박물관에서 코트를 맡아 보관하는 일 등이다. 이러한 일에서는 전진의 힘을 찾기 어렵다. 아무리 열심히 일해도 씻어야 할 냄비, 보관해야 할 코트가 항상 남아 있다. 일과를 마무리하고 퇴근 카드를 찍을 때나 한 주를 마무리하고 주급을 받을 때가 되어야 성취감을 느낄 수 있다.

우리가 설문조사 대상으로 삼았던 응답자처럼 이보다 훨씬 도전적이며 창의성을 발휘해야 할 업무에서는 '진전을 보이는 것', 즉 일을 끝마치는 것만으로 이너 워크 라이프가 좋아진다고 보장할 수 없다. 아마 당신도 이런 불편한 사실을 자신의 업무 속에서 경험한 적이 있을 것이다. 열심히 일하고 과제를 마쳤음에도 불구하고, 하루 내내 의욕이 떨어지고 가치를 인정받지 못한 채 좌절감을 느꼈던 순간 말이다. 그렇게 된 원인은 아마 완수한 업무가 지엽적인 일이라거나 자신과 그다지 상관없는 일이라고 인식했기 때문일 가능성이 크다. 전진의 법칙이 작동하려면 반드시 해당 업무가 담당자에게 의미 있는 일이어야 한다.

1983년 스티브 잡스는 펩시코$_{PepsiCo}$에서 승승장구하던 존 스컬리$_{John\ Sculley}$에게 애플의 새로운 CEO가 되어달라고 설득하고 있었다. 잡스는 스컬리에게 이렇게 물었다고 한다. "남은 인생을 설탕물이나 팔며 보내고 싶습니까, 아니면 세상을 바꿀 기회를 얻고 싶습니까?" 잡스는 이렇게 스컬리를 설득하면서 강력한 심리의 힘을 활용했다. 바로 의미 있는 일을 하고자 하는 인간의 뿌리 깊은 욕망을 건드린 것이다.

다행스럽게도 의미 있는 일을 한다는 게 처음으로 개인용 컴퓨터를 보급하거나 빈곤을 완화하거나 암을 완치하는 등, 거대한 성과를 내는 것일 필요는 없다. 사회적으로 엄청난 중요성을 지닌 업무가 아니어도 된다. 업무 담당자가 중요하게 여기는 무언가나, 누군가에게 가치를 더하는 일이라면 의미 있는 일이다. 일이 지닌 의미는 소비자를 위해 실용적이면서도 고품질의 제품을 만들거나 공동체에 진정으로 도움이 되는 서비스를 제공하는 것처럼 단순할 수 있다. 동료를 지원하거나 생산 공정에서 나타나는 비효율을 줄임으로써 회사의 이익을 늘리는 일일 수도 있다. 목표가 높든 낮든 담당자에게 의미가 있으며 해당 업무에 담당자의 노력이 어떻게 반영되었는지가 분명하면 된다. 그러면 업무상 진전이 나타났을 때 담당자가 지닌 이너 워크 라이프에 활력이 생긴다.

원칙적으로 관리자는 업무에 의미를 불어넣기 위해 엄청난 노력을 기울이지 않아도 된다. 현대 기업에서 업무 대부분은 담당자에게 잠재적으로 의미 있는 일이다. 그러나 관리자는 부하 직원의 업무가 어떻게 기여하는지를 그들이 알도록 해야 한다. 무엇보다 중요한 건 업무의 가치를 부인하는 행동을 피해야 한다는 점이다('일의 의미를 빼앗는 방법' 참조).

우리의 설문조사에 응답한 모든 참여자는 의미가 있어야만 하는 일을

일의 의미를
빼앗는 방법

창의적 업무를 담당하는 프로젝트팀에 속한 지식근로자 238명이 제공한 일일 기록에서 관리자가 부지불식간에 업무의 의미를 빼앗는 주요 방법 4가지가 드러났다.

1. 부하 직원의 일이나 아이디어의 중요성을 묵살한다.

화학 회사의 실험실에서 수석 기사로 일하는 리처드의 사례를 살펴보자. 리처드는 신제품 개발팀이 복잡한 기술적 문제를 풀어나가는 데 도움을 주는 데서 일의 의미를 찾았다. 하지만 3주에 걸쳐 진행된 팀 미팅에서 리처드는 팀 리더가 자신과 다른 팀원이 제안한 의견을 무시한다는 걸 알아차렸다. 그 결과 자신의 기여가 의미 없다고 생각하게 되었고 업무 의욕이 떨어졌다. 그러다 다시 프로젝트 성공에 실질적인 기여를 하고 있다고 느끼게 되었을 때 그의 기분은 극적으로 좋아졌다.

> 오늘 팀 미팅에서는 기분이 훨씬 나았다. 내가 제시한 의견이나 정보가 프로젝트에 중요한 영향을 미친다고 느껴졌고, 프로젝트가 어느 정도 진전을 보이는 것 같았다.

2. 직원이 느끼는 업무에 대한 주인의식을 없앤다.

업무 재배치가 갑작스럽고 빈번하게 일어나면 직원들은 일의 의미를 빼앗기게 된다. 소비재를 판매하는 어느 한 대기업의 제품 개발팀에서 이런 일이 반복적으로 일어났는데, 팀원인 브루스는 다음과 같이 말했다.

> 프로젝트의 일부를 인수인계하면서 그 일을 그만두고 싶지 않다는 생각이 더욱 분명해졌다. 처음부터 참여해 거의 끝까지 함께한 프로젝트라 특히 더욱 그렇다. 이렇게 갑자기 업무가 바뀔 때는 주인의식이 사라진다. 하지만 우리 팀에서는 너무 자주 일어나는 일이다.

3. 직원들에게 지금 하는 일이 빛을 보는 일은 결코 없을 거라는 메시지를 보낸다.

의도하지 않더라도 관리자는 직원들에게 이런 신호를 보낼 수 있다. 업무의 우선순위를 바꾸거나 어떤 일을 처리하는 방식을 두고 마음을 바꿀 때 그렇다. 우리는 어느 인터넷 기술 회사에서 후자의 사례를 보았다.

버트는 이 회사에서 사용자 인터페이스 개발자로 일한다. 버트는 몇 주나 시간을 들여 비영어권 이용자를 위한 원활한 이행 작업을 설계했다. 이후에 사건은 벌어졌다. 놀라울 것도 없이 이 사건을 보고한 날 버트의 기분은 심하게 상해 있었다.

> 팀 미팅을 하는 동안 우리 팀에 국제용 인터페이스 업무를 위한 다

> 른 선택지가 제시되었고, 내가 하는 일은 쓸모없어졌다.
>
> **4. 고객의 우선순위에 예상치 못한 변화가 생긴 사실을 직원에게 전달하는 데 소홀하다.**
>
> 이런 일은 보통 고객 관리가 부실하거나 기업 내 소통이 적절하게 이루어지지 않을 때 발생한다. 예를 들어 IT 회사에서 데이터 변환 전문가로 일하는 스튜어트는 자신의 팀이 몇 주에 걸쳐 열심히 했던 일이 헛수고가 될 거라는 사실을 알게 된 날 심한 좌절감과 낮은 의욕을 보고했다.
>
> > 고객이 안건을 변경함에 따라 프로젝트가 더는 진행되지 않을 가능성이 매우 크다는 걸 알게 되었다. 그래서 이 프로젝트에 투입한 모든 시간과 노력이 낭비될 가능성도 커졌다.

맡고 있었다. 즉 냄비를 설거지하거나 코트를 보관하는 일을 하는 사람은 없었다. 하지만 놀랍게도, 중요하고 도전적인 업무임에도 불구하고 담당자가 영감을 받지 못하는 경우를 우리는 자주 보았다.

촉매와 긍정적 자극이 전진을 지원한다

직원이 동기를 얻고, 업무에 전념하며, 행복을 느끼려면 관리자가 무엇을 해야 할까? 직원이 매일 업무상 진전을 이루려면 관리자는 어떻게 지원해야 할까? 관리자는 촉매와 긍정적 자극을 활용할 수 있다. 우리는 촉매와 긍정적 자극이 '좋은 날'에 자주 나타나는 또 다른 요소라는 점을 발견했다.

촉매는 업무를 지원하는 활동이다. 여기에는 명확한 목표를 설정하고, 자율성을 허용하며, 충분한 자원과 시간을 제공하고, 업무를 도우며, 문제점과 성공에서 터놓고 배움을 얻고, 아이디어를 자유롭게 교환하게 하는 일 등이 포함된다. 촉매의 반대인 방해 요인에는 지원을 제공하지 않거나 적극적으로 업무에 간섭하는 일 등이 포함된다. 촉매와 방해 요인은 업무상 진전을 이루는 데 영향을 주므로 궁극적으로는 이너 워크 라이프에도 영향을 미친다. 하지만 그보다 더 즉각 영향이 나타나기도 한다. 명확하고 의미 있는 목표가 있으며, 충분한 자원을 제공받고, 도움이 되는 동료가 있는 상황에서는 직원의 감정이 즉각 좋아지고, 일을 잘 해내겠다는 의욕도 높아지며, 업무와 조직에 관한 인식도 좋아진다.

긍정적 자극은 존중과 인정, 격려, 정서적 위로 그리고 소속감의 기회를 제공하는 등 대인관계적 지원 행위를 말한다. 긍정적 자극에 반대되는 유해 요인에는 상대를 경시하고, 좌절시키며, 감정을 무시하고, 관계상 갈등을 일으키는 일 등이 포함된다. 좋은 면으로든 나쁜 면으로든 긍정적 자극과 유해 요인은 이너 워크 라이프에 직접적이고 즉각적인 영향을 준다.

촉매와 긍정적 자극 그리고 그 반대인 방해 요인과 유해 요인은 업무, 심지어 자기 자신에 대한 인식을 변화시킴으로써 업무의 의미를 바꿔놓을 수 있다. 예를 들어 관리자가 직원에게 필요한 자원을 제공하면 직원은 자신의 업무가 중요하고 가치 있는 일이라고 느낀다. 관리자가 직원이 한 업무를 인정해주면 직원은 자신이 조직에 중요한 사람이라고 느낀다. 이런 식으로 촉매와 긍정적 자극은 업무에 한층 더 큰 의미를 부여하고, 전진의 법칙이 잘 작동하게 도와준다.

촉매와 긍정적 자극을 구성하는 관리 활동에 특별히 이해하기 어려운 점은 없다. 경영학개론 혹은 그저 일반 상식이나 기본 예절처럼 당연한 내용에 가깝기 때문이다. 하지만 일일 설문조사 연구는 이처럼 당연한 점을 얼마나 자주 무시하거나 잊는지 일깨워주었다. 조사 대상이었던 회사의 구성원 중 주위를 많이 배려하는 관리자조차 촉매와 긍정적 자극을 지속해서 제공하지 않았다.

예를 들어 살펴보자. 마이클이라는 공급망 관리 전문가는 여러 면에서 그리고 대부분의 날에 훌륭한 파트장이었다. 하지만 마이클은 업무에 짓눌리면 때로 팀원에게 유해 요인을 뿜을 때가 있었다. 한 공급업체가 '긴급' 주문을 제때 완수하지 못하는 바람에 고객사 납품 기한을 맞추기 위해 마이클의 팀에서는 항공 운송을 이용해야 했다. 그는 항공 운임 때문에 해당 주문의 판매 이익을 날려버릴 것임을 알았다. 짜증이 난 마이클은 부하 직원들을 비난했고, 부하 직원들이 잘 처리했던 일까지 비하했다. 그리고 그들이 공급업체에 느끼는 좌절감을 무시했다. 마이클은 일일 응답에서 이 점을 인정했다.

> 금요일에 회사의 매출 2위 고객사에 개당 30달러짜리 물 분사형 대걸레 1,500개를 보내느라 항공 운임으로 2만 8,000달러를 썼다. 해당 발주분의 잔량이 여전히 2,800개다. 잔량 또한 항공 운송으로 보내야 할 가능성이 크다. 나는 친절한 공급망 담당 관리자에서 검은 가면을 쓴 사형 집행인으로 변했다. 정중함 따위는 전부 사라

졌고, 우리는 궁지에 몰렸다. 도피할 수도 없으니 싸움이 일어날지 모른다.

궁지에 몰린 상황이 아니라 할지라도 관리자는 직원이 꾸준한 성과를 내는 데 필요한 바를 갖추었는지, 인간으로서 존중받는다고 느끼는지 확인하는 것을 최우선으로 여기지 않는다. 그보다는 장기 전략을 수립하고 새로운 일을 추진하는 편이 더 중요하다고 여긴다. 그리고 그것을 더 매력적이라고 여긴다. 하지만 우리의 연구 결과에서 반복적으로 확인했던 것처럼 최고의 전략을 세웠더라도 관리자가 현장에서 그 전략을 실행하는 직원을 무시한다면 그 전략은 실패하고 만다.

모범이 되는 관리자의 자세

직원의 업무상 진전을 위해 촉매 역할을 하고 직원의 사기를 북돋우는 긍정적 자극이 될 만한 수단(대체로 놀라운 비결은 아니지만)을 많이 제시할 수도 있다. 그러나 여기서는 그 방법들을 일관되게 사용한 한 관리자의 사례를 먼저 제시하고, 이후 어떤 관리자라도 활용할 수 있는 간단한 도구를 제공하는 편이 더 유익할 것이다.

우리가 소개하는 모범 관리자는 그레이엄이다. 그레이엄은 우리가 크루거-번Kruger-Bern이라고 부를 유럽의 한 다국적기업에서 소규모 화학 엔지니어팀을 이끄는 관리자다. 그레이엄이 이끄는 팀에게 주어진 뉴폴리 프로젝트의 임무는 분명하고 의미가 있었다. 화장품에 사용되는 석유 화학 제품을 대체할 안전한 생분해성 폴리머를 개발하고, 언젠가는 그것을 다양한 소비재에 폭넓게 적용하는 일이었다. 하지만 여러 대기업에서 그렇듯 최고경영진의 우선순위 변경, 상충하는 신호, 달라지는 약속 등으로 프로젝트를 둘러싼 환경은 혼란스럽고 위협적이었다. 가용 자원은 빠듯했고 프로젝트의 미래와 팀원들의 경력에는 불확실성이 도사리고 있었다.

설상가상으로 프로젝트 초반에 사건이 발생했다. 주요 고객사가 샘플을 받고 불만을 표출한 것이다. 그 여파로 프로젝트팀은 큰 충격을 받아 휘청였다. 그러나 그레이엄은 반복해서 확실하게 장애물을 제거하고 업무의 진전을 위해 실질적인 지원을 했다. 또한 정서적으로 팀을 지지함으로써 팀원들의 이너 워크 라이프를 잘 지켜냈다.

그레이엄이 팀원을 관리하는 접근법은 4가지 면에서 뛰어난 점이 있었다. 첫째, 그레이엄은 긍정적인 분위기를 조성했고, 한 번에 사건을 하나씩 해결하며 팀 전체에 행동 규범을 설정했다. 예를 들어 고객이 불만을 제기해 프로젝트를 멈추게 되었을 때 그레이엄은 누구도 비난하지 않았다. 대신 즉시 팀원들과 함께 문제를 분석해 고객사와 관계를 회복할 방안을 세웠다.

그렇게 함으로써 그레이엄은 위기에 대응하는 모범을 보여주었다. 당황하거나 누군가를 비난하지 않고, 문제와 원인을 확인한 뒤 협조해서 실행 계획을 세우는 것 말이다. 이는 실용적인 접근법인 동시에 복잡한 프로젝트에서 필연적으로 발생하는 실수와 실패를 마주했을 때조차 부하 직원들이 진전하고 있다는 느낌을 받게 하는 훌륭한 방법이다.

둘째, 그레이엄은 팀원의 일상 활동과 전진 사항에 관심을 기울였다. 이는 그가 남을 쉽게 평가하지 않는 분위기를 만들었기에 가능한 일이었다. 요청하지 않아도 팀원들은 그레이엄을 자주 찾아와 업무에 진전을 이룬 부분, 차질이 빚어진 부분 그리고 앞으로의 계획을 업데이트했다. 한번은 팀에서 제일 열심히 일하는 직원인 브래디가 새로운 물질에 관한 실험을 중단해야 했다. 장비의 설정값을 제대로 맞추지 못했기 때문이었다. 뉴폴리 팀에서 해당 장비를 사용할 수 있는 날은 일주일에 단 하루뿐이었기에 이건 매우 좋지 못한 소식이었다. 그래도 브래디는 그레이엄에게 즉각 이를 알렸다. 그날 업무 후 저녁에 브래디는 일일 응답에 이렇게 썼다. "그레이엄은 일주일을 버리게 된 걸 좋아하지 않았지만, 이해하는 눈치였다." 이런 이해심 덕분에 그레이엄은 팀 내에서 발생하는 정보의 흐름 속에서 자기 자리를 확실히 잡았고, 직원들이 업무상 진전을 이루는 데 필요한 것들을 딱 맞춰 제공할 수 있었다.

셋째, 그레이엄은 팀과 프로젝트에 일어난 최근의 일에 따라 지원해야 할 곳을 정했다. 그는 매일 팀원의 이너 워크 라이프와 업무 진전에 가장 큰 영향을 주려면 어떤 개입을 해야 할지 예측했다. 즉 촉매가 필요한지, 방해 요인을 제거해야 하는지, 긍정적 자극이 필요한지, 유해 요인에 대한 해독제가 필요한지를 파악한 것이다. 판단을 할 수 없는 날에는 팀에 물어보았다.

대부분의 날에 그레이엄이 팀을 위해 어떤 개입을 해야 할지 파악하기는 어렵지 않았다. 그레이엄의 상사에게서 프로젝트에 힘쓰겠다는 희망찬 소식을 들은 날처럼 말이다. 그레이엄은 회사 개편 소문에 팀원들이 초조해하는 걸 알고 있었고 그날 상사의 격려를 활용해 팀을 진정시켰다. 상사가 프로젝트의 존속을 분명히 한 그날, 그레이엄은 응당 누려야 할 휴가를 보내는 중이었음에도 소식을 듣자마자 즉시 팀에 전화를 걸어 좋은 소식을 전달했다.

마지막으로 그레이엄은 자기 자신을 세세하게 간섭하는 관리자가 아니라 팀원들이 활용할 수 있는 자원으로 자리매김했다. 그레이엄은 팀원들이 '할 일을 잘하고 있는지 검열하는 것'처럼 보이지 않도록 팀원의 '안부만 확인'했다. 표면적으로 양쪽은 꽤 비슷해 보이지만 실제로는 상당히 다르다.

마이크로매니저(간섭형 관리자)는 4가지 실수를 저지른다. 첫째, 직원이 업무를 수행할 때 자율성을 허용하지 않는다. 이는 그레이엄과 다르다. 그레이엄은 뉴폴리 팀에게 명확한 전략적 목표를 제시했지만 목표를 달성할 방법에 관해서는 팀원의 생각을 존중했다. 마이크로매니저는 팀원의 일거수일투족을 지시한다. 둘째, 마이크로매니저는 부하 직원에게 실질적인 도움은 주지 않으면서 업무에 관해 자주 물어본다. 이와 대조적으로 그레이엄은 어느 팀원이 문제에 관해 보고하면 그를 도와 문제를 분석했고 또 다른 해석의 여지도 남겨두었다. 이런 경우 대체로 문제를 해결하고 일이 제자리를 찾도록 도움을 주며 끝났다. 셋째, 마이크로매니저는 업무상 문제가 발생했을 때 재빨리 담당자 개인의 탓으로 돌린다. 그 때문에 부하 직원은 브래디와 그레이엄처럼 문제를 해결할 방법을 솔직하게 논의하기보다 문제를 숨기게 된다. 넷째, 마이크로매니저는 나중에 비밀 무기로 쓰려고 정보를 쌓아두는 경향이 있다. 상사의 이런 성향이 이너 워크 라이프에 얼마나 해로운지 아는 사람은 드물다. 유용하게 쓰일 수 있는 정보를 상사가 숨겼다는 사실을 부하 직원이 알게 되면 상사에게 아이 취급을 받는다고 느끼게 된다. 그러면 근로 의욕이 떨어지고 업무에 어려움이 생긴다. 그레이엄은 프로젝트에 대한 상부의 견해와 고객의 의견 및 수요 그리고 도움을 받을 수 있는 곳이나 조직 내외부의 반대와 관련한 정보를 팀에 빠르게 전달했다.

그레이엄은 이 모든 방법을 활용해 팀원들의 긍정적인 감정과 내재적 동기부여, 호의적인 인식을 유지했다. 그레이엄의 행동은 어느 직급이든 관리자가 매일 직원의 업무상 진전을 촉진하기 위해 그들에게 접근하는 방법을 잘 보여주는 사례다.

그레이엄에게는 아주 자연스러운 일처럼 보인다. 하지만 좋은 의도를 지닌 관리자라 해도 이러한 습관을 갖는 게 쉽지는 않다. 물론 지각awareness이 첫 번째 단계다. 하지만 이너 워크 라이프가 중요하다는 점을 지각하고 이를 일상의 행동으로 만들려면 훈련이 필요하다. 이러한 점을 염두에 두고 우리는 관리자가 매일 확인할 수 있는 체크리스트를 만들었다('일별 진행 상황 체크리스트' 참조). 체크리스트의 목적은 의미 있는 업무의 진전 상황을 매일 관리하기 위한 것이다.

전진의 순환고리를 강화한다

이너 워크 라이프가 좋으면 성과가 향상된다. 그리고 좋은 성과는 꾸준한 전진에 기반하며, 다시 이너 워크 라이프를 향상시킨다. 우리는 이를 '전진의 순환고리'progress loop라고 부른다. 전진의 순환고리는 혜택을 스스로 강화할 수 있는 잠재성을 보여준다.

그러므로 전진의 법칙의 가장 중요한 시사점은 다음과 같다. 직원을 지지하고, 직원이 의미 있는 일을 하며 매일 진전을 이룰 수 있도록 지원함으로써 관리자는 직원이 느끼는 이너 워크 라이프를 좋아지게 할 수 있다. 또한 이는 조직의 장기 성과를 향상시키며, 이는 다시 이너 워크 라

일별 진행 상황 체크리스트

매일 일과를 마칠 무렵, 이 체크리스트로 오늘 하루를 재검토하고 내일의 관리 실행 방안을 계획해보자. 며칠이 지나더라도 굵게 표시된 글자만 훑어보면 어떤 문제가 있는지 확인할 수 있다. 구체적인 작성 방법은 다음과 같다.

1. 업무상 진전과 차질이 생긴 부분에 집중하고 거기에 영향을 준 구체적인 사건(촉매, 긍정적 자극, 방해 요인, 유해 요인)에 관해 생각해본다.
2. 이너 워크 라이프가 주는 명확한 단서, 업무상 진전 혹은 다른 사건에 관해 제공하는 추가 정보가 있는지 생각해본다.
3. 행동의 우선순위를 정한다.

내일을 위한 실행 방안은 일별 진행 상황을 검토하는 데 있어 가장 중요한 부분이다. 직원들이 업무상 진전을 이루는 데 당신이 가장 크게 도움을 줄 수 있는 한 가지가 무엇인지 생각해보는 과정이기 때문이다.

진전
오늘 하루 있었던 일 중에 작은 성공 혹은 돌파구가 될 만한 해결책을 나타내는 한 가지 혹은 2가지 사건은 무엇인가? 간단히 서술하시오.

_____

_____

차질
오늘 하루 있었던 일 중에 업무상 사소한 차질 혹은 위기를 일으킬 만한 문제를 나타내는 한 가지 혹은 2가지 사건은 무엇인가? 간단히 서술하시오.

_____

_____

촉매
- ☐ 팀 내에 의미 있는 일을 이룰 단기와 장기 **목표**가 있었는가?
- ☐ 팀원들이 문제를 해결하고 프로젝트에 주인의식을 가질 만큼 충분한 **자율성**을 가졌는가?
- ☐ 팀원들이 업무를 효율적으로 전진시키는 데 필요한 **자원**을 전부 갖추었는가?
- ☐ 팀원들이 의미 있는 일에 집중할 충분한 **시간**을 가졌는가?
- ☐ 나는 팀원들이 필요로 하거나 요구하는 **도움**을 제공하거나 얻게 해주었는가? 팀원들이 서로 돕도록 장려했는가?
- ☐ 오늘 있었던 성공과 문제에서 얻은 **교훈**을 팀원들과 논의했는가?
- ☐ 팀 내에서 **아이디어**가 자유롭게 교환되도록 했는가?

방해 요인
- ☐ 의미 있는 일을 이룰 장기 혹은 단기 **목표**에 애매모호한 부분이 있었는가?
- ☐ 팀원들이 문제 해결 능력이나 프로젝트에 주인의식을 느끼는 데 지나친 **제약**이 있었는가?
- ☐ 팀원들이 업무를 효과적으로 진전시키는 데 필요한 **자원** 가운데 부족한 부분이 있었는가?
- ☐ 의미 있는 일에 집중할 **시간**이 충분하지 않았는가?
- ☐ 나 혹은 다른 사람이 팀원들에게 필요하거나 요청받은 **도움**을 제공하지 못했는가?
- ☐ 나는 실패를 '벌'했는가? 나는 성공 혹은 문제 속 **교훈** 그리고 기회 찾기를 소홀했는가?
- ☐ 나 혹은 다른 사람이 **아이디어**의 발표나 토론을 섣부르게 막았는가?

긍정적 자극
- ☐ 업무의 진전에 기여한 팀원을 인정하고, 팀원의 아이디어에 주의를 기울이고, 팀원을 신뢰하는 전문가로 대하며 **존중**을 표했는가?
- ☐ 어려운 도전 과제에 직면한 팀원을 **격려**했는가?
- ☐ 개인적 혹은 업무상 문제를 가진 팀원을 **지원**했는가?
- ☐ 팀 내에 개인적·업무적인 **소속감**과 동료애가 있는가?

유해 요인
☐ 업무의 진전에 기여한 팀원을 인정해주지 않고, 팀원의 아이디어에 주의를 기울이지 않으며, 팀원을 신뢰하는 전문가로 대하지 않고 **무시**했는가?
☐ 어떤 식으로든 팀원을 낙담시켰는가?
☐ 개인적 혹은 업무상 문제를 가진 팀원을 **방치**했는가?
☐ 팀원들 사이에 혹은 팀원과 나 사이에 긴장이나 **적대감**이 있는가?

이너 워크 라이프
- 오늘 부하 직원의 이너 워크 라이프를 나타내는 표시를 보았는가?
___
___

- 업무, 팀, 관리, 회사에 관한 인식
___
___

- 감정
___
___

- 동기
___
___

- 오늘 이너 워크 라이프에 영향을 미쳤을지 모를 구체적인 사건은 무엇인가?
___
___

실행 방안
- 오늘 확인한 촉매와 긍정적 자극을 강화하고 부족한 부분을 제공하려면 내일 무슨 일을 해야 하는가?
___
___

- 오늘 확인한 방해 요인과 유해 요인을 제거하려면 내일 무슨 일을 해야 하는가?
___
___

이프를 강화한다. 물론 전진의 법칙에도 어두운 면이 있다. 바로 부정적인 피드백 루프에 빠질 가능성이다. 만일 관리자가 업무상 진전을 지원하지 못하는데, 직원이 일을 해내려 애쓴다면 직원이 지닌 이너 워크 라이프는 고통스러울 것이다. 그래서 성과도 잘 나오기 어렵다. 성과가 저하되면 이너 워크 라이프는 한층 더 나빠진다.

전진의 법칙의 두 번째 시사점은 관리자가 직원에게 동기를 부여하고 직원을 행복하게 하기 위해 그들의 마음을 읽으려 하거나 복잡한 인센티브 제도를 조작하려 애쓸 필요가 없다는 점이다. 관리자가 직원에게 기본적인 존중과 배려를 보이고 업무 자체를 지원하는 일에만 초점을 맞추면 된다.

효과적으로 팀을 관리하는 관리자가 되기 위해서는 긍정적인 피드백 루프를 실행으로 옮기는 법을 배워야 한다. 그러려면 상당한 변화가 필요할 수도 있다. 경영대학원, 경영 서적 그리고 관리자 자신도 대개 조직 혹은 사람을 관리하는 데 초점을 맞춘다. 하지만 업무상 진전을 관리하는 데 초점을 맞추면 인사관리, 아니 더 나아가 전체 조직관리가 훨씬 더 편해진다. 부하 직원의 내면 상태를 엑스레이 찍듯 들여다보는 방법을 알아낼 필요도 없다. 직원이 의미 있는 일을 하며 업무상 꾸준히 진전을 이루도록 돕고, 그러한 진전이 직원의 눈에 잘 띄게 하고, 그 직원을 잘 대해주기만 하면 된다. 그러면 그들은 우수한 성과를 내는 데 필요한 감정, 동기, 인식을 경험하게 될 것이다. 직원의 뛰어난 일 처리는 조직의 성공에 기여한다. 그리고 여기에 그 미학이 있다. 직원들이 자기 일을 사랑하게 되는 것 말이다.

— 2017 —

다수의 커리어를 보유하는 메리트

모든 일에 긍정적인 영향을 미친다

카비르 세갈

Why You Should Have (at Least) Two Careers?

hbr.org 2017년 4월 25일 자 기사 수정(product #H03M9A)

카비르 세갈 Kabir Sehgal

〈뉴욕타임스〉와 〈월스트리트저널〉 선정 베스트셀러 저자. 《돈의 진화: 돈의 풍요로운 삶, 그리고 돈의 역사가 우리의 모습을 형성한 방법》Coined: The Rich Life of Money and How Its History Has Shaped Us 을 포함해 일곱 권의 책을 냈다. 포춘 500대 기업에서 기업 전략을 담당했고, 이전에는 J.P. 모건의 부사장을 역임했다. 미 해군을 전역한 군인 출신이기도 하며, 그래미상과 라틴 그래미상을 여러 번 수상한 음악 프로듀서이기도 하다.

많은 일을 하면
행복감과 만족감이 높다

재생에너지 분야에서 일하고 싶어 하는 변호사나 소설을 쓰고 싶어 하는 애플리케이션 개발자, 아니면 조경 디자이너가 되겠다는 꿈을 품은 편집자를 심심치 않게 만난다. 아마 당신 또한 현재와 전혀 다른 일로 직업을 바꾸는 꿈을 꿨을 것이다. 하지만 내 경험상 그런 생각을 하는 사람이 실제 꿈을 이루려고 나서는 일은 드물다. 직업을 전환하는 데 드는 비용은 너무 커 보이는 반면 성공할 가능성은 너무 요원하기 때문이다.

그렇다고 현재 하는 일을 성취감도 없이 자신을 소진해가며 꾸역꾸역 계속하는 것도 답은 아니다. 내가 생각할 때 정답은 '2가지' 일을 모두 하는 것이다. 직업이 2개인 편이 하나인 것보다 낫다. 2가지 직업에 전념하면 양쪽에서 혜택을 받을 수 있다.

나는 4가지 일을 한다. 포춘 500대 기업 가운데 한 곳에서 기업 전략가로 일하고 있으며, 미국 해군 예비역 장교이면서 여러 권의 책을 쓴 작가이자 음반 제작자이기도 하다. 사람들이 내게 가장 자주 하는 질문은 "잠은 얼마나 주무세요?"와 "4가지 일을 전부 할 시간이 되나요?"다. 내 대답은 "많이 잡니다."와 "시간은 제가 만듭니다."이다.

하지만 '과정'을 묻는 이러한 질문으로는 내가 4가지 일을 하는 이유와 동기의 핵심을 파악할 수 없다. 흥미로운 사실을 드러내는 질문은 "왜 여러 가지 직업을 갖고 계시나요?"일 것이다. 아주 간단히 말하자면 여러 가지 일을 하면 더 행복하고 성취감도 더 크게 느낄 수 있기 때문이다. 그리고 여러 가지 일을 하면 각각의 일에서 더 나은 성과를 내는 데도 도움이 된다. 어떻게 하는지 구체적으로 살펴보자.

자신의 스킬 개발에 투자하라

나는 회사에서 일해서 받는 월급으로 음반 제작일에 드는 비용을 충당한다. 음반 제작자로서의 경력이 없었기 때문에 내게 돈을 내고 음반을 제작해달라는 사람이 없었다. 게다가 나는 애초에 돈을 벌려고 음반 제작자가 된 게 아니었다. 음반 제작자가 된 건 재즈와 클래식 음악을 향한 열정 때문이었다. 그래서 음반 제작이라는 새로운 업계에서 경험을 쌓기 위해 자원봉사를 했다. 낮에 회사에서 일한 덕분에 음악 앨범을 만드는 데 드는 비용을 월급으로 부담할 수 있었을 뿐 아니라 제작자로서 성공하는 데 필요한 역량도 키웠다. 좋은 제작자는 비전을 만들고, 인력을 충원하며, 일정을 설정하고, 자금을 모으며, 상품을 내놓는다.

지금까지 12장이 넘는 음반을 제작하고 그래미상을 몇 번 받았다. 그러자 몇몇 음반 레이블과 음악가가 제작자로 일해 달라 연락해오기 시작했다. 여전히 나는 보수를 받는 건 사양한다. 음악을 만드는 것, 영원히 계속될 그 일만으로도 내게는 충분한 보상이 되기 때문이다.

동시에 나는 음반 녹음 세션에 늘 회사의 고객을 초청한다. 온종일 사무실에서 일하는 사람에게 '무대 뒤편'의 모습을 보고, 가수, 음악가, 기타 창의적인 일을 하는 전문가와 교류하는 건 신나는 일이다. 앨범을 만들기 위해 쿠바에 머물렀을 때 어느 고객이 춤추는 음악가의 모습을 보고 이렇게 말했다. "제 주변에서는 일하면서 저렇게 즐거워하는 사람을 본 적이 없어요." 경이로운 경험을 한 고객은 내가 회사에서 수익을 창출하는 데 도움을 준다. 그러니 회사 일과 음반 제작일은 서로에게 이익을 주는 관계다.

전문 분야가 다른 인맥을 만들어라

월스트리트에서 일할 때 직업인으로서 내가 만나는 사람은 나처럼 금융 서비스 부문에 종사하는 사람으로 국한되었다. 은행가, 트레이더, 애널리스트, 경제학자 등이었다. 모두의 의견을 종합해 우리는 전부 시장에 대해 '일치된' 견해를 가졌다. 그런데 자산관리사asset manager인 내가 보유한 고객은 대부분 다른 걸 찾고 있었다. "제게 반대 견해를 들려주세요." 다시 말해 고객들은 집단사고Groupthink를 통해 나온 이야기를 듣고 싶어 하지 않았다. 나는 고객의 요청을 받아들였고 인맥 수첩을 뒤져 차별화된 관점을 제공할 수 있는 사람을 구하기 위해 나섰다.

예를 들어 어느 고객은 중국인들이 서로 어떤 이야기를 나누는지 이해하고 싶어 했다. 나는 작가로도 활동 중이라 다른 작가들과 친분이 있어서 중국인들의 비공식적인 대화를 모니터링하는 정기 간행물의 기자로 일하는 친구에게 연락을 했다. 은행 감사 부서의 제약 없이, 그 친구는 내 고객에게 자유로운 견해를 들려줄 수 있었다. 고객은 이 점을 무척 고마워했다. 고객은 새로운 아이디어를 떠올렸고, 나는 거래를 따냈으며, 친구에게는 새 구독자가 생겼다. 여러 다른 집단에 속해 인맥을 쌓으면, 평소 절대 만나지 않을 사람을 선택적으로 연결해 모두에게 가치를 만들어낼 수 있다.

진정한 혁신에 눈떠라

　서로 다른 직업을 가지면 아이디어가 상호작용하는 곳을 확인할 수 있다. 그보다 더 중요한 건 아이디어가 어디서 '상호작용해야 하는지'도 알 수 있다는 점이다. 여러 분야의 경계를 넘나드는 사고를 했던 전형적 인물인 스티브 잡스는 이런 말을 남겼다. "교양과 결합한 기술, 인문학과 결합한 기술, 그런 기술이 우리의 가슴을 울리는 결과물로 이어집니다."

　허리케인 카트리나가 휩쓸고 지나간 뒤 많은 음악가가 뉴올리언스를 떠났다. 뉴올리언스의 음악가를 도울 기금을 마련하기 위해 나는 사람들에게 기부금을 요청하는 일반적인 비영리단체를 만들 수도 있었다. 하지만 나는 그런 비영리단체를 설립하는 대신 더 오래 지속 가능한 해결책을 떠올렸다. 이를 "월스트리트, 버번스트리트를 만나다"라고 설명하는데, 뉴올리언스의 음악가를 위한 중개업이다.

　뉴욕 사람들이 파티에 부를 음악가를 예약하고 싶을 때 우리 단체의 웹사이트에서 밴드를 검색할 수 있다. 예약을 하면 예약자는 뉴올리언스의 자선 단체에 지급될 '팁'을 추가해달라는 요청을 받는다. 예약자(경우에 따라 우리 회사 고객일 때도 있다)는 파티에 부를 밴드를 쉽게 찾을 수 있고, 뉴욕시에서 활동하는 음악가는 일감을 얻고, 뉴올리언스의 자선 단체는 소액의 기부를 받는다. 은행에서 일한 덕분에 나는 색다른 유형의 자선 단체를 만들 수 있었다. 이 단체는 나중에 훨씬 더 큰 자선 단체에 합병되었다.

　호기심을 따라가다 보면 새로운 직업에 열정을 쏟게 될 것이고, 그러다 보면 더욱 큰 성취감을 느끼게 될 것이다. 그리고 하나 이상의 직업을 갖게 되면 결국 맡은 일 여러 가지를 전부 더 잘하게 될 것이다.

미래의
자신과 놀기

hbr.org 2021년 6월 30일 자 기사[1] 수정

어맨사 임버 Amantha Imber

지금과 다른 역할이나 경력을 시도해보고 싶은 마음이 드는 건 일반적인 일이다. 하지만 갑자기 퇴사한다거나 2~3년 걸리는 학위 프로그램에 등록하는 등 극단적인 방식을 선택하지는 말자. 세계적 혁신 사상가이자 이노사이트Innosight의 시니어 파트너이며 《먹고, 자고, 혁신하라》Eat, Sleep, Innovate의 저자인 스콧 앤서니는 "미래의 자기 자신을 재미 삼아 만들어보라."라는 런던 비즈니스 스쿨 허미니아 아이바라 교수의 제안을 지지한다.[2]

"무슨 말인가 하면 의식적으로 다른 역할, 실제로 여러 리더십 스타일을 실험하고 '시도'해보라는 겁니다. 어떤 스타일이 자신에게 가장 잘 맞는지 확인하기 위한 것이죠." 앤서니는 내가 진행하는 팟캐스트 방송 〈하우 아이 워크〉How I Work에 출연해 이렇게 말했다. "예

---

1 "Career Advice from Wildly Successful People."

2 Amantha Imber, "Global Innovation Thought Leader Scott D. Anthony on His Daily Creativity Ritual," October 21, 2020, in *How I Work* (podcast), produced by Amantha Imber, https://www.amantha.com/podcasts/global-innovation-thought-leader-scott-danthony-on-his-daily-creativity-ritual; and Herminia Ibarra, "The Most Productive Way to Develop as a Leader," hbr.org, March 27, 2015, https://hbr.org/2015/03/the-mostproductive-way-to-develop-as-a-leader.

를 들어 저의 다음 행보는 언젠가 자연스럽게 선생님이 되는 것입니다. 하지만 실제로 제가 가르치는 걸 좋아하는 사람일까요? 그래서 지금 하는 일에서 이를 알아볼 수 있는 작은 실험을 하고 있어요. 비슷하게 직업을 바꾼 사람들에게 전직 후 놀랄 만한 일이 있었는지 물어보며 이야기를 나누는 것도 그중 하나죠."

업무 모드에서 벗어나 놀이 모드로 접어드는 시간을 더 자주 갖자. 앤서니가 이야기했던 것처럼 이를 작은 실험이라고 여기자. 새로운 직업을 갖고 싶은 마음이 드는가? 그 일에 관해 이야기를 나누고 통찰을 얻을 수 있는 사람 5명의 이름을 목록으로 만들자. 예를 들어 여행 블로거가 되고 싶다면 동료들에게 최고의 여행 블로거가 누구라고 생각하는지 묻고, 링크드인이나 다른 소셜미디어 채널을 활용해 그 블로거에게 연락해 이야기를 나눠본다. 호기심을 발동시켜 알고 싶은 내용과 질문 리스트를 만들자. 예를 들어 이런 질문을 만들 수 있다. "여행 블로거는 어떻게 돈을 버나요?', '어떻게 여행 블로거로 일을 시작하게 되었나요?', '하루에 몇 시간 정도나 일하나요?'

직장이나 직업을 바꿀 생각이라면 너무 맹목적으로 시작하지 말자. '미리 가본 사람, 해본 사람'을 찾아 그들의 경험을 배우고 조언을 듣는다면 움직이기 전에 도움을 받을 수 있을 것이다.

> **어맨사 임버**
> 행동과학 자문회사 인벤티움Inventium 설립인이자 팟캐스트 방송 〈하우 아이 워크〉 How I Work 진행자. 이 방송에서는 전세계 성공한 사람들의 습관과 의식을 알려준다.

— 2007 —

신임 매니져는 왜 좌절하는가

환상과 진실의 간극

린다 힐

Becoming the Boss

HBR 2007년 1월호에서 전재(product #R0701D)

린다 힐 Linda A. Hill
하버드 경영대학원 월러스 브렛 던햄 경영학 교수Wallace Brett Donham Professor of Business Administration. 《성장을 이끄는 팀장들》, 《관리자 되기》Becoming a Manager 의 저자이자 《보스의 탄생》Being the Boss, 《혁신의 설계자》Collective Genius의 공동저자다.

관리자가 되고 나서
깨닫는 것들

정말 재능 있는 사람이라 해도 리더가 되는 과정은 몹시 힘들다. 보람 있는 일이기는 하지만 계속되는 배움과 자기계발self-development의 여정이 쉽지는 않다. 리더가 되는 길을 따라가다 만나는 첫 시험은 너무 기본적인 것이라서 우리는 종종 이 시험을 간과한다. 바로 처음으로 상사가 되는 일이다. 이 시험을 간과하다니, 애석한 일이다. 처음으로 상사가 된다는 것, 그 통과 의례는 개인에게도 조직에도 중대한 결과를 남기기 때문이다.

기업의 임원은 처음 맡았던 관리자 자리의 경험으로 상사의 모습을 형성하고 이는 바뀌지 않는다. 수십 년이 지난 뒤에도 그들은 관리자가 된 첫 몇 달을 본인이 완전히 달라진 시기로 기억한다. 그 시기에 형성된 리더십 철학과 스타일은 그 이후에도 계속 그들을 따라다니며 괴롭히거나 커리어의 발목을 잡기도 했다. 개인적인 성과가 뛰어나고 훌륭한 자격 조건을 갖춘 직원을 관리자로 승진시켰는데, 그가 관리 책임을 잘 받아들이지 못하면 어떨까? 이럴 경우 기업은 상당한 인적·재정적 비용을 감당해야 한다.

하지만 직원에서 관리자로 경력을 전환하는 과정은 생각보다 어렵다.

그러니 실패가 발생하는 것도 놀랄 일은 아니다. 관리자로 새로 승진한 직원 누구에게든 상사가 된 후 처음에 어땠는지 물어보라. 아니 좀 더 확실한 고위 임원에게 처음 관리자가 되었을 때 어땠는지 물어보라. 솔직한 답을 들을 수 있다면 그들이 방향을 상실했던 이야기를 듣게 될 것이다. 심지어 엄청난 혼란에 휩싸였던 이야기를 하는 임원도 있을 것이다. 처음 관리자가 되면 생각했던 것과 전혀 다르다. 누구나 역할이 너무 무겁다고 느낀다. 그리고 역할의 범위가 어떻든 간에 그 일들이 리더십과 아무런 상관이 없어 보인다.

어느 증권회사 지점장의 이야기를 들어보자. "통제 불능인 상태로 관리자가 되는 게 얼마나 힘든지 아세요? 이루 말할 수가 없답니다. 아이를 낳은 것 같은 느낌이에요. 어제까지 아이가 없었는데, 오늘 갑자기 엄마 혹은 아빠가 되어 아이를 돌보는 일에 대한 모든 걸 알고 있어야 하는 것과 같죠."

이처럼 첫 번째 리더십 시험이 지닌 중요성과 어려움을 생각하면 처음 관리자가 된 직원의 경험과 그들이 마주하는 어려움에 얼마나 신경을 쓰지 않았는지 놀라울 따름이다. 서점에는 효과적으로 일할 뿐 아니라 성공한 리더를 설명하는 책이 줄지어 꽂혀 있다. 하지만 직원을 이끄는 법을 배우는 일의 어려움, 특히 처음 관리자가 된 사람의 어려움을 주제로 다루는 책은 극히 드물다.

지난 15년의 세월에 걸쳐 나는 관리자가 되어 경력에 주요한 전환점을 맞은 사람을 연구해왔다. 특히 스타 퍼포머star performaer가 관리자로 승진한 경우에 주목했다. 원래는 새로 관리자가 된 사람을 찾아 직원을 관리하는 법을 배운다는 게 어떤 건지 직접 이야기를 듣는 토론의 장을 제공하고 싶었다. 그래서 처음에는 새로 관리자가 된 사람 19명을 선정해 첫 1년을 추적하며 그들의 주관적인 경험을 들여다보려 했다. 어떤 일을 가장 힘들어할까? 어떤 걸 배워야 할까? 그걸 어떻게 배울까? 직무 전환에 따른 어려움을 완화하고 새롭게 주어진 과제에 숙달하기 위해 어떤 자원을 활용할까?

1992년 출판했던 《관리자가 되는 법》Becoming a Manager 초판에 처음 실시했던 연구 내용을 실었다. 그 이후에도 나는 누군가 새로 관리직에 오르면 그와 관련한 개인적인 변화를 계속 연구했다. 다양한 직무와 산업에 속한 새로운 관리자에 관한 사례 연구 결과를 논문으로 발표하고, 기업과 비영리단체를 위해 신임 관리자 리더십 프로그램을 설계하고 진행했다. 기업은 더욱 군더더기 없어졌고 역동적으로 움직이게 되었다.

통합된 제품과 서비스를 출시하려고 서로 다른 부서가 함께 일하기도 하고, 기업이 공급업체나 고객과 함께 일하거나 전략적 제휴를 통해 경쟁사와 함께 일하기도 한다. 이런 상황에서 새로 관리자가 된 사람이 직무 전환에서 겪는 어려움은 그 어느 때보다 크다.

여기서 강조하고 싶은 것은 이러한 신임 관리자가 마주하는 어려움은 예외가 아니라 일반적인 현상이라는 점이다. 이들은 제 기능을 못 하는 조직에서 제 역할을 다하지 못하는 그런 관리자가 아니다. 통상적인 적응 문제를 마주한 일반적인 사람이다. 이 가운데 대다수는 이 전환을 잘 마무리하고 새로 맡은 역할을 다하도록 배운다. 하지만 그 과정이 덜 힘들다면 얼마나 더 효과적으로 일할 수 있을지 생각해보라.

신임 관리자가 이러한 첫 번째 리더십 시험을 통과하는 데 도움을 주려면 그들이 맡은 역할의 본질을 이해시켜야 한다. 즉 책임을 진다는 게 정말로 어떤 의미인지 알게 해야 하는 것이다. 대부분 자기 자신을 관리자이자 리더로 인식한다. 그들은 리더의 말을 사용하고 리더십의 부담을 분명하게 느낀다. 하지만 그게 어떤 의미인지는 제대로 이해하지 못한다.

관리자의 소양이
몸에 배지 않는 이유

신임 관리자가 처음 알게 되는 사실은 자신이 맡은 일, 도전적인 과제라고 정의하는 그 일이 생각보다 훨씬 까다롭다는 것이다. 신임 관리자는 개별 기여자individual contributor로 성공할 때와 관리자로 성공할 때 필요한 기술과 방법이 전혀 다르다는 걸 알고는 놀란다. 그리고 현재 지닌 역량과 새로운 자리에서 요구하는 역량 사이에 차이가 있다는 점에 또 한 번 놀란다.

관리자가 되기 전에 했던 일에서는 개인의 전문성과 활동이 성공의 주된 요소였다. 하지만 관리자가 되면 전체 그룹을 위해 안건을 설정하고 실행하는 책임을 맡는다. 개별 기여자로 일할 때는 준비되어 있지 않은 역량이다.

앞서 이야기했던 증권회사의 신임 지점장 마이클 존스의 사례를 다시 살펴보자(이 기사에 인용된 이들은 모두 각색된 인물이다). 마이클은 13년 동안 증권 브로커로 일했고 뛰어난 성과를 냈다. 그의 분야에서 가장 적극적으로 일하는 사람이었고 혁신적인 전문가였다. 마이클의 회사에서는 개인의 역량과 성과를 기준으로 내부 승진을 통해 신임 지점장을 임명했다. 그랬기에 지사장이 마이클에게 관리직을 제안했을 때 놀라워하는 직원은 아무도 없었다.

마이클은 효과적으로 일하는 관리자가 되려면 무엇이 필요한지 알고 있다는 확신에 차 있었다. 사실 마이클은 자신이 지점장이라면 여러 가지 문제를 해결하고 지점 내 생활을 더 나아지게 할 의지와 능력이 있다는 말을 여러 차례 했었다. 그러나 신임 지점장이 되고 나서 한 달 뒤 마이클은 극심한 불안을 느꼈다. 아이디어를 실행하는 건 생각했던 것보다 훨씬 어려웠다. 그제야 마이클은 자신의 '애착 이불'을 포기했고, 이제 돌아갈 곳은 없다는 사실을 깨달았다.

마이클이 보이는 반응은 마이클 자신에게는 충격이겠지만, 사실 흔히 있는 일이다. 리더가 되는 법을 배우려면 직접 리더 역할을 해보면서 배우는 과정을 거쳐야 한다. 이는 교실에 앉아 배울 수 있는 내용이 아니다. 주로 업무 경험을 통해 얻게 되는 기술이며 특히 역경을 통해 습득된다. 신임 관리자는 역경 속에서 현재 역량 이상의 일을 하며 시행착오를 통해 앞으로 나아간다. 스타 퍼포머는 대부분 실수를 많이 해보지 않았기 때문에 이런 상황이 낯설 수밖에 없다. 더구나 스트레스를 받으면 실수 속에서 자신이 배우고 있다는 걸 인지하기 어렵다. 관리자의 배움은 점증적으로 서서히 일어난다.

이런 배움의 과정이 천천히 진행되면서 신임 관리자는 과거의 성공적인 초기 경력을 지탱해온 사고방식과 습관을 버리게 된다. 그리고 관리자로서 새로운 정체성이 형성된다. 새로운 사고방식과 존재 방식을 내면화하면서 성공을 가늠하고, 나아가 일에서 만족감을 얻는 새로운 방법도 발견한다. 당연히 이러한 심리적 적응 과정에는 힘이 많이 든다. 어느 신임 관리자는 이렇게 말했다. "승진하는 게 이렇게 괴로운 일인지 정말 몰랐습니다."

괴롭다. 그리고 스트레스를 받는다. 신임 관리자는 필연적으로 2가지 질문을 고민한다. 그 질문은 '내가 관리직을 좋아하게 될까?' 그리고 '내가 관리직을 잘해낼 수 있을까?'다. 물론 즉각 답을 얻을 수 있는 건 아니다. 답은 경험을 쌓아 얻을 수밖에 없다. 그런데 이 2가지 질문에는 한층 더 불안한 마음이 들게 하는 질문 하나가 종종 함께 따라온다. '나는 어떤 사람이 되는 걸까?'

신임 관리자가 하기 쉬운 5가지 오해

상사가 되는 건 어렵다. 하지만 냉혹하게 암울한 그림을 그리고 싶지는 않다. 연구를 통해 나는 신임 관리자가 자기 역할을 오해하는 탓에 관리자로 전환하는 과정이 더 힘들어지는 경우가 있다는 걸 알게 되었다. 관리자가 된다는 게 어떤 의미인지에 대해 신임 관리자가 품은 생각에도 어느 정도 진실이 담겨 있다. 하지만 그 개념이 단순하고 불완전하므로 잘못된 기대가 생겨 관리자 생활의 실제와 조화를 이루는 데 어려움을 겪는 것이다. 다음과 같은 오해를 인정하고 나면 신임 관리자가 성공할 가능성은 훨씬 더 커진다. 일부 오해는 거의 모든 사람이 당연하게 받아들일 만큼 보편적으로 수용되는 것들이다(오해와 현실을 비교한 내용은 표 11-1 참조).

오해 1: 관리직의 권위는 절대적이다

신임 관리자에게 자신이 맡은 역할을 설명하라고 하면 대체로 상사 자리에 따라오는 권리와 특권에 초점을 맞춰 이야기한다. 신임 관리자는 관리자 자리에 있으면 더 많은 권한을 얻고, 그래서 조직에 최선이라고

표 11-1. 신임 관리자가 자신의 역할을 제대로 이해하지 못하는 이유

처음 관리직을 시작한 관리자는 적어도 초기에는 새로 맡은 역할을 잘해내지 못하는 게 보통이다. 왜냐하면 상사가 된다는 게 어떤 의미인지 오해하고 있거나 근거 없는 통념을 믿고 있기 때문이다. 그러한 오해나 근거 없는 통념은 단순하거나 불완전해서 신임 관리자가 리더십의 주요 책임을 소홀히 하도록 만든다.

	근거 없는 통념	현실
새로운 역할의 성격 정의	권위 "이제 내 아이디어를 실행할 자유가 생겼다."	상호 의존성 "내 밑에서 일하는 사람 때문에 해고될 수 있다는 사실이 나를 겸손하게 한다."
힘의 원천	공식적인 권위 "마침내 직장 내 사다리의 정점에 올랐다."	"~을 뺀 모든 것" "사람들은 나를 경계한다. 실제 권위는 쌓아야 하는 것이다."
바람직한 결과물	통제 "부하 직원들이 내게 복종해야 한다."	헌신 "복종이 헌신과 같은 건 아니다."
관리의 초점	일대일 관리 "내 역할은 부하 직원과 개인별로 관계를 쌓는 것이다."	팀을 이끌기 "그룹이 잠재력을 실현하는 문화를 만들어야 한다."
주요 도전 과제	업무를 원활하게 유지 "내 직무는 업무를 원활하게 진행하는 것이다."	팀이 더 뛰어난 성과를 낼 수 있도록 변화를 불러오는 것 "팀의 성과가 더 좋아지도록 변화를 일으킬 책임이 있다."

자신이 생각하는 바를 실행할 자유와 자율성이 따르리라 추정한다. 어느 신임 관리자의 말을 빌리면 더는 "다른 사람의 불합리한 요구에 부담을 느끼지 않아도 될 것이다."라고 생각하는 것이다.

마음속으로 이렇게 가정하는 신임 관리자는 예상치 못한 현실에 눈뜨게 된다. 지금까지 내가 연구했던 신임 관리자들이 설명한 바에 따르면 관리자가 되면 새로운 권한을 얻는 대신 상호 의존성에 둘러싸여 있다는 점을 알게 된다. 그리고 자유를 느끼는 대신 속박을 느낀다. 특히 스타 퍼포머로서 비교적 독립적으로 일하는 데 익숙한 사람이라면 속박감은 더 크게 느껴진다.

관리자는 관계망 속에 존재한다. 부하 직원뿐 아니라 상사, 동료 그리고 조직 내외부 인사와 관계를 맺고 있으며 이들 모두 상충하는 사안을 관리자에게 집요하게 요구한다. 그 결과 관리자는 매일의 업무에서 압박을 느끼고, 정신없이 바쁘며, 단편적으로 일을 처리하게 된다.

"사실 관리자는 실제 아무것도 통제하지 않아요." 어느 신임 관리자가 말했다. "제가 유일하게 통제하는 순간은 업무를 마칠 때뿐입니다. 그러고 나면 사람들과 함께하는 게 내 일인데, 그 일을 하지 않고 있다는 기분이 듭니다." 또 다른 신임 관리자는 이렇게 말했다. "내 밑에서 일하는 사람 때문에 해고될 수 있다는 사실이 저를 겸손해지도록 만듭니다."

신임 관리자의 삶을 가장 힘들게 만드는 사람은 관리자의 공식 권한 아래에 있지 않은 사람들이다. 예를 들어 외부 공급업체나 타 부서 관리자들 말이다. 샐리 맥도널드는 어느 화학 회사에서 떠오르는 샛별 같은 직원이다. 맥도널드는 큰 기대를 품고 제품개발직에 발을 디뎠다. 맥도널드는 개별 기여자로서 흠잡을 데 없는 자격을 증명했다. 회사의 문화를 깊이 이해하고 있어 심지어 리더십 개발 코스에서 얻을 수 있는 지혜까지 이미 갖춘 상태였다. 제품개발직을 시작하고 3주가 지난 뒤 맥도널드가 단호하게 말했다. "관리자가 되는 건 상사가 되는 게 아니라 인질이 되는 거예요. 이 조직 안에는 저를 납치하려는 테러리스트가 많아요."

자신에게 권한이 있다는 잘못된 통념을 버리고 상호 의존성과 협상을 벌여야 하는 현실을 깨닫기 전까지 신임 관리자는 효과적으로 팀을 이끌지 못한다. 관리자가 된다는 건 자신의 직속 팀만 관리하는 걸 넘어 팀이 운영되는 상황 전체를 관리하는 것까지 해야 한다는 뜻이다. 신임 관리자가, 팀이 의존하는 주요 인물을 확인하고 그와 효과적인 관계를 쌓지 않으면 팀이 일하는 데 필요한 자원이 부족해진다.

물론 신임 관리자들은 이러한 관계의 중요성을 인지하고 있으면서도 보통 이를 무시하거나 소홀히 여긴다. 그 대신 가장 가까이에 있는 사람, 즉 부하 직원을 이끄는 당면 과제에 더 초점을 맞춘다. 그러다 마침내 네트워크 구축자로서의 역할을 받아들일 때쯤이면 그 요구의 무게에 압도되어 어려움을 느낀다. 게다가 상대적으로 입지가 약한 입장, 다시 말해 조직 계층에서 가장 아래에 있는 신임 관리자라면 다른 당사자와 협상을 벌이는 건 성가신 일이다.

그럼에도 상호 의존성을 잘 관리하면 얻을 수 있는 이익이 크다. 미국의 대형 미디어 회사 사업개발 부서에서 일하는 위노나 핀치는 회사에서 발행하는 10대 청소년 대상 잡지의 라틴 아메리카판을 출간하려는 계획을 세웠다. 프로젝트는 임시 승인을 받았고, 핀치가 이 프로젝트를 관리했다. 그런데 핀치와 핀치의 팀은 여러 장애물을 마주했다. 회사의 최고경영진은 국제 프로젝트를 선호하지 않았다. 그리고 최종 자금을 지원받기 전 핀치는 라틴아메리카 시장의 20퍼센트를 차지하는 지역 유통업체의 동의를 확보해야 했다. 신문가판대의 좁은 공간에서 검증되지 않은 잡지가 경쟁을 벌여야 하니 동의를 구하는 게 쉬운 일은 아니었다. 또한 비용을 줄이기 위해 핀치의 프로젝트는 회사의 주력 상품인 여성 잡지의 스페인어판을 담당하는 영업팀에 영업을 의존해야 했다. 그런데 이 팀의 영업사원들은 매우 다른 유형의 상품을 파는 데 익숙해져 있었다.

핀치는 2년 전 잠시 관리자 대리로 일한 경험이 있었다. 그래서 새로운 프로젝트를 준비하며 온갖 세부 사항을 처리해야 하는 업무의 늪 속에 빠져 있는 상황에서도 상부와 동료와의 관계를 관리하는 데 시간과 관심을 쏟는 게 얼마나 중요한지 알고 있었다. 예를 들어 핀치는 2주에 한 번 부서장의 격주 보고서를 본사 경영진에 전달했다. 그리고 여성지 담당팀과 소통을 강화하기 위해 정기적으로 라틴아메리카인 이사회 회의를 주관했다. 이 회의에서는 청소년 대상 잡지와 여성 대상 잡지, 양쪽의 세계 최고경영진이 모여 지역 전략을 논의했다.

전에 관리자 대리로 일했던 경험이 있기는 하지만, 핀치도 신임 관리자가 감당하는 일반적인 스트레스를 피할 수 없었다. "1년 365일 기말고사를 보는 것 같은 기분이에요." 핀치가 말했다. 그래도 다행히 라틴아메리카판 새 잡지는 일정대로 발매되었고 사업계획에서 예상했던 판매량을 넘어서는 성과를 냈다.

오해 2: 관리직의 권위를 과장한다

그렇다고 오해하지는 말자. 신임 관리자들이 상호 의존성에 의해 제약을 받는다고 해도 어느 정도의 권한은 분명히 있다. 문제는 대다수의 신임 관리자가 자신의 힘이 조직 위계 구조에서 새로 부여된 높은 자리에 따르는 공식적인 권한에서 나온다고 잘못 생각한다는 점이다. 이런 가정 때문에 직접 나서서 독재자같이 구는 접근법을 택하는 신임 관리자가 많다. 그것은 사람들을 지배하려는 욕구 때문이 아니라 그 방식이 성과를 내는 가장 효과적인 방법이라고 생각하기 때문이다.

하지만 신임 관리자들은 곧 직속 부하 직원에게 무언가 해달라고 요구해도 그들이 반드시 그 말대로 하는 건 아니라는 사실을 알게 된다. 사실 부하 직원은 재능 있는 사람일수록 단순하게 명령에 따를 가능성이 작다. 일부 신임 관리자 또한 압박을 받을 때 항상 상사의 말을 듣지는 않는다는 점을 인정한다.

괴로운 경험을 몇 번 하고 나면 신임 관리자는 자신이 지닌 힘의 원천이 '공식적인 권위를 뺀 모든 것'에서 나온다는 불편한 현실을 깨닫게 된다. 즉 권위란 관리자가 부하 직원, 동료, 상사에게 신뢰를 쌓아야만 나타난다는 것 말이다. "석 달이 지나서야 우리 팀원 중 제 말이 전혀 먹히지 않는 직원이 많다는 사실을 깨달았습니다." 내가 추적 연구했던 어느 관리자가 이렇게 회상했다. "마치 혼잣말하는 기분이었어요."

주변 사람들에게서 존중과 신뢰를 얻는 게 얼마나 어려운지 깜짝 놀라는 신임 관리자가 많다. 전문성과 실적이 자신을 대변해주지 않는다는 사실에 충격을 받기도 하고, 심지어 모욕이라 느끼기도 한다. 조사 결과에 따르면 신뢰를 쌓는 데 도움이 되는 자질이 무엇인지 모르는 사람도 많았다.

신임 관리자는 자신의 '인격'character, 즉 옳은 일을 하려는 의도를 증명해야 한다. 이는 부하 직원에게 특히 중요하다. 부하 직원은 새로 온 상사의 동기를 알아내기 위해 모든 말과 비언어적 몸짓을 하나하나 분석하는 경향이 있다. 그런 세밀한 관찰이 불편할 수 있다. 어느 신임 관리자는 이렇게 말했다. "제가 좋은 사람이란 걸 알고 있었고, 사람들이 그런 제 모습을 바로 받아들일 거라는 일종의 기대를 했어요. 하지만 다들 저를 경계하더군요. 사람들의 마음을 얻기 위해 많이 노력해야 했어요."

신임 관리자는 '역량'competence, 즉 옳은 일을 할 능력이 있다는 것도 증명해야 한다. 바로 이 점이 문제다. 신임 관리자가 개인으로서 성공의 기반이 되었던 자신의 기술적 지식과 기량을 증명해야 한다고 느낀다는 점 말이다. 이런 역량을 증명하는 게 부하 직원의 존중을 얻는 데 필요하기는 하지만 궁극적으로 직속 부하 직원이 기대하는 주요 역량은 아니다.

예를 들어보자. 글로벌 투자 은행의 트레이딩 부문 관리를 맡게 된 피터 아이젠버그는 업무 경험이 많은 시니어 트레이더 그룹을 감독하게 되었다. 팀의 신뢰를 얻기 위해 아이젠버그는 실제적인 접근법을 택했고, 트레이더들에게 특정 포지션을 접으라거나 트레이딩 전략을 다르게 바꿔보라고 조언했다. 트레이더들은 각 지시의 근거를 요구하며 반발했다. 상황이 불편해졌다. 새로 온 상사의 발언에 대한 트레이더들의 반응은 예민했고 퉁명스러웠다. 외환시장 지식이 부족하다는 것을 깨달은 아이젠버그는 어느 날 한 시니어 트레이더에게 가격 산정에 관한 간단한 질문을 던졌다. 그러자 질문을 받은 트레이더는 하던 일을 멈추고 설명해주더니, 일과 후 그 문제에 관해 더 이야기하자고 제안했다.

아이젠버그는 이렇게 말했다. "계속 말하는 걸 멈추고 경청하기 시작했더니 책상 앞에 앉아 있던 직원들이 제게 일을 가르쳐주기 시작했습니다. 더구나 제게 의문을 제기하는 횟수가 크게 줄었습니다."

신임 관리자가 기술적 역량을 과시하려 애쓰던 지난 날의 태도는 오히려 관리자이자 리더로서의 신뢰성을 약화시킨다. 열의를 갖고 현업 문제를 해결하려 들면 암묵적으로 관리 역량에 관한 의문이 생긴다. 트레이더들 눈에는 아이젠버그가 마이크로매니저이자 존중할 수 없는 '통제광'control freak으로 비쳤던 것이다.

마지막으로 신임 관리자는 '영향력'influence, 즉 옳은 일을 전달하고 실행하는 능력을 증명해야 한다. 우리 연구에 참여했던 어느 신임 관리자의 직속 부하는 이런 말을 했다. "힘없는 상사 밑에서 일하는 것보다 안 좋은 일은 없어요." 조직 내에서 영향력을 확보하고 발휘하는 건 특히 어렵다. 앞서 이야기했듯 신임 관리자는 조직 내에서 '하급 관리자'이기 때문이다.

어느 신임 관리자는 이렇게 말했다. "마침내 승진하게 되었을 때 온 세상이 다 제 것 같았죠. 수년간 올라왔던 사다리의 꼭대기에 서 있는 기분이었습니다. 하지만 갑자기 다시 사다리의 맨 아래로 내려간 것만 같았습니다. 다만 이번에는 사다리의 계단이 무엇인지, 제가 어디를 향해 올라가고 있는 것인지조차 분명하지 않았죠."

여기서도 신임 관리자가 공식적 권한에 지나치게 의존하는 함정에 빠지는 걸 확인할 수 있다. 형식적 권한만으로는 영향력을 발휘하기 어렵고, 상호 의존 관계를 관리하지 못하면 성과를 내기 힘들다. 신임 관리자는 팀과 조직 전반에 걸쳐 신뢰와 믿음을 기반으로 한 상호의존적 관계망을 차근차근 구축하며 영향력을 키워야 한다.

오해 3: 통제하지 않으면 못 참는다

신임 관리자는 대부분 직속 부하가 복종compliance하길 바란다. 새로운 역할에서 오는 불안감도 작용할뿐더러 그렇게 하지 않으면 부하 직원들에게 휘둘릴지도 모른다는 두려움 때문이다. 그리고 이런 통제권을 얻기 위해 신임 관리자는 공식적인 권한에 지나치게 의존한다. 하지만 앞서 살펴본 것처럼 이 방법은 그다지 효과를 발휘하지 못한다.

시간이 흘러 공식적 권한이든 권위든 이를 통해 어느 정도 통제 수단을 손에 넣었다 해도 그건 거짓된 승리에 지나지 않는다. 순응은 헌신이 아니다. 헌신하지 않는 직원은 주도적으로 나서지 않는다. 부하 직원이 주도적으로 나서지 않으면 관리자는 업무를 효율적으로 위임할 수 없다. 특히 오늘날처럼 급변하는 비즈니스 환경에서는 지속적인 변화와 개선을 위해 계산된 위험을 감수해야 하는데, 부하 직원이 이를 하지 않는다면 성과는 제한적일 수밖에 없다.

라틴아메리카에서 청소년용 잡지를 발매하는 프로젝트를 이끌었던 위노나 핀치는 자신이 마주한 도전 과제를 해결하려면 팀의 전적인 지지가 필요하다는 걸 알고 있었다. 사실 회사에서 핀치에게 그 일을 맡긴 건 핀치의 개인적인 업무 스타일 때문이기도 했다. 경영진은 핀치가 라틴아메리카 시장에 대한 경험과 손익 책임을 관리해본 경험이 부족하기는 했지만, 업무 스타일로 부족한 부분을 보완할 수 있으리라 기대했다. 핀치는 명석하게 사고하는 사람으로 알려져 있었을 뿐 아니라 사람들을 따뜻하고 인간적으로 대했다. 프로젝트를 진행하는 동안 핀치는 리더십 철학과 스타일을 개발하는 데 이처럼 타고난 능력을 잘 활용했다.

핀치는 팀원들에게서 원하는 바를 얻고 싶을 때 공식적 권한을 휘두르기보다는 요청하는 문화를 만드는 방향으로 영향력을 발휘했다. 그 결과 직원들은 자신들에게 자율권이 있다고 느꼈고, 업무에 헌신했으며, 회사의 비전을 달성해야 할 책임을 느꼈다. 핀치의 부하 직원은 이렇게 말했다. "위노나는 느긋하고 재미있는 사람이에요. 하지만 어떤 일을 확실히 알아보기 위해 묻고, 묻고, 또 묻습니다. 위노나에게 뭔가를 말하면 위노나가 다시 답을 합니다. 그런 식으로 이야기를 나누다 보니 내용에 관해 모두가 100퍼센트 분명하게 이해하게 됩니다. 일단 위노나가 정보를 얻고 제가 어떤 일을 하는지 알았다면 저는 그 일을 꾸준히 계속해야 합니다. 위노나가 '제게 X라고 말씀하셨는데 왜 Y를 하고 계세요? 혼란스럽네요'라고 말하거든요. 위노나는 요구하는 게 많은 상사지만 일을 자기 방식대로 처리하라고 요구하지는 않아요. 위노나의 부하 직원들은 팀이 정한 목표를 달성하려고 헌신합니다. 목표를 달성하라는 지시를 받은 게 아니라 권한을 부여받았으니까요."

상사가 부하 직원과 힘을 더 많이 나눌수록 상사가 발휘하는 영향력도 커진다. 구성원이 주도권을 가질 수 있는 방식으로 팀을 이끌 때 관리자는 자신의 신뢰도를 높일 수 있다.

오해 4: 모든 부하 직원과 좋은 관계를 쌓아야 한다

상호 의존성을 관리하고 개인적 신뢰에서 나오는 비공식적 권위를 발휘하려면 신임 관리자는 신뢰와 영향력 그리고 다양한 사람과 상호 기대를 쌓아야 한다. 이 목표는 보통 개인과 생산적인 관계를 맺음으로써 달성할 수 있다. 하지만 궁극적으로 신임 관리자는 팀이 가진 힘을 어떻게 활용할 것인지 알아내야 한다. 단순하게 팀원과 일대일 관계를 맺는 데만 집중하면 팀의 힘을 활용할 방안을 알아보는 과정을 망칠 수 있다.

신임 관리자는 부임 후 첫 1년 동안 팀을 구축해야 한다는 책임을 인식하지 못하거나, 심지어 그 필요성조차 깨닫지 못한다. 대신 사람을 관리한다는 것을 각 부하 직원과 가능한 한 좋은 관계를 맺는 일로 한정하고, 팀 전체를 관리하는 것을 개별 인원 관리와 동일시하는 잘못을 저지른다.

그래서 신임 관리자는 주로 개인의 성과에 주의를 기울이며 팀 문화와 팀 성과에 관해서는 그다지 신경 쓰지 않는다. 문제를 확인하고 해결할 방법으로 그룹 토론 같은 방식을 택하는 경우도 거의 없다. 어떤 관리자는 자신을 가장 지지하는 듯 보이는 소수의 부하 직원만을 신뢰하며 그들과만 지나치게 많은 시간을 함께 보낸다. 신임 관리자는 팀 전체에 영향을 미치는 문제일 때도 부하 직원과 일대일로 문제에 대처하려는 경향을 보인다. 그러다 보니 정보가 불필요하게 제한된 가운데 결정을 내릴 수밖에 없다.

텍사스주의 어느 소프트웨어 회사에서 근무하는 로저 콜린스가 영업 관리자로 부임한 첫 주의 일이다. 영업팀의 부하 직원 한 명이 그를 찾아와 이제 막 사용할 수 있게 된 주차장의 지정 주차 공간을 자기에게 배정해달라고 요청했다. 해당 영업사원은 회사에 근무한 지 수년 된 직원이었고, 콜린스는 경험 많은 직원과 좋은 관계로 시작하고 싶어서 이렇게 대답했다. "네, 그러세요. 안 될 게 뭐가 있겠어요?"

하지만 그러고 한 시간도 채 안 돼서 이번에는 영업 실적이 아주 좋은 또 다른 영업사원이 콜린스의 사무실로 들이닥쳐 회사를 그만두겠다고 위협했다. 보아하니 실용적이고 상징적인 이유에서 그늘진 그 주차 자리를 탐내고 있었던 모양이었다. 콜린스가 아무렇지 않게 그 자리를 이용하라고 허락했던 직원은 팀 내에서 능력이 없다고 널리 평가받는 직원이었다. 스타 퍼포머인 직원은 관리자의 그런 결정을 도무지 이해할 수 없었던 것이다.

마침내 콜린스는 사소한 관리 문제라고 치부했던(그는 "제가 신경 쓸 만한 일이 아니라고 생각합니다."라고 말했다) 그 일을 해결했다. 그리고 비로소 팀원 한 사람을 위한 결정이 팀 전체에 영향을 미친다는 사실을 인식하기 시작했다. 전에 콜린스는 직속 부하 한 사람 한 사람과 좋은 관계를 맺으면 전체 팀이 원활하게 움직이리라 믿고 일했다. 하지만 그는 개인을 감독하는 일과 팀을 이끄는 일이 같지 않다는 걸 배웠다.

연구를 진행하면서 신임 관리자가 어느 부하 직원 한 사람을 위해 예외를 만드는 상황을 여러 번 볼 수 있었다. 대개 그 직원과의 관계를 긍정적으로 만들려는 목적에서였다. 하지만 결국 팀 전체에 부정적인 결과가 나타나 그런 행동을 후회하는 사례를 반복해서 볼 수 있었다. 특히 혼자서도 놀라운 성과를 냈던, 잘나가던 사람일수록 이러한 개념을 받아들이기가 특히 어렵다.

신임 관리자가 일대일 관계에만 집중하면 리더십을 효과적으로 발휘하기 위한 근본적인 관점에 소홀해진다. 즉 팀원 개인의 성과를 높이고 헌신을 끌어내려면 팀의 집합적 힘을 활용해야 한다는 부분 말이다. 리더는 팀 문화(집단의 규범과 가치)를 형성함으로써 팀을 구성하는 다양한 인재의 문제 해결 능력을 최대한 끌어낼 수 있어야 한다.

오해 5: 무엇보다 원활한 업무 운영에 힘써야 한다

관리직에 관한 여러 가지 잘못된 통념과 마찬가지로, 관리자가 업무를 원활하게 유지해야 한다는 생각에도 어느 정도 오해의 소지가 있다. 전체 이야기의 일부만 겨우 들려주는 셈이기 때문이다. 업무가 원활하게 돌아가는지 확인하는 일은 믿을 수 없을 만큼 어려운 과업이며, 관리자는 셀 수 없이 많은 업무를 동시에 처리해야 한다. 사실 현상 유지만 하기도 복잡하다 보니 신임 관리자는 여기에 시간과 힘을 전부 쏟아붓는다.

하지만 신임 관리자는 자신의 팀이 성과를 높일 수 있는 변화를 제안하고 주도하는 일 역시 자신의 책임임을 깨달아야 한다. 대부분이 놀라겠지만, 이는 신임 관리자가 지닌 공식적 권한을 넘어서는 조직 내 프로세스나 구조에 이의를 제기해야 한다는 의미다. 이러한 부분을 이해하고 나서야 신임 관리자는 리더가 가져야 할 책임에 진지하게 대처하기 시작한다(300쪽 '또 하나의 교훈: 권한은 스스로 획득하는 것' 참조).

사실 신임 관리자 대부분은 자신을 조직 변화의 주체가 아니라 위에서 받은 변화 지시를 자신의 팀과 함께 실행하는 사람이라고 스스로를 인식한다. 상사라는 직위에서 나오는 권한에 집착하고 위계적 사고에 매몰되어 자신의 책임을 지나치게 좁게 규정하는 것이다. 결과적으로 이들은 팀의 업무에 차질이 생기면 시스템의 결점을 탓하는 경향이 있으며 그러한 시스템을 직접 책임지는 상사를 탓한다. 또한 시스템이 지닌 문제

또 하나의 교훈:
권한은 스스로 획득하는 것

신임 관리자는 종종 뒤늦게 알아차리곤 한다. 관리자는 팀이 앞으로 한층 더 뛰어난 결과를 내는 데 도움이 될 변화를 제안하고 이를 실행해야 한다는 걸 말이다. 어느 통신 회사에 존 델혼이라는 마케팅 관리자가 있었다. 델혼은 전임자가 중대한 투자를 하지 않았다는 사실을 발견하고, 마케팅 예산을 늘리기 위해 직속 상사를 설득하려고 여러 번 시도했다. 또한 마케팅팀이 마케팅 계획을 최적할 수 있는 새로운 정보 시스템을 확보하기 위해 제안서를 제출했다. 예산 확충을 위해 상사를 설득하는 데 실패하자 그는 태세를 바꿨다. 그리고 주어진 여건 안에서 가능한 생산성을 확보할 수 있도록 팀 내에 변화를 가져오는 데 집중했다. 이러한 과정은 신중하게 진행되었다. 특히 상사와의 관계 문제 때문이었다. 상사는 델혼이 보내는 이메일에 답하기까지 점점 더 시간을 끌었고 델혼을 불편해했다.

마케팅 서비스가 특정 목표를 달성하지 못하자, 델혼이 적극적으로 대처하지 않아 그렇다는 말을 들은 CEO는 예고 없이 델혼을 해고했다. CEO는 중요한 신시장 진출에 필요한 자금을 확보하는 과정에서 델혼이 "가만히 앉아서 자신에게 도움을 구하지 않았다."라며 질책했다. 델혼은 충격과 상처를 받았다. 그리고 CEO의 처사가 극히 부당하다고 생각했다. 델혼은 회사의 전략 기획 및 예산 집행 절

> 차에 문제가 있는 건 자기 탓이 아니라고 주장했다. 그러자 CEO는 성공을 위한 조건을 만드는 것은 델혼의 책임이라고 답했다.

를 다른 사람이 고쳐주기를 기다리곤 한다.

하지만 이러한 태도는 조직 내 관리자의 역할을 근본적으로 잘못 이해한 것이다. 신임 관리자가 팀을 성공시키기 위해서는 자신의 책임 범위 안팎에서 변화를 만들어내야 한다. 자신에게 공식적 권한이 없다는 점을 무시하고 팀이 일하는 환경을 바꾸는 노력을 기울여야 한다.

이처럼 폭넓은 시각을 지니면 신임 관리자 자신뿐 아니라 조직에도 유익하다. 조직은 끊임없이 스스로 새로운 활력을 찾고 변해야 한다. 현업을 관리하는 복잡성을 다루면서 동시에 변화를 주도하는 유능한 리더가 있어야만 이러한 도전 과제를 해낼 수 있다.

상사가 신임 관리자의 불안을 이해해야 할 필요성

상사가 되는 어려운 과정을 거치는 동안 신임 관리자는 앞서 언급한 오해들이 근거 없는 것임을 배우면서 엄청난 이점을 얻는다. 하지만 새로 맡게 된 책임의 다층적 특성 때문에 여전히 관리라는 퍼즐을 맞추는 과정에서 실수할 수밖에 없다. 아무리 실수를 통해 배우는 게 중요하다고 해도 실수하는 건 달갑지 않은 일이다. 신임 관리자는 직업 정체성을 확대하고 재구성하면서 고통을 느낀다. 그리고 새로운 역할을 배우려고 고군분투하는 동안 고립되었다고 느끼는 경우가 많다.

연구에 따르면 안타깝게도 도움을 요청하는 신임 관리자는 거의 없다. 이는 근거 없는 또 다른 통념에서 비롯되는 결과이기도 하다. 그건 바로 관리자라면 모든 답을 다 알고 있어야 하며, 도움을 구하는 건 신임 관리자가 '승진해서는 안 될 사람'임을 알려주는 확실한 신호라고 생각하는 것이다. 물론 경험이 많은 관리자라면 모든 답을 가진 사람은 없다는 걸 안다. 그런 통찰력은 오랜 시간에 걸쳐 경험을 쌓으면서 얻게 된다. 그리고 수없이 많은 연구에서 보여준 대로 동료와 상사의 지원과 조력이 있다면 더 쉽게 배울 수 있다.

신임 관리자가 도움을 청하지 않는 또 하나의 이유는 발전적인 관계를 맺는 데 따르는 위험(때로는 실제보다 더 크게 느낀다)을 인지하기 때문이다. 같은 부서의 동료와 자신의 불안, 실수, 단점을 공유하면 그 정보가 자신을 해치는 데 이용될 위험이 있다. 자신이 지닌 문제를 상사에게 이야기하는 것도 마찬가지다. 평가자와 개발자의 역할 사이에 내재된 갈등은 오랜 딜레마다. 그러므로 지원을 받으려는 신임 관리자는 창의적으로 문제에 접근해야 한다. 예를 들어 다른 지역이나 다른 부서, 혹은 전혀 다른 조직의 동료에게 도움을 구하는 것이다. 상사와의 문제는 깔끔하게 해결하기는 어렵지만 어느 정도는 완화할 수 있다. 그리고 이 지점에서 신임 관리자뿐 아니라 경험이 풍부한 관리자도 교훈을 얻을 수 있다.

새로운 관리자는 자신의 직속 상사를 조력자가 아니라 성장에 위협이 되는 존재로 보기 때문에 조언을 구하지 않는다. 실수나 실패 때문에 처벌받는 걸 두려워하는 탓에 오히려 그런 실수를 예방해줄 수 있는 도움을 회피하는 것이다. 심지어 간절히 필요할 때조차 말이다. 한 신임 관리자는 이렇게 말했다.

"어느 직급에 이르면 상사와 마주할 일이 더 많다는 걸 압니다. 상사가 있는 이유가 그것 때문이죠. 상사는 경험을 갖추었고, 저는 상사에게 가서 무슨 일이 일어나고 있는지 말해야 합니다. 그러면 상사는 훌륭한 조언을 해줄 겁니다. 하지만 그렇게 상사와 정보를 나누는 건 안전하지 않아요. 상사는 미지수죠. 상사에게 질문을 너무 많이 하면 상사는 제 역량에 대한 신뢰를 잃고, 일이 잘 돌아가지 않는다고 생각할 겁니다. 제가 통제력을 잃었다고 판단하면 일이 정말 힘들어질 겁니다. 상사가 당장 쫓아와 지금 무슨 일을 하고 있는지 꼬치꼬치 물을 테니까요. 그리고 미처 알아차리기도 전에 상사가 업무에 개입할 겁니다. 정말 불편한 상황이죠. 그러니 제가 도움을 구해야 한다면 상사에게는 제일 마지막에 찾아갈 겁니다."

이러한 두려움은 종종 정당화된다. 실제로 상사와 멘토 관계를 맺으려다 후회하는 신임 관리자가 많다. 어느 신임 관리자는 이렇게 말했다. "순진하다거나 어리석다고 여겨질 수 있을 만한 건 감히 물어보지도 못합니다. 한번은 상사에게 질문을 했더니 내가 비즈니스계의 유치원생이 된 것 같은 기분이 들게 하더군요. 마치 '내가 지금까지 본 것 중 제일 바보 같은 짓이야. 도대체 무슨 생각인 겁니까?'라고 말하는 것 같았어요."

이는 신임 관리자뿐 아니라 그 상사, 조직 전체에도 안타까운 기회 상실이다. 또한 상사가 신임 관리자의 초기 관점과 오해를 바로잡을 기회를 놓친다는 의미이기도 하다. 신임 관리자는 재정적 자원부터 고위 경영진의 사업 우선순위에 관한 정보에 이르기까지, 상사가 가장 잘 제공할 수 있는 조직 자산을 이용할 기회를 잃는다.

신임 관리자가 상사와 좋은 관계를 맺는다면 큰 성과를 낼 수 있다. 비록 신임 관리자가 기대했던 방식은 아닐지 모르지만 말이다. 연구한 바에 따르면 신임 관리자의 절반은 결국 상사에게 도움을 구했는데, 이는 보통 임박한 위기 때문이었다. 그리고 예상했던 것보다 상사가 여러 가지 질문과 실수를 잘 받아주어 안심하는 경우가 많았다. 어느 신임 관리자는 이렇게 회상했다. "상사는 내가 아직 배우는 중이라는 걸 알고 가능한 어떤 방법으로든 나를 도와주려 했습니다."

때로 가장 뛰어난 멘토들은 겉보기에 방임하는 것처럼 보이기도 한다. 한 관리자는 직속 상사에게서 일을 어떻게 배웠는지 이야기했다.

"상사는 요구 사항이 많은 편이지만, 인재를 육성하고 직원이 궁지에 몰리지 않게 도와주는 사람이라는 좋은 평판을 갖고 있었어요. 하지만 함께 일하고 처음 60일이 지나기 전까지는 좋은 사람인지 확신할 수 없었습니다. 모든 일이 너무 힘들었고 나는 몹시 좌절했어요. 그런데도 상사는 내게 도움의 손길을 내밀지 않았습니다. 그게 미칠 것 같았어요. 상사에게 질문하면 상사도 내게 질문했어요. 나한테는 답이 없었는데 말이죠. 그러다 상사가 원하는 게 무엇인지 조금씩 보이기 시작했습니다. 문제 상황에 어떻게 대처할지 제가 먼저 아이디어를 고민해서 상사를 찾아야 했습니다. 그리고 나서 상사와 함께 내 아이디어에 관해 이야기를 나누었습니다. 상사는 자기 시간 전부를 아낌없이 내게 썼습니다."

이 관리자의 경험은 신임 관리자가 처음 관리직에 오를 때 얼마나 어려운지를 이해하거나 기억하는 것이 왜 중요한지를 잘 보여준다. 신임 관리자가 성공하도록 돕는 건 해당 개인에게만 득이 되는 게 아니다. 신임 관리자의 성공을 보장하는 건 전체 조직의 성공에도 매우 중요하다.

─ 1993 ─

제12장

여성 관리자의 고충
직장에서의 보여주기식 남녀평등

캐슬린 리어든

The Memo Every Woman Keeps in Her Desk

HBR 1993년 3/4월호에서 전재(product #93209)

캐슬린 리어든 Kathleen Reardon
서던캘리포니아대학교 마셜Marshall 경영대학원 명예교수. 직장 내 정치, 설득, 협상 전문가다. 아마존 베스트셀러 《비밀의 악수》The Secret Handshake, 《성공한 사람들의 정치력 101》, 《직장에서의 복귀》Comebacks at work를 펴냈다. 그는 또한 범죄 미스터리 소설 《그림자 캠퍼스》Shadow Campus의 저자이기도 하며, 성적 위법행위에 초점을 맞춘 두 번째 범죄 미스터리 《만일 그녀가 해버린다면 망한 거야》Damned If She Does를 출간했다.

- 블로그 겸 웹사이트: www.kathleenkelleyreardon.com

작가의 말: 1993년 '모든 여성의 책상 속에 들어 있는 메모'를 썼을 때만 해도 일반적으로 직장에서 승진하는 남성들은 아버지 세대보다 여성 옆에서 일하는 게 훨씬 더 편하다고 생각했다.

나는 당시 목격했던 사실을 반영해 사례 연구를 썼다. 여성이 일자리를 놓고 남성과 직접 경쟁한다는 건 이론상으로는 받아들여졌지만 현실은 그렇지 않았다. 특히 고위직에서는 더욱 그랬다. 조직 대부분에서는 단순히 성별 때문에 여성의 승진을 노골적으로 반대하는 건 받아들이지 않았다. 그렇다고 그런 분위기가 완전히 사라진 건 아니었다. 성평등 문제라면 1993년에도 갈 길이 멀었고, 지금도 여전히 갈 길이 멀다.

물론 지난 25년 동안 여러 가지 긍정적인 변화가 많았다. 전체적인 임금 격차가 다소 줄었고 수학, 과학, 엔지니어링 분야에서 여성을 더 많이 고용하려 노력하고 있다. 석사 이상의 학위를 받으려는 여성이 그 어느 때보다 많으며 성공한 기업가 중에도 여성이 매우 많다.

하지만 이러한 긍정적인 변화에도 불구하고 건의함memo case의 중요성은 놀라울 만큼 여전하다. 젊은 여성 직원이 건의함을 사용하는 이유는 성희롱이나 성폭력이 아니라 CEO에게 '여성의 가치와 위치'를 천천히 침식하는 직장 내 분위기를 알리기 위해서다. 건의함은 오늘날에도 여전히 몇 가지 의문을 제기한다. 여성은 자신과 동료 여성 직원에게 적대적인 직장 문화를 조성하는 문제를 CEO에게 알려야 하는가? 한다면 혼자 해야 하는가? 그러한 메시지를 표현하고 전달하는 올바른 방법은 무엇인가? 그걸 알리는 데 따르는 위험은 무엇일까? 남성 CEO는 과연 청하지도 않은 이러한 고발에 귀를 기울이고 환영할까?

미투MeToo 운동에 비추어볼 때 이제는 여성이 목소리를 내겠다는 결정에 위험이 덜 따르는 것 같다. 특히 성별에 기반한 범죄 내용에 관해서는 위험이 적다. 그런데 정말 그게 사실일까? 만일 그렇지 않다면 어떨까? 여성이 관찰한 바를 용기 있게 말했을 때 모두 환영할 뿐만 아니라, 중대한 변화가 생길 것이라 믿고 자기 경험을 공유하기까지는 아직도 갈 길이 먼 것일까?

— 2018년 1월, 캐슬린 리어든

편집자의 말: 다음 내용은 HBR에 전문가 논평과 함께 실린 가상의 사례 연구다.

비전 소프트웨어에서는 무슨 일이 일어나고 있는가

엘리자베스 에임스에게 어떤 조언을 해줘야 할까? 에임스는 비전 소프트웨어라는 회사에서 시장 개발 업무를 함께 맡았던 옛 친구다. 에임스와 나는 함께 많은 일을 겪었다. 자기중심적인 상사 아래서 함께 일하다 결국에는 해고되기도 했고, 회사 역사상 가장 큰 제품 출시가 이루어질 수 있도록 기반을 마련하기도 했다. 우리는 항상 서로의 생각을 아는 것 같았다. 금요일 밤마다 긴장을 풀고 술 한잔하는 시간 덕분에 월요일 아침에 다시 일과 마주할 수 있었다. 우리는 둘 다 비전 소프트웨어에서 많은 발전을 이루었고 서로의 성공을 진심으로 기쁘게 여겼다. 내가 독일에 있는 마케팅 디렉터 자리를 얻었을 때 처음으로 축하해준 사람도 바로 에임스였다.

연례 마케팅 연수회에서 첫날 저녁을 같이 먹기 위해 에임스를 만났다. 나는 에임스에게 새로운 자리에서 보낸 첫 6개월이 어땠는지 전부 이야기할 생각이었다. 그런데 에임스가 날 만나자마자 급하게 논의할 사항이 있다고 했다. 자신이 딜레마에 빠져 있으며 이를 해결하기 위해 내 도움이 필요하다며, 남자인 내 관점이 도움이 될 거라고 했다. 에임스는 비전 소프트웨어의 CEO 존 클라크에게 직장 내 성차별에 불만을 제기하는 메모를 썼다. 그리고 그 메모를 보내야 할지 말지 괴로워하고 있었다. 에임스가 성차별을 이야기하는 건 드문 일이었다. 하지만 에임스는 회사에서 실제 어떤 일이 벌어지고 있는지 이제는 고위 경영진이 알아야 할 때라고 생각해 메모를 쓴 것이었다. 에임스의 말을 빌리자면 그건 참호 속에서 쓴 글이라고 했다.

글의 내용이 중요하다는 점에 대해 에임스는 전혀 의심하지 않았다. 그렇지만 그 메시지가 어떻게 받아들여질지 그리고 메시지를 전한 사람의 운명이 어떻게 될지에 관해서는 의구심을 가졌다. 그래서 에임스는 비전 소프트웨어에서 가장 믿을 수 있는 친구이자 남자인 내게 자신이 어떻게 하면 좋을지 결정하기 위해 도움을 요청한 것이었다.

에임스가 말했다. "이상적인 세상에 살고 있다면 나는 두 번 생각 안 하고 메모를 보냈을 거야. 그러나 그런 메시지를 전한 사람에게 일어날 수 있는 일을 너도 알잖아. 내 이야기에 사장님이 귀를 기울이신다면 문제가 없겠지만 다른 가능성도 있으니까."

"넌 네 생각을 말하는 걸 한 번도 두려워한 적이 없었어. 네가 메모를 보냈을 때 일어날 최악의 사태가 뭘까?" 내가 물었다.

"네가 생각하는 게 해고라면 그건 아니야. 사장님이 나를 해고하지는 않을 거야. 하지만 메시지를 전한 이후 여러 가지 역효과가 나타날 수 있지. 사장님이 내 말을 안 믿을 수도 있어. 그럼 어떡하지? 아니면 내가 하는 말에 그냥 공감을 못 한다면? 나를 급진적 페미니스트나 늘상 불만을 제기하는 사람으로 치부해버릴 수도 있겠지. 소문이 돌 거고 비전 소프트웨어에서 내 경력은 끝장날 거야. 아니면 사장님이 아예 무반응으로 일관할 수도 있겠지. 아무도 들어주지 않는 목소리를 내는 사례가 또 하나 더 늘어나는 거야. 내게 그런 상황을 견딜 정신적 힘이 있는지 모르겠어."

처음에 나는 에임스가 너무 극단적이라고 생각했다. 하지만 이야기를 나누다 보니 이번 결정이 에임스에게 전환점이 되리라는 걸 알 수 있었다. 에임스는 어떤 결정을 내리든 결국 결과에 대한 책임을 자신이 져야 한다는 걸 알고 있었다. 마지못해 나는 에임스가 쓴 메모를 자기 전에 읽고 다음 날 아침에 다시 이야기를 나누기로 했다. 나는 에임스가 쓴 메모를 손에 들고 앉았다. 호텔 객실의 램프가 깔끔하게 타이핑된 페이지를 비췄다.

에임스가 쓴 메모의 내용은 합리적이고 설득력이 있었다. 클라크도 참호 속에 있는 누군가의 이야기를 들으면 반가워하지 않을까? 존 클라크는 회사의 진보적인 다양성 정책을 자랑하는 사람이다. 그러니 이 메모는 다양성 운동을 재개할 기회가 될 수도 있을 터였다. 자신의 노력을 에임스가 진지하게 받아들였다 생각해 그 의견을 존중할지도 모를 일이었다.

한편으로 클라크는 자존심이 강했다. 에임스의 메모를 보고 회사가 자신이 말하던 모습과 다르다는 이야기에 분개할지 모른다. 그리고 에임스가 매일 마주해야 할 사람은 물론 클라크가 아니다. 에임스의 모든 남성 동료가 에임스의 비판에 신빙성이 있다고 여기지는 않을 것이다. 그리고 에임스가 상사에게 남성 직원에 관한 불만을 제기했다는 말을 들으면 에임스를 멀리할 수도 있다. 그런 일이 발생할 수 있다는 걸 인정하지 않을 수 없었다.

수신인: 존 클라크 사장님

발신인: 소비자 마케팅 담당 디렉터 엘리자베스 에임스

날짜: 1993년 3월 8일

저는 비전 소프트웨어 마케팅 부서에서 10년 이상 근무하고 있습니다. 이곳에서 나름대로 여러 어려움과 성공을 겪었고, 재미있고 신나게 일하는 회사의 일원이라는 점을 즐겼습니다. 그리고 전반적으로 회사와 제 일에 열정을 품고 있습니다. 하지만 우리 회사의 최고위 여성 임원 두 분인 매리엄 블랙웰과 수전 프렌치가 사임한다는 공고문을 보고 깜짝 놀랐습니다. 고위 여성 임원이 비전 소프트웨어를 떠난 건 이번이 처음이 아닙니다. 불과 9개월 전 캐서린 홉스가 사임했고, 그보다 앞서 1년 전에는 수잰 라하이스가 회사를 떠났습니다. 퇴사 이유는 '가족과 더 많은 시간을 보내고 싶다'라거나 '새로운 경력을 쌓고 싶다'는 것으로 놀라울 만큼 비슷했습니다.

저는 여기서 불편하게 반복되는 양상을 감지했습니다. 그동안 일에 열정적으로 헌신했으며 그토록 능력 있고 성실한 여성들이 왜 갑자기 진로를 바꾸고 싶어 하며, 왜 집에서 시간을 보내고 싶어 하는 걸까요? 이건 제가 오랫동안 골똘히 생각해온 질문입니다.

여성 인력을 채용하고 승진시킨다는 비전 소프트웨어의 방침이 있고, 사장님께서도 여성의 기여를 인정하고 보상하려고 노력하십니다. 하지만 회사의 전체적인 분위기는 여성 직원의 가치와 위치를 천천히 침식하고 있습니다. 최고위 직급의 여성이 비전 소프트웨어를 떠나는 건 다른 일에 끌려서가 아니라 여성은 안 된다는 풍토와 싸우다 지쳤기 때문이라고 생각합니다. 사소한 일이 매일 일어납니다. 남성 직원은 눈치조차 채지 못하는 일이고, 여성 직원은 눈치는 챘지만 어떻게 할 수 없는 일입니다. 그런 사소한 일을 통해 여성 직원은 자신이 남성 직원보다 덜 중요하고 능력이 부족하며, 변화를 일으킬 가능성이 적다는 메시지를 받습니다.

이것이 어떤 의미인지 설명하겠습니다. 우선 회의 시간부터 보겠습니다. 비전 소프트웨어에서 회의는 일상인 동시에 여성 직원이 평가절하당하는 경험을 가장 많이 하는 시간입니다. 여성 직원이 발언하는 동안 다른 직원은 말을 끊거나 끼어듭니다. 여성 직원의 생각은 아무도 듣지 않는 것 같습니다.

지난주에 저는 어느 회의에 참석했습니다. 남성 직원 10명과 저 외에 다른 여성 직원이 1명 참여했습니다. 여성 직원이 발표를 시작하자마자 옆에서 대화가 시작되었습니다. 여성 직원의 발표 솜씨는 훌륭했지만 참석자의 주의를 집중시키지는 못하는 것 같았습니다. 질의응답 시간이 되자 어느 남성 직원이 무시하듯 말했습니다. "2년 전쯤 비슷한 일을 했는데 별 효과가 없었습니다." 여성 직원이 자신의 아이디어는 어떻게 다른지 설명했지만, 아무도 귀담아듣지 않았습니다. 제가 발표 내용에 흥미를 표하며 도움을 주려 하자 저 역시 방해를 받았습니다.

회의 때뿐만이 아닙니다. 여성 직원이 환영받지 못한다거나 중요하지 않은 존재라고 느껴지는 일은 많습니다. 어느 부서는 연 2회 부서 행사를 '남성 전용' 바가 있는 컨트리클럽에서 엽니다. 행사 순서가 끝나면 남성 직원은 보통 바에서 어울리며 담소를 나누지만, 여성 직원은 조용히 사라집니다. 말할 필요도 없이 중요한 정보는 그런 격의 없는 대화 자리에서 공유됩니다.

거의 모든 공식 행사 뒤에는 이처럼 비공개로 일련의 비공식 모임이 이어집니다. 이 자리에 여성 직원이 초대받는 경우는 드뭅니다. 공식 행사 전에 내용을 논의하는 자리에 접근할 수도 없습니다. 그 결과 여성 직원은 상사가 무슨 생각을 하는지 상대적으로 알기 어려운 게 사실입니다. 그래서 상사를 대할 준비도 상대적으로 덜 되어 있습니다.

저와 제 여성 동료들 또한 매일 별 뜻 없어 보이지만 여성을 비하하는 수많은 발언을 듣습니다. 최근 제 동료는 자신이 얼마나 여성을 존중하는지 모른다고 자랑하며 이렇게 말했습니다. "저희 집사람은 제 날개를 받쳐주는 바람이에요. 사실 어떤 사람들은 저를 미스터 카렌 스나이더('카렌'은 주로 1960년대에 출생한 중년 백인 여성을 대표하는 이름으로, 실제 이름이 '카렌 스나이더'일 수도 있으나 여기서는 여성을 희화화하려는 표현에 가깝다.-옮긴이)라고 부른다니까요." 남성 직원들은 웃었습니다. 여성 직원들은 웃지 못했죠.

바로 지난주에는 어느 남성 동료가 5시 30분에 자리에서 일어서더니 저희에게 오늘 일찍 퇴근할 거라고 알리며 농담처럼 이야기했습니다. "오늘 저녁에는 엄마 노릇을 해야 해." 여성은 매일 밤 엄마 노릇을 하지만 그걸로 웃음이 터지는 경우는 없습니다. 오히려 여성 직원은 대부분 가족 걱정은 하지 않는 것처럼 보이려 애쓰기 때문입니다.

지금까지 말씀드린 사건을 개별로 보면 사소해 보입니다. 하지만 이런 사건이 모이고 반복되면 상당히 강력해집니다. 비전 소프트웨어의 여성 임직원은 자신의 생각을 알리고, 비공식적 정보 유통 경로를 깨뜨리기 위해 싸우고 있습니다. 하지만 여성 직원의 에너지는 남성 직원보다 앞서 나가는 데 쓰이는 게 아니라 따라잡는 데에만 소모되고 있습니다.

제가 관찰한 이런 점들은 다른 여성 임직원도 이미 관찰한 모습일 거라고 확신합니다. 매리엄 블랙웰과 수전 프렌치도 이를 공유했으리라 저는 짐작합니다.

비전 소프트웨어가 뛰어난 교육용 소프트웨어 회사가 되려면 남성 직원과 여성 직원이 모두 필요합니다. 그러므로 남성 직원만 중요한 존재가 아니라는 신호를 더욱 강하고 분명하게 보내야 합니다. 최고위층에서 강력하게 약속할 때만 이러한 변화를 이룰 수 있습니다. 그래서 제가 이 편지를 드리는 것입니다. 제가 도울 수 있는 부분이 있다면 알려주시기 바랍니다.

이 메모를 보냄으로써 뒤따르는 결과가 정말 중요할까? 원칙이 더 중요한 건 아닐까? 에임스가 언급한 회의 시간의 의사방해 행위가 사실이라는 걸 나는 알고 있었다. 여러 해 동안 나도 직접 목격해온 일이었기 때문이다. 에임스는 내가 아는 사람 가운데 제일 긍정적이고 활기가 넘치는 사람이었다. 하지만 자신의 권한에 끊임없이 이의를 제기하는 남성 직원에게 자신의 능력을 증명해야 하는 일에 너무 지쳐 회사를 그만두려 한 적이 몇 번 있었다는 걸 기억한다. 만일 그랬다면 경력상 엄청난 손실을 입었을 것이다. 에임스는 교육자와 일하는 법을 누구보다 잘 알았다. 비전 소프트웨어 II 제품 라인이 성공할 수 있었던 건 에임스가 후속 업무를 흠잡을 데 없이 처리한 덕분이었다. 비전 소프트웨어 II 제품 라인은 현재 회사 매출의 20퍼센트를 차지한다.

하지만 남성 직원도 압박을 받고 있다. 다만 압박의 형태가 다를 뿐이다. 비전 소프트웨어는 힘든 회사였고 마케팅 부서는 회사 내에서도 가장 힘든 부서였다. 나도 그만두고 싶은 마음이 든 적이 많았을 정도다. 나는 비전 소프트웨어에서 남성이 실패하는 모습도, 여성이 성공하는 모습도 많이 보았다.

매리엄 블랙웰의 경우를 살펴보자. 블랙웰은 비전 소프트웨어의 기업문화에 짜맞춘 듯 꼭 맞는 사람이었다. 처음에는 블랙웰의 말에도 사람들은 귀를 기울이지 않았다. 하지만 블랙웰은 의견이 묵살되면 또다시 이야기했다. 내가 볼 때 블랙웰이 회사를 떠난 건 정신적 에너지가 고갈돼서가 아니다. 더는 도전할 과제가 없었기 때문이다. 수전 프렌치는 어떤가. 그녀가 퇴사한 이유는 회사에서 프렌치에게 부사장 직함을 부여했지만 남성 전임자가 갖고 있던 의사결정 권한을 박탈당했기 때문이었다. 에임스가 글에서 언급하지 않았던 사실이다.

에임스가 제기한 문제와 씨름하다 보니 에임스가 느끼는 딜레마를 나도 느끼게 되었다. 에임스에게 메모를 보내라고 조언한다면 에임스가 겪게 될지도 모를 일들에 대해 너무 순진하게 생각하는 걸까? 반대로 에임스에게 보내지 말라고 조언한다면 에임스가 문제 제기한 일들을 묵인하는 것일까? 비전 소프트웨어의 힘든 근무 환경에 때로 좌절하는 건 여성만이 아니라고 말한다면 내가 너무 무감각한 걸까? 에임스의 의견을 받아들이지 않는다면 내가 그녀의 상황을 이해하지 못한다는 뜻일까?

에임스에게 뭐라고 말해야 할까?

에임스는 대표에게 메모를 보내야 했을까?: 전문가에게 직장 내 성차별 문제를 묻다

리처드 글로브스키 Richard D. Glovsky : 보스턴 소재 미국 연방 지방 검찰청 전 민사부장 출신으로, 고용법에 특화한 로펌 글로브스키어소시에이츠를 보스턴에 열었다.

나라면 이 시점에서 메모를 보내지 않는 편이 좋다고 에임스에게 조언할 것이다. 이런 문제에 경계를 게을리하지 않는 CEO였다면 애초에 이처럼 차별적인 근무 환경이 발생하도록 내버려두지도 않았을 것이다. 요컨대 에임스가 염려하는 문제는 클라크가 묵인하지 않았다면 상황이 이렇게까지 되지 않았을 거란 뜻이다. 그러므로 클라크는 에임스가 보내는 메시지를 신뢰하지 않을 것이다.

에임스는 메모를 제출하는 대신 자원을 모아야 한다. 먼저 매리엄 블랙웰, 수전 프렌치, 캐서린 홉스, 수잰 라하이스와 이야기를 나누어야 한다. 그들도 회사에서 비슷한 모습을 관찰했는지 그리고 공개적으로 자신을 지지해줄 수 있는지 확인해야 한다. 또한 자신감을 유지하기 위해 비전 소프트웨어에서 믿을 수 있는 다른 여성 임직원과 이야기를 나누어야 한다.

에임스 '혼자' 나서서는 안 된다. 특히 공감하기보다는 받아들이지 못할 가능성이 더 큰 남성을 상대로 할 때는 더욱 혼자여서는 안 된다. 에임스가 자신의 주장을 입증해줄 다른 여성들의 지원(그리고 증언)을 받을 수 있다면 클라크가 적절한 조치를 하도록 밀어붙일 수 있다. 적절한 조치란 비전 소프트웨어의 고용 환경을 검토하고 전사를 대상으로 에임스가 제기한 문제를 다루는 것이다.

마지막으로 에임스가 클라크에게 메모를 전달하기로 마음먹었다면, 가급적 동원할 수 있는 믿음직한 동료를 많이 모은 뒤 함께 클라크를 만나서 전해야 한다. 아니라면 비전 소프트웨어 직원 여러 명의 서명을 받아 보내야 한다.

회의 자리에서도 에임스 혼자 발언해서는 안 된다. 에임스와 동료들이 이야기할 내용을 절절히 나눠 특정인이 메시지를 전하는 유일한 사람이 되지 않도록 해야 한다. 클라크가 앙심을 품을 수도 있고 이의를 제기하러 온 그룹의 리더에게만 초점을 맞출 수도 있기 때문이다.

안타깝게도 클라크가 메모에 긍정적으로 반응하지 않을 가능성이 있으므로, 에임스는 보다 치밀하고 폭넓은 접근 방식을 사용해야 한다.

-

필립 마리노 Philip A. Marineau : 일리노이주 시카고 소재 퀘이커 오츠 컴퍼니 Quaker Oats Company 의 수석 부사장이자 최고운영책임자다.

나는 에임스에게 메모를 제출하라고 조언하겠다. 물론 여기에는 위험이 따른다. 하지만 제출하지 않으면 한층 더 깊은 좌절만 따를 뿐이다. 어쨌든 에임스는 결국 퇴사하게 될 것이다. CEO는 최고위직 여성 임원 2명을 잃은 데 대해 이미 경각심을 갖고 있을 것이다. 그래서 다른 임직원의 퇴사를 막으려면 무엇을 해야 할지 고민하고 있을 가능성이 크다. 사장이 똑똑한 사람이라면 에임스가 염려하는 바에 귀를 기울일 뿐만 아니라 해결책을 찾는 일에도 에임스를 참여시킬 것이다.

내 경험상 성별, 인종, 업무 경험과 무관하게 똑똑하고 헌신적으로 일하는 직원의 목소리에 귀를 기울이는 건 내가 맡은 업무에서 가장 중요한 부분이었다. 이것이야말로 자원을 더 투입하거나 경영진이 관심을 더 쏟아야 할 상황을 파악하는 데 최고의 방법이었다.

퀘이커 오츠 컴퍼니의 다양성 위원회는 다양한 인구학적 배경을 가진 직원으로 구성되어 있으며, 이들은 모든 부서와 직급을 대표한다. 다양성 위원회와 함께 일하는 동안 한 가지 사실을 깨달았다. 미래의 관리자를 양성하는 전통적인 방법만으로는 최고위 직급의 다양성을 크게 확대할 수 없다는 사실 말이다.

나는 기업이 더 나은 미래를 원한다면 최고위 경영진에서부터 변화가 시작되어야 한다고 확신한다. 우리 회사에서는 태스크포스팀을 만들었는데, 이 팀에서 하는 일은 여성과 소수 인종 임원을 확인·육성·보유·승진시킬 방안을 구체적으로 마련하는 것이다. 이를 위해서 측정 가능한 목표를 세우고, 꾸준히 주의 깊게 진척 사항을 관리한다. 지시 사항을 잘 수행한 관리자에게는 보상을 제공하고 지시 사항을 따르지 않은 관리자에게는 불이익을 줘야 한다.

소비재 회사로서 퀘이커 오츠 컴퍼니의 마케팅 원칙은 소비자 가까이에 있는 것이다. 성공을 위해서는 우리 회사의 내부 방침과 최고경영진의 구성 또한 이 원칙을 반영해야 한다. 비전 소프트웨어도 이 방법을 따르는 편이 미래에 도움이 되는 길일 것이다.

제이 잭맨 Jay M. Jackman : 캘리포니아주 스탠퍼드에서 개인 병원을 운영하는 정신과 의사이자 조직 변화 컨설턴트다. 특히 '유리 천장'에 관심을 갖고 있다.

마이라 스트로버 Myra H. Strober : 스탠퍼드대학교 교육대학원 소속 노동경제학자이며, 여성과 소수 인종 고용 문제에 관한 컨설턴트로 활동한다.

우수한 등산가라면 누구나 알 듯 성공적인 등반을 하려면 철저히 준비해야 한다. 함께 등반할 동료를 택하고, 등반팀의 상태를 확인하고, 최고의 장비를 조립하고, 경험이 풍부한 가이드를 고용해야 한다. 기업의 CEO에게 성차별 문제를 제기하려면 비슷한 준비가 이루어져야 한다. 에임스는 비전 소프트웨어에서 경험하는 성별 차별에 관한 문제를 사장과 논의해야 한다. 하지만 혼자 해서는 안 되고, 섣불리 해서도 안 되며, 메모의 형식으로 논의하는 것도 안 된다.

 에임스는 자신이 오르려는 산이 얼마나 험난한지 과소평가해서는 안 된다. 직장에서 여성을 폄하하는 문제는 흔히 일어나는 동시에 바꾸기 어려운 일이다. 여성 폄하 문제는 남성 직원의 신념과 행동, 여성 직원의 신념과 행동, 기업이 만들어놓은 구조와 절차 그리고 직원이 가족을 구성하고 운영하는 방식 사이의 복잡한 상호작용에서 비롯되기 때문이다. 에임스가 메모에서 지적한 행동은 CEO가 알아채지 못한 사이 적어도 10년은 지속되었을 것이다. 이는 사실 흔히 일어나는 일이며 변화하기가 얼마나 어려운지를 보여주는 일이기도 하다. 현재 상황에서는 CEO 또한 문제다. 에임스가 해야 할 일은 CEO를 문제가 아닌 해결책으로 만드는 것인데, 이는 쉬운 일이 아니다.

공룡이 진화하지 않았다면

졸린 고드프리 Joline Godfrey

지난 20년 동안 여성 사업가의 비율은 5퍼센트에서 30퍼센트 이상으로 늘어났고, 여전히 늘어나는 중이다. 1992년 말이 되면 포춘 500대 기업보다 여성 사업가 밑에서 일하는 직원이 더 많을 것이다. 에임스가 그 이유를 보여준다. 공룡은 변하지 않으면 끝내 멸종하고 말 것이다.

수년간 유리 천장에 부딪히며 엄청난 수의 여성이 옷 입는 방식을 배우고, 적절한 학위를 받고, 회사에 적응하려고 발버둥을 치고도 이 모든 노력이 근본적으로 헛수고였다는 사실을 깨달았다. 일정 나이가 된 상태에서 자기인식을 갖춘 여성은 자신이 환영받지 못하는 환경에 적응하려 애쓰는 데 진절머리가 나 퇴사한다. 그런 후 자신에게 맞는 회사를 설립한다. 메모를 쓸 만큼 강력한 차별을 느끼는 여성은 비우호적인 기업 문화와 결별하는 과정에 들어선 것이다.

에임스가 메모를 보내든 안 보내든 그건 중요하지 않다. 마음은 이미 멀어지기 시작했기 때문이다. 20년이 넘도록 회사가 충분히 배울 기회가 있었음에도(그것이 회사의 이익에 부합함에도) 배우지 못한 교훈을 가르치는 데 에임스가 단 1분도 쓰지 않기로 했다면 그건 에임스의 권리다.

사실 하버드 경영대학원에서도 어느 여성 직원이 회사에 의견을 냈다가 '실행 가능하지 않다'며 거부당한 사례가 있다. 그 여성은 결국 퇴사하고, 창업에 뛰어들어 크게 성공한 기업을 하나도 아닌 2개나 일구었다('Ruth M. Owades', HBS 9-383-051, 1985년 2월 수정). 여성은 메모를 보내고 경보를 울리다 지쳐 자신의 삶을 직접 책임지고 있다. 직원이 마주한 어려움에 회사의 경영진이 어떻게 대처하는지가 회사의 생존 혹은 멸종을 결정짓는다. 이는 에임스가 메모를 보낼지 말지와 상관없다.

> **졸린 고드프리**
> 언 인컴 오브 허 오운 An Income of Her Own 이라는 회사의 창업자 겸 디렉터. 고드프리의 회사는 10대 여성 청소년을 위한 창업 교육을 전문으로 한다. 고드프리는 또한 《우리의 무모한 꿈: 돈을 벌고, 재미를 느끼며, 좋은 일을 하는 여성》 Our Wildest Dreams: Women Making Money, Having Fun, Doing Good 의 저자이기도 하다.

에임스는 동맹을 결성해야 한다. 회사 내 다른 여성 직원, 어쩌면 이미 퇴사한 직원 가운데 일부를 모아야 할 수도 있다. 가능하다면 이사회의 특정 구성원이나 회사 내 남성 직원도 포함하면 좋다. 단독으로 클라크의 시각을 바꾸려 하는 건 혼자 등반을 시도하는 것만큼이나 무모한 짓이다. 또한 클라크에게 전할 이야기의 내용도 보강해야 한다. 메모 속에 인용했던 '일화' 이상의 내용을 담아 여성이 왜 회사를 떠나는지 짐작이 아니라 구체적인 이유를 제시해야 한다.

에임스는 또한 전문가와 상의해야 한다. 여성과 기업이 성차별 관행 뒤에 나타나는 역학을 이해하도록 돕고, 함께 변화를 향해 나아가는 학자와 컨설턴트가 많다. 성차별을 완화하는 것은 궁극적으로 기업 문화와 구조에 중대한 변화가 요구되는 과정이다. 그러므로 이 문제를 논의하기 위해 CEO에게 잘 다가서려면 전문가의 지도가 필요하다.

마지막으로 권하고 싶은 게 있다. 클라크에게 메모를 보내지 말고 불러 모은 사람 가운데 한두 명과 함께 클라크를 직접 만나 이야기하라는 것이다. 현재로서는 성차별이라는 주제에 클라크가 어떤 입장인지 에임스는 전혀 알지 못한다. 직접 만나 이야기하는 동안 클라크가 언제 방어적인 자세를 취하는지 관찰해야 한다. 성차별 문제를 완화하는 데 협조할 의사가 있는지 잘 가늠해본 뒤 클라크가 지지할 가능성이 큰 점진적인 변화를 제안해야 한다. 기업에서 10년간 업무 경험을 쌓은 여성 직원은 소중한 자산이다. 이들이 여성 전반을 위해 시스템을 개선하려고 나설 때 그 과정에서 자신을 희생해서는 안 된다.

—

글로리아 스타이넘 Gloria Steinem: 잡지 《미즈》Ms.의 창간자이자 컨설팅 에디터다. 또한 페미니스트 연사이자 조직자로 널리 여러 곳을 방문한다. 《셀프 혁명》의 저자이며, 힐러리 클린턴의 멘토로 잘 알려져 있다.

에임스가 배고픔을 참거나 노숙을 해야 하는 긴급한 위험에 처한 게 아니라면 메모를 보내라고 조언하겠다. 메모를 보내지 않는다면 자기 자신과 다른 여성의 장기적인 이익에 반하는 행동일 뿐 아니라 회사를 위해서도 최선의 조언을 하지 않는 셈이 된다.

이 점을 염두에 두고 나라면 메모의 어조 또한 바꿀 것이다. 지금 메모는 양해를 구하는 어조로 작성되었으며 회사의 목표에 관해서는 전혀 언급하고 있지 않다. 에임스는 비전 소프트웨어가 자기 본위의 길을 택해야 한다고 주장해야 한다. 그건 바로 직원에게 장기적으로 이익이 되는 포용성을 향해 나아가는 것이다. 이것이 핵심이다.

나는 에임스에게 비전 소프트웨어가 경쟁사를 앞지를 수 있는 신기술을 상사에게 이야기할 때와 같은 열정을 담아 메모를 쓰라고 조언하겠다. 에임스가 하는 일이 바로 새로운 기술을 발견하는 것과 꼭 같은 일이기 때문이다. 무생물과 관련된 기술이 아니라 인적자원이 지닌 '소프트' 기술이라고 해서 에임스가 발견한 기술의 중요성이 덜한 건 아니다. 사실 이러한 소프트 기술이 한층 더 멀리 퍼져 나갈 수 있고, 훨씬 더 중요할 수 있다.

에임스는 이를 강조하기 위해 숙련된 임원을 잃었을 때 발생하는 비용과 관련된 회사 및 업계 전체의 통계처럼 '확실한' 사실들을 활용해야 한다. 여기서 목표는 상사가 여성 직원의 문제를 자기 자신의 문제라고 여기게 하는 것이고, 그래서 문제의 해결책을 자신의 승리로 생각하게 만드는 것이다. 공감이야말로 대변혁을 일으키는 감정이다.

그런데 이번 사례 연구에서는 흥미로운 점이 하나 있다. 에임스의 남성 동료가 메모에 자신의 서명을 넣어야 할지 말아야 할지 전혀 의문을 갖지 않는다는 점이다. 자신이 서명함으로써 에임스의 의견을 지지하겠다고 제안할지에 대해서도 고민하지 않고, 에임스를 도와 남성 직원이든 여성 직원이든 성차별 문제 고발 과정에 참여할 동료를 찾아보겠다는 고민도 하지 않는다.

이처럼 남성 직원이 고려조차 하지 않는 선택지는 성차별이 여성의 문제로 여겨지는 모습을 상징적으로 드러낸다. 이는 인종차별이 유색 인종

배타적 풍조를
어떻게 극복할 것인가

폴 호켄 Paul Hawken

엘리자베스 에임스가 빠진 딜레마는 직장 생활에 스며들어 있는 더 큰 문제를 제기한다. 어쩌다 우리는 사람들이 진실을 표현하는 걸 두려워하는 관례를 만들었을까?

보팔Bhopal의 가스 누출 사고, 스리마일섬Three Mile Island의 원자력 발전 사고, 포드 핀토the Ford Pinto의 결함 사태 모두 발송되지 않았거나 읽히지 않은 메모가 있었다.

비전 소프트웨어는 손해를 보고 있다. 여성을 배제하는 문화 속에서 운영되고 있기 때문이다. 비전 소프트웨어는 스스로 상황을 분명하게 바라보려 하지 않은 탓에 회사 내부적으로나 시장에서나 어려움을 겪어왔고, 앞으로도 계속 어려움을 겪을 것이다.

만일 비전 소프트웨어에서 회사 내부가 어떻게 작동하는지 구성원들의 협력과 지지 아래 분명하게 드러내지 않는다면 그건 교육용 소프트웨어를 생산한다는 회사의 임무를 거역하는 일이다. 회사의 임무 그리고 에임스가 마주한 어려움은 현재 환경에서 정보를 흡수해 사람이든 기업이든 진화하는 시스템 안에 넣어 통합하는 것이다. 이게 바로 학습의 전부다.

기업 조직을 재창조해 사회적·환경적으로 책임 있는 기업이 되려면 자연에서 배움을 얻어야 한다. 모든 생물은 피드백 루프를 사용해 주변 생물과의 관계를 계속 재보정해나간다. 비전 소프트웨어의 기업 문화는 성차별주의자 혹은 누군가를 배제하는 관행처럼 부적응 행위를 강화하는 방향의 피드백 루프만 받아들이는 것으로 보인다.

이러한 이유에서 에임스는 메모를 보내야 한다. 에임스의 경력도 결국 여기에 달려 있다. 물론 이 경력은 비전 소프트웨어 내에서의 경력은 아닐지 모른다. 특히 회사에서 에임스의 메모에 공감하지 못한다면 비전 소프트웨어에서 경력을 이어나가기는 어려울 것이다. 하지만 에임스의 삶의 목표에 대해서도 생각해야 한다. 에임스는 그저 월급을 받기 위해서만이 아니라 자신의 가치와 자질을 상업 세계에 알리기 위해 경력을 쌓기 시작했다는 점을 기억해야 한다.

만일 에임스가 메모를 제출하지 않는다면 이번에는 자신의 지혜와 자아의식을 제대로 작동하지 않는 제도에 종속시켜야 하는 새로운 딜레마에 빠지게 될 것이다. 그렇게 되면 에임스가 스스로 느끼는 자기 가치는 떨어진다. 자기 가치를 한층 높여야 한다고 요구하는 이 세계에서 이는 극심한 상실이다. 비즈니스가 가치를 더하는 일이라면, 그 가치를 우리 내면에서 찾는 것보다 더 좋은 방법이 어디 있겠는가.

> **폴 호켄**
> 세계적으로 유명한 미국의 사회적기업가이자 환경운동가이며 저술가. 《탄소라는 세계》, 《비즈니스 생태학》의 저자. 환경 문제에 솔선수범하는 기업으로 잘 알려진 통신 판매 회사 스미스 앤드 호컨Smith & Hawken의 창립자이기도 하다. 다만 지금은 이 회사 소속이 아니다.

의 문제로 여겨지는 것과 똑같다. 사실 이러한 차별이 모든 사람을 제한하는데도 말이다. 힘이 더 강한 쪽에서 편견에 대한 책임을 질 때까지 우리 모두는 차별 때문에 제대로 기능하지 못할 것이다.

— 2013 —

왜 무능한 남자들이 리더가 되는가

자신감과 능력은 다르다

토마스 차모로-프레무지크

Why Do So Many Incompetent Men Become Leaders?

hbr.org 2013년 8월 22일 자 기사 수정(product #H00B50)

토마스 차모로-프레무지크 Tomas Chamorro-Premuzic

다국적기업 맨파워그룹 ManpowerGroup 최고혁신책임자. 유니버시티칼리지런던 University College London, 컬럼비아대학교 경영심리학 교수이며, 하버드 창업 금융 연구소 Entrepreneurial Finance Lab 연구원이다. TEDx 강연 내용을 바탕으로 《왜 무능한 남자들이 리더가 되는 걸까?》를 썼다.

여성 관리자는
왜 과소평가되는가

경영진 가운데 여성의 숫자가 명백하게 적은 이유를 일반적으로 설명하는 방법이 3가지 있다. 첫째, 여성은 능력이 부족하다. 둘째, 여성은 경영진이 되는 데 흥미가 없다. 셋째, 경영진이 되는 데 흥미도 있고 능력도 있지만, 유리 천장을 깨뜨릴 수 없다. 유리 천장이란 여성이 권력의 대열로 접근하지 못하도록 가로막는 선입견 내지는 고정관념을 말한다. 보수주의자와 맹목적 애국주의자는 첫 번째 이유를 지지한다. 자유주의자와 페미니스트는 세 번째 이유를 선호한다. 그 사이 어딘가에 있는 사람은 대개 두 번째 이유에 마음이 끌린다. 하지만 3가지 이유 모두 큰 그림을 놓치고 있다면 어떻게 해야 할까?

내가 보기에 경영진의 성별 비율이 불균형하게 나타나는 주된 이유는 우리가 자신감과 능력을 식별하지 못하기 때문이다. 우리, 즉 일반인은 흔히 자신감을 드러내는 것을 능력을 드러내는 일로 잘못 해석한다. 이런 까닭에 남성이 여성보다 더 좋은 리더라고 착각한다. 다시 말해 아르헨티나부터 노르웨이까지 그리고 미국부터 일본에 이르기까지 남성이 여성보다 리더십에서 유리한 점은 단 하나뿐이다. 바로 남성이 여성보다 자만심을 훨씬 더 자주 드러낸다는 점 말이다. 사람들은 흔히 자만심의 발현을 리더십 잠재력으로 착각한다. 그것이 카리스마나 매력으로 포장되더라도 말이다.[1]

이러한 사실은 리더가 없는 집단에서 자기중심적이고 자신감이 과다한 자기애 성향의 개인을 리더로 선발하는 경향이 자연스레 나타난다는 점 그리고 이러한 성격 특성이 남녀에게 동일하게 나타나지 않는다는 연구 결과와 일치한다.[2]

이와 관련해 프로이트는 리더십이 발생하는 심리적 과정은 어느 집단(추종자 무리)에 속한 사람들이 자신의 자기애적 성향을 리더의 성향으로 대체하기 때문이라고 주장했다. 리더를 향한 사랑이 자기애를 가장한 형태이거나 자기 자신을 사랑할 수 없는 마음의 대체물로서 나타난다는 것이다. 프로이트는 이렇게 말했다. "다른 사람의 자기애는 자기 자신의 자기애를 일부 포기한 사람들에게 큰 매력이 된다. (…) 마치 우리가 더없이 행복한 마음을 유지하는 사람을 부러워하는 것처럼 말이다."

사실 세계 어디서나 남성은 스스로 여성보다 더 똑똑하다고 생각하는 경향이 있다.[3]

---

[1] Adrian Furnham et al., "Male Hubris and Female Humility? A Cross-Cultural Study of Ratings of Self, Parental, and Sibling Multiple Intelligence in America, Britain, and Japan," *Intelligence* 30, no. 1 (January-February 2001): 101-115; Amanda S. Shipman and Michael D. Mumford, "When Confidence Is Detrimental: Influence of Overconfidence on Leadership Effectiveness," *The Leadership Quarterly* 22, no. 4 (2011): 649-655; and Ernesto Reuben et al., "The Emergence of Male Leadership in Competitive Environments," *Journal of Economic Behavior Organization* 83, no. 1 (June 2012): 111-117.

[2] The Ohio State University, "Narcissistic People Most Likely to Emerge as Leaders," Newswise, October 7, 2008, https://newswise.com/articles/view/545089/.

[3] Sophie von Stumm et al., "Decomposing Self-Estimates of Intelligence: Structure and Sex Differences Across 12 Nations," *British Journal of Psychology* 100, no. 2 (May 2009): 429-442.

그러나 오만과 지나친 자신감은 리더의 재능과 반비례한다. 리더의 재능이란 뛰어난 성과를 내는 팀을 만들어 유지하고, 추종자가 이기적인 안건을 제쳐두고 집단 공동의 이익을 위해 일하도록 영감을 불어넣는 능력이다. 사실 스포츠에서든 정치에서든 기업에서든 뛰어난 리더는 대개 겸손하다. 그게 타고난 것이든 길러진 것이든 겸손은 남성보다 여성에게서 훨씬 더 흔하게 나타나는 특성이다. 예를 들어 여성은 남성보다 감성지능이 뛰어난데, 감성지능은 겸손한 행동을 부르는 강력한 동인이다.[4]

그뿐만이 아니다. 26개 문화권에서 2만 3,000명 이상을 대상으로 성격의 성별 차이를 정량적으로 관찰한 결과에서도 드러난다. 여성은 남성보다 더 예민하고, 사려 깊고, 겸손하다. 이는 사회과학이 발견한 사실 가운데 가장 반론이 적은 내용이기도 하다.[5]

성격상 어두운 면을 살펴보면 더욱 선명한 그림이 나타난다. 예를 들어 우리가 40개국의 산업 전 분야에서 관리자 수천 명을 분석한 정상 집단의 규준 자료 normative data를 살펴보면 남성은 여성보다 일관되게 더 오만하고, 사람을 조종하며, 위험을 감수한다.[6]

그런데 여기엔 역설적인 시사점이 있다. 기업 혹은 정계에서 남성 관리자를 사다리의 꼭대기까지 올라가게 해준 바로 그 심리적 특성이 사

---

[4] S. Y. H. Hur et al., "Transformational Leadership as a Mediator Between Emotional Intelligence and Team Outcomes," *The Leadership Quarterly* 22, no. 4 (August 2011): 591–603.

[5] Paul T. Costa, Jr., et al., "Gender Differences in Personality Traits Across Cultures: Robust and Surprising Findings," *Journal of Personality and Social Psychology* 81, no. 2 (2001): 322–331.

[6] Blaine H. Gladdis and Jeff L. Foster, "Meta-Analysis of Dark Side Personality Characteristics and Critical Work Behaviors among Leaders across the Globe: Findings and Implications for Leadership Development and Executive Coaching," *Applied Psychology* 64, no. 1 (August 27, 2013).

실은 그들이 몰락하는 원인이라는 점이 그것이다. 즉 그 일을 '얻는 데' 필요했던 심리적 특성은 그 일을 '잘하는 데' 필요한 심리적 특성과 다를 뿐 아니라 오히려 정반대다. 그 결과 무능한 사람이 관리직으로 승진하는데, 이때 유능한 사람을 제치고 승진하는 경우가 너무 많다.

놀랄 것도 없이 '리더'를 나타내는 신화적 이미지에는 성격장애가 있는 사람에게서 흔히 나타나는 많은 특징이 담겨 있다. 나르시시즘(스티브 잡스나 블라디미르 푸틴)이나 사이코패스 성향(각자 떠오르는 인물의 이름을 채워보라), 히스테리성 인격장애(리처드 브랜슨이나 스티브 발머), 조작의 달인 같은 성격(연방 의원이라면 거의 누구나) 등이 그 예다.

남성의 무능함에는 보수를 주지만, 여성의 유능함은 벌한다

안타까운 사실은 이러한 신화적 인물이 보통의 관리자들과는 사뭇 다르다는 것이 아니다. 보통의 관리자가 이러한 성격적 특성을 가졌기에 실패하고 만다는 것이다.

사실 정계에서든 기업에서든 리더는 대부분 실패한다. 항상 그래왔다. 국가, 기업, 사회, 조직 대부분은 제대로 관리되지 않는다. 국가의 수명, 기업의 수익, 사회의 지지율, 국민, 기업의 직원, 사회의 하급자, 조직 구성원에 미치는 영향을 통해 이를 알 수 있다. 뛰어난 리더십은 일반적인 게 아니라 언제나 예외였다.

최근 여성이 일에 '린 인'lean in (전 페이스북(현 메타) COO였던 셰릴 샌드버그가 2013년 발간한 책의 제목. 직장에서 특히 여성이 성공적인 커리어를 위해 업무에 적극적으로 몰두하고 기회를 놓치지 않으려는 자세를 갖는 것을 뜻함.-옮긴이)하는 걸 주제로 수많은 논쟁이 벌어지고 있다. 그런데 이 논쟁에서 이처럼 제대로 기능하지 않는 리더십의 특성을 여성이 더 많이 받아들여야 한다는 데 초점을 맞추는 게 나는 약간 이상했다. 그렇다. 우리가 리더로 선택하는 사람은 보통 그런 사람이다. 하지만 정말 그런 사람을 리더로 선택해야만 하는 걸까?

효과적으로 리더십을 발휘하는 데 정말 도움이 되는 성격 특성은 사실 따로 있다. 주로 관리 분야에서 다른 사람에게 깊은 인상을 남기지 못하는 사람들이 갖고 있는 성격 특성이다. 여성의 경우가 더욱 그러하다. 이미 여러 과학적 증거들이 여성이 남성보다 더욱 효과적인 리더십 전략을 취할 가능성이 크다는 것을 뒷받침하고 있다.

연구 내용을 종합적으로 검토해볼 때 가장 눈에 띄는 건 앨리스 이글리Alice Eagly와 그 동료들이 진행한 연구다. 이글리 팀은 연구를 통해 여성 관리자가 남성 관리자보다 부하 직원에게서 존경과 자부심을 더 많이 끌어내고, 비전을 더 효과적으로 전하며, 부하 직원에게 권한을 더 많이 부여하고 멘토 역할을 더욱 잘 수행한다는 것을 밝혀냈다. 나아가 더 유연하고 창의적인 방식으로 문제 해결에 접근하고, 직속 부하들에게 공평하게 보상을 지급할 가능성이 더 크다는 것도 보여주었다. 이는 모두 '변혁적 리더십' transformational leadership의 특성이다.[7]

이와 달리 남성 관리자는 통계상 부하 직원과 유대감을 형성하거나 관계를 맺을 가능성이 작다. 그리고 부하 직원의 실제 성과에 맞춰 보상을 지급하는 일에 상대적으로 덜 능숙하다. 물론 이러한 결과는, 여성들이 리더로 선출되기 위해 남성보다 더 높은 자격과 역량을 갖춰야 한다는 '표본 편향'을 반영한 것일 수도 있다. 그러나 이 편향이 사라지기 전에는

---

7 Alice H. Eagly and Blair T. Johnson, "Gender and Leadership Style: A MetaAnalysis," *Psychological Bulletin* 108, no. 2 (1990): 233–256.

그 실체를 확실히 알 방법은 없다.

결국 여성이 리더 자리까지 오르는 길에 아주 두꺼운 유리 천장을 비롯해 수많은 장애물이 있다는 점을 부정할 수 없다. 하지만 그보다 훨씬 더 큰 문제는 무능한 남성의 경력을 가로막는 장애물이 없다는 점이다. 또한 우리가 일반적인 남성을 일반적인 여성보다 더 무능한 리더로 만드는 바로 그 심리적 특성을 리더십과 동일시하는 경향이 있다는 사실이다.[8]

그 결과 남성의 무능을 보상하고 여성의 유능을 응징하는 병적인 시스템이 나타나 모든 사람이 피해를 보고 있다.

---

8   A. M. Koenig et al., "Are Leader Stereotypes Masculine? A Meta-Analysis of Three Research Paradigms," *Psychological Bulletin* 137, no. 4 (July 2011): 616–642.

— 2020 —

직장 내 인종차별을 해소하는 5단계

편견을 인식하는 것부터 시작한다

로버트 리빙스턴

How to Promote Racial Equity in the Workplace

HBR 2020년 9/10월호에서 전재(product #R2005D)

로버트 리빙스턴 Robert Livingston

《대화: 인종차별에 관한 진실을 찾고 목소리를 높이는 것이 개인과 조직을 근본적으로 변화시키는 방법이다》Conversation: How Seeking and Speaking the Truth About Racism Can Radically Transform Individuals and Organizations의 저자. 하버드대학교 케네디스쿨의 교수진이기도 하다.

직장 내 인종차별은
해결할 수 있는 문제다

인종차별 문제는 다루기 어려워 보인다. 하지만 올바른 정보와 유인을 제공하고 적절한 투자가 이루어진다면 효과적으로 해결할 수 있다. 기업의 리더가 세상을 바꿀 수는 없겠지만 회사 내 세상은 분명 바꿀 수 있다.

기업은 비교적 규모가 작고 자율적인 집단이므로 기업의 리더는 기업의 문화 규범과 절차상 규칙에 강한 통제권을 갖는다. 따라서 인종 평등을 증진하는 정책과 관행을 발전시키기에 이상적인 장소다. 이 기사에서는 기업이 이러한 목표를 향해 의미 있고 지속 가능한 진전을 이룰 수 있도록 현실적인 로드맵을 제공할 것이다.

나는 학자로서 경력의 상당 부분을 다양성, 리더십, 사회 정의를 연구하는 데 쏟았다. 그리고 수년에 걸쳐 포춘 500대 기업, 연방 정부 기관, 비영리단체, 지방자치단체를 대상으로 관련 주제에 대한 컨설팅을 진행해왔다. 이들 조직은 보통 위기에 빠져 고전하고 있을 때 컨설팅을 요청했고 그저 고통을 멈추게 해줄 효과 빠른 처방을 원했다. 하지만 그건 의사에게 환자의 근본적인 건강 상태를 확인하지 않고 처방전을 써달라고 요청하는 것과 같다. 장기적으로 효과가 지속되는 처방은 대개 알약 하나에 그치지 않는다. 조직과 사회 모두 즉각 증상만 완화하는 처방을 찾고 싶다는 충동을 억누르고, 병 자체에 초점을 맞춰야 한다. 그렇게 하지 않으면 병이 재발할 위험이 있다.

조직 내 인종차별 문제를 효과적으로 해결하려면 문제가 있는지 없는지부터 알아봐야 한다(대부분 문제가 있다). 문제가 있다면 무슨 문제가 어디에서 발생하는지 먼저 공감대를 형성하는 게 중요하다. 만일 회사 내에서 유색인종 직원에 대한 차별이 존재하지 않는다고 생각하는 직원이 많거나 다양한 소통 채널을 통해 차별의 진짜 피해자는 백인이라는 의견이 많이 들어온다면 어떨까? 그렇다면 다양성을 높이기 위한 정책diversity initiatives은 해결책이 아니라 문제로 인식될 것이다.

다양성 구상안이 보통 중간 관리자급에서 원성과 저항에 자주 부딪히는 건 바로 이러한 이유 때문이다. 직원들이 평등 증진 노력을 어떻게 받아들이는지는 '실제 현실이 어떠한가'가 아니라 '사람들이 어떻게 생각하고 믿는가'에 따라 결정되기 때문이다.

그러므로 인종 평등의 수준을 높이기 위한 첫 번째 단계는 현실이 어떠한지, 인종차별이 조직에 왜 문제가 되는지에 관해 모두가 공감대를 형성하는 것이다.

하지만 인식을 높이는 것만으로는 한참 부족하다. 직장 내 인종차별 문제에 효과적으로 개입하려면 여러 단계를 거쳐야 한다. 나는 이러한 단계를 묶어 '프레스'PRESS라는 모델을 만들었다. 기업은 반드시 순차적으로 다음 단계를 거쳐야 한다. 첫째, 문제 인식Problem awareness, 둘째, 근본 원인 분석Root-cause analysis, 셋째, 문제 또는 그 문제로 고통받는 사람들에 대한 공감이나 어느 정도의 우려, 넷째, 문제를 해결할 전략Strategy, 다섯째, 해결 전략을 실행하는 데 필요한 시간, 에너지, 자원을 투자할 의지

그림 14-1. 인종 평등을 이루기 위한 로드맵

조직은 다음의 단계를 순차적으로 거친다. 먼저 현재 상황을 알고, 이후 진정한 관심을 키운 뒤 마지막으로 문제 해결에 집중하는 단계로 이동한다.

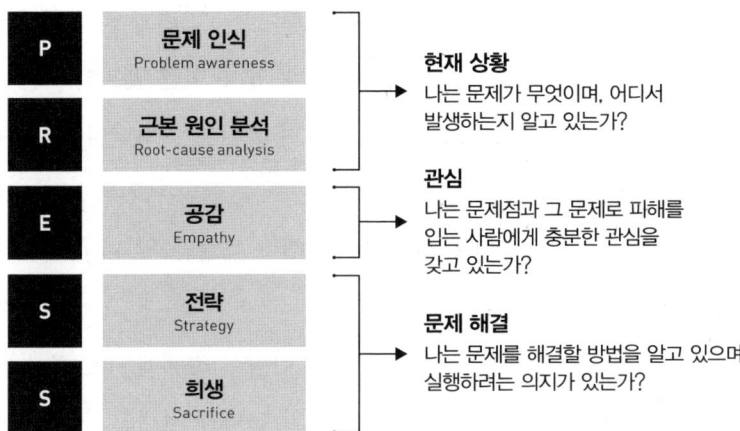

또는 희생Sacrifice(그림 14-1 참조). 조직이 이러한 단계를 거치면 현재 상황을 파악하고 출발해 진정한 관심을 키운 뒤 이어서 문제 해결에 초점을 맞추는 방향으로 이동한다.

이제 이 단계들을 더 자세히 살펴보고, 인종 평등을 이루는 과정에서 각 단계가 실질적으로 어떤 영향을 미치는지 알아보자.

P: 문제 인식

인종차별이 유색인종을 계속 억압하는 건 분명하다고 생각하는 사람이 많다. 하지만 조사를 통해 그렇게 생각하지 않는 백인이 많다는 사실이 일관되게 드러나고 있다. 예를 들어 마이클 노턴Michael Norton과 샘 소머스Sam Sommers가 2011년 진행한 연구에서 미국의 백인은 전체적으로 흑인에 대한 제도적인 차별이 지난 50년에 걸쳐 꾸준히 줄어들고 있다고 믿었다. 반면 이들은 같은 기간 백인에 대한 제도적인 차별이 꾸준히 늘어났다고 생각했다(미국에서 그럴 리는 없겠지만). 그 결과 백인 집단은 흑인 차별보다 백인 차별이 더 심각하다고 보았다. 최근 발표된 다른 조사에서도 소머스와 노턴이 확인한 결과가 반복되어 나타났다. 예를 들어 어느 연구에서는 전체 백인의 57퍼센트와 노동 계급 백인의 66퍼센트가 백인 차별이 흑인이나 다른 유색인종에 대한 차별만큼이나 심각한 문제라고 답했다.

이러한 생각은 중요하다. 이런 생각이 다양성 정책에 대한 지지를 약화해 인종차별 문제를 해결하려는 조직의 노력을 저해할 수 있기 때문이다. 백인 경찰관의 과잉 진압으로 흑인 남성 조지 플로이드George Floyd가 사망한 사건 이후 시행된 조사에서 백인 사이에 제도적 차별에 대한 인식이 높아지고 있는 것으로 나타난 점은 흥미롭다. 하지만 이러한 조사 결과가 영구적인 변화인지 일시적인 인식 향상인지 판단하기는 너무 이르다.

사회 내 인종차별을 인식하고 있는 관리자조차 자신의 회사에서 벌어지는 차별은 알아채지 못하는 게 보통이다. 예를 들어 어느 기업의 고위 임원은 내게 이렇게 말했다. "우리 회사에는 차별적 정책이 전혀 없습니다." 하지만 '인종 중립적'으로 보이는 정책까지도 차별을 불러일으킬 수 있다는 점을 인식하는 게 중요하다. 어떤 기업 임원들은 회사가 다양성을 장려하기 위해 노력하고 있는 게 인종차별이 없다는 증거라고 말했다. 또 다른 기업의 리더는 "우리는 다양성을 정말 가치 있게 여깁니다. 회사를 모두가 환영받으며 일하는 포용적인 장소로 만들고 있습니다."

라고 말했다.

이러한 생각에도 불구하고 2000년대 들어 진행된 많은 연구에서 직장에 인종차별이 만연하다고 밝혔다. 또한 다양성을 추구하려 힘껏 노력하는 조직에서조차 차별은 존재했다. 사실 셰릴 카이저Cheryl Kaiser와 그 동료들의 연구는 다양성을 추구하는 가치와 체계가 있으면 실제로는 상황이 더 나쁠 수 있음을 입증했다. 이런 경우 조직을 현실에 안주하도록 유도한다. 그리고 흑인이나 소수 인종이 인종차별에 관해 타당한 우려를 제기했을 때 더 무시하거나 더 가혹한 처우를 받을 가능성을 높인다.

많은 백인이 유색인종에 대한 차별이 존재한다는 사실을 부인한다. 인종차별을 악의와 증오에 의한 의도적인 행동이라고 정의하기 때문이다. 그렇지만 인종차별은 의식적 인식이나 의도 없이도 일어난다. 인종차별을 단순하게 오로지 인종만을 기준으로 삼은 차별적 평가나 처우로 정의하면, 인종차별은 의도와 관계없이 대부분 백인이 생각하는 것보다 훨씬 더 자주 일어난다. 몇 가지 사례를 살펴보자.

경제학자 메리앤 버트런드Marianne Bertrand와 센드힐 멀레이너선Sendhil Mullainathan의 유명한 이력서 연구에 따르면, 동일한 자격을 갖춘 구직자 가운데 백인처럼 보이는 이름(예를 들어 에밀리 월시)으로 지원한 사람은 흑인처럼 보이는 이름(예를 들어 라키샤 워싱턴)으로 지원한 사람보다 면접 요청 연락을 평균 50퍼센트 더 받았다. 연구팀은 그저 백인이라는 사실만으로 경력 8년을 추가하는 것과 같은 효과를 얻는다고 추정했다. 즉 백인 지원자가 같은 자격을 갖춘 흑인 지원자보다 훨씬 유리하게 출발한다는 것이다.

연구에 따르면 유색인종은 이러한 차별 경향을 잘 알고 있으며, 이에 대응하기 위해 때로 인종을 숨긴다. 2016년 소니아 강Sonia Kang과 동료들이 진행한 연구에서는 인터뷰에 참여한 흑인 직장인의 31퍼센트와 아시아계 직장인의 40퍼센트가 '출신 민족'을 알아보기 어려운 이름을 썼다. 그리고 인종 정체성이 드러나는 교과 외 활동 경험(예를 들어 대학 동아리 활동)을 적지 않는 식으로 '백인' 이력서처럼 보이게 한다고 답했다.

이러한 결과를 보면 또 다른 질문이 떠오른다. 이력서에서 백인처럼 보이는 게 흑인과 아시아인 지원자에게 실제로 도움이 될까? 아니면 다양성을 확대하려는 기업에 지원했을 때 오히려 불이익을 받을까? 소니아 강 연구팀은 이와 관련한 후속 실험을 했다. 그들은 미국의 다양한 지역과 업종에서 게시한 실제 채용 공고 1,600개에 흑인이나 아시아인 지원자가 백인처럼 보이게 만든 이력서와 그렇게 하지 않은 이력서를 보냈다. 채용 공고를 낸 기업 절반은 지원자의 다양성을 추구한다는 강한 의지를 표현한 곳이었다.

이름과 교과 외 활동 경험을 바꿔 백인처럼 보이게 만든 이력서를 냈을 때 기업에서 면접 연락을 받은 비율은 어땠을까? 흑인 지원자의 경우 10퍼센트에서 거의 26퍼센트로 상승했다. 아시아인 지원자의 경우 약 12퍼센트에서 21퍼센트로 상승한 사실을 확인했다. 특히 마음이 불편한 부분은 다양성을 추구하는 데 전념하겠다고 말한 기업에서도 백인처럼 보이게 만든 이력서를 더 선호하는 현상이 줄지 않았다는 점이다.

이러한 연구 결과는 직장에 만연한 인종차별을 확인해주는 수많은 연구 가운데 극히 적은 사례에 불과하다. 모든 연구에서 발전을 위한 첫 단계로 사람들의 믿음과 편견을 인식하고 그것을 해결해야 한다는 점을 강조한다. 회사에 제도적 인종차별이 존재함을 인정하고 첫 단계를 건너뛸 수 있는 리더도 일부 존재한다. 하지만 그렇지 않은 리더가 더 많다. 즉 '인종 중립적'인 정책이나 인종 다양성을 추구한다고 표명해도 여전히 인종차별이 계속된다는 사실을 리더가 먼저 알아야만 하는 것이다.

R: 근본 원인 분석

최선의 치료제를 선택하려면 질병의 근원을 아는 게 중요하다. 인종차별에는 여러 심리적 원인이 있다. 인지 편향, 성격 특성, 사상적 세계관, 심리적 불안, 예상되는 위협, 힘과 자아 향상의 필요성 등이다. 하지만 인종차별의 대부분은 기존의 법률, 제도적 관행, 문화 규범 등 구조적 요인으로 나타나는 결과다. 이러한 원인에는 악의가 없는 경우가 많다.

그런데도 관리자가 직장에서 발생하는 차별의 원인으로 구조적 요인을 지목하는 일은 드물다. 그보다는 잘못을 개인 행위자(소위 썩은 사과) 탓으로 돌리는 경우가 많다. 그 결과 독이 되는 조직 문화에는 신경을 덜 쓰면서 직원을 '고치려는' 교육 프로그램만을 시행한다. 문제가 발생했을 때 개인을 특정해 비난하는 게 훨씬 더 쉽기 때문이다. 예를 들어 경찰 조직이 인종차별과 관련한 위기를 맞으면 반사적으로 보이는 반응이 있다. 조직 문화가 차별적 행동을 묵인하거나 장려하는 방식을 살펴보기보다 해당 경찰관을 해고하거나 경찰서장을 교체하는 것이다.

인종차별을 초래하는 뿌리 깊은 문화적 혹은 제도적 관행에 눈을 감는 또 다른 방법이 있다. 개인이 통제할 수 없는 환경을 탓하는 것이다. 예를 들어 전에 함께 일했던 어느 해양 연구 기관에서는 다양성 부족의 원인으로 어쩔 수 없는 인력 수급 문제를 지적했다. "채용 시장에 혹등고래의 이동 패턴을 연구하는 흑인 지원자 자체가 없어요." 기관의 어느 리더가 한 말이다.

미국 흑인 스쿠버 다이버 협회 회원 수는 수천 명에 달한다. 체서피크만에 자리한 역사적 흑인 대학인 햄프턴대학교에서는 해양 및 환경학과 학사 학위자를 배출하고 있다. 하지만 이런 사실을 모르는 리더가 대부분이다. 어느 쪽에서나 해양 연구 기관에서 말하는 자리에 적합한 흑인 지원자를 찾을 수 있을 것이다. 특히 그 기관에서 뽑는 연구원의 숫자가 수천 명이 아니라 수십 명 수준에 불과하다는 걸 생각하면 더욱 그렇다.

전에 함께 일했던 포춘 500대 기업에 속하는 어느 회사에서도 비슷한 인력 수급 문제를 거론했다. 하지만 자세히 조사해본 결과 진짜 문제는 따로 있었다. 리더 자리가 생겼을 때 업계 전체를 대상으로 적절한 인물을 찾기보다 조직 내 승진을 통해서만 리더를 선발하는 기업의 관행이 문제였다. 그리고 그 조직에는 이미 다양성이 부족했다.

여기서 배울 수 있는 큰 교훈은 기업의 다양성 부족의 원인은 인력 수급 부족이 아니라는 점이다. 그보다는 부적절한 채용 활동과 연관되어 있을 때가 많았다. 변화를 이루려면 리더들이 바꾸고자 하는 결과를 만들어내는 일상적 관행을 더 깊이 진단해야 한다.

편향된 제도 안에 있으면 자기도 알지 못하는 사이에 결과와 행동에 영향을 받게 된다. 이를 기업의 관리자와 직원이 이해하기 쉽게, 자신이 강물 속에서 헤엄치는 물고기라고 상상해보자. 강물 속에서는 물의 흐름이 모든 것에 힘을 가해 물을 하류로 흘러가게 만든다. 제도적 인종차별은 바로 그러한 물의 흐름과 같다. 아무것도 하지 않고 그냥 물 위에 떠 있기만 하면 인식하든 안 하든 강물의 흐름에 따라 떠내려갈 것이다. 반면 물의 흐름을 따라 수영하면서 적극적으로 차별한다면 한층 더 빨리 나아갈 것이다. 어느 쪽이든 물의 흐름 때문에 같은 방향을 향하게 된다. 이러한 관점에서 볼 때 인종차별은 우리가 어떻게 느끼는지, 또 어떤 생각을 하는지와 크게 관련이 없다. 그보다는 우리가 하거나 하지 않은 행동이 이미 자리 잡은 제도의 힘을 어떻게 강화하는지, 또는 어떻게 유지하는지와 연관성이 더 크다.

직장 내 인종차별은 종종 교육 수준이 높고, 선한 의도를 가졌으며, 열린 마음을 지닌 친절한 직원에게서 비롯된다. 이들은 그저 강물을 따라 떠내려가고 있을 뿐이지만 우세한 물의 흐름이 자신의 행동, 입장, 결과물을 끌어내고 있다는 사실을 심각하게 과소평가한다. 인종차별에 맞서려면 연어가 강물을 거슬러 오르듯 물의 흐름과 반대 방향으로 헤엄쳐야 한다. 그러려면 그저 물의 흐름에 몸을 맡겨서는 안 된다. 그보다 훨씬 더 큰 노력과 용기, 투지가 필요하다.

요컨대 기업은 '물고기', 즉 기업 내에서 움직이는 개인 행위자뿐 아니라 '물의 흐름', 즉 제도에 스며든 구조적 역학을 염두에 두어야 한다.

E: 공감

일단 문제 및 근본 원인을 인식하고 나면 이제 다음 질문은 직원들이 문제 해결을 위해 무언가를 할 만큼 충분히 관심을 갖는가 하는 점이다. 동정sympathy과 공감empathy 사이에는 차이가 있다. 백인은 인종차별을 목격할 때 동정이나 연민을 느끼는 경우가 많다. 그러나 문제에 맞서는 행동을 끌어낼 가능성이 큰 건 공감이다. 공감이란 유색인종이 느끼는 상처와 분노를 똑같이 느끼는 것이다. 유색인종은 동정이 아니라 연대와 사회 정의를 원한다. 동정은 병이 계속되는 상황에서 그저 증상만 가라앉히는 역할을 할 뿐이다.

공감을 높이는 방법으로는 체험과 교육이 있다. 조지 플로이드가 사망하는 모습이 담긴 영상을 통해 사람들은 부인할 수 없는 인종차별의 추악한 현실을 노골적으로 오랫동안 마주했다. 마찬가지로 1960년대 북부의 백인은 텔레비전을 통해 무고한 흑인 시위자가 경찰봉으로 구타당하고 소방 호스로 물벼락을 맞는 장면을 목격했다.

내 경험상 조직에서 사람들이 인종차별 문제에 관심을 갖게 된 순간은 백인이 아닌 직원이, 인종차별이 자신의 삶에 미친 부정적인 영향에 대해 생생하고 자세하게 들려줄 때였다. 관리자는 직원의 이야기를 듣는 시간을 마련해 인종차별에 관한 인식과 공감을 높일 수 있다. 이때 자신의 경험을 공유하려는 직원은 심리적으로 편안해야 한다. 또한 강요받는 느낌이 들지 않아야 하며 의무감에서 이야기하지 않도록 해야 한다. 여기에 더해 인종차별이 지속되고 있다는 역사적·과학적 증거를 제시하는 교육과 경험을 통해 직원의 이야기를 보완하는 것이 좋다.

예를 들어 나는 카디널헬스Cardinal Health의 CEO인 마이크 카우프만Mike Kaufmann과 이야기를 나눈 적이 있다. 카디널헬스는 미국에서 16번째로 큰 대기업이다. 카우프만은 평등한 정의 이니셔티브Equal Justice Initiative에서 앨라배마주 몽고메리에 세운 평화와 정의를 위한 국가기념관National Memorial for Peace and Justice을 방문했던 게 회사에 중요한 순간이었다고 말했다. 다양성과 포용 활동은 10년이 훨씬 넘는 세월 동안 마이크와 카디널헬스 경영진의 우선순위에 있었다. 하지만 인종의 포용과 관련한 사안에 집중하고 이에 관한 논의가 확연하게 늘어난 건 2019년이 되어서다.

카우프만은 내게 이렇게 말했다. "일부 미국인은 1860년대 노예제도가 종식된 이후로 아프리카계 미국인이 동등한 기회를 얻고 있다고 생각합니다. 하지만 그건 사실이 아닙니다. 제도적인 인종차별은 지금도 여전히 만연해 있습니다. 인종차별은 결코 사라진 적이 없었습니다."

카우프만은 계획 중인 종합 교육 프로그램에 임직원들의 평화와 정의를 위한 국가기념관 방문도 포함할 생각이다. 기념관 방문 경험이 임직원의 마음을 바꾸고, 눈을 뜨게 하며, 행동을 부르고, 행동의 변화를 일으키리라 확신하기 때문이다.

인종 평등을 향해 나아가는 데 공감은 대단히 중요하다. 개인 혹은 조직이 행동에 나설지, 행동에 나선다면 어떤 행동을 할지 결정하는 데 공감이 영향을 주기 때문이다. 인종차별에 대응하는 방식에는 4가지가 있다. 첫째, 인종차별에 가담해 상황을 악화시키는 것. 둘째, 무시하고 신경 쓰지 않는 것. 셋째, 동정하며 쿠키를 굽는 등 피해자를 도울 방법을 찾는 것. 넷째, 공감에서 우러나는 분노를 느끼고 평등한 정의를 실현할 대책을 세우는 것이다. 이 가운데 어떤 방식을 택할지 결정하는 데는 2가지 요소가 영향을 미친다. 그것은 직원이 지닌 개인적 가치와 기업의 핵심 가치다.

| S: 전략

기초 작업을 마치고 이제 드디어 '문제 해결을 위해 이제 무엇을 할지'를 결정하는 단계에 이르렀다. 변화를 위해 실행할 수 있는 전략 파트에서는 서로 다르면서도 이어져 있는 3가지 범주를 다룬다. 첫째, 개인의 태도, 둘째, 비공식적 문화 규범, 셋째, 공식 제도상 정책이다.

직장에서 차별을 줄이기 위해 효과적으로 싸우려면 리더는 3가지 전선에서 동시에 개입할 방법을 고민해야 한다. 한 가지 범주에만 집중하면 효과가 없을 뿐만 아니라 역효과가 발생할 수 있다. 예를 들어 제도상 다양성 정책을 펴면서 직원이 이를 받아들일 수 있게 하는 노력은 전혀 기울이지 않는다면 역효과가 나타난다. 마찬가지로 태도 변화에만 초점을 맞추고 사람들의 결정과 행동에 책임을 묻는 제도적 정책을 마련하지 않으면, 해당 정책에 동의하지 않는 사람들 사이에서는 행동 변화가 거의 나타나지 않을 수 있다. 인종차별에 반대하는 기업 문화를 만들어 이를 회사의 핵심 가치와 연결 짓고, CEO를 비롯한 최고위 경영진이 행동으로 모범을 보여야 한다. 그래야 직원 개인의 태도와 제도상 방침, 양쪽 모두에 영향을 미칠 수 있다.

다이어트를 하거나 환경의 지속가능성을 촉진하는 효과적인 전략이 끊임없이 나오는 것처럼 개인, 문화, 제도 차원에서 인종 편향을 줄이는 데 사용할 전략도 아주 많다. 사람들이 전략을 실행하게 만드는 것이 어려울 뿐이다. 최고의 전략이라 해도 실행하지 않으면 아무런 가치가 없다. 실행 의지를 키울 방법에 관해서는 이 글의 마지막 부분에서 이야기할 것이다. 그 이야기를 하기 전에 제도상 효과적인 전략의 구체적인 예를 먼저 소개하려 한다.

보스턴 로건 국제공항을 비롯해 수십억 달러에 달하는 상업용 부지를 소유한 공기업 매스포트Massport의 전략이다. 매스포트의 경영진은 보스턴에서 급속히 발전하고 있는 시포트 지구Seaport District에 부동산 개발을 진행하면서 프로젝트 내 다양성과 포용성을 높이겠다고 결정했다. 그리고 이를 위해 회사 부지를 활용하기로 했다. 매스포트 경영진은 자사 부지에 호텔과 대형 상업용 건물을 건설·운영할 부동산 개발업체를 선정하기 위해 수익성 있는 사업 계약의 기준을 공식적으로 변경했다.

기존의 선정 기준 3가지는 부동산 개발사의 개발 경험과 금융 자본, 매스포트가 얻을 수 있는 잠재 수익, 프로젝트의 건축 디자인이었다. 그런데 매스포트는 여기에 '포괄적 다양성과 포용성'이라는 네 번째 기준을 추가했다. 그리고 다른 3가지 기준의 비중과 똑같이 사업 제안서 전체 평가 점수의 25퍼센트를 차지하도록 했다. 그 결과 부동산 개발사에서는 다양성을 실현할 방법에 관해 더 깊이 고민해야 했을 뿐만 아니라 실제로 나서서 행동할 수밖에 없었다.

이와 마찬가지로 기업에서는 관리자의 연봉 인상 및 승진 평가 자료로 사용하는 업무 평가표에 다양성과 포용성 추구 항목을 넣을 수 있다. 다양성과 포용성이 그 정도로 정말 중요하다고 생각한다면 말이다. 내가 보기에 다양성 확대를 가로막는 진짜 장벽은 '무엇을 할 수 있는가'가 아니라 '우리에게 실행할 의지가 있는가'다.

S: 희생

다양성, 공정성, 포용성 확대를 원한다고 말하면서 목표를 이루기 위해 시간, 에너지, 자원, 노력을 투자하는 건 내키지 않아 하는 기업이 많다. 원하는 목표 한 가지를 이루려면 또 다른 목표 한 가지를 희생해야 한다는 생각 때문에 행동으로 이어지지 않는 것이다. 하지만 항상 그런 건 아니다. 가질 만한 가치가 있는 것 가운데 완전히 공짜인 건 없지만 인종 평등을 이루는 데는 생각보다 비용이 적게 든다. 겉보기에 상충되는 목표나 경쟁 관계에 있는 책무도 비교적 조화를 이루기 쉬운 경우가 많다. 양쪽에서 기본적으로 가정하는 사항만 조율한다면 말이다.

우리 사회에서 경찰이 유색인종을 일상적으로 인정과 존중의 태도로

그림 14-2. 어느 쪽이 더 '공정'해 보이는가?

대하는 게 공공의 안전과 사회 질서를 희생하는 일일까? 그렇지 않다. 사실 친절한 태도로 치안유지 활동을 수행하는 건 공공 안전을 강화하는 효과가 있다. 지난 2012년 뉴저지주 캠던시에서 경찰을 개혁하고, 지역사회 치안유지 활동을 더욱 강조했더니 폭력범죄 발생률이 40퍼센트나 감소한 사례는 익히 잘 알려져 있다.

인종차별 문제를 해결하려면 희생이 필요하다는 생각은 적어도 2가지 이유에서 다양한 인재 채용과 승진에 엄청난 영향을 미친다. 첫째, 많은 사람이 다양성 확대가 공정성과 실력주의를 희생시킨다고 생각한다. 인종 평등을 이루기 위해 모든 사람을 똑같이 대하는 게 아니라 유색인종에게 '특혜'를 주는 것으로 생각하기 때문이다. 하지만 그림 14-2를 보자. 왼쪽과 오른쪽, 2가지 그림 가운데 어느 쪽이 더 '공정'해 보이는가?

사람들은 공정이란 모든 이를 '동일하게', 즉 똑같이 대하는 걸 의미한다고 생각한다. 이는 각자에게 같은 크기의 상자를 하나씩 주는 것이다. 하지만 현실에서 공정을 실현하려면 사람들을 '공평하게'_equitably_ 대해야 한다. '형평성 있게' 대한다는 것은 때로는 사람들을 다르게 대하는 것을 의미할 수 있지만, 그 방식은 '상식적'~sensible~이야 한다는 의미다. 여러분이 그림 14-2에서 오른쪽 그림을 선택했다면 '공정을 실현하려면 합리적인 방식으로 각자 다르게 대하는 태도가 필요하다는 개념'에 동의한 것이다.

물론 상식적이라는 건 상황과 인식하는 사람에 따라 달라진다. 신체장애가 있는 사람이 건물 가까이에 주차하는 건 합리적인 걸까? 아기가 태어나면 신생아를 돌보라고 부모에게 6주간의 유급 휴가를 주는 건 공정한 걸까? 군 복무에 대한 감사를 표하기 위해 현역 군인을 비행기에 먼저 탑승하게 해주는 건 옳은 일일까?

내게 묻는다면 3가지 질문에 모두 '그렇다'라고 대답할 것이다. 하지만 모든 사람이 내 의견에 동의하지는 않는다. 이러한 이유로 '형평성'~equity~은 '평등'~equality~보다 합의를 이루기가 훨씬 더 어렵다. 앞서 본 울타리 그림 가운데 첫 번째 그림에서는 모든 사람이 같은 수의 상자를 받는다. 간단한 해결책이다. 그런데 과연 이것이 공정한 방법일까?

미국 사회의 맥락에서 공정을 생각하려면 리더는 기울어진 운동장과 기타 장애물이 존재한다는 점을 반드시 고려해야 한다. 제도적 인종차별을 인식하고 있다면 말이다. 또한 어려운 결정, 논란을 불러일으킬 만한 결정을 할 용기도 갖추어야 한다. 예를 들어 백인 직원을 제외하고 흑인 직원으로만 구성된 직원 커뮤니티를 갖추는 것도 방법이다. 공정한 결과를 얻으려면 직원을 다르게 대우하는 과정이 필요할 때도 있다. 분명히 해두지만, 대우가 다르다는 게 '특별' 대우를 한다는 뜻은 아니다. 특별 대우는 공평이 아니라 편애다.

하비머드칼리지~Harvey Mudd College~ 마리아 클라베~Maria Klawe~ 총장은 이러한 차이를 잘 아는 리더다. 클라베 총장은 컴퓨터공학과에 여학생을 늘릴 당시 방법은 남학생과 여학생을 다르게 대우하는 길밖에 없다고 결론지었다. 당시 남학생과 여학생은 대학에 들어오기 전, 컴퓨팅 경험 수준에서 차이가 있었다. 물론 '경험'이 다른 것일 뿐 지적 능력이나 잠재력이 다른 건 아니다.

사회에서는 중고등학생 시절 내내 남학생과 여학생을 다르게 대한다. 남학생은 과학, 기술, 엔지니어링, 수학STEM 과목을 듣도록 권장하고, 여학생에게는 인문학 과목을 권한다. 사회적 편견으로 발생한 격차를 줄이기 위해 하비머드칼리지에서는 컴퓨터공학 입문 과정을 두 갈래로 나누어 설계했다. 하나는 컴퓨팅 경험이 전혀 없는 학생을 위한 것이고, 다른 하나는 고등학교 재학 중 컴퓨팅 경험을 어느 정도 쌓은 학생을 위한 것이다.

컴퓨팅 경험이 없는 학생을 위한 과정은 50퍼센트가 여학생이지만 컴퓨팅 경험이 있는 학생을 위한 과정은 대부분 남학생이다. 1학기가 끝날 무렵이 되면 양쪽 과정의 학생 수준은 서로 비슷해진다. 이러한 입문 과정 운영뿐 아니라 그 외에도 공정을 추구하는 학교 측의 여러 가지 개입이 있었다. 이를 통해 클라베 총장과 교직원은 컴퓨터공학 전공자와 졸업생 가운데 여학생과 소수 인종의 숫자를 상당히 늘릴 수 있었다.

두 번째로 사람들은 인종 다양성을 확대하려면 인재의 뛰어난 자질과 기준을 희생해야 한다고 생각한다. 그림 14-2의 울타리 그림을 다시 생각해보자. 그림 속 세 사람은 모두 키, 즉 '잠재력'이 같다. 바닥과 울타리의 높이가 다를 뿐이다. 이는 각각 특권과 차별을 나타낸다. 제일 왼쪽에 있는 사람 앞의 울타리가 가장 낮다면 보상을 위해 다른 두 사람을 다르게 대우하는 게 맞는 걸까? 키가 아니라 바닥과 울타리의 높이 때문에 결과물에 차이가 생긴다면 우리에게는 각자 다르게 대우해주어야 할 의무가 있는 걸까? 클라베 총장은 물론 그렇다고 생각했다. 우리가 조직 내에 존재하는 울타리를 알아차리지 못해 얼마나 많은 직원의 잠재력이 실현되지 못하고 있는 걸까?

마지막으로 자질이란 건 정확하게 측정하기 어렵다는 사실을 아는 게 중요하다. 누가 '최고의 후보자'인지 정확하게 예측할 시험이나 도구, 조사, 면접 기법 같은 건 없다. 내셔널풋볼리그$_{NFL}$에서 신인 선수를 선발하는 과정은 미래 성과를 예측하는 게 얼마나 어려운 일인지를 보여준다. 스카우트팀을 대규모로 꾸리고, 이전 경기 모습을 아무리 영상으로 많이 보고, 철저한 선발시험을 치러도 1순위로 지목한 선수의 거의 절반은 실패로 끝난다.

기업도 아마 마찬가지일 것이다. 셸던 제덱$_{Sheldon\ Zedeck}$과 동료들은 기업의 채용 과정을 조사해 우수한 심사 과정과 적성 검사를 거쳐도 원하는 결과의 겨우 25퍼센트만 예측할 수 있으며, 지원자의 자질은 엄격한 순위보다 '통계학적 구간'에 잘 반영되어 있다는 사실을 확인했다. 즉 지원자 50명 가운데 1등을 기록한 사람과 8등을 기록한 사람 사이에 자질의 차이는 전혀 없다는 뜻이다.

여기서 배워야 할 중요한 교훈은 '희생'이라는 게 실제로는 매우 사소한 포기를 뜻할 수 있다는 것이다. 잠재력을 지닌 구간 내에 있는 지원자를 살펴본 뒤 1등을 한 지원자 대신 다양성을 추구할 수 있는 지원자(예를 들어 8등을 한 지원자)를 택한다고 해보자. 그런다고 해도 통계학적으로 보면 지원자의 자질은 전혀 희생되지 않은 셈이다. 비록 사람들이 직감에 따라 내리는 결론은 다르겠지만 말이다.

기업의 관리자는 '최고의 인재'를 찾아야 한다는 생각을 내려놓아야 한다. 그런 식으로 접근하면 유니콘을 쫓는 셈이 된다. 관리자는 그 대신 자격 조건을 잘 갖추고 훌륭한 잠재력을 지닌 지원자를 채용하는 데 초점을 맞춰야 한다. 그러고 나서 시간, 노력, 자원을 투자해 채용한 직원이 잠재력을 발휘할 수 있도록 도와야 한다.

* * *

2020년 미국 전역에서 벌어진 비극적인 사건과 시위로 미국 사회의 고질적 문제인 인종차별에 대한 인식과 우려가 커졌다. 이제 우리는 중요한 질문과 마주해야 한다. 하나의 국가로서 널리 퍼져 있는 인종차별적 태도와 생각, 정책과 관행을 바꾸기 위해 힘든 노력을 기울일 의지가 우리에게 있는지 말이다. 사회 전체와 달리 직장에서는 서로 다른 인종, 민족, 문화적 배경을 가진 직원끼리 서로 접촉하고 협력해야 할 일이 많다. 그러므로 기업의 리더는 조직이 프레스 모델의 5단계를 어떻게 이행하고 있는지에 대해 솔직하게 이야기 나눌 대화의 장을 마련해야 한다. 나아가 근본적이고 지속적인 발전을 추진하기 위해 가진 힘을 활용해야 한다.

― 2001 ―

설득의 심리학

사람을 움직이는 6가지 원칙

로버트 치알디니

Harnessing the Science of Persuasion

HBR 2001년 10월호에서 전재(product #R0109D)

로버트 치알디니 Robert Cialdini
애리조나주립대학교 심리학과 석좌 교수. 장기 베스트셀러인 《설득의 심리학》 시리즈(1~4권)의 저자. 설득과 순응, 협상 분야의 전문가로 이름난 그는 '설득의 대부'로 불리며 세계적인 명성을 쌓았다. 집필한 저서는 44개 언어로 700만 부 이상 판매되었다. HBR은 그의 연구를 두고 "오늘날 비즈니스 의제를 위한 획기적인 아이디어다."라고 평한다. 영향력을 발휘하는 과정에 관한 정보는 www.influenceatwork.com에 업데이트된다.

설득을 '예술'에서 '과학'으로

운 좋은 소수만이 그것을 타고난다. 우리 대부분에게는 없는 능력이다. 재능을 '타고난' 소수의 사람만이 청중을 사로잡고, 아직 결정을 내리지 못한 사람의 마음을 흔들고, 반대 의견을 되돌리는 법을 안다. 설득의 달인이 마법을 부리는 모습을 보면 깊은 인상을 받는 동시에 좌절을 느낀다. 인상적인 부분은 그들이 카리스마와 유려한 화술을 자연스럽게 구사해 사람들이 기꺼이 요청을 따르게 만드는 것만이 아니다. 마치 설득을 당한 것 자체가 보답해야 할 은혜라도 되는 듯, 요청을 반기며 받아들이는 모습 또한 놀라운 점이다.

한편, 설득의 달인을 보고 좌절을 느끼는 건 그들이 대개 자신의 뛰어난 기술에 관해 설명하지 못하거나 타인에게 전달하지 못하기 때문이다. 설득의 달인이 사람을 대하는 방법은 예술이고, 예술가는 대체로 설명하기보다 행동하는 걸 훨씬 더 잘한다. 그 결과 설득의 달인은 우리를 돕지 못한다. 평범한 수준의 카리스마와 화술만 가진 우리는 여전히 '다른 사람을 통해 일을 성사시키는' 리더십의 근본 과제와 씨름해야 한다.

기업 경영진에게는 익숙한 어려움이다. 대단히 개인적인 성향의 직원들에게 동기를 부여하고 지시를 내릴 방법을 매일 고민해야 하기 때문이다. '상사는 나니까'라는 카드는 사용할 수 없다. 이 '상사' 카드를 썼을 때 관련된 모든 직원이 모욕을 느끼거나 사기가 꺾이지 않는다 해도 말이다. 이 방식은 부서 간 협업팀, 합작 투자, 기업 간 파트너십이 권한의 경계를 흐린 지금 시대에는 더욱 어울리지 않는다. 이러한 환경에서는 형식적 권력 구조보다 설득의 기술이 다른 사람의 행동에 훨씬 더 큰 영향력을 발휘한다.

그래서 이야기는 다시 처음으로 돌아간다. 설득의 기술은 지금 그 어느 때보다 필수적이다. 그런데 설득의 달인이 기술을 전수하지 못한다면 기업인은 설득의 기술을 어떻게 배울 수 있을까? 과학을 연구함으로써 배운다. 지난 50년 동안 행동과학계에서는 여러 실험을 통해 상대의 양보, 순응, 변화를 끌어내는 특정한 상호작용 방식을 상당 수준 밝혀냈다. 행동과학 연구에 따르면 설득은 인간의 뿌리 깊은 충동과 욕구 몇 가지에 호소할 때 작동하며 예측 가능한 방식으로 이루어진다.

다시 말해 설득에는 가르치고, 배우고, 적용할 수 있는 기본 원칙이 있다는 뜻이다. 설득의 기본 원칙에 숙달되면 과학의 정밀성을 이용해 합의에 도달하고, 거래를 성사시키며, 상대의 양보를 얻어낼 수 있다. 이 글에서는 설득의 6가지 기본 원칙을 설명하고, 기업 경영진이 이 원칙을 자신의 조직에 적용할 수 있는 몇 가지 방법을 소개할 것이다.

1. 호감의 원칙: 사람은 호의를 보여주는 상대방의 설득에 응한다

구체적 힌트: 자신과 상대방의 유사점을 어필하고 진심으로 칭찬한다.

'타파웨어 파티'는 호감의 원칙이 작동하는 생생한 예 중 하나다. 타파웨어 파티는 개인이 타파웨어 제품 사용법을 시연하는 행사인데 주최자는 대부분 여성으로, 친구, 이웃, 친척을 집으로 초대한다. 초대받은 손님은 주최자에게 호감을 가진 사람이므로 자연스레 타파웨어 제품을 사게 된다.

이 심리적 역학은 1990년에 발표한 연구에서 확인되었다. 연구를 진행했던 학자 조너선 프렌즌Jonathan Frenzen과 해리 데이비스Harry Davis는 학술지《소비자 연구 저널》Journal of Consumer Research에 발표한 논문에서 파티에 초대받은 손님이 구매를 결정하는 데 제품에 관한 관심보다 파티 주최자를 좋아하는 마음이 2배나 더 강하게 작용했음을 밝혀냈다. 그러므로 타파웨어 파티에 온 손님이 제품을 사는 건 자신만을 위해서가 아니라 초대해준 파티 주최자를 기쁘게 해주고 싶어서이기도 하다.

타파웨어 파티에서 확인한 사실은 일반 기업에도 적용된다. 사람들에게 영향을 미치고 싶다면 친구로 만들어야 한다. 어떻게 해야 친구가 될 수 있을까? 통제된 연구를 통해 호감도를 확실히 높이는 몇 가지 요소가 확인되었는데, 그중에서도 '유사점'과 '칭찬'이라는 2가지 요소가 특히 눈에 띈다.

유사점은 말 그대로 사람을 하나로 묶는다. 1968년 학술지《성격 저널》Journal of Personality에 보고된 어느 논문의 실험에 따르면 실험 참여자들은 서로의 정치적 신념과 사회적 가치가 같다는 사실을 알고 나자 물리적으로 더 가까이 붙어 섰다고 한다. 1963년 또 다른 학술지《미국 행동 과학자》American Behavioral Scientists에 실린 논문에서 연구자 에번스F. B. Evans는 보험 회사 기록에서 얻은 인구학적 자료를 활용해 영업사원이 나이, 종교, 정치 성향, 심지어 흡연 습관에 이르기까지 자신과 비슷한 점이 있을 때 보험 영업 대상자의 가입 의사가 더 높아진다는 사실을 입증했다.

기업의 관리자는 유사점을 활용해 신입 사원과 다른 부서의 부서장,

나아가 새로 온 상사에 이르기까지 유대 관계를 맺을 수 있다. 근무 시간 중 가벼운 대화를 나눌 때가 아주 좋은 기회다. 대화를 나누다 보면 서로 좋아하는 분야를 적어도 한 가지는 찾을 수 있다. 그것이 취미일 수도 있고, 응원하는 대학 농구팀일 수도 있고, 드라마 〈사인펠드〉Seinfeld 재방송을 보는 것일 수도 있다. 중요한 점은 초반에 유대를 쌓는 것이다. 초반에 유대를 쌓아두면 이후의 모든 만남에 선의와 신뢰가 전제로 깔리기 때문이다. 설득해야 할 사람이 우리에게 이미 호의를 갖고 있다면 새로운 프로젝트를 지원받는 게 훨씬 더 수월해진다.

호감을 확실히 불러오는 또 다른 요인인 칭찬은 매력을 더하고 상대를 무장 해제한다. 정말 칭찬할 만한 일이 아니어도 괜찮다. 노스캐롤라이나대학교의 연구진이 《실험 사회심리학 저널》Journal of Experimental Social Psychology에 발표한 논문에 따르면 남성은 자신을 아낌없이 칭찬해주는 사람을 가장 높이 평가했다. 칭찬의 내용이 사실이 아니라도 상관없었다. 엘런 버셰이드Ellen Berscheid와 일레인 해트필드 월스터Elaine Hatfield Walster는 자신들의 책 《대인 매력》Interpersonal Attraction에서 실험 결과 자료를 소개했다. 그들에 따르면 상대의 특성이나 태도, 성과를 긍정적으로 언급하면 상대는 나를 확실히 좋아하게 된다. 그뿐만 아니라 칭찬한 사람의 요청에 기꺼이 응하는 모습을 보였다.

노련한 관리자라면 주변과 유익한 관계를 형성하는 한편, 칭찬을 활용해 손상된 관계나 비생산적인 관계를 극복할 수 있을 것이다. 당신이 회사 내에서 상당한 규모의 사업 부서를 담당하는 관리자라고 해보자. 업무상 댄이라는 다른 쪽 부서장과 자주 연락하게 되었는데 이내 댄이 싫어졌다. 아무리 잘해줘도 댄은 만족을 몰랐다. 설상가상으로 댄은 자기를 위해 당신이 할 수 있는 일에 최선을 다하고 있다는 걸 믿지 않았다.

당신은 댄의 태도 그리고 당신의 능력과 선의를 신뢰하지 않는 게 분명한 그의 모습에 화가 치밀었다. 그래서 시간을 같이 보내야만 한다는 걸 알면서도 함께하지 않았다. 그 결과 당신의 팀과 댄의 팀, 양쪽 모두 성과가 나빠졌다.

칭찬에 관한 연구를 통해 관계를 회복하는 전략도 알 수 있다. 찾기 어려울지 모르지만 댄에게도 분명 진심으로 존경할 만한 구석이 있을 것이다. 자기 부서 사람들에게 쏟는 관심일 수도 있고, 가족에 헌신하는 모습일 수도 있고, 단순하게 그의 직업윤리일 수도 있다. 다음번에 댄을 만나면 그런 점을 찾아 감탄의 말을 건네보자. 그리고 적어도 그 부분만큼은 그가 가치 있게 여기는 것에 당신도 기꺼이 동의한다는 점을 분명히 하라. 그러면 댄은 한없이 부정적이었던 태도를 누그러뜨리고, 당신이 유능하며 선의로 행동하고 있음을 납득시킬 기회를 줄 것이다.

2. 상호성의 원칙: 사람은 친절에 보답하고 싶어 한다

구체적 힌트: 내가 기뻐할 행동을 상대방에게 한다.

칭찬을 들은 덕분에 댄의 마음이 따뜻해지고 태도가 부드러워지는 효과가 나타날 것이다. 성미가 고약하기는 하지만 댄도 사람이다. 그러니 상대가 나를 대하는 대로 나도 상대를 대한다는 인간의 보편적인 성향을 갖고 있을 터다. 직장 동료가 먼저 미소를 보여서 답례로 미소를 지어 보인 적이 있다면 우리도 상호성의 원칙이 작동하는 방식을 아는 셈이다.

자선 단체는 기금모금을 위해 상호성의 원칙을 활용한다. 예를 들어 미국 상이 군인회 Disabled American Veterans, DAV 는 잘 쓴 기금모금 편지만으로도 기금 요청에 대해 18퍼센트라는 꽤 괜찮은 응답률을 기록했다. 그런데 봉투 속에 작은 선물을 동봉하기 시작하자 응답률이 거의 2배 가까이 높아져 36퍼센트를 기록했다. 선물은 개인의 주소가 인쇄된 주소 스티커처럼 별것 아닌 것들이었다. 기부 요청을 받은 사람의 마음에 변화를 일으키는 데 중요한 건 선물이 무엇이었는지가 아니었다. 그게 무엇이든 뭔가 받았다는 게 중요했다.

미국 상이 군인회에서 효과를 본 방법은 사무실에서도 효과를 발휘한다. 크리스마스 휴가철이 되면 공급업체가 고객사 구매팀에 선물을 퍼붓는 것도 연말 분위기를 내기 위해서만은 아니다. 1996년 비즈니스 잡지 《Inc.》의 인터뷰를 보면, 구매팀 관리자는 공급업체에서 선물을 받은 뒤, 원래는 구매하지 않았을 제품이나 서비스를 구매할 의향이 생겼음을 인정했다. 또한 선물은 인재 보유에도 깜짝 놀랄 만한 효과를 발휘한다. 나는 나의 독자들에게 각자의 직장에서 설득 원칙이 적용된 사례가 있다면 보내달라고 요청했다. 오리건주 정부에서 일하는 어느 독자는 상사를 위해 열심히 일하는 이유를 다음과 같이 써서 보내주었다.

> 상사는 크리스마스 때 저와 제 아들에게 선물을 보내고, 제 생일에도 선물을 줍니다. 저는 승진이라는 게 없는 자리에서 일합니다. 승진할 수 있는 유일한 방법은 부서 이동뿐이에요. 하지만 저는 부서 이동을 하고 싶지 않아요. 제 상사의 은퇴가 곧 다가오는데 상사가 은퇴하면 부서를 옮길 생각이에요. (…) 지금은 이 부서에 남아 있어야 할 것 같아요. 상사가 제게 너무 잘해주셨으니까요.

하지만 결국 선물이란 상호성의 원칙을 가장 노골적으로 적용하는 사례다. 사무실에서 긍정적인 태도와 생산적인 관계를 키우려는 관리자가 상호성의 원칙을 한층 수준 높게 활용한다면, 그는 진정한 선도자로서의 이점을 누릴 수 있다. 즉 관리자가 솔선수범함으로써 직원에게서 바람직한 행동을 끌어내는 것이다. 신뢰감이든 협동심이든 예의 바른 태도든 관리자는 직원에게 원하는 바를 자신이 솔선수범해야 한다.

이 원칙은 정보 전달이나 자원 배분 문제에도 그대로 적용된다. 업무 마감 시한이 다가오는데 일손이 부족한 동료에게 부하 직원을 파견해준다면, 반대로 내게 도움이 필요할 때 동료의 도움을 얻을 가능성도 커진다. 동료가 도와줘서 고맙다고 인사할 때 "별말씀을요. 도와드릴 수 있어서 다행이에요. 제가 필요할 때 당신의 도움이 얼마나 중요할지 저도 알고 있답니다."라는 식의 답을 해두면 나중에 도움을 얻을 가능성은 더욱 커진다.

3. 사회적 증거의 원칙: 사람은 자신과 닮은 사람을 따른다

구체적 힌트: 서로 아는 사람의 사례를 증거로 삼는다.

사람은 사회적 존재이기에 생각하고 느끼고 행동할 때 주변 사람의 영향을 많이 받는다. 우리는 직관적으로 이 사실을 알고 있다. 또한 이는 1982년 《응용심리학 저널》Journal of Applied Psychology에 처음 발표된 실험을 통해서도 확인된 바 있다. 사우스캐롤라이나주 컬럼비아에서 연구팀이 집집마다 자선 활동을 위한 모금을 하며 이미 기부한 이웃 주민의 명단을 보여주었다. 연구팀은 기부자 명단의 길이가 길수록 방문한 집에서 기부할 가능성도 크다는 사실을 발견했다.

권유받는 사람 입장에서 명단 속 친구와 이웃의 이름은 자신이 어떻게 대응해야 하는지를 알려주는 사회적 증거 중 하나다. 하지만 전혀 모르는 사람의 이름은 사회적 증거로써 그만큼 강력한 효과를 내지 못한다. 1960년대에 진행되어 《성격 및 사회 심리학 저널》Journal of Personality and Social

Psychology에 처음 실린 또 다른 실험이 있다. 이 실험에서는 뉴욕시 주민에게 분실된 지갑을 주인에게 돌려주라고 요청했다. 뉴욕시 주민들은 전에 다른 뉴욕시 주민이 지갑을 돌려주려 했다는 걸 알았을 때는 자신도 지갑을 돌려주려 했다. 하지만 외국인이 지갑을 돌려주려 했다는 이야기에는 그다지 영향을 받지 않았다.

기업 경영진이 앞의 2가지 실험을 통해 배울 수 있는 교훈은 분명하다. 설득은 동료나 비슷한 사람, 즉 동류 집단의 사람에게서 나올 때 매우 효과적이라는 사실 말이다. 과학은 영업사원이라면 대부분 아는 사실을 뒷받침해준다. 제품이나 서비스에 만족한 고객의 추천은 그 고객과 잠재 고객의 상황이 비슷할 때 효과가 가장 크게 나타난다. 회사에서 내세우는 새로운 계획을 직원에게 실행시켜야 하는 관리자는 여기서 배운 교훈을 활용할 수 있다. 부서의 업무 프로세스를 간소화하려 한다고 해보자. 그런데 연차 높은 직원들이 저항한다. 이럴 때는 업무 프로세스를 간소화하면 어떤 장점이 있는지에 대해 관리자가 이야기하는 것은 효과적이지 않다. 그보다는 연차가 높은 직원이 팀 회의 시간에 이 프로젝트의 장점을 이야기하게 하는 게 좋다. 상사의 이야기보다 같은 일을 하는 동료의 이야기가 그들을 설득할 가능성이 훨씬 크다. 간단히 말해 영향력은 수직보다 수평으로 가장 크게 발휘된다.

4. 일관성의 원칙: 사람은 명확하게 약속한 것을 지킨다

구체적 힌트: 주위에서 알 수 있게 자발적으로 약속하게 한다.

호감에는 강력한 힘이 있다. 하지만 설득 작업에는 상대가 우리 자신이나 우리의 생각, 우리 제품에 갖는 단순한 호감 이상의 힘이 작동한다. 상대가 우리를 좋아해야 할 뿐만 아니라 우리가 원하는 것에 상대가 책임감을 느끼도록 해야 한다. 친절을 베푸는 건 상대에게 의무감을 느끼게 할 좋은 방법이다. 또 다른 방법으로는 상대에게서 공개적인 약속을 받아내는 것이다.

내가 연구한 바에 따르면 대부분의 사람은 일단 어느 쪽을 지지한다고 입장을 정하거나 공개적으로 밝히면 그 입장을 지키는 편을 선호했다. 다른 연구에서도 이를 뒷받침하는 결과가 나타났고, 사소할 정도로 작은 약속까지도 미래 행동에 강력한 영향을 끼친다는 걸 보여주었다.

1983년《성격 및 사회 심리학 회보》Personality and Social Psychology Bulletin에 기고한 논문에서 이스라엘의 연구자들은 대단지 아파트 주민 절반에게 장애인 회관 건설을 지지하는 청원서에 서명해달라고 요청하는 방법을 이야기했다. 이 일의 목적은 좋았던 반면 요청 사항은 사소했다. 그래서 주민 대부분이 서명에 동의했다.

그러고 나서 2주 뒤 '장애인의 날'을 맞아 단지 내 모든 주민의 집을 방문해 장애인 회관 건설을 위한 기부를 요청했다. 2주 전 청원서에 서명 요청을 받지 않았던 주민 가운데 기부한 사람은 절반을 약간 넘는 수준이었다. 하지만 서명한 주민 가운데 기부한 사람의 비율은 놀랍게도 92퍼센트나 되었다. 아파트 주민들은 자신이 약속했던 바에 따라 살아야 한다는 의무감을 느꼈다. 그 약속이 능동적이고, 공개적이며, 자발적이었기 때문이다. 이러한 약속의 3가지 특성을 좀 더 자세히 살펴보자.

첫째, 능동적으로 한 선택, 즉 소리 내어 말했거나 종이에 적었거나 다른 방법으로 명시한 선택은 같은 선택이라도 말없이 한 선택보다 앞으로의 행동을 이끌 가능성이 훨씬 더 크다. 델리아 치오피Delia Cioffi와 랜디 가너Randy Garner는 1996년《성격 및 사회 심리학 회보》에 실은 논문에서 한 실험을 소개했다.

실험에서는 대학생을 두 집단으로 나누었다. 한 집단에는 공립학교 에이즈 교육 프로젝트에 자원봉사하겠다는 내용을 인쇄된 양식에 작성하게 했고, 다른 집단에는 같은 프로젝트에 자원봉사하고 싶지 않다는 문구가 적힌 양식을 빈칸으로 둔 채 지원하게 했다. 며칠 뒤 실제로 자원봉사에 나왔을 때 '참여하겠다'고 양식에 명시했던 집단의 학생 중 74퍼센트가 출석한 것으로 확인됐다.

이 결과는 특정 행동 방침을 따르도록 부하 직원을 설득하고 싶은 관리자가 어떻게 해야 하는지 분명한 시사점을 준다. 행동 방침에 따르겠다는 서면 약속을 받자. 직원에게 보고서를 좀 더 신속하게 제출해주기를 바란다고 해보자. 부하 직원과 뜻을 같이했다면 부하 직원에게 결심을 정리해 종이에 적어 제출하라고 요청하라. 그렇게 하면 부하 직원이 약속을 지킬 가능성이 훨씬 커진다. 사람은 보통 자기가 직접 적은 내용에 맞춰 살려고 하기 때문이다.

둘째, 약속의 사회적 차원에 관한 연구에서는 서면 진술을 공개했을 때 그 효과가 더욱 강력해진다고 설명한다. 이를 증명하는 유명한 실험이 있다. 1955년 《이상 및 사회 심리학 저널》Journal of Abnormal and Social Psychology에 소개된 실험으로, 대학생들에게 화면 속 선의 길이를 추정해보라고 요청했다. 일부 집단에게는 추정한 길이를 종이에 적어 서명한 뒤 실험을 진행하는 사람에게 제출해달라고 부탁했다. 또 다른 집단에게는게 지울 수 있는 판에 생각하는 길이를 쓴 후 바로 지우도록 했다. 마지막 집단에게는 생각하는 길이를 쓰지 않고 마음속으로 떠올리기만 하도록 했다.

그러고 나서 세 집단에 속한 학생 모두에게 그들의 첫 선택이 틀렸다는 증거를 제시했다. 그랬더니 마음속으로만 답을 떠올렸던 학생들은 가장 쉽게 자신의 답을 바꾸었다. 그다음으로 자신의 답을 바꾸려 한 학생들은 판에 답을 썼다가 바로 지운 학생들이었다. 하지만 답을 쓰고 서명한 종이를 연구팀에 제출한 학생들은 답을 바꾸지 않으려 했다. 이 실험은 대부분의 사람이 다른 사람들에게 '일관되게 보이고 싶은' 욕구가 얼마나 강한지를 보여준다.

보고서를 늦게 내는 직원 문제로 다시 돌아가 보자. 타인에게 일관성 있는 모습을 보이고 싶은 욕구가 지닌 힘을 염두에 두고, 직원에게 보고서를 제때 제출해야 할 필요성을 설득하자. 그런 후 이를 공개적으로 알려 약속을 굳건히 해야 한다. 이 일에 성공하려면 직원에게 다음과 같은 이메일을 보내보자. "당신이 세운 계획은 우리에게 꼭 필요한 내용이라고 생각합니다. 그 계획을 제조팀의 다이앤과 출하팀의 필에게 보여주었더니 두 사람도 목표에 딱 맞는 계획이라고 하더군요." 이러한 약속은 사람들이 몰래 계획을 세운 뒤 아무도 모르게 포기해버리는 새해 계획처럼 되어서는 안 된다. 약속은 공개적으로 해야 하며 눈에 띄게 게시되어야 지켜진다.

셋째, 약속은 반드시 자발적이어야 한다. 300여 년 전 영국의 시인 새뮤얼 버틀러는 약속이 자발적으로 이루어져야 오래 지속되고 효과가 있음을 설명하는 2행짜리 시를 남겼다. "자신의 의지에 반하는 길을 따르는 자 / 여전히 자기 의견을 지녔으리." 외부에서 부과되었거나 강요 혹은 강제당해 이루어진 약속은 약속이 아니다. 반갑지 않은 부담일 뿐이다.

상사가 정치인 선거 활동에 기부금을 내라고 압박한다면 어떻게 대응할지 생각해보자. 혼자 기표함에 들어갔을 때 해당 후보자를 선택하게 될까? 그렇지 않을 것이다. 1981년 샤론 브렘 Sharon S. Brehm과 잭 브렘 Jack W. Brehm은 그들의 책 《심리적 반발》 Psychological Reactance에서 이 경우 상사의 강압에 분개하는 마음을 표현하기 위해 정반대 후보에게 투표하게 될 가능성이 있다는 자료를 소개했다.

사무실에서도 이러한 역효과가 나타날 수 있다. 보고서를 늦게 제출하는 직원 이야기로 돌아가 보자. 행동 변화를 오래 지속하게 하려면 직원을 위협하거나 압박하는 방법은 피해야 한다. 그렇게 하면 직원은 자기 행동에서 나타나는 변화를 개인적 약속에 따른 것이라기보다 위협의 결과로 바라보게 될 가능성이 크다. 위협이나 압박보다는 직원이 직장에서 진심으로 가치 있게 여기는 대상, 예를 들어 뛰어난 일솜씨나 아니면 단체정신 등을 확인한 뒤 보고서를 제때 제출하는 일이 그런 가치와 어떻게 이어지는지 설명하는 식으로 접근하는 편이 좋다. 그러면 직원이 스스로 발전해야겠다고 마음먹을 이유가 생긴다. 직원이 스스로 발전을 원하면 상사가 보지 않을 때도 알아서 자신의 행동을 바로잡는다.

5. 권위의 원칙: 사람들은 전문가를 따른다

구체적 힌트: 자신의 전문성을 보여주고, 당연히 알 거라는 경솔한 생각은 하지 않는다.

2,000년 전 로마의 시인 베르길리우스는 올바른 선택을 구하는 이에게 다음과 같은 조언을 건넸다. "전문가를 믿어라." 좋은 조언일 수도 있고 아닐 수도 있지만, 사람들이 실제 하는 행동을 설명한다는 측면에서는 틀린 말이 아니다. 예를 들어 뉴스에서 해당 주제에 관해 자타가 공인하는 전문가의 의견을 방송하면 그 의견은 여론에 극적으로 영향을 미친다. 1993년 《계간 여론》Public Opinion Quarterly에 실린 연구 내용에 따르면 〈뉴욕타임스〉가 전문가 한 사람의 의견을 실으면 전국 여론의 2퍼센트가 움직인다고 한다. 또한 한 연구진이 1987년 《미국 정치학회보》American

Political Science Review에 발표한 논문에는 전문가의 의견이 전국 방송에 소개되면 여론이 4퍼센트까지도 움직인다는 내용이 실려 있다.

냉소적인 사람은 이러한 결과가 유순한 대중의 순종성을 보여주는 것뿐이라고 주장한다. 하지만 그보다 더 공정한 설명은 복잡한 현대 사회에서 엄선된 전문가가 좋은 결정으로 이어지는 값지고 효율적인 지름길을 안내해준다는 해석이다. 사실 법, 금융, 의학, 기술 등 매우 전문적인 지식이 필요한 분야에서는 전문가에게 의존할 수밖에 없는 경우도 있다.

전문가에게 의존해야 할 이유가 충분하므로 경영진은 영향력을 행사하기 전 자신의 전문 지식을 확립하기 위해 노력해야 한다. 놀랍게도 사람들은 종종 다른 사람이 자신들의 경험과 자격을 알아보고 인정해줄 것이라고 착각한다. 우리 팀에서 컨설팅을 진행했던 어느 병원에서도 그런 일이 있었다. 병원의 물리치료 팀 직원들은 낙담한 상태였다. 퇴원하자마자 운동 루틴을 그만두는 뇌졸중 환자가 너무 많았기 때문이다. 집에서 정기적으로 운동하는 게 중요하다고 아무리 강조해도(사실이 그렇다. 독립 기능을 다시 찾는 과정에서 운동은 대단히 중요하다) 환자들은 그 말을 흘려들었다.

일부 환자와 인터뷰를 해보니 문제점을 정확히 찾을 수 있었다. 환자는 의사의 배경과 수련 과정에 관해서는 잘 알고 있었지만, 운동을 권하는 물리치료사가 갖춘 자격에 관해서는 아는 게 거의 없었다. 그건 부족한 정보만 제공하면 되는 간단한 문제였다. 우리는 그저 물리치료 팀 팀장에게 물리치료사 전원이 받은 상, 학위, 자격증을 물리치료실 벽에 전시해달라고 요청했다. 결과는 깜짝 놀랄 정도였다. 집에서 운동을 따라 하는 비율이 34퍼센트로 뛰어오른 후 한 번도 그 아래로 떨어지지 않았다.

우리가 매우 만족했던 부분은 운동하는 비율을 얼마나 높였는지가 아

설득의 전문가들, 마침내 안전해지다

행동과학계에서 수십 년 동안 엄밀한 실증 연구를 진행한 덕분에 설득의 방법과 이유에 관한 대중의 이해는 지금 그 어느 때보다 폭넓고, 깊이 있으며, 자세하다. 하지만 설득을 처음 연구한 건 행동과학자가 아니다. 설득 연구는 오래되었고 훌륭한 역사를 지녔으며, 그사이 많은 영웅과 순교자가 탄생했다.

사회적 영향력을 지닌 저명한 학자 윌리엄 맥과이어William McGuire는 그의 책 《사회심리학 편람》Handbook of Social Psychology 제3판에서 4,000년 이상 되는 서양의 역사 속에서 설득 연구가 하나의 기술로 번성했던 건 400년 정도라고 주장했다. 설득 연구가 처음 꽃을 피웠던 건 고대 아테네의 페리클레스 시대였고, 두 번째 번성기는 로마 공화국 시대, 그다음은 유럽의 르네상스 시대다. 마지막 전성기는 이제 막 끝난 100년의 시기로, 이때 대규모 광고, 정보 및 대중 매체 캠페인이 등장했다. 이전의 3세기 동안 체계적인 설득 연구는 인간의 업적으로서 꽃을 피웠지만, 권력층에서 설득의 달인들을 처형하면서 갑작스레 막을 내렸다. 아마 철학자 소크라테스가 권력과 충돌한 것으로 가장 잘 알려진 설득 전문가일 것이다.

설득 과정에 대한 정보는, 정치 권력이 장악한 기반과는 완전히 별개의 독립적인 힘의 원천을 만들어내기 때문에 위협이 된다. 과거의

> 통치 계층은 자신과 경쟁할 정도로 영향력을 행사하는 사람이 나타나면 이들을 제거하는 데 거리낌이 없었다. 국가의 수장도 결코 독점할 수 없었던 힘을 통제하는 방법(교묘하게 만든 언어, 전략적으로 배치한 정보, 무엇보다 중요한 심리적 통찰 같은 것)을 진정으로 이해하는 극소수 말이다.
>
> 오늘날은 어떤가? 설득 전문가들이 정치 권력을 쥔 사람에게서 더는 위협받지 않는다고 말하는 것은 인간 본성에 대한 지나친 믿음에서 나온 것일지도 모른다. 하지만 설득과 관련한 사실들이 더는 명석하고 영감을 지닌 몇몇 소수만의 전유물이 아니므로 설득 분야의 전문가도 이제는 한숨 돌릴 수 있을 것이다. 사실 권력을 쥔 사람은 대부분 권력을 유지하는 데 집중하므로 설득의 기술을 없애기보다 손에 넣는 데 더 관심을 보일 가능성이 크다.

니라 어떻게 높였는지였다. 우리는 어떤 환자도 속이거나 협박하지 않았다. 환자에게 '정보를 제공'해서 요청을 따르게 했을 뿐이다. 무언가 발명할 필요도 없었고, 그 과정에서 시간이나 자원을 쓴 것도 아니었다. 물리치료사는 실제로 전문성을 갖춘 상태였고 우리가 할 일은 그 사실을 눈에 띄게 알리는 것뿐이었다.

그런데 기업 관리자가 자신이 갖춘 전문성을 내세워 주장하기에는 다소 어려움이 따른다. 그저 학위를 벽에 걸어놓고 모두가 눈치챌 때까지 기다릴 수는 없다. 그래서 약간의 절묘함이 필요하다. 미국 외 다른 나라에서는 처음 사업 이야기를 꺼내기 전에 양측이 사회적 교류의 시간을 갖는 게 일반적이다. 그래서 회의나 협상일 전날 밤 함께 모여 저녁을 먹을 때가 많다. 함께 친목을 다지는 시간 덕분에 업무 논의가 수월해지고 의견 차이가 완화된다. 호감과 유사성에 관한 내용을 떠올려보면 이것이 왜 필요한지 알 수 있다. 또한 전문성을 확고히 할 기회를 얻는다. 다음 날 진행할 회의 안건과 비슷한 문제를 잘 해결한 일화를 이야기하는 식으로 말이다. 아니면 저녁 식사를 하는 동안 복잡하고 어려운 걸 공부하며 보냈던 시간에 관해 이야기할 수도 있다. 이는 자신을 뽐내는 자랑이 아니라 평범하게 서로 주고받는 대화의 일부다.

물론 길고 장황한 소개 시간을 가질 여유가 항상 있는 것은 아니다. 하지만 대부분의 회의 전에 이루어지는 사전 대화 속에서도, 자연스러운 흐름을 타며 회의와 관련된 자신의 배경이나 경험을 가볍게 언급할 기회는 항상 있다. 이처럼 본격적인 논의 시작 전에 개인 정보를 공개하면 전문성을 확고히 해둘 수 있다. 이는 업무 관련 논의를 진행할 때 자신의 발언이 마땅한 존중과 신뢰를 받게 한다.

6. 희소성의 원칙: 사람은 자신에게 없는 것을 추구한다

구체적 힌트: 자신만이 가진 강점이나 정보를 적극 활용한다.

물건이나 기회가 줄어들면 줄어들수록 더욱 가치 있게 여겨진다는 사실은 연구를 통해 여러 번 입증되었다. 기업의 관리자에게는 엄청나게 유용한 정보다. 관리자는 조직에서 한정된 시간, 한정된 공급, 그 외 한정된 대상을 두고 희소성의 원칙을 활용할 수 있다. 직장 동료에게 기회가 사라지고 있음을 정직하게 알려준다면 어떨까? 예를 들어 상사가 장기 휴가를 떠나기 전 이야기를 전할 기회가 있음을 알려주면, 행동을 놀랍도록 빠르게 끌어낼 수 있다.

기업의 관리자는 소매업체에서 희소성을 활용하는 방법을 배울 수 있다. 소매업체에서는 소비자에게 상품이나 서비스를 제안할 때 소비자가 이득을 얻는다는 식으로 접근하지 않는다. 정보를 듣고 바로 움직여 구매하지 않으면 손해를 본다는 식으로 접근한다. 이러한 '손해 화법'loss language이 지닌 힘은 1988년 《응용심리학 저널》에 실린 캘리포니아 집주인 연구를 통해 입증되었다. 연구에 참여한 캘리포니아 집주인의 절반에게 집 전체에 단열 처리를 해두면 매일 얼마간의 돈을 아낄 수 있다고 이야기했다. 나머지 절반의 집주인에게는 집 전체에 단열 처리를 하지 않으면 매일 얼마간의 돈을 잃는다고 이야기했다. '손해 화법'으로 이야기를 들은 집주인 집단에서 집에 단열 처리를 하는 일이 눈에 띄게 많았다.

비즈니스 세계에서도 동일한 현상이 일어난다. 1994년 학술지 《조직 행동과 의사결정 과정》Organizational Behavior and Human Decision Processes에 발표된 연구에 따르면 잠재적 이득보다 잠재적 손실이 기업 관리자의 의사결정에 훨씬 더 큰 영향을 준다.

경영진은 직원에게 제안할 내용을 구성할 때 널리 알려진 자료보다 독점적인 정보가 훨씬 더 설득력이 있다는 점 또한 기억해야 한다. 박사 과정에 재학 중인 제자 암람 크니신스키Amram Knishinsky가 1981년 소고기 도매상의 구매 의사결정에 관한 논문을 썼다. 크니신스키가 관찰한 바에 따르면 이렇다. 소고기 도매상은 해외 국가의 특정 날씨 조건 때문에 조만간 국내 시장에 수입산 소고기가 부족해질 것이라는 이야기를 듣자 주문량을 2배 이상 늘렸다. 그런데 이 정보를 아직 아무도 모른다는 말을 듣자 주문량을 600퍼센트 늘렸다.

회사에서 채택하기를 바라는 아이디어나 계획을 뒷받침하되 아직 널리 알려지지 않은 정보를 손에 넣은 관리자라면 누구나 독점성이 지닌 설득력을 활용할 수 있다. 다음번에 이런 정보가 생기면 조직 내 주요 담당자를 불러 모으자. 정보 자체는 지루해 보일지 모르지만 독점성이 빛을 발하게 할 것이다. 불러 모은 담당자들에게 정보를 전하며 이렇게 말하는 것이다. "방금 막 이 보고서를 얻었습니다. 다음 주까지는 배포되지 않을 겁니다. 하지만 여러분에게 이 보고서의 내용을 빨리 보여주고 싶었습니다." 그리고 나서 직원들의 몸이 앞으로 기울어지는 모습을 지켜보라.

여기서 한 가지 강조할 점이 있다. 독점적 정보를 제공하거나 당장 행동하지 않으면 영원히 기회를 놓칠 거라고 권유하는 행위는 진실해야 한다는 점이다. 자신의 말을 따르게 하려고 직장 동료를 속이는 건 윤리적으로 안 될 일일 뿐 아니라 무모한 짓이다. 속임수가 발각되면 이야기를 듣고 처음에 불붙었던 그들의 열정을 완전히 사라지게 할 것이다. 그리고 그런 속임수는 반드시 발각될 수밖에 없다. 또한 나를 속인 사람을 그들도 정직하게 대하지 않게 된다. 상호성의 원칙을 기억하라.

설득의 효과를 더욱 높이기 위해서

지금까지 설명한 설득의 6가지 원칙 중 어렵거나 모호한 내용은 없다. 사실 우리가 정보를 평가하고 결정하는 방식에 관해 직관적으로 느끼는 부분을 깔끔하게 글로 정리한 것뿐이다. 그러므로 설득의 원칙은 사람들이 대부분 쉽게 이해할 수 있다. 심리학을 정식으로 배우지 않은 사람도 마찬가지다. 그런데 세미나와 워크숍을 진행하는 동안 나는 반복해서 강조할 가치가 있는 2가지 사항을 알게 되었다.

첫째, 명확한 설명을 위해 6가지 원칙과 적용 방법을 따로 이야기했지만, 설득의 효과를 높이려면 이 원칙을 복합적으로 적용해야 한다는 점이다. 예를 들어 전문성의 중요성을 이야기하면서 관리자들의 비공식적인 사교 대화를 통해 자신의 자격을 드러내라고 했다. 그런데 이러한 대화는 단지 정보를 전달하는 데 그치지 않고, 정보를 얻는 기회이기도 하다. 저녁 식사 자리에서 상대방에게 비즈니스 문제를 해결할 수 있는 자신의 기술과 경험을 보여주는 동시에 상대방의 배경이나 상대방이 선호하는 것, 또는 기피하는 것 등을 알아낼 수 있다. 이러한 정보를 바탕으로 상대와 나 사이의 유사점을 찾거나 진심을 담아 상대를 칭찬할 수도 있다. 이렇게 자신의 전문성을 드러냄과 동시에 상대와 친분을 쌓음으로써 설득력은 2배로 커진다. 만일 식사 자리의 상대를 업무에 합류시키는 데 성공한다면 다른 사람도 참여시킬 수 있다. 사회적 증거가 지닌 설득력 덕분이다.

둘째, 사회적 영향력의 과학에도 다른 기술과 마찬가지로 윤리 규범이 동일하게 적용된다는 점이다. 다른 사람을 속이거나 함정에 빠뜨려 동의를 얻는 것은 윤리적으로 잘못일 뿐 아니라 실용적인 측면에서도 바람직하지 않다. 부정직하거나 강압적인 전략은 설사 효과가 있더라도 단기적으로만 통할 뿐 장기적으로는 조직 내에 악영향을 미친다. 조직은 기본적인 신뢰와 협력이 없으면 제대로 기능할 수 없기 때문이다.

이 사실은 다음 이야기에서 생생하게 드러난다. 내가 진행한 교육 워크숍에 참석한 대형 섬유 생산업체 부서장이 전한 이야기다. 그 회사의 부사장은 매우 교묘하게 각 부서장을 조종해 약속을 받아냈다. 부사장은 어떤 계획을 제안할 때 부서장들이 그에 관해 이야기하거나 생각할 틈을 주지 않았다. 그 대신 부서장들이 가장 바쁘게 일하는 시간에 찾아가 자신이 제안하는 계획의 이점을 세세하게 설명함으로써 상대의 인내심이 한계에 다다르게 했다.

그러고 나서는 마지막 한 방을 날렸다. "이 계획에 관해 나와 같은 의견인지 확인하는 게 제게는 매우 중요합니다. 제 계획을 지지한다고 믿어도 될까요?" 부서장들은 위축되었으며, 이야기를 듣느라 지쳤다. 그리고 다시 일할 수 있게 부사장을 사무실에서 내보내려는 생각에 예외 없이 부사장의 요청에 동의했다. 하지만 결코 자발적으로 약속한 게 아니었기 때문에 각 부서에서 부사장의 계획을 제대로 실행하는 일은 없었다. 그 결과 부사장이 세우는 계획은 전부 실패하거나 점차 사라졌다.

이 이야기는 워크숍에 참석했던 다른 참가자에게도 큰 영향을 미쳤다. 일부 참가자는 자신도 사람을 조종하는 행동을 했다는 걸 알아채고 충격에 입을 다물지 못했다. 하지만 모두 멈칫하게 된 건 상사가 제안한 계획이 큰 손해를 내고 망가졌다는 이야기를 하며 부서장이 지은 표정 때문이었다. 그녀는 미소를 짓고 있었다.

남을 속이거나 강압하는 방식으로 사회적 영향력을 사용하면 윤리적으로 문제가 될 뿐 아니라 현실적으로도 잘못된 결과를 낳는다. 이 사실을 이 예화보다 더 효과적으로 설명할 수는 없을 것이다. 그러나 같은 원칙을 적절하게 적용한다면 올바른 결정을 내릴 수 있다. 정당한 전문 지식, 진심을 담아 행하는 의무, 진정한 유사점, 실제 사회적 증거, 독점 뉴스, 자유로이 정한 약속, 이를 바탕으로 내린 결정은 양측에 도움이 될 가능성이 크다. 모두에게 이익을 가져다주는 접근법은 좋은 접근법이다. 그렇지 않은가? 물론 내 의견에 동의하라고 여러분을 압박하고 싶지는 않다. 다만 내 이야기에 동의한다면 설득의 원칙이 효과를 나타낸 이야기를 적어서 보내주면 정말 좋겠다.

— 1952 —

소통의 본질은 경청이다

판단하지 말고 이해하라

칼 로저스, 프리츠 로슬리스버거

Barriers and Gateways to Communication

HBR 1991년 11/12월호에서 전재(product #91610)
최초 게재 1952년 7/8월호

칼 로저스 Carl R. Rogers

시카고대학교 심리학 교수. 미국의 대표적인 인본주의 심리학자로, 현대 상담 심리학과 심리치료 분야에 지대한 영향을 끼쳤다. 그는 인간을 긍정적으로 바라보며 개인의 성장 가능성과 자기실현self-actualization을 강조했다. 심리치료의 신기원을 이룬 《내담자 중심 치료》Client-Centered Therapy를 포함해 여러 권의 책을 썼으며, 대표 저서로 《칼 로저스의 사람-중심 상담》, 《진정한 사람되기》가 있다.

프리츠 로슬리스버거 Fritz J. Roethlisberger

하버드 경영대학원 월러스 브렛 던햄 인간관계 교수Wallace Brett Donham Professor of Human Relations. 경영학자이자 조직심리학자이며, 호손 실험Hawthorne Studies의 공동연구자로 잘 알려져 있다. 이 실험은 노동자의 생산성이 단순한 작업 환경보다 사회적 요인과 인간관계에 더 큰 영향을 받는다는 것을 밝혀내며 인간 중심 경영의 필요성을 부각시켰다. '조직은 단순한 기계가 아니라 인간의 공동체'라는 관점을 확립하는 데 기여했으며, 오늘날 HRM(인적자원관리), 조직행동론, 리더십 이론 등에 영향을 주었다. 《조직 내 인간》Man-In-Organization, 《경영과 노동자》Management and the Worker 등 여러 책과 논문을 썼다.

Part 1. 칼 로저스:
소통의 저해 요인은 무엇인가

나 같은 심리학자가 소통 문제에 관심을 가져야 한다는 게 신기해 보일지도 모르겠다. 그러나 심리치료의 모든 과제가 사실 소통의 실패를 다루는 일이다. 정서적 부적응 상태에 있는 사람은 내면의 소통이 망가지고, 그 결과 타인과의 소통도 제대로 이루어지지 않는다. 다시 말해 그들의 무의식적이거나 억압된 혹은 부정당한 욕구$_{desire}$가 타인과 소통하는 방식에 왜곡을 불러일으키는 것이다. 그래서 이들은 자기 자신과의 관계에서도, 타인과의 관계에서도 어려움을 겪는다.

심리치료의 목표는 치료사와의 특별한 관계를 통해 개인이 자기 자신과 잘 소통할 수 있도록 돕는 데 있다. 일단 자기 내면에서 소통이 잘 이루어지면 타인과도 좀 더 자유롭고 효과적으로 소통할 수 있다. 그러므로 심리치료는 자기 내면과의 소통 그리고 사람 간의 소통이 잘 이루어지도록 돕는 것이라 할 수 있다. 이는 반대로 바꿔도 여전히 맞는 말이다. 즉 자기 내면과의 소통 혹은 사람 간의 원활한 소통이 이루어지면 치유가 된다.

상담과 심리치료 경험을 쌓으면서 나는 소통을 가로막는 주요 장애물이 한 가지 있다는 걸 알게 되었다. 그건 바로 평가하려는 성향이다. 다행히 이해심을 갖고 '듣는' 법을 배우면 평가하고 싶은 충동을 완화하고 타인과의 소통 능력이 크게 향상된다는 것 또한 발견했다.

소통의 장벽: 평가하려는 성향

우리는 모두 다른 사람의 말을 판단하고, 평가하고, 찬성하거나 반대하고 싶은 충동을 느낀다. 누군가 내가 방금 한 말에 대해 이렇게 말한다고 해보자. "저 사람이 하는 말이 마음에 들지 않습니다." 여러분은 여기에 어떻게 대응할 것인가? 거의 빠짐없이 이 사람이 한 말에 관해 찬성 혹은 반대로 답할 것이다. "저도 마음에 들지 않았어요. 형편없는 말이라고 생각했죠." 혹은 "오, 저는 정말 좋은 말이라고 생각했는데요." 같은 식이다. 다시 말해 첫 번째 반응은 '당신'의 관점에서 이루어지는 평가다.

아니면 내가 약간의 감정을 담아 이렇게 말했다고 해보자. "요즘 민주당이 상당히 건전한 판단력을 보인다고 생각해." 당신의 첫 반응은 어떨까? 분명 평가하려 들 것이다. 내 말에 동의하거나 동의하지 않을 것이고 아마 어느 정도 나를 평가하게 될 것이다. '이 사람 진보주의자구나' 혹은 '이 사람 자기 생각이 확고한 것 같아'라는 식으로 말이다.

평가는 대화에서 흔히 이루어지지만, 느낌과 감정이 깊이 얽혀 있는 상황에서는 평가 반응이 더욱 크게 나타난다. 따라서 감정이 강해질수록 소통 과정에 상호 요소가 존재할 가능성은 적어진다. 두 사람의 대화 속에는 심리적 공간 속에서 어긋나버린 2개의 생각, 2개의 느낌 혹은 2개의 판단이 존재할 뿐이다.

감정이입을 하지 않은 상태로 열띤 토론을 지켜본 적이 있는가? 아마 이렇게 생각하며 자리를 떴을 것이다. '음, 사실 저 사람들은 같은 주제를 놓고 이야기하는 게 아닌 걸?' 토론이 열띤 상태였으므로 아마 당신의 생각이 맞을 것이다. 토론하는 두 사람은 각자 자신의 준거 frame of reference를 바탕으로 판단하고 평가한다. 진정한 의미에서 소통이라고 부를 만한 건 전혀 없다. 이처럼 각자 자신의 관점을 바탕으로 감정적 의미를 지닌 진술을 평가하려는 충동이 사람 사이의 소통을 막는 장벽이다.

소통의 관문: 이해심을 바탕으로 한 경청

이해심을 갖고 상대의 말에 귀를 기울일 때 진정한 소통이 이루어지고 상대를 평가하려는 경향을 피할 수 있다. 이는 상대의 아이디어와 사고방식을 상대방의 관점으로 보고, 그 사람이 어떤 기분일지 감지하고, 논의하는 주제에 관해 상대방의 준거를 알라는 뜻이다.

터무니없을 만큼 간단해 보이겠지만 절대 간단하지 않다. 사실 이는 심리치료에서 사용하는 매우 강력한 방법이다. 이 방법은 개인의 기본 성격 구조를 변화시키고, 타인과의 관계 및 소통을 개선하는 데 가장 효과적이다.

내가 누군가의 이야기를 귀 기울여 들으면서 그 사람이 아버지를 싫어하는 마음, 회사를 싫어하는 마음, 혹은 보수주의자를 싫어하는 마음을 진심으로 이해할 수 있다면 어떨까? 혹은 그 사람이 느끼는 광기에 대한 두려움이나 핵폭탄에 대한 공포의 본질을 포착할 수 있다면? 그럴 수 있다면 그 사람의 증오와 두려움이 완화되도록 돕고, 그 감정을 불러일으킨 사람이나 상황과 현실적이고 조화로운 관계를 형성하도록 도울 수 있을 것이다. 연구에 따르면 이러한 공감적 이해 empathic understanding, 즉 그 사람에 '대해' 이해하는 게 아니라 그 사람'처럼' 이해하는 것은 효과적인 방법으로, 성격에 큰 변화를 가져올 수 있다.

만일 다른 사람 말을 경청하는데도 그런 결과가 나타나는 것을 본 적이 없다면 당신이 말하는 경청은 내가 설명하는 경청은 아니었을 것이다. 자, 당신이 상대방을 얼마나 잘 이해하는지를 시험하는 방법 한 가지를 소개한다. 다음번에 배우자나 친구 혹은 소규모 친구 모임에서 논쟁을 벌이게 된다면 잠시 멈추고 다음과 같은 규칙을 제시하라. '한 사람씩 각자 이야기하기 전에 반드시 '먼저' 앞사람이 말한 생각과 감정을 그 사람이 만족스러워할 때까지 정확하게 다시 말하기'다.

이 규칙이 무엇을 의미하는지 알 것이다. 자신의 관점을 표현하기 전에 먼저 다른 사람의 준거를 알아야 한다. 간단한 일처럼 보인다. 그렇지 않은가? 하지만 일단 한번 해보면 지금까지 시도했던 그 어떤 일보다 더 어려운 일임을 깨닫게 될 것이다. 그리고 이를 해냈을 때는 자신의 의견을 대폭 수정해야 할 것이다. 그러나 그사이 감정이 가라앉는 것 또한 느낄 것이다. 의견 차이도 줄고 남아 있는 차이점도 합리적이고 이해 가능한 수준이 된다.

이런 접근법이 더 큰 무대에서 어떤 결과를 가져올 수 있을지 상상할 수 있는가? 노사분쟁 상황을 예로 들어보자. 회사 측의 의견에 동의하는 건 아니지만, 회사 측에서 인정할 정도로 정확하게 노조 측이 회사 측의 관점을 설명한다면 분쟁의 결과는 어떻게 될까? 반대로 노조 측의 입장에 찬성하지는 않지만, 노조가 정확하다고 인정할 정도로 회사 측에서 노조의 주장을 설명할 수 있다면 어떻게 될까? 이는 진정한 소통이 이루어졌음을 의미하며 웬만하면 합리적인 해결책이 도출될 것이다.

그런데 왜 이런 '경청' 접근법이 널리 쓰이지 않는 걸까? 여기에는 몇 가지 이유가 있다.

- **용기 부족**: 이해심을 갖고 경청한다는 건 매우 실제적인 위험을 감수한다는 뜻이다. 평가하려는 의도 없이 상대방을 진정으로 이해하는 건 기꺼이 상대의 개인적인 세상으로 들어가 그 사람에게 삶이 어떻게 보이는지 확인하는 일이다. 이건 자기 자신이 바뀔 위험을 무릅쓰는 일이기도 하다. 또한 세상을 상대의 방식으로 보게 될지도 모른다. 상대의 사고방식이나 성격에 영향을 받을 수 있다는 말이다.

  우리 대부분은 이런 위험을 두려워한다. 경청이 너무 위험하게 느껴지기 때문에 경청을 못 할 뿐만 아니라 평가하려는 충동을 억누르지 못하게 된다.

- **감정의 격앙**: 열띤 토론이 펼쳐질 때 감정은 최고조에 달한다. 그래서 상대방 혹은 상대 집단의 준거를 알기가 특히 어렵다. 그러나 바로 그런 순간에야말로 소통을 제대로 하기 위해 좋은 경청이 필수적이다.

  한 가지 해결책은 제삼자를 활용하는 것이다. 자신의 느낌과 평가를 제쳐둘 수 있는 사람, 이해심을 갖고 두 사람 혹은 양쪽 집단의 이야기를 경청하고 각 관점과 사고방식을 명확하게 정리할 수 있는 사람 말이다.

  이 방법은 모순되거나 적대적인 사고방식을 지닌 소규모 집단에서 효과를 나타낸다. 분쟁의 당사자가 자신이 이해받고 있다는 걸 깨닫고, 자신에게 상황이 어떻게 보이는지 누군가 알아준다는 걸 알면 발언의 과장이 줄어들고 방어적인 태세도 수그러든다. 그러고 나면 '내가 100퍼센트 맞아, 너는 100퍼센트 틀렸어'라는 식의 사고방식도 더는 유지할 필요가 없어진다.

이처럼 집단 내에서 이해라는 촉매는 구성원이 상황의 객관적인 진실에 더 가까이 다가설 수 있도록 영향을 미친다. 이는 소통을 개선하고, 서로에 대한 수용을 높이며, 보다 긍정적이고 문제 해결적인 태도를 형성하게 만든다. 반면 방어적 태도, 과장된 발언, 평가하고 비판하는 행동은 줄어든다. 상호 소통이 이루어지며 모종의 합의를 이루기가 훨씬 더 쉬워진다.

- **지나치게 거대한 집단**: 지금까지 심리치료사는 종교, 인종, 산업 갈등 혹은 여러 치료 집단에서 개인적 갈등을 해결하려는 소규모의 대면 집단만 관찰할 수 있었다. 그렇다면 지리적으로 멀리 떨어진 대규모 집단 간의 이해를 시도하는 경우, 혹은 자기 자신이 아니라 다른 사람을 대표해 발언하는 대면 집단 간에는 어떻게 할 수 있을까? 솔직히 말해 우리는 그 답을 모른다. 하지만 제한적인 지식을 바탕으로 볼 때 규모가 큰 집단에서도 서로 경청을 늘리고, 상대에 관한 평가는 줄일 몇 가지 방법이 있다.

잠시 가정해보자. 관계 개선을 지향하는 국제 집단이 분쟁에 연관된 두 나라에 가서 이렇게 말한다. "우리는 X국에 관한 이 나라의 관점, 그보다 더 중요하게는 X국에 관한 이 나라의 사고방식과 느낌을 진정으로 알고 싶습니다. 우리 설명이 상황을 정확하게 나타내고 있다고 여러분이 동의할 때까지, 우리는 이 견해와 감정을 반복해서 정리하고 재정리하겠습니다."

그러고 나서 양국의 관점을 서술한 글을 널리 배포하면 효과가 아주 크지 않을까? 이들이 말하는 이해가 지금까지 내가 설명했던 이해와 같은 종류라는 걸 보장할 수는 없지만, 분쟁 해결에 도움이 될 가능성은 훨씬 크다. 상대측에서 우리에게 주먹을 흔들어 보일 때보다 중립적인 제삼자가 상대측의 생각을 정확하게 설명해준다면 상대측의 감정을 훨씬 더 쉽게 이해할 수 있다.

이해심을 갖고 이야기를 들으며 그 내용을 평가하지 않는 중재자를 통할 때 소통이 효과적으로 이루어진다는 사실이 입증되었다. 감정이 고조되어 있을 때도 그렇다. 중재자를 통하는 절차는 상대가 준비되기를 기다리지 않고 한쪽에서 먼저 시작할 수 있다. 어느 한쪽으로부터 최소한의 협조를 얻을 수만 있다면 어느 쪽도 아닌 중립의 제삼자가 시작할 수 있다.

중재자는 가식, 방어를 위한 과장, 거짓말, 소통이 실패하는 거의 모든 경우에 특징으로 나타나는 '거짓 가면'에 대처할 수 있다. 상대가 의도를 판단하는 게 아니라 이해하려 한다는 걸 알게 되면 이러한 방어용 왜곡은 놀라운 속도로 사그라든다. 그리고 한쪽에서 방어를 멈추기 시작하면, 대개 상대 쪽도 같은 태도를 보이게 된다. 그렇게 양측은 함께 상황의 사실을 밝혀내기 시작한다.

양측은 점차 상호 소통을 시작한다. 상호 소통이 이루어지면 문제가 내게 어떻게 보이는지뿐 아니라 상대에게 어떻게 보이는지도 알게 되고, 상대방도 같은 경험을 하게 된다. 이렇게 정확하고 현실적으로 정의된 문제는 이성적인 접근으로 해결된다. 혹은 일부 문제는 해결 불가능하더라도 그런 상태로 편안하게 받아들이게 된다.

Part 2. 프리츠 로슬리스버거:
상극인 상사와 부하의 소통

개인의 소통을 막는 여러 장벽, 특히 두 사람의 배경, 경험, 동기의 차이에서 나타나는 장벽을 생각하면 어느 두 사람이 서로를 이해한다는 건 상당히 어려운 일처럼 보인다. 상사와 부하 직원의 관계에서는 소통에 문제가 생길 가능성이 더욱 크다. 같은 걸 보고 같은 생각을 하지 않거나 같은 가치를 공유하지 않는 사람 사이에서 어떻게 소통이 가능할까?

이 질문에 답하는 2가지 학설이 있다. 첫 번째 학설은 A와 B 사이에서 소통이 이루어질 때, A가 하는 말을 B가 사실이나 진실 혹은 타당한 말이라고 받아들이지 않으면 이 소통은 실패했다고 본다. 여기에서 소통의 목표는 A의 의견, 생각, 사실, 정보에 B가 동의하는 것이다.

두 번째 학설은 이와 상당히 다르다. 여기에서는 B가 자신의 의견이 A에게 받아들여지지 않을 것을 두려워한 나머지 자신의 느낌을 A에게 자유롭게 표현할 수 없을 때 소통이 실패했다고 본다. 소통은 A와 B 양쪽 모두 차이를 표현하고 받아들일 때 이루어진다.

설명을 위해 직원 빌이 상사의 사무실에 있다고 가정해보자. 상사가 말한다. "빌, 내 생각에 빌의 일을 가장 잘할 방법은 이것이라고 생각합니다." 그 말을 들은 빌이 대답한다. "아, 그런가요?"

첫 번째 학설에 따르면 빌의 답은 소통이 제대로 이루어지지 않는다는 신호다. 빌은 자기 업무를 가장 잘할 방법을 이해하지 못했다. 그러므로 소통을 개선하기 위해 상사는 빌이 하는 방식이 아니라 자신이 제안한 방식이 가장 좋은 이유를 빌에게 설명해야 한다.

두 번째 학설의 관점에서 빌의 대답은 좋은 소통도 나쁜 소통도 아니다. 어느 쪽이라고 규정할 수 없다. 하지만 상사는 이 기회를 활용해 빌이 무슨 뜻으로 그런 말을 했는지를 알아볼 수 있다. 그리고 여기서는 상사가 그렇게 하기로 했다고 가정해보자. 즉 이 상사는 빌로 하여금 자신의 일에 대해 더 많이 이야기하도록 유도한다.

첫 번째 학설을 나타내는 상사를 '스미스'라 하고, 두 번째 학설을 나타내는 상사를 '존스'라고 하자. 동일한 상황 앞에서 두 사람은 다르게 행동한다. 스미스는 '설명'을 택하고, 존스는 '경청'을 택한다. 내 경험으로 미루어보면 스미스보다 존스의 선택이 좋은 효과를 불러온다. 자신과 빌 사이에 무슨 일이 일어나고 있는지 스미스보다 존스가 더 적절한 평가를 내리기 때문이다.

2가지 학설을 검증하다

1. **상사 스미스의 소통 방식**: 빌이 "아, 그런가요?"라고 답했을 때 스미스는 자신이 빌의 말을 이해했다고 생각한다. 그러므로 빌이 했던 말의 의미를 확인할 필요가 없다. 한편으로는 빌이, 자기가 제안한 방법이 일을 가장 잘하는 방법인지 이유를 이해하지 못한 게 확실하므로 자신이 알려주어야 한다고 생각한다.

   이때 스미스가 논리적이고, 명쾌하며, 분명한 사람이라고 해보자. 그래서 스미스는 사실과 증거자료를 근거로 잘 설명했다. 하지만 안타깝게도 빌은 여전히 그 방법이 제일 좋다고 확신하지 못한다. 이제 스미스는 무엇을 해야 할까? 그는 자신과 빌 사이에 일어나는 일이 기본적으로 논리적이라고 생각하므로 다음 2가지 가운데 하나로 결론 내린다. 첫째, 아직도 분명하게 설명하지 못했다. 둘째, 빌이 너무 멍청해서 이해하지 못했다. 이에 따라 더욱 더 간단하게 설명하든지, 아니면 포기해야 한다. 스미스는 포기하고 싶지 않으므로 계속 설명하는 쪽을 택한다. 그러면 어떻게 될까?

스미스가 빌을 이해시키지 못할수록 스미스가 느끼는 좌절감은 더 커지고, 스미스는 더욱 감정적으로 변하며, 논리적으로 사고하는 능력도 줄어든다. 스미스는 스스로 합리적이고 논리적인 사람이라고 믿기 때문에 감정적으로 변하는 자신을 받아들이기 어렵다. 빌이 비협조적이거나 멍청한 사람이라고 생각하는 편이 훨씬 쉽다. 이러한 인식은 스미스의 말과 행동에 영향을 준다.

이러한 압박 속에서 스미스는 점점 더 자신의 가치를 기준으로 빌을 평가하고, 빌을 중요하지 않은 사람으로 취급하며, 기본적으로 빌의 고유성과 차이를 부정한다. 그리고 빌을 자기주도 능력이 없는 사람처럼 대한다.

여기서 분명히 해두자. 스미스는 자신이 빌을 이렇게 대하고 있다는 걸 모른다. 스미스가 봉투 뒷면에 열심히 무언가를 끄적이며 이것이 일을 처리하는 최고의 방법이라고 빌에게 설명하려고 할 때, 그는 도와주고 싶은 마음에서 그렇게 하는 것이다. 스미스는 선의를 가진 사람이며 빌에게 정확한 정보를 주려고 한다. 이게 스미스가 자기 자신의 모습과 행동을 바라보는 시각이다. 바로 이런 이유로 빌의 "아, 그런가요?"라는 대답이 스미스를 짜증 나게 한다.

'사람이 어떻게 저렇게 멍청할 수가 있지? 이것이 스미스의 태도이며, 안타깝게도 빌은 스미스의 선의보다 이 태도를 더 크게 느

관리자는 2가지 능력을
갖추어야 한다

존 가바로 John J. Gabarro

과연 관리자의 소통 방식은 진보했는가

지금에 와서 '소통의 본질은 경청이다'를 읽어보면 이 기사가 처음 출판되었을 때 불러온 충격을 이해하기 어렵다. 하지만 1952년에는 경청이 중요하다는 로저스와 로슬리스버거의 생각이 급진적인 것이었다. 그들은 당시 회사 간부진의 가치 체계에 반하는 새로운 영역을 개척했다. 사람의 감정이 중요하다는 생각 말이다. 이를 분명히 밝혔을 뿐만 아니라 관리자가 부하 직원의 생각과 감정을 진지하게 받아들여야 한다고 제안함으로써 위계 관계의 신성함에 도전했다.

하지만 오늘날 이러한 통찰은 너무나 기본적인 상식이자 간단한 교훈처럼 보인다. 이는 이들의 아이디어가 얼마나 큰 영향을 미쳤는지 그리고 경영진의 소통 방식이 얼마나 발전했는지를 보여준다. 아닌가? 현대의 기업 관리자는 경청이 훌륭한 소통에 얼마나 중요한지 예전보다 잘 이해한다. 그렇기는 하지만 상당수 관리자는 이러한 교훈을 실천하는 데 여전히 어려움을 겪고 있다. 한 가지 이유는 관리자가 지닌 복잡성 때문이다. 간단한 교훈은 쉽게 잊힌다.

그러나 두 번째 이유는 오히려 이 교훈이 전혀 간단하지 않다는 데 있다. 글쓴이가 40년 전 이야기한 내용이 보기보다 실천하기 어려울

뿐 아니라, 사실은 그 이상의 다른 무언가가 있는 것이다. 로저스와 로슬리스버거의 기사를 다시 읽음으로써 얻게 되는 이점이 있다. 여전히 의미 있고 실제로 강력한 힘을 지닌 통찰력을 다시 떠올린다는 점 그리고 40년이 지난 오늘날의 시각에서 과거를 돌아보며 로저스와 로슬리스버거가 놓친 부분을 찾을 수 있다는 점이다.

3가지 통찰

오늘날 비즈니스 세계에서 가장 의미가 큰 건 사실상 제도적·사회적 경계를 초월한 3가지 통찰이다. 그것은 로저스와 로슬리스버거가 말한 소통의 관문과 장벽으로, 이는 개인 사이뿐 아니라 나라 사이에서도 발생할 수 있다. 이러한 통찰은 인간의 상호작용에 관한 기본 사실이기 때문에 지금까지 이어져왔다.

통찰 1: 효과적인 소통을 막는 가장 큰 장벽은 상대의 말을 평가하고, 그리하여 상대의 말을 오해하거나 제대로 '듣지' 않는 경향이다.
이 과정을 생생히 드러낸 빌과 스미스의 이야기는 오늘날에도 유효하다. 이러한 소통 실패는 지금도 여전히 일상적으로 일어나는 일이기 때문이다. 더욱 복잡해진 오늘날의 비즈니스 환경에서 소통의 실패가 발생할 가능성은 전보다 더 크다.

예를 들어 노동력이 지닌 다양성이 소통을 복잡하게 만들 수 있다. 함께 공유하는 전제와 경험의 공통 언어를 확립하는 게 더 어려워지기 때문이다. 사실 로슬리스버거가 1952년에 '배경, 경험, 동기의 차이'를 고려해 두 사람이 소통하는 건 '보기 드문 일'이라고 생각했다면, 오늘날의 소통은 틀림없이 기적이라고 여길 것이다.

통찰 2: 상대를 판단하려 드는 자연스러운 성향을 확인하면 소통하고 있는 사람을 더 잘 이해할 수 있다. 물론 다양성의 확대 덕분에 훈련된 경청 능력은 더욱 중요해졌다. 오해가 생길 소지가 더 커졌기 때문이다. 따라서 소통의 관문은 어느 때보다 중요하다. 기업의 관리자는 가정과 평가 판단을 뒤로 미룸으로써 직원이 느끼는 감정의 한가운데로 들어갈 수 있다. 직원의 말만으로는 직원이 말하려는 바를 알 수 없기 때문이다.

통찰 3: 상대의 관점을 제대로 이해하면 결과적으로 소통을 더 잘할 수 있다. 효과적인 소통을 하려면 듣기와 말하기가 같은 비중을 차지해야 한다. 어느 한쪽이 명확하려면 다른 한쪽도 명확해야 한다. 자신이 누구와 이야기하고 있는지 명확하게 이해하는 관리자가 자기 자신을 좀 더 정확하게 표현할 수 있다. 이러한 통찰력은 여러 혁신적인 관행의 원동력이 되었다. 예를 들어 기업에서 직원에게 권한을 위임하려는 노력처럼 말이다. 관리자가 직원의 이야기를 들으려는 의지를 보이면 직원의 신뢰와 정직을 얻게 될 가능성이 크다. 그리고 직원이 보복에 대한 두려움 없이 솔직하게 말하도록 장려하면, 이는 그 직원의 자신감을 한층 높여준다. 게다가 관리자는 매우 중요한 정보의 원천(일선에서 활약하는 직원)을 활용할 수 있다.

아니면 '적극적 경청'active listening 기법을 고려해보자. 적극적 경청 기법은 1970년대에 개발되어 여전히 여러 관리자 교육 프로그램, 영업 교육 프로그램에서 널리 사용되고 있다. 예를 들어 적극적 경청 기법을 사용하는 영업사원은 고객의 말을 비판 없이 듣고, 자신의 말로 다시 표현하여, 고객의 관점을 정말로 이해했는지 확인한다. 이 과정에는 2가지 이점이 있다. 첫째, 적극적 경청 덕분에 영업사원이 고객의 수요에 편견을 가질 가능성이 최소화된다. 둘째, 고객은 영업사원이 자기 이야기를 듣고 이해해주었다고 느낀다.

3가지 문제점

하지만 결국 로저스와 로슬리스버거는 평가 없는 경청에 지나친 믿음을 가졌다. 이 분야를 연구하는 학자와 이 방법을 활용하려 했던 기업의 관리자는 이제 두 사람이 얼마나 지나치게 낙관적이었는지 알게 되었다. 첫째, 여기서 명시되지는 않았으나 그들 주장의 기본적인 전제는 이해가 해결과 동일하다는 것이다. 그러나 실상은 다르다. 다양한 연구를 통해 이해가 협상 과정을 개선한다는 점은 확인되었다(리처드 월튼Richard Walton의 노동관계 연구에서 로저 피셔Roger Fisher의 국제협상 연구까지 이러한 사실을 보여주었다). 하지만 이해 그 자체로는 갈등을 해결할 수 없다.

둘째, 신뢰를 쌓는 과정은 로저스와 로슬리스버거가 시사했던 것처럼 일차원적이지 않다. 존스는 단순히 비판 없는 경청을 하려고 노력하는 것만으로는 빌의 신뢰를 얻을 수 없다. 빌은 존스와 터놓고 이야기할 것인지 결정하기 위해 존스의 성격이나 행동의 다른 측면도 고려하게 된다. 존스의 동기, 신중함, 행동의 일관성, 심지어 관리자로서의 능력까지 살필 게 분명하다. 이러한 결과가 긍정적일 때만 빌은 존스의 제안에 솔직하게 답할 것이다. 특히 권력 불균형이 있는 상황에서는 최소한의 신뢰 기반이 있어야만 진솔한 소통이 가능하다. 힘의 불균형이 있는 곳에서는 특히 그렇다. 힘의 불균형이 존재하면 초기에 불신이 더 크게 나타나기 때문이다. 이러한 역학 관계는 양방향으로 나타난다. 직원은 보복의 두려움으로 상사를 믿지 못하고, 상사는 직원이 상사가 듣고 싶어 하는 말만 할 거라는 걱정에 직원을 믿지 못한다.

마지막으로 오늘날의 관리자는 로저스와 로슬리스버거가 그렸던 것보다 몇 가지 더 많은 소통 장벽을 마주하고 있다. 하나는 시간의 압박이다. 상대의 말을 귀 기울여 들으려면 시간이 걸린다. 하지만 관리자에게는 시간 여유가 없다. 특히 속도를 강조하는 오늘날 기업 문화(빠른 우편 배송, 처리 속도가 더 빠른 컴퓨터, 시간을 바탕으로 하는 경쟁)에 이미 압박받고 있는 관리자는 일대일 소통이라는 느긋한 기술을 소홀히 할 수밖에 없다.

인수, 합병, 조직 간소화가 이루어지는 이 시대에 소통을 가로막는 또 하나의 장벽은 직업 불안정성과 그에 따른 실직의 두려움이다. 감원이나 정리해고가 다가오면 이 세상 모든 빌과 존스에게는 마음을 터놓고 이야기하지 못할 좋은 이유가 생긴다. 특히 자신의 신념이나 진짜 생각이 해고 사유가 될 수 있다고 믿는다면 더욱 그렇다.

관리자의 역설

그럼에도 이런 한계만으로는 설명되지 않는 것이 있다. 40년이 지난 오늘날에도 영업사원은 적극적 경청으로 고객을 사로잡을 수 있는데, 관리자는 여전히 직원이 무엇을 원하는지조차 모른다는 사실 말이다. 그건 아마 관리자가 이보다 더 거대한 다른 장벽을 마주하고 있기 때문일 것이다. 나는 이 장벽을 '관리자의 역설'managerial paradox 이라고 부른다. 관리자의 역설이 생기는 이유는 무엇일까? 관리자가 판단 없이 경청하는 능력(자신과 다른 관점을 이해하고, 올바른 정보를 얻기 위해)은 매우 중요하지만, 관리의 본질은 그와 정반대로 판단을 하는 일이기 때문이다. 관리자는 제품, 시장, 수치는 물론 사람까지 평가해달라는 요청을 매일 받는다. 그리고 자신은 이러한 평가를 얼마나 잘했는지에 따라 평가받는다. 이런 판단 성향이 관리자의 경청 의지를 약화하고, 결국 정확한 비즈니스·인사 판단 능력을 훼손할 위험이 커진다.

관리자는 이러한 역설을 양자택일로 해결하고 싶은 마음이 든다. 거기에는 그럴만한 이유가 있다. 2가지 사고방식을 조화시키는 훈련을 받은 적이 거의 없기 때문이다. 경영대학원 수업에서도 여전히 평가를 위한 듣기를 강조한다. 경영대학원에서는 학생에게 자기주장을 방어하면서 동시에 다른 사람의 주장을 반박함으로써 점수를 얻는 법을 가르친다. 한편 평가 없는 경청을 중시하는 행동 전문가는 전적으로 공감의 중요성에만 중점을 두는 경향이 있다. 그러나 지난 40년 동안 한 가지 분명했던 사실이 있다면 관리자는 2가지 역량을 모두 갖춰야 한다는 것이다. 관리자라면 판단을 내리기 위해서 판단을 잠시 유보할 수도 있어야 한다.

> **존 가바로**
> 하버드 경영대학원 UPS 재단 인사관리 명예교수 UPS Foundation Professor of Human Resource Management, Emeritus, at Harvard Business School 다.
> 앤서니 아토스 Anthony G. Athos와 함께 쓴 《대인 행동》 Interpersonal Behavior, 《책임의 역학》 The Dynamics of Taking Charge을 비롯, 저자 혹은 공동저자로 다섯 권의 책을 펴냈다. 《책임의 역학》으로 1988년 새로운 리더십의 방향 New Directions in Leadership상을 수상했다.

낀다. 빌은 자신이 이해받지 못한다고 느끼며, 스미스가 도움을 주려는 선의를 지닌 사람이라고 생각하지 않는다. 오히려 자신의 자존감과 개인적 온전함을 위협하는 존재로 인식한다. 이러한 위협 앞에서 빌은 무슨 수를 써서라도 자신을 방어해야 한다고 느낀다. 스미스만큼 논리적으로 말을 잘하지 못하는 빌은 방어하기 위해 다시 한번 "아, 그래요?"라고 말한다.

2. **상사 존스의 소통 방식**: 이러한 안타까운 장면은 스미스와 빌 사이에 남겨두자. 이런 소통은 결국 빌이 발끈 성을 내며 떠나거나 스미스의 사무실에서 쫓겨나는 것으로 끝나버린다. 이제 잠시 눈을 돌려 존스가 빌과 어떻게 상호작용하는지 살펴보자.

기억하라. 존스는 빌이 "아, 그런가요?"라고 했을 때 자신은 그 말의 의미를 모른다고 생각했다. 그래서 그 뜻을 확인해야 했다. 게다가 존스는 빌이 그 말을 했을 때 할 말이 없거나 아무런 감정이 없는 건 아니었으리라 생각했다. 어쩌면 빌은 그 말에 하나가 아니라 여러 가지 뜻을 담고 있었는지도 모른다. 존스는 빌의 이야기를 들어보기로 했다.

이 과정에서 존스는 순전히 논리적인 일만 펼쳐질 거라는 환상을 갖지 않는다. 오히려 논리적인 의견 교환보다는 감정의 상호작용이 주를 이루리라고 생각한다. 따라서 존스는 빌의 감정, 빌의 감정이 자신에게 미칠 영향, 자신의 감정이 빌에게 미칠 영향을 무시할 수 없다. 다시 말해 존스는 자신과 빌의 관계를 무시할 수 없다. 존스는 빌과의 관계가 빌이 듣거나 받아들이는 것에 아무런 영향을 미치지 않으리라고 추측할 수 없다.

그래서 존스는 스미스가 무시했던 모든 사항에 세심하게 신경 쓴다. 빌의 감정, 자기 자신의 감정, 그 사이의 상호작용에 관해 고심한다.

곧이어 "빌, 내 생각에 빌의 일을 가장 잘할 방법은 이것이라고 생각합니다."라던 자신의 말이 빌의 감정을 상하게 했다는 걸 알아차린다. 그래서 빌에게 자기 생각을 이해시키려 하는 대신 자신이 빌을 이해해보기로 한다. 방법은 빌에게 자기 생각을 이야기하도록 권하는 것이다. 빌이 어떻게 느끼고 어떻게 생각하는지 빌에게 이야기하는 대신 빌의 말을 듣기로 한 것이다. 그래서 빌에게 '이게 빌이 느끼는 감정인가요?', '이게 빌이 바라보는 방식인가요?', '이게 빌이 가정하는 생각인가요?'와 같은 질문을 한다. 존스는 빌의 평가를 무의미하거나 타당하지 않거나 중요하지 않거나 틀린 것이라며 무시하지 않는다. 그 대신 빌이 그것을 느끼고, 지각하고, 전제하는 방식 그대로의 현실을 이해하려고 한다. 빌이 마음을 열기 시작하자, 존스는 이 과정에 호기심을 느낀다. '빌은 그렇게 멍청한 사람이 아니야. 꽤 흥미로운 사람인걸.' 이것이 빌을 대하는 존스의 태도다. 빌도 이러한 존스의 마음을 느낀다. 빌은 자신이 한 사람으로서 이해받고 받아들여진다고 느끼고 방어 태세를 늦춘다. 기분도 나아져 자신의 인식, 감정, 가정을 탐구하고 재검토할 마음이 든다. 빌은 자신이 남과 다른 점을 자유롭게 표현한다. 이 과정에서 그는 존스를 도움을 주는 존재로 보고, 존스가 자신의 자기결정 능력을 존중한다고 느낀다. 이러한 긍정적 감정은 빌로 하여금 이렇게 말하게 만든다. "음, 존스, 제가 일하는 데 이게 가장 좋은 방법이라는 의견에 그다지 동의하지 않습니다. 하지만 제가 무엇을 할지 말씀드릴게요. 며칠 동안 제가 생각하는 방식대로 해보고, 그 후에 어떤지 알려드리겠습니다."

내가 이야기한 2가지 학설이 현실에서는 글로 쓴 것처럼 깔끔한 효과를 나타내지 않는다는 점은 인정한다. 애초에 빌이 스미스의 말에 대꾸하는 방식도 여러 가지가 있다. 심지어 "알겠습니다. 말씀하신 방법이 제일을 더 잘해낼 방법이라는 점에 동의합니다."라고 말할 수도 있다. 그래도 스미스는 빌이 이런 말을 할 때 어떤 느낌이었을지 여전히 알 수 없으며, 혹은 말은 그렇게 했지만 빌이 실제로 일하는 방식을 바꿀지 아닐지도 알 수 없다. 마찬가지로 빌은 존스에게도 다르게 반응할 수 있다. 존스가 빌을 대하는 태도에도 불구하고 여전히 상사에게 자유롭게 생각을 표현하는 걸 꺼릴지 모른다.

그럼에도 다음과 같은 일반화를 할 때 구체적으로 짚어야 할 사항을 이 사례를 통해 알 수 있다.

1. 스미스는 매우 흔히 발생하는 오해의 패턴을 보여준다. 스미스가 자신의 생각을 충분하고도 분명하게 표현하지 않았기 때문에 오해가 발생한 게 아니다. 그보다는 두 사람이 함께 이야기를 나눌 때 일어난 일을 스미스가 잘못 평가했기 때문에 오해가 발생한 것이다.

2. 개인 간 소통 과정에 관한 스미스의 오해는 다음과 같은 일반적인 가정을 바탕으로 한다. 첫째, 개인 간 소통 과정에서 발생하는

일은 논리적이다. 둘째, 말은 그 자체로 의미가 있는 것이지, 그 말을 하는 사람과는 별개다. 셋째, 빌과 대화하는 목적은 빌이 스미스의 관점으로 일을 바라보도록 하기 위한 것이다.

3. 이러한 가정은 인식과 부정적 감정에 연쇄반응을 유발하고 소통은 차단된다. 스미스는 빌의 감정을 무시하고 자기 감정을 합리화함으로써 소통의 중요한 결정 요인인 두 사람 사이의 관계를 무시한다. 그 결과 빌은 스미스가 하는 말의 논리적인 내용보다 스미스의 '태도'를 한층 분명하게 인식한다. 빌은 자신의 고유한 특성을 부정당했다고 느낀다. 개인적인 인격이 걸린 문제이므로 빌은 방어적 태세에 돌입해 공격적인 모습을 보인다. 빌의 이러한 태도에 스미스는 좌절한다. 스미스는 빌을 멍청하다고 생각하고, 이런 생각에서 나오는 말과 행동 때문에 빌은 더욱 방어적으로 스미스를 대한다.

4. 존스는 스미스와 다르게 가정한다. 첫째, 자신과 빌 사이에 일어나는 일은 감정의 상호작용이다. 둘째, 빌의 말에는 드러난 워딩 외에 다른 의미가 숨겨져 있다. 셋째, 두 사람이 소통하는 목적은 빌에게 생각을 표현할 기회를 주기 위함이다.

5. 존스의 이런 가정 덕분에 빌과 존스 사이의 소통을 원활하게 하는 심리적 연쇄반응(감정과 인식이 서로 강화되는 과정)이 일어난다. 존스가 빌의 관점에서 빌의 감정과 인식을 대할 때 빌은 한 명의 사람으로서 이해받고 받아들여진다고 느낀다. 빌은 존스를 도

움의 손길을 내미는 사람으로 보며, 존스는 빌을 흥미로운 사람으로 여긴다. 그러면서 빌이 존스를 전보다 더 협조적으로 대한다.

소통에 관한 더 나은 가설

개인 간 소통에서 매우 일반적으로 나타나는 패턴을 제대로 식별했다면 여기서 몇 가지 흥미로운 가설을 추론할 수 있다.

- 스미스의 방법보다 존스의 방법이 더 효과적이다. 존스가 특별한 마법을 부렸기 때문이 아니라 존스에게 개인 간 소통 과정을 그린 더 좋은 지도가 있기 때문이다.

- 하지만 존스의 방법은 단순한 지적 활동이 아니다. 존스의 방법을 실행하려면 자신과 다른 관점을 바라보고 받아들이며, 얼굴을 마주하는 관계에서 이러한 자세를 실천할 능력과 의지가 필요하다. 이는 정서적·지적 성취다. 이게 가능하려면 존스가 자신을 제대로 인식해야 하며 또 어느 정도는 기술을 연습할 필요도 있다.

- 대학에서는 학생에게 자기 자신과 다른 관점을 최소한 머리로라도 인정하도록 가르치려 한다. 하지만 학생이 보통의 대면 관계에 이를 적용하는 법을 익히는 데 도움을 주는 건 거의 없다. 학생은 논리적이고 명확하게 생각하도록 훈련받는다. 그러나 누구도 능숙하게 듣는 법을 알려주지 않는다. 그 결과 교육을 잘 받은 사람이 많은 이 세상에도 스미스 같은 사람은 너무 많고, 존스 같은 사람은 너무 적다.

두 사람 사이의 가장 큰 장벽은 서로의 말을 지적으로, 이해심 있게 그리고 숙련되게 듣지 못하는 데 있다. 현대 사회에서 이러한 결핍은 널리 퍼져 있으며 심각하다. 우리는 효과적으로 의사소통하는 법을 교육하기 위해 더 많은 노력을 기울일 필요가 있다. 이것은 본질적으로 경청하는 법을 가르치는 것을 의미한다.

― 2017 ―

인공지능이 범용 기술이 되는 날

인지와 지각의 비약적 진보

에릭 브린욜프슨, 앤드루 맥아피

The Business of Artificial Intelligence

hbr.org에 실린 기사 전재(product #H03QXY)
최초 게재 2017년 7월 18일

에릭 브린욜프슨 Erik Brynjolfsson

스탠퍼드대학교 인간중심 AI 연구소Stanford Institute for Human-Centered AI, HAI 교수 겸 선임연구원. 스탠퍼드 디지털경제연구소Stanford Digital Economy Lab 소장, 전미경제연구소National Bureau of Economic Research 연구원을 지낸 바 있다. 디지털 경제, 기술 혁신, 인공지능, 생산성, 노동 시장의 변화 등에 관한 연구로 잘 알려진 미국의 경제학자이자 교수다. 2012년 실업과 일자리 부족 문제의 원인으로 기계의 급속한 발전을 지목한 저서 《기계와의 경쟁》으로 세계 지성계의 주목을 받았다. 또한 앤드루 맥아피 교수와 함께 '세계 최고의 경영 사상가 50인', '미국 정책을 변화시키는 인물 50'에 선정되었다. 대표 저서로 《제2의 기계 시대》, 《머신 플랫폼 크라우드》가 있다.

앤드루 맥아피 Andrew McAfee

매사추세츠 공과대학MIT 슬론Sloan 경영대학원 디지털 경제 이니셔티브Initiative on the Digital Economy 공동 설립인. 인공지능, 로봇공학, 자동화가 기업 경영, 일자리, 경제 구조에 어떤 변화를 가져오는지 탐구한다. 웹 2.0 개념과 플랫폼을 기업의 정보통신에 적용한 '엔터프라이즈 2.0'이라는 용어를 처음 만들기도 했다. 그는 기술은 일자리를 파괴하기도 하지만 동시에 새로운 일자리와 기회를 창출할 수 있다고 말한다. 또한 기업과 사회는 기계와의 경쟁이 아닌 협력을 통해 미래를 준비해야 한다고 주장한다. 《엔터프라이즈 2.0》Enterprise 2.0을 썼고, 에릭 브린욜프슨 교수와 《제2의 기계 시대》를 함께 썼다.

우리 시대의
범용 기술은 무엇인가

250년 이상의 세월 동안 경제 성장의 근본적인 원동력은 기술 혁신이었다. 기술 혁신 가운데 가장 중요한 기술은 경제학에서 범용 기술General-Purpose Technologies이라고 부르는 것으로, 여기에는 증기 기관, 전기, 내연 기관 등이 속한다. 각 기술은 저마다 상호보완적인 혁신과 기회의 물결을 불러일으키는 촉매 역할을 했다. 예를 들어 내연 기관 덕분에 자동차, 트럭, 비행기, 전기톱, 잔디 깎는 기계가 생겨났다. 이와 더불어 대형 할인점, 쇼핑센터, 크로스-도킹 창고cross-docking warehouse(제품을 창고에 장기간 보관하지 않고 곧바로 다른 트럭에 실어 보내는 시스템—옮긴이), 새로운 공급망도 나타났다. 그리고 생각해보면 교외 주거 지역의 탄생도 여기서 비롯됐다. 월마트, UPS, 우버 등 다양한 기업에서 이런 기술을 활용해 수익성 있는 새로운 사업 모델을 만들어냈다.

이 시대에 가장 중요한 범용 기술은 인공지능Artificial Intelligence, AI, 그중에서도 특히 머신러닝machine learning, ML이다. 머신러닝이란 주어진 모든 작업을 수행할 방법을 사람이 설명하지 않아도 기계가 스스로 계속해서 성능을 개선하는 능력을 말한다. 불과 지난 몇 년 사이에 머신러닝은 훨씬 향상되었으며 널리 사용될 수 있게 발전했다. 우리는 이제 작업을 수행하는 방법을 스스로 배우는 시스템까지도 구축할 수 있다.

머신러닝이 왜 그렇게 중요할까? 2가지 이유가 있다. 첫째, 사람은 말하는 것보다 더 많은 걸 안다. 인간은 '말로 설명할 수 있는 것'보다 훨씬 많은 것을 알고 있다. 우리는 얼굴을 알아보거나, 바둑과 같은 고대 아시아 전략 게임에서 좋은 수를 두는 방법을 정확히 설명하지 못한다. 머신러닝이 등장하기 전에는 이처럼 인간이 가진 지식은 표현할 수 없는 것이기 때문에 많은 작업을 자동화할 수 없다고 믿었다. 하지만 이제는 가능하다.

둘째, 머신러닝 시스템은 대개 뛰어난 학습자다. 그래서 폭넓게 다양한 활동 영역에서 초인적인 성과를 낼 수 있다. 여기에는 사기를 탐지하는 일부터 병을 진단하는 일까지 포함된다. 우수한 디지털 학습자가 경제 전반에 배치되고 있으며, 이들의 영향력은 매우 커질 것이다.

비즈니스 분야에서도 인공지능은 예전에 나타났던 범용 기술과 어깨를 나란히 할 정도의 혁신적인 영향력을 미칠 것으로 보인다. 전세계 기업 수천 곳에서 이미 머신러닝을 활용하고 있지만, 거대한 기회 대부분은 아직 발굴되지 않았다. 인공지능이 미치는 효과는 향후 10년 동안 더욱 확대될 전망이다. 제조, 소매유통, 운송, 금융, 의료 서비스, 법률, 광고, 보험, 엔터테인먼트, 교육을 비롯해 사실상 모든 산업에서 머신러닝에 편승하기 위해 핵심 프로세스와 비즈니스 모델을 완전히 바꾸고 있다. 다만 현재 걸림돌은 경영과 실행, 비즈니스적 상상이다.

하지만 다른 여러 신기술과 마찬가지로 인공지능도 온갖 비현실적 기대를 불러일으켰다. 머신러닝, 신경망 neural net 및 기타 기술 용어를 장황하게 들먹이지만, 실제 역량과는 크게 동떨어진 사업계획을 자주 본다.

예를 들어 데이트 상대를 찾는 사이트가 '인공지능 기술을 활용'한다고 말한다면 어떨까? 그렇다고 서비스가 더 효과적으로 이루어지는 건 아니지만, 사업 자금을 조달하는 데는 도움이 된다. 이 기사에서는 이러한 잡음을 걷어내고 인공지능의 진정한 잠재력과 실질적 시사점은 무엇인지 살펴보려 한다. 그리고 인공지능 기술 채택 과정에서 만나게 될 장애물에 관해 설명할 것이다.

현재의 AI가 할 수 있는 것

'인공지능'이라는 용어는 1955년 다트머스대학교 수학과의 존 매카시 John McCarthy 교수가 처음으로 사용했다. 매카시 교수는 이듬해 인공지능을 주제로 하는 중요한 학회를 만들었다. 그 이후로 인공지능 분야에서는 현실성 없는 주장과 약속이 넘쳐났다. 아마 인공지능이라는 이름이 주는 좋은 느낌도 한몫했을 것이다. 1957년 경제학자 허버트 사이먼 Herbert Simon 은 체스 게임에서 컴퓨터가 10년 내 사람을 이길 것으로 내다봤다. 실제로는 40년이 걸렸지만. 1967년 인지과학자 마빈 민스키 Marvin Minsky 는 "'한 세대 안에 '인공지능'을 만드는 문제가 상당 부분 해결될 것이다."라고 말했다. 사이먼과 민스키, 두 사람 모두 학계의 거두였지만 인공지능의 미래에 관한 예측은 크게 빗나갔다. 이런 점을 감안한다면 미래의 돌파구에 관한 과장된 주장에 어느 정도 회의가 드는 것도 이해는 간다.

그렇다면 인공지능이 이미 하고 있는 일은 무엇이며, 얼마나 빨리 개선되고 있는지부터 확인해보자. 인공지능은 크게 지각과 인지라는 두 분야에서 가장 큰 발전을 이루었다. 지각 분야는 음성과 관련된 기술에서 가장 실제적인 진보가 일어났다. 음성 인식 기술은 아직 완벽하다고는 말할 수 없지만 현재 수백만 명이 사용하는 중이다. 애플 시리, 아마존 알렉사, 구글 어시스턴트 등을 떠올려보자. 지금 여러분이 읽고 있는 이 글도 처음에는 컴퓨터가 음성을 듣고 받아 쓴 뒤 꽤 정확하게 원고로 옮겨 적은 것이다. 이렇게 하면 손으로 키보드를 쳐서 입력하는 것보다 훨씬 빠르다. 스탠퍼드대학교 제임스 랜데이James Landay 컴퓨터공학과 교수팀의 연구에 따르면 현재 음성 인식 기술이 휴대전화 자판을 손으로 치는 것보다 평균 3배 더 빠르다고 한다. 한때 8.5퍼센트에 달했던 오류 발생률도 4.9퍼센트까지 떨어졌다. 그런데 눈에 띄는 부분은 이처럼 기술이 상당한 진전을 보인 것이 지난 10년 동안이 아니라 2016년 여름 이후부터 시작되었다는 점이다.

　이미지 인식 기술 또한 극적으로 발전했다. 눈치챘을지 모르지만, 페이스북이나 다른 앱들이 당신이 게시한 사진 속 많은 친구의 얼굴을 자동으로 인식한다. 그리고 사진에 이름을 태그하라는 메시지가 나온다. 거의 모든 야생 조류를 인식하는 스마트폰 애플리케이션도 있다. 심지어 기업 본사에서 이미지 인식으로 사원증을 대체하기도 한다.

　자율주행 차량에 장착되는 것과 같은 비전 시스템vision system이 보행자를 인식하는 데 소요되는 시간을 살펴보자. 이전에는 30프레임(비전 시스템에서 사용하는 카메라는 1초에 30프레임씩 촬영한다)당 한 번씩 오류를 냈다. 지금은 3,000만 프레임당 한 번 미만의 오류가 일어난다. 이미지넷ImageNet이라는 대형 데이터베이스에는 평범한 사진, 모호한 사진, 정말 이상한 사진 등 온갖 사진 수백만 장이 저장되어 있다. 이미지넷에 저장

그림 17-1. 강아지인가 머핀인가? 이미지 인식 기술의 발전
비슷해 보이는 이미지를 구분하는 기계의 능력은 눈에 띄게 발전했다.

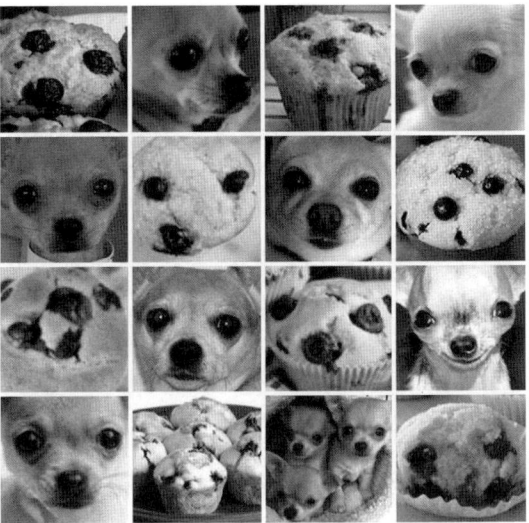

출처: Karen Zack@Teenybiscuit

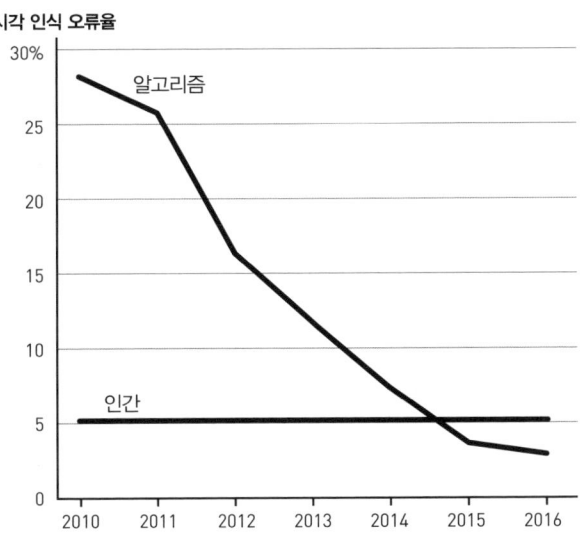

출처: Electronic Frontier Foundation

된 이미지를 비전 시스템으로 인식할 때 발생하는 오류율이 2010년에는 30퍼센트 이상이었다. 하지만 2016년에는 성능이 가장 좋은 시스템을 적용했을 때 약 4퍼센트로 떨어졌다(407쪽 그림 17-1 참조).

최근 거대 신경망 혹은 '딥'deep 신경망에 기반한 새로운 접근법이 도입되면서 이미지 인식 기술의 개선 속도가 급격히 빨라졌다. 비전 시스템에 적용되는 머신러닝 방식이 결코 흠잡을 데 없다고 할 수는 없다. 하지만 사람도 강아지의 얼굴을 재빨리 인식하지 못하거나 강아지가 없는 이미지에서 귀여운 강아지 얼굴을 보는 겸연쩍은 실수를 저지른다.

인공지능 기술이 크게 발전한 두 번째 분야는 인지 및 문제 해결 영역이다. 기계는 이미 포커와 바둑에서 최정상급 기사를 이겼다. 전문가들이 앞으로 적어도 10년은 더 걸릴 것으로 예측했던 성과다. 구글의 딥마인드DeepMind 팀은 머신러닝 시스템을 활용해 데이터센터의 냉각 효율을 인간 전문가가 최적화한 이후에도 15퍼센트 이상을 추가로 개선했다. 사이버 보안 회사 딥 인스팅트Deep Instinct는 지능형 에이전트를 사용해 악성코드를 감지하며, 페이팔은 돈세탁을 방지한다. 싱가포르의 보험 회사는 IBM의 기술을 기반으로 한 시스템으로 보험금 청구 프로세스를 자동화했으며, 데이터과학 플랫폼 기업 루미데이텀Lumidatum에서 개발한 시스템은 고객 지원 개선에 필요한 조언을 때맞춰 제공한다. 월스트리트에서는 금융 회사 수십 곳에서 어떤 거래를 실행해야 할지 결정하는 데 머신러닝을 활용하고 있으며, 신용 거래의 결정도 점점 머신러닝의 도움 아래 이루어지는 추세다. 아마존은 머신러닝을 도입해 재고를 최적화하고 고객을 위한 제품 추천 서비스를 개선하고 있다.

인피니트 애널리틱스Infinite Analytics는 사용자가 특정 광고를 클릭할지 아닐지를 예측하는 머신러닝 시스템을 개발해 한 글로벌 소비재 기업의 온라인 광고 노출을 최적화했다. 또 다른 브라질 온라인 유통업체를 위해서는 소비자의 제품 검색 및 탐색 프로세스를 개선했다. 그 결과 첫 번째 사례인 글로벌 소비재 기업의 광고 투자 대비 수익률Return on Investment, ROI은 3배 늘었다. 그리고 두 번째 사례인 브라질 온라인 유통업체는 연 매출이 1억 2,500만 달러나 늘어났다.

머신러닝 시스템은 수많은 애플리케이션에서 기존 알고리즘을 대체하고 있다. 그뿐만 아니라 전에는 사람이 가장 잘 해냈던 여러 업무에서 이제는 사람보다 뛰어난 솜씨를 보여준다. 머신러닝 시스템은 완벽하지 않다. 하지만 이미지넷의 머신러닝 시스템 오류율 약 5퍼센트는 인간과 비슷하거나 더 낮은 수준이다. 음성 인식도 마찬가지다. 이제는 주변이 시끄러운 환경에서 음성을 인식하는 수준조차 인간과 거의 비슷하다. 성능이 어느 정도 수준, 즉 임계치에 이르면 일터와 경제를 뒤바꿀 엄청난 가능성이 새로 열린다. 인공지능 기반 시스템은 주어진 업무에서 인간의 수행 능력을 넘어서기만 하면 빠르게 확산될 가능성이 훨씬 커진다.

예를 들어 드론 제조 회사인 앱토노미Aptonomy와 로봇 제조 회사인 샌봇Sanbot은 개선된 비전 시스템을 활용해 보안 요원의 업무 상당 부분을 자동화하고 있다. 소프트웨어 개발 회사인 어펙티바Affectiva는 개선된 비전 시스템을 포커스 그룹focus group(소비자나 사용자 의견을 수집하기 위해 구성된 소규모 인터뷰 그룹-옮긴이) 내 사람들의 기쁨, 놀람, 분노 같은 감정을 인식하는 데 활용하고 있다. 딥러닝 스타트업 엔리틱Enlitic은 개선된 비전 시스템으로 의학 영상을 스캔해 암 진단에 도움을 주고 있다.

모두 훌륭한 성과다. 하지만 인공지능 기반 시스템을 적용할 수 있는 범위는 여전히 좁은 편이다. 예를 들어 인공지능 기반 시스템은 이미지넷 데이터베이스의 사진 수백만 장 속에서 뛰어난 성능을 보이지만, 채

광 조건, 각도, 이미지 해상도와 환경이 매우 다른 '자연 상태'에서는 이미지 인식을 항상 그만큼 잘하지는 못한다. 그보다 더 기본적인 사례로 중국어를 알아듣고 영어로 번역해주는 인공지능 시스템을 살펴보자. 그런 번역 시스템이 놀랍기는 하지만, 이 시스템은 베이징의 맛집을 찾아주기는커녕 특정 한자의 뜻조차 알지 못한다.

누군가 특정 업무를 잘 처리한다면 그 사람이 관련 업무에서도 어느 정도 역량을 발휘할 거라고 짐작하게 마련이다. 하지만 머신러닝 시스템은 특정 업무를 수행하는 데만 맞춰 훈련되므로, 그들의 지식은 대체로 일반화할 수 없다. 컴퓨터가 어떤 좁은 영역을 이해한다고 해서 더 넓은 영역까지 이해한다고 착각하는 것이, 아마도 인공지능의 진보를 둘러싼 혼란과 과장된 주장들의 가장 큰 원인일 것이다. 다양한 영역을 넘나드는 일반 지능을 장착한 기계의 등장은 아직 요원한 일이다.

머신러닝 이해하기

머신러닝을 이해하기 위해 알아야 할 가장 중요한 사항은 머신러닝이 소프트웨어 개발에 근본적으로 다른 접근법을 사용한다는 점이다. 즉 머신러닝은 특정 결과물을 산출하도록 명확하게 프로그램된 것이 아니라 수많은 사례를 통해 학습한다. 이 점에서 바로 이전의 소프트웨어 개발 관행과 큰 차이가 난다. 지난 50년의 세월 대부분 정보기술과 응용은 기존의 지식과 절차를 체계적으로 정리해 기계에 탑재하는 데 발전의 초점을 맞추었다.

'코딩'이라는 용어는 개발자의 머릿속에 든 지식을 기계가 이해하고 실행할 수 있는 형태로 바꾸는 수고스러운 과정을 의미한다. 이러한 접근법에는 근본적인 약점이 있다. 우리가 가진 지식 중 상당 부분이 암묵적 지식tacit knowledge이라는 점이다. 즉 말로 완전히 설명할 수 없는 지식이다. 다른 사람에게 자전거 타는 법이나 친구 얼굴을 알아보는 법을 가르치기 위한 설명서를 적는 건 거의 불가능에 가까운 일이다.

다시 말해 우리는 모두 말로 표현할 수 있는 범위보다 더 많은 것을 알고 있다. 이 사실은 정말 중요해서 이를 지칭하는 용어도 있다. 바로 폴라니의 역설Polanyi's Paradox이다. 다방면으로 지식을 갖추었던 철학자 마이클 폴라니Michael Polanyi는 1964년 폴라니의 역설을 설명했다. 폴라니의 역설은 우리가 서로에게 전달할 수 있는 것을 제한할 뿐만 아니라, 역사적으로 기계에 지능을 부여하는 능력에도 근본적인 제약을 가해왔다. 오랫동안 이 한계는 기계가 경제에서 생산적으로 수행할 수 있는 활동 범위를 제한했다.

그러나 머신러닝은 이러한 한계를 극복한다. 제2차 기계 시대의 두 번째 물결에서 인간이 탄생시킨 기계는 사례를 통해 학습한다. 그리고 폴라니가 예로 들었던 얼굴 인식처럼 자신이 지닌 전형적인 문제를 극복하기 위해 구조화된 피드백을 활용한다.

머신러닝의 종류

인공지능과 머신러닝에는 다양한 종류가 있다. 그런데 최근에 나타난 성

표 17-1. 지도 학습 시스템

이 분야를 개척한 두 사람, 톰 미첼Tom Mitchell과 마이클 조던Michael I. Jordan에 따르면 머신러닝 분야에서 최근 이루어진 발전은 대부분 투입값을 산출값으로 매핑하는 작업을 수반한다. 다음에 몇 가지 사례를 소개한다.

입력값 X	산출값 Y	적용
음성 녹음	녹취록	음성 인식
과거 시장 데이터	미래 시장 데이터	자동매매 봇
사진	설명 문구	이미지 태깅
약물의 화학적 특성	치료 효능	제약 연구개발
매장 거래 내역	이상 거래fraud인가?	이상 거래 탐지
요리 재료	고객 평가	음식 추천
구매 내역	미래 구매 행위	고객 유지
차량 위치와 속도	교통 흐름	신호등
얼굴	이름	안면 인식

과는 대부분 지도 학습 시스템supervised learning system이라는 하나의 범주 안에서 이루어지고 있다. 지도 학습 시스템에서는 특정 문제에 대한 수많은 정답 사례가 기계에 입력된다. 이 과정에서는 거의 항상 일련의 투입값 X에서 일련의 산출값 Y를 매핑하는 작업이 수반된다. 예를 들어 투입값은 다양한 동물 사진이고, 올바른 산출값은 개, 고양이, 말 등 사진 속 동물 종류를 알려주는 라벨이 되는 식이다. 아니면 녹음된 소리에서 얻는 파형을 입력값으로 두고, '네', '아니요', '안녕하세요', '안녕히 가세요'와 같은 단어가 출력값이 될 수도 있다(표 17-1 참조).

성공적인 결과를 낸 시스템은 보통 수천 개 혹은 수백만 개에 달하는 훈련용 데이터 세트를 활용한다. 각 데이터에는 정답 라벨이 붙어 있다. 그러고 나면 시스템이 스스로 자유롭게 새로운 사례를 찾는다. 이런 식으로 훈련이 잘 진행되면 시스템은 높은 정확도를 보이며 답을 예측한다.

이러한 성공을 불러온 알고리즘에서는 신경망을 활용한 '딥러닝'deep

learning이라는 접근법을 사용한다. 딥러닝 알고리즘은 이전 세대의 머신러닝 알고리즘보다 훨씬 더 방대한 데이터 세트를 한층 잘 활용할 수 있다는 뛰어난 장점이 있다. 과거의 머신러닝 시스템은 훈련용 데이터 속 사례가 늘어남에 따라 성능이 개선되었지만 성능 개선은 어느 지점까지만 가능했다. 그 지점 이상에서는 추가 데이터를 입력해도 시스템의 예측 결과가 더 좋아지지 않았다. 이 분야의 거장인 앤드루 응Andrew Ng에 따르면 딥 신경망은 이런 식으로 예측 결과에 정체가 발생하지 않는다. 데이터를 많이 넣으면 넣을수록 예측 결과도 더 좋아진다. 일부 초대형 시스템에서는 3,600만 개 이상의 사례를 활용해 훈련받기도 한다. 물론 초대형 데이터 세트를 처리하려면 처리 능력도 점점 더 많이 필요해진다. 이것이 바로 초대형 시스템이 보통 슈퍼컴퓨터나 특수 컴퓨터 아키텍처를 이용하는 이유 중 하나다.

소비자 행동과 관련해 많은 데이터를 가지고 산출값을 예측하려 한다면 지도 학습 시스템을 적용할 수 있다. 아마존 소비자 사업 부문을 이끄는 제프 윌크Jeff Wilke는 소비자 맞춤형 상품 추천용 알고리즘으로 전에는 메모리 기반 필터링 알고리즘을 이용했지만, 지금은 대체로 지도 학습 시스템으로 바뀌었다고 한다. 그밖에 재고 수준을 정하고 공급망을 최적화하는 데 이용하던 기존 알고리즘도 머신러닝에 기반해 한층 효율적이고 견고해진 시스템으로 대체했다. JP모건 체이스는 상업 대출 계약을 심사하는 인공지능 시스템을 도입했다. 이 시스템은 대출 심사 담당 직원이 36만 시간을 들여야 했던 작업을 몇 초 만에 끝낸다. 지도 학습 시스템은 현재 피부암 진단에도 사용되고 있다. 이런 사례는 겨우 몇 가지 예일 뿐이다.

데이터에 라벨을 붙이고, 이를 지도 학습 훈련에 활용하는 방법은 비교적 간단하다. 그래서 적어도 지금으로서는 지도식 머신러닝 시스템이 비지도식 머신러닝 시스템보다 더 보편적으로 활용된다. 비지도 학습unsupervised learning 시스템은 스스로 학습하려 시도한다. 우리 인간이 바로 뛰어난 비지도 학습자다. 사람은 라벨을 붙인 데이터의 도움을 거의 받지 않은 상태로 세상에 대한 지식(나무를 알아보는 방법 등) 대부분을 얻는다. 하지만 이런 방식으로 작동하는 머신러닝 시스템 개발에 성공하기는 대단히 어렵다.

만일 우리가 견고한 비지도 학습 기계를 개발하는 법을 익힌다면 그때는 흥미로운 가능성이 열릴 것이다. 비지도 학습 기계는 복잡한 문제를 새로운 방식으로 바라봄으로써 질병의 확산, 시장 내 주식 가격 변동, 고객의 구매 행동 등에서 현재 우리가 알지 못하는 패턴을 발견하는 데 도움을 줄 수 있다. 그러한 가능성 때문에 얀 르쿤Yann LeCun 페이스북 인공지능연구소장 겸 뉴욕대학교 교수는 지도 학습 시스템을 케이크 위 설탕 장식으로, 비지도 학습 시스템을 케이크 자체로 비유한다.

머신러닝 분야에서 규모는 작지만 성장이 기대되는 또 하나의 분야가 '강화학습'reinforcement learning이다. 이 접근법은 아타리Atari의 비디오 게임과 바둑 같은 보드게임을 완전히 익힌 시스템에 탑재되어 있다. 또한 데이터 센터의 전력 사용 최적화나 주식 시장의 매매 전략 개발에도 도움을 준다. 로봇 및 인공지능 개발 회사 킨드레드Kindred에서 만든 로봇은 머신러닝을 활용해 처음 보는 대상을 확인하고 분류하는 법을 익힌다. 그리고 소비재 물류 센터에서 이루어지는 '픽 앤드 플레이스'pick and place 작업의 처리 속도를 높인다.

강화학습 시스템에서 프로그래머는 시스템의 현재 상태와 목표를 명시하고, 허용 가능한 작업 목록을 만들고, 각 작업에서 나오는 산출물을 제한하는 환경 요소를 설명한다. 강화학습 시스템은 허용 가능한 작업 목록을 활용해 가능한 목표에 가장 가까이 다가갈 방법을 알아내야 한다. 강화학습 시스템은, 인간이 목표는 구체적으로 명시하지만 목표를 이룰 방법은 지정할 수 없을 때 가장 효과적으로 작동한다.

예를 들어 마이크로소프트는 엠에스앤닷컴MSN.com에 게시하는 주요 기사를 고르는 데 강화학습 시스템을 활용했다. 그리고 링크를 클릭한 방문자가 많은 기사에 더 높은 점수를 매기는 '보상' 방식을 적용했다. 그러자 강화학습 시스템은 설계자가 지정한 규칙을 바탕으로 최대한 높은 점수를 기록하려고 했다. 물론 강화학습 시스템은 설계자가 명시적으로 보상하는 목표를 최적화하지, 반드시 설계자가 진정으로 중요하게 생각하는 목표(예를 들어 고객생애가치)를 최적화해 달성해주지는 않는다. 그러므로 목표를 올바르고 명확하게 제시하는 일이 대단히 중요하다.

머신러닝의 3가지 발전이 실무를 바꾼다

현재 머신러닝 사용을 고려하는 기업에 전할 좋은 소식 3가지가 있다. 첫째, 인공지능 기술은 빠른 속도로 확산되는 중이다. 데이터 과학자와 머신러닝 전문가는 여전히 부족하지만, 온라인 교육 자원과 대학이 이들을 위한 수요를 충족시키고 있다. 유다시티Udacity, 코세라Coursera, 패스트에이아이fast.ai를 포함한 최상의 교육 플랫폼들은 단순히 기초 개념만 가르치지 않는다. 이들은 실제 똑똑하고, 열정을 갖춘 학생을 받아 산업용 머신러닝 배치가 가능한 수준까지 교육할 수 있다. 자체 직원 교육과 더

불어 관심 있는 기업에서는 업워크Upwork, 톱코더Topcoder, 캐글Kaggle 같은 온라인 인재 플랫폼에서 검증된 전문성을 보유한 머신러닝 전문가를 찾을 수 있다.

두 번째 반가운 소식은 현대 인공지능을 활용하는 데 필요한 알고리즘과 하드웨어를 필요에 따라 구매하거나 대여할 수 있다는 점이다. 구글, 아마존, 마이크로소프트, 세일즈포스를 비롯한 여러 기업에서 클라우드를 통해 이용 가능한 강력한 머신러닝 인프라를 제공하고 있다. 이처럼 여러 기업이 치열한 경쟁을 벌이고 있으므로, 머신러닝을 시험하거나 배치하고 싶은 기업에서는 시간이 흐름에 따라 점점 더 많은 기능을 전보다 훨씬 낮은 가격으로 활용할 수 있을 것이다.

마지막으로 전할 좋은 소식이자 가장 저평가된 내용은 머신러닝을 생산적으로 활용하는 데 반드시 많은 데이터가 필요한 건 아니라는 사실이다. 머신러닝 시스템은 대부분 투입되는 데이터의 양이 늘어날수록 성능이 좋아진다. 그래서 데이터를 가장 많이 보유한 기업이 승리할 것이라고 결론짓는 게 논리적인 듯 보인다. 여기서 '승리'라는 게 '광고 타기팅이나 음성 인식과 같은 단일 애플리케이션이 세계 시장을 장악하는 것'을 의미한다면 맞는 말이다. 하지만 그 대신 성공을 '성능을 상당히 개선하는 것'으로 정의한다면 이에 필요한 데이터는 놀라울 정도로 손에 넣기 쉽다.

예를 들어 유다시티의 공동창업자인 서배스천 스런Sebastian Thrun은 회사에서 일부 영업사원이 채팅방에 들어온 문의 사항에 답할 때 다른 직원보다 훨씬 더 효과적으로 답한다는 점을 알아챘다. 스런과 스런이 담당 지도 교수를 맡고 있는 대학원생 자이드 에넘Zayd Enam은 채팅방 기록이 본질적으로 라벨이 붙은 훈련용 데이터라는 점을 깨달았다. 지도 학습 시스템에서 필요로 하는 바로 그 데이터 말이다. 그래서 판매로 이어진 대화에는 '성공'이라는 라벨을 붙이고, 다른 모든 대화에는 '실패'라는 라벨을 붙였다.

에넘은 이 데이터를 활용해 고객이 자주 묻는 질문에 실적이 뛰어난 영업사원이 내놓을 가능성이 큰 답을 예측했다. 이후 그렇게 예측한 대답을 다른 영업사원과 공유해 그들의 실적이 나아지도록 유도했다. 1,000번의 훈련 주기가 끝나고 나자 영업사원의 응답 효율성이 54퍼센트 증가했고, 한 번에 2배나 많은 수의 고객을 응대할 수 있게 되었다.

인공지능 스타트업 워크퓨전WorkFusion도 비슷한 접근법을 택한다. 워크퓨전은 고객사와 손잡고 해외 인보이스 금액을 결제하거나 금융 기관 사이의 대규모 거래 결제와 같은 지원 부서 업무 프로세스의 자동화 수준을 높인다. 이런 업무가 지금까지 자동화되지 못했던 건 업무 내용이 복잡하기 때문이었다. 관련 정보가 매번 늘 같은 방식으로 제공되지 않았고('거래처에서 말하는 화폐 단위가 무엇인지 어떻게 알 수 있을까?'), 업무를 처리하려면 어느 정도 해석과 판단이 필요했다.

워크퓨전의 소프트웨어는 사람들이 업무를 처리할 때 그 배경을 관찰한다. 그리고 이들의 행동을 '분류'라는 인지 과제를 위한 훈련 데이터로 삼았다('이 인보이스는 달러로 표기되어 있다. 이 인보이스는 엔으로 표기되어 있다. 이 인보이스는 유로로 표기되어 있다…'). 시스템이 일단 분류 작업을 신뢰할 만한 수준으로 해내면 해당 업무를 맡아 자동화한다.

머신러닝은 3가지 단계에서 변화를 불러일으킨다. 업무와 직업, 비즈니스 프로세스, 비즈니스 모델이다. 업무 및 직업 재설계의 사례로는 머신 비전 시스템을 활용해 암세포로 변할 가능성이 있는 세포를 찾아내는 일을 들 수 있다. 그러면 방사선 전문의는 여유 시간이 생겨 중증 환자 치료, 환자와의 소통, 다른 의사와 협력하는 과제에 집중할 수 있다. 아마존 물류 포장 센터에서 머신러닝을 바탕으로 하는 로봇과 최적화 알고리즘을 도입해 작업 흐름과 배치를 변경한 일은 비즈니스 프로세스 재설계의 사례다. 마찬가지로 소비자 맞춤형으로 음악과 영화를 지능적으로 추천하는 머신러닝 시스템을 잘 활용하려면 비즈니스 모델도 다시 한번 생각해보아야 한다. 개별 소비자 선택에 기반해 곡을 단품으로 판매하는 대신, 특정 고객이 이전에 들어본 적이 없더라도 좋아할 만한 음악을 예측해 재생하는 맞춤형 채널 구독 모델을 제공하는 방식이다.

하지만 머신러닝 시스템이 모든 직업과 업무 프로세스, 비즈니스 모델 전체를 대체하지 않는다는 점에 주목해야 한다. 대부분은 인간의 활동을 보완함으로써 업무의 가치를 높인다. 새로운 분업이 가장 효과적으로 작동하려면 가급적 '모든 작업을 전부 기계에 맡기는 것'을 삼간다. 그 대신 어느 작업을 잘 마무리하려면 10개의 단계를 거쳐야 할 때 그중 한두 단계를 자동화하는 것이다. 그리고 인간이 나머지 단계를 더 가치 있게 만든다.

예를 들어 유다시티의 채팅방 영업 지원 시스템은 모든 대화를 담당하는 봇bot을 만드는 대신 인간 영업사원에게 성과를 개선할 방법을 조언한다. 업무 책임은 여전히 인간에게 있지만, 훨씬 더 효과적이고 효율적으로 일하게 된 것이다. 이러한 접근 방식은 인간이 하는 작업 전부를 기계가 하도록 설계하는 것보다 훨씬 더 실현 가능성이 크다. 이처럼 관련 담당자의 업무 성과가 좋아지고 만족도가 높아지면, 결국 고객을 위해서도 더 나은 결과로 이어진다.

고객의 니즈를 충족하기 위해 과학기술과 인간의 기술 그리고 자본 자산을 새롭게 조합하고 구현하는 작업은 대규모 창의성과 기획력을 필요로 한다. 이는 기계는 잘하지 못하는 영역이다. 그래서 머신러닝의 시대에는 사업가나 기업 관리자가 사회에서 가장 보상을 많이 받는 직업이 된다.

머신러닝의 위험과 인공지능의 한계

제2차 기계시대의 두 번째 물결은 새로운 위험을 불러왔다. 특히 머신러닝 시스템은 보통 '해석 가능성'interpretability이 낮다. 이 말은 시스템이 어떻게 특정 결론에 도달했는지 인간이 확인하기 어렵다는 뜻이다. 딥 신경망에는 수억 개의 연결점이 있으며, 각 연결점이 최종 결론에 조금씩 기여한다. 그 결과 머신러닝 시스템이 예측한 것을 간단하고 명확하게 설명하기가 어렵다. 인간과 달리 기계는 아직 이야기를 잘 풀어 나가지 못한다.

입사 지원자 가운데 누구는 합격시키고 누구는 불합격시킨 근거가 무엇인지, 혹은 특정 약을 추천하는 이유가 무엇인지 항상 설명하지는 못한다는 뜻이다. 폴라니의 역설을 극복하기 시작했는데 이제 반대로 기계가 아는 만큼 인간에게 설명할 수 없다는 정반대 역설을 마주하다니, 아이러니한 일이다.

이러한 역설은 머신러닝 시스템에 3가지 위험을 불러온다. 첫째, 설계자가 의도한 바는 아니었지만, 훈련용으로 제공된 데이터에서 나온 편견이 시스템에 숨어 있을 수 있다. 예를 들어 과거 인간 채용 담당자가 한 결정을 모은 데이터를 활용해 시스템을 학습시켰다고 해보자. 그러면 이 시스템은 인간 채용 담당자가 지닌 인종, 성별, 민족, 혹은 기타 편견을 무심코 이어나가게 된다. 게다가 이러한 편견은 명시적인 형태로 드러나지 않고, 시스템이 고려하는 수천 개의 요소 사이에서 일어나는 미묘한 상호작용 안에 자리 잡고 있을 수 있다.

두 번째 위험은 전통적인 논리 원칙에 기반한 시스템과 달리 신경망 시스템은 문자 그대로의 '진실'이 아니라 통계적 진실$_{statistical\ truth}$을 다룬다는 점이다. 이는 특히 훈련 데이터에 포함되지 않은 상황에서, 시스템이 모든 경우에 제대로 작동한다는 것을 완전한 확신을 가지고 입증하기 어렵게 만든다. 검증 가능성이 부족하다면, 원자력 발전소를 제어하는 것처럼 업무 수행에 핵심이 되는 영역에 적용하거나 생사를 가르는 결정을 해야 하는 상황에 적용하기가 우려스럽다.

세 번째 위험은 피할 수 없이 발생하는 일이다. 머신러닝 시스템에서 오류가 발생할 때 정확하게 무엇이 잘못되었는지 진단하고 수정하기가 어렵다는 점이다. 머신러닝 시스템이 도출하는 해결책으로 이어지는 기본 구조는 상상할 수 없을 정도로 복잡하며, 시스템이 훈련받았던 때와 조건이 달라지면 최적의 해결책과 거리가 한참 멀어진다.

이상 모든 위험이 실재하는 상황에서 적절한 기준점은 완벽한 시스템이 아니라 이용 가능한 최상의 대안이어야 한다. 사람도 편견을 가지고, 실수를 저지르며, 특정 결론을 내린 과정을 진실하게 설명하는 데 어려움을 겪는다. 머신러닝 시스템의 장점은 시간이 흐르면 성능이 개선된다는 점이고, 같은 데이터를 입력하면 일관성 있는 답이 나온다는 점이다.

그렇다면 인공지능과 머신러닝이 할 수 있는 일에는 한계가 없는 것일까? 자동차 주행부터 매출 예측, 채용 및 승진 대상자를 결정하는 일까지 인지와 지각은 광대한 영역을 담당한다. 우리는 조만간 여러 분야 대부분에서 인공지능이 인간을 뛰어넘는 수준의 성과를 낼 가능성이 크다고 믿는다. 그렇다면 인공지능과 머신러닝이 해낼 수 없는 일은 무엇일까?

"인공지능은 감정적이고, 교활하고, 은밀하며 일관성 없는 인간을 평가하는 일은 결코 할 수 없을 것이다. 그러기에 인공지능은 지나치게 융통성이 없고 비인격적이다."라는 말을 종종 듣는다. 하지만 나는 이 말에 동의하지 않는다. 어펙티바Affectiva 같은 곳에서 활용하는 머신러닝 시스템은 이미 목소리의 톤이나 표정을 바탕으로 사람의 감정 상태를 인식하는 능력이 인간과 동일 수준 혹은 인간을 넘어서는 수준이다. 또 다른 시스템은 헤즈업 노리밋 텍사스 홀덤Heads-up No-Limit Texas Hold'em처럼 기막히게 복잡한 게임에서 세계 최고의 포커 선수들이 시스템을 이길 정도로 블러핑을 잘해낼 때도 상대의 패를 추론할 수 있다.

상대방의 마음을 정확하게 읽는 일은 미세한 작업이지만 마법을 부려야 하는 건 아니다. 다만 지각과 인지가 필요할 뿐이다. 그리고 현재 머신러닝은 바로 지각과 인지 영역에서 강점을 보이고 있으며, 이 영역은 앞으로 점점 더 강해질 것이다.

인공지능의 한계를 논하기에 좋은 출발점은 컴퓨터를 관찰한 파블로 피카소의 평이다. "하지만 컴퓨터는 쓸모가 없다. 우리에게 오로지 답만 알려주기 때문이다." 최근 머신러닝에서 승전고가 울리는 것처럼 사실 컴퓨터가 쓸모없는 건 아니다. 그러나 피카소의 말에도 여전히 의미 있는 통찰이 담겨 있다. 피카소의 말처럼 컴퓨터는 질문을 던지는 장치가 아니라 질문에 답하는 장치다. 그렇다는 건 기업가, 혁신가, 과학자, 창작자 등 우리가 다음으로 다뤄야 할 문제나 기회, 혹은 탐험해야 할 영역을 알아낼 사람이 앞으로도 계속 매우 중요한 역할을 맡을 것임을 뜻한다.

마찬가지로 누군가의 정신 상태나 의욕을 수동적으로 평가만 하는 것과 이를 바꾸려고 적극적으로 노력하는 것 사이에는 커다란 차이가 있다. 머신러닝 시스템은 전자에서 말하는 평가에는 강하지만 후자의 노력을 기울이는 일에는 한참 뒤처져 있다. 인간은 뼛속 깊이 사회적인 동물이다. 그래서 설득하고 동기를 부여하고 영감을 불어넣는 데 필요한 연민, 긍지, 연대의식, 수치심과 같은 사회적 욕구를 가장 잘 활용하는 건 기계가 아닌 인간이다.

2014년 테드 콘퍼런스TED Conference와 X프라이즈 재단에서는 'TED 무대에 올라 관중의 기립 박수를 받을 정도로 흥미진진한 이야기를 전하는 첫 번째 인공지능'에 상을 수여하겠다고 발표했다. 다만 수상자가 조만간 나타날 것 같지는 않다.

초강력 머신러닝이 이끄는 새로운 시대에 인간의 지성에 주어진 가장 크고 중요한 기회는 다음 2가지 사항의 교차점에 놓여 있다. 첫째, 다음으로 어떤 문제를 해결할 것인지 알아내는 일이다. 둘째, 그 문제를 마주하고 함께 해결책을 찾자며 많은 사람을 설득하는 일이다. 이는 제대로 정의된 리더십으로, 리더십은 제2차 기계시대에 훨씬 더 중요해지고 있다.

인간과 기계 사이에서 일을 구분하는 현상은 빠르게 사라지는 중이다. 아직도 이런 업무 방식을 고수하는 기업은 머신러닝을 받아들여 적재적소에 활용하고 그 능력을 인간의 역량과 효과적으로 통합하는 방법을 찾아내는 경쟁사들에 비해 그 어느 때보다 심각한 경쟁 열위에 놓이게 될 것이다.

＊＊

기술의 진보로 비즈니스 세상에는 지각변동이 시작되었다. 증기 기관과 전기가 발명되었을 때와 마찬가지로 승자와 패자를 구분하는 건 새로운 기술 자체 혹은 이를 사용할 최고의 기술자를 가졌는지 하는 문제가 아니다. 그보다는 현상 너머의 모습을 보고 전혀 다른 접근 방식을 그릴 정도로 열린 사고를 하고, 새로운 접근법을 실행으로 옮기는 영리한 혁신가가 되는 게 중요하다. 머신러닝이 남길 위대한 유산은 아마 새로운 세대의 비즈니스 리더를 등장시킨 일일 것이다.

인공지능, 특히 머신러닝은 이 시대에 필요한 가장 중요한 범용 기술이라고 생각한다. 이러한 혁신이 기업과 경제에 미치는 영향은 머신러닝이 직접 기여하는 영역뿐만 아니라 머신러닝과 상호보완적인 혁신을 이루고 이에 영감을 불어넣는 힘에 반영되어 나타날 것이다. 머신러닝이 가져오는 더 좋은 비전 시스템, 더 뛰어난 음성 인식, 좀 더 지능적인 문제 해결 역량 덕분에 신제품이 등장하고 있으며, 새로운 업무 프로세스가 가능해지고 있다.

여기서 한발 더 나아가는 전문가도 있다. 길 프랫Gil Pratt 토요타 연구소장은 현재 인공지능 기술의 물결을 5억 년 전 엄청나게 다양한 생명을 새롭게 탄생시킨 캄브리아기 대폭발에 비유한다. 그때나 지금이나 새로운 역량의 핵심은 시각이다. 동물은 처음으로 시각을 얻었을 때 주변 환경을 훨씬 더 효과적으로 탐색할 수 있었다. 이는 포식자와 피식자 양쪽 모두에서 생물 종種의 수가 많이 늘어나고 이들이 살아가는 생태적 지위의 범위가 대폭 확장되는 데 촉매 역할을 했다.

오늘날에도 우리는 다양하고 새로운 제품과 서비스, 업무 프로세스, 조직 형태의 등장과 함께 수많은 멸종을 지켜보게 될 것이다. 그리고 예상치 못한 성공과 불가사의한 실패도 분명 존재할 것이다.

어느 기업이 새로운 환경을 지배할지 정확하게 예측하기는 어렵지만,

일반 원칙은 확실하다. 가장 민첩하고 적응이 빠른 기업과 경영진이 성공을 거둘 것이다. 인공지능이 펼치는 기업 세계에서는 기회를 재빠르게 감지하고 반응하는 조직이 이익을 얻는다. 그러므로 성공하기 위한 전략은 빠르게 실험하고 빠르게 배우는 것이다. 머신러닝의 시대에 기업의 관리자가 실험에 박차를 가하지 않는다면 자신이 맡은 일을 제대로 하지 않는 셈이다. 향후 10년간 인공지능은 관리자의 자리를 대체하지 않겠지만, 그 대신 인공지능을 사용하는 관리자가 인공지능을 사용하지 않는 관리자의 자리를 대체하고 말 것이다.

— 2012 —

제18장

데이터 과학자만큼 멋진 일은 없다

지금 가장 주목받는 전문직

토머스 데이븐포트, 디누르자이 파틸

Data Scientist: The Sexiest Job of the 21st Century

HBR 2012년 10월호에서 전재(product #R1210D)

토머스 데이븐포트 Thomas H. Davenport

뱁슨대학교 정보기술 및 경영학 총장 석좌교수 President's Distinguished Professor. 옥스퍼드 사이드 경영대학원 Saïd School of Business 객원 교수. MIT 디지털 경제에 관한 이니셔티브 연구위원, 딜로이트 인공지능 실행 프로그램 선임고문을 맡았다.

'지식경영' Knowledge Management 의 개척자로 불리며, 비즈니스 분석 그리고 인공지능 기반 경영 혁신 분야에서 세계적으로 영향력 있는 경영학자다. '지식은 자산, 데이터는 전략, AI는 협력 대상'이라는 패러다임을 산업계 전반에 퍼뜨렸다고 평가받는다. 《분석의 기술》, 《최선의 결정은 어떻게 내려지는가》, 《분석으로 경쟁하라》, 《AI 혁신 바이블》 등의 대표작이 있다.

디누르자이 파틸 D. J. Patil

미국 최초의 최고 데이터 과학자 Chief Data Scientist (백악관 과학기술정책실 지정, 정부의 데이터 전략을 총괄하는 직위—옮긴이). 링크드인, 이베이, 페이팔에서 제품 개발을 이끌었다. 《데이터 주짓수》 Data Jujitsu를 썼다.

링크드인의 사용자 경험이
현격히 향상된 이유

2006년 6월, 조너선 골드먼Jonathan Goldman이 비즈니스 전문 네트워킹 사이트 링크드인LinkedIn에 출근했을 때 회사는 여전히 스타트업 같은 느낌이었다. 링크드인에 등록된 계정은 800만 개에 약간 못 미쳤지만, 기존 회원이 친구와 동료에게 가입을 권하면서 회원 수는 빠르게 늘어나고 있었다. 하지만 경영진의 기대와 달리 사용자들은 이미 링크드인에 가입한 다른 사람과 관계를 맺는 데 적극적이지 않았다. 링크드인이 제공하는 소셜 네트워킹 경험에 무언가 부족한 게 있음이 분명했다. 링크드인의 어느 관리자는 이렇게 말했다. "그건 마치 아는 사람이 아무도 없는 콘퍼런스 리셉션장에 도착한 것과 마찬가지입니다. 그러니 그저 구석에 서서 음료만 홀짝이는 거죠. 이런 경우 사람들은 리셉션장을 일찍 떠날 겁니다."

스탠퍼드대학교에서 물리학 박사 학위를 취득한 골드먼은 링크드인에서 본 사용자들이 연결되는 과정과 사용자 프로필의 풍부함에 흥미를 느꼈다. 데이터는 엉망이었고 분석하기도 어려웠지만, 사용자 사이의 연결 관계를 탐색하자 가능성이 보이기 시작했다. 골드먼은 이론을 수립하고, 예상을 시험하고, 패턴을 찾았다. 이러한 과정을 통해 특정 프로필이 어느 네트워크에 속하게 될지 예측할 수 있었다.

골드먼은 자신이 개발 중인 휴리스틱heuristics(어떤 사안이나 상황에서 모든 것을 꼼꼼히 분석하기보다 적은 정보로 즉흥적이고 직관적으로 판단하고 결정하는 방법-옮긴이)을 활용한 새로운 기능이 사용자에게 가치를 제공하리라 생각했다. 하지만 링크드인의 엔지니어링팀은 사이트를 확장하는 업무에 매달려 있었고, 골드먼의 제안에 그다지 흥미를 느끼지 않는 것 같았다. 골드먼의 생각을 대놓고 무시하는 동료도 있었다. "왜 사용자가 자기 네트워크를 스스로 찾지 못하겠어요? 이미 주소록을 가져오는 기능이 있는데요."

다행히 링크드인의 공동창업자이자 당시 CEO였던(현재는 대표회장직을 맡고 있다) 리드 호프만Reid Hoffman은 온라인 결제 서비스 회사 페이팔에서 얻은 경험 덕분에 분석이 지닌 힘에 대한 믿음이 있었고, 골드먼에게 고도의 업무 자율성을 부여했다. 우선 호프만은 골드먼에게 기존 제품 출시 주기를 거치지 않고, 사이트에서 가장 인기 있는 페이지에 광고 형식의 작은 모듈을 게시할 수 있는 권한을 주었다.

이러한 모듈 가운데 하나를 통해 골드먼은 아직 일촌을 맺지 않았지만 알고 있을 가능성이 큰 사람의 이름(예를 들면 같은 시기에 학교나 직장을 다닌 사이)을 사용자에게 제시했을 때 어떤 일이 일어나는지 실험하기 시작했다. 이를 위해 사용자가 링크드인 프로필에 입력한 배경 정보를 바탕으로 각 사용자에게 가장 추천할 만한 새로운 사람 3명을 보여주는 맞춤형 광고를 만들었다.

며칠 안 돼 무언가 놀라운 일이 벌어지고 있다는 걸 분명히 알 수 있었다. 이 광고의 클릭률click-through rate(온라인 광고 노출 대비 실제 클릭한 횟

수-옮긴이)이 사상 최고 수준을 나타낸 것이다. 골드먼은 여기에 '트라이앵글 클로징'triangle closing이라는 네트워킹 개념을 도입했다. 이는 '만일 당신이 래리와 수를 안다면, 래리와 수 역시 서로를 알고 있을 가능성이 크다'고 보는 개념이다. 또한 클릭 한번으로 추천 제안에 답할 수 있게 하는 작업도 했다.

얼마 지나지 않아 링크드인의 최고위 경영진이 골드먼의 훌륭한 아이디어를 알아차렸고, 이를 링크드인의 표준 기능으로 설정했다. 링크드인의 인기가 치솟은 건 바로 그때부터였다. '일촌 제안'People You May Know 광고는 링크드인 페이지 내에서 더 많은 페이지를 방문하도록 유도하는 다른 프롬프트에 비해 클릭률이 30퍼센트나 더 높았다. 일촌 제안 광고는 새로운 페이지뷰를 수백만 건 생성했다. 일촌 제안이라는 단 하나의 기능 덕분에 링크드인의 성장 궤적은 두드러진 상향 곡선을 그리게 되었다.

데이터 과학자라는 새로운 직업

골드먼은 조직에서 새롭게 부상할 핵심 인재, 즉 '데이터 과학자'를 보여주는 좋은 사례다. 데이터 과학자는 빅데이터 세상에서 새로운 발견을 향한 호기심을 갖추고 이에 대한 훈련을 받은 고급 전문가다. 데이터 과학자라는 직업명이 생긴 건 불과 몇 년 전이다(이 용어는 2008년 이 기사의 필자 중 한 명인 파틸 그리고 당시 링크드인과 페이스북에서 각각 데이터와 분석 업무를 이끌었던 제프 해머바커Jeff Hammerbacher가 처음 만들었다).

하지만 스타트업과 기존 기업에서 활동하는 데이터 과학자 수는 이미 수천 명을 넘어섰다. 이처럼 데이터 과학자가 비즈니스 현장에서 갑자기 모습을 드러낸 건 오늘날 기업이 전례 없이 다양하고 방대한 정보와 씨름하고 있음을 보여준다. 복수의 페타바이트petabyte(데이터 용량의 단위로, 1페타바이트는 약 1,000조 바이트에 해당한다. HD 영화 한 편당 4GB라고 가정하면 약 25만 편의 HD 영화 저장이 가능한 방대한 크기다) 단위의 데이터를 저장하고 있거나, 회사에 매우 중요한 정보가 숫자 행렬과 다른 형태로 존재하거나, 가장 중요한 질문을 해결하기 위해 여러 분석 작업을 '매시업'mashup해야 한다면 빅데이터를 활용할 기회를 가진 것이다.

현재의 빅데이터 열풍은 주로 이를 다룰 수 있게 해주는 기술에 집중돼 있다. 여기에는 하둡Hadoop(분산 파일 시스템 처리를 위해 가장 널리 사용되는 프레임워크)와 관련 오픈소스 도구, 클라우드 컴퓨팅, 데이터 시각화 기술 등이 포함된다. 물론 이러한 기술이 중요한 돌파구이기는 하지만, 기술 못지않게 중요한 건 이러한 기술을 잘 사용할 수 있는 직무 역량과 태도를 갖춘 사람이다. 일선에서는 수요가 공급을 훨씬 앞지르는 상황이다. 사실 일부 산업 영역에서는 데이터 과학자 부족이 심각한 문제가 되고 있다.

페이스북, 링크드인, 팔로알토 네트웍스Palo Alto Networks, 워크데이Workday와 같은 기업을 후원해온 초기 단계 기술 투자 전문 벤처 캐피털 회사 그레이록 파트너스Greylock Partners는 데이터 과학자 인력이 부족한 점을 우려해 관련 인재를 자사 포트폴리오 기업에 연결해주는 특별 채용팀을 직접 운영하고 있다. 이 팀을 이끄는 대니얼 포틸로Daniel Portillo는 이렇게 말한다. "일단 데이터를 확보하고 나면 데이터를 관리하고 그 안에서 통찰을 이끌 사람이 정말 필요해집니다."

빅데이터를 다루는 인재를
확보하는 방법

빅데이터의 활용 여부가 희소한 데이터 과학자를 채용하는 일에 달렸다면 기업의 관리자가 직면한 문제는 무엇일까? 그러한 인재를 발굴해 회사로 데려와 생산적으로 일하게 만들 방법을 찾는 것이다. 이러한 업무 가운데 어느 것도 조직 내 다른 기존 역할처럼 간단하지 않다. 우선 데이터 과학 전공으로 학위를 주는 대학이 없다. 또한 이 역할이 조직에서 어떤 위치를 차지해야 하는지, 어떻게 해야 데이터 과학자가 가장 큰 가치를 창출하는지 그리고 그 성과를 어떻게 측정해야 하는지에 대한 합의도 거의 이루어져 있지 않다.

그러므로 데이터 과학자에 대한 수요를 충족시키기 위해 첫 번째로 거쳐야 할 단계는 데이터 과학자가 기업에서 어떤 일을 하는지 이해하는 것이다. 그러고 나서 다음 질문을 던져야 한다. 데이터 과학자에게 필요한 기술은 무엇인가? 그런 기술은 어떤 분야에서 가장 쉽게 찾을 수 있는가?

데이터 과학자가 하는 가장 중요한 일은 데이터 속을 헤엄치며 새로운 발견을 하는 것이다. 이는 데이터 과학자가 주변 세상을 탐색할 때 선호하는 방법이다. 디지털 영역에서 편안함을 느끼는 데이터 과학자는 형식이 없는 방대한 데이터를 구조화하여 분석할 수 있는 상태로 만든다. 풍부한 데이터원을 찾아내고, 이를 다른 데이터원(때로는 불완전한)과 연결해 결괏값을 정리한다. 도전 과제가 끊임없이 변하고 데이터의 흐름이 결코 멈추지 않는 경쟁적인 환경 속에서 데이터 과학자는 의사결정권자가 즉흥적인 분석에서 벗어나 데이터와 지속적인 대화를 나누도록 도움을 준다.

데이터 과학자는 그들이 기술적 한계를 마주했다는 사실을 알고 있다. 그렇다 해도 기술의 한계가 새로운 해결책을 찾으려는 탐구의 발걸음을 늦추지는 못한다. 데이터 과학자는 새로운 발견을 해나가면서 배운 내용을 전달하고, 그러한 발견이 새로운 사업 방향에 시사하는 바가 무엇인지 알린다. 또한 그들은 흔히 정보를 시각적으로 표현하고 데이터 속에서 찾아낸 패턴을 명확하고 설득력 있게 드러내는 데 창의성을 발휘한다. 그리고 경영진과 제품 관리자product manager에게 데이터가 제품과 업무 프로세스, 의사결정에 어떠한 의미가 있는지 설명한다.

데이터 과학자라는 직업이 생긴 지 얼마 되지 않은 탓에 이들은 업무에 사용할 도구를 보통 직접 만들고, 심지어 학술적인 연구까지 수행한다. 초창기부터 데이터 과학자를 채용했던 회사인 야후는 하둡Hadoop 개발에 중요한 역할을 담당했다. 페이스북의 데이터팀은 하둡 프로젝트의 프로그래밍 언어인 하이브Hive를 개발했다. 다른 여러 데이터 과학자, 특히 구글, 아마존, 마이크로소프트, 월마트, 이베이, 링크드인, 트위터처럼 데이터 중심 기업에서 일하는 데이터 과학자들은 관련 도구를 추가하고 개선했다.

이 모든 일을 하는 데이터 과학자는 어떤 사람일까? 데이터 과학자로 성공하려면 어떤 능력을 갖춰야 할까? 데이터 과학자란 데이터 해커이자 분석전문가, 소통전문가이자 신뢰할 수 있는 조언자다. 그리고 그 역할을 한데 모은 '하이브리드형 인재'를 떠올리면 된다. 이런 역할을 담당하는 데이터 과학자는 매우 강력한 힘을 발휘하지만 그 수가 적다.

데이터 과학자가 지닌 가장 기본적이고 보편적인 기술은 코딩 능력이다. 하지만 앞으로 5년이 지나 명함에 '데이터 과학자'라는 직함을 쓰는 사람이 훨씬 많아지는 날이 오면 코딩 능력은 기본이 아닐 수도 있다. 데이터 과학자에게 그보다 더 오래도록 요구되는 역량은 모든 이해관계자가 이해할 수 있는 언어로 소통하는 능력이다. 말이든 시각 자료든 혹은 그 2가지 방법 모두를 사용해서든 간에 데이터로 이야기를 풀어나가는 특별한 능력을 갖춰야 하는 것이다.

그런데 데이터 과학자의 가장 두드러진 특성은 강렬한 호기심이다. 문제의 표면 아래로 파고들어 핵심에 자리한 질문을 찾아내고, 이를 검증할 수 있는 명확한 가설로 다듬어내고 싶어 한다. 종종 이는 창의적인 과학자들이 보여주는 연상적 사고associative thinking 능력을 수반한다. 예를 들어 우리가 아는 어느 데이터 과학자는 이상 거래 문제를 연구하던 중 이 문제가 DNA 염기서열 배열 문제와 유사하다는 사실을 알아차렸다. 그의 팀은 이렇게 완전히 서로 다른 영역을 결합해 이상 거래로 인해 발생하는 손실을 대폭 줄일 해결 방안을 만들 수 있었다.

새로 부상한 이 직업에 '과학자'라는 단어가 잘 어울리는 이유를 분명히 이해하게 되었을 것이다. 실험물리학자 역시 장비를 설계하고, 데이터를 수집하며, 여러 실험을 수행하고, 결과를 알린다. 이에 따라 복잡한 데이터를 처리할 사람을 찾는 기업 가운데 물리학 또는 사회과학 분야에서 교육 및 경력을 쌓은 인재를 채용한 곳이 있었다. 데이터 과학자로 최고의 성과를 낸 뛰어난 직원 중에는 생태학이나 시스템 생물학처럼 널리 알려지지 않은 분야에서 박사 학위를 받은 사람도 있었다.

실리콘밸리에 자리한 금융 소프트웨어 기업 인튜이트Intuit에서 데이터 과학팀을 이끄는 조지 루멜리오티스George Roumeliotis는 천체물리학 박사 학위를 소지했다. 이만큼 놀라운 전공은 아니지만, 현재 데이터 과학 분야에서 일하는 데이터 과학자 중에는 컴퓨터공학, 수학 혹은 경제학을 정식으로 공부한 사람이 많다. 데이터 처리와 연산 능력을 중시하는 학문이라면 어느 분야를 공부했든 데이터 과학자가 될 수 있다.

데이터 과학자는 '과학자'라는 이미지를 기억해두는 게 중요하다. 왜냐하면 '데이터'라는 단어 때문에 엉뚱한 곳에서 인재를 탐색할 수 있기 때문이다. 포틸로가 말한 것처럼 "10~15년 전에 보던 전통적인 데이터 전문가의 배경은 요즘 시대에 맞지 않는다." 정량 분석가는 데이터 분석 능력이 뛰어나지만, 비정형 데이터unstructured data 덩어리를 정리해 분석할 수 있는 형태로 만드는 일에는 능하지 않을 수 있다. 마찬가지로 데이터 관리 전문가는 정형 데이터structured data를 생성하고 정리하는 능력은 뛰어나지만, 비정형 데이터를 정형 데이터로 전환하는 능력은 뛰어나지 않을 수 있다. 또한 데이터를 실제 분석하는 작업도 어려울 수 있다. 또한 전통적인 데이터 직종에서는 사회적 기술이 부족한 사람도 성공할 수 있었지만, 데이터 과학자는 효과적으로 일하기 위해 사회적 기술을 반드시 갖추어야 한다.

루멜리오티스는 통계나 분석 능력이 채용의 기준이 아니라는 점을 명확히 밝혔다. 루멜리오티스가 데이터 과학자를 채용할 때는 우선 자바와 같은 주류 프로그래밍 언어로 프로토타입prototypes 소프트웨어를 개발할 수 있는지 묻는다. 루멜리오티스는 지원자가 기술 역량(수학, 통계, 확률, 컴퓨터공학 분야의 탄탄한 기초)을 갖추었는지, 특정한 마음 자세를 지녔는지, 양쪽을 모두 확인한다. 그가 원하는 지원자는 비즈니스 문제에 감각이 있고 고객에게 공감할 줄 아는 사람이다. 루멜리오티스에 따르면 채용 후에 이루어지는 현장 훈련 그리고 때때로 진행하는 특정 기술 관련 강의도 전부 이러한 자격 조건을 기본으로 한 뒤 이루어진다.

여러 대학에서 데이터 과학 관련 프로그램을 개설하고자 하며, 노스캐롤라이나주립대학교의 분석학 석사 과정 같은 기존 학위 과정에서는 빅데이터 연습 활동 및 강의를 추가하느라 여념이 없다. 자체적으로 데이터 과학자를 양성하려고 애쓰는 기업도 있다. 빅데이터 기업 그린플럼Greenplum을 인수한 EMC는 자사와 고객이 빅데이터를 잘 활용하려면 데이터 과학자를 확보하는 일이 관건이라고 보았다. 그래서 EMC의 직원 교육 담당 부서에 데이터 과학과 빅데이터 분석을 위한 교육 및 인증 프로그램을 도입하고 직원뿐 아니라 고객도 교육 프로그램을 수강할 수 있게 했다. 프로그램 수강을 완료한 졸업생 중 일부는 이미 사내 빅데이터 프로젝트에서 활동 중이다.

교육 프로그램이 늘어남에 따라 빅데이터 기술을 얻을 수 있는 경로도 늘어날 것이다. 빅데이터 기술 공급업체에서도 기술을 쉽게 사용할 방안을 마련하기 위해 노력 중이다. 그러는 사이 어느 데이터 과학자는 데이터 과학자의 수요와 공급 사이의 격차를 줄일 창의적인 방안을 내놓았다. 그 인물은 바로 고에너지 물리학을 공부한 데이터 과학자 제이크 클램카Jake Klamka다. 클램카는 인사이트 데이터 과학 연구 프로그램Insight Data Science Fellows Program이라는 박사후 연구 과정을 만들어 학계의 과학자가 데이터 과학자로 성과를 낼 수 있도록 6주에 걸친 준비 훈련을 진행한다.

이 프로그램에 참여하면 현지 기업(페이스북, 트위터, 구글, 링크드인 등)에서 근무하는 데이터 전문가에게서 멘토링을 받으며 실제 빅데이터 과제를 경험할 기회를 얻는다. 처음에는 10명의 연구원을 대상으로 할 생각이었지만, 지원자 수가 200명을 넘어 결국 30명을 선발했다. 현재 여러 기업이 이 프로그램에 참여하려 대기 중이다. 클램카는 이렇게 말했다. "기업의 수요가 경이로울 정도입니다. 이렇게 수준 높은 인재를 다른 방식으로는 확보할 수 없기 때문입니다."

원하는 데이터 과학자를 찾아내는 방법

1. 인재 발굴 가능성이 '유력한' 대학(스탠퍼드, MIT, 버클리, 하버드, 카네기멜런)과 이 분야에서 확실한 강점을 증명한 기타 대학(노스캐롤라이나주립대학, 캘리포니아대학교 산타크루즈 캠퍼스, 메릴랜드대학교, 워싱턴대학교, 텍사스대학교 오스틴 캠퍼스)에서 채용에 주력한다.

2. 데이터 과학 도구 활용에 적극적인 사용자 그룹의 회원 명단을 확인한다. 데이터 과학자들이 좋아하는 오픈소스 통계 도구인 R 사용자 그룹과 파이썬을 사용하는 이들이 모인 파이썬 인터레스트 그룹 Python Interest Group 을 출발점으로 삼으면 좋다.

3. 링크드인에서 데이터 과학자를 검색한다. 데이터 과학자라면 거의 전부 링크드인에 계정을 갖고 있으니, 프로필을 확인해 자신이 원하는 기술을 보유한 사람인지 알아볼 수 있다.

4. 스트라타 Strata, 스트럭처: 데이터 Structure: Data, 하둡 월드 Hadoop World 회담 및 이와 비슷한 모임에서 데이터 과학자들과 어울린다. 현재 거의 일주일에 한 번꼴로 이런 모임이 열린다. 혹은 샌프란시스코만 지역, 보스턴, 뉴욕, 워싱턴 D.C, 런던, 싱가포르, 시드니

등에서 이루어지는 데이터 과학자의 비공식 만남의 자리에 참석한다.

5. 지역 벤처 투자가와 친분을 쌓는다. 이들은 지난 1년 동안 다양한 빅데이터 관련 사업 제안을 받았을 가능성이 크다.

6. 분석 및 코딩 실력을 겨루는 사이트인 캐글Kaggle이나 탑코더TopCoder에서 경연 대회를 주최한다. 그리고 창의적인 실력을 보이는 참가자에게 관심을 둔다.

7. 코딩 능력이 없는 지원자에게는 관심을 두지 않는다. 코딩 기술이 세계적 수준일 필요는 없지만, 기본적인 작업 정도는 수행할 수 있는 괜찮은 코딩 실력이 있어야 한다. 또한 지원자가 새로운 기술과 방법을 빠르게 학습하는 사람인지 확인할 증거도 찾아야 한다.

8. 지원자가 데이터 세트 속에서 이야기를 찾아내 데이터가 주는 핵심 통찰력을 일관성 있게 설명할 수 있는지 확인한다. 그리고 시각적·언어적 방법을 동원해 숫자의 의미를 전할 수 있는지 시험해본다.

9. 비즈니스 세계와 지나치게 동떨어진 지원자는 조심하는 편이 좋다. 지원자에게 데이터 과학자의 일이 경영상 문제에 어떻게 적용되는지 물었을 때 답하지 못한다면 경계하라.

> 10. 지원자에게 가장 좋아하는 분석이나 통찰이 무엇인지 그리고 자신이 보유한 기술을 계속 유지하기 위해 어떤 노력을 기울이는지 질문하자. 지원자가 스탠퍼드의 온라인 머신러닝 고급 과정을 이수하고 수료증을 받았는가? 오픈소스 프로젝트에 참여했는가, 아니면 다른 사람과 공유할 목적으로 온라인 코드 저장소(예를 들어 깃허브GitHub)를 구축했는가?

데이터 과학자가 일하고 싶은 업무 환경

데이터 과학자의 수가 늘고 있기는 하지만 최고 수준의 인재를 확보하려는 경쟁은 여전히 치열하다. 지원자는 회사에서 마주할 빅데이터 도전 과제가 얼마나 흥미로운지, 이를 기준으로 채용 제안을 평가한다. 어느 지원자는 이렇게 말했다. "정형 데이터를 사용해 일하고 싶었다면 월가로 갔을 겁니다." 오늘날 데이터 과학자가 되기에 가장 적합한 자격 조건을 갖춘 지원자는 비즈니스가 아닌 다른 부문 출신이라는 점을 생각해야 한다. 따라서 채용 담당자는 채용 과정상의 문제를 해결할 혁신적인 돌파구를 찾아낼 수 있도록 흥미진진한 방법을 고안해야 한다.

물론 연봉도 중요한 요소다. 우수한 데이터 과학자 앞에는 기회의 문이 여러 개 열려 있으며, 서로 높은 급여를 제시할 것이다. 스타트업에서 일하는 여러 데이터 과학자는 회사에 요구해 대형 스톡옵션 패키지를 받았다고 말한다. 연봉이 아닌 다른 이유로 고용 제안을 받아들였다 해도 급여는 여전히 중요하다. 연봉은 회사에서 자신에 대한 존중과 기대치를 보여주는 신호이기 때문이다.

하지만 데이터 과학자를 대상으로 우선순위에 관해 비공식 설문조사를 진행한 결과 근본적으로 더욱 중요한 요소가 드러났다. 이들은 '함교(함선 전체를 지휘하기 위해 갑판 위에 높게 만든 구조물 - 옮긴이) 위'on the bridge에 있고 싶어 했다. 이 표현은 1960년대 텔레비전 시리즈 〈스타트렉〉에 나온 것으로, 우주선 선장 제임스 커크는 미스터 스폭이 제공하는 데이터에 크게 의지한다. 데이터 과학자는 바로 그런 위치를 원한다. 개발이 진행됨에 따라 달라지는 선택지를 실시간으로 파악하면서 개발이 진행되는 상황의 중심에 있는 것 말이다.

데이터 과학자를 찾기도 채용을 유지하기도 어렵다는 점을 고려하면, 그들을 컨설턴트로 채용하는 것도 좋은 전략이라고 생각하는 사람이 있을 것이다. 하지만 컨설팅 회사 대부분은 아직 데이터 과학자를 많이 확보하지 못한 상태다. 액센추어Accenture, 딜로이트Deloitte, IBM 글로벌 서비스와 같은 대형 컨설팅 회사도 고객사를 위한 빅데이터 프로젝트 진행을 시작하는 초기 단계에 머물러 있다. 그리고 컨설팅 회사에서 확보한 데이터 과학자는 자신의 역량을 주로 전통적인 정량 분석 문제에 적용하고 있다. 데이터 과학자와 함께하는 컨설팅 부문에서는 뮤 시그마Mu Sigma와 같은 해외 분석 서비스 회사가 주요 성과를 내는 첫 기업이 될지도 모른다.

그런데 우리와 대화한 데이터 과학자들은 의사결정권자에게 조언만 하기보다 무언가를 만들고 싶다고 이야기했다. 어느 데이터 과학자는 컨설턴트로 지내는 건 '사각지대'에 있는 기분이라고 했다. "할 일이라고는 분석 결과를 보고 다른 사람에게 해야 할 일을 알려주는 것뿐이죠." 그러나 데이터 과학자는 문제 해결에 효과적인 방안을 도출함으로써 더 큰 영향력을 발휘할 수 있고, 데이터 과학계의 선구자로서 발자취를 남길 수 있다고 믿는다.

데이터 과학자의 육성과 관리

데이터 과학자는 구속받는 환경에서 좋은 성과를 내지 못한다. 이들에게는 실험을 진행하고 다양한 가능성을 탐색할 자유가 있어야 한다. 그런데 그것만으로는 부족하다. 회사 내 다른 비즈니스 부문과 가까운 관계도 유지하며 소통해야 한다. 데이터 과학자에게는 사업 지원 부문을 감독하는 경영진보다 제품과 서비스를 담당하는 경영진과의 관계가 더 중요하다.

조너선 골드먼의 이야기에서 살펴보았던 것을 떠올려보자. 데이터 과학자가 비즈니스에 가치를 더할 가장 큰 기회는 보고서를 작성하거나 고위 경영진을 위한 프레젠테이션을 하는 데 있지 않다. 고객이 접하는 제품과 업무 프로세스를 혁신하는 데 있다.

링크드인만 데이터 과학자를 활용해 제품, 기능, 부가가치 서비스를 위한 아이디어를 내는 게 아니다. 인튜이트에서는 데이터 과학자들에게 소규모 기업 고객과 소비자를 위한 통찰을 전해달라고 요청한다. 더불어 빅데이터, 사회적 디자인, 마케팅을 담당하는 신임 수석 부사장에게 내용을 보고하도록 한다. GE는 산업용 제품에 대한 서비스 계약 및 유지관리 간격을 최적화하는 데 이미 데이터 과학을 활용하고 있다. 물론 구글에서도 핵심 검색 알고리즘과 광고 서비스 알고리즘을 개선하는 데 데이터 과학자를 활용한다.

게임 제작사 징가Zynga는 데이터 과학자를 활용해 장기적인 고객 참여와 매출 상승을 위해 게임 경험을 최적화한다. 넷플릭스는 그 유명한 넷플릭스상Netflix Prize을 도입해 회사의 영화 추천 시스템 개선에 가장 좋은 방법을 개발한 데이터 과학팀에 이 상을 수여한다. 시험 대비 전문 업체 카플란Kaplan은 데이터 과학자를 활용해 효과적인 학습 전략을 찾는다.

하지만 빠르게 변화하는 분야에서 수준 높은 기술을 갖춘 인재가 일반 경영진하고만 시간을 보내는 데는 단점도 있다. 비슷한 전문가와 교류할 시간이 줄어들기 때문이다. 자신이 지닌 기술을 최상으로 가다듬고 도구를 최신 상태로 유지하려면 다른 전문가와 교류가 필요하다. 데이터 과학자는 대기업 내부에서든 외부에서든 지식공동체와 이어져 있어야 한다. 데이터 과학자 사이의 협력을 지원하고 기술을 공유하기 위한 새로운 콘퍼런스와 비공식 협회가 생겨나고 있다. 기업은 '항구에 물이 차면 모든 배가 뜬다'라는 생각을 하고, 데이터 과학자들이 이런 모임에 참석하도록 독려해야 한다.

또한 데이터 과학자는 기대를 많이 받을수록 동기를 크게 부여받는 경향이 있다. 데이터 과학자는 빅데이터에 접근해 이를 구조화하는 어려운 과제를 수행하느라 예측이나 최적화를 위한 정교한 분석에 쏟을 시간이나 힘이 거의 남아 있지 않다. 하지만 경영진이 단순한 보고서만으로는 충분하지 않다며 분명한 뜻을 전하면 데이터 과학자는 더 나은 분석에 전념할 것이다. 빅데이터를 '단순 계산'과 동일시하면 안 된다.

앞으로 10년 동안의 인기 직업

구글의 수석 경제학자 할 배리언Hal Varian이 다음과 같이 말했다고 알려져 있다. "앞으로 10년 동안 가장 섹시한 직업은 통계학자가 될 것이다. 사람들은 농담이라고 생각하겠지만, 1990년대에 가장 섹시한 직업이 컴퓨터 엔지니어가 될 거라고 누가 생각이나 했는가?"

'섹시하다'는 말이 수요가 넘치는 희소한 자질을 지녔다는 뜻이라면 데이터 과학자는 이미 섹시한 직업으로 자리 잡았다. 데이터 과학자는 채용하기 어려울뿐더러 몸값도 비싸다. 데이터 과학자를 서로 모셔가려는 경쟁이 치열하다는 점을 생각하면 인력을 유지하는 것조차 힘든 일임을 알 수 있다. 과학을 배경으로 하면서 그 위에 컴퓨터와 분석 능력을 더한 인재가 많지 않기 때문이다.

오늘날 데이터 과학자는 1980년대와 1990년대 월가의 '퀀트'quants와 비슷한 모습이다. 당시 물리학과 수학을 전공한 인재가 줄지어 투자 은행과 헤지펀드로 몰려갔고, 그곳에서 완전히 새로운 알고리즘과 데이터 전략을 고안했다. 그 후 수많은 대학에서 금융공학 석사 학위 프로그램을 개설했고, 이를 통해 주류 금융 회사에 더 쉽게 접근할 수 있는 2세대 인재가 대거 배출되었다. 이러한 패턴은 이후 1990년대 검색 엔지니어 자리에서 반복되었고, 검색 엔지니어가 갖춘 드문 기술은 곧 컴퓨터공학 학위 프로그램에서 배울 수 있게 되었다.

이쯤에서 드는 질문이 있다. 이러한 패턴이라면 기업은 2세대 데이터 과학자가 등장할 때까지 기다리는 편이 현명하지 않을까? 그때가 되면 지원자 숫자가 많아지고, 몸값도 상대적으로 내려갈 것이며, 지원자의 능력을 평가하기도, 비즈니스 환경에 맞게 동화시키기도 더 쉬울 테니 말이다. 새로운 분야의 인재를 발굴하고 업계에 맞게 길들이는 수고스러움은 공격적인 전략을 위해 인재 발굴의 최전선에 서는 빅데이터 스타트업이나 GE, 월마트 같은 회사에 맡기는 게 어떨까?

이러한 논리가 지닌 문제는 빅데이터의 발전이 둔화할 기미가 전혀 보이지 않는다는 데 있다. 만일 인재가 부족하다는 이유로 빅데이터가 확산하는 초기 단계를 놓친다면 경쟁사와 채널 파트너가 난공불락에 가까운 우위를 점하는 동안 뒤처질 위험이 따른다. 빅데이터를 이제 정점에 도달하기 시작한 거대한 파도라고 생각해보자. 파도에 올라타고 싶다면 서핑할 수 있는 사람이 필요한 법이다.

HBR AT 100

— 2011 —

제19장

목표 달성의 비결

행동력이 바뀌는 9가지 노하우

하이디 그랜트 할버슨

Nine Things Successful People Do Differently

hbr.org 2011년 2월 25일 자 기사 수정(product #H006W2)

하이디 그랜트 할버슨 Heidi Grant Halvorson

목표 달성, 동기부여, 설득, 리더십 등 '동기부여의 과학'을 주제로 연구하고, 글을 쓰며, 강연하는 사회심리학자. EY 아메리카스 러닝EY Americas Learning의 연구개발소장이자 컬럼비아대학교 동기과학센터Motivation Science Center 부소장이다. '싱커스 50'Thinkers 50 선정, 두 차례 연속해서 '세계에서 가장 영향력 있는 경영사상가' 중 한 명에 올랐으며, 대표 저서로 《어떻게 마음을 움직일 것인가》, 《작심삼일과 인연 끊기》, 《아무도 나를 이해해주지 않아》가 있다.

목표 달성의
9가지 비결

왜 어떤 사람은 목표 달성에 성공하고, 어떤 사람은 성공하지 못하는 걸까? 답을 알 수 없다고 해도 답을 모르는 건 당신만이 아니다. 매우 똑똑하고 많은 것을 성취한 사람조차 자신이 성공하거나 혹은 실패한 원인을 잘 알지 못한다. 어떤 면에서는 타고난 재능이 있고, 어떤 면에서는 재능이 부족하다는 직관적인 답은 전체 퍼즐 속의 작은 조각에 불과하다. 사실 수십 년에 걸쳐 성취를 연구한 결과에 따르면 성공하는 사람이 목표를 달성하는 이유는 단순히 그 사람이 지닌 특성 때문이 아니었다. 그보다는 그 사람이 했던 일 때문인 경우가 많았다.

1. 가능한 목표를 구체적으로 설정한다

목표를 최대한 구체적으로 세운다. '다이어트를 한다'보다 '3킬로그램을 감량한다'가 목표로 삼기 더 좋다. 성공이 어떤 모습인지 분명하게 보여주기 때문이다. 성취하고 싶은 목표가 무엇인지 정확히 알면 목표를 달성할 때까지 계속 동기부여가 된다. 또한 목표에 도달할 때까지 해야 할 행동도 구체적으로 생각하게 된다. 그냥 '먹는 양을 줄인다' 혹은 '수면 시간을 늘린다'라고 하는 건 너무 모호하다. 할 일은 분명하고 정확하게 정해야 한다. '평일에는 10시까지 잠자리에 든다'라고 정해두면 무엇을 해야 할지, 해야 할 일을 실제로 했는지 의심할 필요가 없다.

2. 행동하는 타이밍을 놓치지 않는다

우리가 얼마나 바쁜지, 한번에 달성하려 하는 목표가 몇 개나 되는지 생각하면 목표에 따라 행동할 기회를 계속 놓치는 게 놀라운 일도 아니다. 해야 할 일을 떠올리지 못한 채 지나치고 마는 것이다. 오늘 하루 정말 운동할 시간이 없었을까? 정말 단 한 순간이라도 그 전화에 답할 시간이 없었을까? 목표를 달성한다는 건 시간이 순간순간 손가락 사이로 빠져나가기 전에 사용할 기회를 잡는 것이다.

순간의 시간을 포착해 활용하려면 해야 할 일을 언제, 어디에서 할 것인지 미리 정해두어야 한다. 다시 한번 이야기하지만 최대한 구체적으로 정한다. 예를 들면 이런 식이다. '월요일, 수요일, 금요일에는 출근하기 전에 30분 동안 운동한다.' 연구에 따르면 이렇게 계획을 세워두면 기회가 생겼을 때 우리의 두뇌가 그 기회를 감지하고 포착하는 데 도움이 되며, 실행 성공률을 약 300퍼센트 높인다.

3. 달성도를 정확히 파악한다

어떤 목표든 달성하려면 진행 상황을 정기적으로 가감 없이 모니터링해야 한다. 다른 사람이 하는 게 아니라면 직접 해야 한다. 목표 달성을 위해 얼마나 잘하고 있는지 알지 못하면 그에 맞춰 행동이나 전략을 수정할 수 없다. 진행 상황은 자주 확인한다. 목표에 따라 매주 혹은 매일 확인하는 것도 좋다.

4. 현실적 낙관주의자가 된다

목표를 설정할 때는 성취할 가능성에 관해 어떻게든 긍정적으로 많이 생각하자. 목표를 달성할 수 있다고 스스로 믿는 마음은 동기를 부여하고 이를 유지하는 데 큰 도움이 된다. 하지만 무슨 일을 하든 목표를 달성하는 게 얼마나 어려운 것인지 과소평가하지 말자. 이룰 가치가 있는 목표는 대개 시간, 계획, 노력, 끈기가 필요하다. 연구에 따르면 어떤 일을 힘들이지 않고 쉽게 할 수 있다고 생각했다가는 앞으로 가야 할 여정을 제대로 준비하지 못하게 되고 결국 실패할 확률이 높아진다.

5. 잘하는 게 아니라 나아지는 데 초점을 맞춘다

목표를 달성할 능력이 있다고 믿는 건 중요하다. 하지만 목표를 달성할 능력을 '새롭게 얻을 수 있다'고 믿는 것 또한 중요하다. 대부분 자신의 지적·신체적 능력과 성격이 정해져 있다고 믿는다. 그래서 무엇을 해도 나아질 수 없다고 생각한다. 그 결과 우리는 새로운 기술을 습득하거나 더 발전하기보다는 온통 자기 자신을 증명하기 위한 목표에만 집중한다.

다행히 수십 년 동안의 연구를 통해 능력이 고정되어 있다는 생각은 완전히 틀렸음이 밝혀졌다. 모든 종류의 능력은 완전히 변할 수 있다. 능력은 변할 수 있다는 사실을 받아들이면 더 나은 선택을 할 뿐만 아니라 잠재력을 최대한 끌어올릴 수 있다. 잘하는 게 아니라 나아지는 데 초점을 맞춘 사람은 달성 과정에서 발생하는 어려움을 받아들이고, 목표만큼 과정도 소중히 여긴다.

6. '그릿'을 가진다

'그릿'grit이란 장기 목표를 위해 노력하고 어려움에 부딪혔을 때도 끈질기게 버티는 의지를 뜻한다. 연구에 따르면 그릿을 지닌 사람은 평생 교육을 더 많이 받고 대학 학점도 더 높다. 그릿을 보면 웨스트포인트 사관학교의 몹시 힘든 첫해에 어떤 생도가 두각을 드러낼지 예측 가능하다. 심지어 미국 영어 철자 맞히기 대회에서 어떤 참가자가 몇 라운드까지 진출할지도 그릿으로 예측할 수 있다.

기쁜 소식을 전하자면 지금 특별히 그릿이 뛰어나지 않다고 해도 그릿을 키울 방법이 있다는 사실이다. 그릿이 부족한 사람은 성공한 사람이 지닌 타고난 능력을 자신은 갖지 못했다고 믿는 경우가 많다. 만일 이렇게 생각하는 사람이 있다면… 음, 듣기 좋게 말할 방법이 없다. 당신의 생각은 틀렸다. 앞서 이야기한 것처럼 성공을 위해 정말 필요한 건 노력, 계획, 끈기, 훌륭한 전략이다. 이러한 사실을 받아들이면 자기 자신과 자신의 목표를 더욱 정확하게 바라볼 수 있을 뿐 아니라 그릿을 놀랍도록 크게 향상할 수 있다.

7. 의지력 근육을 키운다

자제력이라는 '근육'은 우리 몸속 다른 근육과 마찬가지로 운동을 하지 않으면 시간이 흐름에 따라 약해진다. 하지만 규칙적으로 운동하면서 근육을 잘 사용하면 근육이 점점 더 강해져 목표 달성에 도움을 준다.

의지력을 키우려면 솔직히 하고 싶지 않은 일에 도전해야 한다. 고지방 간식을 피하고, 매일 윗몸 일으키기를 100개씩 하고, 자세가 구부정해졌다는 걸 인식하면 몸을 바로 펴고, 새로운 기술을 배우려 노력해야 한다. 굴복하고 싶고, 포기하고 싶고, 그냥 귀찮다는 마음이 들 때, 그런 마음에 지지 말자. 우선 한 가지 활동부터 시작하고 문제가 생겼을 때 어떻게 대응할지 계획을 세우자. 만일 간식이 먹고 싶어지면 신선한 과일 한 조각 아니면 말린 과일 세 조각을 먹는다.

처음에는 어렵겠지만 하다 보면 점점 쉬워진다. 중요한 건 바로 이 점이다. 의지력이 향상될수록 더 많이 도전할 수 있고, 자제력을 키우는 운동의 강도를 높일 수 있다.

8. 무리하지 않는다

의지력 근육이 얼마나 강해졌든 힘에는 한계가 있다는 사실을 고려하는 것도 중요하다. 무리하면 일시적으로 기력이 완전히 소진될 수 있다. 도전적인 과제는 가급적 한 번에 2개씩 하려 들지 말자. 예를 들어 금연과 다이어트를 동시에 시작하는 것은 좋지 않다. 그리고 스스로 위기에 빠지게 하지 말자. 자신에게 유혹을 이길 능력이 있다고 과신하는 사람이 많다. 그래서 이들은 유혹이 많은 상황에 자신을 일부러 노출시킨다. 성공하는 사람은 목표 달성을 굳이 더 어렵게 만들지 않아야 한다는 사실을 알고 있다.

9. '하지 않아야 할 행동'이 아니라 '해야 할 행동'에 집중한다

다이어트, 금연, 분노 조절에 성공하고 싶은가? 그렇다면 나쁜 습관에만 초점을 맞추지 말고 나쁜 습관을 좋은 습관으로 바꿀 방법을 계획하자. 사고 억제$_{\text{thought suppression}}$('흰곰을 생각하지 마!')에 관한 연구에 따르면 어떤 생각을 하지 않으려 하면 그 생각이 더욱 활성화된다. 행동도 마찬가지다. 나쁜 습관을 그만두려 하면 오히려 그 습관을 더욱 계속하게 된다.

여기에서 벗어나고 싶다면 스스로 질문하자. '이 습관 대신 무엇을 해야 할까?' 예를 들어 분노를 조절하고, 욱하는 성질을 버리고 싶다면 어떻게 해야 할까? '화가 나기 시작하는 걸 느끼면 마음이 진정될 때까지 심호흡을 세 번 하자' 같은 계획을 세울 수 있다. 화에 굴복하는 대신 대체재로 심호흡을 활용하면 시간이 흐르면서 화를 내는 나쁜 습관이 줄어들다가 완전히 사라진다.

* * *

성공하는 사람의 남다른 행동 9가지를 읽고 나서 여러분이 지금까지 해온 모든 행동에 관해 어느 정도 통찰을 얻었기를 바란다. 이보다 더 중요한 것은 그동안 여러분을 방해했던 실수를 알아내고, 앞으로 그것을 자신에게 유리한 방향으로 활용하는 것이다. 기억하자. 성공하기 위해 다른 사람이 될 필요는 없다. 자신이 어떤 사람인지는 절대 중요하지 않다. 중요한 건 무엇을 하느냐다.

— 1974 —

관리자가 시간 관리의 주도권을 되찾는 법

성가신 원숭이를 떠안아야 할 사람은 누구인가

윌리엄 온켄 주니어, 도널드 바스

Management Time: Who's Got the Monkey?

HBR 1999년 11/12월호에서 전재(product #99609)
최초 게재 1974년 11/12월호

윌리엄 온켄 주니어 William Oncken Jr.
1988년 사망할 때까지 윌리엄 온켄 코퍼레이션 William Oncken Corporation 회장을 역임했다. 현재는 아들인 윌리엄 온켄 3세가 회사를 이끌고 있다.

도널드 바스 Donald L. Wass
윌리엄 온켄 컴퍼니 텍사스 지사 지사장을 역임했다. 후에 기업 대표와 CEO를 위한 국제단체인 경영자 위원회 The Executive Committee의 댈러스-포트워스 지역의 회장을 맡았다.

편집자의 말: 이 기사는 HBR 1974년 11/12월호에 처음 실린 이래 잡지 역사상 가장 많이 팔렸다. 이 기사가 전하는 실질적인 조언은 문제 해결을 위해 직원에게 권한을 위임해야 한다는 것이다. 이 조언은 이 기사가 처음 발표되었을 때만큼 현재도 여전히 유의미하다. 하지만 처음 발표된 이래 거의 50년이 흘렀고, 우리는 기사 속에 등장하는 비유가 불쾌하게 읽힐 수 있다는 점을 인지했다. 이 기사에서 의도한 바는 아니지만 이러한 우려를 인정하고 싶다. 다만 여기서 사용된 비유는 오로지 의사결정의 부담을 누가 지고 있는지를 설명하기 위한 예시일 뿐이라는 점을 밝힌다. 그 외에 다른 뜻은 없다.

관리자의 3가지 시간

어째서 관리자는 대체로 시간이 부족한데 부하 직원은 대체로 일이 없을까? 여기서 우리는 시간 관리의 의미를 살펴보아야 한다. 시간 관리는 관리자가 상사, 동료, 부하 직원과 맺는 상호작용과 관련되어 있기 때문이다.

구체적으로 우리는 3가지 종류의 시간을 관리하는 방법을 알아보아야 한다.

1. **상사 부과 시간**: 상사가 요구하는 업무를 완수하는 데 드는 시간. 이를 무시하면 직접적이고 신속한 불이익이 따른다.

2. **시스템 부과 시간**: 동료의 적극적인 지원 요청을 수용하는 데 드는 시간. 항상 직접적이거나 신속하게 나타나지는 않지만, 이러한 요청을 무시할 때도 불이익은 따른다.

3. **자기 부과 시간**: 관리자가 스스로 시작했거나 하겠다고 동의한 업무를 처리하는 데 드는 시간. 자기 부과 시간의 일정 부분은 부하 직원이 차지하는데, 이를 '부하 직원 부과 시간'이라 한다. 부하 직원 부과 시간을 제외하고 남은 시간은 관리자가 스스로 쓰는 시간으로, 이를 '재량 시간'이라 한다. 자기 부과 시간에는 불이익이 따르지 않는다. 상사나 시스템 모두 애초에 관리자가 의도했던 일을 모르는데 그런 일을 하지 않았다는 이유로 그를 징계할 수 없기 때문이다.

이러한 시간 요구를 감당하려면 관리자는 업무를 처리하는 시점과 내용을 조절해야 한다. 상사와 시스템이 부과하는 업무는 불이익이 따르므로 관리자는 이러한 요구사항을 함부로 변경할 수 없다. 그러므로 자기 부과 시간이 관리의 주요 관심 영역이 된다.

관리자는 부하 직원 부과 시간을 최소화하거나 아예 없앰으로써 자기 부과 시간 가운데 재량 시간을 늘리려 애써야 한다. 그래야 늘어난 시간을 활용해 상사와 시스템이 부과한 업무에 더 잘 대응할 수 있다. 관리자 대부분은 부하 직원의 문제를 해결하는 데 막연히 파악하고 있는 것보다 훨씬 더 많은 시간을 들인다. 이런 이유로 부하 직원 부과 시간이 어떻게 생겨나는지, 상사가 부하 직원 부과 시간에 어떻게 대처할 수 있는지 알아보기 위해 '등에 업힌 원숭이'라는 비유를 사용하고자 한다.

원숭이를 떠맡은 건 누구인가

어느 관리자가 복도를 걸어가고 있는데 부하 직원인 존스가 다가오는 걸 보았다고 하자. 두 사람이 마주쳤을 때 존스가 인사를 건넨다. "안녕하세요. 문제가 좀 생겨서요. 아시다시피…." 존스의 설명을 듣는 동안 관리자는 부하 직원들이 자신의 관심을 요구하는 모든 문제에서 나타나는 2가지 특성이 존스가 이야기하는 문제에도 나타난다는 걸 알아차린다. 즉 관리자는 문제에 관해 첫째, 개입할 수 있을 만큼 충분히 알고 있지만, 둘째, 부하 직원의 기대에 맞춰 즉각 결정할 수 있을 정도로 충분히 아는 건 아니다. 결국 관리자는 다음과 같이 대답한다. "알려줘서 고마워요. 지금은 제가 좀 바빠서요. 일단 생각 좀 해보고 알려드리겠습니다." 그러고 나서 관리자와 존스는 헤어진다.

방금 일어난 일을 분석해보자. 두 사람이 만나기 전 누가 '원숭이'를 업고 있었을까? 부하 직원 존스였다. 그런데 두 사람이 헤어진 후에는 누가 원숭이를 업고 있을까? 관리자다. 원숭이가 부하 직원의 등에서 상사의 등으로 성공적으로 건너뛰는 순간부터 부하 직원 부과 시간이 시작된다. 그리고 원숭이가 원래 주인에게 돌아가 먹이와 보살핌을 받을 때까지 끝나지 않는다. 관리자는 원숭이를 넘겨받으면서 자발적으로 부하 직원에게 종속되는 지위에 처했다. 즉 관리자는 일반적으로 부하 직원이 상사를 위해 해야 하는 일 2가지를 함으로써 존스에게 관리자 자신을 부하 직원으로 만들도록 허락한 셈이 되었다. 관리자는 부하 직원이 져야 할 책임을 자신이 지겠다며 넘겨받았고, 경과를 보고해주겠다고 약속했다.

부하 직원은 관리자가 이러한 점을 놓치지 않도록 이후에 관리자의 사무실에 불쑥 나타나 쾌활하게 물을 것이다. "그 문제는 어떻게 되어가고 있나요?" 우리는 이를 '관리'라고 부른다.

아니면 또 다른 부하 직원인 존슨과 회의를 마무리하는 모습을 상상해보자. 관리자가 헤어지며 이렇게 말한다. "좋습니다. 그럼 그 건에 관한 내용을 적어 보내주세요."

이 상황도 분석해보자. 지금 원숭이는 부하 직원의 등에 업혀 있다. 이후 행동을 취해야 할 사람은 부하 직원이기 때문이다. 하지만 원숭이는 건너뛸 준비를 하고 있다. 원숭이를 잘 살펴보라. 존슨은 충실하게 내용을 적어 발송함에 넣는다. 그러면 곧 관리자가 수신함에서 내용을 받아 읽는다. 이제 움직여야 할 사람은 누구인가? 관리자다. 관리자가 금방 움직이지 않는다면 부하 직원에게서 후속 조치에 관해 질문받게 될 것이다. 이건 또 다른 형태의 관리다. 관리자가 후속 조치를 미루면 미룰수록 부하 직원은 점점 더 실망하고(부하 직원은 시간 낭비를 하고 있기 때문이다) 관리자는 점점 죄책감을 크게 느낀다(미뤄둔 부하 직원 부과 시간이 점점 쌓이고 있기 때문이다).

아니면 세 번째 부하 직원 스미스와 회의 중이라고 상상해보자. 관리자는 방금 스미스에게 홍보 제안서를 작성하라고 요청하면서 필요한 지원은 전부 제공하겠다고 약속했다. 회의를 마치며 관리자가 마지막으로 건넨 말은 다음과 같았다. "제가 도울 일이 있으면 알려주세요."

이제 이 상황을 분석해보자. 여기서도 처음에는 원숭이가 부하 직원의 등에 업혀 있었다. 하지만 거기에 얼마나 오래 있을까? 스미스는 제안서가 관리자의 승인을 받을 때까지는 관리자에게 보고할 수 없다는 걸 알게 되었다. 또한 경험으로 미루어볼 때 관리자가 확인할 때까지 제안서가 관리자의 서류함에 몇 주 동안 머물러 있을 가능성이 크다는 것도 안다. 실제 원숭이를 업고 있는 사람은 누구일까? 누가 누구의 업무를 확인하고 있는 걸까? 시간 낭비와 병목 현상이 다시 한번 나타난다.

네 번째 부하 직원 리드는 회사의 다른 부서에서 새로 발령받아 신설된 사업을 시작했으며 향후 관리 임무를 맡았다. 관리자가 리드에게 조만간 함께 모여 새로운 업무를 위한 일련의 목표를 마련해야 한다고 이야기하면서 이런 말을 덧붙였다. "토의할 내용의 초안은 제가 작성하겠습니다."

이 상황도 분석해보자. 부하 직원인 리드는 새로운 업무(공식 담당이다)와 그에 따르는 전체 책임(공식적으로 위임받았다)을 맡고 있다. 하지만 다음으로 움직여야 할 사람은 관리자다. 회의 내용의 초안을 작성할 때까지 원숭이를 업고 있는 사람은 관리자이며 부하 직원은 움직일 수가 없다.

이 모든 일은 어째서 일어나는 것일까? 처음에 의식했든 안 했든 각 상황에서 관리자와 부하 직원이 논의 중인 업무를 공동의 문제라고 가정했기 때문이다. 그래서 각 상황에서 원숭이는 두 사람의 등 사이에 양쪽으로 다리를 벌리고 있다. 원숭이가 해야 할 일은 잘못된 자리에서 다리를 치우는 것뿐이다. 그것도 빨리! 그러고 나면 부하 직원은 재빨리 사라진다. 그래서 관리자는 원숭이 한 마리를 받은 채 그 자리에 남는다.

물론 원숭이가 잘못된 자리로 다리를 옮기지 않도록 훈련할 수 있다.

하지만 처음부터 두 사람의 등에 동시에 다리를 걸치지 않도록 막는 편이 더 쉽다.

누가 누구의 부하인가

앞서 소개한 4명의 부하 직원이 매우 사려 깊고 상사의 시간을 배려해서 각각 하루에 원숭이 세 마리까지만 상사의 등으로 건너가도록 애쓴다고 해보자. 근무일 5일 동안 관리자는 소리 지르는 원숭이 60마리를 업게 된다. 원숭이 숫자가 지나치게 많은 나머지 개별적으로 한 마리씩 무언가를 해줄 수가 없다. 그래서 관리자는 부하 직원 부과 시간에 업무 우선순위를 저글링하며 보낸다.

  금요일 늦은 오후, 관리자는 상황을 곰곰이 생각해보기 위해 사무실 문을 닫고 앉아 있다. 그러는 동안 부하 직원들은 주말이 오기 전 어떻게 할 건지 결정을 내려야 한다는 걸 상기시키기 위해 밖에서 기다리고 있다. 그동안 부하 직원들이 관리자에 관해 서로 어떤 이야기를 나눌지 상상해보라. "일에 너무 방해돼. 그는 결정을 못 하고 있어. 의사결정도 못 하는 사람이 회사에서 어떻게 그렇게 높은 자리까지 올라갔는지 도무지 이해가 안 돼."

  최악은 이처럼 관리자가 다음 행동을 전혀 취하지 못하는 이유가 자신의 상사 부과 업무와 시스템 부과 업무를 처리하는 데 업무 시간을 전부 바치고 있기 때문이라는 점이다. 이 업무들을 처리하려면 재량 시간이 필요한데, 온갖 원숭이에 정신이 팔리면 재량 시간이 나지 않는다. 관리자는 악순환에 빠져 있고 시간은 낭비된다(낭비 정도가 아니지만 절제해서 표현하자면 그렇다). 관리자는 인터폰으로 비서를 불러 부하 직원들에게 월요일 아침에 보자고 전하라는 지시를 내린다. 그리고 저녁 7시가 되면 내일 출근해서 주말 동안 밀린 업무를 처리하겠다는 굳은 결심을 하며 퇴근한다. 토요일 아침 밝은 모습으로 일찍 출근해서 보니 사무실 창문 너머로 보이는 골프장의 푸른 잔디밭에서 골프를 치는 네 사람의 모습이 보인다. 과연 누구일까?

더는 참을 수 없다. 관리자는 누가 누구를 위해서 일하는지 알게 된다. 게다가 만약 이번 주말에 자신이 계획한 일을 정말 해내면 부하 직원들의 사기는 급상승해 각자 자기 등에서 그의 등으로 뛰어오르는 원숭이 수의 한도를 올릴 것이란 사실도 깨닫는다. 요컨대 관리자는 산꼭대기에서 신의 계시를 받은 것처럼 선명하게 깨닫게 될 것이다. 자신이 부하 직원 부과 시간에 사로잡힐수록 뒤처진다는 점을 말이다.

관리자는 전염병을 피해 달아나는 사람처럼 쏜살같이 사무실을 벗어난다. 어떤 계획을 세운 걸까? 수년 동안 해낼 시간이 없었던 다른 일에 열중하기 위해서다. 바로 가족과 함께 주말을 보내는 것이다. 이는 재량 시간을 보내는 다양한 방법 가운데 하나다.

일요일 밤 관리자는 열 시간 동안 조용하고 달콤한 수면을 누렸다. 월요일의 계획을 분명하게 세워두었기 때문이다. 관리자는 부하 직원 부과 시간을 없앨 예정이다. 그 대신 그만큼의 재량 시간을 가질 것이다. 다만 재량 시간의 일부는 부하 직원과 함께 보내며, 그들이 '원숭이 돌보기와 먹이 주기'라는 힘들지만 보람 있는 관리 기술을 배우도록 할 것이다.

그렇게 하면 관리자의 재량 시간이 많이 남을 테니 상사 부과 시간뿐 아니라 시스템 부과 시간의 시기와 내용도 통제할 수 있을 것이다. 그러

고릴라를 위한
시간을 만든다

스티븐 코비 Stephen R. Covey

권한 위임은 복잡하고 지난한 일

1974년 윌리엄 온켄 주니어가 이 기사를 썼을 때 관리자는 심각한 곤경에 처해 있었다. 관리자는 자신의 시간을 자유롭게 쓸 방법을 간절히 찾았지만 명령과 통제는 그대로였다. 관리자는 부하 직원에게 권한을 위임해서는 안 된다고 느꼈다. 너무 위험하다. 불확실성이 너무 크다. 그래서 원숭이를 올바른 주인에게 돌려주라는 온켄의 메시지는 매우 중요한 패러다임의 변화를 불러왔다. 오늘날 일하는 많은 관리자는 온켄에게 빚을 지고 있다.

그런데 온켄의 급진적인 제안 이후 세상은 많이 달라졌다. 사실 달라졌다고 표현하는 건 상황을 과소평가하는 것이다. 명령과 통제라는 경영 철학은 거의 사라졌고 세계적으로 치열한 경쟁 속에서 살아남으려는 대부분의 기업에서는 '권한 위임'을 이 시대의 철학으로 내세운다. 그런데도 명령과 통제는 일반 관행으로 끈질기게 남아 있다. 경영사상가와 기업 경영진은 지난 10년 동안 관리자가 원숭이를 부하 직원에게 그냥 넘겨주고, 즐겁게 자기 일만 할 수는 없다는 사실을 알게 되었다. 부하 직원에게 권한을 위임하는 건 복잡하고 어려운 일이다.

이유는 이렇다. 부하 직원에게 문제를 다시 돌려주고 스스로 해결하게 하려면 부하 직원에게 문제를 해결하려는 욕구와 능력이 둘 다 있다는 확신이 필요하다. 관리자라면 누구나 알다시피 그런 확신을 항상 가질 수는 없다. 이제 완전히 새로운 문제가 등장한다. 권한 위임은 인재를 개발해야 함을 의미한다. 인재 개발을 시작하면 초기에는 관리자가 스스로 업무 문제를 해결하는 것보다 시간이 훨씬 많이 든다.

또 하나 중요한 사실은 조직 전체에서 권한 위임을 받아들일 때만 권한 위임이 잘 이루어진다는 점이다. 즉 공식적인 권한 위임 시스템이 갖춰져 있고, 비공식적으로 기업 문화가 권한 위임을 지지해야 한다는 뜻이다. 관리자가 부하 직원에게 의사결정을 위임하고 인재를 개발했다면 보상이 주어져야 한다. 그렇지 않으면 조직 내에서 실제 권한 위임이 이루어지는 정도는 개별 관리자의 신념과 관행에 따라 달라질 것이다.

알고 보면 원숭이를 업고 싶은 관리자들

하지만 권한 위임이 주는 가장 중요한 가르침은 온켄이 주장했던 '효과적인 위임이 이루어지려면 관리자와 부하 직원 사이에 신뢰 관계가 존재해야 한다'는 점이다. 온켄이 던진 메시지는 당시 기준으로 시대를 앞서는 내용을 담고 있었지만, 그럼에도 여전히 지시적인 해결책이었다. 기본적으로 온켄은 상사에게 '업무상 문제는 담당자에게 돌려줄 것'을 강조한다. 오늘날 우리는 이러한 접근 방식 자체가 그 자체로 지나치게 권위적이라는 걸 안다. 권한을 효과적으로 위임하려면 관리자는 부하 직원과 대화를 나누고 파트너십을 구축해야 한다. 결국 부하 직원이 상사 앞에서 실패하는 걸 두려워한다면, 진정으로 업무를 주도하기보다 상사에게 계속 도움을 구하려 할 것이다.

온켄의 기사는 또한 지난 20년 동안 내게 매우 흥미로워 보였던 위임의 측면은 다루지 않는다. 그건 부하 직원의 원숭이를 몹시 업고 싶은 관리자가 사실은 많다는 방증이다. 내가 이야기를 나눈 관리자 거의 모두가 자신의 부하 직원이 현재 업무에서 능력을 충분히 활용하고 있지 않다는 점에 동의했다. 또한 누구보다 성공을 거두었고, 겉보기에는 자신감에 찬 관리자조차 부하 직원에게 통제권을 넘기는 일이 얼마나 어려운지 이야기했다.

나는 통제권을 쥐고 싶은 욕구는 삶에서 얻는 보상이 희소하고 덧없다는 뿌리 깊은 믿음에서 비롯된다고 생각한다. 가족, 학교, 운동경기 등에서 이런 믿음을 배우며, 다른 사람과 자신을 비교함으로써 정체성을 확립하는 사람이 많다. 예를 들어 다른 사람이 힘과 정보, 돈이나 인정을 얻는 모습을 보면 우리는 심리학자 에이브러햄 매슬로Abraham Maslow가 말했던 '결핍감'을 경험한다. 결핍감이란 무언가를 빼앗기고 있다는 느낌이다. 이러한 결핍감 탓에 우리는 타인의 성공을 진심으로 기뻐하기 힘들다. 사랑하는 사람이 성공했을 때조차 그렇다.

온켄은 관리자가 원숭이를 쉽게 거부하거나 돌려줄 수 있음을 암시했다. 하지만 관리자 중에는 부하 직원이 주도권을 쥐면 자신이 덜 강해 보이거나 입지가 더 취약해 보일지 모른다는 무의식적인 두려움을 가진 사람이 많다.

매진해야 할 진짜 일에 대응하기 위해서는

그렇다면 관리자는 어떻게 해야 통제권을 내려놓고 주변 사람들의 성장과 발전을 추구하는 '풍요로움'의 사고방식과 내적 안정감을 기를 수 있을까? 수많은 조직과 함께 일해본 결과 원칙 중심의 가치 체계에 따라 정직하게 사는 관리자가 권한을 위임하는 리더십 스타일을 유지할 가능성이 가장 컸다.

온켄이 글을 쓴 시대를 고려하면, 그의 메시지가 관리자의 마음을 사로잡은 것은 당연하다. 게다가 그는 뛰어난 스토리텔링 재능으로 그 메시지를 강화했다. 나는 1970년대 어느 강연자 모임에서 온켄을 알게 되었는데, 그가 자신의 아이디어를 섬세하고 생생하게 표현하는 모습에 감명을 받았다. 온켄은 만화 《딜버트》Dilbert(미국의 만화가 스콧 애덤스가 연재하는 풍자만화—옮긴이)처럼 관리자가 느끼는 좌절감의 핵심을 파고들어 농담처럼 표현함으로써 관리자가 시간에 대한 통제권을 되찾고 싶어지도록 했다. 그런데 온켄에게 등에 업힌 원숭이는 그저 비유에 불과한 존재가 아니었다. 원숭이는 개인적으로 온켄을 나타내는 상징이었다. 나는 어깨에 원숭이 인형을 얹은 채로 공항을 걸어 다니는 온켄을 몇 번이나 본 적이 있다.

그러므로 온켄의 기사가 HBR 사상 가장 많이 읽힌 기사 두 편 가운데 하나라는 사실은 놀랍지 않다. 우리가 권한 위임에 관해 알고 있는 모든 내용에도 불구하고, 온켄이 전하는 생생한 메시지는 25년 전보다 지금 훨씬 더 중요하고 의미가 있다. 사실 온켄의 통찰은 시간 관리를 주제로 한 내 연구의 기초가 되었고, 이를 통해 나는 사람들에게 긴급성과 중요성에 따라 활동을 분류하게 했다.

지금까지 나는 기업의 관리자들에게서 긴급하지만 중요하지 않은 일에 주어진 시간의 절반 이상을 쓴다는 이야기를 듣고, 듣고, 또 들어왔다. 이들은 타인의 원숭이를 상대하는 끝없는 반복의 덫에 빠져 있지만 상대에게 업무의 주도권을 넘기기는 꺼린다. 그 결과 조직 내의 진짜 고릴라를 상대하는 데 필요한 시간을 낼 수 없다. 온켄의 글은 업무를 효과적으로 위임해야 할 관리자에게 여전히 강력한 각성을 촉구하며 역할을 다하고 있다.

> **스티븐 코비**
> 글로벌 리더십 개발 및 생산성 관련 서비스와 제품 공급 회사 프랭클린 코비 컴퍼니Franklin Covey Company 부회장. 3,000만 부 이상 판매된 세계적인 베스트셀러 《성공하는 사람들의 7가지 습관》, 《소중한 것을 먼저하라》, 《원칙중심의 리더십》 등을 썼다.

기까지 몇 개월이 걸릴 수도 있지만, 이전의 방식을 생각하면 보상은 엄청날 것이다. 관리자의 최종 목표는 자신의 시간을 관리하는 것이기 때문이다.

원숭이 없애기

월요일 아침 관리자는 사무실로 다시 출근한다. 느지막이 도착해서 보니 부하 직원 4명이 원숭이에 관해 확인하려고 그의 사무실 방 밖에 모여 있다. 관리자는 부하 직원을 한 명씩 부른다. 면담의 목적은 원숭이를 책상 위에 올려두고, 어떻게 하면 업무 처리를 위한 다음 조치가 부하 직원 선에서 이루어질 수 있는지 함께 알아보는 것이다.

원숭이에 따라서 부하 직원에게 넘기는 데 시간이 걸릴 때도 있다. 부하 직원의 다음 행보를 찾는 게 너무 어려워 관리자는 일단 그날 밤 원숭이를 부하 직원의 등에서 재운다. 그리고 다음 날 약속 시간에 부하 직원이 좀 더 실질적인 조치를 할 수 있도록 방법을 함께 모색해보기로 한다. 원숭이는 관리자의 등에서 푹 잠들었던 것과 마찬가지로 부하 직원의 등에서도 밤새 잘 잔다.

부하 직원들이 방을 나갈 때마다 관리자는 원숭이가 부하 직원의 등에 업혀 함께 떠나는 모습을 보는 것으로 보상을 얻는다. 이후 24시간 동안 부하 직원은 관리자를 기다릴 일이 없다. 대신 관리자가 부하 직원을 기다린다.

나중에 관리자는 부하 직원을 기다리는 동안 건설적인 운동을 해도 법을 위반하는 건 아니라는 점을 떠올리기라도 한 듯 부하 직원의 자리 옆을 거닌다. 그러다 고개를 쑥 내밀고 쾌활하게 묻는다. "일이 어떻게 진행되고 있나요?" 여기에 걸리는 시간은 관리자에게는 재량 시간이고, 부하 직원에게는 상사 부과 시간이다.

다음 날, 원숭이를 등에 업은 부하 직원과 관리자가 약속 시간에 다시 만나면, 관리자는 다음과 같은 취지로 기본 원칙을 설명한다.

"내가 이 문제 혹은 다른 어떤 문제를 돕는다 해도 결코 당신의 문제가 내 문제가 되는 건 아닙니다. 당신의 문제가 내 문제가 되는 순간 당신은 더는 문제를 갖고 있지 않으니까요. 아무런 문제가 없는 사람을 도울 수는 없어요."

"이 회의가 끝나면 이 문제는 방으로 들어온 그 길과 똑같은 길을 따라 밖으로 나갈 겁니다. 바로 당신의 등에 업히는 거죠. 약속한 시간에 언제든 내게 도움을 요청하시면 됩니다. 그러면 우리는 다음에 해야 할 일과 우리 중 누가 그 일을 할 건지 함께 정할 겁니다."

"아마 그럴 일은 드물겠지만, 다음에 해야 할 일이 제 일이 된다면 그건 당신과 내가 함께 정할 겁니다. 나는 어떤 행보도 혼자 정하지는 않을 거예요."

관리자는 이와 똑같은 사고방식을 모든 부하 직원과 공유한다. 그리고 밤 11시쯤 그는 이제 사무실 문을 닫을 필요가 없다는 사실을 깨닫는다. 그의 원숭이들은 모두 사라졌다. 물론 원숭이들은 다시 돌아오겠지만, 오직 약속된 시간에만 돌아올 것이다. 그의 일정표가 이를 보장해줄 테니 말이다.

주도권을
부하에게 넘겨라

등에 업힌 원숭이 비유를 통해 우리가 알리려 한 건 관리자가 부하 직원에게 업무의 주도권을 넘겨주고, 그 상태를 유지해도 괜찮다는 사실이다. 우리는 미묘한 문제지만 자명한 이치를 강조하려 애썼다. 즉 부하 직원이 주도권을 행사하기 전에 그들이 주도권을 '갖고 있는지'부터 확인해야 한다. 일단 관리자가 주도권을 가져오면 부하 직원에게는 더 이상 주도권이 없으며 관리자는 재량 시간에 작별을 고해야 한다. 재량 시간이 전부 부하 직원 부과 시간으로 바뀔 것이기 때문이다.

또한 관리자와 부하 직원은 동시에 동일한 주도권을 효과적으로 나눠 가질 수 없다. 상사에게 "저희에게 문제가 생겼습니다."라고 운을 떼는 말에는 이러한 이원성이 내포되어 있다. 앞서 이야기했듯 원숭이가 두 사람의 등에 동시에 걸쳐 있는 상태가 된다. 이건 업무상 원숭이를 상대하기 시작할 때 매우 좋지 못한 출발이다. 그러므로 우리가 '관리 주도권의 분석'anatomy of managerial initiative이라 부르는 내용을 잠시 검토해보자.

관리자가 상사 및 시스템과 관련해 행사할 수 있는 주도권에는 5가지 단계가 있다.

1. 지시받을 때까지 기다린다(주도권 최소).
2. 무엇을 할지 묻는다.
3. 권고한 뒤, 그 결과에 따라 행동한다.
4. 행동하되, 즉시 알린다.
5. 스스로 행동하고 나서 주기적으로 보고한다(주도권 최대).

관리자는 상사든 시스템과 관련해서든 1단계와 2단계에 빠지지 않을 정도의 전문성을 갖추어야 한다. 1단계를 사용하는 관리자는 상사 부과 시간이나 시스템 부과 시간의 시점과 내용 그 어느 것도 통제할 수 없다. 그 때문에 자신이 무엇을, 언제 해야 하는지에 대해 불평할 권리를 스스로 포기하게 된다. 2단계를 사용하는 관리자는 업무를 처리할 시점은 통제하지만, 업무의 내용은 통제하지 못한다. 3, 4, 5단계가 되어야 관리자는 업무 처리 시점과 업무 내용, 양쪽을 모두 관리할 수 있다. 그리고 5단계에서 가장 큰 통제력을 발휘한다.

부하 직원과 관련해 관리자가 해야 할 일은 2가지다. 첫째, 1단계와 2단계 주도권 사용을 금지해 부하 직원이 '완성된 형태의 직원 업무'completed staff work(상사가 서류를 검토해 찬성 혹은 반대를 표하는 것 외에 업무 처리 과정에 추가 개입할 필요가 없도록 부하 직원이 일을 처리하는 방식-옮긴이)를 배우고 숙달할 수밖에 없도록 하는 것이다. 둘째, 사무실에서 나가는 모든 문제에 대해 다음 회의 때까지 누가 어떤 수준의 주도권을 행사할 것인지 합의하고, 다음 회의의 시점과 장소까지 함께 정하는 것이다.

이에 더해 다음번 관리자와 부하 직원 회의를 위한 시간과 장소도 합의했는지 확인해야 한다. 다음번 회의 시간과 장소는 관리자의 일정표에 적절하게 기록해두어야 한다.

원숭이 돌보기와 먹이 주기

업무 배정과 통제 절차를 등에 업힌 원숭이에 비유했다. 이 내용을 한층 명확하게 하기 위해 관리자의 약속 일정에 관해 간단히 이야기해보기로 하자. 관리자는 약속 일정을 수행할 때 원숭이 돌봄과 먹이 주기에 관한 5가지 엄격한 규칙을 지켜야 한다. 이 규칙을 위반하면 재량 시간이 줄어든다.

- 규칙 1: 원숭이에게 먹이를 주거나 그게 아니라면 총을 쏴야 한다. 그렇지 않으면 원숭이는 굶어 죽게 되고, 관리자는 원숭이를 부검하거나 부활을 시도하느라 소중한 시간을 낭비한다.

- 규칙 2: 원숭이 개체 수는 관리자가 먹이를 줄 시간이 허용되

는 최대 수보다 적게 유지해야 한다. 부하 직원은 관리자가 먹이를 줄 수 있는 만큼의 원숭이만 돌보게 되며 그 이상은 불가능하다. 제대로 관리되는 원숭이에게 먹이를 주는 데 걸리는 시간은 5~15분을 넘지 않아야 한다.

- 규칙 3: 원숭이는 약속된 시간에만 먹이를 줘야 한다. 관리자는 배고픈 원숭이를 찾아 나설 필요가 없으며 계획 없이 되는대로 먹이를 줘서도 안 된다.

- 규칙 4: 원숭이 먹이는 직접 만나거나 전화로 줘야 하며, 결코 우편으로 줘서는 안 된다. 기억하라. 우편을 사용하면 업무와 관련한 다음 활동은 관리자의 몫이 된다. 문서는 원숭이 먹이 주기 과정에 추가될 수 있지만 먹이 주기를 대신할 수는 없다.

- 규칙 5: 모든 원숭이는 다음번 식사 시간과 주도권의 단계가 정해져 있어야 한다. 이는 상호 동의에 따라 언제든 바뀔 수 있지만, 절대 모호하거나 규정되지 않은 경우가 있어서는 안 된다. 그렇게 하지 않으면 원숭이는 굶어 죽거나 관리자의 등에 올라탄다.

시간 관리를 위해서는 '당신이 하는 일의 시점과 내용을 통제하라'는 게 적절한 조언이다. 관리자가 재량 시간을 늘리기 위해 첫 번째로 해야 할 일은 부하 직원 부과 시간을 없애는 것이다. 두 번째로 해야 할 일은 이처럼 새롭게 얻은 재량 시간의 일부를 활용해 각 부하 직원이 실제 업무의 주도권을 쥐고 일을 처리하고 있는지 확인하는 것이다. 그리고 세 번째로 해야 할 일은 늘어난 재량 시간의 또 다른 일부를 활용해 상사 부과 시간과 시스템 부과 시간, 양쪽에서 요구하는 업무의 때와 내용을 통제하고 그 통제권을 유지하는 것이다. 이 모든 단계 덕분에 관리자의 영향력이 높아지며, 관리 시간을 관리하는 데 드는 시간의 가치가 이론적인 제한 없이 늘어나게 된다.

— 2013 —

린 스타트업을
대기업에서 활용하는 법

GE도 활용하는 업무 개발의 새로운 방법

스티브 블랭크

Why the Lean Start-Up Changes Everything

HBR 2013년 5월호에서 전재(product #R1305C)

스티브 블랭크 Steve Blank

스탠퍼드대학교 겸임교수. 컬럼비아대학교 선임연구원이며, 캘리포니아대학교 버클리캠퍼스 강사이기도 하다. 첨단 기술 스타트업 여덟 곳에서 공동창업자 혹은 초창기 직원으로 근무했으며, 미국 국립과학재단 U.S. National Science Foundation 혁신단 Innovation Corps 그리고 국방과 외교를 위한 해킹 Hacking for Defense and Hacking for Diplomacy 프로그램 발족을 도왔다.

- 블로그: www.steveblank.com

린 스타트업의
등장

새로운 사업을 시작한다는 건 모 아니면 도의 문제다. 그게 기술 기반 스타트업이든 작은 가게를 여는 것이든 대기업 안에서 시작하는 사업계획이든 간에 말이다. 수십 년 된 공식에 따라 당신은 사업을 하기 위해 사업계획서를 작성하고, 이를 투자자에게 제시하고, 팀을 꾸리고, 제품을 출시하며 할 수 있는 한 열심히 제품을 판매한다. 그리고 이러한 일련의 과정을 거치는 동안 어느 지점에서 아마 심각한 차질을 빚게 될 것이다. 당신에게는 승산이 없다. 하버드대학교 경영대학원 시카르 고시Shikhar Ghosh 교수가 새로 진행한 연구에 따르면 전체 스타트업 가운데 75퍼센트가 실패한다.

그런데 이런 흐름과는 반대로, 최근에는 회사 창업 과정에서 발생하는 위험을 줄일 수 있는 새로운 방법론이 등장했다. 이는 '린 스타트업'lean start-up이라 불리는 방법이다. 린 스타트업은 정교한 사업계획보다 실험을 선호하고, 직관보다 고객의 피드백을 소중히 여기며, '모든 사항을 미리 설계'하는 전통적인 개발 방식보다 설계를 반복적으로 수정하는 방식을 장려한다. 이 방법론이 등장한 지는 몇 년 되지 않았지만 '최소 기능 제품'Minimum Viable Product, MVP이나 '피보팅'pivoting(급속도로 변하는 외부 환경에 따라 기존 사업 아이템을 바탕으로 사업의 방향을 다른 쪽으로 전환하는 것 – 옮긴이)처럼 린 스타트업에서 사용하는 개념은 스타트업 세계에 빠르게 뿌리를 내렸다. 경영대학원에서는 린 스타트업을 가르치기 시작했다.

하지만 린 스타트업은 아직 완전한 주류로 자리 잡지 못했고, 우리도 아직 린 스타트업의 완전한 영향력은 느끼지 못하고 있다. 린 스타트업은 여러 면에서 5년 전 빅데이터가 처했던 상황과 대략 비슷하다. 즉 입소문으로 전해지지만 그 의미를 충분히 이해하는 사람은 많지 않으며, 기업들이 이제서야 그 함의를 파악하기 시작한 단계라는 것이다. 하지만 린 스타트업의 실행 방식이 확산되면서 기업가정신에 관한 통념이 완전히 바뀌고 있다. 새로 시작하는 온갖 종류의 벤처 사업이 '빠르게 실패하고 계속 배운다'는 린 스타트업의 원칙을 따름으로써 성공 가능성을 높이려 한다. 이 방법론은 '린 스타트업'이라는 이름과 달리, 장기적으로 보면 이를 수용한 '대기업'에서 가장 큰 성과를 거둘 수도 있다.

이 기사에서는 린 스타트업 기법과 그 발전 방식에 관해 간략하게 설명할 것이다. 무엇보다 린 스타트업 기법이 다른 비즈니스 트렌드와 결합해 새로운 '기업가 경제'entrepreneurial economy를 촉발하는 방법을 설명하는 부분이 가장 중요하다.

'완벽한 사업계획'이라는 거짓말

일반적인 통념에 따르면 회사를 창업하려는 모든 사람은 첫 번째로 사업계획서를 작성해야 한다. 사업계획서는 사업 기회의 규모, 해결해야 할 문제, 새로운 벤처 회사가 제공할 해결책을 적은 정적인 문서다. 여기에는 보통 향후 5년간의 수입, 이익, 현금흐름에 관한 예측이 포함된다. 사업계획서는 기본적으로 창업가가 제품을 만들기도 전에 책상에서 혼자 작성하는 연구 작업이다. 사업계획서를 작성할 때는 사업과 관련해 아직 모르는 부분을 대부분 미리 파악하는 게 가능하다고 추정한다. 사업 자금을 투자받기도 전이고, 사업 아이디어를 실제 실행하기도 전인데 말이다.

확실한 사업계획서를 작성한 창업가는 투자자에게서 자금을 확보하고 나서 비슷하게 배타적인 방식으로 제품을 개발하기 시작한다. 개발자는 제품 출시가 준비될 때까지 수천 시간의 노동을 투입하지만, 고객의 의견은 거의 들어가지 않는다. 벤처 회사는 제품을 개발한 뒤 시장에 출시하고 나서야 고객의 피드백을 받는다. 영업 인력이 제품을 고객에게 판매하려 애쓰는 시점이다. 제품을 개발하는 데 수개월 아니 수년을 쏟아부은 후에야 창업가가 고생 끝에 내놓은 제품의 기능 대부분을 고객이 원하지 않거나 아니면 필요로 하지 않는다는 사실을 깨닫는다. 이는 매우 흔한 일이다.

수십 년간 수천 개의 스타트업이 이러한 표준 방식을 따르는 모습을 지켜본 뒤 우리는 적어도 다음 3가지 사실을 알게 되었다.

1. 고객과 처음 접촉한 뒤에도 살아남는 사업계획은 좀처럼 없다. 한번은 권투 선수 마이크 타이슨이 상대 선수의 시합 전 전략을 듣고 이렇게 말했다. "누구나 계획은 있다. 주먹으로 입을 한 대 맞기 전까지는." 이와 마찬가지다.

2. 벤처 투자자와 구소련을 제외하면, 전혀 모르는 사실을 예측해 5개년 계획을 요구하는 경우는 없다. 5개년 계획은 대개 소설에 불과하며 그런 꿈을 꾸는 건 거의 항상 시간 낭비다.

3. 스타트업은 대기업의 소형 버전이 아니다. 스타트업에서 진행하는 사업은 마스터플랜에 따라 전개되지 않는다. 궁극적으로 성공을 거두는 스타트업은 실패에서 다음 실패로 빠르게 이동하며, 그 과정에서 고객에게 배운 내용을 바탕으로 초기 아이디어를 수정하고, 조정하고, 반복하며, 개선한다.

무엇보다 중요한 차이점은 기존 기업이 비즈니스 모델을 '실행'execute하는 반면, 스타트업은 비즈니스 모델을 '찾는다'look for는 점이다. 이러한 차이점이 린 스타트업 접근법의 핵심이다. 그리고 이는 스타트업에 관해 군더더기 없는 정의를 내린다. 즉 스타트업이란 반복과 확장이 가능한 비즈니스 모델을 찾기 위해 고안된 임시 조직이다.

린 스타트업 방법론에는 3가지 주요 원칙이 있다.

첫째, 창업가는 사업계획을 세우고 시장을 조사하는 데 수개월을 들이는 대신 사업 첫날 자신이 가진 거라고는 검증되지 않은 가설이 전부라는 사실을 받아들인다. 기본적으로 좋은 쪽으로 추측한 내용이다. 창업가는 복잡한 사업계획서를 작성하는 대신 '비즈니스 모델 캔버스'Business Model Canvas라는 틀을 활용해 가설을 요약한다. 이를 기업이 자기 자신과 고객을 위해 어떻게 가치를 창출하는지 보여주는 도표로 정리했다(표 21-1 참조).

둘째, 린 스타트업은 가설을 검증하기 위해 '건물 밖으로 나가는' 방법

표 21-1. 비즈니스 캔버스 간단 요약

비즈니스 모델 캔버스를 활용하면 사업을 구성하는 9가지 요소를 한 장으로 확인할 수 있다. 비즈니스 모델의 각 구성 요소에는 검증이 필요한 일련의 가설이 포함되었다.

핵심 파트너	핵심활동	가치 제안	고객관계	고객 세그먼트
• 핵심 파트너는 누구인가? • 핵심 공급자는 누구인가? • 파트너에게서 얻는 핵심 자원은 무엇인가? • 파트너가 수행하는 핵심활동은 무엇인가?	• 가치 제안에서 요구하는 핵심활동은 무엇인가? • 유통 경로는? • 고객관계는? • 수익 흐름은?	• 고객에게 어떤 가치를 전달하는가? • 고객의 어떤 문제를 해결하는 데 도움을 주는가? • 각 세그먼트에 어떤 상품과 서비스 묶음을 제공하는가? • 우리가 만족시키는 고객 니즈는 어떤 것인가? • 최소 기능 제품은 무엇인가?	• 어떤 유통 경로를 통해 특정 고객군에 도달할 것인가? • 다른 기업은 이들을 어떻게 담하고 있는가? • 어떤 경로가 가장 효과적인가? • 어떤 경로가 가장 비용 효율적인가? • 경로와 고객 루틴을 어떻게 통합하는가?	• 누구를 위해 가치를 창출하는가? • 가장 중요한 고객은 누구인가? • 전형적인 고객 유형 customer archetypes 은 무엇인가?

핵심자원			경로	
• 가치 제안이 요구하는 핵심자원은 무엇인가? • 유통 경로는? • 고객관계는? • 수익 흐름은?				

비용구조			수익원	
• 비즈니스 모델에 내재된 가장 중요한 비용은 무엇인가? • 핵심자원 기운데 가장 비싼 자원은 무엇인가? • 핵심활동 기운데 가장 비용이 많이 드는 활동은 무엇인가?			• 고객은 어떤 가치에 실제로 가격을 지불할 의향이 있는가? • 현재 고객은 무엇을 위해 가격을 지불하는가? • 수익 모델은 무엇인가? • 가격 책정 전략은 무엇인가?	

출처: www.businessmodelgeneration.com/canvas 참조. '캔버스'라는 개념을 알렉산더 오스터왈더Alexander Osterwalder 와 예스 피그누어Yves Pigneur 가 발전시켰다.

을 사용하는데, 이를 '고객 개발'customer development이라 부른다. 린 스타트업은 시장으로 나가 잠재적 사용자, 고객, 협력사에 비즈니스 모델상의 모든 요소에 관해 피드백을 달라고 요청한다. 여기에는 제품의 기능, 가격 책정, 유통 경로, 감당 가능한 고객 확보 전략이 포함된다. 이 방법은 민첩성과 속도에 중점을 둔다. 새로 창업한 벤처 기업이 빠르게 최소 기능 제품MVP을 조립해 즉시 고객의 피드백을 받는다. 그러고 나서 고객의 의견을 반영해 가정했던 부분을 수정한다. 이 모든 주기를 처음부터 다시 시작해 재설계한 제품을 검증하고 미세한 조정을 더하거나 반복한다.

그림 21-1. 고객의 의견에 귀 기울이기

스타트업은 고객 개발을 하는 동안 좋은 비즈니스 모델을 찾는다. 고객 피드백을 통해 비즈니스 가설이 틀렸다는 게 드러나면 가설을 수정하거나 새로운 가설로 '피벗'한다. 일단 비즈니스 모델의 유효성이 입증되고 나면 스타트업에서는 비즈니스 모델을 실행하고, 정식으로 조직을 구축한다. 고객 개발의 각 단계는 반복해서 이루어진다. 스타트업은 적절한 접근 방법을 찾기 전까지 아마 여러 번 실패할 것이다.

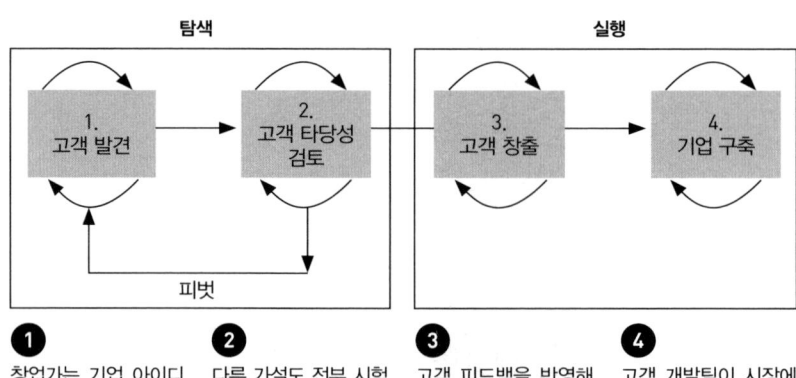

❶ 창업가는 기업 아이디어를 비즈니스 모델 가설로 변환하고, 고객의 니즈에 관한 가정을 검증한 뒤 최소 기능 제품을 만들어 고객에게 제안하는 해결책을 시험해본다.

❷ 다른 가설도 전부 시험해보고, 초기 주문과 제품 사용을 통해 고객의 관심 여부를 입증한다. 만일 고객이 관심을 가지지 않는다면 가설 하나 혹은 그 이상을 바꿔 방향을 전환한다.

❸ 고객 피드백을 반영해 제품을 개선한다. 이렇게 검증된 가설을 바탕으로 마케팅과 판매 비용을 신속하게 늘려 수요를 창출하고 사업을 확장한다.

❹ 고객 개발팀이 시장에서 답을 모색하는 스타트업 모드에서 기능별 부서가 비즈니스 모델을 실행하는 단계로 형태가 전환된다.

아이디어가 효과가 없을 때는 제품을 근본적으로 바꾸는 피벗$_{pivot}$을 해 나간다(그림 21-1 참조).

셋째, 린 스타트업에서는 소프트웨어 산업에서 유래한 '애자일 개발'$_{agile\ development}$이라는 방식을 실행한다. 애자일 개발 방식은 고객 개발과 연관되어 있다. 일반적인 연 단위의 제품 개발 주기에서는 고객의 문제와 제품의 수요에 관한 정보를 미리 추정한다. 하지만 애자일 개발에서는 제품을 반복적·점진적으로 개발함으로써 시간과 자원 낭비를 없앤다. 이것이 스타트업이 시험하는 최소 기능 제품을 만드는 과정이다(482쪽 그림 21-2 참조).

예를 들어 조지 헤로드$_{Jorge\ Heraud}$와 리 레든$_{Lee\ Redden}$이 블루리버 테크놀로지$_{Blue\ River\ Technology}$를 창업했을 때 그들은 스탠퍼드대학교에서 내 수업을 듣던 학생들이었다. 둘은 상업용 공간에서 사용할 잔디 깎는 로봇을 만들 계획을 세웠다. 그러나 10주 동안 100명이 넘는 고객과 대화한 결과, 초기 목표 고객이었던 골프장은 그들이 제시하는 잔디 깎는 로봇에 그다지 매력을 느끼지 않는다는 사실을 알게 되었다. 그 후 두 사람은 농부들과 이야기를 나누기 시작했고, 화학 약품인 제초제를 쓰지 않고 잡초를 자동으로 제거하는 방법에 엄청난 수요가 있다는 사실을 확인했다.

블루리버 테크놀로지는 이러한 농가의 니즈를 충족시키는 새로운 제품 개발에 초점을 맞추었고, 또다시 10주 안에 프로토타입 제품을 만들어 시험에 들어갔다. 9개월 후 블루리버 테크놀로지는 300만 달러가 넘는 투자 자금을 유치했다. 그들은 그때부터 단 9개월 뒤면 판매용 제품이 준비되리라 예상했다.

그림 21-2. 피드백에 신속하게 대응하는 개발 방식

전통적인 제품 개발은 각 단계가 순차적으로 진행되며 수개월이 걸리는 데 비해, 애자일 개발은 짧은 주기 안에서 반복적으로 제품을 만든다. 스타트업은 핵심 기능만 탑재된 최소 기능 제품을 만들고, 고객의 피드백을 모은 뒤 피드백 내용을 반영해 수정한 최소 기능 제품을 다시 만든다.

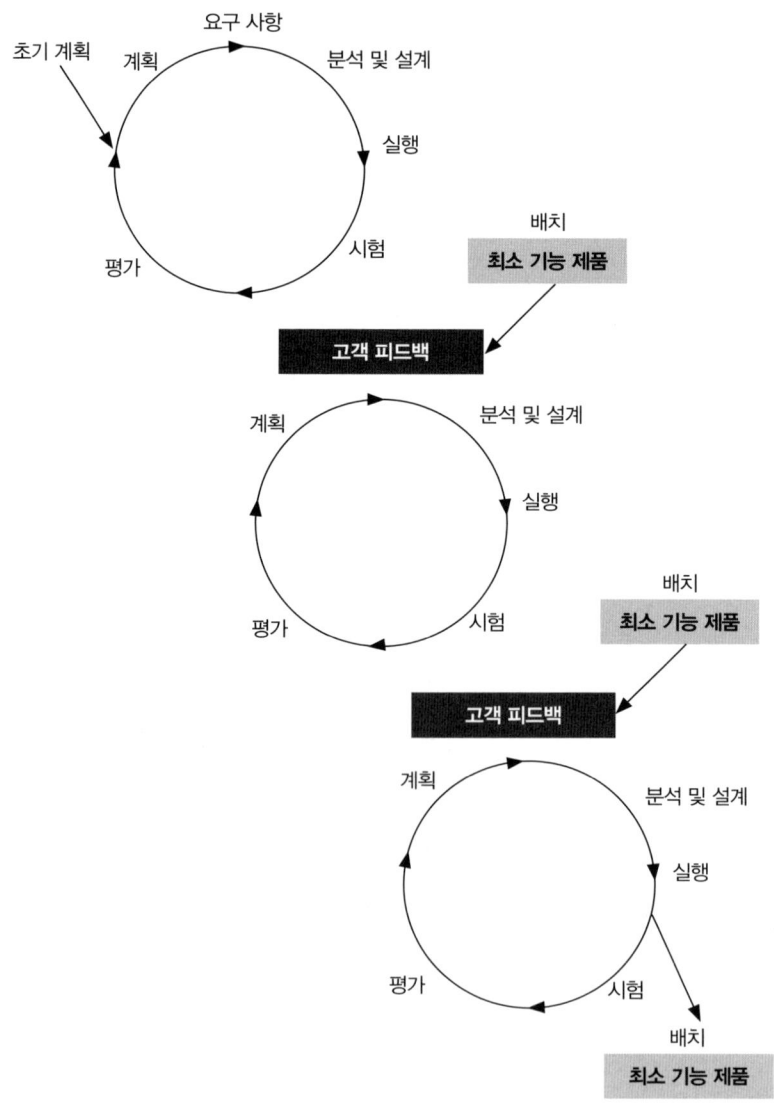

한물간 스텔스 모드

린 스타트업 방식은 스타트업이 업무 방식을 설명하는 데 쓰는 언어를 바꾸고 있다. 닷컴이 붐이던 시절 스타트업은 대개 '스텔스 모드'stealth mode'로 회사를 운영했다. 잠재적 경쟁사가 시장에서 기회를 얻는 일을 피하기 위해서다. 그래서 프로토타입 제품은 매우 세심하게 기획하는 '베타' 테스트 때만 고객에게 선보였다. 그런데 린 스타트업 방식은 스텔스 모드라는 개념을 한물간 것으로 만들었다. 린 스타트업 방법론에서는 비밀 유지보다 고객의 피드백이 더 중요하다고 생각한다. 고객의 피드백을 지속적으로 받는 편이 정해진 때에 제품을 공개하는 것보다 더 나은 결과로 이어진다고 보기 때문이다.

    나는 기업가로 활동하는 동안 이러한 린 스타트업 방법론의 2가지 근본적인 수칙에 대한 생각이 확고해졌다. 나는 창업을 하거나 초기 직원으로 일하며 8개의 첨단기술 스타트업에 관여했다. 그러다 10년 전 학생을 가르치는 일로 경력을 전환했다. 경력 전환 후 앞서 설명했던 고객 개발 공식을 생각해냈다. 그리고 2003년에는 캘리포니아대학교 버클리 캠퍼스 하스 경영대학원 강의에서 이 고객 개발 과정을 강의로 구성해 설명했다.

    2004년 나는 에릭 리스Eric Ries와 월 하비Will Harvey가 세운 스타트업에 투자했고, 투자의 조건으로 두 사람이 내 수업을 듣도록 했다. 리스는 기술 업계의 전통인 폭포수waterfall 개발 방식, 즉 선형 제품 개발 방식이 반복을 지속하는 애자일 개발 방식으로 대체되어야 한다는 사실을 재빨리 알아차렸다. 또한 스타트업 업계에 새로 등장한 규율과 '린 제조법'lean manufacturing으로 알려진 도요타 자동차의 생산 시스템 사이에서 유사점을 발견했다. 그래서 고객 개발과 애자일 제품 개발 기법을 조합한 사업 방식에 '린 스타트업'이라는 이름을 붙였다.

린 스타트업 방식은 몇 권의 책이 베스트셀러에 오르면서 대중에 알려졌다. 2003년 나는 《깨달음에 이르는 4단계》The Four Steps to the Epiphany라는 책을 통해 처음으로 스타트업이 대기업의 소형 버전이 아니라는 사실을 설명했고, 고객 개발 과정을 자세히 제시했다.

2010년에는 알렉산더 오스터왈더와 예스 피그누어가 《비즈니스 모델의 탄생》을 통해 기업가에게 비즈니스 모델의 표준 프레임워크를 제공했다. 2011년에는 에릭 리스가 《린 스타트업》이라는 총람을 출간했다. 그리고 2012년 나는 밥 도프Bob Dorf와 함께 린 스타트업 기법에 관해 배운 내용을 요약해 단계별로 설명한 안내서 《기업 창업가 매뉴얼》The Startup Owner's Manual을 펴냈다.

이제는 25곳 이상의 대학과 인기 온라인 학습 플랫폼 유다시티에서 린 스타트업 기법을 가르치고 있다. 그뿐만이 아니다. 전세계 거의 모든 도시에서 한 번에 수백 명에 달하는 기업가 지망생에게 린 스타트업 기법을 소개하는 스타트업 위켄드Startup Weekend 같은 조직을 찾아볼 수 있다. 이러한 모임에서는 방 안 가득 모인 스타트업팀이 몇 시간 만에 잠재 제품 아이디어 6가지를 빠르게 실험해볼 수 있다. 이러한 모임에 참석해본 적 없는 사람은 믿을 수 없겠지만, 금요일 저녁 모임에서 만들어진 회사가 일요일 오후에 실제 수익을 창출하는 일도 있다.

기업가정신이 넘치는
혁신 경제의 창조

린 스타트업 방식을 지지하는 이들 중 일부는 린 프로세스가 개별 스타트업의 성공 가능성을 한층 높인다고 주장한다. 하지만 나는 이런 주장이 지나치게 과장되었다고 생각한다. 성공은 너무나 많은 요인에 의해 좌우되기 때문에 한 가지 방법론으로 스타트업의 승리를 보장할 수는 없다. 하지만 지금까지 수백 개의 스타트업, 린 원칙을 가르치는 수업 프로그램, 린 기법을 실행하는 기존 기업을 관찰한 결과 나는 이보다 더욱 중요한 주장을 할 수 있다. 그건 바로 스타트업 포트폴리오 전반에 걸쳐 린 방식을 적용하면 전통적 방식보다 실패율이 낮아진다는 것이다.

스타트업의 실패율이 낮아진다면 이는 경제 전반에 깊은 영향을 미칠 수 있다. 오늘날에는 분열, 세계화, 규제의 힘이 모든 국가의 경제를 뒤흔들고 있다. 기존 산업에서는 빠르게 일자리가 사라지고 있으며, 그중 상당수가 다시는 돌아오지 않을 것이다. 21세기의 고용 성장은 새로운 기업에서 이루어져야 한다. 그러므로 우리는 모두 새로운 기업이 성공을 거둬 성장하고, 더 많은 직원을 채용할 수 있는 환경을 조성하는 일에 이해관계가 있다. 스타트업의 빠른 확장을 동력으로 하는 혁신 경제의 창출은 그 어느 때보다 중요하다.

예전에는 실패율 이외에도 스타트업 수의 증가를 제약하는 5가지 요소가 있었다.

1. 첫 번째 고객을 확보하는 데 드는 많은 비용 그리고 제품을 잘못 만드는 데 드는 더 큰 비용

2. 기술 개발에 걸리는 긴 주기
3. 스타트업을 창업하거나 스타트업에서 일하는 데 따르는 위험을 감수하려는 사람이 적음.
4. 벤처 캐피털 산업의 구조. 벤처 캐피털 회사는 숫자가 많지 않은데, 큰 수익을 얻으려면 소수의 스타트업에 큰 금액을 투자해야 함.
5. 스타트업을 세우는 방법에 관한 진짜 전문 지식이 집중된 현상. 미국에서는 대부분 동부와 서부 해안 지방에 집중되어 있음(유럽 및 세계 다른 지역에서는 미국보다 집중화 문제가 덜하기는 하지만, 해외에서도 창업이 많이 이루어지는 지리적 인기 장소가 존재함).

린 접근법은 고객이 실제로 원하는 제품을 전통적 방법보다 훨씬 빠르고 저렴하게 출시하도록 돕기 때문에 처음 2가지 제약 요소를 극복한다. 그리고 스타트업에 따르는 위험을 줄여 세 번째 제약 요소도 극복한다. 그리고 린 스타트업 방식은 비즈니스 및 기술상의 다른 트렌드와 마찬가지로 스타트업 창업을 막는 장벽이 허물어지는 시점에 등장했다. 이러한 모든 힘이 어우러져 창업 환경이 바뀌고 있다.

오늘날에는 깃허브GitHub 같은 오픈소스 소프트웨어와 아마존 웹서비스 같은 클라우드 서비스 덕분에 소프트웨어 개발 비용이 수백만 달러에서 수천 달러로 절감되었다. 하드웨어 스타트업도 더는 공장을 세울 필요가 없다. 해외 제조업체에 매우 쉽게 접근할 수 있기 때문이다. 실제로 설립된 지 몇 주밖에 안 된 젊은 기술 기업이 린 스타트업 방법론으로 웹을 통해 '금방' 전달되는 소프트웨어 제품을 출시하거나, 설립한 지 몇 주 만에 중국 공장을 갖추는 하드웨어 스타트업을 보는 일이 꽤 자주 생기고 있다.

린 스타트업의 차별화된 모습

린 스타트업 창업가는 사업계획을 세우는 대신 비즈니스 모델부터 찾는다. 몇 번 빠르게 실험하고 고객의 피드백을 받아 해당 비즈니스 모델이 잘 작동한다는 걸 확인한 뒤에야 실행에 집중한다.

린 스타트업	전통적인 기업
전략	
비즈니스 모델 — 가설 중심	**사업계획** — 실행 중심
신제품 프로세스	
고객 개발 — 사무실 밖으로 나가 가설 시험	**제품 관리** — 단계별 선형 계획에 따라 시장에 출시할 제품 준비
엔지니어링	
애자일 개발 — 반복적·점진적으로 제품을 만듦	**애자일 혹은 폭포수 개발** — 반복을 통해 제품을 만들거나 만들기 전에 제품의 내용을 완전히 정해둠
조직	
고객 개발팀과 애자일 개발팀 — 배움, 민첩성, 속도를 기준으로 채용	**기능에 따른 부서** — 경험과 실행력을 기준으로 채용
중요한 지표	
애자일 개발 — 고객 획득 비용, 고객 생애 가치 lifetime customer value, 이탈률, 바이럴 현상	**회계** — 손익계산서, 대차대조표, 현금흐름표
실패	
예상된 결과 — 아이디어를 되풀이하고 효과가 없는 아이디어는 전환하면서 결과 수정	**예외** — 경영진을 교체해 결과 수정
속도	
신속 — 데이터를 적당한 정도로 갖추고 운영	**측정** — 데이터를 완전히 갖추고 나서 운영

과학, 기술, 엔지니어링, 수학 부문에서 여학생의 자신감과 흥미를 불어넣기 위해 설립된 스타트업 루미네이트Roominate를 살펴보자. 루미네이트의 창업자는 배선 장치가 들어 있는 인형의 집 키트 디자인을 테스트하고 반복적인 개선을 마친 뒤 중국에 있는 계약 제조업체에 제품 사양을 보냈다. 그러고 나서 3주 뒤 첫 번째 제품을 받았다.

또 다른 중요한 트렌드는 자금 조달을 위해 접근하는 지역이 분산되고 있다는 점이다. 과거 벤처 캐피털은 실리콘밸리, 보스턴, 뉴욕에 모여 있는 정식 회사 간의 긴밀한 클럽이었다. 하지만 오늘날 창업 생태계에서는 새로이 등장한 대규모 에인절 펀드angel fund나 전통적인 수억 달러 규모의 벤처 캐피털 펀드보다 규모가 작은 펀드에서 초기 단계 투자를 받을 수 있다. 전세계에서 Y콤비네이터Y Combinator나 테크스타TechStars 같은 창업 액셀러레이터 수백 곳에서 시드 투자seed investment를 공식화하기 시작했다. 킥스타터Kickstarter처럼 대중이 참여하는 크라우드소싱 사이트는 좀 더 민주적으로 스타트업에 자금을 지원하는 또 다른 방법이다.

정보의 즉각적인 이용 가능성 또한 오늘날 새로 등장한 기업이 이용할 수 있는 혜택이다. 인터넷의 등장 이전에는 회사를 창업한 기업가가 조언을 구할 방법이란 경험이 있는 투자자나 기업가를 만나 커피를 마시며 대화를 나누는 길뿐이었다. 반면 현재 기업가가 마주하는 가장 큰 어려움은 스타트업에 쏟아지는 압도적인 양의 조언을 분류하는 일이다. 린 스타트업 개념은 도움이 되는 정보와 그렇지 않은 정보를 구별하는 틀을 제공한다.

처음에 린 스타트업 기법은 빠르게 성장하는 기술 기업을 만들기 위해 고안되었다. 하지만 나는 이 기법이 경제의 대부분을 차지하는 전형적인 중소기업을 만드는 데도 똑같이 유효하다고 생각한다. 중소기업 업계 전체가 린 스타트업 기법을 받아들인다면 성장과 효율성이 높아지고, GDP와 고용에도 직접적이고 즉각적인 영향을 미칠 거라는 강한 믿음이 있다.

이러한 일이 실제로 일어날 조짐도 보인다. 2011년 미국 국립과학재단에서 이노베이션 콥스Innovation Corps라 부르는 기술사업화 지원프로그램을 통해 기초과학 연구를 상업화하는 과정에서 린 기법을 사용하기 시작했다. 현재 미국 전역에 있는 11개 대학이 선임 과학자로 구성된 수백 개 연구팀에 린 기법을 가르치고 있다.

MBA 프로그램들도 린 기법을 채택하는 중이다. 지난 수년간 경영대학원에서는 대기업식 접근법을 스타트업에 그대로 적용하도록 학생들에게 가르쳐왔다. 즉 수익과 현금흐름을 추적하기 위한 회계 방법론과 기업 관리를 위한 조직이론 같은 내용이다. 하지만 스타트업이 직면하는 문제는 대기업과 전혀 다르다. 이제 경영대학원들도 신생 기업은 그들만의 관리 도구가 필요하다는 사실을 인식하고 있다.

경영대학원에서는 관리 실행과 비즈니스 모델 탐색 사이의 차이점을 받아들이면서 창업 교육의 기본 틀이었던 사업계획서를 버리고 있다. 그리고 10년이 넘도록 MBA의 유명한 프로그램이었던 사업계획 대회가 비즈니스 모델 대회로 교체되고 있다.

가장 최근에 이러한 전환을 도입한 곳은 2012년에 프로그램을 변경한 하버드대학교 경영대학원이다. 스탠퍼드, 하버드, 버클리, 컬럼비아 등의 대학교가 변화를 주도하며, 린 스타트업 커리큘럼을 받아들이는 중이다. 현재 나의 린 론치 패드Lean LaunchPad 강의를 통해 매년 대학 강사 250명 이상이 교육을 받고 있다.

21세기형 기업의
새로운 전략

린 스타트업 방식이 신생 기술 기업만을 위한 게 아니라는 사실은 이미 확실해졌다. 기업은 지난 20년 동안 비용을 줄임으로써 효율성을 높여왔다. 하지만 그저 기존 비즈니스 모델을 개선하는 데 초점을 맞추는 것만으로는 충분하지 않다. 거의 모든 대기업에서는 혁신을 지속해 점점 커지는 외부의 위협에 대응해야 함을 알고 있다. 기업은 생존과 성장을 보장하기 위해 새로운 비즈니스 모델을 계속 발명해야 한다. 이러한 도전과제를 수행하려면 완전히 새로운 조직 구조와 기술이 필요하다.

지난 수년간 클레이튼 크리스텐슨, 리타 맥그래스Rita McGrath, 비제이 고빈다라잔, 헨리 체스브로Henry Chesbrough, 이안 맥밀런Ian MacMillan, 알렉산더 오스터왈더, 에릭 폰 히펠Eric von Hippel과 같은 경영 전문가가 대기업에서 혁신 프로세스를 개선할 방법에 관한 생각을 발전시켰다. 지난 3년 동안 우리는 GE, 퀄컴, 인튜이트를 포함한 대기업이 린 스타트업 방법론을 실제로 도입하는 모습을 지켜보았다.

예를 들어 GE의 에너지 스토리지Energy Storage 사업부에서는 린 스타트업 기업을 활용해 혁신 방식을 전환하고 있다. 2010년 에너지 스토리지 사업부장 프레스콧 로건Prescott Logan은 부서에서 개발한 새로운 배터리에 업계를 뒤흔들 잠재력이 있음을 알아차렸다. 로건은 전통적인 제품 확장 방식대로 공장을 짓고, 생산 규모를 늘리고, 새로운 제품(최종 제품명은 듀라톤Durathon)을 출시하는 대신 린 기법을 적용했다.

로건은 비즈니스 모델을 찾기 시작했고 고객 발굴에 나섰다. 로건의 팀은 제품의 새로운 잠재 시장과 적용처를 찾기 위해 전세계 수십 곳의 후보 고객사를 직접 만났다. 그건 판매 영업을 위한 만남이 아니었다. 팀원들은 파워포인트 자료를 사무실에 남겨둔 채 고객을 만났고, 배터리 현황에 대한 고객들의 문제와 불만을 경청했다. 나아가 고객이 산업용 배터리를 어떻게 구매하는지, 얼마나 자주 사용하는지, 어떤 환경에서 사용하는지 한층 깊게 파고들어 배웠다.

이렇게 고객의 피드백을 바탕으로 목표 고객에 큰 변화를 주었다. 처음 목표로 삼은 고객이었던 데이터 센터를 포기하고 새로운 고객인 공기업utilities에 집중했다. 이에 더해 광범위하게 설정했던 '통신사'라는 고객군을 전력망이 불안정한 신흥개발국의 이동통신 공급자로 좁혔다. GE는 마침내 뉴욕주 스키넥터디에 1억 달러를 투자해 세계 수준의 배터리 제조 시설을 건설했다. 이 공장은 2012년 문을 열었다. 언론 보도에 따르면 GE에서 공급하는 새로운 배터리 수요가 매우 높아 이미 주문이 밀린 상태라고 한다.

* * *

경영 교육의 첫 100년은 기존 기업에서 이루어지는 실행과 효율성을 공식화하는 전략 수립과 도구 확보에 중점을 두었다. 이제 우리는 스타트업을 시작할 때 새로운 사업 모델을 탐색할 수 있는 첫 번째 도구 세트를 갖게 되었다. 그리고 이는 마침 기존 기업이 지속적인 혼란의 힘에 대처해야 하는 시점에 등장했다. 21세기에는 이러한 힘이 스타트업, 자영업, 기업, 정부를 막론하고 모든 조직에 속한 사람에게 빠른 변화를 이루어야 한다는 압박을 안겨줄 것이다. 린 스타트업 기법은 사람들이 이러한 상황에 정면으로 맞서고, 빠르게 혁신하며, 우리가 알고 있는 비즈니스를 변혁하도록 도울 것이다.

═══ HBR AT 100 ═══

― 2014 ―

애자일을 조직 전방위에서 실천하는 방법

제품 개발의 영역에 한정할 필요는 없다

제프 고델프

Bring Agile to the Whole Organization

hbr.org 2014년 11월 14일 자 기사 수정(product #H01P9M)

제프 고델프 Jeff Gothelf

조직이 더 나은 제품을 만들고, 경영진이 더 나은 제품을 만드는 문화를 구축하도록 도움을 준다. 수상작 《린 UX》와 《감지와 대응》Sense and respond의 공동저자다. 《영원한 고용 자격을 갖춘 사람》Forever Employable의 저자이기도 하다. 코치, 컨설턴트, 기조연설자로 활동하며 기업이 비즈니스 민첩성, 디지털 전환, 제품 관리, 인간 중심 디자인 분야에서 느끼는 격차를 해소하는 데 도움을 주고 있다.

애자일화는
제품 개발만의 일이 아니다

소프트웨어가 세상을 삼켰다. 그리고 소프트웨어는 새롭고 다양한 산업을 계속 집어삼키면서 비즈니스가 이루어지는 방식을 변화시키고 있다. 이제는 우리가 공급하는 제품이나 서비스와 관계없이 우리는 모두 '소프트웨어 비즈니스'에 속해 있다. 그러므로 조직을 구성하고 관리하는 방법을 재검토해야만 한다.

기업 관리자에게 그들의 조직이 애자일$_{agile}$을 실천하고 있는지를 물어보면 늘 그렇다고 대답한다. 그런데 조금 더 깊이 살펴보면 그들이 말하는 민첩성은 대부분 제품개발팀, 특히 소프트웨어 엔지니어링에서 시작하고 끝난다. '인사팀의 민첩성'이나 '재무팀의 지속적인 개선'을 언급하는 사람은 거의 없다. 하지만 소프트웨어 중심의 비즈니스를 지원하기 위해서는 이러한 인프라 분야에서 민첩성이 뿌리내려야 한다.

소프트웨어의 특징이 끊임없는 배포 쪽으로 바뀌어감에 따라 이제 우리는 시장과 새로운 성격의 대화를 나눌 수 있게 되었다. 바로 지속적인 대화다. 우리는 수개월이 아니라 단 몇 시간 만에 제품을 배치하고, 관찰하고, 측정하고, 인터뷰하고, 학습하고, 최적화한다. 결정이 빨라진다. 방침이 하룻밤 사이에 바뀐다. 이처럼 빠른 반복을 통해 최적화를 이루는 비즈니스를 지원하려면 직원을 채용하고, 자금을 관리하며, 조직을 경영하고, 보상을 제공하는 내부 지원 조직 또한 같은 수준의 민첩성을 발휘해야 한다. '우리가 항상 해왔던 방식'은 경영진과 실행 팀의 잠재력 사이에 직접적인 갈등을 일으키기 시작한다.

채용 방식부터 평가, 인센티브, 의사결정의 계층 구조까지 바꾼다

먼저 인사팀을 살펴보자. 인사 조직은 대부분 채용 요건을 중심으로 운영된다. 전통적으로 채용 요건이란 대개 후보자가 지닌 능력 및 도구의 목록에 불과하다. 이를 '자발적으로 일하는 사람'self-starter 혹은 '팀 플레이어'team player 등 애매한 말로 좋게 표현한 것일 뿐이다. 이러한 업무 기술서는 특정 분야(예를 들면 소프트웨어 엔지니어링팀 혹은 디자인팀)의 공백을 메우기 위해 작성한 것이다. 채용담당자는 결원을 빨리 채움으로써 인센티브를 얻으므로 직무 기술서에서 요구하는 능력을 갖춘 지원자의 이력서를 샅샅이 찾는다. 그리고 다음 단계로 넘어가는 데 '필요한 모든 조건을 충족하는지' 확인한다. 레일스Rails 사용 경험 3년? 통과. 깃허브? 통과. 지원자의 이력서는 채용부서 관리자에게 전달되고, 이제 채용부서 관리자는 결정을 내려야 한다는 압박을 느낀다. 인사팀이 기한 내 채용 할당량을 맞출 수 있도록 해야 하기 때문이다.

이러한 채용 방식으로는 조직이 민첩성을 높일 수 없다. 오히려 부서 간 장벽을 높이고 협력을 최소화한다. 그러므로 인사팀은 이러한 채용 방식 대신 창의성, 공동작업 능력, 호기심을 갖춘 지원자를 찾아 채용해야 한다. 인사팀에서는 일반적인 관행을 따르지 않는 사람, 즉 주어진 틀에 쉽게 맞출 수 없는 지원자를 찾아야 한다.

이들은 기업가정신을 갖춘 제너럴리스트다. 디자인을 전문으로 하지만 코딩도 꽤 잘하는, 다방면에 능해 무슨 일이든 두루 할 수 있는 사람이다. 또한 팀에 비판적인 시각을 제시하는 구성원이다. 이들은 항상 현상 유지를 반박하고, 회사가 고객에게 보이는 모습을 다시 생각하게 만든다. 이러한 지원자를 유치하려면 새로운 채용 관행이 마련되어야 한다. 면접의 구조와 실행 방식도 완전히 다시 생각해야 한다. 한 시간 동안의 질의응답으로 지원자가 지닌 협업 능력을 평가하는 건 거의 불가능한 일이다. 새로운 지원자가 회사를 발전시킬 혁신가인지 알아보려면 채용 과정의 어떤 부분을 바꿔야 할까? 비즈니스의 특성이 발달하는 데 맞춰 채용 관행을 지속적으로 개선하려면 어떻게 해야 할까?

만일 누구보다 호기심이 많은 기업가형 팀원을 채용했다면 논리상 다음으로 떠올려야 할 질문은 '어떻게 인센티브를 제공하고 인재를 유지할 것인가?'이다. 과거에는 신입 사원을 팀에 배정하고, 진행해야 할 프로젝트를 주고, 예산 내에서 제때 마무리하면(적어도 그에 가까운 결과를 내면) 어떤 식으로든 보상을 제공했다. 그러나 이제는 그것만으로 부족하다. 금전적 보상은 기업가형 인재를 움직이는 주요 동기가 되지 못한다. 이들은 의미가 있는 것, 자신의 것이라고 부를 수 있는 어떤 것을 만드는 데서 훨씬 더 큰 가치를 느낀다. 그렇다면 협업팀이 창출한 아이디어에 지분 부여(또는 최소한의 이익 분배)가 가능하도록 보상 체계를 조정할 수는 없을까?

프로젝트 펀딩 또한 우리가 따라야 할 새로운 현실이다. 최고재무책임자 CFO는 어떤 계획에 자금을 지원하면 그에 따라 나오는 결과물에 관해 알고 싶어 한다. 물론 답변은 항상 준비돼 있다. 어차피 자금을 얻어야 하니 말이다. 하지만 진짜 답은 '정확히 알 수 없다'인데, 실제로 이렇게 말하는 사람은 드물다. 소프트웨어 개발에는 모호한 구석이 있고, 이 때문에 최종 결과를 알기가 어렵다. 예측할 수 없는 복잡성의 수준, 시장의 동요, 고객 행동의 변화 등은 4~6주 이상의 제품 로드맵을 금세 무용지물로 만든다.

CFO는 스타트업 세계에서 힌트를 얻어 각 팀을 조직 내 하나의 스타트업처럼 대해야 한다. 즉 팀은 비즈니스 문제를 해결한다는 임무를 맡은 사람의 모임이다. 여기서 해결해야 할 비즈니스 문제는 객관적이고, 측정 가능한 목표를 갖고 있으며 궁극적으로 팀의 성공을 결정한다. 팀은 자금 지원 기간이 한 번 끝날 때마다 다시 자금을 지원받기 위해 재무팀에 진행 상황을 보여주어야 한다. 이는 조직의 의사결정 방식에 리듬감 있는 회복탄력성을 가져온다. 현실성 없는 장기 예측에 의존하지 않고 실시간으로 바뀌는 시장 현실을 반영해 단기적 약속을 이행한 후 이를 확대하거나 철회할 수 있도록 하는 방식이다.

마지막으로 의사결정의 계층 구조가 바뀌어야 한다. 전통적인 방식에서는 여러 층의 관리자를 거쳐 의사결정이 이루어지며, 의사결정의 방향을 바꾸려면 그 전에 모든 사람이 이를 승인해야 했다. 하지만 이러한 과정을 거치면 의사결정 속도가 느려진다. 이는 실수가 발생했을 때 책임을 분산하는 장치일 뿐이다. 조직이 민첩성을 가지려면 의사결정도 고객이 피드백을 보내는 속도에 가까울 정도로 빠르게 이루어져야 한다. 제품 관련 팀에서는 계속해서 들어오는 시장의 통찰을 바탕으로 제품을 발전시킬 방법을 빠르게 결정할 수 있어야 한다. 의사결정 과정에서 일어난 실수가 중죄가 되어서는 안 된다. 대신 실수가 발생하면 빠르게 분석하고, 새로운 정보를 얻으면 다음번 전술에 통합해야 한다.

인센티브는 결과를 측정하고, 명백한 근거를 바탕으로 의사결정을 내리고, 학습이 이루어지는 과정을 지원해야 한다. 소프트웨어 개발 문화는 이를 모두 가능하게 한다. 그러나 조직 차원의 지원이 없다면 팀은 이를 최대한 활용할 수 없다.

***

결국 팀이 매일 일상에서 내리는 결정이 관리자의 관심사가 되어서는 안 된다. 그 대신 관리자는 비즈니스의 전략적 목표 달성을 향해 팀이 얼마나 나아가고 있는가에 초점을 맞추어야 한다. 물론 경영상 불안을 해소하고, 폭넓은 전략적 응집성을 확보하려면 팀이 자신들의 전술, 학습한 내용, 진척 상황, 다음 단계에 관해 조직과 적극적으로 소통해야 한다. 그러나 나쁜 소식까지 포함해 전체 업무 상황을 있는 그대로 보고하는 데 안전이 보장되지 않으면, 대부분의 팀은 안전과 예측 가능성을 택할 것이다. 그러면 사실상 조직의 민첩성은 떨어지게 된다.

기업이 고도로 집중된 소프트웨어 조직으로 변모함에 따라 기업을 관리하는 방식도 달라져야 한다. 24시간 밤낮없이 얻는 고객의 통찰과 피드백은 지속적인 학습 환경을 촉진한다. 이에 따라 팀, 환경, 의사결정 구조, 자금지원 모델도 진정한 의미의 '민첩성', 즉 탄력성, 반응성, 배움의 자세를 보일 것을 요구받고 있다.

═ HBR AT 100 ═

— 2019 —

민첩한 리더십이란 무엇인가

혁신 기업의 3가지 공통된 스타일

* **진행자**: 커트 니키시 • **인터뷰이**: 데보라 안코나, 케이트 아이작스

The Three Types of Leaders of Innovative Companies

팟캐스트 HBR 아이디어캐스트 IdeaCast 2019년 7월 9일 자 방송 중
'혁신 기업을 이끄는 리더의 3가지 유형' The 3 Types of Leaders of Innovative Companies 을 수정

커트 니키시 Kurt Nickisch
HBR 선임 편집자. 팟캐스트 'HBR 아이디어캐스트'를 만들었으며, 공동진행자다. 전에는 NPR의 마켓플레이스Marketplace, WBUR(보스턴대학교 공영 라디오 방송국), 패스트 컴퍼니Fast Company에서 보도를 담당했다. 독일어 실력이 뛰어나며 팟캐스트 역사 방송을 탐닉한다.
- X(과거 트위터): @CurtNickisch

데보라 안코나 Deborah Ancona
MIT 슬론 경영대학원 셀리 석좌교수Seley Distinguished Professor of Management이자 조직학 교수. MIT 리더십 센터MIT Leadership Center 설립인이기도 하다.
헨릭 브레스만Henrik Bresman과 《X팀》X-Teams을 공동집필했으며, HBR에 실린 '불완전한 리더를 찬양하며'In Praise of the Incomplete Leader를 공동기고했다.

케이트 아이작스 Kate Isaacs
MIT 리더십 센터 객원 연구원. 다이얼로고스 제너러티브 캐피털Dialogos Generative Capital 파트너, 하이어 앰비션 리더십 센터Center for Higher Ambition Leadership의 운영연구원이다. 케이트는 신뢰 기반 관계를 바탕으로 기업과 여러 이해관계자 사이의 협업을 통해 사회적·경제적 가치가 창출되도록 돕는다.

MIT가 주목한 리더십의 비밀

명령과 통제는 매력을 잃었다. 오늘날 혁신적인 조직을 만들고 싶은 사람에게 엄격한 관료 체제를 세워야 한다고 말하는 이는 아무도 없을 것이다. 그렇다면 과연 어떤 조직을 '만들어야' 할까? 어떻게 하면 조직이 혼돈 없이 창의성을 갖출 수 있을까?

이는 바로 MIT 슬론 경영대학원 교수이자 MIT 리더십 센터를 창립한 데보라 안코나와 MIT 리더십 센터의 연구원인 케이트 아이작스를 사로잡은 질문이다. 이들은 이상적인 기업의 모습을 더 명확하게 알고 싶어 2개의 조직을 연구 대상으로 삼았다. 하나는 제록스의 연구개발 부문인 파크PARC이고, 다른 하나는 고어텍스로 잘 알려진 재료 과학 기업 W. L. 고어 앤드 어소시에이트W. L. Gore & Associates다.

이번 인터뷰에서 두 사람은 이들 조직에서 3가지 유형의 리더들이 정해진 규칙 체계 안에서 유연하게 협력하는 방식을 설명한다. 두 사람은 이를 '민첩한 리더십'이라고 부른다.

혁신적이면서도 전통 있는
기업의 리더십과 조직문화의 공통점

커트 니키시(이하 커트) 두 회사를 고른 이유는 무엇인가요?

데보라 안코나(이하 데보라) 우리는 '분산적 리더십'distributed leadership이라 부르는 사고에 흥미를 갖고 있었습니다. 지금은 '민첩한 리더십'nimble leadership이라 부르지요. 우리는 과도한 관료 체계나 규칙 없이 운영되면서도, 혁신을 주도하는 최전선에 서 있고 내부적으로 기업가적 행동이 나타나는 기업을 들여다보고 싶었습니다.

두 회사는 스타트업이 아닙니다. 오래전부터 존재했던 기업이죠. 변화하는 환경에 지속적으로 적응하며, 시간의 흐름에 따라 높은 수준의 혁신을 지속하고, 자신이 하는 일에 신나게 참여하는 직원을 가진 기업임을 입증한 곳입니다. 우리가 고른 기업은 이러한 조직의 원형이라고 할 수 있습니다.

커트 두 회사를 방문했을 때 다른 회사와 다소 다르다는 걸 바로 느꼈습니까?

데보라 물론 그랬습니다. 저는 다양한 종류의 조직에서 일하는 직원들과 인터뷰를 많이 합니다. 꽤 두려운 마음이 드는 인터뷰도 있습니다. 자기 일에 몰두하지 않는 이들이 있는데, 그런 사람들은 출근하는 걸 좋아하지 않아요. 인터뷰 중에 실제 눈물을 터뜨린 사람도 있었습니다.

그런데 두 달에 한 번씩, 고어에 갈 때마다 완전히 다른 경험을 했습니다. 직원들이 매우 신나 있었어요. "우리가 방금 이걸 발명했어요.", "이게 우리가 작업 중인 새로운 일입니다.", "우리는 이제 막 조직의 운영 방식을 바꿀 새로운 비즈니스 모델에 관한 아이디어를 냈어요." 에너지가 넘치고 흥분과 활기가 가득하지만, 그렇다고 정신없이 어수선한 상태는 아닙니다. 모두가 많은 일을 하고 있었고 그 일에 만족감을 느꼈죠.

커트 창의적이지만 혼란스럽지 않은 회사를 떠올리면, 어떤 사람들은 '음, 일을 정말 잘하는 CEO가 있지'라고 생각할 겁니다. 고어 같은 회사의 비결은 무엇이라고 생각하십니까?

케이트 아이작스(이하 케이트) 고어에는 분명히 리더가 있고, CEO가 있습니다. 하지만 회사가 지금의 모습으로 계속 움직이는 건 원칙을 구현하는 문화 덕분입니다. 개인의 리더십, 회사의 문화, 회사의 구조, 이것이 모여 전체 시스템이 작동합니다. 회사를 이런 식으로 움직이게 하는 원칙이 처음부터 있었고, 세월이 흐름에 따라 다듬어져온 겁니다.

커트 HBR에 실린 '민첩한 리더십'을 읽고 생각난 게 한 가지 있습니다. 이런 회사에 근무하는 직원 가운데 자신을 스스로 리더라고 묘사하는 직원의 비율이 높다는 부분입니다. 이는 분산적 리더십 사고입니다. 왜 민첩한 리더십이 지금 상황을 설명하는 더 나은 방식이라고 생각하시나요?

케이트 저는 '분산적 리더십'이라는 용어가 늘 싫었어요. 분산적 리더십이라는 표현을 들으면 빨간 식용 색소 한 방울을 떨어뜨린 물잔이 떠올랐거든요. 전체 물 색깔이 연한 분홍색으로 변하죠. 제게는 '분산적'이라는 말이 이처럼 모든 게 조금씩 희석된다는 생각을 불러일으켜요. 하지만 우리가 말하는 '분산적' 리더십은 사실 그런 의미가 아니죠.

분산적 리더십이 의미하는 건 조직 내 모든 구성원이 권한을 부여받았다고 느낀다는 겁니다. 구성원이 자신의 전문 분야를 나서서 주도하는 거죠. 그리고 전문 분야를 벗어나 새로운 분야로 경험을 확장하기도 하며, 그 과정에서 지원을 받습니다. 이러한 조직에서는 지속적으로 능력 개발이 진행됩니다. 그뿐만 아니라 조직의 문화, 동료 혹은 그 외 능력 개발을 후원하는 사람이 이 과정을 지원합니다.

그래서 우리가 '민첩하다'고 표현하는 것은 조직이 필요로 하는 모든 상황에 리더십이 적합하게 발휘된다는 의미입니다. 동시에 조직 전체가 시장 환경 변화나 고객에게서 감지된 요구에 빠르게 적응할 수 있다는 의미이기도 합니다. 이런 조직에서는 고객이 불만을 가졌을 때 모든 구성원이 전략의 방향과 고객의 필요 및 욕구에 맞춰 행동할 수 있는 권한을 갖고 있어 즉시 대응할 수 있습니다.

커트 모든 직원이 회사의 전략에 맞춰 일한다는 말처럼 들리는데요.

데보라 그렇습니다. 전략이란 사람들이 배운 난해한 용어의 집합이 아닙니다. 전략은 정말 심층적입니다. 전략은 '우리가 만드는 제품의 종류는 이렇습니다. 수익 창출 방식은 이렇습니다'라고 알려줍니다. 다른 조직에 가보면 프로젝트를 진행하는 사람들임에도 불구하고, 그 결과물이 시장에서 성공할지조차 고려하지 않는 경우가 많습니다. 반면 전략을 생각하는 조직은 다릅니다. 비즈니스 모델이 무엇인지, 그들이 만들어내는 산출물로 조직이 어떻게 성공할 수 있을지 직원이 진정으로 이해하고 있습니다.

케이트 그리고 이런 기업에서는 직원이 조직 내 어느 부서에 속하든 각자의 영역에서 이해할 수 있도록 전략이 세분화되어 있습니다. 예를 들어 고어에는 '사용 적합성'fit for use이라 불리는 간단한 규칙이 있습니다. 무엇을 하든 어떤 제품을 만들든 의도하는 사용처에 적합해야 한다는 것이죠. 고어는 우주로 발사될 케이블이 고장 나길 원하지 않고, 에베레스트 정상에 오를 누군가에게 물이 새는 재킷을 제공하길 원하지 않습니다.

그래서 제품을 광범위하게 테스트합니다. 품질에 끊임없이 주의를 기울이고 실제 제품의 성능이 어떤지 고객과 계속 소통하죠. 이는 조직 전략 수준과 제품 개발 수준 모두에 적용되는 단순한 규칙입니다. 이런 간단한 규칙들이 조직의 고차원적인 전략과 현장에서 이루어지는 모든 업무를 긴밀히 연결해줍니다.

기업가형 리더, 촉진형 리더, 설계형 리더

커트 조직 내 여러 계층의 리더를 서로 다른 유형으로 분류하셨어요. 제일 아래 프로젝트 단계의 '기업가형 리더'entrepreneurial leaders, 그보다 위 단계의 '촉진형 리더'enabling leaders, 그 위에 있는 '설계형 리더'architecting leaders가 그것입니다. 이러한 3가지 분류 유형에 관해 조금 더 자세히 설명해주시겠습니까?

데보라 기업가형 리더는 조직에 부글부글 거품이 일 듯 혁신을 만들어내는 사람들입니다. 이들은 계속 새로운 제품 아이디어, 새로운 비즈니스 모델, 회사를 조직할 새로운 방법 등을 떠올립니다. 다른 직원은 이러한 기업가형 리더를 따르고 싶은 마음이 생기고, 아이디어를 떠올려 함께 일합니다. 팀을 만드는 사람이 바로 기업가형 리더이며, 이렇게 만들어진 팀이 조직에 새로운 아이디어를 불러옵니다. 이들은 아이디어를 그냥 떠올리기만 하는 게 아닙니다. 기회를 포착해 조직 내에서 아이디어가 움직이게 하죠.

커트 또한 직원들이 프로젝트를 떠나고 참여하는 데에도 많은 자유가 있습니다.

데보라 이런 방식이 조직 내에 일종의 '예측 시장'prediction market 같은 걸 만들어냅니다. 사람들이 이러한 조직 분위기 속에서 성공 가능성이 더 크다고 생각하는 제품에 자유롭게 합류할 수 있기 때문입니다. 구성원들이 행동(떠나거나 참여함으로써)으로 의사를 표현함으로써 다음 프로젝트가 무엇이 될지를 스스로 결정하는 것이죠. 관리자가 사무실에 앉아 다음 프로젝트를 결정하는 게 아닙니다. 다음 프로젝트로 어떤 게 가장 좋을지 직원이 적극적으로 선택하는 거죠. 그러니 관리자는 방심하면 안 됩니다.

케이트 또한 이러한 방식을 통해 프로젝트 리더는 재능 있는 직원을 자신의 팀에 묶히지 말고 기꺼이 다른 팀으로 이동하게 하라는 요구를 받습니다. 대체로 기업가형 관리자는 '음. 저 팀에 회사에 큰 잠재력을 불러올 멋진 프로젝트가 있군. 이런, 이 직원은 능력이 매우 뛰어나니까 우리 팀에 계속 있도록 붙잡을 수 있다면 좋겠지. 하지만 이 사람이 여기에서 기여할 수도 있지만, 저쪽에서 더 기여하길 원한다면 그리고 그것이 조직 전체에도 더 좋다면 억지로 붙잡아둘 수는 없지'와 같이 생각한다는 걸 확인했습니다. 기업가형 관리자는 회사 전체를 위해 가장 좋은 방법이 무엇인지, 또 직원 개인을 위해 가장 좋은 방법은 무엇인지 찾기 위해 계속 관심을 기울입니다.

커트 데보라, "관리자는 방심하면 안 된다."라고 하셨어요. 그 말은 이럴 때 관리자가 통제력을 잃는 걸 두려워한다는 뜻일까요?

데보라 저는 경영진 교육을 많이 진행했습니다. 그리고 우리가 만나는 거의 모든 회사가 명령, 통제, 관료 체제에서 벗어나 좀 더 민첩하고 분산된 학습 네트워크(어떤 용어로 표현하든)를 갖춘 조직이 되길 원했습니다. 이는 현재 진행 중인 많은 연구 내용과 일치합니다. 즉 임원은 앞으로 3년 안에 업계와 사업 환경에 주요한 변화가 찾아올 것이라고 예상합니다. 임원 가운데 76퍼센트가 이렇게 믿고 있어요. 작년에는 이 수치가 26퍼센트였죠. 변화가 많아지리라 생각하면 지금까지와 다른 조직을 요구하게 됩니다.

하지만 변화를 향한 움직임에는 큰 불안과 바꾸고 싶지 않다는 관성이 따릅니다. 무엇을 해야 할지 모르는 데서 오는 두려움 때문이죠. '이런 시스템은 어떻게 만드는지 모르겠어. 그건 임원으로서 내가 힘을 잃는다는 뜻이야. 내가 통제권을 놓으면 어떻게 될까?' 리더에게 이런 불안이 나타납니다. 사실 그들에게는 커다란 공포죠. 무서운 일입니다.

커트 촉진형 리더는 자원을 감독하고 관리하는 사람이라고 설명하셨습니다. 이건 중간 관리자의 역할처럼 들립니다. 촉진형 리더와 중간 관리자 사이에는 어떤 차이가 있을까요?

데보라 촉진형 리더는 기업가형 리더를 돕습니다. 기업가형 리더는 촉진형 리더와 비교해 대체로 경험이 적습니다. 해야 할 모든 일을 항상 할 수 있는 건 아니죠. 그래서 촉진형 리더가 개입해 도움을 줍니다. 지시하는 게 아니라 안내하고 질문합니다. 이것이 기존 리더십과 매우 다른 점입니다.

커트 촉진형 리더가 던지는 질문이란 '당신이 어느 길로 가야 한다고 생각합니까?', '기회는 어디에 있다고 생각하세요?', '다른 부서에 있는 이 사람과 이야기해보는 건 어떨지 생각해봤나요?'와 같은 것들일까요?

데보라 물론이에요. '이렇게 하세요' 혹은 '저렇게 하세요'라는 식이 아닙니다. '이걸 생각해본 적 있나요?' 아니면 '저걸 생각해본 적 있나요?' 하고 묻는 거죠. 이런 질문은 정해진 답이 없으므로 상대가 문제를 통해 자신만의 독립적인 사고방식을 개발하는 데 도움이 됩니다. 촉진형 리더가 하는 일은 구체적으로 명시되지 않습니다.

우리는 종종 조직을 작은 상자로 묘사합니다. 사람들은 이것, 이것, 이것을 할 수 있지만 그 외에는 아무것도 할 수 없다고 적힌 상자 안에 있습니다. 하지만 촉진형 리더는 좀 더 유연합니다. 그들은 필요하다면 어떤 방식으로든 도움을 줍니다. 회사 문화의 어떤 부분을 강화해야 한다면 그렇게 합니다. 회사의 전략을 설명해야 하는 사람이 되어야 한다면 설명가가 됩니다. 해야 한다면 소매를 걷어붙이고 팀에서 하는 일을 나서서 돕습니다. 촉진형 리더와 팀은 유연하고, 가변적이며, 새롭게 나타나는 그런 관계를 맺습니다.

촉진형 리더는 연결자 역할을 하기 때문에 폭넓은 관계를 맺으며 이동이 잦고, 정말 많은 사람과 알고 지내죠. 그래서 촉진형 관리자는 팀과 팀을 이어줍니다. 예를 들어 '창조적 충돌'creative collisions이라는 것이 발생하도록 기업가형 리더와 그의 팀을 다른 팀과 연결해줍니다. 창조적 충돌은 혁신을 키우는 데 도움이 되는 다른 형태의 전문 지식과 충돌하는 겁니다.

케이트 여기에 덧붙이고 싶은 말이 있어요. 조직의 전통적인 위계 구조를 떠올려보세요. 맨 위에 고위 경영진이 있고, 그 아래 중간 관리자가 있죠. 이 중간관리층은 마치 진흙층과 같아서 모든 자원이나 승인 같은 것이 이 층을 위아래로 통과해야 현장에서 실제로 일하는 사람들에게 전달될 수 있어요.

커트 말씀하신 진흙층을 누군가 '영구동토층'permafrost이라고 묘사하는 걸 들었습니다.

케이트 '영구동토층'이라, 멋져요. 마음에 듭니다. 전통적인 조직에서 직원은 영구동토층 안에 있는 하나의 층에 갇혀 꼼짝하지 못합니다. 만일 드릴로 층을 뚫어 마침내 고위 경영진에게 메시지를 전달한다면 직원의 진취성과 영리한 아이디어는 어느 시점에서 효과를 발휘할 겁니다. 하지만 예산을 배정받거나 고위 경영진의 관심을 끌었을 때쯤이면 직원의 아이디어가 효과를 발휘할 수 있는 시기는 이미 지났고, 경쟁자는 벌써 다른 곳으로 움직였을 겁니다.

우리가 '촉진형 리더'라는 이름을 선택한 건 데보라가 설명한 것처럼 특히 촉진형 관리자가 하는 일 때문입니다. 촉진형 관리자는 현장에서 일하는 직원이 자신의 아이디어를 실행하고, 고객의 우려와 문제, 생산 현장의 이슈에 대응할 수 있도록 필요한 모든 것을 갖출 수 있게 도와주는 역할을 하기 때문입니다. 촉진형 관리자는 일선에서 작업이 잘 이루어지도록 돕습니다. 무언가를 제한하는 건 촉진형 리더가 하는 일이 아닙니다. 그보다는 최전선 리더들이 필요로 하는 자원, 관심, 코칭, 네트워크, 연결이 원활히 흐르도록 보장하는 일을 합니다.

커트 설계형 리더에 관해 이야기해봅시다. 다른 사람들은 고위 지도자 혹은 임원진이라고 부르죠. 설계형 리더가 특별하고 남다른 이유는 무엇일까요?

데보라 무엇보다 설계형 리더가 게임판을 만드니까요. 기업가형 리더가 아이디어를 창출하고 그에 따라 일하며, 촉진형 리더가 해야 할 일을 하는 데 필요한 조직의 구조와 문화를 만듭니다. 설계형 리더는 조직 문화의 지킴이입니다. 그들은 조직의 가치가 무엇인지 그리고 참여의 규칙이 무엇인지에 대해 매우 세심하게 신경 씁니다.

아이러니하게도 변화를 고안하는 사람도 설계형 리더입니다. 하지만 설계형 리더가 몸담은 조직에서는 명령을 내리는 방식으로 변화를 이끌지 않습니다. 그런 방식은 이 조직들의 운영 방식이 아니기 때문입니다. 그러므로 변화를 만들려면 첫째, 그 전에 훌륭한 리더 그리고 회사를 생각하는 리더라는 평판을 얻어야 합니다.

둘째, 이들은 공동체 구성원과 엄청나게 많이 상의합니다. 왜 이 변화가 필요한지, 이 변화가 왜 좋은 아이디어인지 구성원들이 이해하도록 만듭니다. 그리고 변화에 동의하지 않고 반응하지 않는 직원의 이야기를 들어야 합니다. 재미있는 사례가 하나 있어요. 위에서부터 변화를 주어야 한다는 사실에 매우 긴장했던 CEO가 있었습니다. 그래서 결정을 내리는 데 시간이 오래 걸렸어요. 조직 내 직원들은 "자, 이제 충분해요. 그냥 반창고 떼듯이 확 끝내고 시작합시다."라며, 그 필수적인 과정 때문에 불만을 표했죠.

케이트 설계형 리더의 직무 가운데 하나는 새로운 제품 아이디어와 혁신 아이디어를 통합해 일관된 조직 전략으로 만드는 것입니다. 설계형 리더는 훌륭한 '센스 메이커' sense makers 여야 합니다. 의미 부여자는 데보라가 오랫동안 개발해온 용어인데, 리더는 높은 자리에서 세계와 시장, 기술, 경제 동향을 주시하는 사람이기 때문입니다.

조직 내 모든 직원이 이러한 동향에 주의를 기울이지는 않습니다. 이러한 정보는 설계형 리더의 머릿속에 있고, 그 후 설계형 리더는 조직 전반에 걸쳐 솟아나는 혁신적인 모든 아이디어를 봅니다. 그리고 나서 모든 내용을 엮어 새로운 전략 프로세스로 만들죠.

커트 어떤 사람에게는 허술해 보일 수 있지만, 사실 전략 프로세스가 만들어지는 방식에는 매우 많은 규칙이 있는 거군요.

케이트 그렇죠, 개발 규칙이 많습니다. 하지만 그건 최고위층에서 결정하는 개발 규칙과 다릅니다. 훨씬 더 집단적이죠. 조직 내부에서 전략적·문화적으로 적합한 선택을 스스로 하는 방식이 내재화되어 있습니다. 그리고 직원들이 그만큼 높은 자율성을 갖기 때문에 훌륭한 인재가 훌륭한 아이디어에 몰두합니다.

앞서 우리는 예측 시장이라는 아이디어를 이야기했죠. 훌륭한 아이디어가 있으면 인재가 모일 겁니다. 훌륭한 아이디어는 조직을 관통하고, 만일 프로젝트 챔피언이 좋은 아이디어를 바탕으로 프로젝트에 관해 계속 이야기하면 직원들이 아이디어를 보고 모여듭니다. 좋지 않은 아이디어라면, 이를 추진하는 데 필요한 인재를 끝내 끌어들이지 못할 겁니다. 언젠가는 사람들이 어떤 이유에서든 이 아이디어가 성공하지 못하리라는 사실을 알아차리기 때문입니다. 이러한 과정이 통제가 나타나는 또 다른 방식이죠. 인재가 남아 있을 것인가, 떠날 것인가? 리더가 파는 아이디어를 보고 직원들이 자율적으로 선택해 동참할 것인가, 말 것인가?

커트 그러니까 설계형 리더는 시장의 힘이 무엇인지 결정하고, 그에 대응하기 위한 명령을 내리는 대신 기본적으로 시장의 힘이 조직 전반에 걸쳐 작동하게 하는 거군요.

케이트 그렇습니다. 그게 차이점이에요.

데보라 이러한 유형의 조직은 소심한 사람에게는 맞지 않습니다. 알기 어렵고 복잡하거든요. 제가 이 방향으로 변화하도록 사람들을 돕기 위해 해온 방법 중 하나가 카드 연습입니다. 21장의 카드가 있습니다. 각 카드에는 민첩한 조직의 특징이 한 가지씩 적혀 있습니다. 저는 리더들에게 물어요. "카드를 고르세요. 자, 이제 당신의 조직에는 어떤 특징이 생겼습니까? 조직이 어떤 특징을 갖추기를 바라나요? 그리고 당신의 조직에서 갖추기를 바랐던 특징 가운데 변화를 위해 지금 당장 할 수 있는 일 3가지는 무엇일까요?"

이 연습에서 나타난 결과는 정말 재밌었어요. 어느 조직의 리더는 때로 조직이 현재 가진 특징에 동의합니다. 또 어떤 경우에는 동의하지 않죠. 구글 직원들은 회사가 모든 걸 갖췄다고 생각해요. 실제로 그들의 생각만큼 회사가 모든 면에서 강한 건 아닌데도요. 다른 회사 직원은 회사가 민첩한 조직이 지닌 특징 가운데 단 하나도 갖추지 못했다고 생각합니다. 하지만 카드 연습은 사람들이 이 전체 시스템이 어떻게 생겼는지 그리고 새로운 방향으로 나아가기 위해 작은 단계부터 어떻게 변화를 시작할 수 있을지 생각하게 하는 방법입니다.

성장 마인드를 조직에 뿌리내리게 하다

커트 민첩한 리더십은 어느 회사에서나 가능한 걸까요?

케이트 민첩한 리더십을 실험하는 회사가 많습니다. ING라는 네덜란드의 은행은 '애자일 업무 방식'으로 전환해 성공적으로 사업을 운영하는 곳입니다. 애자일 업무 방식은 저희가 설명했던 내용과 매우 비슷합니다. ING는 내부 조직을 9명으로 구성된 복합 부문 팀 350개로 재편했습니다. 그리고 팀들을 연결하는 방법도 갖고 있어요. ING의 리더는 말합니다. "네, 저는 말하자면 통제광이었어요. 그래서 이러한 새로운 업무 방식이 제게는 도전입니다. 직원을 통제하지 않고 그들에게 자율성을 부여해야 하니까요."

하지만 은행이 발간한 보고서에 따르면 ING에서 일하는 건 훨씬 더 재밌어졌다고 합니다. 고객의 문제를 해결하는 속도도 훨씬 빨라졌고요.

ING는 은행입니다. 모기지 증권 같은 걸 다루는 곳이죠. 그러니 은행에서 가능한 변화였다면, 아마 제품 혁신의 공간을 넘어 다른 수많은 산업에도 전할 수 있을 겁니다.

데보라 HBR에 기고한 기사에서 저희는 사티아 나델라Satya Nadella와 마이크로소프트의 변화에 관해서도 이야기했습니다. 마이크로소프트는 직원 수가 12만 5,000명에 달하는 회사입니다. 우리가 이야기하는 전체 시스템을 도입할 필요는 없지만, 조직을 민첩하게 만드는 방향으로 움직일 방법은 있습니다.

　나델라는 분명 마이크로소프트를 어느 정도 바꿔놓았습니다. 2014년 나델라가 CEO로 취임했을 때 마이크로소프트에는 위계질서와 서열을 따르는 문화가 있었습니다. 다른 집단은 항상 서로 적대적이었어요. 그래서 협업, 창의성, 혁신이 숨 쉴 수 없었습니다. 나델라는 이런 방식으로는 조직이 성장하고 발전할 수 없다고 생각했습니다. 그래서 우리가 앞서 이야기한 기업에서 보았던 것과 비슷한 방법을 도입했죠. 새로운 게임판을 만들었고 고위 경영진도 새로 구성했습니다. 스택 랭킹stacked-ranking(직원의 업무 성과에 순위를 매기는 평가 방식 – 옮긴이) 기반의 성과 관리 시스템을 폐지하고, 고어나 제록스의 파크처럼 직원을 코칭하고 능력을 계발하는 방식으로 전환했습니다.

커트 또한 그동안 중앙집중적으로 운영되던 보상 변경 등 여러 권한을 하위 관리자들에게 더 많이 부여했죠.

데보라 물론입니다. 하위 관리자에게 혁신이 계속 일어나게 하는 데 필요한 일을 할 자유를 주었지요. 그리고 '성장 마인드셋'growth mindset이라 부르는 문화에 다시 초점을 맞췄습니다. 성장 마인드셋은 스탠퍼드대학교의 심리학자 캐럴 드웩Carol Dweck의 연구를 바탕으로 합니다. 드웩은 사람들이 배울 수 있는 내용과 발전할 방법은 고정된 게 아니며 계속 성장할 수 있다고 생각했습니다. 사람은 항상 더 많이 배울 수 있습니다. 실패하면 바로 거기서 멈추는 게 아니라 스스로 회복해 이렇게 말할 수 있어요. '이번 실패를 통해 배운 건 무엇일까? 그리고 어떻게 하면 다음번에 더 잘할 수 있을까?'

비난하는 문화가 없어야 합니다. '어떻게 하면 우리가 더 잘할 수 있을까? 다음번에는 어떻게 혁신할까?'라고 생각하는 문화를 가져야 하죠. 나델라는 회사 전체에 그런 성장 마인드셋을 심으려고 애썼습니다. 그렇게 해서 여러 가지 조치를 시행해 마이크로소프트를 우리가 찾은 모델에 좀 더 가까워지게 만들었습니다.

═ HBR AT 100 ═

— 2019 —

제24장

'탄소 제로의 미래'에서 성공할 준비가 되어 있는가

기후변화에 따른 리스크와 기회를 전략으로 바꾸는 법

나이절 토핑

Is Your Company Ready for a Zero-Carbon Future?

hbr.org 2019년 6월 21일 자 기사 수정(product #H050QH)

나이절 토핑 Nigel Topping
기후변화 대응 조치를 앞당기는 혁신과 정책을 추진하기 위해 기업 리더십을 활용하는 위 민 비즈니스We Mean Business 연합의 CEO. CDP(구 탄소 정보공개 프로젝트Carbon Disclosure Project)의 사무총장을 역임했으며, 제조업 분야에서 18년간 근무한 경력이 있다.

탄소 제로 경제를 향한 급속한 움직임

탄소 제로 경제로 빠르게 이행하기를 원하는 대중의 요구가 점점 커지고 있다. 하지만 세계 곳곳에서 벌어지는 시위와 청소년 기후 파업만으로는 변화를 끌어내기에 충분하지 않다. 기업이 행동에 나서야 한다. 현재의 위기가 지구에 가하는 심각한 위협은 말할 것도 없고, 조직들은 점점 이 위기가 비즈니스에도 실질적인 위험을 초래한다는 사실을 인식하고 있다.

미국 상품선물거래위원회 의장 로스틴 베넘Rostin Behnam은 기후변화에 따르는 금융 위험을 2008년 금융 위기를 초래한 모기지 붕괴의 위험에 비유했다.[1] 그리고 최근 AT&T는 앞으로 몇 년 동안 회사의 통신 기반 시설을 손상할 수 있는 기후 관련 사건을 추적하기 위해 미국 에너지부Department of Energy에 관련 비용을 지불하겠다고 발표했다(AT&T는 기후 재앙으로 이미 8억 4,700만 달러를 잃었다).

---

1 Coral Davenport, "Climate Change Poses Major Risks to Financial Markets, Regulator Warns," *New York Times*, June 11, 2019, https://www.nytimes .com/2019/06/11/climate/climate-financial-market-risk.html.

탄소 배출량 감소를 기업 전략의 중요한 내용으로 삼으면 기후 관련 위험이 조직에 미치는 영향을 줄일 수 있을 뿐 아니라 혁신, 경쟁력, 위험 관리 그리고 성장에 상당한 이점을 얻을 수 있다.

합계 시가총액 17조 6,000억 달러가 넘는 900개 이상의 글로벌 기업이 이미 '위 민 비즈니스 테이크 액션'We Mean Business Take Action (우리는 진지하게 기업의 행동을 촉구합니다) 운동을 통해 성장과 탄소 배출량 감소를 기업 전략으로 삼고 있음을 확인시켜주었다(위 민 비즈니스 테이크 액션은 내가 CEO를 맡고 있는 비영리 연합 단체다). 이 가운데 560개 이상의 기업이 과학적 근거에 기반한 야심찬 온실가스 감축 목표를 설정하기로 약속했으며, 175개 이상의 기업은 100퍼센트 재생에너지 전기로 전환하겠다고 약속했다. 일부 기업은 2050년까지 탄소 순배출 제로net-zero emissions를 목표로 하는 기후 정책을 지지하며 경제 전반의 전환을 가속화하기 위해 영향력을 행사하기 시작했다. 또 다른 기업들은 공급망 전반에서 기후 행동을 요구하고 있다.

당신의 회사 또한 기후 문제 해결을 위한 방안에 참여해야 할 책임이 있다. 기후 문제 해결을 위한 책임을 다하지 못하면 인재를 끌어들이고, 위험을 관리하며, 성장을 위한 혁신을 불러오는 데 어려움을 겪을 것이다. 다음에서 탄소 제로 미래를 성공적으로 맞이하는 기업이 되기 위해 취할 수 있는 몇 가지 중요한 조치를 소개한다.

파리협정의 기준에 맞춰 관리한다

과학은 그 어느 때보다도 명확해졌다. 기후변화에 관한 정부 간 협의체 Intergovernmental Panel on Climate Change, IPCC는 2018년 온난화로 기온이 1.5도 높아졌을 때 지구가 받는 영향에 관한 특별 보고서를 제출했다. 이 보고서에서는 탄소 배출 감축량을 파리협정의 목표에 맞추고, 늦어도 2050년까지 탄소 순배출 제로를 이루기 위한 노력의 중요성을 강조했다.[2]

과학을 기반으로 한 온실가스 배출량 감소 목표는 탄소 배출량 감소 목표를 정하려는 기업에 훌륭한 표준이 된다. 기업이 직접 운영하는 영역 및 가치사슬 전반에 적용할 수 있다. 이제 기업은 지구 온난화를 1.5도까지 제한하는 데 필요한 탈탄소decarbonization 수준에 맞춰 목표를 설정하는 게 가능하다. 이러한 목표는 야심 찬 것이며 2050년까지 탄소 순배출 제로 목표에 도달하는 데 필수적이다. 그리고 모든 기업은 이 수준을 궁극적 목표로 삼아야 한다.

망설여진다면 행동에 나서지 않았을 때 따를 위험을 생각해보라. 1조 달러에 달하는 세계 최대 규모인 노르웨이 국부펀드는 약 130억 달러 규모의 화석연료 관련 투자를 철회하겠다고 발표했다. 이는 전세계적으로 화석연료에서 벗어나려는 움직임이 계속될 것이라는 신호 중 하나다. 그리고 탄소 배출이 기업 자산에 미치는 영향을 투자 계획에 넣을 필요가 있음을 나타낸다. 그렇게 하지 않으면 자산 가치가 빠르게 사라질 것이다. 과학을 기반으로 하는 탄소 배출량 감소 목표는 모든 전략적 결정에 기후변화에 따른 위험과 기회 분석을 포함시킨다. 그렇게 함으로써 장래성 있는 사업계획을 세울 방안을 제시한다. 동시에 탄소 제로 혁신을 촉진하고, 곤경에 빠진 자산 가치를 지키는 데 도움이 된다.

현재까지 이러한 목표를 채택한 560개 이상의 기업 중 다수는 브랜드 평판과 투자자 신뢰가 향상되었다고 보고했다. 소비자와 투자자는 자신

---

[2] Intergovernmental Panel on Climate Change, "Special Report: Global Warming of 1.5℃," 2019, https://www.ipcc.ch/sr15/.

의 선택이 환경에 미치는 영향을 점점 더 인식하고 있다. 따라서 탄소 배출량 감축 목표를 위해 노력하는 기업은 비즈니스상 여러 영역에서 경쟁우위를 차지하게 된다.

기후변화 이니셔티브에 참가한다

2050년까지 탄소 순배출 제로 목표를 달성한다는 건 의심할 여지 없이 야심 찬 목표다. 하지만 기업이 지원을 받을 수 있는 몇 가지 이니셔티브가 있다.

국제 비영리 기구 클라이밋 그룹The Climate Group에서 주도하는 EP100 이니셔티브는 처음 가입하기에 좋은 선택이다. EP100은 온실가스 배출을 줄이고 청정 경제로의 전환을 가속화하려는 에너지 스마트 기업을 하나로 모았으며, 모임은 점점 커지고 있다. EP100 이니셔티브의 일원으로서 기업은 에너지 생산성을 2배로 늘린다. 나아가 '탄소 순배출 제로 협약'Net Zero Carbon Buildings Commitment을 통해 탄소 순배출량을 제로로 만들기 위해 노력할 수 있다.

EP100에 가입한 기업은 탄소 배출량 감소와 함께 비용 절감을 보고한다. 예를 들어 위스콘신에 있는 존슨 콘트롤즈Johnson Controls는 에너지 생산성 향상으로 온실가스 배출 강도가 41퍼센트 낮아졌고, 연간 에너지 비용도 1억 달러 이상 절약했다.

또한 세계지속가능발전기업협의회World Business Council for Sustainable Development가 주도하는 저탄소 기술 파트너십Low Carbon Technology Partnerships, LCTPi 같은 공공 이니셔티브도 특정 비즈니스 부문의 가치사슬 전반에서 공유 자연 기후 해결 방안을 만들기 위해 기업을 한데 모은다. 저탄소 기술 파트너십에서는 주로 농업, 에너지, 운수 산업에 초점을 맞춘다. 이러한 유형의 이니셔티브는 기업이 새로운 시장을 개발하는 데 도움이 되는 자원과 혁신에 더 쉽게 접근할 수 있도록 지원한다.

100퍼센트를 약속한다

어떤 일을 완전히, 100퍼센트 다 해내려 노력한다면 변명의 여지가 남지 않고 이해관계자에게도 강력한 신호를 보내게 된다. 전력 소비를 20퍼센트나 50퍼센트가 아니라 100퍼센트 재생에너지로 전환해 충당하겠다고 약속하면 기업 내부와 외부의 모든 관계자에게 목표를 분명하게 알릴 수 있다.

글로벌 기업 리더십 이니셔티브인 RE100을 통해, 세계에서 가장 영향력 있는 기업 175곳 이상이 이미 이를 약속했다. RE100을 통해 약속한 기업이 100퍼센트 재생에너지 전력으로 전환하면 연간 184테라와트시$_{TWh}$가 넘는 전력 수요를 창출하게 된다. 이는 아르헨티나와 포르투갈의 전력 수요량을 전부 충당하고도 남는 규모다. 이러한 변화는 재생에너지 전력 수요를 끌어올리고 나아가 세계 전력 시스템 전반에 걸쳐 화석 연료를 벗어나는 수요 패턴의 변화를 만들어내는 중이다.

구글, 오토데스크$_{Autodesk}$, 엘로팩$_{Elopak}$, 인터페이스$_{Interfac}$ 등은 이미 목표를 달성해 100퍼센트 재생에너지로 전력을 충당하고 있다. 이러한 기업은 변화를 만들어낼 뿐 아니라 풍력과 태양열 전기 가격이 계속 내려감에 따라 비용도 절감한다. 그리고 투자자, 고객, 정책 입안자를 포함한 이해관계자에게 기업의 미래가 재생에너지에 있다는 비전을 보여주고 있다.

이런 노력은 운송 부문에서도 이루어지고 있다. 전세계에서 대기 오염을 일으키는 차량에 대한 규제가 점점 강화될 것으로 예상된다. 이에 따라 많은 기업이 남들보다 앞서 전기 차량으로 전환할 가치가 있다는 사실을 깨닫고 있다. 글로벌 이니셔티브 EV100을 통해 회사 운용 차량을 전기차로 전환하겠다고 약속하는 기업이 점점 더 늘어나는 추세다.

차량 180만 대를 운용하는 자동차 리스 회사 리스플랜LeasePlan은 2021년까지 보유 차량을 100퍼센트 전기차로 전환하겠다는 목표를 세웠다. 이는 2030년까지 탄소 순배출 제로를 달성하겠다는 상위 목표를 향해 한 걸음 다가가는 것이다. 운용 차량을 전기차로 교체함으로써 리스플랜은 환경상 이익뿐 아니라 자동차 보유에 따르는 비용도 극적으로 줄일 수 있다. 전기차를 충전하는 게 휘발유를 사는 것보다 훨씬 저렴하기 때문이다. 또한 전기차는 유지 비용도 낮다. 독일의 배송 회사 DHL은 전기 배송차 스트리트스쿠터StreetScooter를 활용해 이미 연료비의 60~70퍼센트와 유지비의 60~80퍼센트를 절감하고 있다.

산업 단체의 입장을 검토한다

산업 단체는 기업의 전략적 이익을 보호하고 공통 업종을 기반으로 형성된다. 당신의 회사가 회원사로 가입한 단체에서 기후변화 위기에 대처하기 위한 진지한 조치를 취하지 않는다면 어떻게 될까? 탄소 순배출 제로 시대가 도래했을 때 그 산업 전체가 흐름에 뒤처지는 위험에 처하게 된다. 시대에 뒤진 로비를 하는 바람에 회사의 발목을 잡는 일은 그만두어야 한다.

이제 기업이 속한 산업 단체의 회원 자격을 검토하고, 기후변화 문제를 위한 행동 목표와 일치하는지 확인해야 할 때가 왔다. 일치하지 않는다면 단체가 입장을 바꾸도록 회사의 영향력을 활용하거나 정책 입안자에게 회사가 택한 입장을 보여줄 수 있도록 단체에서 탈퇴하라. 탈퇴하는 회사가 하나는 아닐 것이다.

폭스바겐은 독일의 자동차 제조업체를 대표하는 로비 단체인 VDA에 자동차 산업 전환에 대한 입장을 조정하지 않거나 전기자동차 지원을 시작하지 않으면 단체를 탈퇴하겠다고 통보했다. 또한 석유 회사 쉘은 파리협정을 지원하지 않는다는 이유로 미국 연료 및 석유화학 제조업체 협회American Fuel and Petrochemical Manufacturers, AFPM를 탈퇴했다. 마지막으로 유니레버의 CEO 앨런 조프Alan Jope는 유니레버가 관련된 모든 산업 단체를 대상으로 기후 문제와 관련한 로비를 할 때 유니레버의 목표와 입장이 일치하는지 확인하라고 요청했다.

기후변화 대책을 위한 거버넌스를 구축한다

기후변화 문제 해결을 위한 계획은 회사가 이를 지원할 적절한 거버넌스를 갖추고 있을 때만 효과가 있다. 여기에는 이사회와 경영진이 기후위기가 일으키는 위험과 기회를 인식하는 데 필요한 지식과 기술을 갖추는 일도 포함된다.

예를 들어 글로벌 식품 회사를 운영하고 있다고 가정하고 다음 질문을 떠올려보라. 우리 회사는 EAT-란셋EAT-Lancet의 보고서(푸드 시스템 혁신을 위해 설립된 글로벌 비영리 재단인 EAT와 영국의 의학 저널인 《란셋》The Lancet이 공동발간한 것으로, 지속가능하고 건강한 식단을 권고하는 내용을 담았다.—옮긴이)의 최신 연구 결과를 반영하고 있는가? 우리 회사 이사회는 육류 소비에서 벗어나는 사회적 변화에 대해 전문 지식이 있으며, 회사의 벤처 투자도 이러한 변화에 발맞춰 이루어지고 있는가? 우리는 자연을 해치기보다 보호하기 위해 회사의 비즈니스 모델이 어떻게 진화하고 있는지 직원과 고객에게 설명할 수 있는가?

이러한 노력에 도움을 주기 위해 환경 단체 세레스$_{Ceres}$와 더비팀$_{The\ B\ Team}$은 관련 지식을 갖춘 이사회를 만들어 기후 문제 입문서를 발간했다. 입문서는 또한 기후변화 관련 재무 정보 공개 협의체$_{Task\ Force\ on\ Climate-related\ Financial\ Disclosure,\ TCFD}$가 제시하는 권고 사항의 적용과 관련성에 초점을 맞춘다. 이 가이드라인은 기후 문제와 관련된 재무적 위험 및 기후 문제가 모든 비즈니스 전략에 어떻게 영향을 미치는지를 강조한다.

정부의 기후 정책을 확실하게 지지한다

기업은 정책 입안자와 직접적인 대화를 통해 한층 과감하고 야심 찬 기후 정책을 입안하도록 영향을 줄 수 있다. 이 방법은 2015년 파리협정을 위한 협상이 벌어지는 동안 큰 효과를 발휘했다. 당시 업계를 선도하는 기업을 대표해 출석한 사람이 정책 입안자와 마주 앉아 서로 다른 여러 정책이 그들 기업에 불러올 기회와 어려움에 관해 터놓고 이야기를 나누었다. 그런 대화는 계속 이어져야 한다.

탄소 배출량 감축 계획과 이를 시행한 경험을 바탕으로, 계속되는 정책 논의에 정보를 제공하기 좋은 위치에 있는 기업이 많다. 기후 비상사태 상황을 개선하고자 행동해온 기업은 그러한 노력을 통해 이룬 실질적 진전을 보여줄 수 있다. 또한 기후 문제 개선을 위한 행동에 나서는 게 가능하며, 그렇게 하지 않으면 큰 비용이 든다는 사실을 입증할 수 있다.

일본에서는 총매출액 6,700억 달러, 총전력 사용량 36테라와트시를 나타내는 93개 기업이 일본 정부에 2050년까지 국내 탄소 순배출량 제로를 목표에 포함해달라고 요청했다. 그 이후로 일본 내각은 탄소 배출량 감축 전략의 개요를 정했는데, 여기서는 2050년에 가까운 시기까지 '탄소 제로' 경제로 이행하는 것을 목표로 삼고 있다. 또한 수백 개의 기업이 유럽연합에 늦어도 2050년까지는 온실가스 순배출 제로 달성을 약속해달라고 요청했다. 영국 정부는 2050년까지 순배출 제로 달성을 법제화하겠다고 이미 발표했고, 유럽연합에는 영국 정부를 따라야 한다는 압박이 커지고 있다.

자사의 목적을 알린다

기업이 보고서와 외부 소통을 통해 기후 문제 해결을 위해 쏟는 노력을 많이 공유할수록 정책 입안자, 고객, 직원도 기업의 노력을 한층 잘 확인할 수 있다. 기업이 모범을 보이면 정책 입안자, 고객, 직원도 자신감을 얻어 기후 문제를 개선하겠다는 야심을 키울 수 있다. 그리고 경쟁과 혁신을 촉발하는 데 필요한 시장 변화도 촉진된다.

아마도 가장 큰 이점은 이를 통해 장기적인 기후 정책의 실행을 도울 수 있다는 점이다. 이러한 정책은 기업이 제품과 서비스를 더 빠르고 스마트하게 탈탄소화하는 데 필요한 명확성을 제공한다.

또한 기업이 기후 문제를 해결하기 위해 쏟는 노력을 대중에게 알리면 다음 세대 인재를 유치하고 보유하는 데도 도움이 된다. 밀레니얼세대의 약 75퍼센트는 회사가 기후 위기 문제에 대응하기를 기대한다. 최근 연구 결과에 따르면 Z세대 또한 기후 문제에 밀레니얼세대와 같은 강경한 태도를 보였다.[3]

---

3 Glassdoor Team, "New Survey Reveals 75% of Millennials Expect Employers to Take a Stand on Social Issues," Glassdoor, September 25, 2017, https://www.glassdoor.com/blog/corporate-social-responsibility/; Kim Parker, Nikki Graf, and Ruth Igielnik, "Generation Z Looks a Lot Like Millennials on Key Social and Political Issues," Pew Research Center, January 17, 2019, https://www.pewsocialtrends.org/2019/01/17/generation-z-looks-a-lot-like-millennials-on-key-social-and-political-issues/.

기후 문제 대응 활동에 따르는 이점을 활용하려는 기업은 지금까지 소개한 여러 조치를 취하려 노력해야 한다. 그리고 행동에 나섰을 때는 외부에 알리는 것도 잊으면 안 된다. 다른 사람들이 탄소 제로 미래로 나아가도록 영감을 주는 것은 혁신을 이끄는 행위다. 또한 다른 기업이 뒤처질 때 우리 기업이 앞서나가도록 보장하는 가장 효과적인 방법이다. 기후 위기를 극복하고 경제와 지구에 모두 이로운 해결책을 추진해야 할 책임은 우리 모두에게 있다.

— 2008 —

IDEO의 디자인 씽킹

인간 중심의 이노베이션

팀 브라운

Design Thinking

HBR 2008년 6월호에서 전재(product #R0806E)

팀 브라운 Tim Brown

세계적 디자인 컨설팅 회사 IDEO 회장. CEO에 취임한 후 IDEO를 세계적 컨설팅 기업으로 성장시킨 그는 HBR을 통해 디자인을 혁신적 경영 전략의 제1의 조건으로 내세웠고, 이는 전세계 CEO들에게 큰 반향을 불러일으켰다. 또한 수많은 상을 수상한 디자이너이기도 하다. 그의 작품은 뉴욕 현대미술관 MoMA, 도쿄의 액시스 갤러리 Axis Gallery 그리고 런던의 디자인 뮤지엄에 전시되었다. 대표 저서로 《디자인에 집중하라》가 있다.

에디슨은
디자인 씽킹의 원조

토머스 에디슨은 전구를 발명했을 뿐 아니라 이후 전구 산업 전체를 장악했다. 전구는 보통 에디슨의 대표 발명품으로 여겨진다. 하지만 전력 생산과 송전 시스템이 없다면 전구란 그저 눈속임에 불과하다는 걸 에디슨은 알고 있었다. 전력 생산과 송전 시스템이야말로 전구를 진짜 유용한 물건으로 만들어주는 존재다. 그래서 에디슨은 그 시스템도 함께 개발했다.

에디슨의 천재성은 단순히 개별 기기의 발명에 있는 것이 아니라 완전하게 개발된 시장을 구상하는 능력에 있었다. 에디슨은 자신이 만든 물건을 사람들이 어떻게 사용하고 싶어 할지 미리 상상했고, 그런 통찰을 바탕으로 발명품을 제작했다. 에디슨의 선견지명이 항상 옳은 건 아니었지만(에디슨은 처음에 축음기가 주로 업무용 받아쓰기와 재생을 위한 구술 녹음 기계로 쓰일 것이라 믿었다), 그는 늘 사용자의 수요와 선호도를 많이 고려했다.

에디슨의 접근 방식이 요즘 말하는 '디자인 씽킹'을 보여주는 초기 사례다. 디자인 씽킹이란 혁신 활동 전반에 인간 중심적 디자인 정신을 불어넣는 방법론이다. 이는 사람들이 삶에서 무엇을 원하고 필요로 하는지를 깊이 이해하는 데서 출발한다. 또한 특정 제품이 어떻게 만들어지고, 포장되며, 마케팅되고, 판매되고, 지원되는지에 대해 사람들이 좋아하거나 싫어하는 점을 직접 관찰해 파악하는 것이 혁신의 힘이 된다.

에디슨의 가장 위대한 발명은 현대적인 연구개발 실험실과 실험 조사 방법이었다고 생각하는 사람이 많다. 에디슨은 특정 분야를 전문으로 하는 과학자가 아니었고, 민첩한 사업 감각으로 전반을 아우르는 제너럴리스트였다. 뉴저지주 멘로 파크에 있는 그의 실험실에는 재능 있는 수공업자, 즉흥적인 발명가, 실험가들이 모여 있었다. 사실 그는 '고독한 천재 발명가'라는 기존의 틀을 깨고 팀 기반의 혁신 방식을 만들어냈다.

에디슨의 전기 작가들은 즐겁게 일했던 에디슨 팀의 끈끈한 동지애에 관해 썼지만, 실험실에서 에디슨의 팀은 끝없는 시행착오의 과정을 반복했다. 이것이 바로 에디슨이 천재를 정의하며 말한 '1퍼센트 영감과 99퍼센트 노력'에서의 그 99퍼센트에 해당한다. 에디슨이 실험에 접근하는 방식은 미리 세운 가설을 검증하는 게 아니라 실험을 반복할 때마다 실험자가 무언가 새로운 내용을 배우게 하는 것이었다. 혁신을 이루는 건 힘든 일이다. 에디슨은 예술, 기술, 과학, 비즈니스 감각 그리고 고객과 시장에 대한 빈틈없는 이해를 섞어 혁신을 하나의 직업으로 만들었다.

디자인 씽킹은 이러한 전통의 직계 후손인 셈이다. 간단히 말해 디자인 씽킹이란 대중의 수요를 기술적으로 구현 가능하도록 연결하고, 실행 가능한 비즈니스 전략을 고객 가치와 시장 기회로 바꾸기 위해 디자이너의 감성과 방법론을 활용하는 분야다. 에디슨이 노력을 쏟았던 혁신 과정과 마찬가지로 디자인 씽킹도 엄청난 노력을 수반한다.

나는 오늘날 경영 아이디어와 모범 사례 대부분이 자유롭게 복제·활용될 수 있는 비즈니스 세계에 이러한 디자인 씽킹이 큰 가치를 제공한다고 믿는다. 현재 기업 리더들은 혁신을 차별화와 경쟁우위의 핵심 원천으로 보고 있다. 이를 위해 혁신 과정의 모든 단계에 디자인 씽킹을 접목하면 좋은 결과를 얻을 수 있을 것이다.

디자인 씽킹으로 병원을 혁신하다

역사적으로 디자인은 개발 과정의 후반 단계로 여겨져왔다. 디자이너는 이 시점에 이르기까지 앞서 이루어진 실질적인 혁신 작업에서 아무런 역할을 맡지 않았고, 개발 과정이 디자인 단계에 이르면 정해진 아이디어를 예쁘게 포장하는 일만 했다. 분명히 이러한 접근 방식도 많은 분야에서 시장의 성장을 촉진했다. 디자인은 신제품과 신기술에 미적인 매력을 더했고 이는 소비자의 마음을 끌었다. 또한 스마트하고 감각적인 광고와 소통 전략을 통해 브랜드 인식을 강화함으로써 여러 분야에서 시장 성장을 촉진해왔다. 20세기 후반 들어 디자인은, 예를 들어 소비자 가전, 자동차, 소비재 산업 등에서 점점 더 가치와 경쟁력을 보이는 자산이 되었다. 그래도 대부분 산업에서는 여전히 개발 과정의 후반에 덧붙이는 단계에 머물러 있었다.

하지만 요즘은 기업에서 디자이너에게 이미 만들어진 아이디어를 소비자에게 한층 매력적으로 보이게 해달라고 요구하는 대신, 고객의 수요와 욕망을 제대로 충족시킬 아이디어를 내달라고 요청하고 있다. 과거에 디자이너가 요구받은 역할은 전술적인 역할이었고, 결과적으로 가치 창출에 제한이 있었다. 그러나 요즘 디자이너는 전략적인 역할을 요구받으며 이는 극적으로 새로운 형태를 지닌 가치 창출로 이어진다.

나아가 선진국 경제의 축이 제조 산업에서 지식 노동과 서비스 제공 산업으로 이동하면서 혁신의 지형이 확대되고 있다. 혁신의 대상도 더는 물리적 상품에 그치지 않는다. 새로운 프로세스, 서비스, IT 기반 상호작용, 엔터테인먼트 그리고 소통과 협업의 방식까지 혁신의 대상이 된다. 이는 정확히 디자인 씽킹이 결정적인 차이를 만들 수 있는 인간 중심 활동이다('디자인 씽킹을 하는 사람의 성격 특징' 참조).

대형 병원 카이저 퍼머넌테Kaiser Permanente(미국의 비영리 통합 의료기관)를 살펴보자. 카이저 퍼머넌테는 환자와 의료 종사자 모두의 전반적인 경험 품질을 개선하고자 했다. 서비스 부문 기업들은 서비스 창출과 제공의 최전선에서 상당한 혁신을 만들어낼 수 있다. 카이저는 간호사, 의사, 행정 직원 등에게 디자인 씽킹 기법을 가르침으로써 그들이 새로운 아이디어를 제안하도록 영감을 주고자 했다. 카이저 병원의 직원들은 우리 회사 IDEO와 카이저 병원의 코치가 진행하는 워크숍에 수개월에 걸쳐 참가했다. 디자인 씽킹 기법을 교육하는 워크숍은 다양한 혁신 아이디어로 이어졌고, 여러 아이디어가 병원 전체에 소개되었다.

그런 아이디어 가운데 하나는 카이저 병원 네 곳에서 간호사의 교대 근무 시간 변경 방식을 재설계하는 프로젝트였다. 이 프로젝트는 더 넓은 의미의 제품 혁신과 전체론적 디자인 접근법의 가치를 모두 보여주는 훌륭한 사례다. 프로젝트를 진행하는 핵심 팀은 전략가(전직 간호사), 조직 개발 전문가, 기술 전문가, 프로세스 디자이너, 노조 대표 그리고 IDEO의 디자이너로 구성되었다. 이 팀은 네 군데 병원 각각에서 일선 직원으로 구성된 혁신팀과 함께 일했다.

디자인 씽킹을 하는
사람의 성격 특징

일반적인 생각과 달리 디자인 씽킹을 하는 사람이 되기 위해 이상한 신발을 신거나 검은색 터틀넥 스웨터를 입어야 하는 건 아니다. 대부분 디자이너가 어느 정도 디자인 교육을 받기는 했지만, 꼭 디자인 학교에 다녀야 할 필요도 없다.

내 경험상 디자이너라는 직업을 갖고 있지 않지만 디자인 씽킹에 타고난 적성을 보이는 사람이 많다. 이런 사람이 적성을 제대로 개발하고 올바른 경험을 쌓으면 재능을 꽃피울 수 있다.

우선 디자인 씽킹을 하는 사람에게서 찾을 수 있는 몇 가지 특징을 살펴보자. 그리고 그것을 출발점으로 삼아보자.

- **공감**empathy: 디자인 씽킹을 하는 사람은 다양한 관점으로 세상을 바라본다. 즉 동료의 관점, 의뢰인의 관점, 최종 사용자의 관점, 고객(현재 고객 및 잠재 고객)의 관점으로 바라보는 것이다. 디자인 씽킹을 하는 사람은 '사람 중심'의 접근법을 택한다. 그래서 본질적으로 바람직한 해결책을 떠올리며 분명하게 드러나는 수요 혹은 잠재된 수요를 충족시킨다. 디자인 씽킹을 뛰어나게 잘하는 사람은 세상을 매우 세밀하게 관찰한다. 다른 사람은 보지 못하는 것을 보며, 이러한 통찰력을 활용해 혁신을 도모한다.

- **통합적 사고**integrative thinking: 디자인 씽킹을 하는 사람은 분석 과정을 활용(양자택일의 결과 도출)할 뿐 아니라 혼란스러운 문제에서 두드러지게 나타나는 모든 측면, 때로는 상충하는 측면까지 모두 파악한다. 그렇게 함으로써 기존 대안을 넘어 이를 극적으로 개선하는 새로운 해결책을 만드는 능력을 보인다(로저 마틴의 저서 《생각이 차이를 만든다》The Opposable Mind: How Successful Leaders Win Through Integrative Thinking 참조).

- **낙관주의**optimism: 디자인 씽킹을 하는 사람은 주어진 문제가 지닌 제약 조건이 어떻든 간에 기존 대안보다 나은 잠재적 해결책이 최소한 하나는 존재한다고 믿는다.

- **실험주의**experimentalism: 획기적인 혁신은 점진적인 변화에서 비롯되지 않는다. 디자인 씽킹을 하는 사람은 완전히 새로운 방향으로 나아가는 창의적인 방식으로 질문을 던지고 제약 조건을 살핀다.

- **협업**collaboration: 제품, 서비스 그리고 경험이 점점 복잡해짐에 따라 외롭고 창의적인 천재라는 신화는 사라지고 있다. 대신 여러 분야의 지식을 갖춘 열정적인 협력자라는 현실이 그 자리를 차지한다.
디자인 씽킹을 최고 수준으로 해내는 사람은 다른 분야의 사람과 함께 일하기만 하는 게 아니다. 대체로 한 가지 이상의 분야에서 상당한 경험을 갖고 있다. 우리 회사 IDEO에서는 엔지니어이

> 자 마케터, 인류학자이자 산업 디자이너, 건축가이자 심리학자
> 인 사람을 채용한다.

    초반에 핵심 프로젝트팀은 간호사들과 협력해 교대 근무 시간을 변경하는 방식에서 발생하는 여러 가지 문제점을 확인했다. 가장 주요한 문제는 교대 근무 시간이 바뀔 때마다 간호사실에서 다음 교대팀에 환자의 상태를 설명하는 데 45분이 걸린다는 사실이었다. 정보를 교환하는 방법은 구술한 내용을 녹음하는 것부터 직접 만나서 이야기하는 방식까지 병원마다 달랐다.

    그리고 간호사들은 환자를 돌보는 데 필요한 정보를 다양한 방법으로 기록했다. 남는 종이 뒷면에 짧게 휘갈겨 쓰는 사람도 있었고, 심지어 수술용 간호복 위에 쓰는 사람도 있었다. 이처럼 다음 교대팀에 정보를 전달하는 데 상당한 시간을 투자하는데도 간호사들은 환자에게 가장 중요한 문제를 자주 놓치곤 했다. 예를 들어 앞선 교대 근무팀의 근무 시간에 환자가 어떻게 지냈는지, 어떤 가족이 환자와 함께 있었는지, 특정 검사나 치료가 행해졌는지 아닌지와 같은 것들 말이다.

    핵심 프로젝트팀은 간호사들의 근무가 교대될 때마다 돌봄에 공백이 생긴다고 느끼는 환자가 많다는 사실을 알게 되었다. 이렇게 교대 시간을 관찰해 얻은 통찰력을 바탕으로 혁신팀은 브레인스토밍과 신속한 프로토타입$_{prototype}$을 개발해 잠재적인 해결 방법을 모색했다(서비스 혁신의 프로토타입은 물리적 제품이 아니지만, 반드시 구체적이어야 한다. 프로토타입 개발을 통해 배우는 내용을 이해하는 데 이미지가 도움이 되므로 우리는 프로토

타입 서비스를 수행할 때 영상을 자주 촬영한다. 카이저 병원에서도 마찬가지였다).

프로토타입 개발이 반드시 복잡하거나 비용이 많이 드는 건 아니다. IDEO는 또 다른 병원 프로젝트에서 외과의가 부비동 수술을 위한 새로운 기구를 개발하는 데 도움을 주었다. 외과의가 이상적인 수술용 기구가 지닌 물리적 특성을 설명하자 디자이너가 화이트보드 펜, 필름 보관통과 빨래집게를 들어 테이프로 붙였다. "이런 식이라는 말씀인가요?" 디자이너가 물었다. 초기 형태의 프로토타입을 손에 들자 외과의는 궁극적으로 어떤 디자인이 되어야 하는지 훨씬 상세하게 설명할 수 있었다.

프로토타입을 개발할 때는 유용한 피드백을 얻고, 아이디어로 발전하는 데 필요한 만큼의 시간, 노력, 비용을 투자해야 한다. 프로토타입의 '완성도'가 높아 보일수록 프로토타입을 만든 사람이 피드백에 신경 쓰고 이를 통해 이익을 얻을 가능성이 줄어든다. 프로토타입 개발의 목표는 완성하는 것이 아니라 아이디어의 강점과 약점을 파악하고, 이후의 프로토타입이 나아갈 새로운 방향을 발견하는 것이다.

간호사 교대 근무 재설계에서 나타난 디자인 씽킹은 간호사실이 아닌 환자 앞에서 정보를 전달하는 방안이었다. 단 일주일 만에 혁신팀은 새로운 절차와 간단한 소프트웨어를 포함한 프로토타입을 개발했다. 소프트웨어를 활용해 간호사는 과거 교대 근무 변경 시 적어둔 메모를 불러오거나 새로운 메모를 저장할 수 있었다. 그리고 근무 시간이 종료되고 다음 근무팀에 전달하기 위해 환자 정보를 급하게 서둘러 적는 대신 근무 시간 중에 계속 입력할 수 있었다. 간호사들은 교대 근무를 시작할 때 소프트웨어가 각 간호사에게 맞춰 심플하게 정리한 데이터를 확인했다. 그 결과 전달되는 정보의 질이 높아지고 인수인계 시간도 짧아졌다. 덕분에 간호사가 정보를 잘 숙지한 상태로 전보다 빨리 환자를 만날 수 있게 되었다.

카이저 병원은 이 변화의 영향을 시간 경과에 따라 측정했다. 그 결과 간호사가 출근한 시점부터 환자와 첫 대면까지의 평균 시간 간격이 절반 이상 단축되었음을 확인했다. 병원 네 곳의 시간을 합치면 환자를 돌보는 간호 시간이 엄청나게 늘어난 셈이었다. 간호사들의 업무 경험의 질에 미친 영향도 그에 못지않게 중요했다.

한 간호사는 이렇게 말했다. "한 시간 동안 할 일을 모두 마쳤어요. 출근한 지 45분밖에 안 됐는데도요." 이렇게 말하는 간호사도 있었다. "교대 시간에 딱 맞춰 퇴근하는 건 이번이 처음이에요."

이와 더불어 환자들이 경험하는 간호 서비스의 질도 크게 개선되었고, 동시에 간호사의 업무 만족도와 생산성 역시 높아졌다. 사람 중심의 디자인 방법론을 적용함으로써 상대적으로 작은 프로세스 혁신을 통해 커다란 효과를 낼 수 있던 것이다. 새로운 교대 근무 방식은 카이저 시스템 전반에 적용되고 있으며 환자에 관한 중요한 정보를 확실히 저장하는 역할은 카이저의 전자 의료 기록 이니셔티브에 통합되었다.

만일 카이저의 모든 병원에서 근무하는 전체 간호사와 의사, 행정 직원에게 그 팀들이 했던 것처럼 문제를 해결할 권한을 부여한다면 어떻게 될까? 이를 알아보기 위해 카이저 병원은 가필드 혁신 센터Garfiled Innovation Center를 설립했다. 이 센터는 카이저 직원으로 구성된 핵심 팀이 운영하고 있으며, 전체 조직을 위한 상담자 역할을 맡고 있다. 가필드 혁신 센터의 임무는 고객 경험을 강화하고, 더 나아가 카이저의 '미래형 병원'을 구상하는 것이다. 이 센터는 카이저 시스템 전반에 디자인 씽킹 도구를 도입하고 있다.

펩시코는 디자인 씽킹을 어떻게 전략으로 전환했는가

HBR 2015년 9월호에서 발췌(product #R15009F)

- 진행자:
아디 이그네이셔스 Adi Ignatius

- 인터뷰이:
인드라 누이 Indra K. Nooyi

불과 몇 년 전만 해도 인드라 누이가 펩시코의 CEO로 살아남을지 분명하지 않았다. 펩시의 톱 브랜드 상품은 시장점유율을 잃어갔고, 그런 펩시를 비대해진 대기업으로 보는 투자자가 많았다. 그리고 누이가 제품 라인을 건강을 지향하는 방향으로 바꾸려는 것에 대해 비판적이었다. 유명한 행동주의 투자자 넬슨 펠츠 Nelson Peltz 는 펩시를 두 기업으로 분할하려고 맹렬한 다툼을 벌였다.

하지만 요즘 누이는 자신감을 드러내고 있다. 누이가 CEO 자리에 오르고 나서 9년 동안 펩시의 매출은 꾸준하게 증가했고, 몇 년 동안 제자리걸음만 하던 주가도 다시 오르고 있기 때문이다. 심지어 펠츠도 자신의 우호 세력이 이사회 자리를 하나 받는 조건으로 휴전에 합의했다.

이 모든 것은 누이가 현재 회사의 혁신을 이끌고 있다고 말하는 디자인 씽킹에 집중할 수 있게 해준다. 2012년 누이는 펩시 최초의 최고디자인책임자로 마우로 포치니 Mauro Porcini 를 영입했다. 누이는 이제 회사가 내리는 거의 모든 중요한 결정에 '디자인'이 목소리를 낸다고 말한다.

아디 이그네이셔스(이하 아디) 펩시코를 디자인 중심 기업으로 만들어 해결하려 했던 문제는 뭐였나요?

인드라 누이(이하 인드라) CEO로서 저는 우리 회사 제품이 상점 진열대에 진열된 모습이 어떤지 보려고 매주 시장을 방문합니다. 저는 항상 자신에게 질문을 던집니다. CEO로서가 아니라 엄마로서요. '진짜 마음에 드는 건 어떤 제품이지?' 상점의 진열대는 점점 더 복잡해지는 것 같았고, 그래서 우리 회사가 소비자를 위해 혁신 프로세스와 디자인 경험을 재고해야 한다는 생각이 들었어요. 제품 콘셉트부터 상점 진열대에 놓이는 제품으로 완성되기까지 전 과정에 걸쳐서 말이죠.

아디 그러한 변화를 주도하기 시작한 계기는 무엇인가요?

인드라 제 직속 임원 각각에게 카메라와 빈 앨범을 한 권씩 나눠주었습니다. 그리고 좋은 디자인이라는 생각이 들면 그게 무엇이든 사진을 찍어달라고 했어요.

6주가 흘렀고, 앨범을 반납한 직원은 소수에 불과했습니다. 일부 직원은 아내를 시켜 사진을 찍게 했어요. 아무것도 하지 않은 직원도 많았습니다. 그런 직원들은 디자인이 뭔지 몰랐어요. 회사 내부적으로 제가 디자인에 관해 이야기하려 할 때마다 직원들은 제품 포장을 이야기했습니다. "다른 계열의 파란색을 써야 할까요?" 그건 돼지 자체를 다시 디자인하는 게 아니라 돼지에게 그저 립스틱을 덧바르는 격이었죠. 그래서 회사에 디자이너를 영입해야 한다는 걸 깨닫게 되었습니다.

아디 마우로 포치니를 찾는 일은 쉬웠나요?

인드라 회사에서 조사를 했고, 그가 3M에서 이런 일을 잘 해냈다는 사실을 알게 되었습니다. 그래서 포치니를 초대해 우리 회사의 비전에 관해 이야기를 나누었습니다. 포치니는 디자인 작업을 위한 자원과 디자인 스튜디오 그리고 최고위 임원 자리를 원한다고 했습니다. 회사에서는 그의 요청을 전부 들어주었어요. 이제 우리 회사에서는 전체 시스템에 디자인을 반영하고 있습니다. 제품 개발부터 포장과 라벨링, 진열대 위에 놓인 제품의 모습 그리고 소비자와 제품의 상호작용에 이르기까지요.

아디 좋은 디자인을 어떻게 정의하십니까?

인드라 제 생각에 디자인이 잘된 제품이란 사람들이 좋아하는 제품입니다. 혹은 싫어하는 제품이거나요. 반응이 양쪽으로 다를 수 있지만, 디자인이 잘된 제품은 진정한 반응을 끌어냅니다. 이상적으로는 그저 '응, 이걸 사서 먹었어' 정도에 그치는 게 아니라 다시 경험하고 싶게 만드는 제품이죠.

아디 디자인이 그저 포장에만 국한된 게 아니라고 하셨는데, 말씀하시는 내용의 많은 부분이 포장에 대한 것 같습니다.

인드라 디자인은 포장보다 훨씬 더 많은 내용을 담고 있습니다. 우리는 제품의 콘셉트부터 진열대에 놓인 제품, 상품을 소비한 후에 이루어지는 경험까지 전체 시스템을 다시 생각해야 했어요. 펩시 스파이어Pepsi Spire를 예로 들어보죠. 펩시 스파이어는 새로 출시한 터치스크린형 음료 디스펜서입니다. 다른 회사에서는 음료 디스펜서에 단추 몇 개와 여러 가지 맛을 추가하는 데 신경을 씁니다. 하지만 우리 회사 디자인팀은 소비자와 기계 사이의 근본적으로 다른 상호작용에 관해 이야기합니다. 우리는 미래지향적인 기계에 거대한 아이패드를 단 셈이고, 그 기계는 소비자에게 말을 걸며 상호작용을 유도합니다. 소비자의 구매 내역을 추적해, 음료 기계에 신분증을 대면 지난번에 마셨던 음료 맛의 조합을 알려주고 새로운 맛을 추천합니다. 맛을 추가할 때는 실제로 라임이나 크랜베리가 섞이는 모습을 화면에 보여주죠. 단순히 버튼을 누르고 완성품을 받는 것이 아니라 '맛이 주입되는 경험'을 제공합니다.

아디 펩시 스파이어 이외에 주목할 만한 디자인 중심 혁신이 있나요?

인드라 우리는 여성을 위한 신상품을 개발하고 있어요. 예전에는 여성을 위한 상품을 개발할 때 '크기를 줄이거나 핑크색으로 만드는' 방법을 썼어요. 예를 들어 유방암 예방 운동으로 유명한 수잔 G. 코멘 재단의 분홍색 가방에 도리토스 칩을 넣어 여성을 위한 상품임을 강조하는 식이었죠. 그것도 괜찮지만 여성의 간식 취향에는 다른 것도 있습니다.

아디 그렇군요. 여성들은 과자를 어떻게 먹는 걸 좋아하나요?

인드라 남성은 과자 한 봉지를 다 먹으면, 봉지 안에 남은 부스러기를 입에 털어 넣습니다. 여성은 그러지 않죠. 그리고 과자를 먹고 나면 손에 얼룩이 얼마나 남는지 신경 씁니다. 남성처럼 과자를 먹고 나서 의자에 손을 닦지 않거든요. 중국에서는 통 안에 플라스틱 트레이를 넣고 그 트레이에 과자를 층층이 담은 제품을 출시했습니다. 과자가 먹고 싶어지면 여성은 서랍을 열어 트레이를 받친 채로 과자를 먹습니다. 다 먹고 나면 다시 제자리에 집어넣죠. 이 과자는 먹을 때 소리도 덜 납니다. 여성은 주위 사람에게 아삭아삭 과자 먹는 소리가 들리는 걸 좋아하지 않거든요.

아디 기본적으로 사용자 경험에 훨씬 더 신경을 쓰시는 거군요.

인드라 물론입니다. 예전에는 사용자 경험은 고려 대상이 아니었습니다. 현재는 씹는 소리, 맛, 그 밖의 모든 것을 염두에 두고 제품의 모양, 포장, 형태, 기능까지 다시 생각하게 됩니다. 이 모든 사항을 고려해 결과적으로 어떤 기계를 들일지 결정하거든요. 예를 들어 봉지 대신 플라스틱 트레이에 담아 생산해야 하니까요. 우리는 공급망에까지 디자인 씽킹을 접목할 수밖에 없습니다.

아디 디자인 씽킹이라고 하면 빠르게 프로토타입을 만들고 테스트하는 모습이 떠오릅니다. 펩시코에서 디자인 씽킹을 활용하려는 일에도 이런 부분이 포함되나요?

인드라 미국 시장에는 그다지 해당되지 않아요. 하지만 중국과 일본 시장이 그러한 과정을 선도하고 있습니다. 테스트하고, 증명하고, 출시하는 과정이죠. 출시를 빨리하면 실패도 많이 합니다. 그래도 괜찮아요. 중국과 일본 시장에서는 실패에 따르는 비용이 적거든요. 미국 시장에서는 매우 체계적인 개발 과정을 따른 뒤 제품을 출시하는 편입니다. 어느 시점이 되면 중국-일본 모델을 미국에 도입해야겠죠.

아디 미국에도 이미 그런 개발 모델이 확립되어 있지 않나요? 적어도 실리콘밸리에는요.

인드라 수많은 중소기업에서 이러한 접근법을 활용합니다. 중소기업에서 감당할 만한 수준의 실패 비용이 들거든요. 하지만 우리는 좀 더 신중히 하려고 합니다. 특히 유명 브랜드 제품은 더 그렇습니다. 제품 라인을 확장하는 건 괜찮습니다. 새로운 맛의 도리토스를 출시했다가 반응이 좋지 않으면 시장에서 철수하면 됩니다. 그렇지만 완전히 새로운 상품을 출시한다면 시장에서 충분히 테스트해보고 싶습니다. 일본 시장에서 우리는 3개월에 한 번씩 새로운 펩시를 출시합니다. 초록색, 분홍색, 파란색 펩시죠. 얼마 전에는 오이맛 펩시를 출시했어요. 3개월 동안 반응을 보고, 안 되면 바로 다음 제품으로 넘어갑니다.

아디 디자인 씽킹 중심의 방식으로 펩시는 경쟁우위를 얻었나요?

인드라 우리 회사는 2가지를 동시에 해야 합니다. 매출 상위 제품의 성장률 5~6퍼센트를 지키는 것과 매출 하위권 제품을 상위권 제품보다 더 빨리 성장시키는 겁니다. 제품 라인을 확장하면 제품의 기본 고객층이 늘어납니다. 그러면 우리는 대표 상품hero products이 될 만한 제품을 항상 찾습니다. 특정 국가나 부문에서 상위 제품의 매출을 크게 끌어올리는 2~3개의 대형 제품 말이죠. 마운틴듀 킥스타트Mountain Dew Kickstart가 그런 상품입니다. 마운틴듀 킥스타트는 완전히 다릅니다. 주스 비율이 높고, 칼로리가 낮으며, 맛이 새롭죠. 우리는 혁신에 관해 다르게 생각합니다. 예전 같으면 그냥 마운틴듀의 새로운 맛 버전을 만들었을 겁니다. 하지만 킥스타트는 슬림 캔에 담겨 있고, 맛과 외형 모두 기존 마운틴듀와 다릅니다. 그렇게 마운틴듀라는 프랜차이즈 브랜드에 새로운 소비자를 끌어들입니다. 바로 이렇게 말하는 여성들이죠. "봐, 킥스타트에는 주스가 들어 있고 80칼로리밖에 안 돼. 포장도 들고 다니기 편리하게 되어 있어." 킥스타트는 출시 2년 만에 2억 달러 이상의 매출을 올렸습니다. 음료 업계에서 이는 결코 쉬운 일이 아닙니다.

아디 킥스타트는 디자인 씽킹을 보여주는 사례일까요, 아니면 그냥 혁신 과정의 일부일까요?

인드라 혁신과 디자인 사이에는 미세한 차이가 있습니다. 디자인이 혁신으로 이어지고, 혁신이 디자인을 요구하는 게 가장 이상적이겠죠. 우리는 이제 막 시작했습니다. 작년에 혁신 상품은 회사 순이익의 9퍼센트를 차지했습니다. 저는 이 비율을 10퍼센트대 중반 정도로 높이고 싶습니다. 시장이 점점 더 창의적으로 변하고 있다는 생각이 드니까요. 목표에 도달하려면 우리는 기꺼이 많은 실패와 짧은 적응 주기를 견뎌야 합니다.

> **아디 이그네이셔스**
> HBR의 전前 편집장. 현재 HBR의 특별 편집위원이다. 《월스트리트 저널》에서 오랫동안 근무하였고, 《타임》의 부편집장을 역임했다. HBR에는 2009년부터 합류하였다. 현재 HBR의 편집장은 에이미 번스타인Amy Bernstein이다.
>
> **인드라 누이**
> 인도 출신의 글로벌 기업인으로, 2006~2008년 펩시코의 CEO 겸 회장을 역임했다. 현재 아마존과 슐럼버거Schlumberger 이사회 이사로 재직 중이다.

디자인 씽킹이 이루어지는 3단계 프로세스

창의성을 발휘하는 천재에 대한 근거 없는 통념이 수그러들지 않는다. 우리는 똑똑한 천재가 보통 사람의 능력을 크게 뛰어넘는 상상력을 발휘해서 멋진 아이디어를 완성된 형태로 떠올린다고 생각한다. 하지만 카이저 병원의 간호팀이 이룬 혁신은 갑자기 등장한 돌파구가 아니었고, 천재가 벼락 맞듯 떠올린 아이디어도 아니었다. 그보다는 창의적이고 인간 중심적인 탐색 과정을 기반으로, 반복적인 프로토타입 개발, 테스트, 개선 단계를 거쳐 완성된 노력의 결과였다.

디자인 과정을 은유적으로 이야기하면 '미리 규정된 일련의 순서별 단

그림 25-1. 영감, 아이디어화, 실행

1 영감

성공을 기대하라
실행에 필요한 자원을
계획에 반영한다.

사업상 문제가 무엇인가?
기회는 어디에 있는가?
무엇이 변했는가
(혹은 곧 변할 것인가)?

세상을 바라보라:
사람들이 무엇을 하고,
어떻게 생각하고, 무엇을 원하고,
필요로 하는지 관찰하라.

사업상 제약 사항은 무엇인가
(예: 시간, 자원 부족,
빈약한 고객층, 시장 축소)?

처음부터 다양한
분야를 접목하라
(예: 엔지니어링과 마케팅).

아동이나 노인처럼
'양 극단에 있는' 사용자에게
세심한 주의를 기울여라.

통찰을 공유하고
스토리를 이야기할 수 있는
프로젝트실을 갖추어라.

신기술은 어떻게
도움이 될까?

사내에 가치 있는
아이디어나 자산,
전문성이 숨어 있는가?

정보를 정리하고
가능성을 종합하라
(스토리를 더 많이 이야기하라).

* 이미지 저작권 © IDEO

제25장 IDEO의 디자인 씽킹

계'라기보다 '영역별 체계'라고 하는 편이 가장 적합하다. 영역은 다양한 유형의 혁신 관련 활동으로 구분되는데, 이러한 활동이 한데 모여 혁신의 연속체를 구성한다. 디자인 씽킹을 처음 경험하는 사람은 혼란스러움을 느낄 수 있다. 그러나 카이저 병원의 사례처럼 프로젝트를 수행하다 보면 디자인 씽킹의 과정이 합리적이며 이를 통해 원하는 결과를 얻는다는 사실을 알게 된다. 비록 디자인 씽킹의 구조가 다른 비즈니스 활동에서 흔히 볼 수 있는 선형적이고, 이정표 중심인 프로세스와는 다르지만 말이다.

디자인 프로젝트는 궁극적으로 3가지 영역을 거쳐야 한다(551쪽 그림 25-1 참조). '영감'$_{inspiration}$이라고 이름 붙인 영역은 해결 방안을 찾도록 동기를 부여하는 환경(이는 문제 아니면 기회 혹은 둘 다일 수도 있다)이다. '아이디어화'$_{ideation}$ 영역은 해결 방안으로 이어질 수 있는 아이디어를 도출하고 발전시키고 테스트하는 과정이다. '실행'$_{implementation}$ 영역에서는 시장 진출을 위한 길을 계획한다. 프로젝트를 진행하다 보면 개선된 아이디어가 나오고 새로운 방향으로 나아가면서 이 3가지 영역(특히 앞의 두 영역)을 한 번 이상 거치게 된다.

때로는 회사의 경영진이 사업 매출에 심각한 변화가 생겼다는 걸 인식하면서 프로젝트가 시작되기도 한다. 2004년 일본의 자전거 부품 제조업체 시마노$_{Shimano}$는 미국 시장에서 전통적 사업 부문인 경주용과 산악자전거 시장에서 성장세가 정체되는 상황에 직면했다. 시마노에서는 언제나 기술 혁신이 성장을 주도했고, 그러다 보니 자연스레 어디에서 다음 기술 혁신이 나타날지 예측하려 애썼다. 이번에 시마노는 베이비 붐 세대가 선호하는 일반용 하이엔드 자전거 시장을 탐색하는 게 흥미롭겠다고 생각했다. 그리고 IDEO는 이 프로젝트에 공동작업자로 참여하게 되었다.

영감 단계에서 여러 분야의 경험과 지식을 갖춘 IDEO의 디자인팀 그리고 시마노의 직원(디자이너, 행동과학자, 마케터, 엔지니어)은 프로젝트가 안고 있는 진짜 문제가 무엇인지 확인했다. 프로젝트팀은 작업을 시작할 때 시마노가 하이엔드 시장보다 더 넓은 시장을 바라보아야 할 것 같다는 직감이 들었다. 하이엔드 시장은 새로운 성장을 위한 유일한 시장도, 최고의 시장도 아닐지 모른다. 그래서 프로젝트팀은 미국 성인의 90퍼센트가 자전거를 타지 않는 이유를 알아보기 시작했다.

문제를 새롭게 바라보기 위해 팀원들은 다양한 소비자들과 시간을 보냈다. 그 결과 거의 모든 사람에게 어릴 적 자전거를 타며 즐거웠던 기억이 있다는 사실을 알게 되었다. 동시에 오늘날 자전거 탈 엄두를 못 내는 미국인이 많다는 것도 알게 되었다. 우선 자전거 매장을 찾았을 때의 경험(자전거 판매 전문점에 가보면 대부분 스판덱스로 된 사이클복을 입은 젊은 운동선수가 판매 사원으로 일하고 있는데 이를 불편하게 여기는 사람들이 있다)이 문제였다. 또한 자전거와 자전거용 액세서리와 특수한 사이클복의 복잡함과 비용, 자전거 도로로 설계되지 않은 길에서 자전거를 타는 데 따르는 위험, 자주 타지 않는데도 기술적으로 정교한 자전거를 수선하고 유지해야 하는 부담 등이 그 이유였다.

이렇게 사람 중심으로 시장을 탐색한 결과(시마노의 핵심 고객층이 아닌 평범한 사람들에게서 통찰을 얻었다), 완전히 새로운 범주의 자전거를 생산하면 미국 소비자에게 어린 시절의 즐거운 경험을 다시 떠올리게 하고, 자전거를 부담스러워하는 근본 원인을 해결하면서 거대한 미개척 시장을 발견할 수 있다는 사실을 알게 되었다.

디자인팀은 전체 경험을 하나로 설계하는 책임을 지고 '코스팅'Coasting

그림 25-2. 코스팅 자전거

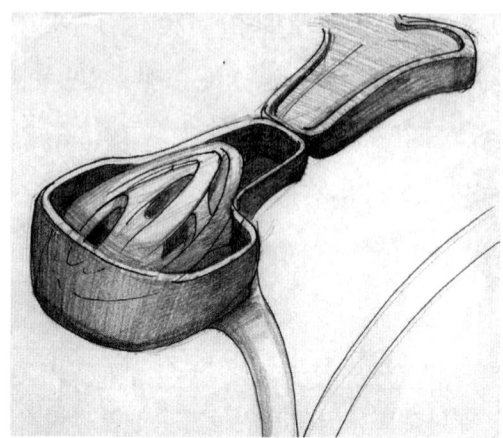

스케치: 안장 겸 헬멧 보관함

프로토타입: 코스팅 자전거가 지닌 요소를 보여준다.

웹사이트: 시마노에서 운영하는 코스팅 웹사이트는 자전거 사용자에게 자전거 타기에 안전한 길을 알려준다.

이라는 콘셉트를 개발했다(그림 25-2 참조). 코스팅은 자전거 타기를 그만둔 사람들을 단순하고 직관적이며 즐거운 활동으로 다시 끌어들이는 것을 목표로 했다. 스포츠보다는 여가를 즐기는 데 포커싱한 코스팅 자전거에는 핸들바에 기어 변속 레버가 없었고, 프레임을 따라 복잡하게 얽힌 케이블도 없었다. 많은 사람이 어릴 때 타던 자전거처럼 페달을 뒤로 돌리면 브레이크가 작동했다. 또한 컴퓨터가 장착되어 있어 자전거의 속도가 빨라지거나 느려지면 미니멀한 삼단 기어가 자동으로 변속됐다. 이 자전거에는 안장에 패드가 부착되어 있어 편안하게 앉을 수 있었고, 조작이 쉬웠으며, 상대적으로 유지보수도 많이 할 필요가 없었다.

3대 자전거 제조업체 트렉Trek, 라레이Raleigh, 자이언트Giant에서 시마노의 혁신적인 부품을 장착해 새로운 자전거 모델을 개발했다. 하지만 디자인팀은 자전거 자체에서 멈추지 않았다. 자전거 소매상을 위한 매장 내 판매 전략을 개발한 것이다. 여기에는 자전거 초심자가 매장에서 느끼는 심리적 불편을 덜어주려는 이유도 있었다. 자전거 매장은 보통 열성적으로 자전거를 타는 고객을 위해 설계되어 있기 때문이다. 디자인팀은 코스팅이라는 브랜드를 인생을 즐기는 하나의 방식으로 정의하며 "느긋한 탐험. 꾸물꾸물. 빈둥빈둥. 먼저 가는 사람이 술래."라는 슬로건을 내세웠다. 그리고 지방 정부 및 사이클 단체와 협업해 자전거 타기에 안전한 장소를 알리는 홍보 캠페인도 마련했다.

이 프로젝트가 실행 단계에 접어든 후에는 더 많은 사람이 참여했지만, 혁신의 가장 초기 단계에서 디자인 씽킹을 적용한 것이 완전한 솔루션으로 이어졌다. 사실 이 프로젝트에서는 디자인팀이 책임을 다해야 한다고 사람들이 생각하는 단 한 가지 작업, 즉 자전거의 외관 디자인을 의도적으로 개발 과정의 후반으로 미루었다. 그 대신 프로젝트 디자인팀은 자전거 회사의 디자인팀에 영감을 불어넣을 참조용 디자인을 개발했다. 시마노는 2007년 코스팅 상품을 출시해 성공한 뒤, 자전거 제조업체 7곳과 2008년에 코스팅 자전거를 생산하겠다는 계약을 맺었다.

인도 전역에 제공하는
안과 진료 시스템을 구축하다

세계적인 성공을 거둔 브랜드는 대부분 고객의 삶을 깊이 이해하는 데서 영감을 얻어 획기적인 아이디어를 만든다. 또한 혁신과 가치 창출을 위해 디자인 씽킹 원리를 활용한다. 혁신은 때때로 문화적·사회경제적 조건의 엄청난 차이를 고려해야 할 때도 있다. 그럴 경우 디자인 씽킹은 선진국 사회에서 만든 가설을 대신할 창의적 대안을 제시할 수 있다.

인도의 아라빈드 안과 진료 시스템 Aravind Eye Care System 은 아마 세계 최대의 안과 전문 병원이라 할 수 있을 것이다. 2006년 4월부터 2007년 3월까지 아라빈드 안과는 230만 명 이상의 환자를 진료했고, 27만 건 이상의 수술을 진행했다. 1976년 고빈다파 벤카타스와미 Govindappa Venkataswamy 박사가 창립한 아라빈드 안과의 사명은 시골 지역의 가난한 사람을 포함해 인도 인구가 불필요하게 시력을 잃는 일을 뿌리 뽑는 것이다. 물론 이를 위해 최고 수준의 안과 진료를 효율적으로 제공하는 것을 목표로 하고 있다(아라빈드 안과의 슬로건은 '양질의 진료는 모두를 위한 것'이다. 그림 25-3 참조). 벤카타스와미 박사의 집에서 병상 11개로 시작했던 아라빈드 안과는 현재 5개의 병원(이외에 다른 병원 3곳도 아라빈드에서 관리하고 있다), 안과 제품 생산 공장, 연구 재단, 훈련 센터를 포함하는 그룹으

그림 25-3. 아라빈드의 안과 진료 서비스

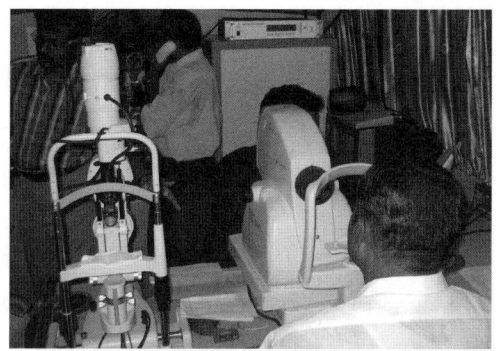

농촌 지역 환자를 위한 아라빈드 병원의 지원 활동

안과 검진 모습

첨단 위성 연계 원격 의료 트럭

로 성장했다.

아라빈드의 사명과 운영 모델은 어떤 면에서 보면 전기 공급을 전체적으로 설계한 에디슨의 발상과 닮았다. 아라빈드가 직면한 과제는 물류 문제다. 즉 도시 중심부에 있는 아라빈드 병원에서 멀리 떨어진 지역 주민들에게 안과 진료를 어떻게 제공할 것인가였다. 아라빈드가 스스로를 '안과 시스템'이라고 부르는 이유도 여기에 있다. 아라빈드의 사업은 단순히 안과 진료를 제공하는 차원을 넘어 오랫동안 진료 접근성이 부족했던 지역사회에 전문 진료 역량을 전파하는 데까지 확장된다. 이 네트워크 병원은 끝이 아니라 출발점이었다.

아라빈드 병원은 시골 지역에서 예방 진료와 진단 검사를 하는 데 혁신 에너지 대부분을 쏟았다. 1990년 이후 아라빈드는 인도 시골 지역에 '안과 진료소'를 열었다. 환자를 등록하고, 안과 검사를 시행하고, 눈을 관리하는 방법을 교육했다. 이는 수술이나 정밀 검사가 필요한 환자 혹은 추적 관찰이 필요한 상태인 환자를 찾아내려는 노력의 일환이었다.

2006년부터 2007년 초까지 아라빈드 안과 진료소에서 50만 명이 넘는 환자가 검사를 받았고, 이들 가운데 수술이 필요한 환자는 거의 11만 3,000명에 달했다. 시골 지역에서는 교통수단에 접근하기 어렵다는 게 흔한 문제였다. 그래서 아라빈드 병원은 버스를 제공해 추가 치료가 필요한 환자를 도시 지역에 있는 아라빈드 병원에 데려다주고 진료가 끝나면 다시 집으로 태워 보냈다.

아라빈드 병원은 수년에 걸쳐 원격 진료를 위한 트럭을 마련해 의료 현장의 진단 능력을 강화했다. 원격 진료 트럭 덕분에 아라빈드 병원에 있는 의사들도 진료 결정에 참여할 수 있게 되었다. 최근 아라빈드 병원은 검사 자료를 분석한 내용을 토대로 특정 인구 집단을 위한 특별 진료소를 세웠다. 학령기 아동을 위한 진료소나 산업 근로자 및 정부 공무원을 위한 진료소가 그 예다. 또한 아라빈드 병원은 당뇨 관련 안질환을 전문으로 하는 진료소도 운영한다. 환자의 약 60퍼센트 정도는 이 모든 서비스를 무료로 이용하는데, 이들은 병원비를 낼 여유가 없는 사람들이다.

아라빈드 병원이 진료 시스템을 개발하는 과정에서는 디자인 씽킹의 여러 특징이 일관되게 나타났다. 아라빈드 병원은 2가지 제약 사항을 창의성을 발휘할 출발점으로 삼았다. 하나는 병원을 찾는 환자가 가난하고 멀리 떨어진 지역에 산다는 사실이고, 다른 하나는 아라빈드 병원도 값비싼 해결책에는 접근할 수 없다는 점이었다. 예를 들어 서구에서 만든 인공 수정체 한 쌍의 가격이 200달러인데, 이 렌즈를 사용하려면 아라빈드 병원이 도울 수 있는 환자의 숫자가 크게 줄어든다. 아라빈드 병원은 공급업체를 설득해 방식을 바꾸게 하는 대신 스스로 해결책을 찾아냈다. 아라빈드 병원 한 곳의 지하에 렌즈 제조 공장을 세우기로 한 것이다. 그 결과 비교적 저렴한 기술을 활용해 인공수정체 한 쌍을 4달러에 제작할 수 있다는 사실을 발견했다.

빈곤과 무지 그리고 충족되지 않은 막대한 수요로 정의되는 오랜 역사를 거치며 아라빈드는 복잡한 사회적·의료적 문제를 해결할 수 있는 체계적인 방법을 구축해왔다.

사용자 경험의 가치를 혁신하다

앞서 디자인 씽킹은 미학을 넘어 혁신으로 이어진다고 이야기했다. 그렇다고 제품의 형태와 미적인 요소가 중요하지 않다는 뜻은 아니다. 잡지가 최신 상품의 멋진 사진을 싣고 싶은 데는 그만한 이유가 있다. 그런 제품은 매력적이고 우리의 감정에 호소한다. 뛰어난 디자인은 필요와 욕구, 양쪽을 모두 만족시킨다.

어떤 상품이나 이미지를 향한 정서적 유대감은 처음부터 우리의 마음을 사로잡을 때가 많다. 성공적인 제품 중 상당수는 시장에 가장 먼저 출시된 제품은 아니지만, 기능적으로나 감정적으로 우리를 가장 먼저 사로잡은 제품이었다. 다시 말해 그 제품은 제 역할을 하고 우리는 그것을 사랑하게 된다. 아이팟은 시장에 처음 나온 MP3 플레이어는 아니었지만, 소비자가 처음으로 정말 마음에 들어한 제품이었다. 유통업체인 타깃Target에서 판매하는 제품은 디자인으로 정서적인 매력을 호소하면서 동시에 가격으로 기능적인 매력을 호소한다.

이러한 생각이 앞으로는 한층 더 중요해질 것이다. 미래학자 대니얼 핑크Daniel Pink는 저서《새로운 미래가 온다》에 이렇게 썼다. "풍요로움은 수백만 명이 지닌 물질적 욕구를 충족시켰다. 어쩌면 지나치게 충족시켰는지도 모른다. 이에 따라 아름다움과 감정의 중요성이 커졌고, 사람들은 점점 더 의미를 찾게 되었다." 우리의 기본적 필요가 충족될수록 우리는 감정적으로 만족스럽고 의미 있는 정교한 경험을 더 많이 기대하게 된다. 이러한 경험은 단순히 제품에서 오지 않는다. 제품, 서비스, 공간과 정보의 복잡한 조합이 이루어져야 한다. 우리가 교육받는 방식, 재미를 찾는 방식, 건강을 유지하는 방식, 서로 공유하고 소통하는 방식이 그러한 경험이다. 디자인 씽킹은 사람들이 기대하는 수준 높은 경험을 상상하고, 그 상상에 바람직한 형태를 부여하는 도구다.

경험적 혁신을 일으킨 금융 서비스 기업이 있다. 2005년 말 뱅크 오브

디자인 씽킹을 혁신에
활용하는 방법

- **처음부터 시작한다**: 혁신 프로세스의 최초 출발점, 아직 어떤 방향도 정해지지 않았을 때부터 디자인 씽킹을 하는 사람을 투입하라. 디자인 씽킹을 하면 하지 않았을 때보다 더 많은 아이디어를 더 빨리 탐색할 수 있다.

- **사람 중심의 접근법을 택한다**: 혁신을 이루려면 비즈니스 및 기술적 고려 사항뿐 아니라 인간의 행동, 필요, 선호를 혁신 과정에 반영해야 한다. 인간 중심의 디자인 씽킹을 하면(특히 사람을 직접 관찰하고 이를 바탕으로 연구한 내용을 포함할 때) 뜻밖의 통찰력을 얻을 수 있고 소비자가 원하는 것을 좀 더 정확하게 반영하는 혁신을 이룰 수 있다.

- **빨리, 자주 시도한다**: 빨리 실험하고 프로토타입을 개발할 거라는 기대감을 조성하라. 프로젝트를 시작한 첫 주에 프로토타입을 개발하도록 팀을 독려하라. 첫 번째 프로토타입 개발까지 걸린 평균 시간이나 프로그램이 진행되는 동안 프로토타입을 접한 소비자의 숫자처럼 프로젝트의 진행 정도를 숫자로 측정하라.

- **외부의 도움을 구한다**: 고객 및 소비자와 함께 혁신을 만들어낼 기

회를 찾아봄으로써 혁신 생태계를 넓혀라. 웹 2.0 네트워크를 활용해 혁신팀의 실질적 규모와 영향력을 키우는 것도 좋다.

- **크고 작은 프로젝트를 섞어서 진행한다**: 단기를 위한 점진적인 아이디어부터 장기를 위한 획기적인 아이디어에 이르기까지 혁신 포트폴리오를 관리하라. 사업 부서에서 점진적인 혁신을 주도하고 자금을 조달한다고 생각하라. 하지만 최고경영진에서는 혁명적인 혁신을 시작할 의지를 다져야 한다.

- **혁신의 속도에 맞춰 예산을 집행한다**: 디자인 씽킹은 재빠르게 일어난다. 다만 시장까지 이르는 길은 예측할 수 없다. 성가신 예산 집행 주기를 따르느라 혁신의 속도를 제한하지 말라. 프로젝트가 진행되고, 팀에서 혁신이 가져올 기회를 파악하면 자금 조달 방식을 재고하라.

- **가능한 모든 방법으로 인재를 찾는다**: 신설된 스탠퍼드 디자인 연구소Institute of Design at Stanford나 캐나다 토론토에 있는 진보적 학교인 로트먼Rotman 경영대학원처럼 융합형 교육 프로그램을 이수한 인재를 채용하라. 전통적인 디자인 교육을 받은 사람은 예상을 훨씬 뛰어넘는 해결 방안을 제공할 수도 있다. 디자인 교육을 받지 않은 사람도 적합한 역량을 갖추었다면 채용하라. 디자이너가 아닌 사람을 채용해 업무를 훈련시키는 방법도 있다.

- **혁신의 주기를 설계한다**: 많은 기업에서 직원들은 12개월에서 18개월을 단위로 이동한다. 그러나 디자인 프로젝트는 시작 첫날부터 실

> 행일까지 그보다 더 오랜 시간이 걸리기도 한다. 디자인 씽킹을 하는 직원이 영감과 아이디어화 단계를 거쳐 실행 단계까지 이를 수 있도록 직원 배치를 계획하라. 전체 주기를 경험하면 판단을 잘 내릴 수 있고 조직에도 장기적으로 큰 이익이 된다.

아메리카Bank of America는 '잔돈 모으기'라는 저축 계좌 상품을 출시했다. IDEO는 뱅크 오브 아메리카 팀과 함께 일하며 소비자 행동을 식별했는데, 이는 많은 사람이 아는 내용이었다. 그건 바로 우리가 현금으로 무언가를 사고 나면 거스름돈으로 받은 동전을 집에 있는 저금통에 모은다는 것이다. 저금통이 다 차면 우리는 이 통을 은행에 가져가 저축 계좌에 입금한다. 많은 사람이 이를 쉽게 저축하는 방법으로 여긴다. 뱅크 오브 아메리카는 사람들의 이런 행동 습관을 현금 카드 계좌로 바꾸는 혁신을 일으켰다. 고객이 현금 카드로 물건을 살 때 결제해야 할 금액만큼만 지불하는 게 아니라 결제 금액의 숫자를 반올림해 돈을 약간 더 내고, 실제 제품 가격과 반올림한 금액 사이의 차액이 저축 계좌로 입금되도록 한 것이다.

이러한 혁신이 성공할 수 있었던 건 힘들이지 않고 눈에 띄지 않게 저축하려는 우리의 본능적 욕구를 겨냥했기 때문이다. 많은 사람이 이미 보여준 행동을 본보기로 삼은 까닭에 '잔돈 모으기' 프로젝트는 자연스레 느껴지는 경험을 창출했다. 상품의 성공을 확실히 하기 위해 뱅크 오브 아메리카는 가입 후 첫 3개월 동안 고객이 저축한 잔돈과 동일한 금액을 지급하고, 이후에는 연간 총저축액의 5퍼센트에 해당하는 금액을 지급하는(250달러 한도) 이벤트를 실시해 가입 추가 혜택을 제공했다. 이러한 이벤트가 있으면 고객들은 한번 가입해보고 싶어 한다. 그러나 진짜 보상은 감정적인 것이었다. 즉 '노력하지 않아도 돈을 모았다'는 사실을 매달 명세서에서 확인하는 만족감 말이다.

1년도 채 되지 않아 250만 명이 이 상품에 가입했다. 덕분에 입출금 계좌 70만 개와 저축 계좌 100만 개가 새로 개설되었다. 현재 이 상품의 가입자는 총 500만 명 이상이고 총저축액은 5억 달러가 넘는다. '잔돈 모으기'는 디자인 씽킹이 인간 행동의 한 측면을 포착해 이를 고객 혜택과 비즈니스 가치로 전환할 수 있음을 보여준다.

토머스 에디슨은 많은 사람이 미국의 혁신 황금기라 여기는 시절을 대표하는 인물이다. 당시는 새로운 아이디어가 삶의 모든 측면을 바꾸던 때였다. 변혁의 필요성은 지금이 그 어느 때보다 크다. 어디를 보아도 혁신 없이는 해결할 수 없는 문제가 존재한다. 접근 불가능하거나 너무 비싼 의료 서비스, 겨우 몇 달러로 하루를 살아내야 하는 수십억 인구, 지구의 수용 능력을 초과하는 에너지 사용, 많은 학생을 실패하게 만드는 교육 시스템, 새로운 기술이나 인구 구조 변화로 기존 시장이 붕괴되는 기업들….

이 모든 문제의 중심에는 사람이 있다. 이 문제를 해결할 최고의 아이디어와 궁극적인 해결 방안을 찾기 위해서는 사람 중심적이며, 창의적이고, 반복적이며, 실용적인 접근 방식이 필요하다. 디자인 씽킹이야말로 그런 혁신을 향한 접근 방식이다.

— 1960 —

제26장

마케팅 근시안

레빗 마케팅론의 탄생

시어도어 레빗

Marketing Myopia

HBR 2004년 7/8월호에서 전재(product #R0407L)
최초 게재 1960년 7/8월호

시어도어 레빗 Theodore Levitt

하버드 경영대학원 명예교수. 동 대학원에서 마케팅 교수로 오랫동안 재직했다. 1959년부터 경영대학원 교수로 강단에 섰으며 HBR 편집장을 겸임했다. 1960년대에 이미 '탈脫 제조업의 서비스화', '고객 관계'Customer Relationship, '애프터 마케팅'After Marketing, '무형 자산의 가치'Intangible Assets의 개념과 철학을 전파한 선구자이며, 그 영향력으로 '마케팅계의 피터 드러커'라고도 불린다.

HBR에 기고한 '마케팅 근시안'은 기업들이 제품이나 기술에만 집중하고 고객의 진짜 욕구와 가치를 놓치면서 실패하는 현상을 지적한 것으로, 마케팅 학계의 고전으로 읽힌다.

대표 저서로 《내일을 비추는 경영학》Thinking About Management(《경영에 관한 마지막 충고》의 개정판)과 《마케팅 상상력》이 있다.

사업의 쇠퇴 원인은
경영의 실패에 있다

모든 주요 산업이 한때는 성장 산업이었다. 그러나 지금 성장의 물결 속에 있는 일부 산업에는 상당히 짙은 쇠퇴의 그늘이 드리워져 있다. 잘 성장하는 것처럼 보이지만 실제로는 성장이 멈춘 산업도 있다. 어느 경우든 성장이 위협받거나 느려지거나 멈추는 이유는 시장이 포화 상태에 이르러서가 아니다. 그 원인은 경영의 실패에 있다.

산업의 운명을 좌우하는 사업 목적

실패는 가장 위에서 비롯한다. 실패의 책임은 경영진에 있다. 마지막 분석에서 광범위한 목표와 방침을 살피는 건 경영진이다. 다음 사례를 살펴보자.

- **철도 회사의 사례**: 철도 산업이 성장을 멈춘 건 승객이나 화물 운송의 필요성이 낮아졌기 때문이 아니었다. 오히려 운송의 필요성은 높아졌다. 오늘날 철도 산업이 어려움에 빠진 건 운송 수요를 다른 교통수단(자동차, 트럭, 비행기, 심지어 전화까지)이 채웠기 때

문이 아니라 철도가 자체적으로 수요를 채우지 못했기 때문이다. 철도 산업은 스스로 운송 사업이 아니라 철도 사업을 한다고 가정했기 때문에 다른 교통수단에 고객을 빼앗겼다. 철도 산업이 사업의 목적을 잘못 정의했던 이유는 운송 사업을 지향하지 않고 철도 사업을 지향했기 때문이다. 또한 사업의 중심에 고객을 두지 않고 상품을 두었기 때문이다.

- **영화 회사의 사례**: 할리우드는 텔레비전에 시청자를 완전히 빼앗기는 일만은 간신히 면했다. 사실 모든 기성 영화사가 급격한 조직 개편을 거쳤고, 그러는 사이 그냥 사라진 영화사도 있다. 모든 영화사가 어려움을 맞은 건 텔레비전이 등장해서가 아니라 영화사의 근시안 때문이다. 철도 산업과 마찬가지로 할리우드도 사업의 목적을 잘못 정의했다. 실제로 할리우드는 엔터테인먼트 사업을 펼쳤지만 스스로는 영화 사업을 한다고 생각했다. '영화'라는 건 한정된 특정한 제품을 의미한다. 결국 영화 제작자들 스스로가 텔레비전을 처음부터 위협으로 간주하는 어리석은 결과를 낳았다. 할리우드에서는 TV를 엔터테인먼트 사업의 확장 기회로 여기고 반겨야 마땅했지만 오히려 경멸하고 거부했다.

오늘날 텔레비전은 예전의 좁은 의미의 영화 산업보다 더 큰 산업으로 성장했다. 만일 할리우드에서 영화 제작이라는 '제품'을 중심에 두지 않고 엔터테인먼트 제공이라는 '고객'을 중심에 두었어도 지옥 같은 재정적 어려움을 겪었을까? 그렇지 않았으리라고 생각한다. 결국 할리우드를 구해 부활시킨 건 할리우드에 새로 등장한 젊은 작가와 제작자, 감독들의 물결이었다. 이들은 할리우드로 진출하기 전 텔레비전 방송에서 성공을 거둔 이들이었고, 이 점이 오래된 기성 영화사의 입지를 약화하고 영화 산업의 거물을 무너뜨렸다.

이외에도 사업 목적을 잘못 정의함으로써 스스로 미래를 위태롭게 하는 산업 사례는 많다. 그런 사례 몇 가지를 자세히 설명하고, 문제로 이어진 회사의 정책을 분석할 것이다. 그러나 지금은 뚜렷한 기회가 이미 소진된 뒤에도 철저히 고객 지향적인 경영이 어떻게 성장 산업을 계속 성장시킬 수 있는지를 보여주는 사례 2가지를 먼저 이야기하려 한다. 그건 바로 나일론과 유리인데, 구체적으로는 듀폰에서 만드는 나일론과 코닝에서 생산하는 유리다.

두 회사 모두 뛰어난 기술 역량을 보유하고 있다. 두 회사의 제품 지향성에는 의문을 제기할 여지가 없다. 하지만 제품 지향성만으로는 두 회사가 거둔 성공을 설명할 수 없다. 어쨌든 철저하게 끝장이 난 과거의 뉴잉글랜드 섬유 회사만큼 자부심을 느끼고 제품 지향적이며, 제품을 의식하는 기업이 있었을까?

듀폰과 코닝이 성공을 거둔 주된 이유는 제품 혹은 연구를 지향했기 때문이 아니라 철저하게 고객 중심 경영을 펼쳤기 때문이다. 두 회사는 기술 노하우를 고객 만족도 창출에 적용할 기회를 끊임없이 노리고 성공적인 신제품이라는 엄청난 결과를 낸다. 고객을 정밀하게 관찰하지 않았다면, 두 회사의 신제품은 대부분 잘못되었을 것이며 상품 판매 기법도 쓸모가 없었을 것이다.

알루미늄 산업 또한 계속 성장하고 있다. 전쟁 중에 설립된 두 회사의 노력 덕분인데, 이들은 고객이 만족할 만한 새로운 용도를 발명하는 일을 의도적으로 시작했다. 카이저 알루미늄 화학 회사Kaiser Aluminium

Chemical Corporation와 레이놀즈 메탈 컴퍼니Reynolds Metals Company가 없었다면 오늘날 알루미늄의 총수요는 지금보다 훨씬 더 적었을 것이다.

상상력과
대담함이 사라진 경영

일각에서는 철도 산업을 알루미늄 산업에, 또 영화 산업을 유리 산업에 견주어 보는 건 어리석은 일이라고 주장한다. '알루미늄과 유리는 본래 용도가 다양하므로 철도나 영화 산업보다 분명 성장 기회가 더 많이 주어질 수밖에 없지 않나?' 이러한 시각은 정확히 내가 이야기하는 오류를 범하고 있다. 바로 산업이나 제품 혹은 노하우의 집합체를 지나치게 좁게 정의한 나머지 성장이 끝났다고 섣부르게 확신하는 것 말이다.

우리는 '철도'라고 할 때 그 말이 '운송'을 뜻하는 건지 반드시 확인해야 한다. 운송 수단으로서 철도에는 여전히 상당한 성장의 가능성이 있다. 철도는 보통 말하는 철도 사업에만 국한되지 않는다. 개인적인 의견이지만, 철도 수송은 일반적으로 생각하는 것보다 훨씬 더 잠재력 있는 운송 수단이다.

철도 산업에 부족한 것은 기회가 아니라 한때 그들을 위대하게 만들었던 경영적 상상력과 대담함이다. 역사가 자크 바전Jacques Barzun이 남긴 다음의 말을 보면 그와 같은 아마추어조차 철도 산업에 부족한 게 무엇인지 알고 있음이 드러난다. "지난 세기에 가장 진보했던 물리적·사회적 조직이 발전의 원동력이었던 종합적 상상력을 잃고 초라한 모습으로 치욕스럽게 무너지는 모습을 보니 비통함을 느낀다. 그들에게 부족한 건 살아남아 독창성과 기술로 대중을 만족시키겠다는 의지다."[1]

엄습하는 쇠퇴의 조짐

주요 산업 가운데 한때 '성장 산업'이라는 마법의 명칭으로 불리지 않았던 것은 단 하나도 없다. 매번 해당 산업은 따라올 수 없는 제품의 명백한 우월성이 성장의 힘이라고 생각했다. 해당 산업의 제품을 효과적으로 대체할 제품은 없는 듯 보였다. 의기양양하게 제품을 교체하는 대체품 역시 해당 산업에서 나오는 상품뿐이었다. 하지만 이렇게 이름난 산업에 차례로 그림자가 드리워졌다. 이렇게 몰락해간 산업을 몇 개 더 살펴보자. 이번에는 지금까지 비교적 주목을 덜 받았던 산업을 예로 든다.

드라이클리닝

드라이클리닝은 한때 전망이 아주 밝은 성장 산업이었다. 울 섬유의 시대에 울로 만든 옷을 쉽고 안전하게 세탁할 수 있게 되었다고 생각해 보라. 드라이클리닝 붐이 일었다. 하지만 지금은 드라이클리닝 산업의 붐이 시작된 지 30년이 지났고 산업은 어려움에 처해 있다. 경쟁은 어디서부터 시작된 걸까? 더 나은 세탁법이 있어서일까? 아니다. 합성 섬유와 화학 첨가제의 등장으로 드라이클리닝을 해야 할 필요성이 줄었기 때문이다. 그러나 이건 시작에 불과하다. 숨어서 도사리고 있다가 화학

---

[1] Jacques Barzun, "Trains and the Mind of Man," *Holiday*, February, 1960.

적 드라이클리닝 산업을 완전히 사라지게 만든 건 강력한 마법과도 같은 초음파 클리닝이었다.

전력 사업

전력 공급 산업 또한 대체재가 없을 것으로 여겨지며 무적의 성장이라는 왕좌에 앉아 있다. 백열등이 등장하자 석유 램프는 막을 내렸다. 후에 수차water wheel와 증기 기관은 전기 모터의 등장으로 산산이 부서졌다. 전기 모터가 더 신뢰성이 높고 사용이 간편한 데다 융통성이 있으면서 손쉽게 구할 수 있었기 때문이다. 각 가정이 온갖 가전제품을 갖추면서 전력 공급업은 계속 화려하게 번창했다. 누가 전력 공급업에 투자할 기회를 놓칠 수 있을까? 경쟁도 없고 앞으로 성장할 일만 남았는데 말이다.

하지만 다시 한번 들여다보면 그렇게 마음 편한 상황이 아님을 알 수 있다. 수많은 비非전력 사업자가 강력한 화학 연료 전지 개발에 큰 진전을 보이고 있다. 화학 연료 전지가 모든 가정에 설치되면 (전기에너지가 필요 없어지므로) 조용히 전원을 내려버릴 수 있다. 마을의 외관을 해치는 전선도 사라지게 할 것이다. 태풍이 치는 동안 전선이 끝없이 거리를 망치는 일도, 전력 공급이 멈추는 일도 마찬가지로 사라질 것이다. 또한 태양 에너지를 사용할 날도 얼마 남지 않았다. 태양 에너지 산업 또한 비전력 사업자가 개척하고 있다.

누가 전력 공급업에 경쟁이 없다고 했는가? 오늘은 자연 독점 산업일지 모르지만, 내일은 자연사할지도 모른다. 그런 일을 피하려면 전력 공급 회사도 연료 전지, 태양 에너지를 비롯해 다른 전력원을 개발해야 한다. 살아남기 위해서는 현재의 생계 수단을 없애는 일을 스스로 계획해야 한다.

식료품점

예전에 '구멍가게'corner store로 알려진 상점이 번창했다는 걸 기억하지 못하는 사람이 많다. 슈퍼마켓은 매우 강력하게 그 자리를 차지했다. 다만 1930년대 대형 식료품 체인점은 독립 슈퍼마켓의 공격적인 확장 공세로 인한 몰락을 겨우 면할 수 있었다. 최초의 진짜 슈퍼마켓은 1930년 롱아일랜드 자메이카에 문을 열었다. 1933년이 되자 슈퍼마켓은 캘리포니아주, 오하이오주, 펜실베이니아주 등 다른 곳에서도 번창했다. 그런데도 기존 식료품 체인점은 거만을 떨며 슈퍼마켓을 무시했다. 그러다 슈퍼마켓에 관해 언급할 때면 '싸구려', '구식', '촌티 나는 상점', '비윤리적 기회주의자' 같은 표현으로 그들을 조롱했다.

당시 어느 대형 식료품 체인점의 대표는 이렇게 말했다. "사람들이 식재료를 사기 위해 맞춤형 서비스를 제공하는 익숙하고 완벽한 식료품점을 외면하고 수 킬로미터나 운전해서 슈퍼마켓으로 간다는 걸 믿기 어렵습니다."[2]

1936년까지 미국 도매식료품점협회National Wholesale Grocers 와 뉴저지 소매식료품점협회New Jersey Retail Grocers Association는 여전히 두려울 게 없다고 했다. 그러면서 이런 식의 주장을 펼쳤다. 슈퍼마켓은 가격에 민감한 소비자에게만 매력을 어필하기 때문에 시장 규모가 커지는 데 제한이 있다. 그리고 슈퍼마켓은 수 킬로미터 떨어진 곳에서 손님을 끌어와야 하는 구조이므로, 가까운 곳에 비슷한 상점이 생기면 슈퍼마켓의 판매량이 줄어들어 결국 떨이 판매를 해야 할 것이다. 슈퍼마켓의 높은 매출은 일

---

[2] 더 자세한 내용은 다음을 참조하라. M.M. Zimmerman, *The Super Market: A Revolution in Distribution*, McGraw-Hill, 1955.

정 부분 새로움 때문이다. 사람들은 가까이 있어 편리하게 이용할 수 있는 식료품점을 원한다. 동네 상점이 '공급업체와 협력하고 비용에 주의를 기울이면서 서비스를 개선하면' 슈퍼마켓과 경쟁이 끝날 때까지 무사히 견딜 수 있을 것이다.[3]

그러나 경쟁이 끝나는 일은 없었다. 식료품 체인은 생존하려면 슈퍼마켓 안으로 들어가야 한다는 걸 알게 되었다. 그 말은 구멍가게 부지를 비롯해 기존 유통 및 판매 방식에 들인 엄청난 투자가 모조리 사라진다는 걸 뜻했다. '소신 있는 용기'를 지닌 회사는 구멍가게의 철학을 단호하게 고수했다. 그리고 자존심은 지켰지만 사업은 파산하고 말았다.

성장 산업 같은 건 없다

그러나 기억은 오래가지 않는다. 예를 들어 요즘 사람들은 전자 산업과 화학 산업이 우리를 먹여 살린다고 환호하지만, 질주하듯 성장하는 두 산업에서 어떤 잘못된 일이 일어날지 알기는 어렵다. 또한 합리적인 사업가가 어떻게 그 유명한 보스턴 백만장자 같은 근시안을 가질 수 있는지 알지 못한다.

보스턴의 백만장자는 20세기 초 자신의 전 재산을 영원히 노면 전차 증권에만 투자하라고 유언함으로써 의도치 않게 상속인들에게 가난이라는 형을 내리고 말았다. 사후 그가 남긴 "효율적인 도시 교통수단에 대한 수요는 언제나 커질 것이다."라는 말도 주유소에서 주유하는 일로 생계를 유지하게 된 후손들에게는 아무런 위안도 되지 못한다.

한번은 지성을 갖춘 기업 경영진 모임에서 가볍게 설문조사를 한 적이

---

[3] 앞의 책, pp. 45-47.

있다. 그들 중 거의 절반이 전자 산업에 영원히 재산을 묶어두어도 후손들이 그다지 어려운 상황에 놓이지는 않을 거라고 생각했다. 이후 내가 보스턴 백만장자가 노면 전차에 투자했던 사례를 제시하며 그들의 의견을 반박하자 그들은 한목소리로 합창했다. "그건 경우가 다르잖아요!" 정말 그럴까? 기본적인 상황은 똑같은 게 아닐까?

실은 '성장 산업 같은 건 없다'라고 나는 생각한다. 성장 기회를 창출하고 활용하기 위해 조직되고 운영되는 기업이 있을 뿐이다. 자동 성장 에스컬레이터에 탑승했다고 믿는 산업은 예외 없이 침체에 빠지고 만다. 스러졌거나 스러져가는 모든 성장 산업의 역사를 보면 한껏 팽창했다가 눈치채지 못하는 사이에 부패하는 자기기만의 순환을 반복한다. 대개 이러한 순환 주기를 확실히 등장시키는 4가지 조건이 있다.

1. 인구가 더 늘어나고 더 부유해짐에 따라 성장은 확실하다고 장담하며 믿는다.
2. 산업의 주요 제품과 경쟁을 벌일 만한 대체품은 없다고 믿는다.
3. 대량생산 및 생산량 증가에 따라 단가가 급격히 하락한다는 이점을 맹신한다.
4. 세심한 통제하에 진행되는 과학 실험에 적합하고, 품질 개선과 제조 비용 감소에 도움이 되는 제품에 몰두한다.

이 4가지 조건을 하나씩 자세히 살펴보려 한다. 그리고 내 주장을 가능한 한 탄탄하게 뒷받침하기 위해 석유, 자동차, 전자 제품 이렇게 3가지 산업을 참조해 요점을 설명할 것이다. 그중에서 특히 석유 산업에 초점을 맞추려 한다. 그 이유는 석유 산업이 오랜 역사를 통해 여러 가지 우여곡절을 겪어왔기 때문이다. 세 산업은 일반 대중에게서 훌륭한 평판을 얻었을 뿐 아니라 손익에 밝은 투자자의 신임도 얻고 있다. 또한 3가지 산업에 속한 기업의 경영진은 재무 통제, 제품 연구, 경영 교육과 같은 영역에서 진보적인 사고를 하는 것으로 알려져 있다. 이러한 산업조차 쇠퇴의 그림자로 무력해진다면 다른 어느 산업에서도 이런 일이 일어날 수 있다.

인구 증가라는
위험한 신화

모든 산업의 중심에는 인구가 늘어나고 더 부유해짐에 따라 수익을 확실히 볼 수 있다는 믿음이 자리하고 있다. 이러한 믿음은 누구나 당연히 느끼는 미래에 대한 불안을 덜어준다. 소비자의 수가 크게 늘고 동시에 제품이나 서비스를 더 많이 산다면, 시장이 축소될 때보다 훨씬 편안하게 미래를 맞이할 수 있을 것이다. 시장이 확대되면 제조 기업은 열심히 고민하거나 상상력을 펼치지 않아도 된다. 생각이 문제에 대한 지적 반응이라고 한다면 어떤가? 문제가 없으면 생각도 할 필요가 없어진다. 그런 이유로 상품을 판매하는 시장이 저절로 커진다면 시장을 확대할 방법도 거의 생각하지 않게 된다.

이와 관련한 가장 흥미로운 사례는 석유 산업에서 나타난다. 아마도 우리의 가장 오래된 성장 산업인 석유 산업은 부러운 실적을 보유하고 있다. 현재 그 성장률에 대한 우려가 일부 존재하지만, 산업 내부에서는 대체로 낙관하는 편이다.

하지만 나는 석유 산업이 근본적이면서도 전형적인 변화를 겪고 있다는 걸 입증할 수 있다. 석유 산업은 성장 산업이기를 멈췄을 뿐 아니라 다른 산업과 비교해 실제로는 쇠퇴하고 있는지도 모른다. 아직은 이 사실에 대한 인식이 널리 퍼져 있지 않다. 하지만 시간이 지나면 석유 산업이, 과거의 영광이 되어버린 현재의 철도 산업과 상당히 비슷한 처지에 놓일 가능성이 있다. 석유 산업은 투자 평가에 쓰이는 현재 가치법을 개발하고 적용한 일과 노사 관계에서, 또 신흥개발국과 함께 작업하는 데서 선구적인 모습을 보였다. 하지만 현실에 안주하고 잘못된 생각을 고집하면 어떻게 기회를 재앙으로 바꿀 수 있는지 보여주는 안타까운 사례다.

늘어나는 인구가 가져올 유익한 결과를 강하게 믿는 산업들이 있다. 이들은 동시에 자사의 일반 상품에는 경쟁 대체품이 없을 것이라 생각한다. 석유 산업 및 유사한 다른 산업에서 나타나는 공통된 특징은 산업 내 개별 기업이 이미 하고 있는 일을 더 잘함으로써 경쟁사를 능가하려 한다는 점이다. 매출이 인구수에 비례해서 자동으로 늘어난다고 생각해보자. 그렇다면 소비자들은 결국 기존 제품들끼리 세부 기능을 하나씩 비교하는 방식으로만 선택하게 된다. 그래서 기업들은 굳이 시장을 넓혀 새로운 수요를 만들려 하지 않는다. 이런 면에서 보면 분명 합리적인 생각처럼 보인다.

주목할 만한 예가 있다. 존 록펠러가 중국에 무료로 등유 램프를 선물한 이후로는 석유 업계에서 자사 제품에 대한 수요를 창출하기 위해 정말로 눈에 띌 만한 일을 한 적이 없다는 점이다. 석유 산업은 제품 개선에 노력을 쏟았지만 명성을 얻지는 못했다. 석유 산업에서 일어난 단 한 번의 가장 위대한 제품 개선인 테트라에틸납 tetraethyl lead 개발도 석유 산업 내부가 아닌 외부에서 이루어졌다. 구체적으로 말하면 GM과 듀폰에서 개발한 것이었다. 석유 산업이 자체적으로 크게 기여한 부분은 석유 탐사, 석유 생산 및 정유 기술에 국한된다.

화를 자초하다

석유 산업은 일반 제품이나 마케팅을 개선하는 게 아니라 제품을 얻고 만드는 '효율성'을 개선하는 데 초점을 맞춰 노력을 쏟았다. 게다가 석유 산업의 주요 제품은 줄곧 가장 좁은 의미의 용어로 정의되어왔다. 다시 말해 에너지도, 연료도, 교통수단도 아니라 그냥 휘발유인 것이다. 이러한 사고방식 때문에 다음 사실이 확실해졌다.

- 휘발유 품질을 개선하는 주요 작업은 석유 산업에서 시작되지 않는다. 우수한 대체 연료 개발 또한 석유 산업 외부에서 이루어지며, 이는 뒤에서 다시 이야기할 것이다.
- 자동차 연료 마케팅 분야의 주요 혁신은 주로 석유 생산이나 정제에 집중하지 않는 소규모 신생 석유 기업에서 이루어진다. 이들이 바로 멀티펌프 주유소를 세웠다. 이들은 크고 깨끗한 주유소 시설, 신속하고 효율적인 진입로 서비스, 저렴한 가격으로 양질의 휘발유를 공급한다는 점을 강조해 사업을 빠르게 확장하는 중이다.

이처럼 석유 산업은 외부로부터 화를 자초하고 있다. 배고픈 투자자와 기업가의 땅인 이 나라에서 석유 산업에는 조만간 위협이 확실하게 찾아올 것이다. 이러한 가능성은 수많은 경영진이 지닌 위험한 믿음을 살펴보면 더욱 분명해진다. 이번에 소개할 두 번째 믿음은 첫 번째 믿음과 밀접하게 연관되어 있으므로 내용의 연속성을 위해 같은 사례를 계속 이어나가도록 한다.

대체재가 출현하지 않는 제품은 없다

석유 산업에서는 업계의 주요 상품인 휘발유를 대신할 경쟁력 있는 대체재가 없다고 꽤 강하게 확신한다. 혹은 대체재가 있다고 해도 디젤 연료나 제트기에 들어가는 등유형 연료처럼 원유에서 파생된 제품이 계속 사용되리라 믿는다.

이런 가정 속에는 여러 가지 희망이 자동으로 깔려 있다. 문제는 대부분의 정유 기업이 막대한 양의 원유를 비축하고 있다는 점이다. 원유 저장고는 석유를 전환해서 만드는 제품의 시장이 존재할 때만 가치가 있다. 그래서 원유로 만든 자동차 연료가 계속해서 경쟁우위를 유지할 것이라는 믿음이 집요하게 유지되는 것이다.

이러한 믿음에 반하는 역사적 증거가 있는데도 석유 업계에서는 여전히 그 생각을 유지한다. 역사적 증거는 석유가 오랫동안 어떤 목적으로도 우수한 제품이었던 적이 없었을 뿐만 아니라 석유 산업이 실제 성장 산업이었던 적이 없었다는 사실을 보여준다. 그 대신 성장기, 성숙기, 쇠퇴기라는 일반적인 주기를 거쳐간 다른 산업의 뒤를 잇고 있을 뿐이다.

석유 산업이 살아남은 건 완전한 쇠퇴를 겪기 전 기적적으로 탈출하는 일이 여러 번 있었던 덕분이다. 영화 〈폴라인의 모험〉The Perils of Pauline의 주인공을 연상시킬 정도로 총체적인 재난을 당한 마지막 순간, 석유 산업은 예상치 못하게 재난에서 벗어났다. 주요 사건 몇 가지만 예를 들어 자세히 이야기해보자.

- **석유 램프의 쇠퇴**: 첫째, 원유는 대체로 특허 의약품의 원료로 사용되었다. 그런데 그 인기가 식기도 전에 등유 램프가 사용되면서 석유 수요가 많이 늘어났다. 세상의 모든 등불을 밝힐 거라는 전망은 석유 산업의 지나친 성장 기대로 이어졌다. 이는 오늘날 석유 업계가 다른 나라의 휘발유 시장을 향해 갖는 기대와 비슷했다. 신흥개발국의 모든 가정에 차가 생기기만을 손꼽아 기대하고 있는 셈이다.

  등유 램프를 사용하던 시절, 석유 기업은 서로 경쟁을 벌였고, 조명으로 쓰일 때 나타나는 등유의 특성을 개선해 가스등과 경쟁했다. 상상조차 못한 일이 벌어졌다. 에디슨이 원유에 전혀 의존하지 않는 불빛, 즉 전구를 발명한 것이다. 실내 난방기에 등유 사용이 늘지 않았다면 백열등이 당시 석유 산업을 완전히 끝장냈을 것이다. 그리고 석유는 기계 축에 바르는 윤활유 정도로밖에 사용할 일이 없었을 것이다.

- **중앙난방 시스템의 출현**: 이후 또다시 재난과 구원이 함께 찾아왔다. 세상에 2가지 엄청난 혁신이 있었는데, 어느 쪽도 석유 산업에서 비롯한 건 아니었다. 첫째, 석탄을 태우는 가정용 중앙난방 시스템이 개발되면서 실내 등유 난방기는 더는 쓸모가 없어졌다. 이 일로 석유 산업이 휘청이는 사이 최고의 산업 부양책이 등장했다. 내연기관이었다. 내연기관 또한 석유 산업 밖의 외부인이 발명했다. 그 후 1920년대에 들어 휘발유 수요의 엄청난 증가세가 마침내 잠잠해졌을 때는 중앙식 석유 온풍기가 등장해 기적적으로 위기에서 벗어났다. 하지만 이번에 마련된 탈출구도 석유

산업 밖 외부인의 발명과 개발에서 비롯된 것이었다. 석유 온풍기 시장이 약화하자 이번에는 전쟁으로 인한 항공기 연료 수요가 석유 산업을 구했다. 전쟁이 끝난 후에는 민간 항공 산업의 확장, 철도의 디젤화, 자동차와 트럭이라는 폭발적인 휘발유 수요 증가 덕분에 석유 산업은 높은 성장세를 유지할 수 있었다.

- **천연가스의 위협**: 그러는 동안 붐이 일어난 지 얼마 되지 않았던 중앙집중식 석유 난방이 천연가스를 이용한 난방 방식과 치열한 경쟁을 벌이게 되었다. 석유와 경쟁을 벌이게 된 천연가스를 소유한 것도 석유 회사였다. 하지만 석유 산업이 천연가스 혁명을 일으킨 건 아니었으며, 지금까지도 천연가스를 소유함으로써 큰 이익을 얻지는 못하고 있다. 천연가스 혁명을 일으킨 것은 새로 설립된 송전 회사로, 이들은 공격적인 기세로 천연가스를 마케팅했다. 송전 회사는 훌륭한 산업을 새로 일으켰다. 처음에는 사람들의 만류에도 불구하고 천연가스에 매달렸고, 나중에는 석유 회사의 저항에 맞서며 천연가스 산업을 일구었다.

상황의 논리를 상식적으로 따져보면 석유 기업이 스스로 천연가스 혁명을 일으켰어야 했다. 석유 기업은 천연가스를 소유하고 있을 뿐 아니라 유일하게 천연가스를 다루고, 정제하고, 사용해본 경험이 있으며 송유관 관련 기술과 송전 분야 경험도 유일하게 보유하고 있으니 말이다. 또한 난방의 문제점도 파악하고 있었다. 그러나 천연가스가 난방유 판매와 자체적으로 경쟁해야 한다는 문제가 있어서 석유 기업은 천연가스의 잠재성을 깔보았다. 그러다 마침내 석유 기업에서 송전을 담당하던 몇몇 임원이 천연가스 혁명을 일으키기 시작했다. 이들은 천연가스 사업을 시작하자고 회사에 이야기했지만 회사를 설득할 수 없었다. 결국 이들은 회사를 그만두고 천연가스 송전 회사를 창업해 큰 성공을 거두었다. 그들의 성공이 석유 회사들을 뼈아프게 한 뒤에도, 석유 회사들은 가스 송전 사업에 뛰어들지 않았다. 원래 그들의 몫이었어야 할 수십억 달러 규모의 사업은 결국 다른 이들의 차지가 됐다. 석유 기업은 여전히 과거와 마찬가지로 특정 제품인 석유와 그 매장량의 가치에만 폭 좁게 집중하는 데 눈이 멀어 있었다. 석유 기업은 고객의 기본적 수요와 선호에는 아무런 관심도 기울이지 않았다.

전쟁이 끝난 후에도 이러한 태도에는 변화가 없었다. 제2차 세계대전이 끝난 직후 석유 산업의 전통적인 제품군에 대한 수요가 빠르게 증가하면서 미래에 큰 기대를 걸었다. 1950년, 대부분 석유 기업에서 적어도 1975년까지 연간 국내 성장률을 약 6퍼센트로 예상했고, 자유세계에서 원유 비축량 대비 수요 비율은 약 20 대 1이었다. 미국에서는 일반적으로 10 대 1 정도가 합리적인 비율로 여겨졌다.

석유 수요 급증으로 원유 탐사 기업은 실제 미래의 수요가 어느 정도일지 충분히 생각하지 않은 채 더 많은 원유를 찾아 나섰다. 그리고 1952년 원유 탐사 노력이 중동에서 명중하며 대박을 터뜨렸다. 원유 매장량 대비 수요 비율이 42 대 1까지 치솟았다. 만일 지난 5년간의 평균 비율(연간 370억 배럴)로 비축량이 계속 늘어난다면 1970년에는 비축량 대비 수요 비율이 45 대 1이 될 것이다. 이처럼 원유의 양이 풍부해지면서 전세계에서 원유 및 관련 상품 가격이 하락했다.

행운을 불러오는 방법

오늘날 석유화학 산업은 빠르게 확장하고 있다. 그럼에도 이 사실이 기업 경영진에게는 위안이 되지 못한다. 석유화학은 석유를 활용하는 또 하나의 아이디어지만, 이 역시 주요 석유 기업에서 비롯된 것은 아니다. 미국의 석유화학 제품 총생산량은 전체 석유 제품 수요(물량 기준)의 약 2퍼센트에 해당한다. 현재 석유화학 산업은 연간 약 10퍼센트씩 성장할 것으로 예상되지만, 원유 소비가 늘어나지 못하도록 성장을 갉아먹는 다른 요소를 상쇄하지는 못할 것이다.

게다가 석유화학 제품은 종류가 많고 그 수가 더 늘고 있긴 하지만, 그 기본 원료는 석유가 아닌 석탄과 같은 비석유 자원에서도 얻을 수 있다는 점을 기억해야 한다. 더구나 상대적으로 적은 양의 석유로 다량의 플라스틱을 만들 수 있다. 현재 정유 시설에서 효율적인 생산을 위한 최소 절대 작업량은 1일 5만 배럴이라고 여겨진다. 하지만 화학 제품 공장은 1일 5,000배럴만 투입해도 거대 생산 시설로 간주된다.

석유 산업은 한 번도 지속적이고 안정적인 성장 산업이었던 적이 없었다. 석유 산업은 성장하다 말다를 반복해왔고, 어려움에 빠질 때마다 언제나 산업 내부가 아닌 외부에서 일어난 혁신과 개발 덕분에 기적적인 도움을 받았다. 석유 산업이 원활하게 성장을 지속하지 못한 이유는 무엇일까? 업계에서 위기에 빠지기 전 매번 '대체재가 나타날 가능성이 없는 우수한 제품'을 보유하고 있다고 믿었기 때문이다. 그렇지만 석유는 경쟁에서 열위인 게 드러났고, 쇠퇴할 조짐이 보이는 제품으로 악명이 높았다. 지금까지 휘발유는 자동차 연료로 계속 사용되면서 이런 쇠퇴의 운명을 피해왔다. 그러나 뒤에서 살펴볼 내용처럼 휘발유 또한 이제 그 수명을 다했는지 모른다.

이 모든 이야기의 요점은 제품이 쇠퇴하지 않으리란 보장은 할 수 없다는 것이다. 기업이 스스로 연구해 기존 제품을 구식으로 만들지 않으면 다른 누군가가 할 것이다. 지금까지 석유 산업이 그랬던 것처럼 특별한 운이 따르는 산업이 아니라면 쉽게 무너져 적자의 늪에 빠질 것이다. 철도 산업, 마차용 채찍 제조업, 동네 식료품 체인점, 대부분의 대형 영화사 그리고 실제 다른 여러 산업이 그랬던 것처럼 말이다.

운이 좋은 기업이 될 최고의 방법은 스스로 운을 만드는 것이다. 그러려면 무엇이 기업을 성공으로 이끄는지 알아야 한다. 그런데 이러한 지식을 얻지 못하게 막는 가장 큰 적은 바로 대량생산이다.

마케팅은 판매와 다르다

대량생산 산업에서는 가능한 만큼 전부 생산하려는 엄청난 추진력에 떠밀린다. 생산량이 늘어남에 따라 급격하게 낮아지는 단가 전망은 기업으로선 저항할 수 없는 유혹이다. 수익 전망은 환상적이다. 그렇게 모든 노력을 생산에 집중한다. 그 결과 마케팅에는 소홀해진다.

경제학자 존 케네스 갤브레이스John Kenneth Galbraith는 정반대의 일이 일어난다고 주장했다.[4] 생산물이 너무 많아서 모든 노력이 생산한 상품을 판매하는 데 집중된다. 갤브레이스에 따르면 이 때문에 노래 부르는 광고가 나오고, 광고판이 시골의 경관을 훼손하고, 그 외에도 낭비가 심한

---

[4] John Kenneth Galbraith, *The Affluent Society*, Houghton Mifflin, 1958.

데다 저속한 관행이 이루어진다는 것이다. 갤브레이스는 현실적인 문제를 지적했지만 전략적 포인트는 놓쳤다. 대량생산은 분명히 실제 제품을 '팔아치우려는' 강한 압박을 만든다. 하지만 기업에서 강조하는 건 '판매'일 뿐 '마케팅'은 아니다. 판매보다 더 정교하고 복잡한 과정을 통해 이루어지는 마케팅은 그렇게 무시당한다.

마케팅과 판매의 차이는 표현이 지닌 의미, 그 이상이다. 판매는 판매자의 니즈에 초점을 맞추지만 마케팅은 고객의 니즈에 초점을 둔다. 판매는 제품을 현금으로 바꾸려는 판매자의 니즈에 몰두한다. 하지만 마케팅은 제품 및 제품을 만들고, 전달하고, 마침내 소비되기까지의 과정 전체를 통해 고객의 니즈를 충족시키는 데 중점을 둔다.

일부 산업에서는 완전한 대량생산의 유혹이 너무 강력해 최고경영진이 영업부에 사실상 이렇게 말해왔다. "제품을 다 팔아서 없애. 수익은 우리가 신경 쓸 테니." 이와 달리 진정으로 마케팅을 생각하는 기업은 고객이 사고 싶어 할 상품, 즉 고객의 가치를 만족시키는 상품과 서비스를 만들려고 노력한다. 이러한 기업에서 판매하는 건 일반적인 제품이나 서비스가 아니다. 여기에는 고객에게 제품이 어떻게 제공되는지, 어떤 형태로, 언제, 어떤 상황에서, 어떤 거래 조건으로 제공되는지까지 포함된다. 무엇보다 중요한 점은 판매 기업이 아닌 고객이 이러한 내용을 결정한다는 사실이다. 판매 기업은 제품을 팔기 위해 마케팅 노력을 기울이는 게 아니라, 그 반대로 마케팅 노력의 결과가 제품 판매로 이어지도록 고객에게서 판매를 위한 단서를 얻는다.

대형 브랜드의 대량생산 지상주의

이는 비즈니스의 기본 규칙이지만 다들 이 규칙을 어긴다. 분명히 이 규칙을 지키는 기업보다 위반하는 기업이 더 많다. 자동차 산업을 예로 들어보자.

대량생산은 자동차 산업에서 가장 유명하고, 가장 많이 이루어지며, 전체 사회에 가장 큰 영향을 준다. 자동차 업계는 자동차 모델을 매년 변경해달라고 끊임없이 요구받는 행운을 누린다. 자동차 모델을 매년 변경한다는 방침 덕분에 특히 고객 지향성이 절실해진다.

이런 이유로 자동차 회사는 매년 소비자 조사에 수백만 달러를 쓴다. 하지만 새로운 소형차가 출시 첫해에 매우 잘 팔리고 있다는 사실은, 디트로이트가 오랫동안 소비자가 진정으로 원하는 것이 무엇인지 밝혀내는 데 실패했음을 보여준다. 디트로이트의 자동차 회사는 다른 소형 자동차 제조업체에 고객 수백만 명을 빼앗길 때까지 사람들이 원하는 제품이 디트로이트의 기업에서 제공하는 제품과 다르다는 점을 납득하지 못했다.

디트로이트의 자동차 회사들은 어떻게 이렇게 오랫동안 믿기 힘들 만큼 소비자 욕구를 따라잡지 못한 채 뒤처져 있을 수 있었을까? 소비자가 구매 결정을 통해 선호 사항을 드러내기 전, 소비자 조사는 어째서 그 사실을 밝혀내지 못했을까? 일이 일어나기 전에 미리 그런 사실을 알아내기 위해 소비자 조사를 하는 게 아닐까? 그 이유는 디트로이트가 실제로는 고객의 '욕구'를 조사한 적이 없기 때문이다. 대신 고객에게 제공할 모델을 이미 결정해두고, 소비자에게 그 사이에서 선호하는 모델을 고르게 했을 뿐이다.

디트로이트의 자동차 회사는 기본적으로 제품을 중심에 두었으며 소비자는 전혀 고려하지 않았다. 자동차 제조업체가 고객의 니즈를 충족시키려 노력해야 한다는 걸 어느 정도 인식하고 있었을지도 모른다. 그럼에도 디트로이트는 제품 변경만으로 고객의 니즈를 충족시킬 수 있는 것처럼 움직였다. 때로는 자동차 기업이 고객의 자금 조달에 관심을 기울일 때도 있다. 하지만 이는 고객이 자동차를 구매할 수 있도록 돕기 위해서라기보다 단지 자동차 판매를 촉진하기 위해서일 뿐이다.

고객의 다른 니즈에 대한 대응은 좀처럼 찾아보기 어렵다. 특히 판매 현장과 자동차 수리·정비처럼 충족되지 않은 니즈가 가장 많은 분야는 무시되거나, 기껏해야 의붓자식 취급을 받는다. 디트로이트는 이런 영역의 중요성을 부차적인 사안으로 여긴다.

자동차 산업에서 판매와 서비스 쪽은 제조업체가 소유, 운영, 통제하지 않는다는 사실이 자동차 기업의 그러한 태도를 한층 더 잘 보여준다. 일단 자동차가 생산되고 나면, 그다음은 거의 전적으로 역량이 부족한 딜러의 손에 맡겨진다. 디트로이트의 이런 '거리 두기' 태도를 잘 보여주는 예가 있다. 사실 서비스 부문은 엄청난 판매 촉진과 수익 창출의 기회를 제공한다. 그럼에도 시보레의 딜러 7,000곳 중 야간 정비 서비스를 제공하는 곳은 57곳에 불과하다.

자동차 운전자들은 서비스에 대한 불만 그리고 현재와 같은 판매 구조 아래에서 차량을 구매하는 데 대한 우려를 반복적으로 표한다. 차량 구매와 유지 과정을 거치는 동안 운전자가 마주하는 문제점과 불안은 수년 전보다 지금 더욱 클뿐더러 널리 퍼져 있다. 하지만 자동차 회사는 이러한 조언에 귀를 기울이거나 괴로워하는 소비자가 보내는 신호를 받아들이려는 것 같지 않다. 자동차 회사가 고객의 소리에 귀를 기울인다면, 그건 생산에 대한 집착이라는 필터를 거쳐서 이루어질 게 틀림없다.

마케팅을 위한 노력은 여전히 제품 생산에 따라오는 필수적인 결과로 여겨진다. 그와 반대로 마케팅의 결과로 생산이 이루어지는 게 마땅한데도 말이다. 이는 기본적으로 이윤이 저비용 완전 생산에서 나온다는 편협한 관점을 지닌 대량생산 체제가 남긴 유산이다.

헨리 포드의 마케팅 제일주의

대량생산이 던지는 이윤의 유혹은 기업의 경영 계획과 전략 속에서 중요한 자리를 차지하고 있다. 하지만 경영 계획과 전략은 항상 '고객에 대한 깊은 고민' 뒤에 와야 한다. 이는 헨리 포드의 모순적인 행동에서 우리가 배울 수 있는 가장 중요한 교훈이다. 어떤 의미에서 포드는 미국 역사상 가장 뛰어나면서 동시에 가장 몰상식한 마케터였다. 검은색 차 외에 다른 색의 차는 판매를 거부했다는 점에서 포드는 몰상식했다. 반면 시장의 니즈에 맞게 설계한 생산 시스템을 만들어냈다는 점에서 뛰어났다.

우리는 습관적으로 그를 '생산의 천재'로 찬양하지만, 그의 진정한 천재성은 '마케팅'에 있다. 많은 사람이 포드가 컨베이어식 조립라인을 발명해 비용을 절감했기 때문에 가격을 인하하고 500달러짜리 자동차를 수백만 대 팔 수 있었다고 생각한다. 그러나 실제로는 그 반대였다. 포드는 자동차 가격이 500달러라면 수백만 대를 팔 수 있으리라 믿었기 때문에 그 가격에 맞추기 위해 조립라인을 발명한 것이다. 대량생산은 포드가 제시한 저가 정책의 '원인'이 아니라 '결과'였다.

포드는 이를 거듭 강조했지만, 생산 지향적인 사고에 젖은 미국의 경영인 사회는 그가 전하는 중요한 교훈을 들으려 하지 않는다. 포드가 간결하게 표현한 경영 철학은 다음과 같다.

우리의 방침은 가격을 낮추고, 운영을 확대하며, 제품을 개선하는 것이다. 여러분은 가격 인하가 가장 먼저 언급되었다는 점에 주목해주길 바란다. 우리는 어떠한 비용도 고정된 것으로 여긴 적이 없다. 그래서 우리는 판매량이 늘어나리라고 믿는 지점까지 가격을 먼저 내린다. 그런 다음 그 가격을 맞추기 위해 움직인다. 비용에 관해서는 신경 쓰지 않는다. 새로운 가격은 비용 절감을 유도한다.

일반적인 방식은 비용을 계산한 후 가격을 정하는 것이다. 이 방식이 좁은 의미에서는 과학적일 수 있지만 넓은 의미에서 보면 그렇지 않다. 물건이 판매될 가격으로는 제품을 생산할 수 없다는 걸 알게 된다면, 비용을 아는 게 도대체 무슨 소용이겠는가? 그런데 이보다 더 중요한 사실이 있다. 비용이 얼마인지는 계산할 수 있어도, 비용이 얼마여야 하는지를 제대로 아는 사람이 아무도 없다는 점이다.

비용을 알아낼 한 가지 방법은 (…) 가격을 몹시 낮게 책정한 뒤, 그에 맞춰 현장에 있는 모든 사람의 효율성을 최고 지점까지 끌어올리는 것이다. 가격이 저렴하면 모든 사람이 이윤을 얻는다. 느긋하게 조사하는 것보다 이처럼 강제적인 방식을 이용할 때 제조와 판매에 관해 더 많은 사실을 발견하게 된다.[5]

제품 편향주의의 함정

낮은 생산 단가가 가져오는 매력적인 수익 가능성은 기업, 특히 '성장 기업'이 빠질 수 있는 가장 심각한 자기기만적 태도다. 수요 확대가 명백하게 보장되어 있으므로, 마케팅과 고객의 중요성에는 이미 관심을 두지

---

[5] Henry Ford, *My Life and Work*, Doubleday, 1923.

않기 때문이다.

소위 현실적인 문제에 편협한 집착을 보였을 때 일반적으로 나타나는 결과는 성장이 아닌 쇠퇴다. 보통 이는 제품이 계속 변화하는 소비자의 니즈와 취향, 새로운 혹은 수정된 마케팅 제도와 관행, 아니면 경쟁 혹은 보완 산업에서 일어난 제품 개발 내용을 따라잡는 데 실패했다는 의미다. 업계 내에서는 자사의 특정 제품을 매우 확고한 시각으로 바라보는 바람에 그 제품이 어떻게 구식이 되는지 알지 못하게 된다.

마차용 채찍 산업이 전형적인 사례다. 마차용 채찍 산업의 경우 아무리 제품을 개선해도 업계에 내려진 사형 선고를 피할 수 없었을 것이다. 하지만 만일 업계 스스로가 관점을 바꿔 자신들을 마차용 채찍 산업이 아닌 운송 산업이라고 규정했더라면 살아남았을지도 모른다. 그랬다면 생존에 항상 수반되는 일, 바로 변화를 추구했을 것이다. 마차용 채찍 산업이 '에너지원에 자극이나 촉매를 제공하는 사업'이라고만 정의했다면 어땠을까? 어쩌면 팬 벨트fan belt나 공기 청정 장치 제조업체가 되어 살아남았을지도 모른다.

조만간 마차용 채찍 산업보다 더욱 전형적인 사례로 남을 산업이 있다. 다시 한번 등장하는 석유 산업이 바로 그것이다. 석유 산업은 앞서 이야기했던 천연가스를 비롯해 미사일 연료, 제트 엔진용 윤활유 등 다른 산업에 훌륭한 사업 기회를 뺏겼다. 그렇다면 다시는 그런 일이 일어나지 않도록 조치를 취했을까? 그들은 그러지 않았다. 현재 자동차 구동을 위해 특별히 설계된 연료 시스템 분야에서 놀라운 신기술이 등장하고 있다. 그런데 이러한 개발은 석유 산업 외부 기업에 집중돼 있으며 석유 산업은 그런 개발을 무시하고 있다. 그저 석유와의 축복받은 결합에 만족할 뿐이다.

이는 등유 램프와 백열등의 대결 구도 이야기와 판박이다. 석유 업계에서는 자동차에 가장 적합한 연료라면, 석유가 아닌 다른 원료를 사용하거나 전혀 다른 방식으로 만드는 것도 가능하다는 태도를 보이지 않는다. 대신 여전히 탄화수소 연료 개선에만 몰두하고 있다.

반면 비석유 기업에서 하고 있는 일은 다음과 같다.

- 12개가 넘는 기업들이 이미 고도화된 에너지 시스템의 작동 모델을 보유하고 있다. 이것이 완성되면 내연기관을 대체하고 휘발유 수요를 사라지게 만들 것이다. 각 시스템이 지닌 최고의 장점은 시간을 들여 연료를 충전하러 주유소에 들르지 않아도 된다는 점이다. 대부분의 시스템은 연소 없이 화학물질에서 바로 전기 에너지를 얻도록 설계된 연료 전지 시스템이다. 그리고 대부분의 기업이 석유에서 추출하지 않은 화학 물질을 사용한다. 이 물질은 일반적으로 수소와 산소다.

- 다른 몇몇 기업에서는 자동차에 전력을 공급하도록 설계된 고급 축전지 모델을 보유하고 있다. 이런 기업 가운데 한 곳은 항공기 생산업체로, 이 회사는 전기 회사 몇 곳과 함께 작업하는 중이다. 전력 회사들은 전력 수요가 적은 시간대에 남는 발전 용량을 야간 배터리 충전에 활용하기를 원한다. 또 다른 회사는 보청기 작업을 통해 축적한 소형 배터리 기술 경험이 풍부한 중형 전자 회사다. 이 회사는 자동차 생산업체와 협업을 진행 중이다. 로켓에 사용할 고출력 소형 전력 저장장치의 필요성으로 최근 기술 개선이 이루어졌고, 덕분에 엄청난 과부하나 전력 급증 상황도 버틸

수 있는 상대적으로 작은 배터리도 사용할 수 있게 되었다. 게르마늄 다이오드를 적용하고, 소결판sintered plate과 니켈-카드뮴 기술을 활용한 배터리는 에너지원에 혁명을 일으킬 가능성이 크다.

- 태양 에너지 변환 시스템도 점점 주목받고 있다. 대체로 신중한 디트로이트의 한 자동차 기업 임원은 1980년이 되면 태양열 자동차가 일반화될 수도 있다고 이야기했다.

어느 연구 책임자가 내게 말했듯 석유 기업은 '개발 상황을 관찰'하고 있다. 일부 기업은 연료 전지에 관한 연구를 진행하고 있지만, 이러한 연구는 거의 항상 탄화수소 화학물질로 구동되는 전지 개발에 국한된다. 연료 전지, 배터리 혹은 태양광 발전소 연구에 적극적인 석유 기업은 한 곳도 없다. 이처럼 정말 중요한 분야의 연구에 제대로 투자하고 있지 않다. 휘발유 엔진 연소실의 퇴적물을 줄이는 법과 같은 일상적인 연구에 드는 비용 정도를 투자하는 기업 역시 단 한 곳도 없다.

최근 어느 대형 종합 석유 회사에서 연료 전지를 잠정적으로 검토한 뒤 다음과 같은 결론을 내렸다. "이 연구에 적극적인 노력을 기울이는 기업은 궁극적으로 성공에 대한 믿음을 보이지만 (…) 연구 내용이 영향력을 발휘하게 될 시기와 규모가 너무 요원해 우리 회사의 사업 예측에서 인식하기 어렵다."

물론 이렇게 묻는 사람도 있을 것이다. "어째서 석유 기업이 뭔가 다른 연구를 해야 할까? 화학 연료 전지, 배터리, 태양 에너지가 현재 제품군을 없애지 않을까?" 질문에 답하자면 실제 그렇게 될 것이다. 그리고 그것이 바로 석유 회사가 경쟁사보다 먼저 이러한 동력 장치를 개발해야 하는 이유다. 그래야 산업 자체를 잃은 회사가 되지 않을 테니 말이다.

  석유 회사의 경영진이 자기 회사가 에너지 사업을 하고 있다고 생각한다면 생존을 위해 필요한 조치를 취할 가능성이 더 커질 것이다. 하지만 엄격하게 제품을 지향하는 편협한 통제 아래 회사를 가두려 한다면, 그것만으로는 문제를 해결하기 어려울 것이다. 석유 기업은 석유를 찾고, 정제하고, 판매하는 일을 하는 곳이 아니다. 고객의 니즈를 충족시키는 일이라고 생각해야 한다. 석유 기업에서 자사를 '사람들의 교통수단 수요를 충족시키는 사업'이라고 여기는 순간 그 어떤 것도 자사의 엄청나게 수익성 높은 성장을 막을 수 없을 것이다.

창조적 파괴의 중요성

  말하기는 쉽고 행동하기는 어려우므로 이러한 사고방식이 어떤 일을 포함하고 어떤 결과를 가져오는지 보여주는 편이 좋겠다. 처음부터 시작해보자. 바로 고객이다. 자동차 운전자는 휘발유를 구입하는 번거로움, 시간 지연, 구매 경험 그 자체를 매우 싫어한다. 사람들이 실제로 휘발유를 사는 것도 아니다. 휘발유는 볼 수도, 먹을 수도, 느낄 수도, 평가할 수도, 심지어 시험해볼 수도 없다. 운전자가 구매하는 건 차를 계속 운전할 권리다.

  주유소는 마치 세금을 거두는 공무원 같다. 차를 운전하는 대가로 운전자는 주유소에 주기적으로 통행료를 낼 수밖에 없다. 이 때문에 주유소는 기본적으로 인기가 없는 시설이다. 주유소를 사람들이 즐겨 찾거나 즐거워하는 장소로는 절대 만들 수 없다. 다만 사람들이 덜 싫어하고 덜 불쾌해하는 곳으로 만들 수 있을 뿐이다.

  시설이 인기 없는 상황을 완전하게 해결한다는 건 시설을 없애는 걸 의미한다. 세금을 징수하는 공무원을 좋아하는 사람은 아무도 없다. 아무리 친절하고 쾌활한 사람이라 해도 말이다. 그 누구도 눈에 보이지도 않는 물건을 사려고 주행을 방해받고 싶어 하지 않는다. 물건을 파는 사람이 잘생긴 아도니스나 매혹적인 비너스일 때도 마찬가지다. 따라서 잦은 주유의 필요성을 없애는 실험적인 연료 대체재를 연구하는 기업은 주유하느라 짜증이 난 운전자가 벌린 두 팔로 곧장 들어가는 셈이 된다.

이러한 기업은 필연성이라는 파도를 타고 온다. 이들이 기술적으로 뛰어나거나 한층 정교한 제품을 만들기 때문이 아니라 강력한 고객의 필요를 충족시키기 때문이다. 이들이 개발 중인 연료 전지는 차량에서 내뿜는 유독한 냄새와 이로 인한 대기 오염도 사라지게 한다.

다른 동력 시스템이 고객 욕구를 충족시키는 논리를 석유 회사들이 인정하게 되면, 석유 기업에서도 효율적이고 오래가는 연료를 개발하는 길(또는 운전자를 번거롭게 하지 않는 방식으로 기존 연료를 공급하는 방법)밖에 없음을 알게 될 것이다. 동네 상점을 운영했던 대형 식료품 체인이 슈퍼마켓 안으로 들어가는 길밖에 없었던 것처럼 혹은 진공관을 만들던 기업이 반도체를 만들 수밖에 없었던 것처럼 말이다.

석유 기업은 자신의 이익을 위해 높은 수익을 가져다주는 자산을 스스로 파괴해야 한다. 석유 기업이 아무리 미래를 희망적으로 생각한다고 해도 '창조적 파괴'creative destruction를 해야 할 필요성에서 벗어날 수는 없다.

내가 창조적 파괴의 필요성을 이토록 강력하게 표현하는 건 경영진이 전통적인 방식에서 벗어나려면 상당한 노력을 기울여야 한다고 생각하기 때문이다. 오늘날 기업이나 산업은 거의 무의식적으로 '완전 생산의 경제성'에 목적의식이 지배당할 수 있다. 그 결과 위험할 정도로 한쪽으로 치우친 제품 지향적 사고방식이 자리 잡게 된다. 다시 말해 경영진이 별다른 조치를 취하지 않으면 언제나 고객 만족이 아니라 상품과 서비스를 생산해야 한다는 쪽으로 사고가 흐르고 만다.

영업 부서에 "영업팀은 제품을 팔아서 없애. 우리는 수익을 신경 쓰겠어."라고 말할 정도까지는 아니더라도 알아차리지 못하는 사이 서서히 쇠락의 길로 들어서게 된다. 성장 산업이 하나씩 역사 속으로 사라지는 운명을 맞았던 건 제품 지향적인 편협함으로 자멸을 초래했기 때문이다.

연구개발에 숨겨진 위험한 함정

기업의 지속적인 성장에 가해지는 또 다른 큰 위험은 최고경영진이 기술의 연구개발이 가져올 수익 가능성에 완전히 사로잡혀 있을 때 나타난다. 이를 설명하기 위해 우선 새로 등장한 전자 제품 산업을 살펴본 뒤 한 번 더 석유 산업 이야기로 돌아갈 것이다. 새로운 산업과 익숙한 산업을 비교해봄으로써 이러한 위험한 사고방식이 서서히 퍼져 만연해 있다는 점을 강조하고 싶다.

전자 제품 산업의 경우 업계 내에 등장한 활기 넘치는 신생 기업이 마주하는 가장 큰 위험은 연구개발에 충분한 관심을 쏟지 않는 게 아니다. 오히려 지나치게 많은 관심을 쏟는다는 점이 가장 큰 위험이다. 빠르게 성장 중인 전자 제품 기업이 기술 연구에 중점을 둔 덕분에 명성을 얻었다는 사실은 핵심에서 벗어난 것이다.

이들은 일반적이지 않은 강력한 수용력을 별안간 최대로 발휘해 새로운 기술 아이디어를 받아들였고, 이를 바탕으로 부를 향해 뛰어올랐다.

또한 전자 제품 기업은 사실상 성공이 보장된 군용 지원금과 군사 명령 덕분에 제품을 만들 생산시설이 갖춰지기도 전에 성공을 보장받았다. 다시 말해 전자 제품 기업이 사세를 확장하는 데 마케팅 노력은 거의 전무했다는 뜻이다.

그래서 이들은 '우수한 제품이라면 저절로 팔린다'는 착각을 하기에 매우 쉬운 조건 속에서 성장하고 있다. 뛰어난 제품을 만들어 성공을 거둔 기업의 경영진이 제품을 구매하는 소비자보다도 제품에 중심을 둔다는 사실은 놀라운 일이 아니다. 이러한 조건에서 성장한 기업은 성장을 계속하려면 지속적인 제품 혁신과 개선을 이루어야 한다는 철학을 갖게 된다.

이러한 믿음을 강화하고 지속시키는 요인은 여러 가지가 있다.

1. 전자 제품은 고도로 복잡하고 정교하므로 업계 상부 경영진에 엔지니어와 과학자가 많다. 이는 선택적 편견을 만들고 기업은 마케팅을 희생해 연구 및 생산을 선호하는 편향이 생긴다. 기업은 스스로 고객의 니즈를 충족시키기보다는 상품 제조를 우선시해야 한다고 생각하는 경향이 있다. 마케팅은 나머지 활동으로 취급받는다. 중요한 업무인 제품 개발과 생산을 일단 완성하고 나서 해야 할 '기타 활동' 취급을 받는 것이다.
2. 제품의 연구, 개발, 생산을 선호하는 이러한 편견에 더해 통제 가능한 변수를 다루는 걸 선호하는 편견이 더해진다. 엔지니어와 과학자는 기계, 시험관, 생산라인, 심지어 대차대조표에 이르기까지 구체적인 사물의 세계에서 편안함을 느낀다. 이들이 편안해 하는 추상적 개념은 실험실에서 테스트할 수 있거나 조작할 수

있는 것, 혹은 테스트할 수 없다면 유클리드의 공리Euclid's axiom처럼 기능적인 것이다. 즉 활기차게 성장 중인 신생 전자 제품 기업의 경영진은 세심하게 연구하고, 실험하고, 통제할 수 있는 사업 활동, 즉 연구실, 상점, 책에서 찾을 수 있는 명백하고 실제적인 현실을 선호하는 경향이 있다는 이야기다.

여기서 시장의 현실은 부당한 대우를 받으며 뒷전으로 밀린다. 소비자는 예측 불가능하고, 다채로우며, 변덕스럽고, 어리석으며, 근시안적이고, 고집이 세며, 대체로 귀찮게 군다. 엔지니어 출신 경영자가 이렇게 대놓고 말하는 건 아니다. 하지만 그들의 의식 저 아래 깊은 곳에는 이런 생각이 자리하고 있다. 그래서 그들은 자신이 잘 알고 통제할 수 있는 영역, 즉 제품 연구, 엔지니어링과 생산에 집중한다. 낮은 단가로 제품을 생산할 수 있을 때는 특히 생산을 강조하고 싶어진다. 공장을 전면 가동해 수익을 얻는 것보다 더 매력적인 돈벌이 방식은 없기 때문이다.

상부 경영진에서 과학-엔지니어링-생산을 중시하는데도 그토록 많은 전자 제품 기업이 오늘날 상당히 잘 운영되는 이유는 무엇일까? 이들이 사실상 군부에서 보장한 시장을 개척해 새로운 영역으로 진출했기 때문이다. 그래서 전자 제품 기업은 여태껏 고객이 필요로 하는 것needs과 원하는 것wants이 무엇인지 알아낼 필요가 없었고, 고객이 자발적으로 특정 신제품을 요구하며 찾아온 것이다.

만약 고객 중심의 마케팅 관점을 의도적으로 차단하는 비즈니스 상황을 설계하라는 지시를 받은 컨설턴트팀이 있다고 해도, 방금 설명한 것보다 더 완벽한 조건을 만들어낼 수는 없었을 것이다.

마케팅은 의붓자식 취급을 받고 있다

석유 산업은 과학, 기술, 대량생산이 어떻게 한 무리의 기업들을 본래의 주요 임무에서 벗어나게 할 수 있는지를 보여주는 놀라운 사례다. 석유 산업에서도 어느 정도 소비자를 연구한다. 많지는 않지만 말이다. 하지만 초점은 항상 석유 회사들이 현재 하고 있는 일을 개선하는 데 도움이 되는 정보를 얻는 데 맞춰져 있다. 석유 기업은 설득력 있는 광고 주제, 효과적인 판촉 활동, 다양한 회사의 시장점유율, 주유소 및 석유 회사와 관련해 사람들이 좋아하는 것과 싫어하는 것 등을 찾으려 노력한다. 하지만 기업은 원자재의 기본 특성을 조사하는 데 그칠 뿐, 업계가 고객 만족을 위해 충족해야 할 인간적인 기본 욕구를 깊이 들여다보는 데에는 별다른 관심을 두지 않는 듯하다.

고객과 시장에 관한 기본적인 질문을 던지는 경우는 드물다. 석유 업계에서 시장은 의붓자식과 같은 위치다. 존재는 인정하고 돌보기는 해야 한다고 여기지만, 그다지 진지하게 보거나 헌신적으로 관심을 기울일 가치는 없다고 생각한다. 가까운 시장에서 고객을 확보했다고 사하라 사막에서 유전을 찾았을 때만큼 기뻐하는 석유 기업은 어디에도 없다. 게다가 석유 업계의 언론만큼 마케팅을 무시하는 모습을 보여주는 곳도 없다.

1959년에 발간된 《계간 미국 석유 협회》American Petroleum Institute Quarterly 100주년 기념호에는 펜실베이니아주 타이터스빌에서 발견된 미국 최초의 유정을 축하하고 석유 업계의 위대함을 보여주는 특집 기사 21편이 실려 있다. 그 가운데 마케팅 부문의 성취를 이야기하는 기사는 단 한 편뿐이었고, 내용도 주유소 건축물이 어떻게 변했는지 보여주는 그림 기록이었을 뿐이다.

한편 이 잡지에는 '새로운 지평선'이라는 제목의 특별 섹션도 있었다.

거기 실린 기사 내용은 석유 산업이 미국의 미래에 어떤 역할을 하게 될지 보여주는 것이었다. 모든 내용이 몹시 낙관적이었고, 석유 산업이 치열한 경쟁을 벌일 수도 있다는 암시는 단 한 번도 나타나지 않았다. 원자력에 관해 언급할 때조차 석유가 원자력의 발전과 성공에 어떤 도움을 주는지 그 내용을 목록으로 만들어 쾌활한 어조로 설명했다.

석유 산업이 누리는 풍족함이 위협받을 수 있다든지, 현재 석유 산업을 이용하는 고객에게 새롭고 더 나은 서비스를 제시할 '새로운 지평선'이 등장할 수 있다는 의견 등 업계에 관한 우려 사항은 단 한 줄도 적혀 있지 않았다.

마케팅이 의붓자식 취급을 받는 가장 적나라한 사례는 '전자 기술의 혁명적 잠재력'이라는 제목의 특별 단편 기사 시리즈에서 잘 드러난다. 목차에 실린 기사 목록은 다음과 같다.

- '석유 탐사 중에'
- '생산 공정 중에'
- '정유 공정 중에'
- '송유관 운영 공정 중에'

의미심장하게도 마케팅을 '제외한' 석유 산업의 모든 주요 기능 영역이 목록으로 제시되었다. 왜 그랬을까? 아마도 석유 마케팅에는 혁명적 잠재력이 들어 있지 않다고 믿기 때문일 수도 있다. 하지만 이는 명백히 틀렸다. 그보다는 단순히 마케팅에 대해 언급하는 것을 잊었기 때문일 가능성이 더 크다. 이는 마케팅이 의붓자식 취급을 받는 현실을 매우 상징적으로 보여준다.

목록에서 4가지 기능 영역이 나열된 순서에서도 석유 산업이 소비자와 얼마나 동떨어져 있는지가 드러난다. 업계는 은연중에 석유를 찾는 일을 작업의 시작으로 삼고 정제 후 유통하는 작업으로 일이 끝난다는 식으로 석유 산업을 정의했다. 하지만 내가 보기에 사실 석유 산업의 정의는 제품에 대한 고객의 니즈에서 시작한다. 고객의 니즈라는 최초의 위치부터 꾸준히 덜 중요한 영역으로 거슬러 올라가 마침내 석유 탐사라는 단계에서 멈추는 것이다.

발상을 전환하지 않으면 안 된다

산업이 제품 생산의 과정이 아니라 고객 만족의 과정이라는 견해는 모든 기업인이 알아야 할 필수 사항이다. 산업은 특허, 원자재, 판매 기술에서 시작하는 것이 아니라 고객과 그들의 니즈에서 출발한다. 고객의 니즈가 주어지면 산업은 역방향으로 발전한다. 우선 고객 만족을 물리적으로 '전달'하는 데 관심을 갖는다. 그러고 나면 더 위로 거슬러 올라가 고객 만족을 어느 정도 충족시키는 상품을 '고안'한다.

고객은 상품이 어떻게 만들어지는지에는 무관심하다. 따라서 특정 제조 방식이나 가공 방식의 상품이 산업의 본질적인 요소일 수는 없다. 마지막으로 산업은 생산보다 더 위로 거슬러 올라가 제품을 만드는 데 필요한 원재료를 '찾는' 단계에 이른다.

기술 연구 및 개발을 지향하는 일부 산업에서 나타나는 아이러니는 최고경영진 자리를 차지한 과학자가 회사의 전반적인 수요와 목적을 정의할 때는 전혀 과학적이지 않다는 사실이다. 이들은 과학적 방법론의 첫 2가지 원칙을 위반한다. 첫째, 회사의 문제를 인식하고 정의하는 것, 둘째, 문제 해결을 위해 테스트 가능한 가설을 개발하는 것. 그들은 실험실이나 제품 실험처럼 편리한 부분에 한해서만 과학적이다.

고객(그리고 고객의 가장 깊은 곳에 자리한 니즈를 충족시키는 일)은 '문제'로 여겨지지 않는다. 고객에게 문제 같은 건 없다는 특정한 믿음이 있어서가 아니다. 조직 생활을 통해 고객이 있는 곳의 반대 방향을 바라보도록 길들여졌기 때문이다.

판매가 무시되고 있다는 뜻은 아니다. 오히려 그런 일과는 거리가 멀다. 다시 한번 말하지만 판매는 마케팅이 아니다. 이미 앞서 말했듯 판매는 사람들이 제품과 현금을 교환하도록 유도하는 요령과 기술에 관심을 갖는다. 다만 교환이 갖는 가치는 전혀 고려하지 않는다. 마케팅은 항상 전 사업 과정을 고객의 니즈 발견, 생성, 유발, 충족시키는 통합적 노력으로 바라보지만, 판매는 그렇지 않다. 그들에게 고객은 적절한 솜씨를 발휘하면 가진 돈을 내는 '저 바깥' 어딘가에 있는 사람일 뿐이다.

사실 기술을 중시하는 기업 가운데 일부에서는 판매조차 큰 관심을 받지 못한다. 이러한 기업에서는 신제품을 많이 출시해도 사실상 보장된 시장이 있으므로 진짜 시장이 어떤지 알지 못한다. 마치 계획 경제 속을 살아가는 것처럼 공장에서 소매점으로 제품을 옮긴다. 이들은 제품에 집중해 성공을 거두었으므로 지금까지 해온 방식이 좋은 방식이라고 확신하는 경향이 있다. 그러다 보니 시장으로 몰려드는 구름을 보지 못한다.

고객 중심 기업이 되려면

75년 전만 해도 미국의 철도 산업은 월스트리트의 빈틈없는 투자가들의 열렬한 충성심을 얻었다. 유럽의 군주들도 미국 철도 산업에 크게 투자했다. 몇천 달러를 긁어모아 철도 기업의 주식을 살 수 있다면 영원한 부가 축복으로 내려지리라 믿었다. 속도, 유연성, 내구성, 경제성, 성장 잠재력 측면에서 다른 어떤 교통수단도 철도와 경쟁할 수 없었다.

역사가 자크 바전은 "세기가 바뀌면서 철도는 제도이자 인간의 이미지, 전통, 예법, 시의 원천, 소년 시절 욕망의 온상, 최고의 장난감이자 인류 삶의 신기원을 나타내는, 장례식장의 영구차 다음으로 가장 엄숙한 기계다."라고 말했다.[6]

자동차, 트럭, 비행기가 등장한 이후에도 철도 업계의 거물 기업은 냉정했고 자신감을 잃지 않았다. 60년 전의 철도 기업에 앞으로 30년 뒤 당신의 회사가 쓰러져 파산하고 정부에 보조금을 애원하게 된다고 말한다면 완전히 미친 사람 취급을 당할 것이다.

그런 미래는 상상조차 할 수 없었다. 논의할 가치도, 질문할 가치도, 제정신인 사람이라면 추측해볼 가치도 없는 일이었다. 하지만 이제는 수많은 '미친' 생각이 현실에서 받아들여진다. 예를 들어 건강하고 멀쩡한 시민 100명이 타고 가볍게 마티니를 마시는 동안 지구 2만 피트 상공에 떠서 부드럽게 움직이는 100톤짜리 금속 튜브가 존재하는 것이다. 그리고 이 비행기는 철도 산업에 잔인한 타격을 가했다.

다른 산업이 이러한 운명을 피하려면 구체적으로 어떤 일을 해야 할까? 고객을 중심에 둔다는 건 어떻게 하는 것일까? 이러한 질문에 대해서는 앞서 제시한 사례와 분석으로 어느 정도 답이 되었으리라 생각한다. 특정 산업에 필요한 게 무엇인지 자세히 살펴보기 위해서는 또 다른

---

[6] Jacques Barzun, "Trains and the Mind of Man."

기사를 한 편 써야 할 것이다. 하지만 어떤 산업에서든 효과적으로 고객 지향 기업을 만들려면 선한 의도나 판매 비결 정도를 훨씬 능가하는 노력이 필요하다는 사실은 분명하다. 고객을 중심에 두는 회사를 만들려면 인간이 세운 조직과 리더십이라는 심오한 문제를 다루어야 한다. 다만 지금 여기서는 몇 가지 일반적인 요구사항 정도만 제시하기로 한다.

마케팅 마인드의 침투와 리더십

기업은 생존을 위해 요구되는 일을 해야 한다. 시장의 요구사항에 적응해야 하며, 무엇보다 나중으로 미루지 않고 빨리 해야 한다. 그러나 단순한 생존은 시시한 목표다. 누구든 어떻게든 살아남을 수 있다. 거리의 부랑자조차 살아남는다. 중요한 것은 당당하게 살아남는 것이다. 상업적 성공에 대한 솟구치는 충동을 느끼는 것이다. 단순히 성공의 달콤한 향기를 경험하는 데 그치지 않고 기업가의 위대함을 본능적으로 느끼는 것이다.

약동하는 '성공 의지'를 갖추고 이를 원동력 삼아 앞으로 나아가는 활기찬 리더 없이 위대함을 손에 넣을 수 있는 기업은 없다. 리더는 장대한 비전을 갖춰야 하고, 비전으로 수많은 열정적인 추종자를 생성해야 한다. 비즈니스 세계에서 추종자는 곧 고객이다.

이러한 고객을 가지기 위해서는 기업 전체가 고객을 창출하고 고객을 만족시키는 유기체로 보여야 한다. 경영진은 회사가 제품을 생산하기 위해서가 아니라 고객을 창출하는 가치 만족value satisfaction을 제공하기 위해 존재한다고 생각해야 한다. 이러한 생각 그리고 이 생각이 의미하고 요구하는 것 전부를 조직의 구석구석에 불어넣어야 한다. 이 작업을 계속해야 하며, 조직 내 직원을 자극하고, 신나게 만드는 솜씨를 부려야 한다.

그렇지 않으면 회사는 통합된 목적이나 방향성 없이 존재하는 그저 일련의 정리된 기관에 불과해진다.

요컨대 기업은 자신이 상품이나 서비스를 생산하는 존재가 아니라 사람들이 함께하고 싶어 하는 일을 하면서 '고객의 마음을 사는' 존재라고 생각하는 법을 배워야 한다. 그리고 CEO는 이러한 환경과 관점, 태도, 열망을 조성해야 한다. 결코 책임을 피할 수 없다. CEO는 회사의 업무 방식과 방향성, 목표를 정해야 한다. 자신이 어디로 가고 싶은지 정확히 파악하고, 그곳이 어디인지 조직 전체가 분명히 인식하도록 해야 한다는 의미다. 이는 리더십에 필요한 첫 번째 요구사항이다. '리더가 어디로 가고 있는지 모른다면 어느 길로든 빠질 수 있기 때문이다.'

만일 어느 길로 가도 좋다면 CEO는 서류 가방을 정리하고 낚시나 하러 가는 게 낫다. 조직이 어디로 가는지 알지 못하거나 목적지에 신경 쓰지 않는다면 의례적 리더를 세워두고 그 사실을 홍보할 필요도 없다. 얼마 지나지 않아 모두 알게 될 것이기 때문이다.

— 2021 —

제27장

상업적 우주 산업 시대가 도래하다

우주 산업을 민간 기업이 견인하는 시대

매트 와인지얼, 메헉 사랑

The Commercial Space Age Is Here

hbr.org 2021년 2월 12일 자 기사 수정(product #H066NH)

매트 와인지얼 Matt Weinzierl
하버드 경영대학원 조지프 앤드 재클린 엘블링Joseph and Jacqueline Elbling 경영학 교수. 전미경제연구소 National Bureau of Economic Research 연구원이기도 하다. 경제 정책 설계, 우주 경제학과 우주 사업에 초점을 맞춘 연구와 수업을 진행하고 있다.

메헥 사랑 Mehak Sarang
하버드 경영대학원 연구원. MIT 우주탐험 이니셔티브MIT Space Exploration Initiative의 달 탐사 프로젝트인 리드Lunar Exploration Projects Lead 연구원이다.

호황으로 떠오른
우주 산업

상업적 우주 산업에서 과장 광고는 끝이 없다. 기술 발전을 이끄는 리더들은 우리에게 달 기지와 화성 이주를 약속해왔다. 하지만 지금까지 우주 산업 관련 경제는 분명히 지구 내에서만 이루어지고 있다. 적어도 우주 전체라는 관점에서 보면 그렇다. 하지만 2020년 우리는 중요한 문턱 하나를 넘었다. 인류 역사상 처음으로 특정 국가의 정부 소속이 아닌 민간 기업이 만들고 소유한 우주선이 우주로 나간 것이다. 이 회사의 목표는 부담 가능한 비용으로 인류가 우주에 정착하는 것이다. 이번 우주선 발사는 '우주에서 우주를 위한' 경제를 건설하는 의미 있는 첫걸음이었다. 그러므로 비즈니스와 정책, 사회 전체에 미칠 영향이 몹시 클 것이다.

2019년 우주 산업 분야에서 벌어들인 수익 약 3,660억 달러의 95퍼센트는 '지구를 위한 우주' space-for-earth 경제에서 발생했다. 다시 말해 지구에서 사용할 목적인 제품과 서비스를 생산하는 경제다. 여기에는 통신과 인터넷 기반 시설, 지구 관측 장비, 국가 보안 위성 등이 포함된다. 지구를 위한 우주 경제는 현재 급성장 중이다. 연구에 따르면 기업들이 한정된 천연자원을 두고 경쟁할 때 발생하는 과밀과 독점의 문제에 직면해

있긴 하지만, 전망은 여전히 낙관적이다.[1]

하지만 이와 달리 '우주를 위한 우주'space-for-space 경제, 즉 우주 내에서 주거지나 보급용 연료 창고 건설에 필요한 물질을 얻기 위해 달이나 소행성을 채굴하는 작업처럼 우주에서 사용할 목적으로 생산하는 제품과 서비스 경제의 발전은 지지부진하다. 1970년대까지만 해도 미국 항공우주국National Aeronautics and Space Administration, NASA에서 진행한 연구에서는 우주를 기반으로 하는 경제가 부상할 것으로 내다보았다. 우주에 사는 인류 수백, 수천, 아니 수백만 명의 수요에 맞춘 공급 경제가 성장해 '지구를 위한 우주' 경제, 나아가 결국 지구 전체 경제까지 눌러버릴 것으로 예측했다.[2]

그런 비전이 실현되었다면 인류 전체가 비즈니스를 했을 것이며, 생활하는 방식과 사회를 통치하는 방식이 바뀌었을 것이다. 그러나 오늘에 이르기까지 동시에 13명 이상 우주로 나간 적이 없으며, NASA가 그렸던 꿈은 과학소설에 머물게 되었다.

그런데 이제 마침내 진정한 의미의 '우주를 위한 우주' 경제가 첫 단계에 도달했다고 생각할 만한 이유가 생겼다. 스페이스X가 NASA와 협력해 최근에 거둔 성과는 민간 기업이 주도하는 우주 비행 시대의 새로운 장이 열렸음을 알린다. 여기에 보잉, 블루오리진Blue Origin, 버진갤럭

---

[1] Matthew C. Weinzierl, Angela Acocella, and Mayuka Yamazaki, "Astroscale, Space Debris, and Earth's Orbital Commons," Harvard Business School, February 25, 2016, https://hbsp.harvard.edu/product/716037-PDF-ENG; and Matthew C. Weinzierl, Kylie Lucas, and Mehak Sarang, "SpaceX, Economies of Scale, and a Revolution in Space Access," Harvard Business School, April 9, 2020, https://hbsp.harvard.edu/ product/720027-PDF-ENG.

[2] William M. Brown and Herman Kahn, "Long-Term Prospects for Developments in Space: A Scenario Approach," NASA Technical Reports Server, October 30, 1977, https://ntrs.nasa.gov/citations/19780004167.

틱Virgin Galactic 같은 기업이 지속해서 대규모의 사람을 우주로 보내기 위해 꾸준히 힘쓰면서 그 흐름은 더욱 확장되고 있다. 이들 기업은 승객, 관광객, 결국에는 이주민이 될 민간인을 우주로 내보낼 의지와 능력을 전부 갖추고 있다. 이는 앞으로 수십 년 동안 사람들이 만들어낼 수요를 기업들이 충족할 수 있도록 문을 열어준다. 또한 다양한 '우주를 위한 우주' 상품과 서비스가 등장할 길을 마련하고 있다.

민간 기업에 의한 우주 시대의 개막

우리는 최근 연구에서 1960년대에 탄생한 중앙집중형 정부 주도 우주 활동 모델이 지난 20년 동안 새로운 모델에게 자리를 내주는 모습을 살펴보았다. 이제는 공공의 우주 계획이 점차 민간의 우선순위와 무대를 공유하는 형태로 변화하고 있는 것이다.[3]

중앙집중형 정부 주도 우주 프로그램은 아무래도 지구를 위한 우주 활동에 집중하게 된다. 그편이 국가 안보와 기초 과학, 국가 자부심과 같은 공익에 잘 맞기 때문이다. 정부는 우주 개발이 국민에게 이익이 된다는 점을 증명함으로써 활동에 사용한 비용의 정당성을 인정받아야 하므로 이는 당연한 일이다. 그리고 각 정부가 대표하는 시민은 거의 모두 지

---

3 Matthew C. Weinzierl, "Space, the Final Economic Frontier," *Journal of Economic Perspectives* 32, no. 2 (Spring 2018), 173–192, chrome-extension://efaidnbmnnnibpcajpcglclefindmkaj/https://www.hbs.edu/ris/Publication%20Files/jep.32.2.173_Space,%20the%20Final%20Economic%20Frontier_413bf24d-42e6-4cea-8cc5-a0d2f6fc6a70.pdf

구상에 있다.

하지만 정부와 달리 민간 기업에서는 국가가 아닌 개인의 이익을 좇아 우주에 사람을 보내고 싶어 한다. 그리고 그 수요에 맞춰 상품과 서비스를 공급하려 한다. 바로 이것이 스페이스X를 움직이는 비전이다. 스페이스X는 창립 후 20년 동안 로켓 발사 산업을 완전히 뒤집어놓았고, 세계 상업용 로켓 발사 시장의 60퍼센트를 확보했다. 그리고 국제우주정거장International Space Station, ISS뿐 아니라 회사의 약속대로 화성 정착지까지 승객을 실어 나르도록 설계한 초대형 우주선을 건조하고 있다.

현재 '우주를 위한 우주' 시장은 이미 우주에 나가 있는 사람에게 물품과 서비스를 공급하는 활동에 국한되어 있다. 즉 NASA와 기타 정부 운영 프로그램에서 고용한 소수의 우주인만을 위한 시장이다. 스페이스X가 대규모 민간 우주 여행객을 지원한다는 원대한 비전을 갖고 있기는 하지만, 현재 스페이스X의 '우주를 위한 우주' 사업은 전부 NASA와 같은 정부 고객의 수요에 대응하는 일뿐이다. 하지만 로켓 발사 비용이 줄어들면 스페이스X 같은 기업이 규모의 경제를 활용해 더 많은 사람을 우주로 내보낼 수 있게 된다. 그러면 정부에 고용된 우주인이 아니라 여행객과 우주 정착민처럼 민간 부문에서 수요가 늘어난다. 그리고 이런 수요에 발맞춰 현재 사전 검증 단계에 머물러 있는 '우주를 위한 우주' 시장을 지속성을 갖춘 대규모 산업으로 탈바꿈시킬 수 있다.

스페이스X는 언젠가 우주에서 대규모 민간 시장을 창출하고 확대할 수 있다는 희망을 품고 NASA에 상품과 서비스를 판매하는 식의 사업 모델을 잘 보여주었다. 그러나 이 방법으로 우주 시장에 접근하는 회사가 스페이스X만은 아니다. 예를 들어 스페이스X가 '우주를 위한 우주' 시장에서 운송업에 집중한다면, 급성장할 이 시장의 또 다른 핵심 부문은 제조업이다.

메이드인스페이스Made In Space라는 회사는 2014년 국제우주정거장에서 3D 프린팅으로 스패너를 만들어낸 이후 '우주에서, 우주를 위한' 제조업의 선두에 있다. 현재 이 회사는 고품질 광섬유 케이블처럼 무중력 상태에서 제조된다면 지구에 있는 고객사가 기꺼이 구매할 만한 여러 다른 제품을 탐색하는 중이다. 또한 최근 NASA의 우주선에 사용할 대형 금속 빔을 우주에서 3D 프린팅으로 생산하는 계약을 맺고 7,400만 달러를 받았다. 미래의 민간 부문 우주선에서도 비슷한 제조품 수요가 분명히 있을 것이다. 메이드인스페이스는 사업이 잘 자리 잡아 그들이 이러한 수요를 충족시킬 수 있기를 바란다.

스페이스X가 NASA에 필요한 물품을 공급하는 일로 시작해 결국에는 훨씬 더 규모가 큰 민간 시장으로 사업 범위를 확대하고 싶어 하는 것과 마찬가지로 메이드인스페이스가 NASA와 함께 일하는 것도 민간 부문의 다양한 제조 목적을 지원하는 길로 가는 첫걸음이 될 수 있다. 지구에서 만들어 우주로 운송하는 비용이 너무 비싸 엄두도 못 낼 정도인 제품을 우주에서 만들 수 있게 하는 것이다.

'우주를 위한 우주' 시장을 위해 투자가 이루어지는 또 다른 주요 부문은 거주지, 실험실, 공장 같은 우주 인프라를 건설하고 운영하는 일이다. 현재 이 분야를 이끄는 선도 기업은 액시엄스페이스Axiom Space다. 이 회사는 2022년이 되면 스페이스X의 크루 드래곤 캡슐Crew Dragon capsule을 타고 '최초의 완전 민간 상업용 임무'를 위해 우주 비행을 할 것이라고 최근 발표했다. 액시엄은 또한 국제우주정거장 모듈에 대한 독점적 접근 계약을 맺었다. 이는 국제우주정거장에서 그리고 궁극적으로는 그 너머까지 상업 활동을 위한 모듈 개발 계획을 용이하게 하는 계약이다.

이러한 인프라는 그 안에서 살며 일하는 사람의 수요를 충족시키기 위한 다양한 보완 서비스에 대한 투자를 촉진할 가능성이 높다. 예를 들어 2020년 2월 맥사 테크놀로지Maxar Technology는 지구 저궤도low-Earth-orbit 우주선에서 사용할 로봇형 건설 도구를 개발해 우주에서 조립하는 계약을 맺고 NASA에서 1억 4,200만 달러를 받았다. 의심의 여지 없이 민간 부문 우주선이나 정착지에도 이와 비슷하게 다양한 건설 및 수리 도구가 필요할 것이다.

물론 민간 부문에서 산업용 제품만 필요로 하는 건 아니다. 우리의 삶을 안락하게 해주는 물품을 만드는 부문 또한 빠르게 성장할 것이 분명하다. 기업은 우주의 가혹한 환경 속에서 인간의 편리한 삶을 지원하려 노력할 것이기 때문이다. 예를 들어 2015년 아르고텍Argotec과 라바짜Lavazza는 협업을 통해 국제우주정거장의 무중력 환경에서도 작동하는 에스프레소 기계를 만들었다. 우주정거장에서 일하는 승무원에게 일상의 작은 사치를 전하기 위해서였다.

확실히 인류는 지난 50년간 우주의 진공 및 무중력 상태를 활용해 지구에서는 만들 수 없는 무언가를 구하거나 만드는 일을 꿈꿔왔다. 그리고 매번 사업을 전개하는 데 실패했다. 회의적인 생각이 드는 게 당연하다. 그렇지만 그런 실패는 '지구를 위한 우주' 응용 분야에서 일어난 일이었다. 예를 들어 2010년대에는 플래니터리 리소시스Planetary Resources와 딥 스페이스 인더스트리스Deep Space Industries라는 스타트업 두 곳에서 우주 채굴의 잠재성을 초기부터 알아봤다. 하지만 두 회사 입장에서 볼 때는 우주를 위한 우주 경제가 없었다. 그건 회사가 당분간 살아남으려면 귀금속이나 희귀 원소처럼 우주에서 채굴한 광물을 지구에 있는 고객에게 판매해야 한다는 의미였다. 그러나 광물을 지구까지 가져오는 데 드는 많은 비용을 감당할 만큼 수요가 충분하지 않다는 점이 분명해졌다. 그러자 두 회사는 사업 자금을 조달할 수 없었고, 다른 사업 분야로 방향을 전환했다.

이는 '지구를 위한 우주'형 비즈니스 모델의 실패 사례다. 그렇지만 일단 인류가 우주에서 살게 된다면 건축용 원자재, 금속, 물 등 우주 채굴의 수요는 엄청날 것이다. 이에 따라 공급 비용도 훨씬 낮아지게 된다. 즉 인류가 우주에서 살며 일할 수 있게 된 뒤 돌아보면 이러한 초기 소행성 채굴 기업들은 실패로 기억되는 게 아니라 그저 시대를 앞서갔던 발걸음으로 기억될 것이다.

'우주를 위한 우주' 경제가 주는 기회를 잡자

'우주를 위한 우주' 경제가 제공하는 기회는 엄청나다. 하지만 놓치기 쉽다. 이 기회를 포착하려면 탈중앙화를 해야 한다. 나아가 민간 부문에서 주도하는 우주 경제에 필요한 위험을 감수하고 혁신을 일으킬 수 있도록 정책 입안자들이 법적·제도적 틀을 마련해야 한다. 우리는 구체적으로 다음 3가지 정책 분야가 특히 중요하다고 생각한다.

1. 민간인이 정부의 우주비행사보다 큰 리스크를 감수하도록 한다

우주 부문이 탈중앙화해 시장 중심으로 전환되는 추세다. 이에 따라 정책 입안자는 민간 우주 관광객과 정착민이 정부에서 고용한 우주인보다 더 큰 위험을 자발적으로 감수할 수 있도록 허용해야 한다. 장기적으로는 다수의 사람이 우주에 살거나 여행하려면 안전 수칙의 수준을 반드시 높게 설정할 필요가 있다. 하지만 우주 탐험의 초기에 위험을 지나치게 회피하면 탐험을 시작하기도 전에 진전이 멈추고 말 것이다.

NASA가 계약업체와 협력하는 방식을 보면 도움이 될 만한 사례를 찾을 수 있다. 2000년대 중반까지 NASA는 NASA가 우주 투자의 모든 경제적 위험을 부담하는 원가 가산 계약 방식cost-plus contract으로 계약했다. 그러나 이후에는 NASA와 계약업체가 경제적 위험을 나누어 부담하는 고정 가격 계약 방식fixed-price contract으로 방침을 바꿨다.

민간 기업은 위험을 더 많이 감수하는 성향이 있다. 이런 이유로 NASA의 계약 방침 변경은 때로 '뉴 스페이스'New Space(정부 주도의 우주 개발 시대에서 민간 주도의 우주 개발 시대로의 변화를 나타내는 용어 – 옮긴이)라고 불리는 부문에서 기업 활동이 폭발적으로 증가하는 계기가 되었다. '우주를 위한 우주' 경제를 시작하려면 민간 부문 우주비행사의 자발적 위험 감수를 대하는 방식에도 비슷한 전환이 필요하다.

2. 면밀히 검토한 규제와 공적 지원을 도입한다

대부분의 시장과 마찬가지로, 안정적인 우주 경제 개발을 위해서는 정부가 사려 깊은 규제와 지원을 실행해야 한다. NASA와 미국 상무부·국무부는 '미국의 지구 저궤도 상업 활동이 번창하도록 하는 내부 규제 환경을 조성하겠다'라고 재차 약속했다. 이는 정부와 산업이 계속 협력의 길을 걷고 있음을 보여주는 좋은 신호다. 하지만 갈 길은 아직 멀다.[4]

---

4 Marcia Smith, "Space Council Gets Human Spaceflight Strategy Report," SpacePolicyOnline.com, November 19, 2018, https://spacepolicyonline.com/news/space-council-gets-human-spaceflight-strategy-report/.

정부는 화성의 물이나 달의 얼음 혹은 궤도 지점(예를 들어 우주의 '주차 공간') 같은 한정된 자원에 관한 재산권을 어떻게 관리할 것인지 명확히 하는 것부터 시작해야 한다. NASA가 달의 토양과 월석을 구매하겠다고 제안한 것, 2020년 4월에 발표된 우주 자원 관리를 위한 행정 명령 그리고 2015년에 통과된 '상업우주발사경쟁력법'Commercial Space Launch Competitiveness Act은 모두 중요한 신호다. 이러한 최근의 행보들은 미국 정부가 우주의 경제적 개발을 지원하기 위해 움직인다는 걸 보여준다. 즉 일정한 형태의 규제적 틀을 마련하려는 데 정부가 관심을 기울인다는 걸 알 수 있다.

2017년 룩셈부르크는 유럽 최초로 우주에서 채굴한 자원에 대해 민간의 권리를 보장하는 법적 틀을 수립했다. 그리고 일본과 아랍에미리트에서도 국내적으로 비슷한 조치를 취했다. 이에 더해 9개 국가(러시아와 중국 불참)에서 아르테미스 협정Artemis Accords에 서명했다. 이 협정으로 화성과 달, 소행성의 지속 가능하고 국제적인 개발을 위한 비전이 수립되었다. 이는 중요한 첫걸음이다. 하지만 모든 주요 우주 강국들 사이에서 희소한 우주 자원의 공정한 사용과 배분을 규율하는 포괄적 조약으로 발전하지는 못했다.

또한 정부는 여전히 미성숙한 '우주를 위한 우주' 경제 생태계의 재정적 격차를 계속 채워야 한다. 인류를 우주로 보내기 위한 기초 과학 연구 비용을 지원하고 우주 사업을 하는 스타트업과 계약을 맺어 지원을 제공하는 방식으로 말이다. 마찬가지로 과도한 규제는 산업을 억압하는 측면도 있을 것이다. 하지만 우주 쓰레기를 줄이기 위한 정책처럼 정부의 일부 인센티브 정책은 개별적으로 조정하기 어려운 문제와 관련해 모두의 우주 활동 비용을 줄이는 데 도움을 주기도 한다.

3. 지정학적 대립을 극복한다

마지막으로 '우주를 위한 우주' 경제 개발전은 미국과 중국 간의 경쟁 같은 지구상의 지정학적 갈등에 의해 훼손되어서는 안 된다. 이러한 갈등은 어느 정도는 불가피하게 우주로 확장될 것이다. 군사적 수요가 오랫동안 항공우주 회사의 중요한 자금원이었던 것도 사실이다. 하지만 그러한 경쟁은 견제해야 한다. 그러지 않으면 국경 없이 진행되는 상업 목적 추구 활동에서 관심과 주의와 자원을 빼앗길 뿐 아니라 민간 투자를 방해하는 장벽과 위험을 초래할 것이다.

지구에서 민간 경제 활동은 불화를 겪는 나라의 국민을 오랫동안 협력하게 해왔다. 성장 중인 '우주를 위한 우주' 경제 역시 화합을 위한 동력이 될 수 있는 탁월한 잠재력을 지니고 있다. 다만 이 길에 끼어들어 방해하지 않는 게 각국 정부가 해야 할 일이다. 우주에서 협력적이고 국제적인 접근 방식으로 법치를 확립·실행하는 것은 '우주를 위한 우주' 경제를 건강하게 발전시키는 데 꼭 필요하다.

* * *

'우주를 위한 우주' 경제 비전은 1960년대 우주 시대가 여명을 밝힌 이래 계속 논의되었다. 그런데도 지금까지 그런 희망은 대부분 실현되지 못했다. 하지만 지금 이 순간은 다르다. 역사상 처음으로 민간 부문의 자본과 위험 감수 그리고 이윤에 대한 동기가 모여 사람들을 우주로 내보내고 있다. 이번 기회를 잡는다면 훗날 우리는 이 시기를 '우주에서, 우주를 위한 경제와 사회를 건설하는, 진정으로 변혁적인 프로젝트를 시작한 순간'으로 기억하게 될 것이다.

— 2020 —

제28장

당신이 지금 느끼는 불편함의 정체는 '슬픔'이다

자신의 감정을 무시하거나 애써 없앨 필요는 없다

* 진행자: 스콧 베리나토 * 인터뷰이: 데이비드 케슬러

That Discomfort You're Feeling Is Grief

hbr.org 2020년 3월 23일 자 기사 수정(product #H05HVE)

스콧 베리나토 Scott Berinato
HBR 선임 편집인. 《굿 차트: 최상의 데이터 시각화를 위한 HBR 가이드북》, 《굿차트 워크북》Good Charts Workbook: Tips, Tools, and Exercises for Making Better Data Visualizations을 썼다.

데이비드 케슬러 David Kessler
상실감과 애도 분야에서 세계적으로 유명한 전문가. 호스피스 운동의 선구자이자 정신의학자인 엘리자베스 퀴블러 로스 박사와 함께 베스트셀러 《상실 수업》, 《인생 수업》을 썼으며, 이외에도 《생이 끝나갈 때 준비해야 할 것들》, 《의미 수업》을 출간했다. '존엄한 죽음'을 평생의 화두로 삼아 상실과 애도에 관한 지혜를 나누고 있다. 그리프닷컴 Grief.com의 설립인이기도 하다.

사회 어디든
안전하지 않다는 감각

며칠 전 HBR 직원 몇몇을 화상으로 만났다. 얼굴들로 가득 찬 화면이 어디서든 점점 흔히 보이고 있다. 우리는 팬데믹이라는 이 참혹한 시기에 어떤 콘텐츠를 기획해야 할지, 사람들을 어떻게 도울 수 있을지를 이야기했다. 이에 더해 우리가 어떤 감정을 느끼는지도 이야기했다. 한 동료가 자신은 상실감을 느낀다고 말했다. 화면 속에 있던 동료들 모두 고개를 끄덕였다.

감정에 이름을 붙일 수 있다면 관리할 수도 있다. 우리는 데이비드 케슬러를 찾아가 상실감을 관리할 방법을 물었다. 케슬러는 세계에서 가장 유명한 상실감 전문가다. 케슬러는 엘리자베스 퀴블러 로스Elisabeth Kübler-Ross와 《상실 수업》이라는 책을 공동으로 집필했다. 그의 새 책 《의미 수업》에서는 상실감 극복 과정에 한 단계가 추가됐다. 또한 케슬러는 로스앤젤레스에 있는 병원 시스템 세 곳에서 생물 재해biohazard 팀 소속으로 10년 동안 일했다. 그리고 자원봉사로 로스앤젤레스 경찰국에서 외상성 사건을 위한 전문가 예비역으로 활약했고, 적십자의 재난서비스팀에서도 일했다. 웹사이트 그리프닷컴www.grief.com을 만들었으며 매년 167개국에서 500만 명이 넘는 방문자가 이 웹사이트를 찾는다.

케슬러는 지금 느끼는 상실감을 인정하는 게 중요한 이유와 상실감을 관리하는 방법 그리고 우리가 상실감 속에서 어떻게 의미를 찾을 수 있는지 그의 생각을 들려주었다.

스콧 베리나토(이하 스콧) 사람들은 지금 여러 가지 감정을 느끼고 있습니다. 사람들이 느끼는 감정 가운데 상실감이 있다고 봐도 될까요?

데이비드 케슬러(이하 데이비드) 네, 그렇습니다. 그리고 우리는 여러 가지 다른 상실감을 느끼고 있습니다. 세상이 바뀌었다고 느끼죠. 실제로 바뀌었고요. 우리는 팬데믹이 일시적인 현상이라는 걸 알지만 그렇게 느껴지지 않죠. 그리고 앞으로의 세상은 이전과 다를 거라는 점도 알고 있어요. 마치 공항에 가는 게 9·11 이전과는 영원히 달라진 것처럼요. 세상은 변할 거고, 지금이 바로 그 순간입니다. 정상적인 일상의 상실, 경제적 타격에 대한 두려움, 관계 단절의 상실. 이 모든 상황이 우리를 강타했고 우리는 상실감을 느끼고 있습니다. 그것도 집단적으로요. 우리는 이처럼 집단적 상실감이 가득한 분위기에 익숙하지 않습니다.

스콧 우리가 느끼는 상실감이 하나 이상이라고 하셨는데요.

데이비드 네, 그렇습니다. 우리는 또한 '예기 애도'anticipatory grief를 하고 있어요. 예기 애도란 불확실한 상황에서 미래에 관해 느끼는 감정입니다. 대개 죽음을 중심으로 일어나는 감정이죠. 누군가 심각한 병을 진단받았거나 언젠가 부모님을 잃을 거라는 생각이 들 때 자연스레 느끼는 감정이죠. 예기 애도는 더욱 폭넓게 상상하는 미래이기도 합니다. 폭풍이 몰려옵니다. 밖에 뭔가 나쁜 일이 일어나고 있어요. 바이러스 때문에 느끼게 된 이런 상실감에 사람들은 매우 혼란스럽습니다. 우리는 본능적인 마음으로 무언가 나쁜 일이 벌어지고 있다는 걸 압니다. 하지만 그게 무엇인지 볼 수 없어요. 여기서 안전하다는 감각이 깨집니다. 우리가 이렇게 집단적으로 안전에 대한 일반적 감각을 잃은 적은 아마 없었을 겁니다. 개개인이나 작은 집단이 경험한 적은 있겠지만, 이렇게 모두가 함께 느끼는 것은 새로운 일입니다. 우리는 거시적 차원과 미시적 차원, 양쪽으로 상실감을 느끼고 있습니다.

스콧 이 모든 상실감에 대처하기 위해 개인이 어떤 일을 할 수 있을까요?

데이비드 상실감의 단계를 이해하는 게 출발점입니다. 그렇지만 제가 상실감의 단계를 이야기할 때마다 사람들에게 꼭 상기시키는 건 모든 단계가 선형으로 이루어지는 건 아니며, 반드시 순서대로 일어나지도 않는다는 점입니다. 상실감의 단계가 길을 안내하는 지도는 아니지만, 알 수 없는 세계를 지날 때 지지대 역할은 합니다. 먼저 부정의 단계입니다. 보통 상실이 일어난 뒤 초기에 많이 나타납니다. 이렇게 말하죠. "바이러스가 우리에게 영향을 주지는 않을 거야." 그리고 분노입니다. "바이러스 때문에 집에만 있어야 해. 아무런 활동도 할 수 없게 됐어." 다음은 협상입니다. "좋아, 2주 동안 사회적 거리 두기를 하고 나면 모든 상황이 더 좋아질 거야. 그렇지?" 또한 슬픔의 단계가 있습니다. "이 사태가 언제 끝날지 모르겠어." 그리고 마침내 수용의 단계가 찾아옵니다. "이미 벌어진 일이야. 어떻게 해야 할지 알아봐야겠어."

이미 생각하셨겠지만, 수용의 단계에는 힘이 숨어 있습니다. 우리는 수용하면서 통제력을 찾습니다. "나는 손을 씻을 수 있어. 안전하게 거리를 유지할 수도 있어. 재택근무하는 법도 배울 수 있지."

슬픔을 잠재우는 기술

스콧 상실감을 느낄 때 찾아오는 신체적 고통이 있습니다. 그리고 온갖 생각으로 심경이 복잡합니다. 이런 증상을 줄일 방법이 있을까요?

데이비드 예기 애도 이야기로 돌아가 봅시다. 건강하지 못한 예기 애도는 실은 불안입니다. 지금 말씀하신 감정이죠. 마음이 우리에게 이미지를 보여주기 시작합니다. 부모님이 편찮으지십니다. 그러면 최악의 경우를 상상합니다. 그건 마음이 우리를 보호하려는 겁니다. 우리의 목표는 그런 마음속 이미지를 무시하거나 없애려 하는 게 아니에요. 우리가 그렇게 하도록 마음이 내버려두지 않을 테고, 억지로 하려 했다가는 고통스러워질 수 있습니다.

그 대신 우리의 목표는 생각하는 내용 속에서 균형을 찾는 겁니다. 마음속에 최악의 그림이 그려지는 게 느껴지면 최고의 이미지를 떠올립니다. 누구나 조금 아프겠지만, 세상은 계속 돌아갑니다. 사랑하는 사람이 모두 죽는 것도 아닙니다. 올바른 예방법을 실천해서 아무도 아프지 않을 수도 있습니다. 어느 쪽 생각도 무시해서는 안 됩니다. 또한 한쪽 생각이 다른 한쪽 생각을 지배해서도 안 됩니다.

예기 애도는 미래를 바라보고 최악을 상상하는 마음입니다. 마음을 진정시키려면 현재로 돌아와야 합니다. 명상하거나 마음챙김을 실천하는 사람에게는 익숙한 조언일 겁니다. 하지만 이것이 얼마나 평범한 일인지 알면 사람들은 늘 깜짝 놀랍니다. 방 안에 있는 물건 5개의 이름을 말해보세요. 컴퓨터, 의자, 강아지 사진, 낡은 러그, 커피가 담긴 머그잔이 있네요. 이렇게 간단한 일입니다. 이제 호흡하세요. 지금 당신이 예상했던 일은 아무것도 일어나지 않았다는 사실을 깨달으세요. 지금 이 순간 당신은 괜찮습니다. 먹을 음식이 있어요. 아픈 것도 아닙니다. 감각을 활용해 어떤 게 느껴지는지 생각하세요. 책상은 딱딱하네요. 담요는 부드러워요. 코로 숨을 쉬는 게 느껴져요. 이 방법으로 고통을 어느 정도 줄일 수 있습니다.

또한 통제할 수 없는 건 놓아버리는 방법도 생각할 수 있습니다. 이웃 사람이 하는 일은 통제할 수 없습니다. 당신이 통제할 수 있는 건 이웃 사람과 사회적 거리 두기를 하고 손을 씻는 거죠. 이렇게 할 수 있는 일에 집중하세요.

마지막으로 지금은 연민compassion을 쌓기에 좋은 때입니다. 각자 느끼는 공포와 상실감의 수준은 모두 다릅니다. 그리고 그런 감정은 다른 방식으로 드러나죠. 얼마 전 한 동료가 제게 몹시 심하게 신경질을 부리더군요. 저는 이렇게 생각했습니다. '평소의 그 사람답지 않아. 그가 이런 상황에 대처하는 방법이겠지. 그 사람이 느끼는 공포와 불안을 알 수 있어.' 그러니 인내심을 가지세요. 평소에 어떤 사람이었는지 떠올리고, 지금 같은 모습을 보이는 사람이 아니었다는 걸 생각하세요.

스콧 이번 팬데믹을 겪으며 특히 문제가 되는 측면은 언제 끝날지 모른다는 데 있는 것 같습니다.

데이비드 이건 일시적인 상황입니다. 그렇게 말하는 게 도움이 됩니다. 저는 병원에서 10년간 일했어요. 이러한 상황을 대비하는 훈련을 받았지요. 또한 1918년 스페인 독감 팬데믹도 연구했습니다. 우리가 이야기했던 예방수칙은 올바른 방법입니다. 역사가 그렇게 말해줍니다. 살아남을 수 있습니다. 우리는 살아남을 거예요. 과잉보호는 하되 과잉반응은 하지 않아야 합니다.

그리고 저는 이 상황에서 우리가 의미를 찾을 수 있다고 봅니다. 저는 영광스럽게도 엘리자베스 퀴블러 로스 가족의 허가를 받아 상실감의 단계에 여섯 번째 단계를 추가했습니다. 의미 찾기의 단계죠. 저는 퀴블러 로스 박사와 수용 후에 일어날 수 있는 일에 대해 많은 대화를 나누었어요. 제가 개인적으로 상실감을 경험했을 때 저는 수용의 단계에서 멈추고 싶지 않았습니다. 그 어두운 시간에서 의미를 찾고 싶었어요.

그리고 상실의 어둠 속에서 우리는 빛을 찾는다고 믿습니다. 지금 이 순간조차 사람들은 기술을 통해 서로 이어질 수 있다는 걸 깨닫고 있어요. 사람들은 생각만큼 서로 떨어져 있지 않아요. 전화를 걸어 긴 대화를 나눌 수 있다는 걸 알게 되었죠. 걸을 수 있음에 감사하고 있어요. 우리가 현재에도 그리고 팬데믹이 끝난 후에도 계속해서 의미를 찾을 거라고 저는 믿습니다.

스콧 이 글을 다 읽은 후에도 여전히 상실감에 압도당한 사람이 있다면 어떤 말씀을 해주시겠어요?

데이비드 계속 노력하세요. 이 감정에 붙은 상실감이라는 이름에는 강력한 힘이 있습니다. 상실감은 우리에게 내면을 느끼게 해줍니다. 지난주에 제게 이렇게 말하는 사람이 정말 많았어요. "동료들에게 힘들다고 말하고 있어요." 혹은 "어젯밤에 울었어요." 감정에 이름을 붙이면 당신은 그 감정을 느끼게 되고 감정은 당신을 거쳐 지나갑니다. 감정은 움직임을 필요로 합니다.

우리가 어떤 감정을 겪고 있는지 인정하는 게 중요합니다. 자기계발 운동의 안타까운 부산물이라면 우리가 감정에 대한 감정을 갖는 첫 번째 세대라는 겁니다. 우리는 우리 자신에게 '슬퍼. 하지만 슬퍼하면 안 되겠지. 다른 사람은 더한 일도 겪는걸'이라고 말하곤 합니다. 우리는 첫 번째 감정에서 멈출 수 있습니다. '슬퍼. 5분 동안 슬퍼하도록 하자'라고 말하며 멈출 수 있어야 해요. 당신이 해야 할 일은 슬픔과 두려움, 분노를 느끼는 일입니다. 다른 사람이 어떤 감정을 느끼든 말든 상관없어요.

감정에 맞서 싸우는 건 도움이 되지 않습니다. 감정은 당신의 몸이 만들어내는 것이기 때문이죠. 감정이 일어나도록 그대로 두면 그것들은 질서 있게 흘러가고, 우리는 힘을 얻게 됩니다. 그러고 나면 더는 감정의 희생자가 되지 않습니다.

스콧 감정이 '질서 있게' 흘러간다는 게 무슨 뜻인가요?

데이비드 때로 우리는 우리가 느끼는 감정을 느끼지 않으려 합니다. '한꺼번에 몰려드는 감정'gang of feelings이라는 이미지가 있거든요. 슬플 때 마음으로 슬픔이 들어오게 하면 슬픔이 사라지지 않으리라 생각합니다. 한꺼번에 몰려드는 나쁜 감정이 들끓어 압도할 거라 걱정하는 거죠. 하지만 감정은 우리를 거쳐 지나갑니다. 이게 진실이에요. 그 감정을 느낀 뒤 나가게 하세요. 그러고 나서 다음 감정을 받아들입니다. 우리를 덮치려는 감정의 집단 같은 것은 없습니다. 지금 우리가 슬픔을 느끼지 말아야 한다는 건 터무니없는 생각입니다. 슬픔을 느끼고, 계속 나아가세요.

— 2021 —

하이브리드 직장에서
심리적 안전감을 높인다

조직 문화를 구축하기 위한 5단계

에이미 에드먼드슨, 마크 모텐슨

What Psychological Safety Looks Like in a Hybrid Workplace

hbr.org 2021년 4월 19일 자 기사 수정(product #H06AWX)

에이미 에드먼드슨 Amy Edmondson
하버드 경영대학원 리더십과 경영 노바티스 교수Novartis Professor of Leadership and Management. 《두려움 없는 조직》의 저자이며, 이외에도 《옳은 실패》, 《익스트림 티밍》을 출간한 바 있다. 에드먼드슨 교수는 직장에서의 심리적 안전감이 팀워크와 혁신에 어떤 역할을 하는지 연구해왔다. 그가 정립한 심리적 안전감은 모호하고 불확실한 오늘날의 기업 경영 환경에서 조직의 생산성을 최대로 끌어올리는 가장 효과적인 비법으로 평가받는다.

마크 모텐슨 Mark Mortensen
인시아드 경영대학원 조직행동학 부교수. 협업과 조직 설계, 근무와 리더십의 새로운 방식을 주제로 연구하고 가르치고 컨설팅한다.

새로운 근무 형태가
심리적 안전감에 미치는 영향

"우리 회사는 일주일에 한 번 출근하는 게 방침이다. 지금 15명이 모여 팀 미팅을 준비하고 있다. 팀 미팅을 편하게 받아들이는 사람도 있는 것 같지만, 나는 그렇지 않다. 집에 어린아이가 있어서 우리 가족은 매우 조심하며 지낸다. 그렇지만 이런 내 생각을 말할 수가 없다."

– 글로벌 식품 기업 임원, 비공개 게시물

(재택근무 중인 동료 직원에게) "사무실에서 같이 있을 때가 그리워요. 요즘 출근하는 사람들이 점점 많아지고 있어요. 주위에 사람이 많아지니 정말 좋아요."

– 화상 티타임 휴식 시간에 언급된 이야기

코로나 팬데믹이 직장의 풍경을 바꿔놓은 이래, 원격으로 일하는 직원을 관리하는 어려움(신뢰 저하와 새로운 힘의 역학 포함)을 비롯해 재택근무의 가시적인 측면에 많은 관심이 쏠렸다. 하지만 훨씬 덜 눈에 띄는 요인이 하이브리드 근무 형태의 효율성에 극적인 영향을 미칠 수 있다. 앞에 인용한 글처럼 팀 관리자는 앞으로 유연한 근무 방식을 선별하고, 그에 따라 불가피하게 발생하는 직원의 불안감에 주의를 기울여야 한다. 그리고 이를 위해서는 팀 생산성team effectiveness을 가장 잘 나타내는 검증된 척도인 심리적 안전감psychological safety을 다시 생각하고 이를 높여야 한다.

심리적 안전감은 처벌이나 창피당할 위험 없이 자기 생각대로 목소리를 낼 수 있다는 믿음이다. 이러한 심리적 안전감은 최고의 의사결정, 건강한 집단 역학, 대인 관계, 혁신 가능성과 조직 내 효과적인 실행을 불러오는 중요한 원동력으로 잘 알려져 있다.[1]

이해하기 쉬운 내용이다. 하지만 에이미의 연구는 심리적 안전감을 구축하고 유지하는 일이 가장 단순하고 사실적이며 심각한 맥락에서도 얼마나 어려운지를 보여준다.

예를 들어 잘못된 부위를 수술하는 불상사를 막기 위해 수술진끼리 솔직하게 의견을 주고 받는다든가 CEO가 공개 석상에서 부정확한 데이터를 공유하기 전에 내용을 바로잡아 주는 일 등이 여기 속한다. 2가지 사례 모두 실제 있었던 일로, 인터뷰를 통해 심리적 안전감 구축 실패의 사례로 기록되었다. 안타깝게도 재택근무와 하이브리드 근무는 직장에서 심리적 안전감을 절대 단순하지 않은 문제로 만들었다.

심리적 안전감이라고 하면 관리자는 전통적으로 업무 내용과 관련해 직원이 솔직하게 이야기하고, 반대 의견을 낼 수 있도록 하는 데 초점을 맞춰왔다. 그러나 일과 삶의 경계가 점점 흐려지면서 관리자는 직원들의

---

[1] Amy C. Edmondson, *The Fearless Organization: Creating Psychological Safety in the Workplace for Learning, Innovation, and Growth*, Hoboken, NJ: John Wiley Sons, 2018.

개인적 상황을 고려한 인력 배치, 일정 조정, 협업 결정까지 내려야 한다. 이는 전혀 다른 범주에 속하는 문제다.

어느 직원은 홀로 되신 부모님이나 학교생활에 어려움을 겪는 아이를 돕는 데 드는 시간을 중심으로 재택근무 일정을 정할 수 있다. 다른 직원은 공개하지 않은 건강 문제(코로나 때문에 크게 부각되었다)나 업무 외 열정을 쏟는 다른 활동에 영향을 받을 수 있다. 회사 일과 별도로 올림픽 선수 수준으로 훈련받는 젊은 전문가의 경우처럼 말이다.

인터뷰에서 이런 의견이 나왔다. 결혼하지 않았거나 자녀가 없는 직원들 중 일부는 이런 '일과 삶의 균형'에 관한 대화에서는 소외되거나 불이익을 받거나 배제되는 느낌이었다고 했다. 이 점은 주목할 만하다. 일과 삶의 균형 문제와 관련한 심리적 안전감을 논의하는 건 직원의 정체성, 가치관, 선택과 연결된 내면 깊은 곳을 건드릴 가능성이 있으므로 어렵다. 따라서 그것은 더 개인적일 뿐 아니라 편견과 관련된 법적·윤리적 관점에서 보더라도 더 위험한 주제가 된다.

관리자가 취해야 할 전략

예전에는 '업무'와 '업무 외' 주제를 따로 논의했고, 업무 외 문제에 관해서는 관리자가 생각할 필요가 없었다. 하지만 지난 1년간 많은 관리자가 하이브리드 업무를 조직하고 일정을 정하는 과정에서 새로운 현실을 마주하게 되었다. 과거에는 논의를 금기시했던 주제들이 이제는 대화의 장에 올라오기 시작한 것이다. 육아, 건강 염려 수준, 배우자나 다른 가족으로 인한 어려움 등이 그 예다.

일단 사무실 근무로 다시 복귀하면 전처럼 공과 사를 구분할 수 있으리라 생각하기 쉽다. 하지만 높아진 재택근무 비중을 보면 그건 현실적이지도, 장기적으로 지속될 해결책도 아니다. 직원과 개인적인 문제까지 논의하게 된 변화의 흐름을 따라가지 못하는 조직은 점점 더 복잡해진 근무 일정을 마주하게 될 것이다. 결국 이들은 불완전하거나 부정확한 정보를 바탕으로 일정을 조정하며 최적의 결정을 내리려 애써야 한다.

하이브리드 업무 방식은 관리의 복잡성을 높인다는 점을 명심하라. 관리자는 이전처럼 업무 조정 문제를 떠안고 있는 가운데 여기에 더해 근무 시간을 예측할 수 없는 직원 사이에서 근무 일정을 조정해야 하는 어려움까지 떠안게 되었다.

우선 직원의 사생활을 자세히 묻는 건 되도록 피해야 한다. 항상 그랬듯 현재에도 이것이 여전히 중요한 이유부터 이야기해보자. 개인 정보를 공유하는 건 개인적인 질문과 관련한 법적 제한, 편견의 발생 가능성, 직원의 사생활을 존중하려는 마음 등을 고려할 때 실제적이고 중대한 위험이 따른다. 그러므로 직원에게 개인 사정을 더 자세히 밝히라고 요구하는 건 해결책이 될 수 없다.

대신 관리자는 직원들이 자신들의 업무 일정이나 근무 장소와 관련된 개인적 상황의 일부를 자발적으로 공유하도록 장려하는 환경을 만들어야 한다. 또한 관리자에게는 직원이 일과 삶의 문제를 안심하고 제기할 수 있는 영역을 확대해야 할 책임이 있다. 오늘날 새롭고, 도전적인 그리고 잠재적으로 우려스러운 영역에서 생산적인 대화가 이루어지려면 심리적 안전감이 필요하다.

직원들에게 "그냥 저를 믿으세요."라고 말하는 것으로는 별로 효과가 없을 것이다. 그 대신 직장 내에 심리적 안전감을 주는 문화를 조성하기 위한 5가지 단계를 제시한다. 여기서 심리적 안전감은 업무 내용을 넘어 직원의 개인적 경험 측면까지도 폭넓게 포함한다.

1단계: 분위기를 조성한다

진부하게 들리겠지만, 첫 단계는 논의의 자리를 마련해 팀원의 어려움뿐 아니라 관리자의 어려움 또한 알리는 것이다. 논의의 목적은 문제의 주인의식을 공유하는 데 있다.

새로운 업무 방식을 효과적으로 개발하려면 팀 전체가 문제를 해결할 필요성이 있음을 팀원들에게 알려야 한다. 무엇이 문제인지 명확히 밝히자. 직원이 맡은 일을 해내는 건 고객을 위해, 사명을 위해, 자신의 경력을 위해 여전히 중요한 일이다. 하지만 업무 수행 방식은 과거와 같지 않을 것임을 알아야 한다. 그리고 변화하는 과정에서 직원도 창의적이고 책임감 있는 역할을 맡아 수행해야 한다. 하나의 팀으로서 관리자와 직원은 모두 업무와 팀을 위해 무엇이 필요한지 분명하게 인식해야 한다. 그리고 앞에 놓인 많은 장애물을 극복하고 성공을 향해 나아갈 책임을 함께 나누어 가져야 한다.

2단계: 앞장선다

말은 쉽다. 심리적 안전감과 관련해 관리자가 직원에게 솔직하게 이야기하라고 요구한다는 이야기를 정말 많이 듣는다. 특히 직원이 저지른 실수나 그 외 말하기 난처한 화제에 관련되었을 때는 더욱 그렇다. 정작 관리자가 스스로 솔직함을 보여주거나 누군가 솔직하게 이야기했을 때 그를 보호해주지도 않으면서 말이다.

관리자가 문제에 진지하게 임하고 있음을 보여주는 가장 좋은 방법은 무엇일까? 재택근무나 하이브리드 근무와 관련해 관리자 자신이 겪는 개인적 어려움과 제약을 직접 공유하며 취약성을 드러내는 것이다. 기억하라. 위험을 감수할 때는 관리자가 앞장서야 한다. 확실한 계획이 없다는 약점을 드러내고 겸허함을 보여라. 그리고 관리자가 직접 겪고 있는 어려움에 관해 스스로 어떻게 생각하는지 터놓고 이야기하라. 관리자가 직원을 솔직하게 대하지 않으면서 직원이 관리자를 솔직하게 대해야 한다고 생각하지 마라.

3단계: 조금씩 추진한다

직원이 즉각 극히 개인적인 이야기를 털어놓고 위험한 도전에 나서리라 기대하지 말자. 신뢰를 쌓는 데는 시간이 걸린다. 그리고 업무상 건전한 심리적 안전감이 확립된 문화라고 해도 이는 전혀 새로운 영역이다. 프로그램상 버그를 일으키는 코드를 이야기하는 것과 가정에서 겪는 어려움을 공유하는 건 완전히 다른 문제라는 사실을 기억하자.

먼저 관리자부터 자신의 이야기를 조금씩 털어놓자. 그러고 나서 다른 직원의 개인적인 이야기를 듣는 것도 환영한다는 점을 분명히 밝혀라. 직원들이 개인적인 이야기를 공유해도 불이익을 받지 않는다는 걸 믿을 수 있도록 말이다.

4단계: 긍정적 사례를 공유한다

관리자가 알고 있는 정보가 직원들에게도 똑같이 전달되어 있다고 생각해서는 안 된다. 직원들은 개인적인 어려움이나 필요를 공유하면 어떤 이점이 생기는지 잘 모를 수 있다. 이 점을 잊지 말아야 한다.

마케팅 전문가가 된 것처럼 심리적 안전감을 홍보하라. 조직이 점점 투명해지고 있다는 확신을 직원과 공유하라. 그런 뒤 팀에서 팀원 개인의 필요와 조직의 목표, 양쪽을 모두 충족하는 새로운 업무 조정이 이루어지도록 도움을 주어야 한다. 여기서 목표는 직원이 관리자에게 개인적으로 털어놓은 정보를 공유하는 게 아니다. 그보다는 자기 이야기를 공유해준 직원이 있어서 덕분에 팀뿐 아니라 해당 직원을 위해서도 더 나은 해결 방안을 협력해서 찾아낼 수 있었다고 설명하는 것이다. 이 과정에서 직원에게 뜻을 따르라고 강요하지 않아야 한다. 재치와 요령을 발휘해 다른 방법을 찾아라. 여기서 목표는 새로운 변화를 받아들이는 데 필요한 증거를 직원이 자발적으로 제공하는 것이기 때문이다.

5단계: 파수꾼이 된다

심리적 안전감을 형성하기까지는 시간이 걸리지만 무너지는 건 한순간이라는 걸 대부분 알고 있다. 기본적으로 사람은 자신의 의견이 잘 받아들여질 것이라는 확신이 서지 않으면 주저하게 마련이다. 심지어 업무와 관련된 중요한 의견도 마찬가지다. 만약 누군가 위험을 감수하고 발언했는데 거부당한다면, 그 사람뿐 아니라 다른 모든 사람도 다음번에는 입을 열 가능성이 줄어든다.

"더 자주 봤으면 좋겠어요."라든가 "당신의 도움이 정말 필요했어요." 등 동료들에게 악의 없이 말하는 직원이 있을 때 팀 리더는 이를 경계하고 제지해야 한다. 그런 말을 듣는 직원은 자신이 다른 직원을 실망시켰다고 느낄 수 있기 때문이다. 이건 정말 어려운 일이고 기술이 필요하다. 직원의 생각을 통제하는 사상경찰이 되라는 말이 아니다. 재택근무 중인 동료를 진심으로 그리워하거나 그들의 도움을 필요로 하는 직원을 비난하라는 것도 아니다. 그 대신 직원이 가급적 긍정적이고 상대의 입장을 이해하는 표현을 사용하도록 도움을 주라는 뜻이다.

예를 들면 "당신의 사려 깊은 시각이 그리워요. 하지만 출근하기 어려운 사정이 있다는 점도 이해해요. 우리가 도울 수 있는 일이 있다면 뭐든지 얘기해주세요…." 직원 모두를 포용하고 도움을 주려는 의도임을 드러내라. 그래서 회사에 있었으면 좋겠다는 이야기가 재택근무에 대한 비난으로 받아들여지지 않게 하라. 동시에 팀에서 공유한 개인 정보를 부적절하게 사용하는 직원은 단호하게 질책해야 한다.

관리자는 이러한 대화를 진행 중인 과제로 보고 논의를 꾸준히 이어나갈 필요가 있다. 모든 집단 역학이 그렇듯 새로운 과정 역시 시간이 지남에 따라 발전하고 변화할 것이다. 이제 첫걸음을 뗐을 뿐이다. 앞으로 펼쳐질 여정에는 로드맵이 없으니 반복해서 길을 탐색해야 한다. 때로는 선을 넘는 바람에 수정해야 할 때도 있을 터다. 하지만 금기시되는 주제로 치부하는 것보다 시행착오를 겪으며 상황을 시험해보는 편이 낫다.

이를 지속적인 학습과 문제 해결의 과정으로 생각하라. 안정적인 상태에 도달하지 못할 수도 있다는 사실을 받아들여야 한다. 이만하면 됐다며 성공을 자축하기보다는 앞서 말한 관점을 유지하는 것이 중요하다. 그래야 관리자와 그 팀이 확장된 심리적 안전감을 구축하고 유지할 가능성이 훨씬 더 커진다.

— 1989 —

전략적 의도

조직의 '전략적 의도'는 경쟁력의 근원

게리 하멜, 프라할라드

Strategic Intent

HBR 2005년 7/8월호에서 전재(product #R0507N)
최초 게재 1989년 5/6월호

게리 하멜 Gary Hamel

런던비즈니스스쿨 객원 교수이자 매니지먼트 랩Management Lab 설립인. 《휴머노크라시》Humanocracy의 공동저자다. 현대 경영의 핵심 개념인 '전략적 의도'Strategic Intent와 '핵심 역량'Core Competence 등의 용어를 창시한 것으로 유명하다. 경영 콘퍼런스와 미디어 등을 통해 전세계의 비즈니스 언어와 경영 기법 등에 많은 변화를 일으킨 경영전략가로 평가받는다. 《경영의 미래》, 《혁신은 어떻게 일어나는가》, 《꿀벌과 게릴라》, 《시대를 앞서는 미래 경쟁전략》, 《전략적 의지가 없으면 싸구려다》, 《지금 중요한 것은 무엇인가》 등의 책을 썼다.

프라할라드 C.K. Prahalad

본명 코임바토르 크리슈나라오 프라할라드, 'C.K. 프라할라드'로 더 잘 알려져 있다. 미시간대학교 로스Ross 경영대학원 폴 앤드 루스 맥크라켄 전략 석좌교수Paul and Ruth McCracken Distinguished University Professor of Strategy. 게리 하멜과 함께 《시대를 앞서는 미래 경쟁전략》을 펴냈다.

그는 기업이 경쟁우위를 확보하기 위해서는 '핵심 역량'에 집중해야 한다는 개념을 제시했으며, 이외에도 '피라미드의 바닥'Bottom of the Pyramid, BoP 개념을 정립했다. '공동 가치 창출'Co-creation의 중요성을 강조한 바 있다.

경쟁사 분석으로는 보이지 않는 일본 기업의 강점

오늘날 수많은 산업의 관리자들은 새롭게 등장한 글로벌 경쟁사와 맞먹는 경쟁우위를 얻기 위해 열심히 노력하고 있다. 인건비를 줄이기 위해 생산시설을 해외로 이전하고, 세계 시장 규모에 맞춰 제품군을 정비하고, 품질분임조quality circle(조직 구성원 스스로 품질과 관련된 문제를 찾아내고 해결하기 위한 목적으로 지속적 모임을 갖는 자주적 소집단-옮긴이)와 적시생산 방식just-in-time을 도입하고, 일본식 인적자원관리 제도를 채택한다. 그래도 여전히 경쟁력을 충분히 확보하지 못할 때는 전략적 제휴 관계를 맺는다. 상대 기업은 보통 애초에 경쟁력의 균형을 흔들었던 바로 그 회사다.

  모두 중요한 계획이지만 이 가운데 단순한 모방을 넘어서는 건 거의 없다. 글로벌 경쟁사가 이미 누리고 있는 비용 및 품질의 장점을 그저 따라 하는 데 엄청난 에너지를 쏟는 기업이 너무 많다. 모방은 가장 진심 어린 형태의 아첨이지만 그것이 경쟁력 재활성화로 이어지지는 않을 것이다. 모방에 기반한 전략은 이미 그 방식을 익힌 경쟁자들에게는 투명하게 보이게 마련이다. 게다가 사업에 성공한 경쟁사가 그 자리에 머무는 경우는 거의 없다. 그러니 끝이 없어 보이는 따라잡기 게임에 빠져 꼼짝 못 하게 된 경영자가 많다는 사실이 놀랍지 않다. 반면 이들은 경쟁사가 거두는 새로운 성취에 자주 놀라고 만다.

이러한 상황에 놓인 기업과 그 경영진이 경쟁력을 되찾으려면 전략의 기본적인 여러 가지 개념을 다시 생각해봐야 한다.[1]

'전략'이 꽃을 피우면서 서구 기업의 경쟁력은 시들었다. 이러한 현상이 우연일 수도 있지만 우리는 우연이라고 생각하지 않는다. '전략적 적합성'strategic fit(자원과 기회 사이), '본원적 전략'generic strategy(비용 대 차별화 대 초점), '전략 위계'strategy hierarchy와 같은 개념을 적용한 것이 경쟁력 저하를 부추겼다고 생각한다. 새로 등장한 글로벌 경쟁 기업들은 서구의 경영 사상을 지탱해온 관점과는 근본적으로 다른 관점으로 전략에 접근한다. 이런 경쟁자들 앞에서 현재의 정통 이론을 약간 조정하는 것만으로는 경쟁력을 높일 가능성이 희박하다. 운영 효율성을 소폭 개선하는 것도 마찬가지다('대조적인 2가지 전략'에서는 우리가 연구한 내용을 설명하고 다국적 대기업에서 나타나는 전략에 대한 2가지 대조적인 접근법을 요약한다).

서구 기업들 가운데 새로운 글로벌 경쟁자의 움직임을 제대로 예측해온 곳은 거의 없다. 그 이유는 무엇일까? 해답은 대부분의 기업이 경쟁자 분석에 접근해온 방식에서 비롯된다. 일반적으로 경쟁사 분석은 현재 경쟁사가 이미 가진 인적자원, 기술자원, 재원에 초점을 맞춘다. 위협적인 존재로 여기는 기업은 오직 다음 계획 기간에 이윤과 시장점유율을 잠

---

1   전략의 개념을 경영에 처음으로 접목해 소개한 책은 다음과 같다. H. Igor Ansoff, *Corporate Strategy: An Analytic Approach to Business Policy for Growth and Expansion*, McGraw-Hill, 1965; Kenneth R. Andrews, *The Concept of Corporate Strategy*, Dow Jones-Irwin, 1971.

대조적인
2가지 전략

지난 10년에 걸쳐 글로벌 경쟁과 국제적 기업 동맹, 다국적 기업 관리를 연구하면서 미국, 유럽, 일본 기업의 고위 관리자와 밀접하게 교류해왔다. 우리는 글로벌 시장에서 성공한 기업과 경쟁에 굴복한 기업이 나타난 이유를 밝히려 애썼다. 그러는 동안 서구 기업과 일본 기업의 경영진이 대체로 매우 다른 개념으로 경쟁전략을 운영하고 있다는 의심이 점점 더 강해졌다. 그래서 우리는 이러한 차이를 이해하는 것이 경쟁의 양상과 결과를 설명하는 데 도움이 될 뿐 아니라 일본의 부상과 서구의 쇠퇴에 대한 전통적 설명을 보완할 수 있으리라 생각했다.

연구에 참여한 관리자가 지닌 암묵적 전략 모델을 조사하는 것부터 시작했다. 그 후 특정 경쟁전을 선정해 경쟁의 자세한 이력을 밝혔다. 그리고 전략, 경쟁우위, 최고경영진의 역할을 서로 다르게 보는 견해에 대한 증거를 수집했다.

그랬더니 대조적인 전략 모델 2가지가 나타났다. 첫 번째는 대부분 서구 기업의 관리자가 아는 모델로, 이 전략 모델에서는 전략적 적합성을 유지하는 문제에 중점을 두었다. 반면 두 번째 전략 모델은 자원을 활용하는 문제에 중점을 두고 있었다.

- 전략 1: 전략적 적합성을 유지하는 데 중점을 둔 서구식 전략
- 전략 2: 경영 자원의 제약을 뛰어넘기 위한 전략

2가지 모델이 상호배타적인 건 아니었지만 강조점은 크게 달랐다. 그리고 각 모델에서 강조하는 점은 시간이 지남에 따라 경쟁전의 전개 양상에 큰 영향을 주었다.

두 모델 모두 제한된 자원으로 적대적 환경에서 경쟁을 벌여야 한다는 문제를 인식하고 있다. 하지만 첫 번째 모델은 이용 가능한 자원 수준에 사업적 포부를 맞추는 방식을, 두 번째 모델은 손에 넣을 수 없어 보이는 목표에 도달하기 위한 자원 활용 방안을 강조했다.

두 모델 모두 상대적인 경쟁우위가 상대적인 수익성을 결정한다는 점도 알고 있었다. 그래서 첫 번째 모델에서는 기업 고유의 지속 가능한 우위를 찾아야 한다는 점을 강조했고, 두 번째 모델에서는 경쟁사를 능가하기 위해 새로운 우위를 구축해야 하며 이를 위해 조직 전체의 학습 속도를 높여야 한다는 점을 강조했다.

두 모델 모두 상대적으로 규모가 큰 상대와 경쟁하는 데 따르는 어려움을 인지했다. 그런데 첫 번째 모델은 틈새시장을 찾는 방식(혹은 회사가 시장에 확고히 자리 잡은 경쟁사에 도전하지 않도록 단념시키는 방식)으로 이어졌지만, 두 번째 모델은 현재 시장을 차지한 경쟁사가 지닌 경쟁우위의 가치를 낮출 수 있는 새로운 규칙을 찾는 길을 택했다.

두 모델 모두 기업 활동 영역의 균형이 잡혀야 위험이 감소한다는 점을 전제한다. 이에 따라 첫 번째 모델은 현금을 창출하는 사업 부문과 투자금을 소비하는 사업 부문 사이에 균형 잡힌 사업 포트폴리오를 구성해 재무상 위험을 낮추려 했다. 반면 두 번째 모델은 충분

히 넓고 균형 잡힌 경쟁우위 포트폴리오를 보장함으로써 경쟁적 위험을 줄이고자 했다.

두 모델 모두 최고경영진이 다양한 계획 단위에서 요구하는 투자의 필요성을 차별화할 수 있도록 조직을 나누어야 할 필요성을 느낀다. 첫 번째 모델에서는 제품 시장 단위로 자원을 배분하는데, 제품 시장 단위에서는 공통의 제품, 유통 채널, 고객으로 연관성을 정의한다. 각 사업 부문은 전략을 성공적으로 실행하는 데 필요한 중요 기술을 전부 보유하고 있다고 가정한다. 두 번째 모델에서는 제품 시장 단위와 더불어 핵심 역량을 지닌 사업(예를 들어 마이크로프로세서 제어나 전자 영상 시스템)에 투자가 이루어진다. 기업 전반에서 이러한 투자의 내용을 추적하게 함으로써 최고경영진은 개별 전략 단위의 계획이 무심코 미래의 발전을 저해하지 않도록 한다.

두 모델 모두 조직 전체에 걸쳐 활동이 일관적으로 이루어져야 한다는 점을 인식한다는 것은 동일하다. 첫 번째 모델에서 회사와 사업 부문 사이의 일관성은 대체로 재무 목표를 따르는가 하는 문제다. 사업 부문과 지원 부문 사이의 일관성은 사업이 전략을 달성하기 위해 사용하는 수단을 엄격히 제한하는 방식으로 이루어진다. 예를 들어 표준 운영 절차 설정, 참여 시장 정의, 업계에서 인정하는 관행 준수 등이다.

반면, 두 번째 모델에서 회사와 사업 부문 사이의 일관성은 특정한 전략적 의도에 전념하는 것으로 나타난다. 그리고 사업 부문과 지원 부문 사이의 일관성은 중기 목표에 전념하는 것 혹은 하급 직원이 중기 목표를 달성할 방법을 개발하도록 권장하는 문제에서 비롯한다.

식하는 곳뿐이다. 새로운 경쟁우위가 생겨나는 속도인 자원 동원성을 고려하는 경우는 드물다.

이 점에 있어서 전통적인 경쟁사 분석은 달리는 자동차의 스냅 사진을 찍는 것과 마찬가지다. 스냅 사진만으로는 운전자가 일요일에 조용한 드라이브를 하는 중인지, 아니면 F1 그랑프리를 따기 위해 사전 연습을 하는 중인지 알 수 없다. 즉 자동차의 속도나 방향에 관한 정보를 거의 얻을 수 없다는 의미다. 하지만 많은 경영자가 기업의 초창기 자원 기반이 (많은 적든) 향후 글로벌 시장에서 성공을 예측하는 신뢰성 있는 지표가 되지 못한다는 사실을 고통스럽게 체험하며 배워왔다.

과거를 되짚어보자. 1970년, 당시 업계를 선도하던 미국 및 유럽 기업처럼 자원 기반, 생산량, 기술력을 갖춘 일본 기업은 많지 않았다. 코마츠Komatsu는 매출 규모가 캐터필러Caterpillar의 35퍼센트에 미치지 못했고, 일본 밖으로는 거의 알려지지 않은 기업이었다. 또한 매출 대부분을 소형 불도저라는 단 하나의 제품에 의존하고 있었다. 혼다는 아메리칸 모터스American Motors보다 작은 회사였고, 미국으로 차량 수출을 시작하지도 않았다. 그래픽 복사reprographics 업계에서 막 걸음마를 뗀 캐논의 매출 규모는 40억 달러의 매출을 내던 제록스와 비교하면 안쓰러울 정도로 작았다.

만일 서구 기업의 경영자가 이러한 상대 기업까지 포함해 경쟁사 분석의 범위를 확대했다면 양측 기업의 자원 격차가 얼마나 극적인 수준인지 강조되기만 했을 것이다. 하지만 1985년이 되자 코마츠는 매출액 28억 달러에 달하는 기업이 되었고, 광범위한 토공 기계와 산업용 로봇, 반도체까지 아우르는 폭넓은 판매 제품을 보유했다. 1987년 혼다는 전세계에서 크라이슬러와 거의 맞먹을 정도로 많은 차를 생산했다. 그리고 캐논의 시장점유율은 제록스 제품과 같아졌다.

여기서 배워야 할 교훈은 명확하다. 이미 알고 있는 경쟁사의 전술상 이점을 평가하는 건 잠재적 경쟁사의 결의와 끈기, 독창성을 이해하는 데 별 도움이 되지 않는다는 점이다. 중국의 군사 전략가였던 손자는 3,000년 전 이렇게 썼다. "내가 승리를 거둘 때 사용한 전술은 누구나 볼 수 있다. 하지만 위대한 승리를 끌어낸 전략은 아무도 볼 수 없다."

전략적 의도란 무엇인가

지난 20년에 걸쳐 글로벌 리더로 부상한 기업은 예외 없이 가진 자원과 역량보다 큰 야망을 품는 데서 시작했다. 그리고 목표를 이루기 위해 조직 내 모든 직급에 성공을 향한 집착을 불러일으켰으며, 이후 10~20년에 걸쳐 글로벌 리더십을 추구하는 동안 그러한 집착을 유지했다. 이러한 집착을 우리는 '전략적 의도'strategic intent라고 부른다.

한편으로 전략적 의도는 원하는 리더십의 지위를 상상하고, 그 자리에 가기까지 조직에서 진행 상황을 계획하는 데 사용할 기준을 설정한다. 코마츠는 '캐터필러를 포위'하러 나섰고, 캐논은 '제록스를 이기자'고 했다. 혼다는 자동차 산업을 개척한 포드를 본받아 제2의 포드가 되려 애썼다. 전부 전략적 의도를 나타낸 표현이다.

동시에 전략적 의도는 그저 자유롭게 품는 야망이 아닌 그 이상의 것이다. 야심 찬 전략적 의도를 품지만 실제로는 목표를 달성하지 못하는 기업이 많다. 전략적 의도라는 개념에는 또한 적극적인 관리 프로세스도 포함된다. 조직의 관심을 승리의 본질에 집중시키고, 목표가 지닌 가치를 알림으로써 직원에게 동기를 부여한다. 나아가 개인과 팀이 기여할 수 있는 여지를 남기며, 환경 변화에 맞춰 새로운 운영상 정의를 제공해 조직의 열정을 유지하며, 전략적 의도를 활용해 자원 배분을 결정한다.

전략적 의도는 승리의 본질을 꿰뚫는다

소련보다 먼저 인류를 달에 착륙시키는 걸 목표로 삼았던 아폴로 계획The Apollo Program은 코마츠가 캐터필러를 포위하려고 투지를 불태웠던 것만큼이나 경쟁에 초점을 맞추었다. 아폴로 계획은 미국이 소련을 상대로 벌이는 기술 경쟁의 성적표가 되었다. 격변하는 정보기술 산업에서 단일한 경쟁사를 목표로 선택하는 건 어려웠다. 그래서 1970년대 초 NEC는 컴퓨팅과 통신의 융합을 최대한 활용할 수 있는 기술의 확보를 전략적 의도로 삼았다. 업계를 관측하던 다른 기업에서도 컴퓨팅과 통신의 융합을 예견했지만, '컴퓨팅과 통신'을 전략적 의도로 채택하고, 그에 따르는 전략 결정의 지침 주제를 '융합'으로 정한 기업은 NEC뿐이었다. 코카콜라의 전략적 의도는 제품을 전세계 모든 소비자의 '손 닿는 곳'에 두는 것이었다.

전략적 의도는 시간이 지나도 흔들리지 않는다

글로벌 리더십을 향한 싸움을 벌일 때 가장 중요한 일은 조직이 집중하는 기간을 늘리는 일이다. 전략적 의도는 단기적인 활동에 일관성을 부여하면서도 새로운 기회가 나타났을 때 재해석할 여지를 남겨둔다. 캐터필러를 포위한다는 코마츠의 전략적 의도는 캐터필러의 특정한 약점을 이용하거나 특정 경쟁우위를 구축하는 것을 목표로 일련의 중기 프로그램을 아우르는 것이었다. 예를 들어 일본 시장에서 캐터필러가 코마츠를 위협했을 때 코마츠는 우선 품질 개선으로 대응했고, 이후 비용을 줄였으며, 그다음에는 수출 시장을 개척했다. 그리고 나서 신제품 개발에 비용을 투입했다.

전략적 의도는 한 명의 사원으로서도 헌신할 가치가 있다

수많은 미국 기업의 CEO에게 회사의 성공에 자신이 기여하는 바를 어떻게 측정하는지 물어보면 주주가 지닌 부富에서 나타난다는 답을 들을 가능성이 크다. 하지만 전략적 의도를 지닌 최고경영진이라면 글로벌 시장의 리더가 되는 것이라고 답할 것이다. 시장점유율에서 최고의 자리를 차지하면 일반적으로 주주의 부는 분명 커진다. 그러나 2가지 목표가 직원의 동기부여에 미치는 영향은 같지 않다.

현장직 근로자는 말할 것도 없이 중간 관리자가 매일 아침 주주의 부를 늘려야겠다는 생각만 하면서 눈을 뜨는 모습을 상상하기는 어렵다. 그런데 어느 일본 자동차 회사의 구호처럼 '벤츠를 이기자'라는 도전 과제가 주어지면 다르게 느껴지지 않을까? 전략적 의도는 직원에게 헌신할 가치가 있는 단 하나의 목표를 제시한다. 전세계 시장에서 최고의 자리를 빼앗거나 최고의 자리를 유지하는 것이다.

전략적 의도보다 전략적 계획을 세우는 데 더 익숙한 기업이 많다. 계획의 과정은 보통 '실현 가능성을 거르는 체' 역할을 한다. 경영자는 계획의 '무엇'에 관해 '얼마나' 상세하게 아는지에 따라 전략을 승인하거나 거부한다. 진행 과정의 이정표는 명확한가? 우리는 필요한 기술과 자원을 갖추었는가? 경쟁사는 어떻게 반응할 것인가? 시장 조사는 철저하게 했는가? 어떤 형태로든 '현실적이 되어라!'라는 경고가 모든 지점에서 일선 관리자에게 내려진다.

그런데 글로벌 리더가 되겠다고 '계획'할 수 있을까? 코마츠, 캐논, 혼다가 서구 시장을 공격하기 위한 20년간의 전략을 세밀하게 세웠을까? 일본과 한국의 경영자는 서구의 경영보다 계획을 더 잘 세우는 걸까? 그렇지 않다. 전략 계획은 중요하지만, 글로벌 리더는 계획의 범위를 벗어난 목표다. 우리가 아는 기업 가운데 전략적 의도를 설정할 수 있을 정도로 계획 시스템이 고도로 발달한 회사는 거의 없다. 전략적 적합성 테스트가 더욱 엄격해짐에 따라 계획할 수 없는 목표는 도중에 실패하게 된다. 그런데 계획의 범위를 벗어난 목표에 전념하는 걸 두려워하는 기업은 글로벌 리더가 될 가능성이 작다.

전략적 계획은 좀 더 미래지향적인 기업이 되기 위한 방법으로 포장된다. 하지만 대다수 경영자는 절박한 상황에서 자신이 세운 전략적 계획이 내일의 기회보다 오늘의 문제를 더 많이 드러낸다는 점을 인정할 것이다. 계획의 각 주기가 시작될 때마다 새로운 문제가 경영자를 덮치면서 매년 계획의 초점은 크게 달라진다. 그리고 모든 산업에서 변화의 속도가 점점 빨라짐에 따라 예측 가능한 범위도 점점 짧아지고 있다. 그러므로 계획은 현재를 점진적으로 예상해나가는 것 외에 할 수 있는 게 거의 없다.

전략적 의도의 목표는 미래를 현재로 가져오는 것이다. 전략적 의도에서 중요한 질문은 '내년은 올해와 어떻게 다를까?'가 아니라 '전략적 의도에 가까워지려면 내년에는 무엇을 달리해야 할까?'다. 일련의 연간 계획을 매년 세심하게 연계하고 전략적 의도를 고수해야만 글로벌 리더십으로 이어질 수 있다.

전략적 의도를 통해
조직력을 끌어올린다

10~20년의 시간을 계획해 글로벌 리더십을 추구할 수 없는 것과 마찬가지로 그 자리를 우연히 손에 넣게 될 가능성도 요원하다. 글로벌 리더의 자리는 방향을 정하지 않은 사내 기업가정신intrapreneurship으로 오를 수 있는 것이 아니다. 스컹크워크skunkworks(소규모 혁신 프로젝트 개발팀 또는 그 방식. 록히드 마틴에서 유래-옮긴이)나 그 외 사내 벤처 사업 기법을 시행한 결과로 나타나는 것도 아니다.

이런 프로그램은 허무주의적 가정을 전제한다. 즉 조직이 몹시 완고하고 정통주의의 지배를 받고 있어서 혁신을 일으킬 유일한 방법은 어두운 방에 똑똑한 사람을 몇 명 밀어 넣고 돈을 쏟아부은 다음 뭔가 일어나기를 기대하는 것뿐이라는 냉소적 가정이 깔려 있다.

이는 실리콘밸리에서 혁신에 접근하는 방식이다. 여기서 CEO가 해야 할 유일한 역할은 조직 하부에서 나타난 성공적인 사업 아이디어에 맞춰 기업 전략을 재구성하는 일이다. 이때 최고경영진이 만들어내는 부가가치는 사실 크지 않다.

애석하게도 혁신을 바라보는 이러한 관점이 많은 대기업의 현실과 같을지 모른다.[2] 한편으로 최고경영진은 주주를 만족시키고, 이를 방해하는 침입자를 저지하는 것 외에는 바람직한 목표에 관한 뚜렷한 관점을 갖고 있지 않다. 반면 기업에서 계획을 세울 때 사용하는 형식, 보상의 기

---

2   Robert A. Burgelman, "A Process Model of Internal Corporate Venturing in the Diversified Major Firm," *Administrative Science Quarterly*, June 1983.

준, 서비스를 제공할 시장에 대한 정의, 업계에서 허용되는 관행에 대한 믿음 등은 다 함께 작동해 사용 가능한 수단의 범위를 엄격히 제한한다. 그 결과 혁신을 위한 활동은 필연적으로 고립된다. 성장은 야심 찬 전략적 의도를 달성하기 위해 여러 팀의 노력을 통합해나가는 최고경영진의 능력보다 개인과 소규모 팀이 발휘하는 창의적인 역량에 더 크게 의존한다.

시장의 리더 자리를 구축하기까지 자원 제약 문제를 극복한 기업에서는 목적과 수단 사이의 다른 관계를 볼 수 있다. 전략적 의도는 목적에 대해서는 분명하지만, 수단에 대해서는 유연하고 즉흥적으로 대응할 수 있는 여지를 남겨둔다.

전략적 의도를 달성하려면 수단에 엄청난 창의성을 발휘해야 한다. IBM을 공격하기 위해 후지쯔가 유럽에서 전략적 제휴를 활용했던 모습을 보라. 하지만 이러한 창의성은 명확하게 규정된 목적을 위한 것이다. 창의성은 자유롭게 발휘되지만 수렴되지 않는 것은 아니다. 직원들이 자신들의 구상을 사전에 검증할 수 있는 기준을 최고경영진이 설정해주기 때문이다. 중간 관리자도 약속된 재무 목표를 달성하는 것 이상의 일을 해야 한다. 조직이 정한 전략적 의도가 내포하는 광범위한 방향성을 제시하는 역할도 수행해야 한다.

전략적 의도는 조직이 상당히 도전적인 노력을 기울여야 한다는 걸 의미하며 현재 가진 역량과 자원으로는 충분하지 않다. 이에 따라 조직은 제한된 자원을 최대한 활용하기 위해 더욱 독창성을 발휘하게 된다. 전략을 전통적으로 바라보는 관점에서는 가진 자원과 현재 기회 사이의 적합도에 초점을 맞추지만, 전략적 의도에서는 자원과 야심 사이에 극단적인 불일치를 만들어낸다. 그러면 최고경영진은 조직에 새로운 우위를 체계적으로 구축해 자원과 야심 사이의 격차를 해소하도록 요구한다.

캐논의 사례를 보자. 캐논은 제록스의 특허 내용을 이해하고, 초기 시장 경험을 쌓을 수 있는 제품을 만들기 위해 라이선스를 얻어 기술을 습득했다. 그다음 내부적으로 연구개발 노력을 쏟았다. 그 후 추가 연구개발 자금을 얻기 위해 자사에서 개발한 기술을 다른 제조업체에서 사용할 수 있도록 허가해주었다. 그러고 나서 일본 및 유럽에서 제록스의 입지가 약한 시장에 진입하는 등의 과정을 거쳤다.

이러한 점에서 전략적 의도는 400미터 달리기를 하듯 마라톤을 뛰는 것과 같다. 42.195킬로미터에 도달했을 때 그 지점이 어떤 모습일지는 누구도 알 수 없다. 그러므로 최고경영진의 역할은 앞에 펼쳐진 400미터 구간에 조직의 관심을 집중시키는 것이다. 몇몇 기업의 경영진은 기업의 도전 과제를 조직에 제시함으로써 이러한 역할을 수행했다. 각 과제는 전략적 의도를 성취하는 경주에서 다음으로 넘어야 할 언덕을 명시한다. 첫해의 과제는 품질, 다음 해는 종합 고객 관리, 그다음 해는 신규 시장 진입 그리고 그다음 해는 제품군 쇄신이 될 수 있다.

이러한 사례가 보여주듯 기업의 도전 과제는 2가지 역할을 한다. 첫째는 새로운 경쟁우위를 확보하기 위한 발판이고 둘째는 가까운 미래에서 중기에 이르는 기간 동안 직원들이 노력을 집중해야 할 지점을 명확히 하는 것이다. 전략적 의도와 마찬가지로, 최고경영진은 목적에 대해서는 구체적으로 제시하지만(예를 들어 제품 개발 기간을 75퍼센트로 단축), 목표 달성 수단에 대해서는 세부적으로 규정하지 않는다.

조직이 도전 과제를 수행하기 위해서는 전략적 의도와 마찬가지로 도전적인 노력을 기울여야 한다. 캐논은 가정용 복사기 사업에서 제록스보다 선수를 치기 위해 엔지니어팀에 가정용 복사기 목표 가격을 대당

표 30-1. 코마츠의 경쟁우위 구축

도전 과제	프로그램
캐터필러에 대항해 내수 시장 보호	• **1960년대 초반** 기술을 습득하고 벤치마킹하기 위해 커민스 엔진Cummins Engine, 인터내셔널하베스터International Harvester, 뷰사이러스이리Bucyrus-Erie와 라이선스 계약 체결 • **1961년** 코마츠에서 생산하는 중소형 불도저의 제품 성능을 캐터필러 제품보다 뛰어나게 만들기 위한 프로젝트 A(에이스를 뜻한다) 가동 • **1962년** 전사적 품질 조직에서 전 직원을 대상으로 교육 제공
품질을 유지하는 동시에 비용 절감	• **1965년** 비용 절감cost down, CD 프로그램 실시 • **1966년** 종합 CD 프로그램 실시
국제적인 기업으로 자리매김하고 수출 시장 구축	• **1960년대 초반** 동구권 국가 시장 개발 • **1967년** 코마츠 유럽 마케팅 자회사 설립 • **1970년** 코마츠 아메리카 설립 • **1972년** 내구성과 신뢰성을 개선하고 대형 불도저의 원가를 절감하기 위한 프로젝트 B 가동 • **1972년** 페이로더payloader(앞에 가동식의 대형 블레이더나 동력 삽을 탑재한 굴착기-옮긴이)를 개선하기 위한 프로젝트 C 가동 • **1972년** 유압식 굴착기를 개선하기 위한 프로젝트 D 가동 • **1974년** 신흥 산업국의 건설 프로젝트를 지원하기 위해 사전 판매 및 서비스 부서 설립
시장을 위협하는 외부충격에 대응	• **1975년** 제품의 품질을 유지하면서 비용을 10% 줄이고, 부품을 20% 줄이고, 제조 시스템을 합리화하는 V-10 프로그램 실시 • **1977년** 환율이 달러당 240엔이었을 때 전사적으로 달러당 180엔으로 예산을 책정하는 180엔 프로그램 실시 • **1979년** 석유 위기에 대응해 비용 및 품질 개선 노력을 2배로 쏟는 팀을 구성하는 프로젝트 E 실시
신제품과 새로운 시장 창출	• **1970년대 후반** 제품군 확대를 위해 제품 개발 가속화 • **1979년** 사회적 필요성과 회사의 노하우를 바탕으로 신규 사업을 파악하기 위해 퓨처 앤드 프론티어Future and Frontier 프로그램 실시 • **1981년** 생산 효율성을 향상하면서 제품의 다양성을 높이기 위한 EPOCHS 프로그램 실시

1,000달러로 정하게 했다. 당시 캐논에서는 가장 싼 복사기도 대당 수천 달러에 판매하고 있었다. 기존 제품 모델에 들어가는 비용을 줄이는 노력만으로는 충분하지 않았다. 그것으로는 제록스의 가정용 복사기 시장 진입을 지연시키거나 단념시킬 만큼의 급진적인 가격 대비 성능 개선을 이룰 수 없었기 때문이다. 그래서 캐논은 엔지니어팀에 복사기를 새로 발명하라는 과제를 부여했다. 캐논의 엔지니어팀은 다른 복사기에서 쓰는 복잡한 이미지 전송 메커니즘을 사용 후 폐기하는 카트리지로 대체함으로써 문제를 해결했다.

기업의 도전 과제는 경쟁사 분석뿐 아니라 산업 진화의 패턴을 예측하는 데서도 비롯된다. 그리고 이러한 과정을 통해 잠재적인 경쟁력을 확보하고, 시장에서 유리한 위치를 차지한 경쟁사의 주도권을 빼앗는 데 필요한 새로운 기술이 무엇인지 확인한다(표 30-1 '코마츠의 경쟁우위 구축'은 코마츠가 도전 과제를 통해 전략적 의도를 달성하는 데 도움을 얻은 방법을 설명한다).

도전 과제가 효과를 발휘하려면 조직 전체에서 개인과 팀이 반드시 도전 과제의 내용을 이해하고 도전 과제가 자신의 업무에 미치는 영향을 확인해야 한다. 새로운 경쟁우위를 얻기 위해 도전 과제를 설정하는 기업들은 조직 전체가 그 도전에 적극적으로 참여하려면 최고경영진이 무엇을 해야 하는지 금세 깨닫게 된다. 포드와 IBM 역시 품질 개선을 위해 도전 과제를 설정하면서 같은 사실을 확인했다.

- **사내에 긴박감 또는 위기감을 조성한다:** 이는 기업 환경 안에서 개선의 필요성을 알리는 약한 신호를 증폭시킴으로써 이루어진다. 신호가 약하다고 아무런 조치도 취하지 않으면 실제 위기가

촉발된다. 예를 들어 코마츠는 엔화를 고평가한 최악의 환율을 바탕으로 예산을 편성했다.

- **경쟁사에 관한 정보를 대규모로 수집하며 전사의 관심을 집중시킨다:** 모든 직원은 동급 최고의 경쟁자들과 자신의 노력을 비교할 수 있어야 한다. 그래야 회사의 도전이 개인적으로도 의미 있는 일이 될 수 있다. 예를 들어 포드는 생산라인 직원들에게 마쓰다에서 가장 효율적으로 운영되는 공장의 작업 장면을 담은 영상을 보여주었다.

- **직원에게 업무 퍼포먼스를 높이는 기술을 익히게 한다:** 예를 들어 통계 도구, 문제 해결, 가치공학value engineering, 팀 빌딩team building에 관한 교육을 제공한다.

- **다음 도전 과제를 주기 전에 하나의 도전을 충분히 소화할 시간을 준다:** 경쟁적 과제가 과하게 몰리면 중간 관리자는 대체로 업무 우선순위의 변동성에서 직원을 보호하려 한다. 하지만 '이번에는 진짜인지 지켜보자'라는 식의 태도가 궁극적으로 기업 도전 과제의 신뢰성을 망가뜨린다.

- **이해하기 쉬운 이정표와 피드백 시스템을 만든다:** 진행 상황을 추적하고, 내부 인정과 보상이 원하는 행동을 강화하는지 확인하기 위해서다. 목표는 회사 내 모든 직원이 도전 과제를 피할 수 없도록 하는 것이다.

기업 도전 과제를 관리하는 과정과 그러한 과정에서 만들어지는 이점을 구별하는 게 중요하다. 도전 과제가 품질, 비용, 가치공학, 그 외 무엇이든 직원이 새로운 기술 개발에 지적·정서적으로 참여해야 할 필요가 있다는 건 같다. 각 경우에 기업 과제는 고위 임원과 하위 직원이 기업 경쟁력에 대한 상호 책임을 느껴야만 조직에 널리 받아들여질 수 있다.

우리는 많은 기업에서 직원에게 경쟁 실패에 대한 책임을 과하게 부담시킨다고 생각한다. 예를 들어 한 미국 기업에서는 경영진이 일본 경쟁사와 같은 수준의 인건비를 확보하기 위해 시급 직원이 받는 총임금의 40퍼센트를 삭감하려 했다. 그 결과 장기간 파업이 이어졌고, 궁극적으로 직원 측은 10퍼센트 임금 삭감을 받아들였다. 하지만 제조 원가에서 직접 인건비가 차지하는 비중은 전체 부가가치의 15퍼센트 미만이다. 그러므로 회사 측은 전체 비용에서 겨우 1.5퍼센트를 줄이기 위해 전체 현장 노동자의 근로 의욕을 꺾은 셈이다.

아이러니하게도 추가 분석에 따르면 그들이 경쟁을 벌이는 일본의 경쟁사가 상당한 비용 절감을 이루어낼 수 있었던 건 시급 노동자의 임금을 삭감해서가 아니었다. 직원들이 더 나은 작업 방법을 발명해서였다. 미국의 노동자가 파업을 끝내고 임금 삭감에 합의한 뒤, 비슷하게 기여하려는 노력을 얼마나 할지 아마 상상할 수 있을 것이다.

이 상황을 엔화가 강세였을 때 닛산에서 일어났던 일과 비교해보자. 닛산에서는 최고경영진이 먼저 급여를 많이 삭감하고, 이후 중간 관리자와 일선 직원에게 그에 비해 상대적으로 적은 희생을 부탁했다.

상호 책임이란 이득도 함께하고 고통도 함께하는 것이다. 하지만 기업 재활성화에 따르는 고통을 회사의 쇠퇴와 관련해 가장 책임이 적은 직원에게 거의 전적으로 부담시키는 기업이 너무 많다. 최고경영진은 고용

안정성이든, 수익 배분이든, 사업의 방향에 영향을 미치는 능력이든 어느 쪽으로든 아무런 약속을 하지 않는다. 그러면서 직원에게 기업 목표에 전념하라고 요구하는 경우가 너무 많다. 이처럼 일방적인 방법으로 접근하면서 경쟁력을 되찾기를 바랄 경우, 직원이 지닌 지적인 힘을 활용하지 못하게 된다.

노사 양측의 상호 책임감 형성은 중요하다. 궁극적으로 기업 경쟁력은 특정 시점에 지닌 경쟁우위의 축적량이 아니라 기업이 조직 내부에 새로운 장점을 깊이 심어 나가는 속도에 달려 있기 때문이다. 그러므로 경쟁우위의 개념은 현재 기업 관리자가 사용하는 점수표(우리가 관리하는 비용이 더 낮은가? 우리 제품에 가격 프리미엄이 따를 것인가?), 그 이상으로 확대되어야 한다.

경쟁우위가 오랫동안 지속되는 경우는 드물다. 새로운 경쟁우위를 발견하는 건 주식 시장에서 확실한 정보를 얻는 것과 같다. 정보에 따라 처음으로 행동하는 사람이 마지막으로 행동하는 사람보다 돈을 더 많이 번다. 경험곡선이 시작된 지 얼마 안 되었을 때는 경쟁사보다 앞서 생산 능력을 구축하고, 공장을 가동하기 위해 가격을 인하하고, 생산량이 늘어남에 따라 비용을 줄인 기업이 돈을 벌었다.

선두 주자는 경쟁사가 시장점유율을 경시한다는 사실을 이용한다. 이들은 시장점유율을 가장 많이 확보하는 게 어떻게 더 낮은 비용과 더 많은 이윤으로 전환되는지 알지 못했기 때문에 추가 점유율을 확보하기 위한 가격을 매기지 않았다. 하지만 반도체 회사 20곳에서 각각 세계 시장의 10퍼센트를 충당하기 충분한 생산 능력을 구축했을 때는 저평가된 시장점유율 같은 건 없다.

기존의 경쟁우위를 유지하는 것은 새로운 경쟁우위를 구축하는 것과 같지 않다. 전략의 본질은 현재 지닌 경쟁우위를 경쟁사가 모방하는 속도보다 더 빨리 내일의 경쟁우위를 구축하는 것이다. 1960년대 일본의 제조업체는 인건비와 자본비용의 우위를 내세웠다. 그러다 서구 기업이 생산 시설을 해외로 이전하기 시작하자 일본 기업은 프로세스 기술에 투자하는 속도를 높여 규모와 품질의 우위를 구축했다. 그 후 미국과 유럽의 경쟁사에서 제조 부문을 개선하자 일본 기업은 제품 개발 속도를 높여 경쟁우위를 또다시 더했다. 뒤이어 글로벌 브랜드를 구축했다. 이후에는 제휴와 아웃소싱 계약을 통해 경쟁사의 숙련도를 저하시켰다.

여기서 얻어야 할 교훈은 무엇일까? 기존 기술을 개선하고 새로운 기술을 학습하는 조직의 역량이 무엇보다 가장 지키기 쉬운 경쟁우위라는 점이다.

기존의 경쟁 규칙을 다시 짜는 4가지 방법

전략적 의도를 달성하려면 기업은 대개 규모가 더 크고 자금력이 더 뛰어난 경쟁사에 맞서야 한다. 그렇다는 건 경쟁 활동을 신중하게 관리해 부족한 자원을 아껴 써야 한다는 뜻이다. 관리자는 그저 같은 경기에서 더 뛰어나게 잘하는 것, 즉 경쟁사의 기술과 사업 관행을 미미하게 개선하는 정도로 목표를 이룰 수 없다.

그 대신 시장을 차지한 기존 기업에 불이익을 주는 방향으로 경기의 규칙을 근본적으로 바꿔야 한다. 시장 진입, 경쟁우위 구축, 경쟁전에 새롭게 접근할 방법을 고안해야 한다. 똑똑한 기업이라면 경쟁사 모방이 아니라 경쟁 혁신을 목표로 한다. 즉 경쟁 위험을 관리 가능한 수준 안으로 제한하는 기술을 펼친다.

일본 기업이 세계로 뻗어나가는 과정에서 경쟁 혁신을 이룬 4가지 접근법이 분명하게 드러났다.

1. 새로운 경쟁우위를 차근차근 익힌다.
2. 상대의 빈틈을 찌른다.
3. 경쟁의 규칙을 새롭게 짠다.
4. 경쟁과 협력의 이중 전략을 전개한다.

1. 새로운 경쟁우위를 차근차근 익힌다

기업의 경쟁우위 포트폴리오가 폭넓을수록 경쟁전에서 마주할 위험이 적다. 새롭게 등장한 글로벌 경쟁 기업은 경쟁우위라는 무기 창고를 꾸준히 확장해 포트폴리오를 구축해왔다. 그들은 저임금 비용처럼 지키기 어려운 경쟁우위에서 글로벌 브랜드처럼 지키기 쉬운 경쟁우위로 거침없이 움직였다. 일본의 컬러텔레비전 산업은 이처럼 경쟁우위의 층을 쌓는 과정을 잘 보여주었다.

1967년이 되자 일본은 흑백텔레비전 최대 생산국이 되었다. 1970년에는 컬러텔레비전 부문에서 경쟁사와 격차를 줄이고 있었다. 일본의 텔레비전 제조업체는 자체 상표 사업의 기반을 구축하기 위해 자신이 가진 경쟁우위를 활용했다. 당시에는 주로 저임금 비용이었다. 그러고 나서 재빨리 세계 수준 규모의 공장을 설립했다. 이러한 투자는 일본 기업에 프로세스 개선을 통한 비용 절감에 더해 품질과 신뢰성이라는 또 다른 경쟁우위까지 더해주었다.

동시에 일본 기업에서는 비용에 기반한 경쟁우위가 인건비 변화, 공정 및 제품 기술 변화, 환율 변화, 무역 정책 변화에 취약하다는 사실을 깨달았다. 그래서 1970년대 내내 유통 채널과 브랜드 구축에 많은 투자를 했고, 여기서 글로벌 프랜차이즈라는 경쟁우위의 또 다른 층이 생겼다. 1970년대 말 일본 기업은 이러한 엄청난 투자금을 상각하기 위해 제품과 사업의 범위를 확대했다. 그리고 1980년이 되자 마쓰시타, 샤프, 도시바, 히타치, 산요 등 업계 주요 기업에서 모두 글로벌 마케팅 투자를 지원하는 관련 사업 부문을 설립했다. 최근 들어서 이들은 국가별 시장에 맞춤형 제품을 생산하기 위해 지역별 제조 및 디자인 센터에 투자해왔다.

일본 제조업체는 다양한 경쟁우위 원천을 상호 배타적인 선택지가 아니라 상호 보완적인 층을 쌓는 것으로 생각했다. 일각에서 경쟁의 자살 행위라고 부르는 것, 즉 비용과 차별화를 동시에 추구하는 것이 바로 수많은 일본 기업에서 추구한 전략이다.[3]

일본 기업들은 유연한 제조 기술을 활용하고 더 많은 마케팅 정보를 확보하면서 표준화된 '세계 시장용 제품'에서 벗어나고 있다. 대신 미국 시장을 겨냥해 캘리포니아에서 개발된 마쓰다의 미니밴과 같은 맞춤형 제품을 개발하고 판매하는 쪽으로 방향을 옮기는 중이다.

2. 상대의 빈틈을 찌른다

경쟁 혁신을 이루는 두 번째 접근법은 상대 기업이 헐겁게 쌓은 벽돌을 찾아내는 것이다. 이를 통해 상대를 기습하는 이점을 활용할 수 있다. 이 전술은 진짜 전쟁에서만큼이나 비즈니스 세계의 전쟁에서도 유용하

---

3   예를 들면 다음을 참조하라. Michael E. Porter, *Competitive Strategy*, Free Press, 1980.

다. 특히 글로벌 시장을 놓고 벌이는 전쟁의 초기 단계에서 성공적으로 시장에 진입한 새로운 기업이 규모가 더 크고, 더욱 강력한 경쟁 기업의 반응 임계점 아래에 머무르려 할 때 유용하다. 경쟁사의 방어가 약한 영역을 차지하는 것도 한 가지 방법이다.

헐겁게 쌓인 벽돌을 찾아내려면 시장에 침투하거나 경쟁 기업에 도전하는 방식에서 정통적인 방법을 고집하지 않아야 한다. 예를 들어 우리는 미국의 한 다국적 기업을 찾아 몇몇 국가별 지사장에게 각 나라 시장에서 일본 경쟁사가 어떤 활동을 하고 있는지 물었다. 첫 번째 지사장이 답했다. "일본 기업은 저가 제품부터 공략하고 있습니다. 일본 기업은 항상 아래에서부터 올라오거든요." 그런데 두 번째 지사장은 그 말에 흥미를 보이면서도 동의하지는 않았다. "제가 담당한 국가의 시장에서 일본 기업은 저가 상품을 내놓지 않습니다. 고가 제품으로 몇 가지 흥미로운 제품을 출시했어요. 우리는 정말 그 제품을 분해해서 분석해봐야 합니다." 그런데 또 다른 나라의 지사장은 다른 이야기를 했다. "일본 기업은 우리 시장을 빼앗지 않았습니다. 다만 부품을 공급해달라며 좋은 제안을 해왔습니다." 일본 기업은 각 나라에서 경쟁사가 지닌 서로 다른 헐거운 벽돌을 찾아낸 것이다.

헐거운 벽돌을 찾는 일은 경쟁사의 전통적 사고방식을 신중하게 분석하는 데서 시작한다. 경쟁사는 '제품 제공 시장'을 어떻게 정의하는가? 어떤 활동이 가장 높은 수익을 가져오는가? 지리상 어느 시장이 가장 문제가 많아 진입하기 어려운가? 목적은 상대적으로 규모가 큰 경쟁사가 거의 발을 들이지 않는 업계의 구석 혹은 틈새시장을 찾는 게 아니다. 업계 선도 기업이 현재 점유한 시장 영역 바로 밖에 공격 기지를 구축하는 것이다. 궁극적으로는 경쟁 없이 수익을 확보할 수 있는 성역을 얻는 것이 목표이다. 이는 특정 제품 부문('저가' 오토바이), 가치사슬 내 한 부분(컴퓨터 산업의 부품), 혹은 특정 지역 시장(동유럽)이 될 수 있다.

예를 들어 혼다는 오토바이 시장의 선도 기업이 되었지만, 그 시작은 달랐다. 기존 업계 리더들이 정의한 제품 시장의 전통적인 영역 바로 바깥에 있는 영역의 제품을 내놓은 것이다. 그 결과, 혼다는 상대가 방어하지 않는 영역에 작전 기지를 구축할 수 있었고 이곳을 활용해 공격을 넓혀나갔다.

수많은 경쟁 기업이 혼다의 전략적 의도를 보지 못했고, 혼다가 엔진과 구동 장치 제조 역량을 키워나가는 걸 눈치채지 못했다. 그런데 혼다는 미국 시장에서는 50시시 오토바이를 판매하고 있었다. 하지만 유럽 시장에서는 이미 대형 오토바이로 경쟁을 벌이던 상황이었다. 모터 관련 사업 전반에 걸쳐 체계적으로 사업을 확장하는 데 필요한 디자인 능력과 기술을 결합하고 있었던 것이다.

혼다가 엔진 관련 핵심 역량을 창출하는 과정을 보면서 경쟁사들은 경각심을 가졌어야 했다. 겉으로는 무관해 보이지만 사실상 엔진과 연결된 자동차, 예초기, 선박 기관, 발전기 등 일련의 산업에 혼다가 진출할 수 있다는 점을 눈치챘어야 하는 것이다. 하지만 각 산업 내 기업은 자신의 시장에만 집중했으므로 혼다의 수평적 다각화의 위협을 알아채지 못했다. 오늘날 마쓰시타, 도시바 같은 기업 역시 산업의 경계를 뛰어넘는 예상치 못한 방식으로 움직일 태세다. 헐거운 벽돌을 보호하려면 기업은 제품 부문, 국가별 시장, 부가가치 단계와 유통 채널을 통해 글로벌 경쟁 업체의 이동을 추적하고 예측함으로써 주변부를 바라보는 시야를 넓혀야 한다.

3. 경쟁의 규칙을 새롭게 짠다

경쟁 활동의 조건을 바꾸는 것, 즉 선두 기업이 내린 업계 정의와 사업 부문의 경계를 받아들이지 않고 거부하는 것 역시 경쟁 혁신의 또 다른 형태다. 캐논이 복사기 사업에 진출한 과정이 이러한 접근법을 잘 보여 준다.

1970년대 동안 코닥과 IBM은 시장 세분화, 제품, 유통, 서비스, 가격 설정에서 제록스의 사업 시스템에 맞추려고 노력했다. 그 결과 제록스는 시장에 새로 진입하는 기업의 의도를 파악하고 대응책을 마련하는 데 아무런 어려움이 없었다. 결국 IBM은 복사기 사업에서 철수했고, 코닥은 여전히 제록스가 지배하는 대형 복사기 시장에서 큰 차이로 2위 자리에 머물 뿐이다.

이와 달리 캐논은 경쟁 활동의 조건을 바꿨다. 제록스는 복사기 제품 모델을 폭넓게 갖추고 있었지만, 캐논은 비용 절감을 위해 복사기와 부품을 표준화했다. 제록스의 거대한 직판 조직에 맞서기보다는 사무용품 대리점을 통해 제품을 공급하기로 선택했다. 또한 제품에 내구성과 서비스 용이성을 담아 설계하고 이후 서비스 책임을 대리점에 위임함으로써 전국 서비스망을 구축해야 할 필요성도 피했다.

캐논 복사기는 임대가 아닌 판매 방식을 택해 임대 자금을 마련해야 하는 부담에서 자유로웠다. 마지막으로 캐논은 부서 책임자보다 복사본을 배포해야 하는 비서와 부서 내 관리자를 대상으로 영업했다. 각 단계에서 캐논은 잠재적 진입장벽을 깔끔하게 피할 수 있었다.

캐논의 경험을 보면, 진입장벽과 모방장벽 사이에는 중요한 차이점이 있음을 알 수 있다. 제록스의 사업 시스템에 그대로 맞추려 했던 경쟁사는 동일한 진입 비용을 부담해야 했다. 즉 모방장벽이 높았다. 하지만 캐논은 게임의 규칙을 변경함으로써 진입장벽을 극적으로 낮추었다.

캐논이 게임의 규칙을 바꾸자 제록스가 새로운 경쟁사를 재빨리 응징하는 능력도 떨어졌다. 사업 전략과 조직에 관해 재고해야 할 필요성을 마주하자 제록스는 잠시 마비 상태에 빠졌다. 이로써 제록스의 경영진은 제품군을 더 빨리 축소하고, 새로운 유통 채널을 개발하고, 제품의 신뢰성을 향상할수록 회사의 전통적인 수익 기반이 더 빨리 침식된다는 걸 알게 되었다.

제록스의 전국적인 영업 조직과 서비스망, 임대 기계를 위한 대규모 설치 기반, 서비스 수익에 대한 의존도 등 사업의 주요 성공 요인으로 보였던 점이 오히려 보복을 방해하는 장벽이 된 것이다. 이런 면에서 경쟁 혁신은 유도와 같다. 목표는 덩치가 더 큰 상대의 무게를 활용하는 것이다. 그렇게 하려면 상대의 역량에 맞추려는 게 아니라 자신만이 갖고 있는 대조적인 능력을 개발해야 한다.

경쟁 혁신은 '성공한 경쟁자는 대개 자신만의 성공 방정식을 고수할 가능성이 크다'는 전제에서 출발한다. 그러므로 새로운 경쟁자가 가진 가장 효과적인 무기는 아마도 백지상태의 발상일 것이다. 그리고 기존 강자의 가장 큰 취약점은 통용되는 관행에 대한 신념이다.

4. 경쟁과 협력의 이중 전략을 전개한다

라이선스 계약, 아웃소싱 계약, 합작 투자를 통해 때로는 싸우지 않고 이길 수도 있다. 예를 들어 후지쯔는 유럽에서 지멘스, 영국 최대 컴퓨터 제조업체 STC 그리고 미국에서는 암달Amdahl과 제휴를 맺어 제조 규모를 확보하고 서구 시장에 접근할 수 있었다. 1980년대 초반 마쓰시타는 영국의 손Thorn, 독일의 텔레풍켄Telefunken, 프랑스의 톰슨Thompson과 합작 투자를 진행해 유럽 VCR 시장의 주도권을 얻기 위한 싸움에서 필립스에 대항하는 세력을 빠르게 늘려나갔다. 일본 기업은 규모가 더 큰 글로벌 경쟁사와 대리전을 벌이면서 '적의 적은 동지'라는 인류의 갈등만큼이나 오래된 격언을 따랐다.

잠재적 경쟁사의 개발 노력을 가로채는 것도 경쟁을 위한 협업의 또 다른 목표다. 소비자 가전제품 시장에서 벌어진 전쟁에서는 일본 기업이 서구 경쟁 기업을 위해 VCR, 캠코더, CD 플레이어와 같은 차세대 제품을 자진해서 제조해주면서 텔레비전과 하이파이hi-fi 같은 전통 사업 부문을 공격했다. 일본 기업은 경쟁자들이 자체 개발 투자를 줄일 것이라 기대했고, 실제로 대부분 그렇게 되었다. 자체 개발 노력을 포기한 기업이 차후 신제품 시장의 전쟁에서 유력한 경쟁사로 재부상하는 경우는 드물다.

협업은 또한 경쟁사의 강점과 약점을 알아보는 방법으로 활용된다. 토요타는 GM과 마쓰다는 포드와 합작 투자를 진행하면서 미국 경쟁사가 비용 절감, 품질 및 기술 부문에서 얼마나 진전을 이루었는지 평가할 수 있는 귀중한 자리를 손에 넣었다. 또한 GM과 포드가 경쟁에서 언제 싸움에 나서고, 언제 나서지 않는지, 두 회사가 경쟁에 임하는 방식도 학습했다. 물론 그 반대도 마찬가지다. 포드와 GM도 파트너사인 일본 경쟁사로부터 같은 내용을 학습할 동일한 기회를 얻었다.

우리가 지금까지 살펴본 경쟁력 회복을 위한 경로는 전략에 대한 새로운 관점을 내포한다. 전략적 의도는 장기적으로 자원 배분의 일관성을 보장한다. 기업에서 명확하게 규정한 도전 과제는 중기 동안 직원 개인이 쏟는 노력에 초점을 맞춘다. 마지막으로 경쟁 혁신은 경쟁에서 오는 단기적 위험을 줄이는 데 도움이 된다. 이처럼 장기 일관성, 중기 집중력, 단기 독창성과 참여가 결합될 때 제한된 자원으로 야심 찬 목표를 추구할 수 있다. 하지만 승리로 이어지는 과정이 있듯, 투항으로 이어지는 과정도 존재한다. 경쟁력 재활성화를 위해서는 투항으로 이어지는 과정 또한 알고 있어야 한다.

그렇다면 기술적 리더십과 거대한 지역 시장 접근권을 갖고 있었음에도, 미국과 유럽 국가들은 어떻게 글로벌 산업 지배라는 당연한 권리를 잃고 만 것일까?

이 질문에는 간단히 답할 수 없다. 실패를 복기하는 일의 가치를 아는 기업은 드물다. 경쟁에서 투항하게 된 원인을 자신들의 경영 신념에서 찾아보는 기업은 더 드물다. 하지만 우리는 중요한 단서를 제공하는 투항의 병리가 있다고 믿는다(666쪽 '투항의 과정' 참조).

서구식 매니지먼트의 결점

서구 기업의 전략적 사고의 본질을 8가지 우수성 법칙, 7가지 S, 5가지 경쟁 요인, 4단계의 제품 수명 주기, 3가지 본원적 전략, 수없이 많은 2×2의 행렬로 정리할 수 있다고 생각해도 크게 위안이 되지 않는다.[4]

그러나 지난 20년간 전략의 '발전'은 훨씬 더 많은 유형 분류 체계와

---

[4] 다각화된 기업에서 활용하는 자원배분을 위한 전략적 프레임워크는 다음 책에 요약되어 있다. Charles W. Hofer and Dan E. Schendel, *Strategy Formulation: Analytical Concepts*, West Publishing, 1978.

투항의
과정

지난 20년 동안 전개된 글로벌 리더십을 둘러싼 전투에서 우리는 업계를 막론하고 놀라울 정도로 유사한 경쟁적 공격과 후퇴의 패턴을 목격해왔다. 우리는 이를 '투항의 과정'The Process of Surrender이라 부른다(그림 30-1 참조).

투항의 과정은 보이지 않는 의도에서 시작한다. 서구 기업은 경쟁사에 초점을 맞춘 장기적 목표 자체를 갖고 있지 않으므로, 경쟁사도 그러한 의도를 지녔다고 생각하지 않았다. 또한 잠재 경쟁사의 전체 자원 동원성보다 현재 가진 자원에 의한 위협만 계산했다. 이는 라이선스 계약을 맺어 기술을 빠르게 습득하고, 다운스트림downstream OEM 파트너사를 통해 시장을 이해하고, 전사적 종업원 참여 프로그램을 통해 제품 품질과 제조 생산성을 개선하는 소규모 경쟁 기업에 대한 체계적인 과소평가로 이어졌다. 미국과 유럽의 기업은 경쟁사가 지닌 전략적 의도와 무형의 이점을 감지하지 못했고, 결국 허점을 찔리고 말았다.

경쟁에서 허점을 찔린 서구 기업은 당황했다. 시장에 새로 진입한 일본 기업은 이에 더해 시장을 지배하는 기존 기업과 정면으로 맞붙기 전에 시장의 주변부(혼다는 소형 오토바이 시장, 야마하는 그랜드 피아노 시장, 도시바는 소형 흑백텔레비전 시장)부터 공략했다. 시장을 지배

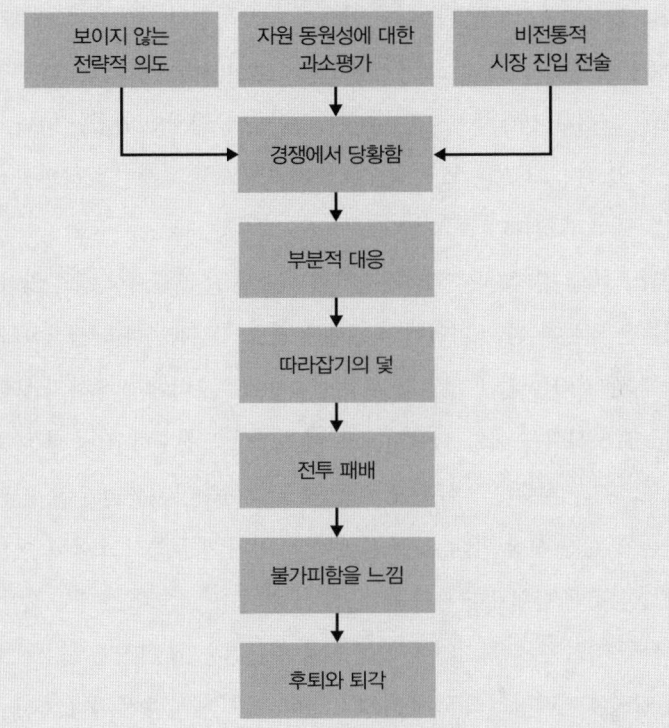

그림 30-1. 투항의 과정

하던 기존 기업은 보통 이런 공격을 오해해 이들이 '헐거운 벽돌'을 찾으려 한다는 걸 예상하지 못하고 틈새시장을 공략하는 전략이라고만 여겼다. 비전통적인 시장 진입 전술(저개발 국가의 비주류 시장을 지배한다거나 비전통적 유통 채널을 활용한다거나 기업 광고를 광범위하게 진행하는 것)도 무시하거나 이상한 짓이라며 묵살했다.

예를 들어보자. 우리가 만나 이야기를 나눈 기업 경영자들은 유럽 컴퓨터 산업에서 일본 기업의 입지는 거의 없다고 했다. 그 말은 브랜드 점유율에서는 사실에 가깝다. 그렇지만 유럽을 기반으로 하는 컴퓨터 사업의 하드웨어 판매에서 일본 기업은 제조 부가가치의 3분의 1을 장악하고 있었다. 이와 마찬가지로 독일의 자동차 생산업체들은 일본 제조업체가 고급 시장으로 이동할 가능성이 없다고 주장했다. 그러나 저가형 모델은 일본 자동차 생산업체의 엄청난 압박을 받고 있으며, 그 결과 포르쉐는 현재 저가형 모델의 생산을 중단하겠다고 발표한 상태다.

서구 기업 경영진은 일본 경쟁사의 전술을 잘못 해석할 때가 많다. 이들은 일본과 한국 기업이 비용과 품질로만 경쟁한다고 생각한다. 이에 따라 이들 경쟁 기업의 계획에 부분적으로밖에 대응하지 못한다. 제조 시설을 해외로 이전하고, 아웃소싱을 진행하고, 품질 보증 프로그램을 시행하는 식이다. 여러 층으로 이루어진 경쟁우위, 연관 제품에 걸친 시장 확대, 글로벌 브랜드 입지 개발까지 포함해 경쟁 위협을 전체 범위로 평가하는 기업은 드물다.

서구 기업은 경쟁 기업에서 현재 보이는 전술만을 따라 하려다 보니 영원한 따라잡기의 덫에 빠지고 만다. 그렇게 하나씩 하나씩 서구 기업은 전투에서 패배하고 투항을 불가피한 것으로 여기게 되었다. 물론 항복은 필연이 아니었지만, 경쟁자들의 공격은 궁극적인 의도를 감춘 채 정면 대결을 회피하는 방식으로 전개되었다.

휴리스틱heuristics(어떤 사안 또는 상황을 엄밀히 분석하지 않고 제한된 정보만으로 즉흥적·직관적으로 판단하고 선택하는 의사결정 방식−옮긴이), 긴 목록으로 나타났으며 이에 대한 경험적 기반은 대체로 불확실했다. 게다가 제품 수명 주기, 경험곡선, 제품 포트폴리오, 본원적 전략과 같은 합리적인 개념조차 종종 유독한 부작용을 일으켰다. 경영진이 고려할 수 있는 전략적 선택지의 숫자를 줄이고 만 것이다. 그들은 사업 부문을 지키기보다 매각하는 쪽을 선호하게 되었고, 경쟁사에서 쉽게 해독할 수 있는 예측 가능한 전략만 내놓았다.

전략의 공식은 경쟁 혁신의 기회를 제한한다. 40개의 사업을 보유한 기업이 겨우 4가지 전략, 즉 투자, 보유, 수확 혹은 매각 정도만을 구사한다. 전략은 선택 사항이 기존 산업 구조에 어떻게 맞는지 시험하는 포지셔닝 연습용으로 간주되는 경우가 너무 많다. 하지만 현재의 산업 구조는 업계 리더의 강점을 반영한 것이며, 리더의 규칙에 따라 게임을 하는 것은 대개 경쟁적 자살로 이어진다.

수많은 관리자가 시장 세분화, 가치사슬, 경쟁사 벤치마킹, 전략 그룹, 이동 장벽과 같은 개념을 갖추고 업계의 지도를 그리는 일에 점점 더 능숙해졌다. 그러나 이들이 업계의 지도를 그리느라 바쁜 사이 경쟁 기업은 대륙 전체를 옮기고 있다. 이러한 기업의 전략가가 세운 목표는 기존 업계 내에서 틈새시장을 찾는 게 아니라 자사의 고유한 강점에 꼭 맞는 새로운 시장을 창출하는 것이며, 그러한 시장은 지도에 나오지 않는다.

특히 산업 간 경계가 점점 더 불확실해지는 지금은 더욱 그렇다. 금융 서비스와 통신 같은 산업에서는 기술이 빠르게 변하고 있다. 또한 규제가 완화되고 세계화가 이루어지면서 전통적인 산업 분석이 지닌 가치가 빛을 잃고 있다.

지진의 진원지에서 지도를 그리는 기술은 그다지 가치가 없다. 하지만 격변을 겪는 산업은 자신에게 유리한 방향으로 지도를 다시 그리려는 야심 찬 기업에 기회를 제공한다. 전통적인 산업의 경계를 벗어나 너른 시야로 생각할 수 있기만 하다면 말이다.

성숙이라는 환상

산업의 '성숙'과 '쇠퇴' 같은 개념은 대체로 정의하기 나름이다. 경영진이 어떤 사업을 '성숙했다'고 평가하는 것은 현재의 지리적 시장에서 기존 채널을 통해 판매되는 기존 제품의 매출 성장이 정체 상태에 있다는 의미다. 이러한 경우에는 산업이 성숙한 게 아니라 산업을 바라보는 경영진의 생각이 성숙 단계에 이른 것이다. 피아노 산업이 성숙 단계에 도달했다고 생각하느냐는 질문을 받았을 때 야마하의 고위 임원은 이렇게 말했다. "전세계 어느 시장에서 어떤 기업에게서든 더는 시장점유율을 빼앗을 수 없고, 그러면서 여전히 돈을 벌 수 없다면 그때 시장이 성숙했다고 말할 수 있습니다. 게다가 우리는 '피아노'가 아니라 '키보드' 사업을 하고 있습니다." 그리고 소니는 다른 기업에서 시장이 성숙했다며 오래전 사업을 포기했던 라디오와 테이프 리코더 부문을 매년 활성화하고 있다.

시장의 성숙도를 좁게 정의하면 미래에 찾아올 폭넓은 기회의 가능성을 배제하게 된다. 1970년대 미국의 여러 기업에서는 소비자 가전제품 산업이 성숙 단계에 접어들었다고 생각했다. 컬러텔레비전을 능가할 수 있는 제품이 있을까? 이들은 자문했다. 그 결과 RCA와 GE 같은 기업은 메인프레임 컴퓨터처럼 한층 '매력적인' 기회로 눈을 돌렸다. 덕분에 일본 기업은 VCR, 캠코더, CD 플레이어와 같은 제품 시장을 사실상 독점했다. 아이러니하게도 한때 성숙 단계에 접어들었다고 여겨졌던 텔레비전 산업이 극적인 부흥을 목전에 두고 있다. 미국에서 고화질 텔레비전이 출시되면 연 매출 200억 달러 규모의 사업이 탄생할 것이다. 하지만 텔레비전 사업을 개척했던 기업은 이러한 대박의 기회를 아주 일부밖에 누리지 못할 것이다.

대부분의 전략 분석 도구는 국내 시장에 초점을 맞추고 있다. 글로벌한 기회와 위협을 고려하도록 경영자들을 강제하는 도구는 거의 없다. 예를 들어 포트폴리오 기획은 최고경영진의 투자 선택지를 일련의 사업군으로 묘사하지, 일련의 지리적 시장으로 묘사하지 않는다. 그러면 결과는 예측 가능하다. 해외 경쟁사가 사업을 공격함에 따라 기업은 해당 사업을 포기하고 글로벌 경쟁이 아직 심화되지 않은 다른 사업 부문에 진입하려고 시도할 것이다. 단기적으로 보면 경쟁력 약화에 적절하게 대응하는 방법이다. 그렇지만 내수 지향 기업이 피신할 수 있는 사업 부문은 점점 줄어들 것이다.

글로벌 경쟁 기업보다 앞서 해외 신흥 시장에 진입해 이 사업의 수익성을 연장할 수 있을까? 글로벌 경쟁 기업의 내수 시장을 역습해 그들의 사업 확장 속도를 늦출 수 있을까? 이런 질문을 던지는 기업은 찾아보기 어렵다. 시장에서 성공한 어느 글로벌 기업의 고위 임원이 이렇게 말했다. "포트폴리오 개념으로 회사를 관리하는 경쟁사를 찾으면 기쁩니다. 시장점유율을 얼마나 빼앗으면 CEO가 사업 부문을 '매각 목록'에 올릴지 거의 예상할 수 있거든요."

SBU의
폐해

또한 기업은 SBU_{Strategic Business Units}(전략적 사업 단위)와 이 구조가 시사하는 분권화 같은 조직 운영 방식에 과도하게 매달릴 수 있다. 경영진이 볼 때 분권화는 매력적이다. 성공 혹은 실패의 책임을 오롯이 일선 관리자가 부담하기 때문이다. 각 사업 부문은 전략을 성공적으로 수행하는 데 필요한 모든 자원을 갖추었다고 가정한다면 이렇듯 일선에서 변명할 여지가 없는 환경 아래 최고경영진이 실패하기는 어렵다. 책임 범위와 책임 의식을 명확하게 나누는 것은 바람직하다. 그럼에도 경쟁력 활성화를 위해서는 최고경영진의 긍정적인 부가가치가 필요하다.

SBU를 강력하게 지향하는 기업 가운데 글로벌 유통과 글로벌 브랜드 입지를 성공적으로 구축한 곳은 드물다. 글로벌 브랜드 프랜차이즈에 투자하려면 일반적으로 단일 비즈니스가 지닌 자원과 위험 감수 성향을 뛰어넘어야 한다. 일부 서구 기업 가운데 30년 혹은 40년 이상 글로벌 브랜드로서 입지를 구축한 곳도 있다(예를 들면 하인즈, 지멘스, IBM, 포드, 코닥). 하지만 미국 혹은 유럽 기업 가운데 지난 10~15년 동안 글로벌 브랜드로 새로이 등장한 곳은 찾기 어렵다. 그러나 일본 기업은 NEC, 후지쯔, 파나소닉(마쓰시타), 도시바, 소니, 세이코, 엡손, 캐논, 미놀타, 혼다 등 10여 개가 넘는다.

GE의 상황이 전형적이다. 미국 대기업인 GE의 여러 사업 부문은 유럽과 아시아에 전혀 알려지지 않았다. GE는 글로벌 기업이 되기 위한 조직적인 노력을 전혀 기울이지 않은 것이다. GE의 사업 부문 가운데 세계 시장을 향한 야심을 지닌 곳이 있다면 그곳은 새로운 시장에서 신뢰성과 자격을 갖추어야 하는 부담을 홀로 짊어져야 했다. 당연히 GE에서 한때 강력했던 사업 부문 일부에서는 글로벌 브랜드 입지를 구축한다는 어려운 과제에서 손을 뗐다.

이와 대조적으로 삼성, 대우, 럭키금성(현재의 LG)과 같은 한국의 작은 기업은 글로벌 브랜드 우산을 구축하느라 바쁘다. 글로벌 브랜드 우산이 갖춰지면 사업 전 분야에 걸쳐 시장 진입이 쉬워질 것이다. 근본 원리는 간단하다. 세계 시장 진입을 위해서는 규모의 경제만큼 범위의 경제도 중요하다. 하지만 범위의 경제를 구축하려면 사업 부문 간 협조가 필요하고, 이는 오직 최고경영진에서만 할 수 있는 일이다.

일부 기업에서 디스킬링 de-skilling이 일어난 데는 유연하지 못한 SBU형 조직도 원인이 되었다고 본다. 반도체, 광학 저장 장치, 연소 기관과 같은 핵심 역량 사업에 투자할 능력이 부족한 단일 SBU에서 경쟁력을 유지할 유일한 방법은 잠재 경쟁 기업(대체로 일본 혹은 한국 기업)에서 핵심 부품을 구매하는 것이다. 제품 시장 용어로 SBU를 정의할 때 경쟁력이 있다고 하는 건 가격과 성능에서 경쟁력 있는 최종 제품을 제공한다는 뜻이다.

그러나 이렇게 되면 SBU 관리자가 '제품'에 내재된 경쟁력을 달성하기 위해 외부에서 부품을 소싱하는 방법과 여러 비즈니스에 걸쳐 활용할 수 있도록 깊이 뿌리내릴 '조직 역량'을 내부적으로 개발하는 일을 구별한 유인이 없다. 부품 제조 활동을 단순히 원가 중심점 cost center으로 여기고, 원가 가산 방식의 이전 가격 transfer pricing으로 처리한다면 문제가 생긴다. 이런 경우 핵심 활동에 추가로 투자하는 것이 완제품 시장에 투자하는 것보다 자본 수익성이 낮다고 판단되기 쉽다. 게다가 내부 회계 자료는 기업이 핵심 역량을 직접 통제하면서 얻게 되는 경쟁적 가치를 제대로 보여주지 못한다.

수많은 일본 기업에서는 여러 사업 부문이 글로벌 기업 브랜드를 공유하고, 기업의 핵심 역량을 공유하면서 이것이 함께 벽돌을 접합하는 회반죽 역할을 한다. 이러한 회반죽이 부족한 기업에서는 정말 헐겁게 쌓인 벽돌이 생길 수밖에 없다. 그리고 그 부분은 핵심 역량에 꾸준히 투자해온 글로벌 경쟁 기업에 의해 쉽게 무너진다. 이러한 경쟁 기업은 내수 지향형 기업을 골라 장기적인 소싱에 의존하게 하고, 사업 부문 간 협조를 통해 글로벌 브랜드에 투자해 범위의 경제를 포착할 수 있다.

ROI의 함정

분권화에 따르는 위험 목록의 마지막은 SBU 조직에서 일반적으로 사용하는 경영 성과의 기준이다. 많은 기업에서 사업 단위 관리자는 오직 ROI_{Return On Investment}(투자 대비 수익률)만을 기준으로 성과가 평가되고 보상을 받는다. 그래서 안타깝게도 관리자는 대체로 분모 관리에 집중하는 경우가 많다. 분모에 해당하는 투자와 인원을 줄여 관리하면 분자, 즉 매출을 증가시키는 것보다 훨씬 쉽게 재무 비율을 '개선'할 수 있다는 사실을 곧 깨닫기 때문이다. 또한 아주 큰 대가를 치르게 될지 모를 업계 침체에 즉각 반응하도록 민감도가 높아진다.

산업이 침체했을 때 빠르게 투자를 줄이고 직원을 해고한 기업 경영진은 산업 경기가 다시 상승세로 돌아섰을 때 잃어버린 기술을 되찾고, 투자를 따라잡기까지 훨씬 더 오랜 시간이 걸린다는 걸 알게 된다. 결과적으로 이러한 기업은 사업 주기가 바뀔 때마다 시장점유율을 잃는다. 특히 최고의 인재를 유치하기 위해 치열한 경쟁이 펼쳐지고, 경쟁사가 거침없이 투자하는 산업에서 분모 관리에 집중했다가는 후퇴하는 톱니바퀴를 굴리게 될 수 있다.

톱니바퀴 안의 움직이는 못에 해당하는 일반 관리자라는 개념은 분모 관리에서 나타나는 문제점을 강화한다. 이 점에서 경영대학원은 죄책감을 느껴야 한다. 한 손으로는 순현재가치를 계산하고, 다른 한 손으로는 포트폴리오 기획을 세우면, 어느 사업이든 경영할 수 있다는 생각을 경영대학원이 지속적으로 퍼뜨려왔기 때문이다.

직무 순환제의 함정

다각화된 사업을 경영하는 수많은 기업에서 최고경영진은 일선 관리자를 숫자로만 평가한다. 그 외 대화의 근거가 존재하지 않기 때문이다. 관리자는 '경력 개발'이라는 계획의 일환으로 부서를 자주 이동하고, 그러다 보니 자신이 관리하는 사업의 미묘한 부분을 제대로 파악하지 못할 때가 많다. 예를 들어 GE에서는 중요한 신사업을 이끄는 한 관리자가 패스트트랙 프로그램에 속해 5년 동안 5개 부서를 이동했다. 빠른 성공을 거듭하던 그 관리자는 일본 기업을 경쟁사로 마주하면서 마침내 성공의 막을 내리게 되었다. 일본 기업의 관리자는 같은 사업 부문에서 10년 이상 뚜벅뚜벅 걸어온 사람이었다.

 개인의 능력이나 노력과 무관하게 패스트트랙을 밟는 관리자가 기술적 선택 사항, 경쟁사의 전략, 글로벌 시장에서의 기회 등을 논의하는 데 필요한 사업 부문의 깊은 지식을 갖추게 될 가능성은 사실상 낮다. 그래서 논의는 하나같이 '숫자'로 수렴하고, 관리자의 부가가치는 업무에서 업무로 이동하며 수행하는 재무 및 계획 관련 지식으로 제한된다. 회사의 내부 계획 및 회계 시스템에 대한 지식이 실질적인 비즈니스 지식을 대체하므로 경쟁 혁신은 일어나기 힘들어진다.

관리자는 자신이 부여받은 과제를 수행할 기간이 2~3년 정도라는 걸 알면 빨리 좋은 실적을 내야 한다는 엄청난 압박을 느낀다. 이러한 압박감은 보통 한두 가지 형태로 나타난다. 예상되는 재임 기간을 넘어설 정도로 시간이 걸리는 목표에는 노력을 들이지 않는 것이다. 아니면 야심 찬 목표를 설정하고 이를 비현실적으로 짧은 일정 안에 욱여넣는다. 전략적 의도의 본질은 사업 부문에서 1위 기업이 되는 걸 목표로 삼는 것이다. 그런데 이러한 목표를 위해 노력할 시간으로 3~4년 정도의 기간만 부과했다가는 그저 재앙을 초래할 뿐이다. 그렇게 하면 결과는 뻔하다. 기업 통합에 따르는 문제는 거의 신경 쓰지 않은 채 인수가 이루어진다. 조직은 여러 계획으로 과부하 상태에 이른다. 경쟁에서 나타날 결과를 충분히 고려하지 않은 채 협력 사업을 시작한다.

현장과의 소통 부족

전략 관리 이론과 기업의 기획 시스템은 거의 모두 기업의 목표가 사업부의 전략을 이끌고, 사업부의 전략이 기능적 전술을 안내하는 전략의 위계 구조를 전제로 한다.[5]

이러한 위계 구조에서는 고위 경영진이 전략을 세우고, 하위 직급이 전략을 실행한다. 조직은 전략 형성과 실행 사이를 나누는 이분법에 익

---

5 예를 들면 다음을 참조하라. Peter Lorange and Richard F. Vancil, *Strategic Planning Systems*, Prentice-Hall, 1977.

숙하고 이를 널리 받아들인다. 그러나 이러한 전략 위계는 대다수 조직 구성원을 소외시키는 엘리트적 관리관을 강화함으로써 경쟁력을 약화시킨다. 직원은 기업의 목표를 확인할 수 없거나 기업 경쟁력을 강화할 업무에 깊이 관여하지 못한다.

물론 전략의 위계 구조만으로 경영진이 지닌 엘리트주의 관점을 전부 설명할 수는 없다. 성공적인 CEO를 둘러싸고 자라난 신화도 그러한 관점을 강화한다. '리 아이아코카Lee Iacocca가 크라이슬러를 구했다'라거나 '카를로 데 베네데티Carlo De Benedetti가 올리베티Olivetti를 구출했다'거나 '존 스컬리John Sculley가 애플에 반전을 가져왔다'는 등의 이야기 말이다. 격동하는 경영 환경도 마찬가지다. 중간 관리자는 자신이 통제할 수 없는 상황에 시달리며 최고경영진이 모든 답을 갖고 있을 것이라고 간절하게 믿고 싶어 한다. 그리고 최고경영진은 하위 직원의 사기가 떨어질까 두려워 자신도 해답을 갖고 있지 않다는 사실을 인정하지 못한다.

이 모든 상황이 더해진 결과는 보통 침묵으로 나타나고 기업의 경쟁력이 지닌 전체적인 문제는 널리 공유되지 않는다. 실제로 우리는 한 기업에서 여러 사업 부문장을 인터뷰했는데, 그들은 최고경영진이 회사가 직면한 경쟁적 도전에 대해 공개적으로 말하지 않는 것에 극도로 불안해하고 있었다. 그들은 소통 부족이 고위 경영진의 인식 부족을 나타낸다고 생각했다.

하지만 정작 그들에게 그들 자신은 부하 직원과 터놓고 문제를 이야기하는지 묻자 자신은 문제를 직시할 수 있지만, 부하 직원은 그렇게 할 수 없다고 대답했다. 사실 회사가 마주한 경쟁력 문제를 직원이 직접 듣게 되는 건 오직 임금을 협상할 때뿐이다. 임금 협상 자리에서는 회사가 마주한 경쟁력 문제가 직원의 양보를 끌어낼 수단으로 사용되기 때문이다.

안타깝게도 모두가 위협을 알고 있으면서도 아무도 입 밖에 내지 않는 상황이 있다. 이런 경우는 위협이 명확히 규정되고 회사 전체가 문제 해결에 집중할 때보다 훨씬 더 큰 불안을 야기한다. 바로 이것이 최고경영진의 솔직함과 겸허가 경쟁력 재활성화의 첫 번째 전제 조건이 되는 이유다. 또한 말만 할 게 아니라 직원의 '참여'를 끌어낼 필요가 있다는 게 또 다른 이유다.

품질분임조와 총괄 고객 서비스 같은 프로그램을 성공적으로 시행하려면 관리 구조를 만드는 것 이상의 노력이 필요하다. 이것을 경영진에서 인식하지 못해 기대만큼 성과를 내지 못하는 경우가 많다. 기업에서 새로운 역량을 갖추는 데 따르는 어려움은 일반적으로 '소통' 문제로 귀결된다. 여기에는 하향식 소통이 효과적이기만 하면(중간 관리자가 메시지를 제대로 전하기만 하면) 새로운 프로그램이 빨리 자리를 잡을 것이라는 무언의 가정이 있다. 상향식 소통의 필요성은 대체로 무시하거나 피드백 이상의 의미는 없다고 가정한다.

일본 기업은 이와 다르다. 일본 기업이 시장에서 승리하는 건 서구 기업보다 관리자가 더 똑똑해서가 아니라 '개미의 지혜'를 활용할 방법을 개발했기 때문이다. 일본 기업에서는 최고경영진을 우주왕복선을 타고 지구를 빙빙 도는 우주인과 비슷하다고 생각한다. 모든 영광은 우주비행사가 차지하지만, 지구 왕복 임무의 성공 뒤에 자리한 진짜 인재가 땅 위에 단단히 발붙이고 있다는 걸 모두 안다.

전략 수립이 엘리트주의 활동이라면 진정으로 창의적인 전략은 나오기 어렵다. 우선 사업부나 본사의 기획 부서에는 기존의 통념에 도전할 만한 충분한 인원과 다양한 시각이 부족하다. 또 하나, 의식처럼 치러지는 연간 계획 수립을 통해 창의적인 전략이 나오는 경우는 거의 없다. 내

년도 전략을 수립할 때는 거의 항상 올해의 전략을 출발점으로 삼는다. 그러니 개선은 점진적으로 이루어질 수밖에 없다. 회사는 이미 아는 시장과 영역을 고수한다. 진짜 기회가 다른 곳에 있을 때조차 그렇게 한다. 캐논에서 가정용 복사기 사업을 개척해 시장에 진출한 원동력은 일본 본사의 기획팀이 아니라 해외 판매 자회사에서 나왔다.

전략 위계 구조가 지닌 목표는 조직 상하부에 일관성을 확보하기 위해 여전히 유효하다. 그러나 이러한 조직 내 일관성은 융통성 없이 적용되는 하향식 계획보다 명확하게 규정된 전략적 의도를 통해 확보하는 편이 낫다. 1990년대의 도전은 직원들이 스스로 야심찬 목표를 달성할 방법을 발명하도록 권한을 부여하는 것이다.

보수적 목표가 패착이다

후발주자로서 기존 선두 기업을 추격해 글로벌 리더 자리를 차지하려는 기업들의 최고경영진 가운데 조심스럽기만 한 관리자는 찾아보기 어려웠다. 하지만 경쟁 기업에 투항한 조직을 연구해보면 이유가 무엇이든 예외 없이 영웅적인 목표, 즉 계획과 가진 자원의 범위를 넘어서는 목표에 전념할 용기가 부족한 고위 관리자가 자리하고 있었다. 이들이 설정하는 보수적인 목표는 경쟁 혁신을 향한 압박과 열정을 끌어내지 못했다. 조직에 그다지 유용한 지침도 제공하지 못했다. 재무 목표와 모호한 사명 같은 것으로는 글로벌 경쟁전에서 승리하기 위한 필수 조건인 일관성 있는 방향 제시를 할 수 없다.

이러한 보수주의는 대개 금융시장을 탓한다. 그러나 실제로는 투자자의 단기 지향성이 문제의 핵심이다. 그보다는 고위 경영진이 도전적인 목표를 구상하고 실행할 능력을 보여주지 못했다는 불신을 반영한다는 게 핵심이다. 결국 이는 경영진 스스로의 자신감 부족에서 비롯된 문제다.

어느 기업의 회장은 실적이 부진한 사업 부문을 가차 없이 매각하고 다른 사업 부문을 축소해 사용자본이익률Return On Capital Employed, ROCP을 40퍼센트 이상 높인 후에도 주식 시장에서 주가수익비율Price Earning Ratio, PER이 8 대 1이라고 심하게 불평했다. 시장이 보내는 메시지는 물론 명확하다. '우리는 당신을 신뢰하지 않는다. 당신은 수익성 높은 성장을 이룰 만한 능력을 보여주지 못했다. 실적이 부진한 사업 부문을 정리하고, 분모만 관리하는 거라면 당신의 회사는 아마 회사의 자원을 좀 더 창의적으로 사용할 수 있는 기업에 인수되고 말 것이다.'

서구 기업 가운데 주식 시장의 신뢰를 보장받을 정도의 실적을 기록한 곳은 극히 드물다. 투자자는 어쩔 도리 없이 단기 지향적인 게 아니라 정당한 회의적 시각을 갖춘 것뿐이다. 우리는 최고경영진이 신중한 태도를 보이는 이유가 단순히 재무 목표를 더 높이려는 데 있지 않다고 본다. 그보다는 전체 조직을 활력 있게 재구성할 수 있다는 자신감이 부족하다는 사실을 반영한다고 생각한다.

조직이 어려운 목표를 달성할 수 있다는 믿음을 키워주는 것이 중요하다. 또한 실제로 그 목표를 이루도록 동기를 부여하고, 새로운 역량을 내재화할 수 있을 만큼 충분히 오래 목표에 집중하게 해야 한다. 최고경영진이 이런 도전에 응할 때 비로소 자신과 회사가 글로벌 리더의 자리에 오르는 데 필요한 용기를 얻을 수 있다.